보육시설 환경디자인

CHILD CARE **DESIGN GUIDE**

보육시설 환경디자인

CHILD CARE **DESIGN GUIDE**

애니타 루이 올즈 지음

최목화 최경숙 변혜령 김영애 주서령 나종혜 손승희 조정신 공역

(주)교 문 사

Child Care Design Guide

서문

오늘날 많은 아동 전문가와 부모의 공통된 관심사는 아동이 행복하게 성장하고 배울 수 있는 환경을 제공하고자 하는 것이다.

현대사회에서는 대부분의 아동이 가정이 아닌 보육시설에서 많은 시간을 보내며, 자라고 학습하는 양육의 형태가 일반화되고 있다. 따라서 일상생활의 감수성을 충족할 수 있는 집단 보육, 유아기의 성장과 학습, 시설화된 환경의 영향, 가족과 집에서 떨어져서 양육될 때 나타나는 개별적인 관심과 애정 부족의 문제를 고려하지 않을 수 없다. 특히 영아기를 보육시설에서 보내는 것은 바람직하지 않으므로, 최소한 생후 6~9개월까지는 가정에서 엄마와 지낼 수 있도록 국가적 차원의 지원과 제도가 마련되어야 한다. 그럼에도 불구하고 보육시설에서 양육이 불가피하다면 이를 긍정적으로 지원하는 디자인은 무엇인가? 지금까지 많은 보육시설에서 시설 디자인의 문제를 해결하고자 고민했지만 정보의 태부족으로 보다 나은 환경을 만들 수 없었다.

이 책은 어린 아동의 마음을 이해하고 존중해 주는 영감을 주는 장소에서 아동이 자랄 수 있게 하고자 하는 것에 목적을 둔다. 따라서 아동을 위한 잘 디자인된 공간을 제공하기 위해 첫째, 디자인 정보와 가이드를 제공하고, 둘째, 좋은 디자인과 프로그램에 대한 철학적이고 심리적인 설명을 하고자 한다.

정 보

이 책은 건축가, 인테리어 디자이너, 개발업자, 보육 전문가 모두를 위한 보육시설 계획과 디자인에 관한 구체적인 정보를 제공하고자 한다. 여기 소개되는 참고문헌은 독자가 필요할 때 보육시설 디자인에 관한 구체적인 정보를 빨리 찾을 수 있도록 조직하였다. 이 책에 소개된 문헌은 방대하긴 하지만 독자들을 위하여 핵심적인 정보를 예를 들어 반복해서 설명하였다.

좋은 보육시설은 여러 다양한 전문가들로 구성된 협력 체제를 가지는 것이 매우 중요하다. 즉, 어느 한 분야 전문가의 의견에 치우치지 않고 다양한 분야의 전문가 의견을 균형 있게 수용할 수 있어야 한다.

여기에 제시된 정보는 저자가 이 분야에서 30년간 모은 가장 적절한 자료를 다양한 분야에서 발췌한 것이다. 따라서 경험에서 비롯된 현실에서 일어날 수 있는 여러 가지 문제와 고려 사항들을 제시하고 있으므로 이를 보육시설을 디자인하고 계획하는 과정에서 해결하려고 고민할 필요가 있다.

책의 구성

이 책은 4부로 구성되어 있다.

제1부의 아동 환경은 미국 보육의 현재 상황을 바라보고, 모든 보육시설 디자인의 틀로서 장소성의 전반적인 철학적 개념을 제공하고 있다.

제2부의 디자인 과정은 디자인 프로젝트를 시작할 때 일반적으로 경험하는 보육시설의 문제를 단계적으로 살펴본다. 즉, 디자인팀과 설계과정, 프로그램과 대지 분석, 배치계획과 건축계획 요소, 보육시설 배치, 보육실 영역 구성에 대한 것이다. 이 부분은 다소 생소할지 모르겠지만 각 장에서 보다 구체적인 내용을 설명한다. 또한 배관, 난방, 창고와 같은 요소는 여러 장에서 소개한다. 왜냐하면 이 책은 많은 프로젝트의 디자인 진행사항에 의해 서술되었기 때문이다.

제3부의 디자인 요소는 음 · 빛 · 색, 마감재, 비품, 건물 시스템, 창 · 문 · 보안에 관한 보다 구체적인 디자인 측면을 제시한다. 이러한 요소들은 건물 구조와 인테리어에 관련된 것이다. 많은 부분이 단순한 건물 자체와는 구분되는 사용자에게 즐거움을 주는 좋은 장소와 디테일을 설명하고자 하였다.

제4부의 기능별 공간 디자인은 보육실, 교사, 부모, 지역사회인을 위한 영역으로 건물과 대지의 다른 측면의 독특한 디자인 요소를 제공한다. 마지막 장에는 저자가 보육시설 디자인의 새로운 모델로서 제시한 주거 중심 모형을 바탕으로 디자인한 두 개의 보육시설에 대하여 서술하였

다. 그 중 하나인 온타리오주 볼턴에 있는 코퍼하우스는 이 디자인 가이드에 제시된 원리와 실제를 많이 반영했기 때문에 자주 인용하였다. 두 개의 보육시설 모두 캘리포니아주 버클리에 있는 저자의 사무실에서 디자인하였다. 또한 마지막 장에서는 보육시설 디자인과 인간 사회의 변화와 발전의 관계에 관한 철학적 질문으로 결론지었다.

이 책은 각 장의 주제에 맞는 확인사항과 디자인 가이드를 요약 · 정리하였다. 확인사항은 특정한 상황에서 가장 적절하게 생각할 수 있도록 하였고 디자인 옵션을 강조하고자 하였다. 디자인 가이드는 더 나은 시설이 될 수 있는 디자인 해결책을 상세히 설명하고 본문의 중요 내용을 요약하였다. 본문에는 또한 보육실의 다양한 영역에 제시되는 주요 시설과 지원을 강조하는 노트를 제시하였다.

또한 이 책에는 스케치, 평면도, 제시한 개념을 설명해 주는 사진, 그 곳에서 수행한 여러 가지 방법을 보여 준다. 사진의 대부분은 저자 자신의 작품으로서 저자가 직접 개발하거나 오랫동안 중요하게 생각한 개념을 보여 주고 설명하려고 하였다. 각주는 본문의 자료와 참고 자료를 자세히 소개하여 지나치게 학술적인 자료가 되지 않도록 하였다.

인식과 의지

보육시설을 계획함으로써 아동의 발달적 요구와 디자인 과정, 더 나은 성과에 대해 알게 되는 기회가 된다. 따라서 설계팀은 아동의 환경에 대한 영향성을 인식하게 될 때 진정으로 아동에게 도움이 되는 디자인을 더 열심히 하게 된다. 이러한 의도로 이 책은 디자인을 지원하기 위한 철학적이고 심리적인 정보가 책 전반에 걸쳐 소개된다.

보육시설 건물의 진정한 사용자는 아동이므로 건축가, 시설장, 교사를 포함한 디자인팀의 역할은 아동을 위한 최적의 환경을 제공하고자 하는 것이다. 물론 이상과 현실을 방해하는 예산, 전략, 규제, 법적인 제한점이 많이 있다. 우리가 원하는 것과 할 일을 정확하게 인식할수록, 아동을 위한 비전을 구체화하고 널리 알릴수록, 우리가 가진 좋은 목적과 에너지를 발휘할수록 꿈이 실현되고 계획한 것을 실제 이룰 수 있게 된다.

우리는 성인의 입장에서 중요한 정보를 얻으려다가 아동에게 필요한 이론이나 철학을 놓치게 되는 경우가 많다. 그 결과 아동의 성장이나 행복을 위해 고려해야 하는 색, 자연 빛, 소리의 중요성을 간과하게 된다. 적은 돈으로 많은 아동을 보육하고 많은 일을 해낼 수 있는 빌딩을 지어야 하는 상황에서 친환경 건축 재료를 고려하는 것은 그다지 중요하지 않게 느껴질지 모른다. 그러나 이러한 문제는 우리의 인식을 전환할 때 많은 경우 추가 비용을 들이지 않고도 디자인을 통해 진정으로 아동에게 도움을 주는 결과로 해결될 수 있다.

이 책에 제시된 내용은 여러분 앞에 최고의 질을 추구할 수 있도록 최선의 시나리오를 펼칠 것이다. 물론 그 내용은 현실과 실제에서 조정되어야 한다. 여기에 제시된 디자인 가이드를 모두 따르지 못한다고 실망할 필요는 없다. 몇 가지만 따르고자 하는 노력만으로도 전체 보육시설의 수준을 높이는 데 기여할 것이다. 어떤 제안은 비용이 많이 들고, 또 어떤 제안은 주어진 위치나 환경에 따라서 적용하기 힘들 수 있다. 이 책에 제시된 많은 디자인과 제안은 돈의 문제가 아니라 관심과 시간의 문제이고, 사전 계획의 문제이다. 다시 말하면 의지와 인식의 문제이다.

더 나은 보육시설을 위한 논의에서 시설 디자인은 간과되어 왔다. 교직원과 정책 관련 문제만 해결되면, 필요한 시설이 기적적으로 만들어진다고 생각하는 것 같다. 하지만 보육의 결과와 관련된 주요 이슈로 보조금, 교사 급여, 교사 대 아동의 비율, 집단 크기뿐만 아니라 시설 디자인의 문제가 동시에 언급되어야 한다. 만약 너무 이상에 치우쳐 범한 우가 있다면 그것은 오직 아동의 생활에 있어 아주 중요한 환경이라는 부분에 대한 국민적인 관심을 불러일으키고자 함이었음을 밝힌다.

아동과 미래를 위한 지도자인 여러분에게 이 책이 역할 수행에 도움이 되길 바란다.

애니타 루이 올즈

역자 서문

우리나라의 보육시설은 1990년대 초 영유아보육법 제정 이후 양적으로 급속하게 증가되면서 최근에는 보육시설 평가인증제 등을 통하여 양적 증가와 함께 질적인 개선을 하려는 노력을 병행하여 왔다. 그러나 물리적 환경은 여전히 매우 열악한 상황이다. 보육시설의 물리적 환경이 바람직하게 개선되기 위해서는 보육 전문가와 보육시설 계획 전문가와의 상호협력적인 학제 간 연구가 반드시 필요하다. 이러한 문제의식을 가지고 '보육환경연구회' 가 2년 전 보육학, 보육환경 행태, 보육시설 건축가 등 보육 관련 전문가에 의해 결성되었다. 본 연구회의 첫 성과로 《Child Care Design Guide》를 번역하여 보육시설의 물리적 환경에 관심을 가지고 있는 보육 관련 전문가들과 함께 공감대를 형성하여 보다 나은 보육시설을 디자인하는 데 일조를 하고자 한다.

생애 초기 3년과 그 이후 만 5세까지를 많은 아동 전문가들은 인성발달과 신뢰감 형성, 세상을 바라보고 다른 사람과 어울리는 방법을 배우는 가장 중요한 시기로 보고 있다. 그러나 이 시기에 많은 아동들이 보육시설에서 하루 평균 8시간 이상을 보내고 있는 현실에서 이러한 보육의 결과를 누가 책임질 것이며, 보육의 영향이 어떻게 나타날 것인지를 아무도 예측할 수 없다. 아직도 많은 보육시설 운영자나 보육시설 계획가, 실내 디자이너, 보육 정책가들은 학교 시설과 같은 환경에서 어린 아동이 양육되었을 때 나타날 수 있는 보육의 효과에 대해 정확히 알지 못하고 있다.

이 책의 저자 애니타 올즈는 "제한된 협소한 공간에서 많은 아동을 집단으로 하루 종일 양육하는 일은 전례가 없는 일이며, 이러한 환경에서 이루어지는 보육의 효과와 결과를 누가 알 수 있는가"라는 질문을 하고 있다. 이러한 질문은 우리 보육 관련 전문가들에게 많은 시사점을 주고 있으며, 한 번쯤 귀 기울여 깊이 생각해 보아야 할 부분이다.

보육시설은 다른 건물과 분명히 달라야 하며, 진정으로 아동을 생각하며 아동을 위한 환경으로 디자인하는 것이 중요하다. 따라서 아동의 미래는 아동 전문가, 보육시설 관련 종사자와 건축가, 실내 디자이너, 보육 정책가들의 손에 달렸다. 이 책은 주제로 아동에게 유익한 장소를 제공하고자 하는 관련 전문가들의 정신을 강조하면서, 아동의 정신을 감소시키는 일은 결코 해서는 안 된다는 점을 누차 강조하고 있다. 또한 아동에게 유익한 장소를 제공하기 위한 보육시설 디자인으로 다음 세 가지를 제시하고 있다. 즉, 아동의 발달과 요구에 대한 이해, 장소성(spirit of place)을 가진 디자인, '집' 과 같은 어린이집으로서 주거 중심 모형(residential core model)을 제안하고 있다.

지금까지 아동발달과 물리적 환경의 영향성에 대한 관심이 적었고, 시설 디자인과 아동의 환경에 대한 욕구와의 관계에 대한 연구도 많지 않으며, 보육 프로그램에 미치는 시설 디자인의 영향성과 아동발달을 고려한 연구도 거의 없으므로 물리적 환경이 아동발달과 관련되어 있음을 입증하기 어려웠다. 그 이유는 환경의 영향성이 정책에 의해 조정되어 왔기 때문이다. 그러나 분명한 것은 물리적 환경이 아동의 발달에 지대한 영향을 미치므로 보육시설 디자인을 위해서 아동의 발달과 요구를 먼저 이해해야 하는 것이다.

장소성을 지닌 디자인은 아동의 영혼을 즐겁게 하며, 아동의 감각을 확장하여 풍요롭게 하고 인간적인 교류를 통해 오래 기억할 수 있는 장소를 제공하는 것이다. 장소성이 부족한 건물은 아동의 발달에 부정적인 영향을 준다. 따라서 보육시설은 아동 본래의 호기심과 순수한 감수성을 존중하고 아동의 마음을 읽고 함께 교류할 수 있는 장소로 만들어져야 한다.

'집' 과 같은 어린이집으로서 주거 중심 모형은 보육시설의 모델이 되어야 한다. '집' 은 보호감, 친밀함, 안정성, 편안함, 자유로움, 사생활과 영역성, 개인과 가족의 역사에 대한 기억과 상징을 나타내는 특성이 있다. 이러한 특성은 아동기의 성장과 발달에 반드시 필요한 요소로서 어린이집 디자인에 반영되어야 한다. '집' 과 같은 어린이집에서는 형식에 얽매이지 않는 자연스러움이 있으며 이러한 환경은 집과 보육시설의 특성인 '존재' 의 자유와 '학습' 의 기회가 모두 제공될 수 있다.

역자들은 저자가 강조하고 있는 보육시설 디자인의 정신과 철학에 깊이 공감하면서 보육시설 디자인에 대한 저자의 생각이 이 책을 읽는 많은 사람들에게 공감대를 형성하여 우리나라 보육시설 디자인에도 널리 반영되기를 바라는 소망에서 감히 번역하게 되었다. 그러나 그 과정에서 번역에 의한 한계로 인해 저자의 의도를 충분히 전달되지 못한 아쉬움을 솔직히 고백하면서 독자들에게 넓은 이해를 바란다.

마지막으로 이 책이 나오기까지 도와주신 많은 분들을 기억하며 감사 인사를 드리며, 이 책을 출간해 주신 (주)교문사 류제동 사장님을 비롯한 직원 여러분께 감사드린다.

2009년 6월

역자 일동

Child Care Design Guide

차례

PART 1 아동 환경

PART 2 디자인 과정

제6장 보육시설 배치 124

제7장 보육실 영역 구성 154

PART 3 디자인 요소

PART 4 공간 디자인

01

아동 환경

제1장 미국의 아동 보육 | **제2장** 장소성

제1장

미국의 **아동 보육**

Isn't it strange that Princes and Kings And clowns that caper in sawdust rings And common folks like you and me are builders of Eternity?
To each is given a bag of tools, A shapeless mass and a book of rules And each must make ere life is flown A stumbling block or a stepping stone.

—*Anonymous*

1. 보육의 딜레마

아동이 보육시설에서 양육되기 시작한 것은 외국에서는 100년 이상 되었으며, 오늘날에는 2세 미만의 영아에게까지 확대되어 주간과 야간, 심지어 아픈 아동까지도 보육시설에 위탁되고 있다. 지금까지 6세 이하 유아를 부모가 아닌 다른 사람이 하루 종일 양육하는 것은 일반적인 일이 아니었으나, 과학기술의 발전으로 여성의 사회 진출, 맞벌이부부의 요구, 이혼율, 편부모의 증가 등이 아동 보육을 더욱 요구하게 되었다.

다른 나라와 달리 미국은 정책적으로 취업 부모의 직업보장과 산후 유급휴가 제도가 없으므로, 부모로서 책임을 다할 수 있는 수입이 보장되지 않은 나라 중 하나이다[1]. 이와 같은 보조금의 부족으로 부모는 충분한 보상을 받지 못하는 근무환경에서 일해야 하고 자녀의 보육을 위한 적절한 선택을 할 수 없게 되어 보육의 질이 저하되고 있다.

1) 보육 아동의 수

보육시설에서 아동은 사방이 밀폐된 방에서 하루에 평균 10시간, 1주일에 5일, 1년에 50주를 보낸다. 이 시간은 이들이 5세가 되기 전에 보육시설에서 총 1만 2,500시간 정도 보내게 되는 것이며, 이 시간은 성인이 초등학교부터 고등학교까지 보내는 시간에 해당된다.

1995년 말까지, 약 2,000만 명의 5세 이하 아동의 1/3이 종일제나 반일제 보육시설에 등록되었다. 그림 1.1과 같이 48%(집, 가족, 조부모, 기타 친척)는 친척의 보살핌을 받고, 22%가 부모의 돌봄을 받으며 보육시설의 위탁이 증가되고 있다.

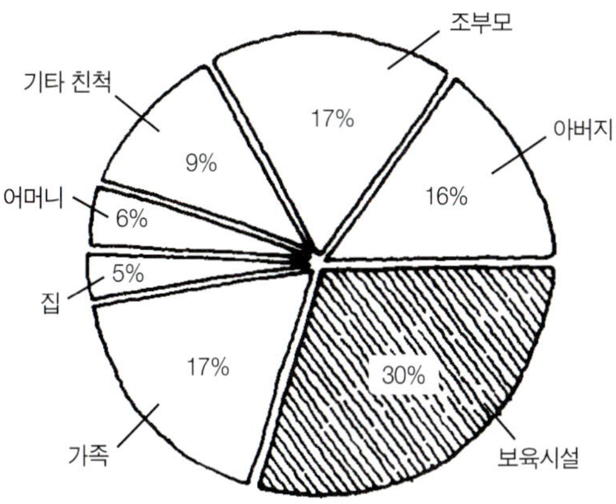

그림 1.1 1996년까지 미국의 5세 이하 아동 보육현황

2) 영아 보육에 대한 관심

미국에는 1세 미만의 영아를 가진 어머니들의 50%가 직장을 갖고 있으며, 그 수는 꾸준히 증가하고 있다. 이런 영아의 절반 정도가 보육시설에 등록되어 있는데 보육을 원하는 영유아 인구는 급속도로 증가하고 있다. 지금까지 영아는 집에서 대부분 양육되었다. 왜냐하면 영아는 일관된 양육과 따뜻한 신체접촉과 영양공급이 아주 중요하기 때문이다. 전문가들은 영아가 생후 최초 6~9개월 동안 엄마와 가까이 지내면서 모유수유를 하는 것이 자연스러운 것이라고 한다. 엄마와 영아의 1 : 1 접촉은 최초 1년간이 생애발달에 있어 매우 중요하다.

보육시설의 이상적 비율이 성인 한 명당 영아 세 명이라 하더라도 영아는 1 : 1의 신체접촉과 관심을 받을 수 없다. 일반적으로 한 집단에 두 명의 보육교사가 6~10명의 영아와 8~18명의

1) Carnegie Corporation of New York(1994), *Starting Points : Meeting the Needs of Our Youngest Children*(Carnegie Task Force on Meeting the Needs of Young Children, August) 독일 프랑스, 스웨덴, 핀란드, 오스트리아의 통계자료(7쪽에서 인용)

- 독일 : 아이를 출산한 부모는 1.5년까지 적정한 재정적 지원을 받거나 전에 다니던 직장에서 반일제로 일할 수 있다.
- 프랑스 : 아이를 출산한 이후 3년까지 적정한 보상을 받거나 보육시설에 보조금을 지급한다.
- 스웨덴 : 1.5년까지 집에서 봉급 전액을 받거나 반일제로 일하고 봉급 전액을 받는다.
- 핀란드 : 1년간은 봉급 전액을 받고 그 다음 2년은 조금 삭감되고, 3년 이후에는 직장으로 돌아갈 때까지 자리가 보장된다.
- 오스트리아 : 비기술자의 임금액에 해당되는 재정적 지원을 받으면서 2년 동안 집에 있거나 아이가 3세가 될 때까지 반일제로 일할 수 있다.

걸음마기 영아를 보육하고 있는 것이 현실이며, 연 평균 보육교사가 40%의 이직률을 보여 보육교사 네 명이 하루에 두 번 바뀌는 것으로 나타났다. 이것은 영아에게 하루에 두 번, 일 년에 두 번 보육교사가 바뀔 수 있다는 것을 의미하므로 안정성과 일관성을 요구하기 어렵다. 이러한 현실이 영유아의 발달에 어떤 영향을 줄 것인지는 아무도 알지 못한다.

3) 최근 연구경향 : 초기 3년의 중요성

새로운 연구 결과, 발달에 적합한 긍정적 자극이 영아와 성인 간의 애착형성과 두뇌발달에 중요한 영향을 끼치는 것으로 나타났다. 생애 첫 3년은 아동이 성장하고 배우는 첫 시작이기 때문에 특히 중요하다. 다른 시기에는 이와 같은 급속한 변화가 없다. 신생아는 한 사람에게 전적으로 의존하여 3년이 되기 전까지 걷고, 말하고, 놀이하고, 탐색하면서 성장한다. 특히 영아기는 두뇌의 조직 구성이 형성되는 시기이므로 외상(trauma)에 주의해야 한다.

안전하고 예측할 수 있는 환경에서 성인의 주의 깊은 배려에 의해 양육된 영아는 그렇지 않은 환경에서 자란 영아보다 더 좋은 학습자가 되는 것으로 확인되고 있다. 고도의 두뇌 정밀검사를 포함한 새로운 연구기술은 이전보다 더 세밀한 두뇌발달을 연구할 수 있도록 과학자를 독려하고 있다. 그 결과 두뇌발달에 대한 환경의 영향성은 이전에 인식되어 온 것보다 더 깊이 있고, 광범위한 것으로 나타났다. 두뇌는 초기 연구에서 제시된 것보다 더 급속하고 광범위하게 발달한다. 초기 환경의 영향성에 대한 두뇌의 취약성은 깊고, 오래 지속되는 것으로 볼 수 있다. 두뇌발달의 초기에 받는 스트레스는 두뇌세포의 수와 회로 연결에 좋지 않은 영향을 준다는 것이다. 즉, 좋지 않은 환경은 인지 · 정서 · 신체 발달에 어려움을 가져오므로 영아의 두뇌기능과 전체적인 발달에 손상을 가져올 수 있다고 한다.

4) 보육시설의 수와 크기

1967년 처음 보육시설의 인구를 조사했을 때, 보육시설은 일반적으로 49명의 아동을 보육하였다. 지금은 시설설비와 직원의 비용 상승으로 보육시설을 유지관리하기 위해 더 많은 아동을 보육하는 것으로 나타났다. 1990년 평균 보육시설의 크기는 62명에서, 1996년에는 72명으로 증가했다. 대부분의 보육시설은 100~122명의 범위이다. 보육교사는 급속도로 성장하는 직업 중의 하나이나, 급증하는 보육시설에 대응하여 자격을 갖춘 보육교사의 공급 부족은 현장에서 많은 문제점을 야기한다.

1997년에는 영아부터 학령기 아동까지 약 1,000만 명의 아동들을 돌봐 주는 보육시설이 대략 10만 1,000개였다. 1년에 6%씩 증가하는 것으로 계산하면, 2001년까지 대략 12만 4,000개의 보육시설에서 1,200만 명의 아동을 보육하게 될 것이다. 필요한 시설을 계산해 볼 때, 아동 1인당 3.25m^2의 절대적 최소 공간을 기준으로 하거나, 전체 건물 크기 기준으로는 평균적으로 아동당 9.29m^2로 하면 연간 필요한 공간은 195만 900~557만 4,000m^2로 나타난다.

5) 양질의 보육

눈덩이처럼 급증하는 보육시설의 수는 양질의 보육에 어려움을 준다. 1995년 연구에서 조사한 보육시설의 24%만이 '양호', 66%는 '보통', 10%는 '불량'이거나 최소 기준 이하의 결과가 나타났다[2]. 중간 범위에 있는 아동들은 신체적으로 안전하지만, 일관성 있는 정서적 지원이나 지적인 자극은 적게 받는다. 영유아를 위한 보육시설 가운데 40%는 부적절한 보육(52%는 보통, 8%만 양호)을 하고 있다. 그 이유는 적절하게 반응하지 않는 보육교사, 안전성의 위협, 열악한 기구 등에 의한 것이다. 특히 영유아를 위한 보육시설은 아동의 정서와 인지발달에 적합하지 않은 열악한 환경이었다.

이 연구에서 양질의 보육시설은 교사 대 아동의 비율, 교사교육과 교사임금, 경험이 풍부한 관리자, 전문화된 교사교육, 그리고 더욱 엄중한 자격기준을 갖고 있다. 그러나 대부분의 보육시설이 집과 같이 안락함과 아동을 위한 프라이버시와 관련한 두 항목에서는 낮은 점수가 나타났다. 일반적인 보육시설은 '신체적 안락함의 부족'과 '혼자 있는 공간'이 거의 없는 환경이었고 '휴식을 위한 시설'도 거의 없었다. 대부분의 보육시설은 일상적인 보육을 위한 시설이 제공되지만, 일반적인 환경은 딱딱하고 시설 같은 분위기로 서술되었다. 방에는 바닥에 러그가 깔렸지만 그 위에 뒹굴만한 아늑한 장소가 아니었다.

음식은 영양적으로 적절하지만, 식사 분위기는 사회성이나 자립성 발달을 북돋워 주지 못했다. 그리고 미술이나 극놀이활동을 통해 아동의 창의성을 북돋워 주지 못하며, 아동의 작품이 전시되지도 않았다. 또한 일반적인 보육시설은 독립된 화장실, 안락한 교사 휴게실, 교사를 위한 사물함과 같이 성인들의 개인적 요구를 위한 장소가 부족했다. 이러한 요소는 보육 프로그램이 아니라 개선할 수 있는 시설 디자인에 관한 것이다.

2) Cost, Quality, and Child Outcomes Study Research Team(1995). *Cost, Quality, and Child Outcomes in Child Care Centers*. Denver: University of Colorado at Denver.

6) 양질의 보육과 비용

적절한 보육과 아동이 요구하는 질적인 시설과 교사를 위해서는 보조금이 꼭 필요하다. 유럽 전역(2세 또는 3세부터 의무적인 학령기에 이르기까지)의 일반적인 보육시설의 대부분이 보조금에 의존하는 것과 같이 1994년 카네기 재단법인은 3세 이하 아동의 요구에 대한 기록에서 아래의 사항에 대하여 강력하게 추천하였다[3].

- 육아휴가의 개선
- 영유아를 위한 보육시설의 질적 보장
- 부모에게 양질의 보육을 위한 선택권을 제공
- 영유아를 위한 가정 중심 보육 프로그램과의 네트워크 체계

1996년 초등학교의 학습에 관한 보고서에서 카네기 재단법인은 어린 아동들이 학교에 잘 적응하도록 돕기 위해 유아(3~5세)학교 설립을 제안하였다[4]. 이 보고서에서와 같이 약 30개의 주가 일반적인 유아학교 프로그램을 제공하도록 하였다. 올바른 방향은 제시되었으나, 필요한 것과 필요한 자금이 일치되지 못했다. 이 보고서는 우선해야 하는 일과 실행, 자금할당에 대한 재평가가 제공되었지만, 보육시설 물리적 환경의 질에 대해 제시된 것은 없었다. 따라서 이 책에서는 좋은 프로그램을 만들어 내는 놀이시설 디자인의 역할에 중점을 두고, 순기능 프로그램을 만들기 위해 필요한 물리적 지원을 강조한다. 비록 한 보육시설이 이러한 목표를 모두 충족할 수는 없지만, 각각 어떤 것을 통합하도록 노력하여 전국적인 보육시설의 질과 기준을 개선하도록 하는 것이다.

2. 보육시설 모형 찾기

제한된 공간에서 많은 아동을 오랜 시간 동안 보육하는 것은 전례가 없는 일이다. 그리고 그러한 보육의 효과는 사실 알려지지 않고 있다. 누가 이러한 보육의 결과를 알 수 있겠는가? 우리는 정말 집이 아닌 곳에서 아동을 보육하는 이상적인 환경에 대해 알지 못한다. 크기, 형태, 질감, 공간, 색이 자라나는 아동의 민감성을 얼마나 자극할 수 있는지 모른다.

3) Carnegie Corporation of New York, *Needs of Our Youngest Children.*

4) Carnegie Corporation of New York(1996). *The Task Force on Learning in the Primary Grades.*

보육시설은 모형을 찾아야 하는 새로운 건물 유형이다. 오늘날 미국에 있는 10만 개 이상의 보육시설 대부분이 과거에 있었던 틀과 매우 빠듯한 예산으로 공간을 만들었다. 교회 지하실, 슈퍼마켓, 그리고 자투리 공간으로 보육시설을 만들었다. 보육시설 단독으로 세워진 건물은 그 사례가 없었다. 대부분 급히 서둘러 짓고, 아동과 교사의 요구보다 소유권자의 요구에 맞추어 설계되었다.

많은 건축가, 보육전문가들은 아동 보육을 위한 공간을 제공하기 위한 과업에 직면하였고, 그것을 하기 위해 모범시설을 방문하고, 적절한 방법을 찾으려 노력하였다. 그러나 초등학교를 모델로 보고 노력한 것은 잘못된 생각이었다. 초등학교는 말을 못하는 영아나, 걸음마를 배우는 영아들, 배우기 위해 움직임이 필요한 유아에게는 적절하지 않다. 새로운 보육시설을 디자인하는 팀은 실제적으로 각각의 새로운 상황을 위한 전략을 만들어야 한다.

미국에서 아동 보육은 지역사회보다 오히려 가정의 책임으로 간주해 왔기 때문에 아동발달에 시설적 환경의 영향성에 대한 관심이 거의 없었다. 시설 디자인과 아동의 욕구 간 관계에 대한 연구는 아직 많지 않고, 보육 프로그램에 미치는 시설 디자인의 영향과 아동발달을 고려한 연구도 거의 없다. 그것은 환경이 대부분 발달과 관련되어 있다고 설명하는 것이 어려울 뿐 아니라 환경의 영향성은 정책에 의해 조정되어 왔기 때문이다. 물리적 환경은 행태환경, 즉 교수법, 교육철학, 사회경제적 지위 등과 분리될 수 없다. 물리적 환경은 아동의 발달에 영향을 미친다. 그래서 보육시설 디자인을 하기 위해서는 아동이 어떻게 발달하고 그들이 요구하는 것이 무엇인지 이해해야 한다.

3. 아동의 요구 : 보육시설 디자인 기초

전문가들은 생애 초기 3~5년이 인성 발달, 신뢰감, 그리고 세상을 바라보고 어울리는 방법 등이 형성되는 시기라고 생각한다. 아동의 건강한 발달은 무엇보다도 안정된 환경에서 적어도 한 명의 성인이나 소수의 친척들로부터 인격적 대우와 애정 어린 보살핌을 받을 때 가능하다. 보육교사와 보육 프로그램도 중요하지만, 보육시설 디자인이 보육교사와 아동 간의 관계를 촉진시키거나 방해할 수도 있다. 보육시설의 물리적 환경은 아동을 돌보는 일을 용이하게 하여 교사들이 계속 머물고 싶도록 즐거운 환경을 만들 수도 있고, 또는 교사에게 부담을 주고 지치게 만들어 이직하게 할 수도 있다. 보육시설 디자인에 있어서 가장 유념할 점은 아동 개개인에게 일관성 있고, 친밀하고, 예측 가능할 수 있도록 설계하는 일이다.

아동은 일관성 있고 개인적인 양육에 대한 요구 이외에 네 가지 기본 환경적 요구를 가지고 있다. 즉, 자유롭게 움직일 수 있는 환경, 심리적으로 안락한 환경, 스스로 할 수 있는 유능감을 주는 환경, 그리고 자신을 통제하고 조절할 수 있는 환경을 원한다. 보육시설을 디자인할 때 이 네 가지 환경 요구를 유념하고 특히 실내 환경에 있어서도 이 요구조건을 기억하는 것이 가장 최적의 환경을 제공할 수 있다.

1) 움직임을 촉진하는 환경

아동을 위한 디자인의 필수 조건은 실내외 어디서나 대근육 운동을 할 수 있도록 하는 것이다. 전체 분위기는 안전하고 인내할 수 있는 범위 내에서 움직임을 유발할 수 있도록 한다[5]. 움직임은 아동이 스스로 자유로운 공간에서 위치를 정하고, 자신의 경계를 만들며, 다양한 영역에 접근하고, 자신의 능력을 탐색하게 한다. 게다가 움직임은 모든 인지발달의 기초가 된다.

움직임을 촉진하는 환경

성인은 아동이 각각 움직이는 것을 산만하고, 성가시게 생각한다. 그래서 실내에서 아동의 움직임을 통제하려고 보육교사들은 대근육 운동기구들도 없애고, 아동의 활동 영역을 제한하거나 의자, 침대, 플레이팬에 아동을 앉아 있게 한다.

아동은 너무 많이 제한하면 좌절하게 되고, 배우고자 하는 의도가 부적절하게 표현된다. 즉, 의자에 앉아서 안절부절 못하거나, 끊임없이 만지지 못하게 하는 물건에 손을 대려고 할 것이다. 이런 행동이 반복되고 정해진 규칙을 어기면, 교사는 아동에게서 비행의 원인을 찾기 시작하여 동기부족, 주의력 결핍, 과잉행동과 같은 문제를 의심하게 된다. 그러나 그것은 움직일 수 있는 기회가 제한되었기 때문에 야기되는

5) 몬테소리는 아동의 신체를 '도구(instrument)'로 생각하고 아동 자신이 스스로 신체를 조절하도록 도와주는 디자인을 고려하였다.

행동과 학습의 문제이다. 보육실은 대근육 활동을 위한 오르기, 로프트, 움직일 수 있는 공간, 그리고 쉽게 옮길 수 있는 놀이기구를 실내에서 할 수 있도록 설계되어야 한다. 또한 실외에서 움직일 수 있는 기회는 아동의 활동욕구와 교사의 통제욕구 사이의 긴장을 해소할 수 있다.

2) 안락함을 지원하는 환경

주변의 물리적 환경에서 안락함을 느낄 때, 아동은 주변에서 일어나는 일이나 사물에 관심을 가지게 된다. 여러분이 편안함을 느낄 수 있는 장소를 생각해 보면, 대부분 이러한 환경은 모든 감각을 적절하고 다양하게 자극해 준다.

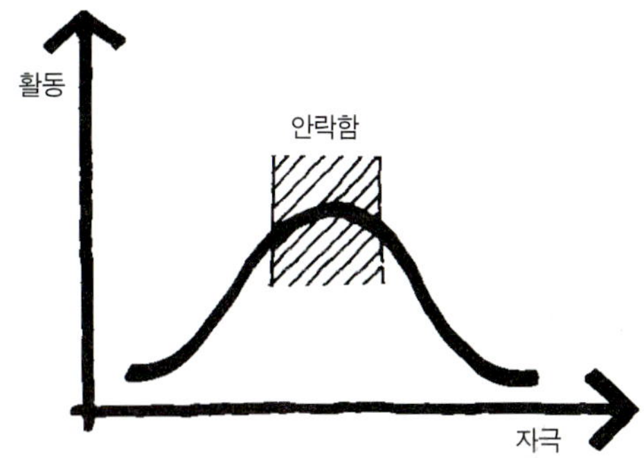

그림 1.2 적정 수준의 자극은 안락함을 주고 적절히 활동하도록 한다.

우리의 감각기관은 일정한 상태를 감지하기보다 자극의 변화에 민감하게 반응한다. 그러므로 정적이고 불변하는 건축 환경에서조차 움직임과 변화가 요구된다. 지나친 자극은 아동을 놀라게 하고, 방향감각을 잃게 하지만, 적당히 다양한 움직임을 주는 적정 수준의 자극은 '안락함' 을 느끼게 한다.

그림 1.2의 도표와 같이 행동은 자극이 너무 많거나 너무 적을 때보다 적정한 자극 수준인 '안락함' 을 나타내는 수준이 최적의 상태임을 보여 준다. 활동성은 자극이 증가함에 따라 증가되는 경향이 있지만, 어느 시점에 이르면 너무 많은 자극은 활동성을 감소하게 한다. 사실 자극이 부족하거나 지나칠 때 나타나는 행동은 동일하게 보이기 때문에, 흔히 교사들은 아동의 무관심이 지루함인지 또는 과도한 자극 때문인지 이해하기 어렵다.

안락한 환경은 너무 동일하거나 너무 대비되어서도 안 된다. 피스크와 매디(Fiske & Maddi)는 '동일성 가운데 변화' 를 제공하라고 한다[6]. 자연은 동일성 내에서 변화의 개념을 보여 주는 가장 좋은 예다. 산들바람의 소리, 졸졸 흐르는 시냇물, 흔들리는 나뭇잎 사이로 비치는 빛은 우리에게 안락함을 주는 것들이다. 아름다운 자연환경에서 느끼는 편안한 감정은 아마도 인간의 생리학적 리듬과 유사하게 변화하는 자연의 리듬에 기인한 것이다. 아동 또한 이러한 것을 감지할 수 있기 때문에, 실외에서의 확장된 경험이 필요하다.

---

6) D. W. Fiske and S. R. Maddi(1961). *Functions of Varied Experience*. Homewood, IL: Dorsey.

안락함을 지원하는 환경

이와 대조적으로 대부분의 보육시설은 감각적 자극이 지나치거나 혹은 부족하다. 길고 단조로운 복도, 차가운 타일 바닥, 동일한 책상과 의자들, 눈부신 형광 조명, 난잡하게 걸려 있는 그림, 어디에나 있는 밝고 혼란스런 색과 패턴들은 '질병'을 악화시킬 것 같은 느낌을 준다.

동일성 가운데 변화를 줄 수 있는 다양한 디자인 방법들이 이 책 전체에 소개되고 있다. 가장 중요한 것은 크기, 바닥 높이의 변화(바닥 차), 천장 높이, 조명, 마감재의 질감의 변화와 같은 건축요소를 다양화하는 것이다. 그리고 카펫, 소파(카우치), 쿠션과 같은 부드러운 요소로 변화를 줄 수 있다. 또한 보육실마다 여러 가지 다른 장소, 즉 따뜻하고 아늑한 곳, 딱딱하고 단조로운 곳, 어둡고 밝은 곳, 시끄럽거나 조용한 곳을 위한 독립된 '장소'를 만들어 준다. 다양한 공간은 아동이 온종일 변하는 감정과 분위기에 적합한 자극을 찾도록 해 줌으로써 지루함과 불편함을 해소해 준다. '다양성은 삶의 활력소'라는 것은 안락한 디자인을 하고자 할 때 기억해야 할 좋은 격언이다.

3) 유능감을 지원하는 환경

아동이 주변의 일상생활에 잘 적응할 수 있다고 느끼는 것이 필요하다. 주변 환경은 아직 미숙하고 작은 체구의 아동을 끊임없이 위협하고 좌절하게 한다. 예를 들면 조명 스위치는 너무 높고, 수도꼭지는 돌리기에 너무 단단하고, 진흙은 너무 무거워 다루기 힘들다. 유능감을 지원하는 환경은 아동의 욕구를 충족시키고, 과업을 쉽게 수행하고, 아동 스스로 연장과 재료를 다루고, 자유자재로 이동할 수 있게 움직임을 조절하도록 도와준다.

아동이 유능하게 작업할 수 있도록 능력을 높여 주는 세 가지 설계방법은 다음과 같다.

유능감을 지원하는 환경

- **할 일을 다양하게 제공한다** : 아동이 스스로 할 수 있는 일을 찾고, 일을 통하여 자신을 표현할 수 있게 해준다.
- **장소를 다양하게 제공한다** : 집단의 크기를 줄이고, 아동이 각 활동의 한계와 가능성을 인식하도록 도와준다.
- **물건과 장소를 잘 배치하여 접근성을 좋게 한다** : 아동의 사용을 유도하고, 집중할 수 있게 도와주며, 생각을 명확하게 하고, 행동할 수 있도록 도와준다.

4) 조절감을 기를 수 있는 환경

이 환경은 사적인 공간을 제공하고, 예측할 수 있고, 공간 안에서 신체를 적절히 조절하고 통제할 수 있게 하는 것이 중요하다.

(1) 사생활

성인들은 보육환경에서 아동 전체를 한 눈에 보고 즉시 접근할 수 있어야 하기 때문에 아동의 사적인 생활을 흔히 무시한다. 그러나 성인과 마찬가지로 아동들도 휴식할 수 있는 개인 장소가 없을 때 고통스러워한다. 창문 아래 앉을 곳, 플랫폼[7], 벽장, 그리고 아늑하게 둘러싸인 작은 공간은 개인적으로 쉴 수 있는 이상적인 장소이다. 이러한 설계는 아동의 접근성과 사생활에 대한 욕구 간의 균형을 제공해 준다.

7) 플랫폼(platform) : 바닥에서 한 단 높이에 넓은 수평면(단)을 설치하여 바닥과 차이를 주는 형태이다.

사생활은 조절감의 일부이다.

(2) 예측 가능성

시설 같은 환경은 본래 예측 가능하지 않다. 즉, 다음에 어떤 일이 일어나는지, 누가 도착할 것인지, 목적이 무엇인지 확실하지 않다. 예측 불가능함은 아동의 불안을 증가시킨다.

잘 설계된 보육시설은 아동이 '이해' 할 수 있다. 예를 들어 방에 들어가면 아동은 먼저 "내가 여기에 어떻게 들어왔지?, 어떻게 나가야 하지?, 여기와 연결된 다른 공간은 무엇이지?" 에 대해 알고 싶어 한다. 몇 개가 연결된 상자 같은 방 또는 너무 많은 벽으로 둘러싼 작은 방은 지나친 물리적 자극이나 시각적 정보만큼 아동을 혼란스럽고 불안하게 하며, 주변과 격리감을 느끼게 한다. 창과 문은 이러한 문제를 해결하고, 정보를 제공하는 역할을 한다.

예측 가능한 공간은 전망을 볼 수 있거나 높은 곳이 있어서 방 전체를 볼 수 있고 앞으로 일어날 일을 예상할 수 있다. 로프트와 바닥 높이의 변화(바닥 차)를 주는 디자인이 바로 예측 가능한 공간을 제공하기 위한 것이다. 예측 가능성은 창문이나 유리로 된 낮은 벽, 적절히 조절되는 조명과 소리, 대담한 그래픽에 의해 증가될 수 있다.

(3) 배 치

등 뒤에 기댈 수 있는 벽은 환경적 조절감을 준다. 성인은 대체적으로 책상과 의자를 벽에 기대어 놓거나 구석에 놓지만, 아동은 방 한 가운데 앉아 있게 하여 불안하게 한다. 아동에게 안정성과 조절감을 주기 위해서는 방의 가장 아늑한 장소에 등을 벽에 기댈 수 있도록 해주어야 한다.

예측 가능성은 아동의 조절감을 높인다. 이 같은 높은 자리에서 아동은 방 전체를 둘러볼 수 있고 구멍을 통해 볼 수 있고, 창문을 통해 안으로 들어오는 방문객을 미리 볼 수 있다.

5) 네 가지 요구의 조화

보육시설의 디자인은 움직임, 안락함, 유능감, 조절감의 요구를 충족시키고, 이러한 네 가지 욕구의 조화가 필요하다. 어느 한 요구가 제한된다면, 다른 요구가 증가되도록 해야만 한다. 예를 들어 아동에게 집단 모임에서 조용히 앉아 있기를 원한다면 주의를 집중할 만한 흥미로운 것을 제공하고, 앉을 수 있는 안락한 장소와 방 전체를 고려한 전망이 제공되어야 한다. 아동에게 부적절하고 움직일 수 없으며 조절할 수 없는 환경을 한꺼번에 제공하여 무능력하게 하면, 그 다음 안락함을 더 많이 요구하게 된다.

4. 이론과 실제

성장기에 있는 아동이 시설적인 환경에서 보육됨으로써 보육시설이 집보다는 미래 아동을 양육하는 '주거지(habitat)' 가 된다. 양질의 보육시설 디자인이 건축가와 실내 디자이너, 개발업자, 법인회사에 대한 중요한 사회적 요구로 대두되면서, 보육전문가와 교육자들이 이에 대해 책임져야 할 필요가 있다. 이 책은 설계에 대한 지침을 제공하고, "우리는 진정으로 아동이 어떻게 자라기를 바라는가?" 라는 심도 있는 질문에 대한 문제를 생각하게 한다.

1) 사고에 따른 행동

심리학에서는 "행동은 사고에 의한 것이다(Action follows thought)." 라고 말한다. 우리는 먼저 행동한 다음 나중에 우리가 한 행동에 대해 생각하지만 행동에 앞서 정신적인 구조, 즉 생각, 신념, 느낌이 없이는 행동할 수 없다. 반대로, 행동은 행동하기 전의 사고가 반영된 것이다. 행동을 바꾸기 위해서는 먼저 사고나 신념이 변화되어야 한다.

감각적인 변화가 적고 자연환경이 제공되지 않는 콘크리트 상자 안에서 아동을 키우다 보면, 자연은 그다지 중요하지 않게 생각되고, 삭막함이 아동을 해치지 않을 것이라고 믿게 된다.

보육시설 디자인이 지닌 중요한 문제는 우리의 제한된 시각과 상상력에 있다. 이상을 추구하는 대신에 현재 상황, 예산 그리고 시간을 고려하는 경향이 있다. 흔히 최소한의 기준은 아동의 복지가 위험한 수준 이하인 최하 수준에서 목표를 설정한다. 비타민의 일일 최소 요구량이 건강 또는 수명에 충분하지 않은 것과 같이, 최소한의 자격 요건은 발달적으로 적절한 보육시설을 보장하지 못하고, 단지 최소한의 적정시설일 뿐이다. 만약 우리가 원대한 가능성과 목표를 높이기보다는 최저 수준에 기준을 맞춘다면, 우리는 단지 요구하는 것만을 할 것이다.

아동이 넓게 움직이고, 물과 물감을 마음대로 가지고 놀며, 조화로운 음악소리를 듣고, 신기한 냄새를 맡으며, 놀랄 만한 감촉을 느낄 수 있는 건물을 설계하는 간단한 방법이 있다. 그것은 기회와 가능성에 신뢰를 주는 건물을 설계하는 것이며, 이는 우리 아이들을 기르는 것을 이해하고, 설계 전 과정에 이러한 인식이 적용되도록 하는 것이다. "뜻이 있는 곳에 길이 있다." 라는 것을 전제하고 일을 할 때, 아동에게 진정으로 줄 만한 가치 있는 것이 만들어질 수 있는 기회가 생길 것이다.

끝으로 우리의 태도와 신념은 우리 아이들에게 남길 수 있는 유산이다. 설계에 반영된 우리의 생각은 다시 아동에게 자신과 삶에 대한 신념을 형성하게 한다.

2) 디자이너의 역할

중요한 것은 아동을 위한 환경을 디자인하는 것이다. 보육시설을 만드는 일은 다른 설계와 다르다. 사회의 미래는 우리 손에 달렸다. 아동은 보육시설을 스스로 선택할 수 없으며, 어쩔 수 없이 가족을 떠나 보육시설로 가는 것이다.

아동에게 유익한 장소를 만들고자 하는 정신이 이 책의 주제이며, 이러한 정신은 더 많은 것을 의미한다. 이것은 모든 선택과 결정에 대한 문제로 고객의 만족, 스케줄 그리고 예산에 관한 것뿐 아니라 아동의 복지에 관한 것을 의미한다. 그리고 제한된 자원으로 최대한의 효과를 얻기 위한 방법을 찾는 것이다. 다시 말하자면 아동의 정신(spirit)을 감소시키는 문제에 대해서는 분명히 "아니오" 라고 대답하고, 실행 가능하고 문제를 해결할 수 있는 대안적 방법에 대해서는 "예" 라고 말하는 것을 의미한다. 그것은 문제되는 것을 조정하여 만족할 만한 높은 수준에 도달하고자 하는 것으로 비전과 시간, 에너지, 실행을 의미한다.

제2장

장소성

If only our own faces would allow the invisible carver's hand to bring the deep grain of love to the surface.
If only we knew as the carver knew how the flaws in the wood led his searching chisel to the very core, we would smile too, And not need faces immobilized by fear and the weight of things undone.

— *David Whyte, The Faces At Braga(excerpted)*

디자이너의 목표는 유년 시절의 매력적이고 신비로움을 온전히 표현할 수 있는 자유롭고 기쁨에 넘치는 장소를 만들어 주는 것이다. 장소성을 위한 디자인은 아동의 영혼을 즐겁게 한다. 그것은 단순한 '설비' 를 제공하는 것이 아닌 아동의 요구가 충족되는 곳이다.

'장소' 라는 것은 직관적으로 알 수 있는 '어떤 것' 이며, 여기서 말하는 장소성은 생기 있고 두렵지 않은 곳을 의미한다. 그러한 장소는 평화와 흥분, 행복과 고통, 약함과 강함, 불완전과 완전함이 혼재한다. 그곳에는 가슴으로 노래하고 영혼을 즐겁게 하고 몸을 안전하고 편하게 느끼게 하는 완전함이 있다. 그곳은 감각을 확장하여 사랑스럽고, 창조적이고, 인간적인 것과 교류하면서 기억할 수 있게 하는 장소이다.

아동은 감각을 통하여 세상의 풍요로움을 마음으로 받아들인다. 아동 주변에 있는 모든 것, 즉 반짝이고, 거품이 일고, 끈적끈적하고, 미끈미끈하고, 크고, 작고, 납작하고, 빛나고, 부드럽고, 거칠고, 무겁고, 미세하고, 큰소리가 나고, 속삭임 등은 아동의 신체와 정신적인 발달에

영혼이 살아 있는 장소성이 있는 곳

좋은 '양식' 이 된다. 장소성이 부족한 건물은 아동의 발달에 부정적인 영향을 준다. 그런 곳은 아동이 원하는 감각적인 풍부함이 부족하다.

장소성은 설명하기 쉽지 않다[1]. 그 장소는 동일하지도 않으며, 똑같은 요소로 만들어져 있지도 않다. 신비함은 특정 장소에, 독특한 방법으로, 특정 시간에 모이는 요소들이 결합하여 독특한 결과를 만들어 내는 현실에서 비롯된다. 이것을 설명하기 어려운 것은 우리가 그것을 경험할 때 비로소 그것이 있는 것을 알기 때문이다.

1. 디자인의 단서 : 유년 시절 회상하기

아동을 보육하는 장소에는 아동의 호기심과 순간적인 감수성을 존중해 주어야 한다. 불행하게도 성인들은 '문명화' 되고 감정이 억제되어 있다. 특히 훈련된 디자이너는 틀을 벗어난 사고를 하기 어렵다. 노트 2.1에 제시된 내용은 아동의 시각에서 볼 수 있도록 도와준다. 편안한 상태에서 어린 시절로 돌아가, 유년 시절 다음의 세 가지의 상황을 회상하면서 서서히 질문해 본다.

- 특별히 좋아했던 장소
- 싫어했거나 불편했던 장소
- 좋아했던 성인과 연관된 특별한 장소

1) 크리스토퍼 알렉산더는 이것을 '분명하게 설명할 수 없는 좋은 것(the quality without a name)' 이라고 하였다.

노트 2.1 아이가 되기 : 시각화

가능하면, 여러분이 눈을 감고 앉아 있는 동안 누군가 다음 문장을 읽어 준다. 각 문장 사이에 잠시 쉬고 상상을 한다. 꿈을 꾸는 시간을 천천히 가져 본다. 도와줄 사람이 없다면, 다음 문장을 녹음기에 녹음하거나, 여러분 자신이 먼저 간단히 읽어 본다. 그런 다음, 두 눈을 감고 기대앉아서 제시한 것을 상상하는 시간을 가진다.

☑ 여러분이 어린 시절을 기억할 수 없다면, 여러분이 알고 있는 사랑하는 아이의 입장에서 생각해 본다.

편안하게 앉아서, 눈을 감고, 깊은 숨을 쉬고 일상적인 일은 잊고, 안정감을 느낄 때까지 숨쉬기에만 집중하며, 2~3분 동안 평화롭게 앉아 있는다.

이제 여러분의 어린 시절을 상상하라. 작은 발과 손을 보면서, 작은 몸과 가벼움을 느껴 보라. 여러분의 이름이나 별명이 있을 것이다. 무엇을 입고 있는지, 머리는 어떻게 잘랐는지, 어떤 신발과 양말을 신고 있는지 주목하라. 아침에 타이나 허리띠를 했는지, 도움은 받았는가? 여러분의 특별함, 독특함, 버릇을 가진 작은 아이가 된 것을 마음껏 즐겨라.

여러분이 어렸을 때, 놀러 갔던 **가장 좋아하는 장소**를 걸어 보라. 이 장소의 크기, 모양, 빛의 특성, 여러분에게 의미 있는 소리, 냄새, 질감, 소중하게 여긴 것의 특징에 대한 모든 것에 주목하라. 그 기억에 빠져 보고 바라보라. 좋아하는 곳으로 돌아가서 거기서 노는 시간을 가져라. 여러분이 좋아하는 일을 하고, 만들고, 행동하는 것을 보면서 마음껏 즐겨라.

여러분이 좋아하는 장소에서 마음껏 즐긴 후, 떠날 준비를 하라. 여러분에게 주어진 즐거운 시간과 기억에 감사하라. 여러분이 원할 때 언제든지, 상상 속으로 되돌아 올 수 있다는 것을 생각하라. 작별인사를 하고 어린 시절의 기억에서 나오라.

이제 여러분은 아이로 돌아가서 **좋아하지 않았던 장소**에 대해 질문해 보라. 그것은 겁을 먹었던 곳이거나, 나쁜 기억이나 슬프게 느낀 곳일 것이다. 좋아했던 장소와 달리 오랜 시간을 보내지 않거나 자주 가지 않는 곳이다. 그 곳의 모양과 크기, 빛, 질감, 색, 냄새, 소리, 감동을 주지 못하는 사물을 주목해 보라. 여러분의 용기를 좌절시키고, 다시 가고 싶지 않게 하는 특성의 경험과 느낌이 있다. 여러분의 감정에 호소하는 장소의 특성이 있는지 생각해 보라. 잠시 머무른 다음 떠날 준비를 하여라. 여러분의 생활에 좋아하지 않는 일이 다시 생기지 않도록 경험하게 한 것에 감사하면서 작별인사를 하고 떠나라.

이제 여러분에게 특별하고 좋아했던 장소에 대해 질문해 보라. 그러나 이번에는 여러분에게 많은 영향을 준 **좋아하는 성인과 함께 한 장소**이다. 이 성인은 여러분의 인생에 매우 중요하고, 그 장소에 갈 수 있다는 것을 기뻐하라. 이 사람은 누구이며 어느 곳인지 주목하라. 무엇을 하고 있으며, 특별히 함께 한 것은 무엇인가? 빛과 색, 질감, 냄새, 소리와 공간의 특성은 어떠한가? 의미 있는 물건이나 사건이 있는가? 특별한 장소에서 좋은 사람과 함께 한 시간을 즐겨라. 기분 좋게 오랜 만남을 가져라. 여러분의 삶에 많은 것을 준 그들에게 큰 포옹과 감사를 전해라. 항상 그들은 여러분의 일부이며 마음속에 부드럽게 간직하고 있음을 말해주라. 여러분의 상상 속에 그들이 다시 올 수 있다는 것을 알면서 작별인사를 하라.

이제 어린아이인 자기 자신을 보면서 감사하라. 아동을 위해 장소성이 깃든 디자인을 할 때 자주 이러한 생각을 하라. 그들의 도움이 정말 필요하다고 말하라. 그들에게 감사의 큰 포옹과 함께 작별인사를 하라.

여러분은 다시 제자리로 돌아와 앉아서 인식을 깨워라. 여러분의 손가락과 발가락을 움직여서 준비가 되었을 때, 눈을 뜨라. 그 다음, 큰 종이와 크레용을 가지고 여러분이 상상했던 세 가지의 상황을 그리라. 이 간단한 스케치는 여러분의 영원한 안내자가 될 것이다. 그들을 절대로 잊지 말고, 그들과의 관계를 절대 잊지 말라.

이런 연습은 디자인 활동의 중요한 첫 단계이다. 본문을 살펴보기 전에 유년 시절로 돌아가서 생각할 수 있도록 여유 있는 시간을 가지기를 바란다.

1) 좋아하는 장소의 특성

몇 년 동안, 건축가, 디자이너, 교사, 부모, 심리치료 전문가, 심리학자, 행정가와 같은 수많은 사람들이 이 시각화 연습에 참여하였다. 프로젝트의 임무나 연령, 성별, 참여자의 사회경제적 지위에 관계없이 결과는 매우 비슷하였다. 가장 좋아하는 장소는 '실외 공간' 이었다. 그 중 가장 많은 사람들이 특별한 특성을 가진 큰 나무(나무의 마디, 길고 굽은 가지 등)를 언급하였다. 아동에게 나무는 그 아래에서 전체 조망을 보면서 오래, 편안하게 혼자 보내는 곳이었다. 많은 사람들은 시냇가, 강, 호수, 바다와 같은 물속이나 물가에서의 놀이를 기억하였다. 어떤 사람들은 바위나 잔디 덮인 언덕, 황금빛 햇살, 넓은 들판, 꽃밭, 그물 침대, 그네, 동물들을 좋아하였다. 또 일부 사람들은 은신처, 헛간, 건물 밖 작은 장소, 계단 아래 또는 방화벽 사이, 개인 침실, 다락방, 계단참 등을 좋아했다.

아동은 세상의 풍성함을 감각적으로 받아들이기를 좋아한다.

이와 같이 좋아하는 장소가 다양함에도 불구하고, 다음과 같이 일반적으로 공통된 특성이 있다.

- 자연과 관련된 곳
- 감각적으로 풍요로운 곳
- 영역성과 소유권이 인정되는 곳
- 사적이고 외부침입이 통제되는 곳
- 아무것도 하지 않아도 나의 존재가 강조되는 곳
- 규제나 스케줄 없이 자유롭게 놀 수 있는 곳
- 성인에게서 신뢰받을 수 있는 곳

참가자들은 아동으로서 조절감을 기억하고 있었다. 그들은 무엇을 할 것인지를 선택하고 탐색하면서 대담해지고, 위험을 감수하면서 활동에 빠지게 되었다.

2) 싫어하는 장소의 특성

싫어하는 장소의 공통된 특성은 좋아하는 장소와 반대되는 경향이다.

- 실내이며, 어둡고 익숙하지 않은 곳
- 불편하고 예측할 수 없는 곳
- 사생활, 자유, 신뢰, 탐색이나 움직임이 부족한 곳

일반적으로 이러한 기억들은 감각적 자극이 극단적이다. 너무 덥거나 너무 춥고, 너무 크거나 너무 작고, 너무 밝거나 너무 어둡다. 이 장소들은 감각을 어루만지기보다 아동을 지겹게 하는 곳이다. 극단적인 것은 지루하게 하거나 지나치게 흥분하게 하는 경향이다. 그래서 이러한 기억들은 무력감을 느끼게 한다.

3) 좋아하는 성인과 함께 한 장소의 특성

좋아하는 성인은 아동에게 특별한 느낌을 준다.

아동기에 좋아하는 성인은 흔히 조부모 또는 친척, 때로는 엄마나 아빠이다. 이 같은 성인의 공통적 특징은 무조건적인 사랑과 아동에 대한 깊은 관심이며, 가치 있는 일을 1 : 1로 같이 해준다. 또한 아동과 요리나 목공, 보트 만들기, 티파티, 낚시, 정원 가꾸기, 하이킹 등을 함께 한다.

좋아하는 성인은 아동을 동등하게 대우하는 경향이 있다. 틀에 박히지 않고, 규제가 적고, 같이 지내는 시간이 많고, 이해를 많이 해준다. 다른 성인이 금지하는 위험한 도구나 물건, 약하고 소중한 물건을 다룰 수 있는 기회를 아동에게 준다. 시간을 함께 보내거나 아동에게 성인이 하는 일상적인 활동을 할 수 있게 해준다. 그리하여 아동은 성인의 일에 매력을 가지게 되고 스스로 알게 되며, 그것을 함께 나누면서 좋아하는 성인에게 특별한 느낌을 가진다.

예컨대 좋아하는 성인의 장소의 특징은 다음과 같다.

- 동등함
- 규제와 일상에서 벗어나는 자유로움
- 신뢰감
- 유대감
- 특별한 느낌

2. '집' 과 같은 어린이집 만들기 : 주거 모델의 보육시설

좋아하는 장소는 '집' 과 유사하게 보호감, 소속감, 친밀함, 익숙함, 안정성, 예측성, 편안함, 자유로움, 선택, 자율, 휴식, 자기표현, 사생활, 영역성, 개성, 개인과 가족 역사의 기억 및 상징과 연관된 특징을 지니고 있지만, 집과 같은 어린이집을 만들고, 그것이 보육시설과 어떻게

아동은 혼자 있을 수 있는 시간이 필요하다.

다른지 결정하거나 동의하기는 쉽지 않다.

그럼에도 불구하고, 대부분의 사람들은 집과 보육시설이 매우 다른 건물 형태라고 생각할 것이다. 보육시설은 집의 외부에 있고, 가족보다 더 많은 집단을 대상으로 하고, 집이나 주택보다는 학교, 요양원, 작은 시설과 더 비슷하다고 생각한다. 그러나 최근 들어 신생아실, 양로원, 병원과 같은 보호를 위한 시설 환경은 좀 더 집과 같고 시설 같지 않은 장소를 원하는 사용자의 요구를 반영하고자 설계에 '주거적' 인 요소를 점점 더 통합하려고 한다. 보육시설의 경우도 집과 같은 환경으로 하는 것이 바람직할 뿐 아니라 필수적이어야 한다.

오랫동안, 어린 아동은 '복잡한' 세상에 적응할 수 있을 때까지 가정의 '신성한' 영역에서 보호받아 왔다. 이 시기는 가족과의 관계 형성과 주택의 건축적 특징에 의해 개인의 정체성과 자아 형성에 매우 중요한 시기이다. 서구 사회에서 집은 자신의 거울[2]로서, 기본적인 신뢰감, 자율성, 주도성 발달[3]의 기초가 학교 가기 전에 가정에서 형성된다고 생각하였다.

어린 시절 아동은 사랑하는 성인의 감독 아래 안전한 장소에서, 사물에 대한 구조를 형성하고 움직이고자 하는 열망과 기회를 요구한다. 다시 말하자면, 아동은 '가정과 같은' 것을 요구한다.

보육시설에서 성장하는 것은 가정에서 성장하는 것과 같지 않다. 가정에서 하는 아동의 놀이는 보육시설에서 하는 것보다 더 편안하고, 자기 표현적이고 복합적이라는 연구결과가 있

2) Clare Cooper Marcus(1995). *House as a Mirror of Self: Exploring the Deeper Meaning of Home.* Berkeley, CA: Conari Press.

3) E. Erikson(eds.) (1963). *Childhood and Society.* New York: W. W. Norton & Co. Inc..

다[4]. 아무리 작은 집이라도 조용한 장소가 있고, 자신의 주장을 할 수 있으며, 강제성이 덜 하다. 아동은 놀이를 위해 다른 방, 즉 부엌, 욕실, 거실, 식당을 쉽게 사용할 수 있다. 아동은 자유롭게 놀이에 필요한 물건과 기구를 다양하게 이용할 수 있다. 그리고 성인은 놀잇감을 제공해 주면서 자아 정체성을 표현하도록 도움을 준다.

반면, 보육시설은 아동이 개인적 선택을 할 수 있는 방이 적으며, 통제적이고 구조화된 프로그램으로 되어 있다[5]. 보육시설에 있는 공간과 놀잇감은 다른 사람과 함께 사용해야 한다. 물리적 환경, 활동, 시간 등 생활의 모든 것이 외부에 의해 조정된다.

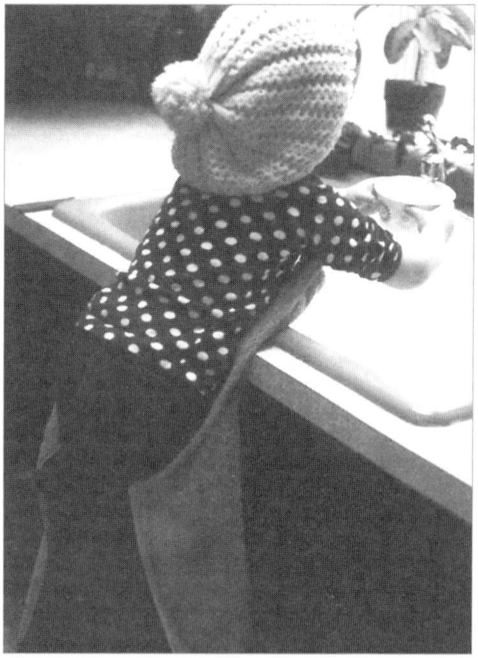

집에서 아동은 일상 활동에 쉽게 접할 수 있다.

가정에서는 성인들과 일상생활을 자연스럽게 하면서 아동이 쉽게 대화할 수 있는 기회가 제공된다. 아동은 우편배달부와 다양한 서비스 직원을 만나 인사하고, 그들이 하는 일을 자연스럽게 배운다. 이와 반대로, 보육시설은 인지 학습과 집단 사회 기술에 중점을 두며, 대화는 간결하고, 이름 붙이기와 분류하는 것에 초점을 둔다. 행동은 명확하지 않고 추상적이다. 예를 들어, 아동에게 '지역사회 조력자' 에 관해 가르치지만, 그들을 만날 수 있는 기회는 거의 없다.

주택은 일반적으로 일상적인 활동을 하는 방이 인접해 있지만, 보육시설은 한 장소에서 다른 장소로의 이동이 일정하고 상징적인 복도가 있다. 옷을 입고, 갈아입고, 욕실을 사용하고, 단장하는 것 같은 사생활이 보육시설에서는 다른 사람에게 완전히 노출된다. 게다가 8~18명의 아동들과 물건을 함께 사용해야 하고, 협동하지 않으면 질책을 받는다. 시야에서 벗어나거나, 지정된 장소에서 나가거나, 쉬려고 생각에 잠기는 아동은 문제아로 의심을 받거나 부주의하고 무관심한 아동으로 불릴 것이다. 사회성을 강요하는 지속적인 감시와 사생활의 부재는 '가정에서' 하는 경험을 하지 못하게 한다.

장소성을 지닌 곳은 프로그램 관리와 통제를 하는 시설적인 경향이 적다. 학교보다 집과 같

4) E. Prescott(1987). "The Environment as Organizer of Intent in Child-Care Setting" in C. Weinstein, and T. G. David, *Spaces for Children: The Built Environment and Child Development.* New York: Plenum Press, pp. 82–86.

5) Maxine Wolfe and Leanne G. Rivlin, "The Institutions in Children' s Lives". in *Spaces for Children*, p. 103.

이 설계한 보육시설은 유년 시절 보냈던 전형적인 놀이터보다 비형식적인 자연스러움이 있다. 그러한 환경은 가정과 보육시설의 특성을 가진 '존재'의 자유로움과 '학습'의 기회를 모두 제공할 수 있다.

우리가 디자인한 보육시설을 보증하기 위해 성인들의 기억에서 아동기의 '좋아하는 장소'를 디자인하고, 보육시설 디자인에 주택을 모델로 하여 주거 요소를 통합하는 것이 이 책의 핵심이다. 이 모델의 예는 19장에서 다루고 있는 '미래의 보육시설 모델'로, 이 책 전체에 소개되고 있다.

그러므로 이러한 보육시설이 지금 신뢰성, 자율성, 주도성, 자아의 발달을 위한 환경으로서 가정을 대신하려 한다면, 보육시설 환경이 가능한 한 적게 이런 발달과정에 관여하도록 해야 할 필요가 있다. 집과 같은 보육시설이 아동의 성장에 필수적인 요소를 제공할 수 있는데 보육시설을 왜 시설과 같이 설계해야 하는가?

3. 장소성 디자인하기 : 건축의 진정한 목적

건축은 아동이 원하는 경험을 할 수 있도록 만들어 주는 데 주된 역할을 한다.

건축은 재료를 사용하여 이상을 실현하는 행위이다. 그것은 기관, 디자이너, 건축주, 사회 전체의 이상과 가치를 반영한 건물을 만들기 위하여 정신과 물질을 결합한 것이다. 이것은 인간을 이용하여 물질에 정신을 불어 넣어 지상에 낙원을 가져오는 과정이다. 양심적인 건축가는 건축현장에 나온 것 같이 지상을 치유해 주는 역할을 한다.

다양한 건축 형태는 여러 가지 의미를 전달한다. 종교와 정신적 구조의 전형인 원이나 커브 형태는 '이상'을 의미한다. 삼각 형태는 기술을 나타내고, 사각 형태는 지상을 표현한다. 이상적인 보육시설은 이 세 가지 형태를 나타내며, 특히 곡선의 형태가 정신을 고양시켜 준다.

사용된 재료와 모양이 중요하지만, 가장 중요한 문제는 이상을 부여하는 것이다. 우리가 분

표 1.1 건축의 어원과 의미

어 원	의 미	대표성	상 징
ARCHI	이상	천국	○
TECH	기술	인간	△
URE	재료	지상	ㅁ

명히 원하는 것은 무엇인가? 지상에 가져다 주고 싶은 '천국' 은 무엇인가? 아동이 이해하기를 가장 바라는 것은 무엇인가? 건축가 루이스 칸은 건물은 '존재 의지' 라고 했다. 아동이 원하는 장소는 무엇인가? 혼란한 세상에 건물이 안정을 제공할 수 있을까? 자아실현을 도와줄 수 있을까? 가장 중요한, 서로 사랑하면서 독특함과 다양성을 주는 곳을 실현할 수 있을까?

1장에서 강조한 것 같이 '행동은 사고에 의한 것이다(Action follows thought)'. 궁극적으로 우리가 바라는 이상에 대한 신념과 생각이 아동을 위한 장소, 정신의 깊이와 특성을 결정한다. 그것은 무엇보다도 우리가 중점을 두고자 하는 이상에 대한 것이다.

4. 아동의 시각에서 바라보기

5세 이하의 아동은 성인과 다르게 세상을 인식한다. 성인은 중점적이고, 협소하고 목표 지향적인데 반해, 아동은 전체적이고, 넓고, 동시적인 모드를 가지고 있다. 아동은 감각과 신체를 이용하여 광범위하게 받아들이고, 모든 환경 특성을 정교하게 받아들인다. 아동은 끊임없이 주변의 색, 빛, 음, 향, 질감, 부피, 움직임, 형태, 리듬의 미묘함을 즐긴다. 깊고, 오랜 인상을 남기는 주변의 많은 감각과 장소의 미묘한 변화에 반응하는 것이 아동의 놀이이다.

> *아동은 환경을 이용하여 자신들을 향상시키고, 성인은 환경을 향상시키기 위하여 자신을 사용 한다. 아동은 과정을 위해 일하고, 성인은 결과를 달성하기 위해 일한다*[6].

아동은 성인보다 장소와 감각을 더 잘 기억한다는 연구결과가 있다[7]. 아동은 성인이 의식하지 못하는 섬세한 것에 더 깊은 영향을 받는다. 방, 놀잇감, 놀이기구는 아동이 할 수 있는 것을 말해 준다. 그러나 그것은 안전, 자존과 표현의 자유에 관한 메시지를 전달하고 아동의 감정에 가장 많은 영향을 주는 감각적인 설비들이다.

그러므로 모든 디자인은 섬세한 문제를 가지고 있다. 아동은 환경의 전체적인 통일성이 약할 때 직감적으로 반응한다. 이것을 '마음속의 인지' 라고 한다.

이러한 인식을 실천하는 가장 좋은 방법은 아동과 함께 시간을 보내고, 아동의 눈으로 세상

6) Paula Polk Lillard(1972). *Montessori-A Modern Approach*. New York: Schocken Books, p. 38.

7) E. Prescott, and T. G. David(1976). *Concept Paper on the Effects of the Physical Environment on Day Care*. pasadena, CA: Pacific Oaks College. Concept paper prepared for the U.S. Department of Health, Education and Welfare, Office of Child Development.

을 보는 것이다. 그것은 또한 생각에 몰두하여 집중할 수 있는 신체활동, 자연에서의 휴식, 명상을 하도록 도와준다. 이러한 활동을 하는 데 중요한 것은 주변의 물리적인 미세한 속성을 인식하고, 감각을 열고, 다음과 같은 질문을 해 보는 것이다.

- 이 장소에서 얼마나 많은 종류의 바람을 듣고 느낄 수 있는가?
- 내 눈에 보이는 잎의 색깔은 얼마나 많은가?
- 이 장소가 습한지, 습하지 않은지, 쓴맛인지, 단맛인지, 어떤 냄새가 나는지 맡을 수 있는가?
- 땅, 바위, 벽돌, 콘크리트 위에 앉는 것은 무엇이 다른가?
- 펜이나 종이와 같은 평범한 물건에서 특별한 것을 경험할 수 있는가?

5. 장소성의 특성

건물과 빛은 서로 상호작용한다.

먼저 장소성에 대한 유년기 경험을 시각화하고, 아동과 성인의 지각 차이를 이해하고, 장소성에 대한 일반적인 특성을 좀 더 자세히 살펴본다[8].

1) 자연 빛

하루와 계절에 따른 빛의 변화가 장소를 변화시킨다. 일광의 다양함과 미묘함인 광채, 온도, 색, 빛과 그림자의 방향은 광범위한 지각에 의해 진행된다. 이것은 시간과 공간에 적응하는 인간의 생체 리듬에 도움을 준다. 건축은 동서남북에서 오는 빛의 다양한 특성이 드러나도록 창문을 만든다.

8) 크리스토퍼 알렉산더가 제시한 '질서 원리(ordering principles)' 또는 15개의 '속성(properties)'은 스케일, 중심, 영역(경계), 반복(alternating repetition), 정형(positive shape), 보기 좋은 형태(good shape), 균형(local symmetries), 애매모호함(deep interlock and ambiguity), 대조(contrast), 변화(graded variation), 거칢(roughness), 반향(echoes), 빈(the void), 고요(inner calm), 결합(not separateness)이다. 여기에는 공간에 대해 언급하지 않았으므로 다음 문헌을 참고하기 바란다. The Natural of Order: An Essay on the Art of Building and the Nature of the Universe, 1986.

2) 동일성 가운데 변화

1장에서 언급된 것과 같이, 신경계는 안정된 상태를 감시하기보다 환경 변화에 더 적정하게 반응한다. 동일성과 변화가 없는 것이 오히려 더 부자연스럽고 유지하는 데 많은 양의 에너지를 요구한다. 자연 세계와 같이 다양한 형태의 자극과 미묘한 변화가 있는 환경이 가장 바람직하다.

3) 안 전

아동은 개인적인 안전에 큰 관심을 가지고 있으나, 위험에 대처하는 데에는 한계가 있다. 아동은 오랜 시간 동안 제한된 공간에서 집단으로 있으면서, 오랫동안 움직이지 못하게 하고 감시받는 것을 힘들어한다. 안전에 대해 계속 염려하면서 생활하는 것은 신체의 면역 시스템과 긴장을 풀 수 있는 힘, 전체적인 건강에 부정적인 영향을 줄 수 있다. 그러나 장소성을 지닌 곳은 다양한 공간, 사생활과 소집단을 위한 선택, 영역성, 주변 환경과 상호작용하면서 신체적 휴식을 할 수 있는 구석과 틈새공간을 제공함으로써 위험 신호를 줄여 준다.

4) 아름다움

장소성을 지닌 곳은 아름답고, 강력한 재생력이 있다. 물리적으로 완벽한 아름다운 장소는 심적인 완전함과 고요함을 주고, 생기가 있어 행복에 가깝고 자유로운 느낌이 들게 한다. 일반적으로 보육시설은 안전하고 깨끗하므로, 기본적인 것 이외의 미적인 고려사항은 '사치함' 으로 생각한다.

그림 2.1에서 보여 주는 디자인 연속체의 양 끝은 보육시설 디자인의 특성을 묘사하고 있다. 한쪽은 공간과 법적인 요구에 맞추기 위하여 정신이나 미적인 것이 결여되어 컨테이너 같이 만들어지는 예산에 맞춘 것이다. 다른 쪽은 부자연스런 미에 의해 만들어진 것이다. 건축가와 인테리어 디자이너들은 아동다운 환경에 대한 선입관을 가지고 있다. 이런 보육시설은 현란한 색, 불규칙한 형태로 되어 있어 짓기도 어렵고 비용도 비싸다. 이런 디자인은 좋게 보일지 모르지만 아동에게 아름답거나 편안하지 않을 수 있다. 이 두 개의 극단을 조절하기 위해서는 압도적이지 않고 기능적인 아름다움이 있는 환경을 만들어야 한다[9].

---

9) Adapted from Bruce Brook(1996). *The Child Care Design Institute*. Harvard University.

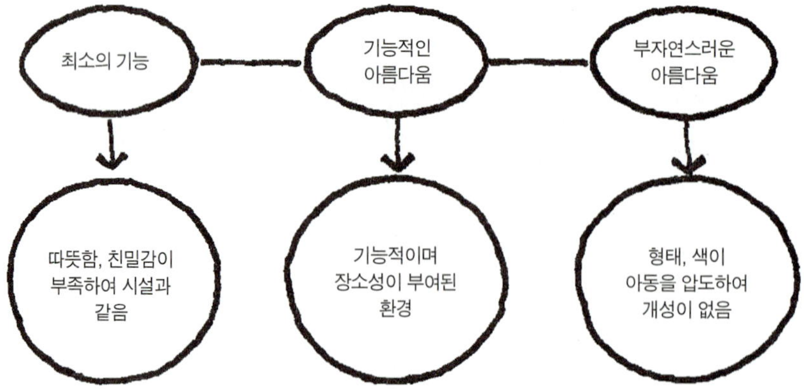

그림 2.1 최소한의 기능이 아닌 적절한 아름다움을 지닌 것은 어느 정도의 예산이 필요하지만 부자연스러운 아름다움은 만들어지지는 않는다.

때로는, 직선에서 곡선 형태로 전환하는 작은 변화가 모든 것을 변화시킬 수 있다. 곡선은 인간 신체와 같은 형태이고, 공간을 통해 움직이는 길과 같은 형태이다. 곡선과 90°를 넘는 각은 공간에 거주하면서 편안함을 주는 반면, 예각은 차갑고 거부감을 준다. 직선은 질서, 집중, 행동을 위해서 필요하지만, 보호, 사회성, 존재감을 위해서는 곡선이 필요하다. 일반적으로 곡선은 여성을, 직선은 남성을 표현한다. 평면 천장은 직사각형의 방을 생명이 없는 상자같이 만들 수 있다. 그러나 천장과 벽이 연결되는 곳을 곡선으로 변형시킬 수 있고, 둘 사이에서의 변형은 완만함과 통합의 느낌을 준다.

미적인 풍부함을 주는 디자인은 건물이나 방의 모든 곳에 적용될 수 있다. 아동의 관점에서 상호작용할 수 있는 표면으로 조각되고, 그려지고, 꾸며지고, 조형될 수 있다. 디자이너와 상인, 장인, 교사의 손과 마음에서 나온 작품은 대량생산품의 결점을 보완하여 원자재를 정신과 아름다움을 지닌 물건으로 변화시킨다. 그러면, 공간은 '살아 있고', 이러한 특성은 놀이와 반응에 신호를 보낸다.

5) 자연과 부지의 조화

대부분의 문화에서는 자연 지형과 관련하여 건물의 가장 바람직한 위치, 건물의 방향과 디자인, 가구의 좋은 위치를 정하기 위하여 흙점(geomancy : 예전에 한 줌의 흙 모래를 땅에 뿌려서 그 모양을 보고 치던 점)의 관습이 있다. 로마인들은 건물은 그 장소의 독특한 의미와 에너지를 주는 정신적인 안내 또는 한 장소를 지켜 주는 수호신을 신성시해야 한다고 믿었다. 중

평평한 플라스터 천장을 사용한 사각형 방에 천장과 벽이 만나는 지점을 곡선으로 처리하여 변화를 주고 있다.

국의 풍수는 사람, 사물, 방, 건물, 자연 지형의 '기(氣)' 라는 생명력의 조화된 흐름을 생성하는 개념에 기초를 두고 있다.

우리의 생활은 자연의 순환에 따른 것으로, 이런 것들을 믿는 나라에서는 건물을 지을 때 보이지 않는 힘을 고려하여 지었다. 예로, 티피, 키바, 유르트, 판테온은 각각 하늘과 땅, 빛의 움직임과 인간이 상호작용하도록 설계하였다. 결과적으로 인간, 주거지, 경관은 서로 깊이 정신적으로 연결되어 있다.

부지를 신성시하고, 개선하고 통합함으로써, 의미를 지닌 건물은 자연 세계와 항상 복잡하게 연결되어 있다. 미리 생각한 '계획' 에 따라 설계하는 것보다, 그 지역 고유의 재료를 사용하여 특정 위치에 독특한 형태로 지었다. 자연을 최대한 존중하여 식물과 구조물이 많이 성장할 수 있도록 하고 내부까지 건물이 부지와 통합하도록 하였다.

의미 있는 장소는 능동적이고 수동적인 상호작용이 다양하게 일어난다. 예를 들면 니치(niche)[10), 좋아하는 물건, 랜드마크(landmarks)[11)와 노드(node)[12), 통로(paths)가 명확히 구분되고 섬세하며, 어떤 곳을 가도 볼 수 있게 개방되어 있고 아늑하며, 전망, 신비로운 느낌, 꼬

10) 니치(niche) : 서양 건축에서 벽면을 부분적으로 오목하게 파서 만든 감실의 형태로 조각물 등을 놓아 장식한다.

11) 랜드마크(landmarks) : 도시의 큰 건물이나 기념관과 같이 도시의 이미지를 나타내는 데 중요한 역할을 하는 것을 말한다.

12) 노드(node) : 두 개의 도로가 교차하는 지점으로 행위가 집중되는 공간을 의미한다.

건물의 평면과 재료의 결합이 특히 아름다운 장소를 만들어 낸다.

불꼬불한 길과 같은 요소로 되어 있는 것으로 실제 연구에서 입증되었다[13]. 이러한 특성이 도처에 다양할수록 장소의 느낌이 더 좋다.

장소성은 동일함과 완전함이 아니라 대조, 다양성, 불완전성을 지니고 있다.

6) 인간과 장소의 정체성

건물은 공간의 위치를 나타낸다. 이와 함께, 건물과 그 주변은 특정한 정체성을 가진 '장소'를 만든다. 그러나 장소성은 물리적 요소뿐 아니라, 그것을 사용하는 사람들의 역사, 참여, 소속에 의한 것으로 주변과 함께 성장하는 상징적 의미도 가지고 있다. 이것은 유적이 우리를 움직이는 힘을 가지고 있는 이유이다. 시간이 지남에 따른 경험은 정체성의 일부로 거주성과 장소성을 모두 지닌다.

아동은 특정한 길을 걸을 때, 나무 아래에 서 있을 때, 어떤 곳에서 맞는 비, 눈, 안개, 얼음, 더위, 추위의 경험을 느낌으로써 그 장소의 모든 것을 알게 된다. 예측된 환경의 경험은 개인적인 정체성, 감정적 안정성이 함께 복합적으로 연결되고 장소성이 혼합되어 '특성'이 된다. 이러한 기억은 유년기 장소의 생생한 이미지로 오래 남는다.

건물 형태와 관련된 상징적인 의미는 유년기에 학습된다. 즉, 바닥은 지지와 정서적 안정을, 벽은 분리와 둘러싸임을 나타내고, 창은 확장감을, 지붕은 안식처를 의미한다. 소유와 격리, 접근, 조절과 같은 개념은 특정한 공간에서 학습되듯이 아동의 정체성에 일부가 된다.

모든 공간과 사물은 물리적 세계의 속성을 나타내고 아동의 생각과 감정에 결합된다. 계단의 삐걱거림, 뒤틀린 캐비닛 문, 초승달 모양의 문고리, 빗장 걸린 문, 움푹 들어간 거실, A자

13) Stephen Kaplan and Rachel Kaplan(1982). *Cognition and Environment: Functioning in an Uncertain World*. New York: Praeger Publishers.; Kevin Lynch(1977). *The Image of the City*. Cambridge: The M. I. T. Press.; Tony Hiss(1990). *The Experience of Place: A New Way of Looking at and Dealing with Our Radically Changing Citics and Countryside*. New York: Vintage Books.

모양의 지붕 등의 정보는 건설자가 만들거나, 기후에 의해 낡아지거나, 시간이 지남에 따른 사용자의 흔적들로서 유년기 경험의 일부로 정체감을 형성한다. 특정하게 만들어진 역사와 아동은 하나가 되고, 장소 정체성이 풍부하고 자유로움을 주는 보육시설은 장소와 연결되어 개인의 정체감 형성에 도움을 준다.

7) 대 비

아름답고 의미 있는 건물을 만들고자 제이콥슨, 실버스타인, 윈슬로(Jacobson, Silverstein, Winslow)[14]에 의한 《The Good House》에서 좋은 건물 디자인은 대비되는 경험, 특히 '안과 밖(in & out)', '위와 아래(up & down)', '밝음과 어둠(light & dark)', '거칢과 부드러움(exposed & tempered)', '있음과 없음(something & nothing)', '질서와 신비(order & mystery)'의 여섯 가지 대비를 강조한다. 한 차원을 알기 위해서 정반대되는 극단을 경험해야 한다. 대비는 흥미로운 장소를 만드는 시발점이다.

디자인은 대비되는 특성을 배치한다. 예를 들어 실내의 방(안)은 건물 벽으로 마당(밖)과 분리한다. 또한 대비는 연결에 의해 조정된다. 예를 들면 출입구는 실내와 실외를 동시에 경험할 수 있다. 서로 반대되는 대비 사이에 전이공간을 줌으로써 연결은 대비감에 활기를 준다.

구조는 대지, 건물 평면, 방, 방 안의 영역, 방의 건축적 요소(창문, 문, 바닥 형태, 벽 테두리)와 같은 모든 스케일에서 대비되는 요소로 연결될 때 더 깊어진다. 그러므로 디자이너는 두 요소 간에 대비가 필요한 곳에, 대비되는 부분에 연결을 하고, 크고 작은 스케일에 이러한 처리를 확대하려고 한다.

대비는 예산이 부족하거나, 부자연스러운 아름다움으로 꾸민 보육시설에서 는 거의 사용하지 않는 경향이 있다. 스케일의 모든 수준에서 대비가 연결되어 사용되므로 여섯 가지 대비와 그 연결에 대한 설명을 노트 2.2에 기술한다.

14) Jacobson, Silverstein, and Winslow(1990). *The Good House*. The Taunton Press.

노트 2.2 여섯 가지 대비

안과 밖(in & out)

'안과 밖'은 구조에 의한 둘러싸임 또는 노출 정도를 말하며, 내부와 외부의 관계를 의미한다. 움푹 들어간 정도에 따라 안으로 표현하는 공간은 코너나 가장자리가 명확하고, 벽의 불투명성, 큰 부피감, 겹으로 둘러싸인 공간으로 접근한다. 또한 창문과 문의 분할, 모양, 크기가 둘러싸인 느낌을 준다. 밖의 느낌은 투명성과 정도에 따라 방이나 건물의 벽을 넘어 더 멀어지고 더 커진다.

안과 밖을 연결하는 곳은 출입구, 발코니, 데크, 중정, 앞과 뒷마당, 울타리, 아케이드, 깊은 처마 밑, 문과 창문의 돌출부, 주변 경관을 둘러싼 건물 벽의 확장된 부분이다.

아동은 우묵한 곳과 숨을 수 있는 곳, 틈새공간과 아동의 신체 크기에 맞는 공간을 좋아한다. 이러한 공간에서 아동은 안전함과 보호감, 조절감을 느끼게 된다. 안의 공간은 사적이고 큰 집단에서 개인을 보호하여 친밀감을 준다. 반면 밖으로 불리는 곳은 아동 본성이 표현되어 공간을 통한 확장감과 자유로운 움직임이 가능하다. 아동은 안과 밖을 자유롭게 넘나들며 길에서 또는 길 안에서 놀이를 하며 집 근처 보도나 입구에서 놀기를 좋아한다. 따라서 안과 밖의 연결 부분은 보육시설에서 필수적이다.

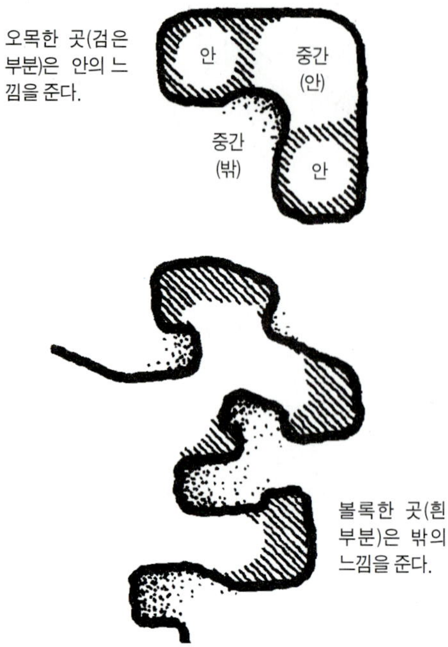

그림 2.2 안과 밖 1

그림 2.3 안과 밖 2

위와 아래(up & down)

'위와 아래'는 높고 낮음, 하늘과 땅의 관계이며, 신체의 수직성이 반영된 것이다. 위와 아래의 대조감을 주기 위해서는 천장과 바닥 높이 변화, 벽 아래 굽도리, 징두리 널(벽판), 벽난로 선반, 가구의 존재, 다양한 높이의 그림, 계단참에서 보이는 전망, 발코니와 좁은 통로, 가파름, 밝기, 시원함과 스릴감을 주는 곳을 제공한다.

위와 아래의 연결 부분은 두 개가 분명히 구분된다. 예를 들면, 지하와 다락, 일시적으로 연결되는 변화(한쪽은 순환공간이고 다른 높이는 인접한 방의 천장), 전이적인 연결을 사용하여 높든지 낮든지 또는 램프같이 연속적이든지 높이를 다양하게 한다. 건물 아래 부분(특히 넓다면)의 디자인은 지상과 연결하여 표현한다. 기둥, 보, 들보, 받침대, 벽, 기둥과 같이 수직성을 표현한다.

아동은 높이에 친밀감을 가지고 있다. 아동은 또한 테이블, 계단, 놀이집, 숨을 수 있는 '아래'를 좋아한다. 플랫폼, 라이저, 로프트는 아동에게 공간의 변화와 위와 아래의 변화를 줄 수 있는 중요한 방법이다.

그림 2.4 위와 아래

밝음과 어둠(light & dark)

빛의 중요성은 이미 여러 번 언급했지만, 빛은 어둠에서만 가능하다. 빛은 물리적 세계에서 사물, 색을 흡수 또는 반사시킨다. 따라서 어두운 공간은 큰 창과 채광창에서 비치는 빛과 대조하여 균형을 이루고, 빛이 비추는 곳은 움직이는 그림자와 얼룩진 빛의 효과를 부드럽게 해준다. 전체적으로 균일한 조도의 활동성을 강조하는 빛 우물, 휴식을 위한 어두운 곳이 중요하다.

빛과 어둠의 연결은 격자창, 차양, 격자세공, 얇은 커튼, 길게 뻗은 처마, 깊은 창틀, 채광

밝음과 어둠

창, 간접조명을 사용한다.

아동은 그림자놀이와 여러 가지 재료에 빛을 비추는 것에 흥미를 갖기 때문에 디자이너는 자연 빛을 사용할 수 있다[15]. 외부에 있는 잎이 무성한 작은 나무숲은 실내에 반사되어 비추고, 그 아래 그늘진 빛을 만들어 오랫동안 인상에 남게 한다.

거칢과 부드러움(exposed & tempered)

거칢과 부드러움의 대조는 젖음, 건조, 더위, 추위, 바람 불고, 고요함의 물리적 특성과 관계있다. 이러한 특성의 연결은 깊은 처마가 있는 지붕 아래 폭풍우를 피하여 보호된 느낌, 쌀쌀한 밤에 캠프파이어의 편안함, 눈을 뭉치고 난 후 난로에서의 따뜻한 손 녹임, 더운 날 야외에서의 샤워와 같은 것이다. 출입구, 옥외 룸, 창문 아래 앉는 곳, 둘러싸인 중정, 정원 벽, 쉴 수 있는 나무, 실내 수영장과 연못은 모두 중요한 연결 방법들이다.

그림 2.5 거칢과 부드러움

15) 이탈리아 레지오 에밀리아 유아학교는 오늘날 세계에서 가장 훌륭한 프로그램을 운영하고 있다. 이러한 프로그램 중 하나로 빛 테이블, 그림자 스크린, 프로젝트 이미지, 다양한 빛의 빔을 다양하게 사용하여 빛의 속성을 강조하고 있다.

아동은 실내외 남쪽에 면한 앉는 곳과 아늑한 벽난로가 있는 구석을 좋아한다. 부분적으로 둘러싸인 중정과 나무는 아늑하고, 마음속에 오래 남을 독특한 장소이다.

있음과 없음(something & nothing)

있음과 없음의 대조는 부피, 형태, 장식의 있는 것과 없는 것이다. '있음' 은 건물의 벽, 돌과 두꺼운 목재와 같은 재료 사용과 깊이 드러난 창문이 있는 것을 말한다. '없음' 은 장식이 없고 빛, 투명함, 유연성이 있는 재료의 사용이다. 바위와 같은 것은 있는 것, 넓고 트인 벌판은 없는 것이다.

있음과 없음의 연결은 평안, 균형, 안정에 도움이 되며 내용이 없는 것과 내용이 많은 것을 연결하는 지역이다.

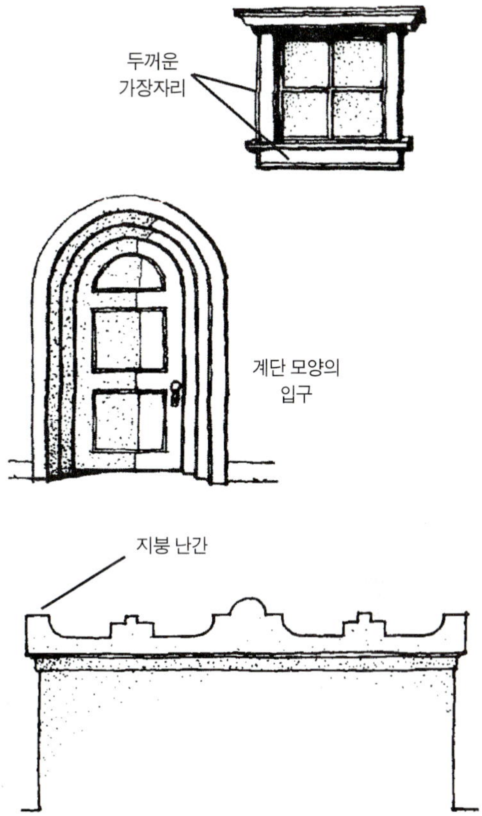

그림 2.6 있음과 없음

아동은 무언가를 할 수 있는 것과 아무 것도 하지 않는 것이 필요하다. 보육시설은 비어 있는 공간이 없다. 그러나 장난감이 보관된 벽(있음)에 텅 빈 플랫폼(없음)을 가까이 두어 기회를 주는 것이 장난감으로만 가득한 공간(있음)이나 가까이에 장난감이 없는 플랫폼(없음)만을 설치하는 것보다 창의성을 더 유도한다. 상자 같은 획일적인 공간과 오늘날 보육시설에 많이 사용하는 조립식 건물은 아동에게 이러한 경험을 주지 못한다.

질서와 신비(order & mystery)

질서는 계획된 도로와 건물 배치, 기계로 만들어진 제품, 표준화된 고층 건물의 창문의 크기와 동일한 형태에서 볼 수 있다. 이에 반해 신비는 수공품, 부분적으로 숨겨지고, 예측할 수 없는 것에서 볼 수 있다.

질서와 신비의 연결은 기성품과 수공품 모두에 있다. 실내 창문과 반벽(half walls)은 방과 복도와 같이 분명히 기능적인 영역과 분리되고 연결될 수 있으며, 영구적인 니치는 꽃과 작품을 전시할 수 있다. 또한 방 전체 카펫은 부분 카펫과 가구 배치로 변경할 수 있다.

아동은 특정한 기능과 연결되는 모호한 공간을 더 좋아한다. 왜냐면 그런 공간은 사물의 관계를 설명해 주고 은연중에 질서영역에서 기대되는 자유를 아동에게 주기 때문이다. 아동은 안전을 위해 질서가 필요하고 경이로움을 만족하기 위해 신비를 원한다.

그림 2.7 질서와 신비

여섯 가지 대비의 연결

대비의 여섯 가지 차원이 서로 강화되고 통합될 때 보육시설 디자인은 더욱 풍성해진다. 여러 가지 대비들이 동시에 존재함으로써 더 효과적인 영향을 끼친다. 예를 들면 낮은 천장에 알코브를 주고, 국부조명으로 바닥 면적을 줄여 주고, 색을 특별하게 한다. 직관적으로 어떤 차원은 자연스럽게 연결된다. 그런 곳은 밝으면서 높은 곳, 어두우면서 낮은 곳, 신비하고 비어 있는 낮은 곳, 어둡고 가득 차 있는 안(내부), 밝고 비어 있는 밖(외부) 등이다. 이러한 관계는 마름모꼴 형태로 표현된다.

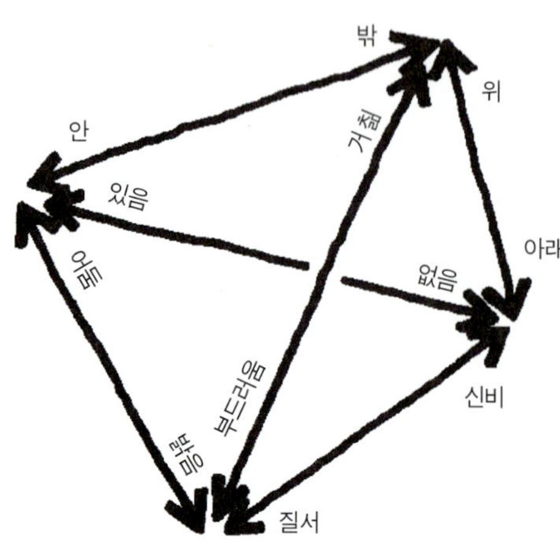

그림 2.8 여섯 가지 대비의 연결

6. 장소성 디자인

장소성은 자연의 아름다움에서 나온 것이다. 그러나 건축은 디자이너, 시공자, 건축주의 의도를 반영한다. 장소성을 만들 수 있는가의 여부는 창조적인 디자인 과정의 어려움과 문제점을 기꺼이 받아들이는 우리의 자세에 달렸다. 우리가 '보이지 않는 조각가' 처럼 표면에 아동을 위한 변치 않는 사랑을 깊이 새기려고 할 때, 아동을 자유롭게 하는 아름다운 집을 만들 수 있다.

02

디자인 과정

제3장

디자인팀과 **설계과정**

Creative design is a contact sport.

— *David Lash*

보육시설의 프로그램과 설계가 잘 이루어지면 다음 세 가지 요소의 상호작용이 이상적으로 반영되어야 한다.

- 아동과 가족의 요구사항
- 건축과 인테리어 디자인 지침
- 보육 종사자(providers)의 요구사항

효과적인 보육시설 설계는 건축가와 보육 전문가, 운영자, 시공자 등의 전문가로 구성된 팀의 의견이 반영되어야 한다. 건축가는 아동과 운영자, 가족이라는 실제 건축주를 설계과정에서 항상 염두에 두어야 한다.

1. 팀워크 : 성공적 디자인의 필수조건

아동과 종사자에게 좋은 평가를 받는 보육시설 설계는 다양한 이념과 전문성을 가진 사람들 사이의 대화와 공감이 있어야 하므로, 어렵고 시간이 걸리는 일이다. 그러나 다양한 분야 전문가가 모여 접근하는 데 실패하면, 아무리 비용이 충분하더라도 아동의 요구를 지원할 수 있는 시설을 만들 수 없다. 좋은 디자인팀은 운영자와 시공자, 행정가뿐 아니라 보육 전문가와 디자인 전문가를 포함하여야 한다(그림 3.1).

호흡이 맞는 팀의 협조는 통합된 설계과정의 열쇠이다.

팀의 추진력은 건축주와 건축가, 전문가로부터 나온다. 신축인 경우 기존 시설보다 그러한 리더를 찾는 것이 더욱 힘들다. 여기에서 리더란 책임감을 가지고 시간과 경험을 투자하여 열심히 할 사람을 말하며 조절능력과 인내심, 그리고 디자인 과정의 복잡함을 협의할 때 각 부문의 우선순위를 조정할 수 있는 능력이 있는 사람을 말한다. 리더는 진정한 건축주인 아동의 경험과 안전을 무엇보다 먼저 생각하여야 한다.

보육시설 프로젝트의 성공은 보육에 가장 친숙한 사람인 시설장이나 교사들의 지속적인 참여에 달렸다. 그런데 애석하게도 건물의 주된 이용자인 보육교사들은 디자인 결정에 가장 영향력이 없다. 건축가는 처음에는 교사들을 포함하려고 하다가 디자인 결정 과정에서는 참여

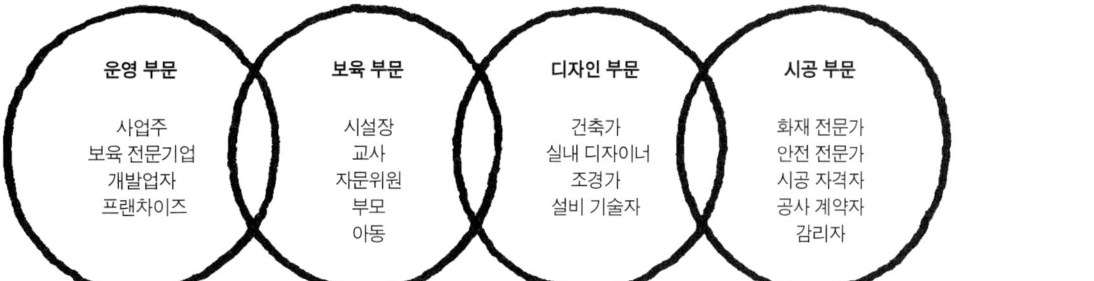

그림 3.1 효율적인 디자인팀은 보육, 디자인, 운영, 시공 부문의 대표자로 구성된다.

목업(mock-ups)[1]은 건축가와 보육교사 사이의 협력을 가능하게 한다.

시키지 않는 경우가 많다.

설계과정에 있어 디자인·평가 과정을 여러 번 충분히 거치지 않으면 건물 완공 후 "그렇게 하지 말라고 하였는데도 듣지 않았습니다."라는 불평이 생기게 된다. 미묘한 요소들이 심각한 작용을 일으키기 때문에 프로그램 요구사항의 수용은 오직 디자인과 평가, 피드백, 대화 그리고 협력을 통해서만 가능한 것이다.

협력이 잘 이루어지는 설계과정은 시간이 더 걸리기 때문에 설계비용이 늘어날 수 있다. 계약할 때 반복 수정과 모형 제작, 추가되는 설계기간 등을 모두 지정하여야 한다. 그렇게 하면 그 과정은 실수가 거의 없으며, 결국 눈에 보이지 않는 비용을 줄일 수 있다. 결과적으로는 더 경제적이고 효율적이고 잘 디자인된 건물이 만들어진다.

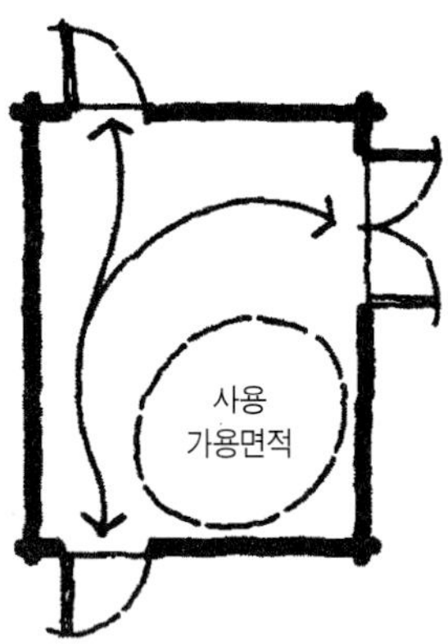

그림 3.2 보육실에 문이 너무 많으면 사용가능한 공간이 줄어든다.

디자인 과정에 참여가 잘 이루어지려면 회의에 각 팀 구성원 모두 참석하여야 하며 의사결정 과정에서는 각 전문적 지식의 중요성을 인지하여야 한다. 집단을 움직이는 중재자가 있다면, 다수결에 의한 의사결정보다는 모든 팀이 일치하는 것이 이상적이다. 까다로운 디자인 문제는 해결되지 않은 부분에 대하여 누락된 의견이나 간과하기 쉬운 중요한 사항을 모두 존중하여야 해결된다. 좋은 팀은 계획안을 매우 신

1) 목업(mock-ups) : 실물 크기 모형_*역자 주*

중하게 다루어야 한다.

설계과정에서 의사를 결정할 때 다음 정보를 미리 알아 두면 비용을 절약할 수 있다.

- 건축가와 시공자에게 설계대안과 설비 시스템, 마감재에 대한 비용 산정 요청하기
- 인테리어 디자이너에게 가구와 설비배열 요청하기
- 건축가에게 3차원 공간을 볼 수 있는 대지와 건물 모형 요청하기
- 조경 전문가에게 유리창으로 보이는 외부 조망과 건물, 대지 연관 관계 요청하기
- 보육교사에게 각 공간의 사용에 대한 설명 요청하기

1) 리더십에 대한 주의사항

성공적 프로젝트가 되려면, 좋은 결과가 이루어지도록 강한 의지와 힘이 있는 개척자적인 리더가 있어야 한다. 성공적인 디자인 협력에서 가장 중요한 것은 공감대이며, 지속적으로 변화하는 문제점을 해결하고 의견을 조절하며 각 결정사항들이 수행되는지를 확인할 수 있는, 감각 있고 효율적인 리더십이 요구된다. 예상과 다른 결과가 나타난다면 그것은 한 사람의 잘못이 아니라 프로젝트를 진행하는 데 필요한 조직 구성을 원활하게 하지 못하였기 때문이다.

2) 설계시간

설계를 급하게 진행하면 제대로 할 수 없으므로 충분한 시간을 가지고 작업하도록 일정을 계획하여야 한다. 20년 이상 사용하고 '장소성이 있는(spirited) 시설' 이 되려면 설계와 토의, 검토할 충분한 시간적 여유가 필요하다.

3) 시간과 비용, 품질의 관계

사업주가 설계와 시공 프로젝트에서 관리하여야 할 것은 시간과 비용, 품질이다. 이 중 두 가지나 세 가지를 동시에 얻기 위해서는 다음과 같은 사항을 기억해야 한다.

- 짧은 일정과 낮은 비용으로 높은 품질을 얻기 힘들다.
- 짧은 일정으로 높은 품질을 얻으려면 비용이 줄어들 수 없다.
- 낮은 비용으로 높은 품질을 얻으려면 짧은 기간에 할 수 없다.

디자인가이드 3.1

협력과 의사결정

- 다양한 분야의 대표로 디자인팀을 구성한다.
- 착수단계에서부터 의사결정에 대한 규칙을 정한다. 성공은 디자인과 보육 특성의 동등한 참여가 있어야만 가능하다.
- 구조와 기계설비, 음향설비, 전기설비, 인테리어 디자인, 조경, 예산, 시공에 대한 방식을 처음부터 종합한다. 연관성이 떨어지면 비용이 증가하고 아동의 보육환경이 악화된다.
- 시설 운영자 중에 프로젝트를 처음부터 일관되게 이끌 리더가 있어야 한다.
- 설계 수정에 필요한 시간이 충분해야 하고, 그렇게 하려면 처음부터 설계비를 많이 책정하여야 추가 비용이 적다.

2. 목표설정

목표설정(mission statement)은 건물에 대한 디자인팀의 이상과 아동과 가족, 교사들의 요구가 반영되는 중요한 개념이다. 목표설정은 의사결정에 있어 프로그램과 함께 중요한 정보이다. 코퍼하우스(Copper House)[2)]의 목표설정 사례가 노트 3.1에 있다.

시설과 설립 주체의 목적이 디자인팀이 해결해야 하는 첫 번째 임무이다. 명료하고 공감이 가는 설계조건은, 관련자 전원의 의도와는 다르게 진행되거나 특정한 개인의 영향을 받지 않게 도와준다.

항상 중요 의사결정 단계에서는 처음의 목표설정과 반대되는 세부항목이 들어가 있는지 확인하여야 한다.

3. 디자인팀의 구성원과 역할

효율적인 디자인팀은 6~12명이 적합하며 운영자, 보육 전문가, 디자이너, 시공자, 법률 전문가, 재정지원자 등이다.

2) 코퍼하우스(Copper House)는 저자가 자신의 이상을 반영하여 설계한 대표적 어린이집이다.

노트 3.1 코퍼하우스의 목표

코퍼하우스의 목표는 5세 이하 아동에게 충분한 정서적, 감성적, 지적, 신체적 발달에 필수적인 환경을 제공하여 보육의 즐거움을 지원하는 것이며, 가족에게 보육 정보를 제공하고 종사자의 질을 높이는 데 있다.

필요한 세부사항은 다음과 같다.

1. 아동의 독특한 능력 존중 : 아동의 잠재력을 계발한다.
2. 공동체 의식 만들기 : 부모와 아동을 다른 가족들과 연결하고 가정과 직장, 노인과 아동을 연결한다.
3. 보육교사 지원 : 종사자에게 아동을 보육하고 지원하는 환경을 제공한다.
4. 지속 가능한 디자인 : 현재와 미래 세대에게 지구에 대한 건물의 환경 파괴를 최소화하고 생태적으로 건강하고 지속 가능한 기술을 아동이 직접 경험하게 한다.
5. 집과 같은 스케일의 건물 : 집과 같은 친밀감과 형태, 재료, 환경은 아동으로 하여금 집과 같은 안정감과 편안함을 느낄 수 있게 한다.
6. 건강의 중요성 : 햇빛이나 깨끗한 공기와 물, 음식을 제공하고 독성 없는 재료를 사용한다.
7. 자연과 소통하는 환경 : 직접 자연의 순환과정과 다양한 동식물을 지속적으로 보고 접촉할 수 있게 한다.
8. 심미적 통합성 : 아동의 미적 감각을 함양시키기 위하여 재료와 비례, 스케일, 공간, 질감, 부피감을 알게 한다.
9. 자연 재료와 수공예품 사용 : 대량생산과 표준화된 가구를 보완하기 위해 수작업에서만 보이는 식물의 성장 흔적과 장인정신, 수작업의 독특함을 경험하게 한다.
10. 조명과 소음, 색채 계획 : 균형감과 멜로디, 조화로움으로 인성을 좋게 한다.

1) 운영자

직장, 부동산 개발업자, 민간이나 공공단체가 보육사업에 참여하는 것은 매우 가치 있는 일이다. 그러나 보육시설의 주인이 보육 전문가가 아니라 사업가가 되면 아동발달 측면에서는 부적합한 시설이 되기 쉽다. 디자인팀의 진행이 뒷받침되고 다음 사항을 기억하면, 운영자(management personnel)가 어려운 문제를 만났을 경우 가장 적합한 해결을 찾는 데 도움이 된다.

첫째, 아동과 보육, 보육시설 디자인을 잘 아는 사람이 아동과 교사, 가족을 대표하여 팀에 들어 있어야 한다.

둘째, 건축가는 일반적으로 보육이라는 복합적 속성이 건축과 예산의 요구보다 더 중요한 것을 알지 못한다. 아동에게 요구되는 시설이 되기 위해, 보육 전문가는 디자인 결정에 중요한 역할을 하여야 하고 건축가는 실제적 사용자와 같이 대화하고 작업하여야 한다.

셋째, 개보수인 경우, 시설장이나 교사가 의사결정 과정에 공식적으로 포함된다. 그렇게 하지 않으면 불평이 생기거나 보육사업 종사자로서의 의욕이 줄어들게 된다.

넷째, 보육 컨설턴트가 건축가에게 주된 정보제공자로서 고용되는 경우 예산이 부족하게 되더라도 컨설턴트의 역할을 없애거나 줄이면 안 된다.

다섯째, 아동의 의견이 반영될 수 있도록, 팀에는 보육 지식과 보육 경험이 풍부한 보육 전문가가 적어도 한 명은 있어야 한다.

2) 보육시설 관계자

보육시설 관계자는 다음과 같다.

- 시설장
- 보육교사 · 종사자
- 보육 컨설턴트
- 부모
- 아동(앞으로 들어올 예정인)

디자인가이드 3.2

보육 종사자의 전문성 반영하기

- 보육 종사자에게 경험의 영역을 '꿈꾸고' 넓힐 수 있게 격려한다. 대부분 종사자는 적은 자원으로 '무조건 하기(make do)'로 배웠으므로 교사들은 완벽한 해결이나 쉬운 가능성보다는 어려운 환경에 적응하도록 익숙해져 있기 때문이다.
- 종사자가 일과 운영에 결정적 요소를 명확하게 하도록 격려한다.
- 건축가에게 평면도 보기와 축척 표시를 종사자가 배우도록 요청한다. 보육 전문가는 건축에 관한 지식이 적어 당황할 수 있으므로 잘못 이해한 부분을 표현할 수 있는 지식이 필요하다.

보육시설은 앞으로 들어올 시설장과 각 연령의 아동을 염두에 두고 설계하여야 한다는 것이 중요하다. 그리고 사회사업가와 심리학자, 특수 보육교사, 영양사, 간호사 등 특수한 전공자도 필요에 따라서는 컨설턴트로 포함될 수 있다.

(1) 시설장의 역할

훌륭한 시설장은 아동과 가족, 교사 · 종사자를 대변하고 운영비용과 프로그램 방침, 허가 준비사항, 시설 디자인을 평가하는 데 도움을 준다. 종사자가 결정되기 전에 시설이 만들어지는 경우 시설장을 미리 정하거나 유사한 인근 보육시설 시설장을 디자인팀에 포함시켜야 한다.

(2) 보육교사와 종사자의 역할

보육교사와 종사자의 역할은 사용자의 요구사항을 건축가에게 알리고 지속적으로 피드백(feedback)을 하는 것이다. 시설이 특수한 개인을 위한 것은 아니지만, 앞으로 들어올 아동의 연령별로 아동들과 직접 일상생활을 하여 보육 경험이 있는 교사가 디자인팀에 포함되어야만 한다. 그들의 보육 경험이 반영된 경우, 보육교사와 종사자가 디자인에 포함될 때 더 좋은 시설이 되고 시설에 대한 그들의 더 많은 열정과 만족감을 생기게 한다.

디자인에 있어 숙달이 되어 있지는 않지만 보육 전문가는 설계 대안들이 전개될 때 거기에 대한 의사표현을 연습하고 배우게 된다. 경험적으로 볼 때, 종사자가 팀의 일원으로 자신의 요구를 대변할수록 의사결정에 더 많은 책임감을 가지게 됨을 볼 수 있었다.

(3) 보육 컨설턴트의 역할

전문적 보육 컨설턴트는 시설장이 정해지지 않은 경우 대신할 수 있다. 보육 컨설턴트는 아동을 대변하고 보육과 건축 사이의 중재자 역할을 할 수 있다. 디자인과 시공, 개원 준비기간 동안 처음부터 지속적으로 숙달된 보육 컨설턴트가 있다면 보육시설의 질을 높일 수 있다.

① 아동의 요구 전달

영유아 발달과 보육 프로그램, 관리 경험이 있는 보육 컨설턴트의 가장 중요한 일은 우선순위가 상충될 때 아동의 물리적이고 정서적 · 지적인 요구를 확고하게 하는 것이다. 보육 컨설턴트의 기술적 역할은 디자인이 어떻게 아동과 프로그램에 영향을 주는지 보육교사와 건축가 모두가 잘 이해하도록 하는 것이다.

② 아동발달을 건축가에게 설명하기

디자인과 기능성 사이의 적합성은, 디자인 과정과 특히 각 실의 인테리어에 있어 중요하다.

③ 건축을 종사자에게 설명하기

보육 컨설턴트는 환경계획 기술과 아동발달에 대한 지식을 가지고 있어야만 다음과 같은 일을 할 수 있다.

첫째, 종사자가 평면도를 알아볼 수 있고 3차원으로 설명하여 설계 대안을 이해하게 한다. 둘째, 특히 예산이 제한되고 건설기간이 짧아져 의사전달이 줄어들 때, 종사자와 건축가 사이에 디자인 결과를 전달한다.

사 례 영아 보육교사가 기저귀 갈이대를 보육실 전체를 볼 수 있는 위치에 설치해 달라고 건축가에게 요구하였다. 건축가는 보육실 한가운데 기저귀 갈이대를 설치하는 계획안을 만들었다. 그 위치는 보육실의 융통성을 없게 하므로 보육 컨설턴트는 그런 단점을 교사에게 알리고 건축가에게는 기저귀 갈이대를 아동을 잘 관찰할 수 있는 위치로 옮기게 하였다.

(4) 부모의 역할

성공적인 보육시설은 가족의 요구를 지원한다. 가족을 도와준다는 관점은 환영받는 느낌을 받고 교사들과 의사소통하고 자녀들의 행복(welfare)을 가장 소중하게 여겨 주는 것이다. 학부모의 참여는 초기에 커뮤니티를 만들고, 집에서 부족한 놀이기구나 기자재를 채워 넣을 수 있게 하며, 가족의 요구에 맞는 디자인이 되게 한다.

(5) 아동의 역할

다양한 표현방법을 통해 아동은 필요한 것을 알려 준다. 그리고 영유아에 대한 관찰 이외에, 3세 이상 유아는 선호하는 것에 대해 설문조사할 수 있다.

3) 설계자

(1) 건축가의 역할

건축가는 건축주의 요구와 프로그램을 설계하고, 관련 법령과 기준을 만족하는 도면을 제출하며 공사를 모니터링할 의무가 있다. 건축가는 공간에 내제된 가능성을 읽고, 제한된 면적과 비용에 맞게 형태와 기능, 구조적 통합성, 법령을 조화시키는 설계 대안을 작성하는 전문가이다.

책상 위에 엎드려 그림 그리는 아동은 높이가 너무 높다는 것을 알려 준다.

(2) 인테리어 디자이너의 역할

인테리어 디자이너는 실내 공간의 계획과 가구 배열, 색채 선정, 실내 마감 재료와 설비를 선택하고 이러한 요소를 미적으로 통합한다.

(3) 관련 분야 기술자의 역할

건축가는 기계, 전기, 냉난방, 구조 기술자와 계약을 맺으며 각 기술 분야의 타당성과 승인을 확인한다. 경우에 따라서는 땅의 구조적 안전성을 평가할 지질기술자와 기존 도시 하부 구조와의 관계를 평가하고 지반정리와 하수도 처리계획을 세우는 토목기술자, 외부 공간의 길과 식재 선정 및 배열, 그리고 놀이터 디자인을 하는 조경 디자이너 등이 필요하다.

4) 시공자

(1) 소방, 공사, 감리 전문가의 역할

소방, 건설, 감리 전문가를 초기부터 지속적으로 참여할수록, 관련 법규의 적용과 해석을 분명히 할 수 있다. 하지만 디자인팀은 갑자기 발생하는 관련 법규 강화가 생기는지 수시로 확인하여야 한다.

그 지방 관련 조례 또는 허가절차를 잘 모르는 건축가일 경우 허가과정을 잘 아는 그 지역 전문가의 협조를 구하고 비용을 지불하는 경우도 있다.

(2) 시공자의 역할과 계약과정

디자인팀의 일원으로 공사 책임자 또는 현장소장을 초기에 고용하면 재료 선택이나 미적 우선순위 선정에 있어 비용을 적절히 맞출 수 있다.

일반적으로 시공자는 설계도면이 모두 완성된 이후 입찰에 의해 결정되며, 최저가 또는 상대적으로 낮은 금액을 제시한 입찰자가 시공자로 정해진다. 이렇게 되면 결과적으로 예상하지 못한 추가비용이 생기는 것에 대한 고려 없이 입찰비용에 맞추어 건물을 짓기 때문에 좋은 건물이 될 수 없다.

공사비 협정은 입찰방식보다는 시공자와 팀이 연합하여 공사 서류와 비용을 조절할 수 있게 한다. 계약과정은 시간과 비용의 효율을 고려해서 변할 수 있다. 그리고 그 과정은 프로젝트의 성공을 좌우한다. 시공자와 하청업자가 건물의 요구를 이해하고 건설하는 일은 비용만의 문제가 아니기 때문에, 공사과정에 열정을 불어넣어야 한다. 의미가 없는 단순노동은 명백히 사용자에게 부정적인 영향을 준다. 모든 공사 작업자는 본인의 노동이 가치를 인정받고 좋은 환경을 만들기를 원한다.

디자인가이드 3.3

계약과정

- 기획단계에서부터 공사 책임자 또는 현장소장을 정한다. 공사 책임자나 현장소장을 팀 초기에 포함시키기 위한 공사비 협정방식(최저입찰 방식이 아닌 정액)은 실제적인 공사와 실재 비용에 가장 가까이 접근할 수 있다.
- 디자인 변화에 따라 공사비 추가가 예상되므로 예비비를 포함시켜야 한다.
- 특히 공고에 의한 입찰에서는 운영자와 디자인팀과 공사자가 '파트너'가 되어야만 협조적으로 작업할 수 있다.
- 공사 책임자 또는 현장소장이 팀의 일원이 될 수 없는 경우, 견적에 지식이 많은 건축가 또는 견적 전문가가 필수적으로 포함되어야 한다.

4. 설계 관련 전문가 선정

1) 건축가

보육시설 디자인은 아동의 연약함을 이해하고 영유아기에 적합한 환경 조성을 원하는 건축가가 필요한 분야이다. 보육시설의 경쟁력 있는 건축가가 되려면 이 분야의 전문가가 되려고 노력하여야 한다.

그러나 보육시설 디자인은 다른 디자인 프로젝트와는 다르다. 예술적인 영감을 시각적으로 표현하는 설계사무소의 작업방법은 일반인들에게 놀라움을 주고, 건축 잡지의 표지를 장식하는, 눈길을 끄는 건축을 만드는 것이다. 그러나 불행하게도 이러한 예술적인 디자인은 아동과 교사에게는 실용적이지 않을 수 있다. 사실 경험에 의하면, 기능보다 기발한 디자인에 치중한 건물은 보육시설로 적합하지 않아서 아동에게 불편만 줄 뿐이다.

보육시설 설립자는 인간관계가 원만하고, 보육시설 디자인에 대해 겸손하며, 디자인 철학이 시설의 목적에 맞고, 또 설계비가 예산에 적합한 건축가를 만나기를 원할 것이다.

(1) 과거 설계 경험

아동 관련 시설 디자인 경험이 있으면 더욱 도움이 되지만, 건축주의 요구를 존중하고 협력하며 주택 스케일을 다루는 능력이 더욱 중요하다. 상업시설이나 공공시설 설계 경험이 많은 것보다는 주택 설계 경험이 많은 설계사무소인지 자세히 알아야 한다. 보육시설 설계 경험이 있다면 설계사무소에서 설계한 건물을 적어도 한 개 이상 직접 방문해 보고, 그 시설의 장단점이 무엇인지 사용자에게 물어보고 평가하며, 가능하면 설문조사도 하는 것이 좋다.

건축가는 과거에 설계한 시설의 문제점을 충분히 알고, 보육시설과 유사한 시설에 익숙할 필요가 있다. 운영자는 건축가가 설계한 시설에서 며칠 동안 실제 지내 보는 것이 좋다.

(2) 팀 작업에 대한 협조

건축가는 디자인팀과 팀 구성원 사이에 의사소통이 잘 될 수 있도록 노력하여야 한다. 그리고 고정된 디자인에 집착하기보다는 융통성이 있어야 한다. 설계사무소를 평가하는 중요한 요소는 바로 팀 작업 경험이다. 다음은 디자인팀이 건축가에게 물어볼 질문들이다.

- 설계사무소가 건축가와 건축주 사이의 타협을 얼마만큼 받아들이고 예산을 조정하는가?

- 설계사무소가 다양한 구성원이 있는 팀과 작업하는 것에 대해 어떻게 생각하는가?
- 설계사무소는 다양한 디자인 대안을 만들어 낼 의사가 있는가?
- 설계사무소는 스터디 모형이나 컴퓨터 시뮬레이션을 만들어서 팀이 시각적으로 설계안을 이해할 수 있도록 노력하는가?
- 설계사무소는 시설의 프로그램을 만드는 데 참여할 의사가 있는가?

보편적으로 설계사무소와의 계약 및 설계비용으로는 친밀한 팀워크와 다양한 디자인 변화, 반복 수정되는 모형 만들기가 쉽지 않다. 설계비만 가지고는 이러한 건축가를 찾는 것이 불가능할 수도 있다.

(3) 인테리어에 대한 지식

설계사무소는 인테리어를 설계 프로젝트에 통합적으로 생각해야 한다. 설계사무소 내에 인테리어 부서가 있는 경우도 있고 그렇지 않은 경우도 있다.

디자인의 다양한 측면이 분리되어 생각되거나, 시기가 적합하지 않으면 보육시설 환경의 기능이 안 좋아진다. 예를 들어, 각 실의 면적과 형태는 가구의 배열과 마감 재료, 조명이 고려되기 이전에 결정될 것이다. 그러나 이것이 각 실의 사용자 행위에 적합할지 아닌지는 나중에 알게 된다. 각 실의 배열과 인접성과 분리된 면적으로는 앞으로 들어올 가구나 설비가 적절한지 알 수 없다. 실내와 실외가 동시에 고려되어 디자인되지 않는 한, 건축은 본래의 의도대로 이루어 질 수 없다.

(4) 미적 감각

보육시설을 설계하는 건축가는 다음과 같은 미적 감각을 갖추어야 한다.

- 건축주의 요구와 대지 조건을 파악할 수 있는 능력이 있어야 한다.
- 장소의 특성을 이해하고, 그 특성을 분석하여 근거자료를 만들어야 한다.
- 필요한 기능을 잘 지원하고, 기분 좋은 공간을 만들 수 있어야 한다.
- 수공예작업을 예산 범위에 맞게 하고, 대량생산과 규격제품을 최소화하여 독특한 환경을 만들 수 있어야 한다.
- 자연 채광이 실내로 들어오게 하고, 자연 채광과 인공조명을 통합할 수 있는 능력이 있어야 한다.
- 실내와 실외의 관계를 통합하는 능력이 있어서 실내에 자연이 있게 하고, 실외로 쉽게 나

간단한 점토 모형으로 설계팀은 건물 디자인 평가를 도울 수 있다.

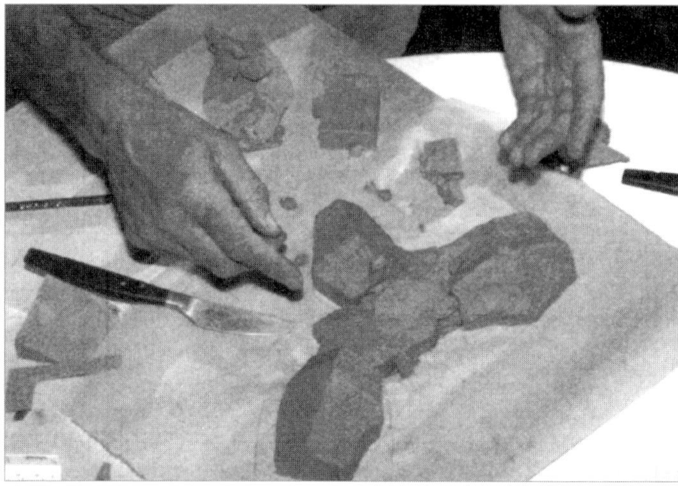

갈 수 있어야 한다.

- 스케치와 모델을 만들고 간단한 이미지와 CAD 투시도를 잘 다루어서, 미적 관점과 기능적 적합성, 실용성을 가장 잘 조합할 수 있어야 한다.
- 대지에 적합한 건물을 만드는 방법을 알아야 한다. 대지의 자연적 특성을 알고, 적합하게 조경하고, 장소의 특성을 대지 모형으로 표현할 능력이 있어야 한다.
- 곡선 대 직선이라는 공간적 변화가 아동의 경험에 어떤 영향을 미치는지 알고 있어야 한다.
- 공간이나 장소에 평화와 고요함을 만드는 방법을 알아야 한다.
- 설계과정에서 인테리어 디자이너와 의사소통을 잘 해서 재료 마감이 잘 되게 한다. 특히, 색채효과가 매우 중요하다.

(5) 기술적 능력

- 설계사무소는 보육 프로그램이라는 변수를 환경에 표현하는 능력이 있어야 한다.
- 작업일정에 맞추어 일을 진행하고, 팀에서 예정한 시간에 설계작업을 완료해야 한다.
- 비용에 대한 견적을 정확히 해야 한다.
- 설계에 필요한 서류와 도면들을 정확하게 표현할 수 있어야 한다.
- 설계도면을 실제 건물로 완성한 경험이 있어야 한다.
- 그 지역의 법규와 허가절차를 알아야 한다.

디자인가이드 3.4

건축가 선택하기

- 무엇보다도 융통성 있고 건축주와 협조하며, 집단 과정과 새로운 아이디어에 대하여 열린 마음을 가진 건축가를 찾는다.
- 외관이나 정면 디자인을 강조하여 자신의 이름만 빛내려는 건축가는 피한다.
- 건축가가 가진 미적 감각과 기술적 능력 모두 분석하고 평가한다.
- 인테리어의 중요성을 잘 아는 건축가를 선택한다.
- 건축가의 설계에 따라 지어진 주택이나 보육시설을 방문한다. 자신의 느낌을 존중하고 또한 사용자의 장단점에 대한 정보를 파악한다.
- 신재생에너지에 대한 새로운 환경기술과 무독성 재료 사용, 장애인 관련 법규를 알고 있어야 한다.

- 신재생에너지에 대한 새로운 환경기술과 무독성 재료 사용, 장애인 관련 법규를 알고 있어야 한다.

2) 인테리어 디자이너

일반적으로 인테리어 디자이너는 공간 관계와 가구 배열, 마감, 실내의 미적 통합성을 주로 다루고, 건축가는 건물 형태와 기계, 전기 시스템, 복도, 비상구를 다루는 것으로 알려져 있다. 그러나 보육시설 인테리어 디자인의 복합적 속성은 두 전문가가 동시에 접근하게 한다. 특히 개보수인 경우, 인테리어 디자이너의 작업이 건축가 작업보다 더 중요할 수도 있다.

많은 설계사무소에는 카펫이나 페인트, 가구, 몰딩, 조명 등을 상세하게 정하는 인테리어 디자인 부서가 있다. 인테리어 디자인 부서가 없는 설계사무소는 이러한 요소에 대하여 디자이너와 상의하여 정한다. 이때 두 전문가 사이의 의사소통은 매우 중요하다.

실내 마감 재료와 처리방법은 아동과 교사에게 가장 많은 영향을 주기 때문에, 인테리어 디자이너의 스타일에 따른 분위기와 실제 공사된 인테리어를 방문하여 만지고 느끼고 냄새를 맡는 것이 중요하다. 슬라이드나 사진이 유용하지만 색채와 마감 재료, 스케일이 왜곡될 수 있다. 실제 공사된 인테리어를 방문하는 것이 그 인테리어 디자이너의 접근방법을 평가할 수 있는 가장 결정적인 방법이다.

디자인가이드 3.5

인테리어 디자이너 선택하기

- 건축가 선택을 위한 대부분의 항목이 인테리어 디자이너 선택에도 필요하며 몇 가지가 더 추가된다.
- 외형뿐만 아니라 마감 재료와 직물 종류의 유지관리에 대한 감각이 필요하다.
- 재료와 마감재, 접착제와 표면처리가 건강에 유해한지 여부를 살펴본다.
- 색채감각과 아동 색채감각에 대한 전문성이 요구된다.
- 공공시설보다는 주택에 가까운 디자인 스타일이 알맞다.
- 영유아의 일상생활과 공간, 사용 재료를 이해하기 위해 보육시설에서 시간을 보낼 성의가 있어야 한다.
- 바닥과 벽 재료와 색채, 직물의 종류 등을 볼 수 있는 커다란 샘플(5×5cm보다는 40×40cm)을 보여 줄 정성이 필요하다.

인테리어는 건축과 달리 표준이 되는 기준이 없기 때문에 다음 두 가지 실무적 경험이 중요하다.

- 건축비나 개보수 비용과 함께 인테리어 마감 재료와 처리방법, 맞춤가구의 비용을 확보하여야 한다. 인테리어 비용이 없다면, 인테리어 기금이 모일 때까지 여러 해 동안 방치되고 건축비가 더 증가하게 된다. 만약 그렇게 되면 아동과 프로그램에는 말 그대로 대재앙이다.
- 바닥이나 벽, 천장 마감 재료, 그리고 창틀, 조명기구, 세면대, 변기, 수납장 등과 같이 중요 부분을 결정할 때 건축가와 인테리어 디자이너는 보육 전문가와 반드시 상의하여야 한다.

각 실의 배열에는 붙박이가 아닌 가구와 로프트[3]와 라이저[4] 같이 주문제작 장치도 계획되어야 하는데, 그렇지 않으면 건축가와 인테리어 디자이너, 교사 중 누구 책임인지 모호해진다. 각 실의 구성은 관련된 각 전문가가 배타적 관점으로 하는 것이 아니다. 각 전문가가 모두 관련하여야 하고 그렇게 하지 않으면 필수적 디자인 고려사항과 예산 적합성이 만들어질 수 없다.

3) 로프트(loft) : 천장 아래 다락방과 같은 놀이공간을 만들어 위에서 아래로 내려다볼 수 있는 일종의 2층 놀이집 형태를 말한다._ *역자 주*

4) 라이저(riser) : 계단 모양으로 2~3단 수직면을 만들어 걸터앉을 수 있도록 만든 형태를 말한다._ *역자 주*

5. 설계과정 8단계

모든 건축물은 기획, 계획설계, 기본설계, 실시설계, 계약도서 작성, 입찰하기, 시공 및 사용자 평가라는 여덟 가지 단계를 거쳐야 한다. 첫 단추를 제대로 끼워야 마지막 단추까지 잘 끼워지듯이 처음 세 단계인 기획과 계획설계, 기본설계에 디자인팀 모두 함께 참여하여야 한다.

1) 기 획

기획은 일반적으로 건축주(운영 부문이 별도 있는 경우에는 사업주이고, 없는 경우에는 시설장이 됨)가 직접 수행하는 단계로서 건설의 의도를 명확히 하고 그 방향을 설정하여, 건설의 전 과정에서부터 준공 후의 관리운영까지 예견하는 작업이다. 건물 운영방법 입안, 소요 예산 추정, 수익성을 검토하여 설계에 대한 요구사항과 제약조건을 정비하는 등 건물이 세워지기까지의 여러 가지 문제에 대한 각종 프로그램을 만드는 것이다. 기획이란 설계 목적과 의도를 정하는 것이며 보육시설에 필요한 공간의 자세한 설명과 용도, 치수, 기능적 관계 등을 찾는 것이다.

좋은 프로그램은 보육 아동수와 연령별 아동수, 교사와 아동수, 집단의 아동수, 집단의 구성방법, 1인당 면적 등을 명시하고, 각 공간의 '장소성' 을 어떻게 느낄 수 있을지 규명하는 것이다.

그리고 디자인 패턴과 이미지, 시각적 연결, 일조, 각 실의 지원시설, 법규, 예산 목표, 인접성 등을 분석하는 것이다. 리스트와 차트, 기능도가 뚜렷하게 그 관계를 표현하고 희망하는 향과 인접성이 포함된다. 예를 들어 영아 보육실은 남향이어야 하고 시설장실은 입구 로비에 가까워야 한다. 표 3.1은 이런 프로그램의 사례이다.

2) 계획설계

계획설계는 기획단계의 프로그램을 도면과 스터디 모형으로 만드는 것이다. 개보수인 경우 공간의 재배치와 난방설비 교환, 면적 조정, 문, 창문, 복도 등을 재배치하는 것을 포함한다. 신축인 경우 건축가는 대지에 건물을 배열하는 배치계획과 실내 공간의 배열인 평면계획, 외관을 결정하는 입면계획을 하여야 한다.

이 단계에서는 대지가 포함된 개념 모형이 유용하며 제안된 각 계획안을 검토할 때 다음 항목

표 3.1 프로그램 작성 사례

실	영아 낮잠실	0세 영아반				
수 량	1	1				
사용자	영아 7명	영아 9명, 교사 2~3명				
일반적 기능	7명 낮잠공간	사물함 장소	창고와 교사용 수납	주방과 먹는 장소	기저귀 갈이대	활동영역
면 적	$1.5m^2$/명	$4.5m^2$	$1.8m^2$	$10.8m^2$	$4.5m^2$	$27.9m^2$ $3.1m^2$/명
선호 형태	영아용 침대 모듈에 따른 형태	좁고 김			알코브[5]	
인접해야 할 것	영아반	0세반 입구		기저귀 갈이대와 분리된 벽면	먹는 장소와 반대편	1세반 : 투시형 유리창으로 시각적 연결
붙어 있어야 할 것	낮잠용 테라스, 기저귀 갈이대	놀이용 테라스				
특수 설비	• 영아 침대 7개 • 인공조명 조광기 • 약간의 채광 • 환기와 시원한 공기 • 닫힌 문 • 흔들의자	1세반과 동일	1세반과 동일	• 성인용 세면대 • 소규모 냉장고 • 전자레인지 • 낮은 탁자	1세반과 동일	• 기어오르고, 위로 오르거나 속으로 들어가는 교구 • 작업 책상 • 물과 모래놀이 기구
특 성	• 벽 일부만 개방하여 시각적 차단 • 교사용 아기 재우는 흔들의자 둘 장소	1세반과 동일	1세반과 동일	간이 부엌	1세반과 동일	메시영역[6]만 위치 고정
비 고				간이 부엌은 알코브에 있어야 함		

5) 알코브(alcove) : 큰 공간의 측면에 개방되고 부수되어 있는 부분적 작은 후퇴공간으로서 식사공간은 다이닝 알코브, 책 읽는 공간은 독서 알코브라 한다.

6) 메시영역(messy area) : 물놀이, 모래놀이, 찰흙놀이, 물감놀이와 같이 마음껏 어지럽히고 지저분하게 놀아도 되는 영역

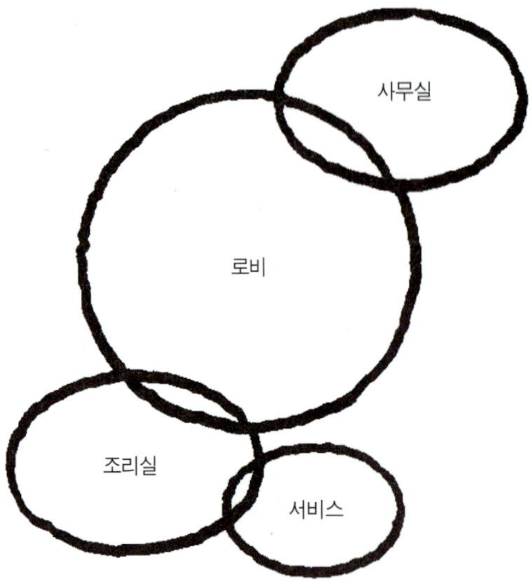

그림 3.3 기능도는 각 실의 인접성을 표현한다. 예를 들어 조리실은 사무실과는 떨어져야 하고 서비스 부출입구와는 가까워야 한다. 기능도에서 원의 크기는 상대적 실 면적을 반영한다.

을 체크하여야 한다.

- 계획안은 아동과 교사, 부모를 위해 디자인팀이 요구하는 환경적 분위기와 보육의 질을 제공하는가?
- 계획안에는 기획에서 분석된 기능들이 모두 적용되었는가?
- 기획한 것이 계획안에서 어떻게 변화되는가? 이것이 팀 구성원 모두에게 받아들일 만한 것인가? 그것들은 최소화될 수 있는가?
- 설비에 필요한 배관의 위치는 보육 프로그램 활동과 교사의 보육활동을 적절히 지원하는가? 각 보육실의 활동영역과 기본생활 영역을 만족시키는가?
- 실내 공간과 옥외 공간의 관계는 원활한가? 각 실에 자연 채광이 잘 되는가? 현관과 부출입구는 접근하기 쉬우며 안전한가? 실외 놀이터는 접근하기 쉬우며 가까이 있는가?

3) 기본설계

이 단계에서 디자인팀에서 합의된 결정안이 세밀하게 확인되고 발전된다. 건물과 실내의 치수와 위치, 재료가 구조와 기계설비, 조명 등 기타 상세한 부분에 맞게 결정되고 조절되어야 한다. 여기서 각 실의 치수와 높이, 천장, 문, 창, 변기, 세면대, 조명기구, 창고, 마감 재료, 붙박이형 가구 등을 상세하게 검토하여야 한다.

4) 실시설계

실시설계는 공사 계약과 공사 실시에 필요한 설계도서를 만드는 작업으로, 세부사항을 결정하고 도면을 작성한다. 도면에는 건축도면과 구조도면, 설비도면, 조경도면 등이 있다.

이 단계의 내용은 매우 기술적이지만 건축가는 디자인팀 전원에게 기본적인 기술과 중요한 건물 상세를 자세히 설명하여 이해할 수 있게 하여야 한다.

5) 계약서류 작성

실시설계에서 작성된 도면대로 시공하기 위해서는 각종 계산서와 시방서, 견적서의 공사 서류가 필요하다. 구조계산서는 설계안의 구조적 안전을 확인하고 계산하는 것으로 소규모는 건축가가 할 수 있고 대규모는 구조사무소에서 작성한다. 시방서는 재료의 성능과 공사 순서를 설명하는 문서이며, 견적서는 재료의 물량과 인건비를 파악하여 공사비를 산정하는 것으로 모두 건축가가 작성한다.

건축주는 설계가 건물로 구체화되도록 시공업자와 공사를 계약하여야 한다. 건축주 측에서 미리 공사 관리자(CM)를 정해 두면 프로그램과 계획설계, 기본설계, 실시설계 단계의 모든 내용을 전문가적 입장에서 검토할 수 있어 바람직하다.

이 단계의 서류는 마지막 단계이므로 운영자와 팀의 재검토 및 평가는 필수적이다.

6) 입찰하기

건축주 측에서는 공사비용을 고려하여 지명입찰하거나 일반 경쟁입찰을 선택할 수 있다. 지명입찰인 경우에도 세 군데 이상 공사비를 비교하여야 하며, 공사비가 무조건 낮은 업체를 선택하면 시설의 질이 떨어지고 하자가 발생하므로 신중하게 시공업체를 결정하여야 한다.

미리 공사관리자(CM)를 정해 둘수록 기획부터 입찰 시공업체 선정에 이르기까지 전문가적 조언을 들어 현명한 판단을 내릴 수 있다.

7) 시 공

공사가 진행되는 사이 건축가와 각 분야 담당자는 각자의 역할을 하여야 한다.

① 건축가의 역할

건축가는 기획과 계약도서에 맞게 공사가 진행되는지 확인하기 위해 정기적으로 공사현장 상황을 점검하여야 한다. 특히 신축뿐 아니라 개보수인 경우 재료의 적합성이나 비용이 변화하기 때문에 예상하지 못한 일들이 일어난다. 완벽하게 만들어진 설계안도 공사 도중 변경이 생길 수 있으므로 건축가와 시공자, 디자인팀과의 활발한 의사소통이 이루어져야 한다.

② 운영자의 역할

보육시설 운영자는 단체인 경우에는 시설업무를 보는 부서의 사람을, 개인인 경우에는 공사관리자를 지정하는 것이 좋고 그 사람은 운영 대리인이 된다. 운영 대리인은 건축가와 시공자, 이상적인 경우 시설장과 교사 모두의 중간에서 현장에 있는 연락관이 되어야 한다. 또한 운영자의 재정적 이익을 대변하기 위해 현장에서 관련된 사람들의 이해관계를 알려 주어야 하고 공사와 관련 설비의 중요 변수를 해결하여야 한다. 이러한 역할을 하는 사람이 없으면 공사 진행이 제대로 될 수 없다. 운영자는 보육시설의 목적이 무엇인지 알아서 질적으로 좋은 시설이 되는 쪽으로 문제를 해결하여야 한다.

③ 시설장 또는 보육 컨설턴트

공사 도중 아동과 교사 그리고 프로그램에 유리한 쪽으로 모든 결정이 이루어지는지 확인하기 위해서는, 시공이 진행되는 동안 건축가와 운영 대리인, 시공자와 상의할 때 보육시설을 대표하는 시설장 또는 보육 컨설턴트(시설장이 정해지지 않은 경우)가 있어야 한다. 기능과 안전, 유지관리에 관한 문제들이 생길 때 실제 보육시설을 운영한 경험이 중요하게 반영되어야 한다.

8) 거주 후 평가

공사가 끝나면 건축가와 운영자는 건물을 돌아보며 하자를 찾아 기록한다. 하자를 모두 처리하면 건축가와 운영자, 공사감독관은 공사를 종료하고 건물 사용을 시작한다. 이 단계가 사용자 평가이다.

사용자 평가는 6개월 정도 지난 후 건축가와 인테리어 디자이너가 실시하는 것이 이상적이다. 표본적 항목을 가지고 거주 후 평가를 하는 전문회사에게 의뢰하여 평가함으로써 경험에 의한 지식을 쌓아간다.

거주 후 평가의 설문조사에서는 다음 내용을 포함하여야 한다.

첫째, 건물이 잘 운용될 것인가? 둘째, 설계 의도대로 공간이 잘 사용되는가? 만일 아니면 그 이유는 무엇인가? 셋째, 어떤 항목이 누락되었는가? 넷째, 어떤 변화가 필요한가?

새로운 시설에 적응하고 또 적응하려는 시간과 욕구로 인해 시설의 평가를 중요하지 않게 생각할 수도 있다. 더욱이 보육시설 종사자는 그들이 불평하곤 했던 이전 시설보다 나은 무언가를 얻게 되어 기뻐할지도 모른다. 하지만 모든 새로운 공간에 대해 궁극적으로 거주자 모두에게 영향을 미치는 새로운 거주 방법들을 논의해야 한다. 누군가는 계단에 공간을 요구하고, 다른 사람은 커튼 보관 창고를 요구한다. 이런 피할 수 없는 문제에는 협동이 필요하다.

만약 시설이 거주 후 평가를 스스로 실시한다면, 건축가와 인테리어 디자이너에게 미래 보육시설 설계를 위한 자료를 제공하고 시행착오를 줄이는 데 도움이 될 것이다.

6. 자체 평가

6개월 후 건축가와 인테리어 디자이너에 의한 거주 후 평가를 하고 난 후, 다시 6개월에서 1년 후 시설의 자체 평가가 이루어지는 것이 바람직하며, 평가 결과는 전국적으로 공유될 수도 있다.

모든 디자인팀은 보육 프로그램을 완벽하게 실시하기 위해 불가피한 변경이 요구되므로 이에 대처할 준비가 되어야 한다. 상황이 변화함에 따라 시설의 개선, 변경 그리고 확장이 필요할 것이며, 효율적으로 협의하는 과정 또한 필요할 것이다. 보육시설 종사자들의 회의를 통해 시설을 자체 평가하는 것은 물리적 환경에 대한 사용자의 경험이 매우 중요함을 의미한다.

7. 디자인팀의 능력 강화

능동적이고 우수한 교육을 받은 디자이너들은 기능적이고 생기 넘치는 시설을 설계한다. 시설의 계획과 함께 필요한 디자인팀의 기술적 능력은 설계과정의 진행이 원할하도록 한다. 그 기술들은 또 디자인팀과 공동체에게 창작과정에 참여한다는 생각을 줌으로써 참여도를 높인다. 이 기술은 기본 계획과 프로그래밍 단계에 모두 적용될 수 있다.

1) 설계일지와 이미지 게시판

설계일지와 이미지 게시판은 디자인팀원이 시설에 필요한 공간과 디자인의 질을 도출하고 진열하는 방법이다. 그 이미지는 스케치 원본일 수도 있고, 사진, 잡지 스크랩, 또는 심지어 사람들을 감동시키는 디자인을 표현하는 3차원 물체일 수도 있다. 그 책이나 게시판을 중앙에 놓고 팀 구성원들이 쉽게 공동작업에 참여하고 즐길 수 있도록 한다.

2) 이상적인 보육시설과 이미지

디자인팀의 회의 때나 비전을 제안할 때, 팀원들에게 이상적 보육시설에 대한 글을 쓰라고 요청하여야 하며, 이것을 팀원들끼리 공유하고 토론하게 하여야 한다. 그리고 시설의 프로그램에 중요한 요소들의 목록을 작성하게 하여야 한다. 마찬가지로, 팀원들에게 이상적 보육시설에 대한 규모, 실내에 대한 느낌, 건물 외부에 대해 한 단어로 묘사하도록 제안하여야 한다. 기존 시설을 개보수할 때에는 팀원들이 그것의 장점과 단점을 적도록 하여야 한다.

3) 비전 제안

팀 구성원들과 목표가 다른 개개인이 원하는 설계를 진행하는 동안, 비전 제안은 설계과정 초기에 설계에 관심을 갖게 하는 좋은 방법이다. 이것은 고용된 컨설턴트나 건축가, 디자이너, 혹은 팀의 또 다른 일원들에 의해 이루어질 수 있다. 비전 제안의 목적은 사람들의 잠재적인 생각과 스케일, 분위기와 느낌 같이 양질의 이미지를 끌어내고 사람들이 이런 것들을 서로 나누게 하고자 하는 데 있다. 하루 종일, 또는 주중보다는 주말에 모두 긴장을 풀고 의사소통하며 그들의 꿈에 닿게 하기 위해 이상적 방법이다.

4) 대지 방문

설계 대상 대지를 직접 가보는 것은 중요하며, 건물의 진입 부분과 입구, 나무 보존 등 디자인 쟁점을 해결하는 데에도 필수적이다.

모든 연령을 대상으로 하는 오르기 놀이 도구와 자전거를 이용하는 공간 중에서 하나를 선택하여야 할 때, 다른 보육시설을 방문하는 것은 계획과정에 있어 도움이 된다. 디자인팀은 다른 시설의 보육교사 및 사용자와의 토론이나 관찰로, 다른 시설의 문제점이나 장점을 파악하고 더 좋은 안을 찾을 수 있다. 가능하다면 카메라를 가지고 가는 것이 좋다. 모두가 한 시설을 방문하는 것이 불가능할지 모르지만, 모든 팀원들이 제안된 시설과 가장 유사한 대지를 찾아 반드시 함께 답사해야 한다.

방문한 보육시설이나 유치원 등의 설계도와 치수 기록은 디자인팀에게 도움이 된다. 이 기록은 팀원들이 새 보육시설을 위한 디자인과 공간 선정 평가 등을 비교할 때 소중한 자료이다.

3차원 모형과 사람 모형은 디자인이 실제 처럼 보이게 한다.

5) 디자인 최종 검토

디자인 최종 검토는, 디자인팀이 중요한 계획의 필수요소를 정리하는, 짧고 집중된 기간이다. 이것은 비전 제안과 비슷하지만 보통 더 오래 지속되며 구체적인 디자인을 만드는 데 목적을 둔다.

6) 3차원 모형

경제적인 3차원 종이 모형, 점토, 컴퓨터 이용 설계들은 디자인팀의 건물에 대한 개념을 구체화하고, 특히 지붕과 천장 높이 같은 3차원에 관해서라면 더 효율적으로 설계에 참여할 수 있다. 모델 스코프(model scope)를 이용하여 축소된 사람의 크기로 건물 속에 들어가서 부모들을 마중하거나, 기저귀를 갈아 보는 등과 같은 여러 상황을 검토하는 것은, 설계안을 위에서 볼 때와 달리 그 설계의 장단점을 알 수 있다.

7) 분필이나 테이프로 실물 크기 그리기

대부분의 사람들이 볼 수 없는 공간에 대해 어려움을 느끼기 때문에, 디자인팀은 종종 계획안을 회의가 진행되는 실이나 다른 알려진 공간과 비교한다. 분필, 마스킹테이프, 그리고 캐드도 디자인팀이 건물의 공간을 실측하는 데 도움이 된다.

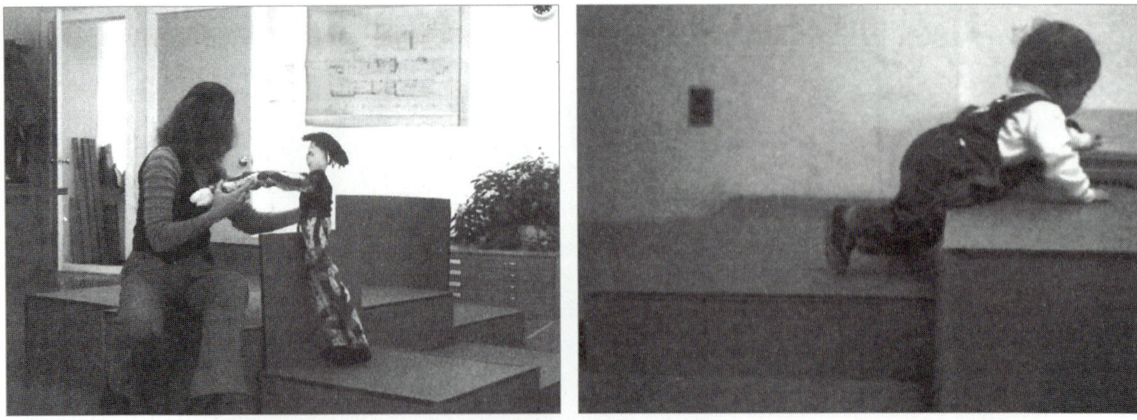

골판지로 실제 크기 모형을 만들어 교사와 영아가 상호작용 놀이를 해본다.

단순히 실존하는 방의 벽에 분필이나 테이프로 창문, 문, 서랍, 가구, 다락의 길이를 표시하여야 한다. 그리고 사람들이 사용하는, 또는 선호하는 크기가 명확해질 때까지 이 표시된 공간을 사용하여야 한다. 표시된 영역에 실제로 가구가 있을 수도 있고 입체 블록 또는 골판지로 표시할 수 있다.

8) 실물 크기 모형

가끔 빈 공간이나 이미 사용 중인 공간에 가구나 기구, 또는 실물 크기의 모형을 만드는 비용이 도움이 된다.

사 례 최근 새로 개보수한 시설에서 두 개 영아실 사이에 화장실을 만들면서 교사는 실제 크기 기저귀 갈이대 모형을 만들고 변기와 나무 수납장을 만들어 실험을 해보았다. 이러한 실물 크기 모형은 화장실의 최소 그리고 최대 크기를 알게 해준다.

9) 행태도

행태도(behavior mapping)란 시설에서 특정 활동이 어디에서 얼마동안 일어나는지를 기록하는 것이다. 이것은 활동의 합성사진을 보여 주며, 기존 공간의 개보수를 앞두었을 때 실용적이다. 시설 관계자들의 정보도 모아야 하며, 객관적인 관점이 필요하기 때문에 보통 그 공간을 이용하는 사람보다는 다른 사람이 지도를 만드는 것이 더 좋다.

10) 역할 해보기

역할 해보기는 다음 내용을 알 수 있게 도와준다.

- 새로운 설계가 사용자의 모든 기본적인 일을 효율적으로 처리할 수 있는지 여부
- 새로운 설계가 사용자의 의사소통과 이용 방식을 변화시키는지 여부
- 새 설계의 결과로 나타나게 될 다른 행위를 종사자가 수용할 수 있는지 여부

역할을 해볼 때 그곳의 중요한 특징, 인접하는 영역이나 활동과의 관계성뿐만 아니라 실제 크기도 알려 주는 여러 방법으로 실제 공간을 경험해 보게 하는 것이 제일 중요하다. 그렇게 하면 그 공간의 사용자는 그들의 일과를 '규제' 하는 것이 무엇이며, 새로운 배치에서 가능한 일과 불가능한 일을 알게 된다.

제4장

시작하기 : 프로그램과 대지 분석

A vision without a task is but a dream, a task without a vision is drudgery, a vision and a task is the hope of the world.

— from a church in Sussex, England, c. 1730

이 장에서는 설계팀이 시작할 때 고려해야 할 기본 프로그램과 주된 요소를 소개한다. 아동 정원과 연령별 집단수, 건물 연면적, 대지면적, 보육실의 크기, 배관 위치, 창고 수요와 사전 준비로서 대지 위치 선정과 같은 것이다. 그러나 이런 문제들을 생각해 보기 전에, 우리는 먼저 보육시설 설계의 전제조건을 생각해 보아야 한다.

1. 연령별 아동 분류

미국 보육시설 건축법의 기본에 깔린 주된 의무는 아동을 연령별로 독립적인 '보육실' 이나 '집단' 으로 나누어야 한다는 것이다. 따라서 연령에 의해 분류된 집단은 구체적 아동수의 제한, 아동별 교사수의 비율, 보육공간 최소 크기 등을 요구한다.

연령별 적절한 보육이 아동의 성장 단계별 욕구를 만족시키는 데 있어 중요도를 가지는 반면에, 다음의 두 가지를 포함한 규정들은 적용되지 못하고 있다.

- 서로 다른 연령별 아동 사이에 얼마나 많은 접촉이 있을 수 있고, 있어야 하는가?
- 연령별로 어느 정도의 공간이 요구되고, 아동 1인당 최소 면적이나 시설 면적은 얼마나 필요한가?

보육시설의 허가규정은 연령별에 따라 초등학교처럼 구분되어 있다. 시설기준에서는 필요한 것을 완비한 집단의 중요성을 강조하는 반면, 공동체나 시설의 아동, 부모들, 종사자들이 어디서 같이 시간을 보내야 한다거나 할 수 있다는 점에 대해서는 아무런 언급이 없다. 또한 아동의 놀이공간에 대해서도 면적만을 제시할 뿐, 필요한 여러 공간의 종류에 대해서도 아무 내용이 없다.

그러므로 디자인팀은 시설기준이나 허가조건 등이 아동 집단의 보육에 대한 최적 조건이 아니라 최소치를 지정한다는 사실까지도 신경 써야 한다. 시설기준의 최소 규정보다 더 넓게 면적산정을 하지 않으면, 아동발달 측면이나 기능 측면에서 바람직한 보육을 제공할 수 없다.

1) 연령별 집단 나누기

일반적으로, 아동은 연령에 따라서 다음 네 개 집단, 영아, 걸음마기 영아, 유아, 학령기 아동 중 하나에 속한다. 이러한 집단을 나누는 정확한 연령은 미국의 각 주의 기준과 프로그램에 따라 다르다. 영아와 걸음마기 영아 단계 구분에 차이가 가장 크다. 즉, 주에 따라 12개월, 또는 18개월, 2세 이상 아동을 걸음마기 영아로 간주함으로써, 이 연령이 안 된 아동을 영아로 분류한다. 보편적으로 유아는 3~5세(또는 2세 반~5세)이며, 학령기 아동은 5~8, 10세[1], 또는 12세까지이다.

여기에서는 설계지침 작성을 위해, 연령별 집단을 다음과 같이 정한다[2].

- **영아**(infant) : 태어나서 18개월까지
- **걸음마기 영아**(toddler) : 18~36개월
- **유아**(preschooler) : 3~5세
- **학령기 아동**(school-age) : 5~10세

1) 미국 초등학교 학제는 5년이다._ *역자 주*
2) 우리나라에서는 영아는 3세 이하, 유아는 3세 이상 6세 미만의 아동으로 구분한다._ *역자 주*

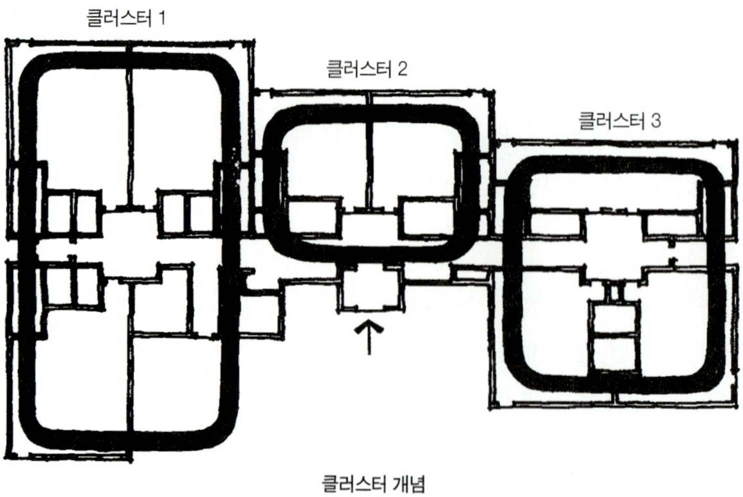

그림 4.1 2~4개 보육실이 모인 클러스터. 각 클러스터는 입구와 공용 공간을 가진다.

일부 프로그램은 연령에 맞추는 것을 너무 중요시 여겨 아동을 6~12개월에 한 번씩 집단을 바꾸게 하는데, 그것은 바람직하지 않다. 아동은 유아기 동안 한두 명의 동일한 교사로부터 보살핌을 받아야 한다(1장 참조). 아동이 처음 3년 동안 같은 교사와 함께 할 수 있는 양육이 발달상 가장 바람직하지만 현재의 규정에서는 실현되기 어렵다.

2) 연령별 반 구성과 다양한 연령 구성

각 연령별 보육실이 있는 보육시설에서는, 보육실 사이의 관계와 건물과의 관계를 고려하여야 한다. 많은 프로그램에서는 아동집단을 각각 서로 다른 위치에 둠으로써 구분한다. 이렇게 하면 비슷한 수준의 아동이 놀이터와 교재, 교구를 같이 쓰며, 교사들도 경험을 나눌 수 있는 장점이 있다. 하지만 이것은 연령 차이를 강조하고 유아들이 특별한 행사가 있을 때를 제외하고는 영아와 접촉할 기회가 없다는 것을 의미한다.

그 대신에, 클러스터 개념을 생각할 수 있으며 보육시설이 법적으로 요구된 연령별 반 구성을 존중함과 동시에 다른 연령별 보육실들 사이의 접촉을 최대화할 수 있다. 그 해결방안은 연령별 보육실 대신에 다양한 연령의 보육실을 만드는 것이다(그림 4.2). 즉, 건물 한쪽에 영아 보육실을 세 개씩, 반대쪽에 유아 보육실을 세 개씩 연속으로 위치시키는 것보다, 네 집단의 아동을 서로 가까이 인접시키는 것이다. 이런 물리적 인접성은, 교사들이 중요하게 생각한다면, 다양한 연령층이 쉽게 만날 수 있게 한다.

디자인팀은 다양한 연령 간 인접성에 대한 우선순위를 정해야 하고, 건물 설계에 어떻게 반영할지를 결정해야 한다. 최근 다른 연령층을 가까이 두는 설계나 보육실 자체에 아동을 섞어 두는 것을 조사하기 시작했다. 어린 아동은 연령이 더 많은 아동과의 상호작용뿐만 아니라 관찰을 통해서 많은 것을 배우는 것으로 나타났다. 어린 동생들을 도와주면서 연령이 더 많은 아동은 책임감을 배우고, 애정을 표현하며, 최근에 배운 것들을 사용한다. 아동은 보육시설에서 더 많은 시간을 보내기 때문에, 형제들과 덜 가깝다. 연령별 보육실 구성은 연령이 다른 아동과 나누는 경험과 눈높이로 이루어진, 가족과 같은 분위기 조성을 놓치고 있다. 아동의 사회적이고 정신적이며 발달적 장점을 위해 설계자는 다양한 연령 구성을 고려해 보는 것이 좋다.

3) 커뮤니티 구성 : 중심부 공용 공간

대부분의 보육시설에서 보육실과 사무실, 조리실 이외에 교사용 휴게실 같은 부수적인 공간은 흔하지 않으며 어떤 경우에는 필요 없다고 여기는 경우도 있다. 심지어 교사실도 사치스럽게 여기기도 한다. 아동, 가족, 그리고 교사가 다 같이 모이는 공간은 사실상 없다. 그러나 시설은 아동만 다루는 것이 아니다. 그리고 아동을 보살피는 데 있어서도 가족과 교사들의 요구

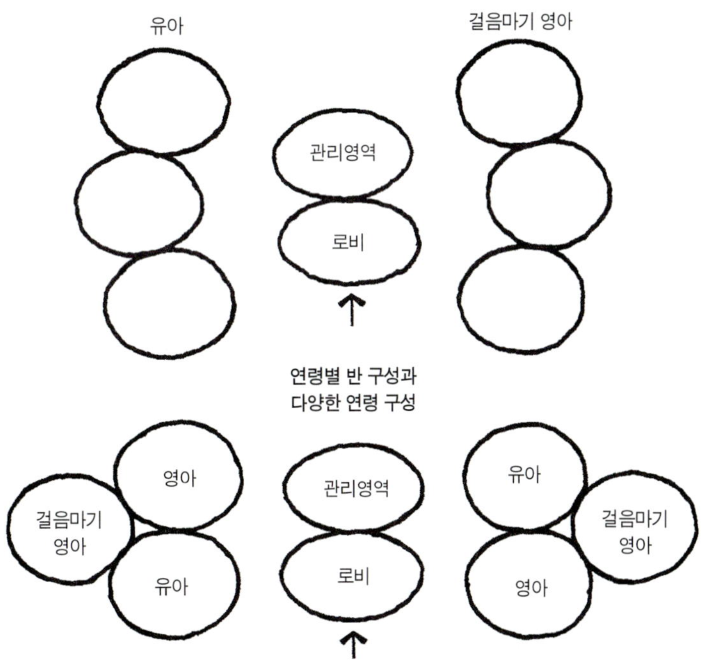

그림 4.2 건물은 최소한 두 가지 방법으로 구성된다. 같은 연령의 보육실을 모아 놓거나, 다양한 연령의 보육실을 모아 놓고 있다.

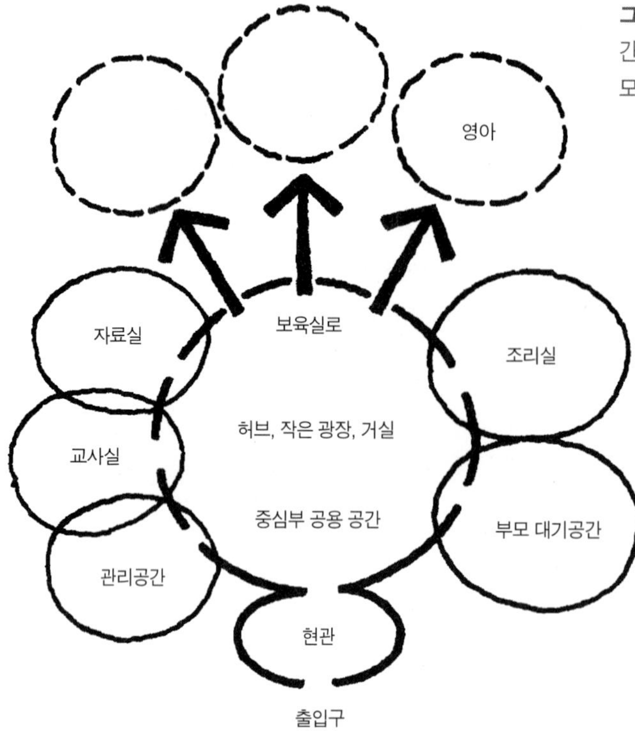

그림 4.3 모든 시설은 '중심부 공용 공간'을 두어 모든 실들과 연계되어야 하고 모두 즐겁게 모이는 장소가 있어야 한다.

가 반영되지 않는다면, 그들은 일을 할 수가 없다. 사람들이 편하게 만나고, 상호작용하고, 경험을 나누게 만들기 위해서는 복도 이외의 공간이 있어야 한다.

좋은 시설의 프로그램에는 주된 순환과정이 그 공간에 있거나 안과 밖으로 유도되기 때문에, 사람들은 반복적 일과활동을 하면서 가까이 지내는 공간을 가지고 있다. 알렉산더(C. Alexander)[2]는 이것을 '중심부 공동 영역' 이라고 부른다. 가정의 부엌, 스키장의 화로가 사람들을 모이게 하는 힘이 있는 중심부 공용 공간이다. 시설에서는 그런 공간이 넓은 입구일 수도 있고, 거실과 같이 벽난로를 갖춘 공간, 아동의 놀이공간, 부모와 교사를 위한 접수공간, 조리실이나 식당일 수도 있다. 음식물과 관련이 있거나 주변 사람들을 초대하는 공간이 중심부의 공동 영역과 같이 기능할 수 있다. 그러나 그것은 단순히 자판기가 있는 공간이 아닌 '장소' 이어야 한다.

잘 설계된 시설은 중심부에 의미 있는 공용 공간을 제공하여야 한다(그림 4.3). 그러므로 디자인팀은 시설의 중심적인 사회적 활동이 무엇일지 결정해야 하고, 이 기능을 염두에 둔 1차

2) C. Alexander, et al.(1977). *A Pattern Language*. New York: Oxford Univ. Press, pp. 618–621.

공용 공간을 설계해야 한다. 특히, 큰 규모의 시설에서 공용 공간은 소속감과 친밀감을 느끼게 하여 구성되어야 한다.

모듈로 분절된 건물이나 하나의 출입구로 연결된 캠퍼스 플랜을 설계할 때는 소단위를 위한 공용 공간을 구성하는 2차 중심부를 두는 것이 바람직하다. 이 2차 공용 공간이 가장 많이 이용되겠지만, 모든 사람들이 가장 중요한 정보들을 구할 수 있는 1차 공용 공간도 중요하다.

(1) 다목적실

일부 시설들은 공동활동을 위해서 또는 아동의 활발한 신체활동을 위한 '다목적실'을 만든다. 이는 놀이를 위한 공간이거나, 모이기 위한 공간이다. 그리고 후자의 경우라면 실 위치와 가구가 그 실이 공용 공간으로 얼마나 적합한지를 정한다. 활발한 운동놀이를 위한 실내 공간을 갖추는 것은, 특히 기후가 안 좋은 경우 매우 필요하다.

이런 다목적실을 건물 가운데에 두고, 주위에 보육실을 배치하는 것은(그림 4.4) 좋지 않다. 일단 그 공간은 오가는 사람들의 주된 통행로가 될 것이다. 또한 소음이 주변의 보육실에 전달되고, 다른 사람의 통행에 의해 아동이 자유롭게 돌아다니거나 장난감을 자유롭게 사용하는 것에 방해가 될 것이다. 이런 구조는 바람직하지 않다.

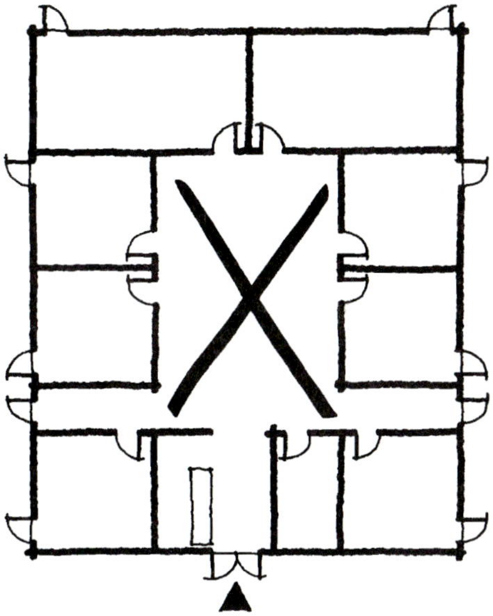

그림 4.4 다목적실을 건물의 가운데 배치하고 각 실을 둘러싸는 것은 좋지 않다. 지나가는 사람은 아동의 놀이를 방해하고 다목적실 소음은 보육실에 방해가 되며 조용하게 앉아 대화를 나눌 자리가 없다.

4) 중앙 클러스터

아동의 연령이 같거나 다르거나, 인접한 보육실은 사람이 이동하는 공용 공간과 연결될 수 있기 때문에 다양한 연령층의 접촉이 자연스럽게 이루어진다. 그 이유는 현관이나 실외 중정이 인접한 보육실 사이의 관계를 암시해 주는 공용 공간이 될 수 있기 때문이다.

한편 보육실의 긴밀한 상호작용이 필요하다면, 그 공용 공간은 모든 연령층에게 중요한 활동들을 지원해야 한다. 즉, 그 공용 공간이 '중심부 공동 영역'의 역할을 해야 한다.

5) 주거 중심 모형

여러 연령이 혼합된 집단의 중심부에 공동 공간을 만들기 위해 저자는 주거 중심 모형을 그림 4.5처럼 개발했다. 이 모형은 공동의 식사 구역, 조리실, 거실 주위에 영아실, 유아실, 학령기 보육실을 위치시켰다. 이 아이디어는 주택의 특성을 시설에 소개하기 위한 것이고, 성인과 아동 모두에게 보육실에서 제공하지 못하는 무언가를 제공하기 위해 중심부 공용 공간을 만드는 것이다.

주거 중심 공간은 음식을 준비하는 조리실과 아동이 음식을 먹는 거실로 구성될 수도 있거나, 음식 준비와 먹는 것이 서로 다른 곳에서 이루어지는 거실만 있을 수도 있다. 그 주거 중심 공간은 같은 연령의 보육실이 밀집한 가운데에 위치할 수도 있으며, 충분히 넓은 대지에 자연광이 중심부로 들어오는 1층짜리 건물에서는 다섯이나 여섯 개의 클러스터까지 주위에 배열할

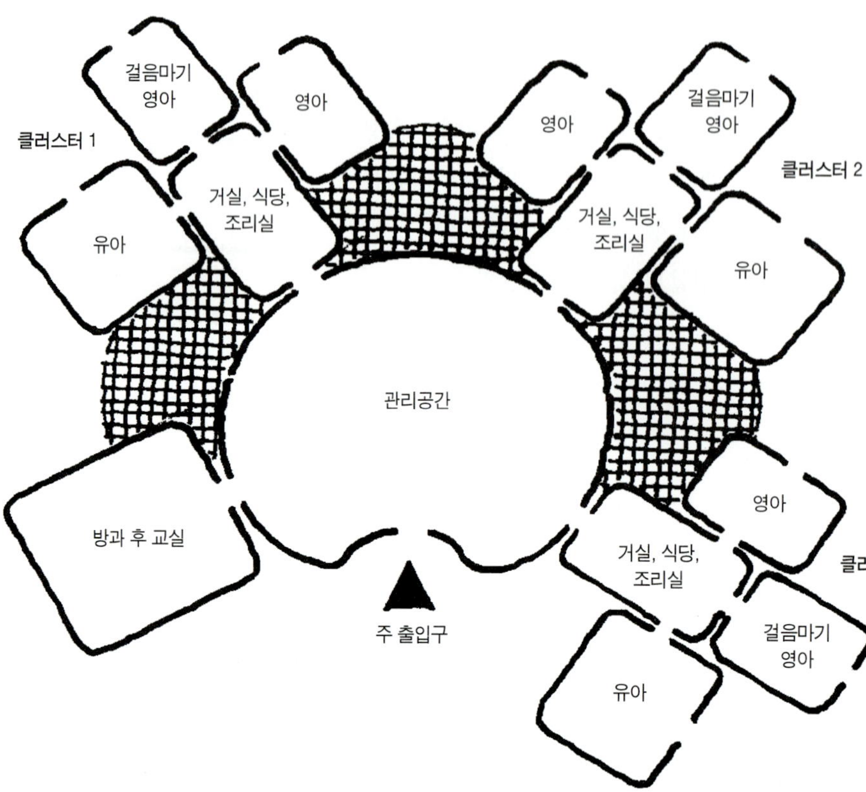

그림 4.5 주거 중심 공간에서는 한 지붕 아래 관리공간과 방과 후 교실 주변으로 세 개의 다양한 클러스터가 구성된다. 각 클러스터는 주거 중심인 거실과 식당, 조리실 주변에 영아와 걸음마기 영아, 유아 보육실을 배치한다.

수 있다(그림 6.24의 평면도 참조).

다양한 연령의 보육실을 두는 경우 주거 중심 모형공간은 발달적 측면과 사회적 측면에서 장점이 많다. 만약 한 가정의 아동이 다닌다면 부모는 아동을 한 곳에 데려다 주면 되고, 그들은 온종일 서로를 볼 수 있다. 또 아동은 한 클러스터에서 5년 전체를 보낼 수 있기 때문에 큰 시설에서 집처럼 편하게 지낼 수 있다. 그 중심은 모든 교사와 아동을 주어진 클러스터에서 서로 잘 알게 해서, 아동이 다음 연령 반으로 옮겨도 무서워하지 않아도 되게 한다. 아동은 새 반의 교사와 사전에 서로 알게 될 것이고, 이전 반의 교사와는 여전히 친구로 지내며 만날 수 있다.

2. 시설 규모

새로운 시설은 다음에 따라 규모가 정해진다.

- 공동체의 보육에 대한 수요
- 설계 · 시공 · 보수를 위해 사용할 수 있는 자금
- 대지 · 건물이 수용할 수 있는 규모

이 세 요소에 덧붙여, 보육시설의 크기는 실제 아동수, 연령, 교사와 아동의 비율, 아동 연령의 특징에 따른 집단의 크기, 집단 크기와 연령에 따른 보육실의 크기 등과 관련이 있다.

1) 아동수

보육시설의 규모는 12명에서 수백 명까지 될 수 있다. 대부분의 운영자들은 아동수가 최소 100명이라면 재정적으로 실패하지 않을 것이라고 생각한다. 어떤 시설은 두 배, 세 배의 아동수를 정원으로 한다. 프랜차이즈로 보육시설을 운영하는 영리단체는 대량공급과 중앙 집중관리로 비용을 절약할 수 있다고 생각하고 많은 아동을 요구한다. 그러나 보육시설 재정 전문가들은 시설 규모가 크다고 반드시 이익이 많이 생기거나 질적으로 우수한 시설은 아니라고 지적한다.

2) 규모와 보육 질의 상관관계

시설의 규모와 보육 정원수는 아동에게 큰 영향을 끼친다. 신빙성 있는 조사에서, 한 시설당 아동이 60~75명을 넘지 않는 시설의 크기가 그 시설의 질을 판단해 주는 기준인 것으로 나타났다. 60~75명 이상의 아동이 있는 시설은 틀과 규칙을 강조하며, 기쁨, 호기심, 행복, 개인적 관심, 교육 기회가 적어지는 경향이 있다. 규모가 작은 시설들은 아동을 혼합하는 경향이 있어 큰 아동이 어린 아동과 놀아줄 수 있다. 그리고 큰 시설들은 연령에 따라 아동을 나눈다. 불행하게도, 최근의 조사에서는 큰 시설의 아동이 주변으로부터 관심을 덜 받고 사회화되었으며, 소속감이 없어 다른 여러 가지 일을 하는 데 부족한 점이 발견되었다.

대체로 작은 시설은 덜 규격화된 분위기의 장점을 가지고 있다. 예를 들어 작은 시설들은 프로그램을 정하는 데 있어 더 유연하고 자발적이며, 가족과 교사, 아동에게 더 많은 관심을 가지며, 통합된 목표와 철학을 갖고, 양질의 교사 관리와 부모의 참여를 보다 많이 유도한다.

시설의 규모가 아동이 받는 보육의 질에 끼치는 이런 영향들은 가볍게 생각되어서는 안 된다. 시설의 크기와 인원수를 아동이 쉽게 초과할 수 있기 때문에, 60~75명 이상의 아동을 배정하는 것은 바람직하지 않다.

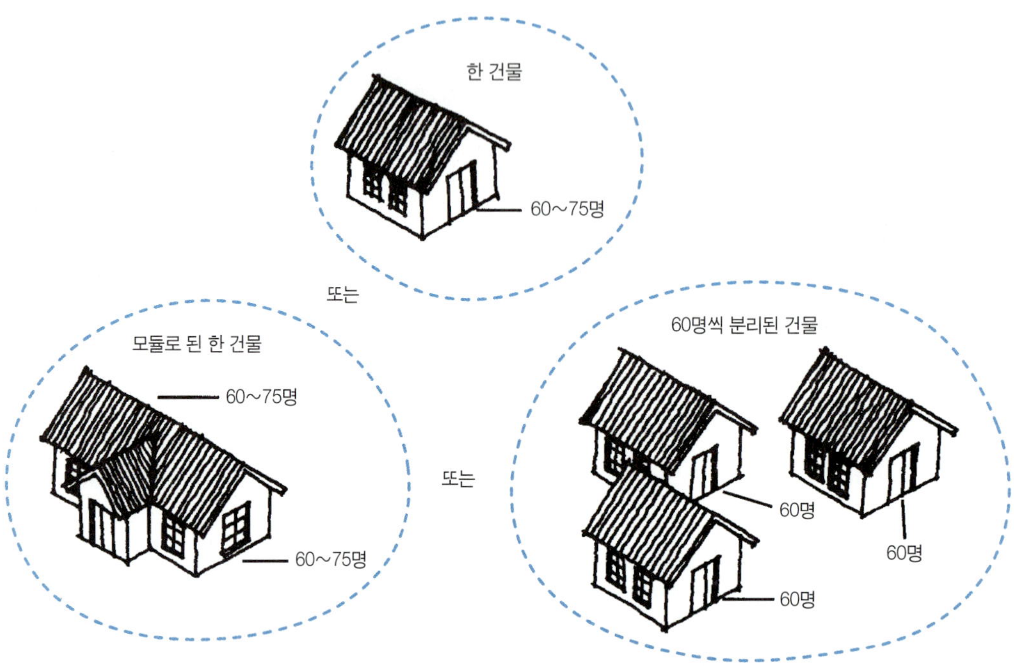

그림 4.6 대규모 시설은 각 건물로 된 캠퍼스 플랜이 필요하고 각 건물은 60~75명을 넘지 않아야 한다. 만일 하나의 건물로 해야 한다면, 각 출입구가 있는 60~75명 모듈로 세분하여야 한다.

3) 한 건물 또는 캠퍼스 플랜

60~75명 이상의 아동을 배정하는 것은 바람직하지 않다고 하였지만, 이것은 하나의 시설에 75명 넘게 수용할 수 없다는 의미는 아니다. 그보다 중요한 점은 건물의 배치이다. 만약 한 건물에 75명을 초과하여 수용하도록 설계되었거나 선택되었다면, 각 클러스터(cluster)에 개별 입구를 두어, 75명 이하의 모듈(module)로 나누어 서비스하는 것이 중요하다(모듈이 60~75명보다 각각 35~40명만 수용하는 것이 더 이상적이다). 전체적 크기를 완화하기 위해서, 건물 외부는 일체식 구조 대신에 실내 영역의 보육실을 차별화할 수 있게 분화되어야 한다(모듈 접근의 예는 19장의 코퍼하우스 설계도 참조).

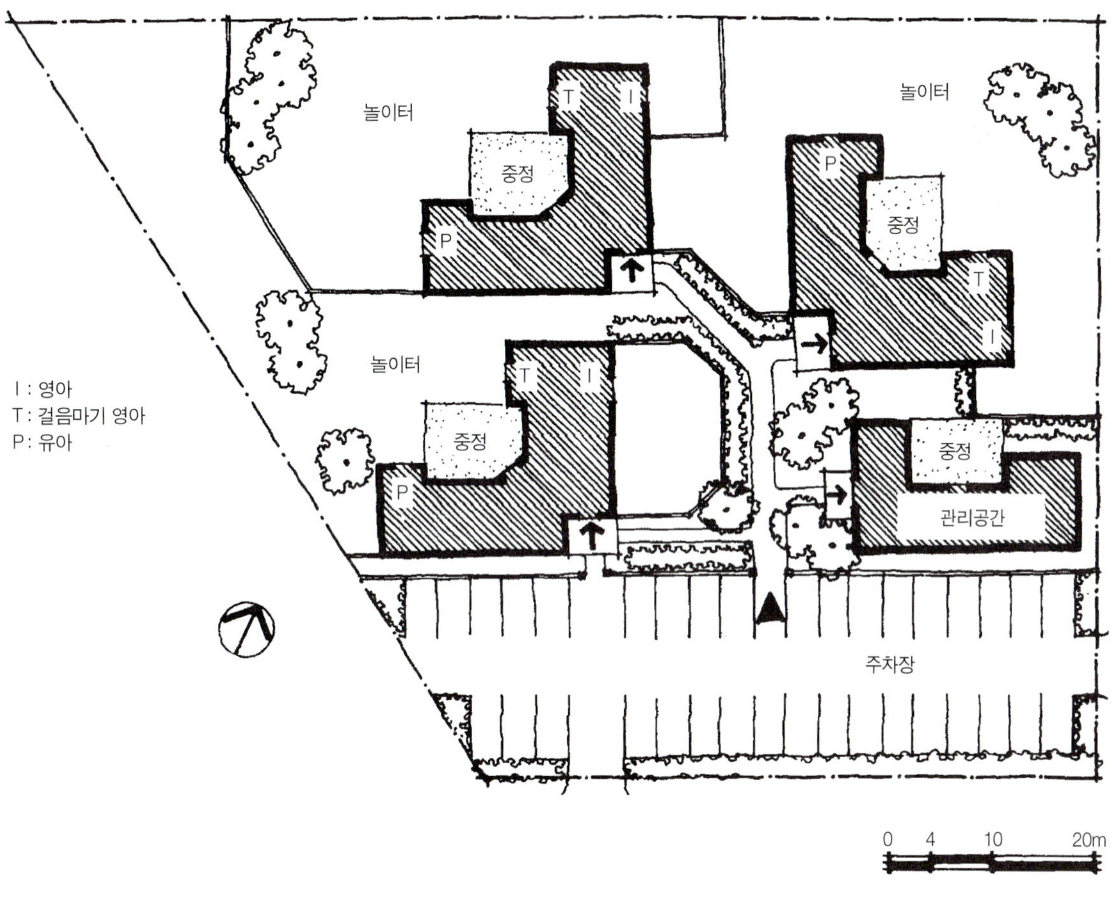

그림 4.7 캠퍼스 플랜의 예로서 대지에는 건물 네 동이 있는데, 세 동에는 40명의 아동이 있고 한 동에는 관리공간이 있다.

75명 이상의 아동이 있는 시설은 두 개로 분리된 건물이지만 하나로 이어진 건물이며, 각 건물에는 60~75명 이상의 아동을 수용하지 않는다(그림 4.6). 그런 배치에서는, 각 건물은 자율적이며, 일상적 일은 그 안의 교사들이 알아서 처리한다. 한 건물은 동일 연령의 보육실만 둘 수도 있고 또는 연령이 다른 아동의 보육실을 둘 수도 있다. 그리고 건물들 중 하나에는 모든 건물들이 공유하는 사무실과 교사실을 제공하는 방법도 있다. 중요한 점은 한 아동이 한 번에 75명(완벽하게는 35명) 이상이 함께 생활하지 않아야 한다는 것이다. 그림 4.7은 호주의 캠퍼스 플랜의 보육시설 배치도이다(5장에는 모듈과 캠퍼스 플랜의 설계를 위한, 건물과 대지 고려사항에 대한 지침이 나와 있다).

3. 건물 규모 산정

보육시설이 몇 명을 수용하는지가 필요한 건물과 대지의 규모를 결정한다. 미국은 각 주마다 다르긴 하지만 보육시설은 아동 1인당 최소면적의 규정에 따라 허가를 받는다. 그러나 이 최소 기준이란 전체 보육 프로그램을 실행하기 위해 실질적으로 필요한 모든 공간을 염두에 둘 수 없기 때문에 혼동을 일으킨다. 건물 연면적은 예산과 교사와 아동의 복지, 프로그램의 질을 좌우하는, 설계에 관련된 가장 중요한 요소이다. 그렇기 때문에 디자인팀이 관련된 이슈를 이해하는 것이 중요하다.

1) 1차적 공간

1차적 공간은 다목적의 큰 놀이공간, 미술실 및 도서실을 포함한 아동의 발달적 활동과 놀이에 필요한 보육실을 의미한다. 미국 대부분의 주에서는 아동 1인당 보육공간이 최소 3.2m^2 있어야 한다.

첫째, 3.2m^2의 보육공간은 최소치라는 것이다. 그리고 그보다 작은 경우에는 아동의 복지가 보장되지 않고, 허가를 받지 못할 것이다.

둘째, 이 최소 3.2m^2라는 공간은 아동의 놀이공간만을 포함한다. 3.2m^2는 2차나 3차적 공간에서 필요한 공간을 포함하지 않는다(그림 4.8). 예상되는 아동수에 단순히 1인당 면적을 곱하여 시설 대지에 필요한 크기를 계산한다면, 디자인팀은 큰 실수를 하게 되는 것이다.

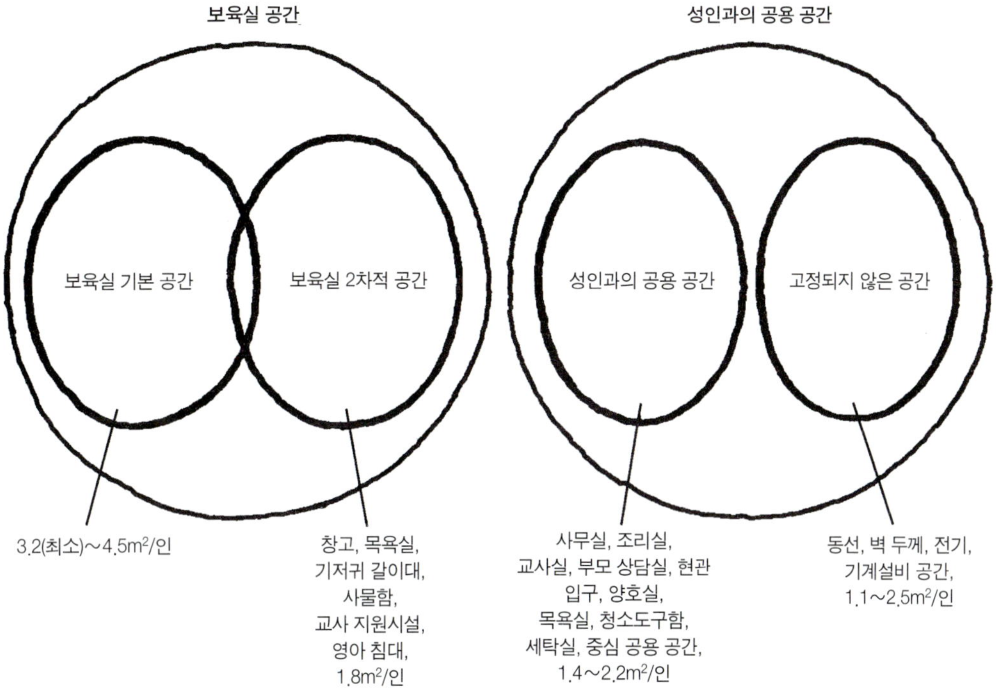

그림 4.8 미국 시설 기준인 아동 1인당 3.2m² 이외 다른 기능들이 필요하므로 면적이 더 필요하다.

아동은 감각과 몸을 통해 세상을 인지한다. 그들은 움직이고 체험하는 것을 통해 배울 수 있는 충분한 공간이 필요하다. 1인당 3.2m² 면적은 아동이 여러 가지 활동을 하기에는 너무 작은 공간이다. 아동의 사회적 행동에 미치는 밀도의 영향에 대한 분석에서 아동 1인당 3.6~4.1m² 정도가 아동의 사회화에 가장 적절하다고 한다. 1인당 보육면적이 작으면 다툼과 부적절한 개입이 많고, 높으면 사회적 상호작용을 저하시킨다. 표 4.1에 보이는 것과 같이, 이 지침은 1차적 활동공간에 적절한 최소한의 공간이 1인당 3.8m²라고 주장한다.

2) 2차적 공간

1차적 활동공간에 덧붙여 필요한 기능이 갖추어져야 하며, 이런 요소들은 3차적 공간에서 요구된다. 2차적 공간은 두 가지로 나뉘는데, 아동의 보육실에 필요한 2차적 공간이 있고, 성인이나 시설 전체에서 필요한 2차적 공간이 있다.

(1) 연령별 2차적 공간

보육실의 2차적 공간은 1차적 활동공간에 포함되지 않지만 보육을 위해서 분명히 필요한 화장실, 기저귀 갈이 공간, 작은 주방, 창고, 세탁실 등을 의미한다. 영아의 경우에는, 추가적으로 한 침대당 2.7m²와 인접한 침대 사이에 0.6~0.9m의 여유가 필요하다.

그러나 보육실의 2차적 활동공간에 포함된 부수적 시설은 가구나 설비의 크기에 의해 측정된다. 기저귀 가는 곳, 화장실, 침실, 작은 부엌 등 주위에 0.9m 깊이의 동선공간이 요구된다. 보육실 설계에 따라, 이 편의시설 주변의 동선으로 인해 아동의 1차적 활동공간을 침해하지 않도록, 2차 공간의 할당된 공간을 늘려야 하는 수도 있다. 추가적으로, 실험실이나 다른 교육 프로그램에 필요한 0.5~1.1m²의 관찰공간도 필요할 수 있다.

(2) 성인과 공동의 2차적 공간

성인 · 공동의 2차적 공간은 행정 사무실로서 필요한 보육실 이외의 공간이다. 종사자용 휴게실, 사무실, 학부모를 위한 공간, 회의실, 현관 · 접수처, 양호실, 자원봉사자실, 성인 화장실, 공공시설과 수위실, 조리실과 재활용 구역, 창고, 공동체 공간 그리고 공용 공간 등이 있다.

3) 3차적 공간

3차적 공간은 전적으로 아동과 성인에게 영향을 끼치는 영역과 관계가 있지는 않지만, 출입구, 복도, 계단, 기계 및 전기설비와 같이 건물 구조상 필수적이다. 3차적 공간은 일반적으로 25~30%이며, 1차 및 2차 공간의 소계에 대한 비율로서 계산된다. 그러나 벽감이 있는 복도와 회의실, 그리고 건물에 진정한 삶을 가져다 줄 다른 부수적 시설들은 3차적 공간에서 35~40%의 비율을 요구한다. 사실 얼마만큼의 3차적 공간이 필요한지는 결국 건물 디자인의 조밀한 정도, 그리고 기후에 따라 달라진다. 따뜻한 지역의 건물은 종종 환기를 위한 외부의 공간도 이용할 수 있으며, 추운 지역의 건물은 기밀한 출입구와 두꺼운 벽을 필요로 한다. 일반적으로 기계 · 전기 장비는 할당 가능한 공간의 5~10%가 필요하지만, 환기를 위한 공간은 20~25%가 필요하다.

4) 소요 공간 종합

표 4.1은 2차적 보육실 부수적 시설, 성인 및 공용, 그리고 3차적 공간에 대하여 네 단계 수준에 따라 요구하는 공간 규모를 알려 준다.

발달적으로 적절한 프로그램은 각 보육공간에서 아동 1인당 9m²보다 작고, 1차적 활동공간이 아동 1인당 3.8m²보다 작으면 실행되기 어렵다. 그러나 10년 동안 쌓인 저자의 경험에서 보면 이 숫자는 최고치가 아니다. 하루에 8~10시간의 보육을 제공하는 양질의 시설은 전체적으로 10.4~11.3m²를 필요로 한다. 이를 줄이려면 1년 내내 밖에서 놀이를 할 수 있는 환경이 보충되어야만 한다. 전 세계 초기 보육시설 중에 가장 좋기로 알려진 이탈리아 레지오 에밀리아(Reggio Emilia) 어린이집은 1인당 11.3m²를 제공한다고 한다.

이런 면적의 숫자들은 지침이 될 뿐이다. 특히 50~55명 이하를 수용하는 시설에 제안된 면적의 숫자들을 단순히 적용시키려 한다면 아마 제대로 운영되지 않을 것이다. 이러한 상황에서 커뮤니티, 공용 공간, 그리고 교사 휴게공간이 부족하므로, 더 넓은 공간이 필요할 것이다. 디자인팀이 커뮤니티 프로그램, 방과 후 활동, 그리고 부모·가족 등이 실제로 필요로 하는 크기를 할당해 주려면, 그들이 제공하고자 하는 모든 것을 정성스럽게 평가하는 것이 중요하다. 시설의 인원수를 생각해 보면, 아동이 적은 것이 좋지만, 모든 범위의 활동을 공급하는 일에 비용이 더 들 것이다.

표 4.1 건물 규모 산정 (단위 : m²/아동 1인)

면적 기준 (양적 기준)	보육실 1차적 활동공간	보육실 2차적 활동공간*	보육실 이외 성인과의 공용공간	3차적 공간 (비례 표시)	건물면적
최소기준 (불충분함)	3.2	1.8	1.4	1.6(25%)	7.9
근무할 만함	3.8	1.8	1.6	1.8(25%)	9.0
더 좋음	4.1	1.8	2.0	2.3(30%)	10.4
추천할 만함	4.5	2.0	2.1	2.6(30%)	11.3

* 영아 보육실에는 침대에 2.7m²/인이 필요하고 침대 사이에 0.6~0.9m 간격이 필요하다. 걸음마기 영아는 기저귀도 사용하고 화장실도 사용하므로, 추가로 0.27m²/인이 필요하다.

4. 대지면적 산정

대지 크기는 네 가지에 기초한다. 그 네 가지는 건물의 크기, 허가 받기 위해 필요한 실외 놀이공간의 크기, 진입공간의 크기, 시설에 필요한 주차공간이며, 추가로 상위의 대략 30% 정도로 계산되는 녹지의 크기가 있다(그림 4.9).

1) 실외 놀이공간

보편적으로 받아들여진 최소 요구치는 1인당 6.8m²의 실외 공간을 제공해야 한다. 그러나 미국 전문가들은 1인당 9~18m²를 권장한다. 미국 조기아동교육협회(NAEYC)의 인증기준은 공간에 제약이 있는 경우와 집단으로 나눠서 사용해야 하는 경우에는 한 번에 밖에 있을 수 있는 최대 아동수로 단순히 계산되어도 된다는 조건과 함께, 아동 1인당 6.8m²의 실외 놀이공간을 제공할 것을 주장한다. 실외 놀이는 이상적인 프로그램의 50%를 차지한다.

2) 주차장과 자동차 진입공간

차량을 위한 면적은 매우 달라질 수 있고, 보통 아동 1인당 5~9m²가 요구된다. 그것은 대지면적과 위치, 대중교통과의 인접성, 교사수, 가족의 수 등에 따라 달라진다. 차량 한 대는 대

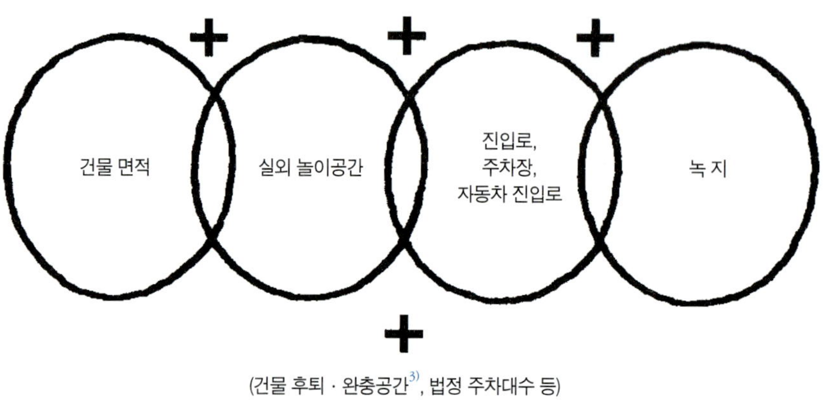

그림 4.9 대지면적

3) 완충공간(buffer zone) : 발코니 또는 테라스 등으로 실내와 실외를 연결시키는 곳_ *역자 주*

표 4.2 대지면적 산정

(단위 : m^2/아동 1인)

면적 기준 (양적 기준)	실외 놀이공간	주차장	건물면적	녹 지 (30~35%)	대지면적
최소기준 (불충분함)	6.8	2.3	7.9	5.0(30%)	22.0
근무할 만함	9.0	4.5	9.0	6.8(30%)	29.3
더 좋음	13.5	6.8	10.4	10.7(35%)	41.3
추천할 만함	18.0	9.0	11.3	13.4(35%)	51.7

략 13.5~18m^2를 차지하고, 도로와 입구를 포함하면 평균적으로 차량 한 대당 27~36m^2로 늘어난다. 일반적으로, 10명의 아동당 한 개의 단기 주차공간이 바람직하다. 관계 종사자들이 걸어오거나 대중교통을 이용하지 않는 한, 장기 주차공간이 필요하다. 대략 20명의 아동당 한 개의 장기 주차공간이 바람직하다.

표 4.2는 실외 놀이공간과 주차장, 건물공간, 녹지를 포함한 대지에 필요한 면적을 네 단계의 질적 수준에 따라 보여 준다. 이 면적은 도로에 대한 건물 후퇴, 법정 주차대수, 완충공간을 포함하지 않는다.

3) 건물면적과 대지면적 산정

- 실내 공간은 9m^2/인 이상이어야 하며 다음과 같은 요소로 구성된다.
  - 1차적 공간 : 약 3.78m^2/인
  - 2차적 공간 : 약 3.42m^2/인
  - 3차적 공간 : 약 1.80m^2/인
- 실외 공간은 9m^2/인 이상이어야 한다.
- 자동차 이동과 주차장, 녹지에 필요한 면적은 도로 여건에 따라 9~18m^2/인이 필요하다.
- 전체 대지면적은 도로에 대한 건물 후퇴, 법정 주차대수, 완충공간을 포함하지 않아도 27~36m^2/인이 되며 바람직한 기준은 36m^2/인이다.

5. 보육실 면적 산정

1) 연령별 교사 대 아동수와 집단 규모

일반적으로, 법적으로 허용되는 교사 대 아동의 비율과 집단의 규모는 아동의 복지가 위협받지 않도록 하는 허용치일 뿐이며 양질의 보육을 반영하는 기준이 아니다. 조사에 의하면 교사 대 아동수가 시설의 질을 결정하는 가장 중요한 요소이며, 집단의 규모가 그 다음으로 중요한 요소이다.

교사와 아동 비율은 다음과 같이 집단의 규모에 영향을 미친다. 교사의 인건비가 비싸기 때문에, 프로그램은 종종 한 교사 1인당 가장 많은 아동을 돌보게 하려고 한다. 법적으로 허용은

표 4.3 미국 전국 기준 비교

구 분	연 령	최대 아동수	최대 교사수/아동수 비율
미국보건성/미국소아과학회[4]	1~12개월	6	1 : 3
	12~24개월	6	1 : 3
	25~30개월	8	1 : 3
	31~35개월	10	1 : 5
	3살	14	1 : 7
	4~5살	16	1 : 8
미국연방합동보육시설[5]	0~2살	6	1 : 3
	2~3살	12	1 : 4
	3~6살	16	1 : 8
미국유아교육연합회[6]	0~2살	6~8	1 : 3~1 : 4
	2~3살	8~10	1 : 4~1 : 5
	3살	14~16	1 : 7~1 : 8
	4~5살	16~18	1 : 8~1 : 9
미국임상영아프로그램센터[7]	0~8개월	6	1 : 3
	8~18개월	9	1 : 3
	18~36개월	12	1 : 4

4) 미국보건성/ 미국소아과학회(American Public Health Association / American Academy of Pediatrics : APHA/AAP)

5) 미국연방합동보육시설(Federal Interagency Day Care Requirement : FIDCR)

6) 미국유아교육연합회(National Association for the Education of Young Children : NAEYC)

7) 미국임상영아프로그램센터(National Center for Clinical Infant Program : NCCIP)

표 4.4 미국 집단 크기와 교사 대 아동수 비율

구 분	연 령	집단 크기	교사수	교사 대 아동의 비율
영 아	0~18개월	6~7인/집단	교사 2명	1 : 3~1 : 3.5
걸음마기 영아	18~36개월	8~10인/집단	교사 2명	1 : 4~1 : 5
유 아	3~5살	14~16인/집단	교사 2명	1 : 7~1 : 8
학령기	5~10살	16~20인/집단	교사 2명	1 : 8~1 : 10

되지만, 이런 비율은 아동에게 최적의 보육을 보장할 수 없다.

미국 기준을 고려하여 표 4.4에서는 집단 크기와 교사 대 아동수 비율을 제시한다.

2) 집단 규모와 비율, 보육의 질

보육시설 대지와 예산문제를 논의할 때, 보육집단의 수와 교사 대 아동의 비율이 실제 아동과 성인을 의미한다는 사실을 잊기 쉽다. 한두 명의 아동을 더하는 것이 예산의 측면에서 보면 문제가 되지 않지만, 종사자나 아동에게는 문제가 될 수 있다. 대부분의 엄마들은 한 명의 아동을 기르는 것도 힘들어 하고, 쌍둥이나 세쌍둥이를 가진 엄마를 보면 불쌍해한다. 교사 1인당 네 명이나 여덟 명을 돌보는 것은 보통 힘든 일이 아니다! 한 보육실에 4~5명의 아동과 한 명의 교사를 두는 것이 '합법적' 인 미국 내 주도 있지만, 그렇다고 해서 그것이 감당하기 쉬운 일이라는 것은 아니다(분명히 이런 것은 바람직하지 않다. 최소한 두 명의 교사가 한 보육실에 있어야 한 명이 자리를 비우거나 아동 한 명을 돌보고 있더라도 문제가 되지 않는다).

표 4.5는 각 연령별 보육실의 크기를 두 단계의 수준에 따라 정하는 방법으로, 면적을 추정

표 4.5 연령별 집단에 따른 보육실 면적

1차적 + 2차적 보육실 공간			
연령 집단	아동수	추천 면적(4.5m²/인)	근무할 만한 면적(3.8m²/인)
영 아	6~8	×9.2* = 55.1~73.4	×8.3* = 49.7~66.2
걸음마기 영아	8~10	×6.8** = 54~67.5	×5.9** = 46.8~58.5
유 아	14~16	×6.5 = 90.7~103.7	×5.6 = 78.1~89.3
학령기	16~20	×6.5 = 103.7~129.6	×5.6 = 89.3~111.6

* 영아 보육실에는 침대에 2.7m²/인이 필요하고 침대 사이에 0.6~0.9m의 간격이 필요하다.

** 걸음마기 영아는 기저귀도 사용하고 화장실도 사용하므로, 추가로 0.3m²/인이 필요하다.

할 때 적합한 기준이다. 왜냐하면 집단의 규모가 작을수록 아동 1인당 필요한(아동수가 적어도 똑같이 필요한) 시설을 제공하는 데에 공간이 더 필요하기 때문이다. 학령기 이전의 아동 집단보다 영아의 집단이 더 작기 때문에 어떤 주에서는 이 제한을 1인당 $4.5m^2$의 영아를 위한 1차 활동공간을 요구하는 것을 인정한다. 집단이 클수록 전체적으로 수용할 수 있는 1인당 면적이 적다.

3) 잘못 계획된 공간

(1) 주 보육실 면적에 다목적 공간 포함

미국 일부 주에서는 최소한의 1차 활동공간이 보육실에만 한정해야 한다고 규정한다. 대신, 전체 시설의 요구를 충족시키기 위해 아동수를 1인당 시설 최소 면적으로 곱할 수 있다. 이 방법은 전체적으로 1인당 $3.2m^2$로 곱할 수 있지만 비좁고 부적합한 규모의 보육실이 만들어질 것이다. 그러나 이러한 경우는 2차적 공간이 보육집단의 1차적 공간과 근접해 있고, 항상 비워져 있어야만 가능하다.

(2) 2차적 공간 산정 시 보육실 복도 포함

건물면적을 줄이는 잘못된 방법 중 하나는 복도, 이동경로, 혹은 다른 할당할 수 없는 기능을 보육실 내에 두는 것이다. 보육실이 제공할 수 있는 공간이 1인당 $3.2m^2$의 1차 활동공간일 때, 보육실 일부가 사람들의 이동경로로 사용 가능하기 때문에, 2차적 공간과 실제적으로 보육실에서 이용 가능한 공간은 줄어든다.

(3) 마지막 순간의 시설 밀도 변경

가끔 적절한 면적이 할당되어도 나중에 예산이 감당할 수 없게 된다. 그러면 면적을 그대로 유지하면서 아동의 수를 늘려야 하거나, 인원수를 줄이지 않고 면적을 줄여야 하는 경우가 있을 수 있다. 건물의 도면이 어느 정도 만들어졌을 때 이런 결정을 하게 되면, 공간의 재배치나 적절한 규모의 방이 줄어들어 프로그램상 바람직하지 않은 조정을 하게 된다. 축소된 예산을 위해 프로그램을 줄이는 것은 가능하지만 1차적 혹은 2차적 공간의 면적을 집단별 보육실에서 줄이는 것은 수용할 수 없다.

(4) 영아 침대 사이 여유공간 누락

작은 크기의 아기 침대는 대략 67.5cm×1m이고, 큰 크기의 아기 침대는 67.5cm×1.3m이다. 감염을 막기 위해 대부분의 허가규제는 한 면이라도 붙지 않아야 하고, 모든 면에서 0.6~0.9m 떨어져 있어야 한다고 요구한다. 그러므로 평균적으로 침대 한 개는 2.7m^2를 차지한다. 침대 크기나 침대 정리공간이 영아 보육실의 면적에 할애되지 않으면, 보육실은 침대로 인해 아동이 기어다닐 수 있는 여유공간이 없게 된다.

4) 비용과 설계대안

제한된 면적으로 더 나은 시설을 이용할 수 있는 방법은 보육실의 상부 공간을 이용하는 것이다. 수직적 공간 이용에 대한 내용은 14~16장에 있다.

다른 선택방법으로는 계단 줄이기, 외부 통로 이용하기, 교사용 공간의 능률을 높이기, 공용 공간을 보육시간이 아닌 때에 지원공간으로 사용하기 등이 포함된다.

5) 시설의 규모와 비용, 연령

시설의 규모는 설계·개보수 비용, 준비 비용 그리고 운영비를 고려해서 결정되어야 한다. 시설의 인원수가 많을수록, 큰 대지와 건물이 필요하고 장기적으로 비용도 더 들게 된다.

그러나 비용은 아동의 숫자에만 관련된 것이 아니고, 아동의 연령에도 관련되어 있다. 교사 봉급이 시설 예산의 80~85%를 차지한다. 대부분 이런 비용은 국가나 지방자치단체에서 지원되지 않는다. 유아 프로그램을 운영하는 데 드는 비용이 조금 더 적다. 결과적으로, 아동이 3~5세이고 교사 대 아동 비율이 1 : 8이 되기 전에는 수입이 기본 운영비를 넘지 못할 것이다.

그러므로 다른 연령의 아동을 돌보는 데 필요한 비용과 각 연령별 예상 수입은 시설 규모와 구성에 중요한 요소가 된다. 유아수를 많게 하고 영아수를 적게 하는 프로그램이 예산을 균형 잡히게 유지하는 반면에 지역사회의 영유아 보육에 대한 늘어나는 수요를 해결할 수 없다.

6. 위생설비 및 창고

위생설비와 창고는 가장 주된 2차적 공간이다.

1) 위생설비

위생설비의 배관공사는 가장 큰 개보수 공사 중에 하나이거나, 혹은 보육시설에 대한 건축 비용이다. 표 4.6은 연령별 요구하는 위생설비의 초안이다. 건축조례와 허가규정도 따르도록 한다.

표 4.6 연령별 집단에 따른 위생설비

구 분	내 용
영 아	• 화장실 1개－사용 집단(교사 사용과 배설물 버리기) • 성인용 세면대 2개(기저귀 갈이용, 음식 준비용) • 욕조 또는 깊은 목욕용 세면대 1개(선택적, 두 가지 중 한 가지) • 영아 손씻기용 세면대 1개(선택적) • 물놀이용 수반 연결 수도꼭지 1개(선택적)
걸음마기 영아	• 변기 2개(아동용 크기)－아동 10~14명당(기저귀 사용 영아 일부) • 성인용 세면대 2개(기저귀 갈이용, 음식 준비용) • 아동 손씻기용 세면대 1~2개－아동 10~14명당 • 욕조 또는 목욕용 깊은 세면대 1개(선택적) • 물놀이용 수반 연결 수도꼭지 1개(선택적)
유 아	• 변기 2개－아동 10~20명당 • 성인용 세면대 1개 • 아동 손씻기용 세면대 1~2개－아동 10~20명당 • 물놀이용 수반 연결 수도꼭지 1개(선택적)
성 인	• 변기 1개－성인 10명당 • 화장실 1개－건물마다 또는 각 층마다 사용(둘 중 하나 설치)[8] • 장애인 성인 화장실 1개 • 조리실 세면대 2~3개
기 타	각 보육실과 공용 공간에 음수대

8) 미국장애인법(Americans With Disabilities Acts : ADA) 기준과 각 주 규정을 확인할 것

(1) 변기와 손씻기용 세면대

미국 대부분 주는 10명의 유아와 학령기 이전 아동, 15명의 학령기 아동 1인당 한 개의 변기와 세면대를 요구한다. 그러나 어린 아동, 특히 2~3세의 아동은 장과 방광의 통제를 잘 못하기 때문에 집단 규모가 10명을 넘으면 보육실에 두 개의 변기가 있는 것이 바람직하다. 유아 보육실의 반은 기저귀를 사용하고, 반은 변기 사용을 훈련받기 때문에, 집단 내의 모든 아동이 변기를 사용하게 될 가능성이 크다. 만약 아동의 수가 한 명이라도 비율 밖으로 늘어나면 추가적인 비품이 필요하다. 5세 이하의 남녀 아동은 화장실을 같이 쓰는 것이 보통이다.

① 높이와 크기

5세 이하 아동의 변기 높이는 27.5cm이고 영아 세면대 높이는 40cm, 유아 세면대 높이는 45cm가 가장 적절하다. 변기들은 보통 넓이 30cm, 길이 60cm이다. 변기 앞에 최소한 60cm의 공간이 있어야 성인이 앞에서 도움을 줄 수 있다. 그러므로 변기 한 개당 대략 90×120cm의 공간이 필요하다. 표 4.7을 보고 화장실에 필요한 공간을 추정하여야 한다. 실질적으로 필요한 면적은 배치에 따라 달라진다.

② 영아용

영아 공간의 변기는 아동을 위한다기보다 성인을 위한 것이다. 교사가 자리를 비우지 않기 위해 영아 보육실에 성인용 변기를 두는 것이 바람직하다. 천 기저귀를 사용한다면 변을 버리기 위해서 기저귀 가는 곳에 가까운 성인용 변기를 사용할 수 있다. 일부 디자인팀은 그 방이 나중에 유아용으로 바뀌는 가능성을 고려해 아동 키에 맞는 변기를 둘 수도 있다. 40cm의 아동용 세면대는 영아 집단에 12개월 이상의 아동이 있다면 독립 훈련을 위한 부가적으로 선택할 수 있다. 이 세면대를 미술 또는 음식공간 근처에 두고 이런 활동의 전후에 손을 씻게 할 수도 있다.

표 4.7 화장실 적정 규모

구 분	내 용
기저귀 갈이만 하는 경우	최소 1.8×1.5m
기저귀+세면대 1개+변기 1개	2.7×2.1m
기저귀+세면대 2개+변기 2개	2.4×3.6m
세면대 2개+변기 2개	2.4×2.1m
성인 장애인 세면대+변기	2.3×2.3m

③ 걸음마기 영아용

24~36개월 사이에 영아들이 변기 사용 훈련을 하기 때문에, 영아 보육실에는 한 개 이상의 변기가 있어야 한다. 아동은 관찰할 수 있고 진행 중인 활동에서 분리된 기분을 느끼지 않으며 변기에 앉는 것에 만족할 수 있기 때문에 공간은 폐쇄되지 않는 것이 좋다. 항상 교사가 안을 들여다볼 수 있고, 아동이 밖을 내다볼 수 있게 한다.

④ 유아용

감독과 안전을 증진시키기 위해, 보육실의 입구 가까이 또는 안에 그리고 실외 놀이터의 입구에 변기와 세면대를 둔다.

⑤ 성인용

성인용 화장실은 교사용 휴게실이 사무실에 또는 학부모와 방문자를 위해 중앙 현관 가운데에 위치하는 것이 가장 좋다.

(2) 작업용 싱크

성인과 아동 모두 보육실에 변기와 관련된 손 씻는 세면대와는 다른 작업용 싱크대가 필요하다.

영아와 영아 보육실에는 오염을 막기 위해 두 개의 성인용 싱크대가 필요한데, 한 개는 기저귀 갈이를 위한 것이고 한 개는 음식 준비 등을 위한 싱크대이다. 유아실에는 한 개의 성인용 싱크대만 있으면 된다. 물놀이는 모든 연령의 아동에게 주요한 감각적 경험이기 때문에, 최대한 사용할 수 있게 해야 한다.

이상적으로는 각 보육실에는 주문 제작한 물놀이 테이블이 있어야 한다. 제한되거나 부적절하게 위치한 배관체계로 보육공간을 설계하는 것보다, 확장시키거나 배관을 바람직한 위치로 변경하는 데 추가되는 지출이 항상 필요하다.

2) 창 고

보육시설에서 교사들이 요구하는 첫 번째는, 더 많은 창고공간을 요구하는 것이다. 적절하게 잘 정리된, 그리고 닿기 쉬운 수납공간은 좋은 교과과정을 원활하게 만들며, 교사의 학습 준비를 수월하게 도와준다. 수납공간에 필요한 면적은 설계 시작부터 고려하는 것이 중요하다.

(1) 창의적인 창고

기본설계 시 시설 종사자는 필요한 수납공간의 목록을 만든다. 그 목록에는 저장될 물건의 종류뿐만 아니라 그 물건을 위해 선호되는 수납방식, 필요한 수납공간 타입 개개의 수량, 또 필요한 캐비닛, 선반, 옷장 등의 대략적 크기도 적혀 있어야 한다.

보육시설은 작은 옷장, 옷 방, 열린 선반, 닫히는 선반, 쓰레기통, 벽걸이, 서랍, 붙박이 캐비닛, 별도 캐비닛, 실외 차고 등 여러 가지의 수납공간을 이용한다. 시설 직원이 아직 없는 신축시설을 설계할 때, 디자인팀은 제안된 프로그램과 규모가 비슷한 현재 진행 중인 프로그램의 협조를 받아 필요한 수납공간을 측정해야 할 것이다. 표 4.8은 시설이 가지고 있어야 하는 공통적 물품을 분류하며, 그것을 수납하기 위해 필요한 수납방식을 보여 준다. 다음 내용은 수납공간을 결정할 때 필요한 포인트를 제시한다.

(2) 창고 면적

놀라운 사실은 시설 면적의 10%(보육실 바닥면적의 10%와 건물면적의 10% 모두)가 아동이 닿을 수 없는 방식으로 자재와 준비물의 창고로 할당되어야 한다는 것이다. 그리고 작은 방은 상대적으로 10%보다 더 많은 비율을 창고로 이용해야 한다. 아동에게 닿지 않게 하는 방법으로는 높은 선반, 옷장, 카운터 위, 아래의 캐비닛 등이 있다.

(3) 가까운 위치

사용할 곳에서 가능한 한 가까운 자리에 수납공간을 두어야 한다. 즉, 각 보육실에 교육용 재료들을 두어야 한다는 뜻이다. 각 보육실에는 최소한 3.6~5.4m^2의 수납공간이 있어야 한다. 미술 재료들은 각 보육실 내 교사 준비공간의 옷장이나 캐비닛의 선반에 두어야 할 것이고, 아동용 침구도 그렇다. 10~15개의 이불마다 추가로 옷장에 7.2m^2가 더 필요할 것이다. 그리고 각 보육실에 교사 개인 소지품을 위해 0.7~0.9m^2 정도를 제공한다.

대량으로 쓰는 휴지나 미술도구, 수업 자료 등은 관련된 교사들에게 모두 쉽게 닿아야 한다. 교사용 휴게실이나 교사 준비실, 회의실, 중심 공용 공간과 같은 중심부 시설의 안이나 근처의 캐비닛이나 선반에 맞춘 창고에 두는 것이 가장 좋다.

표 4.8 보육시설 수납공간의 목록

수납 종류	사 례	수납 요구사항	수납에 필요한 것
보육실에서 순환 사용하는 교과과정 교구	퍼즐, 책, 게임기	수시로 찾기 쉽지만 아동 손에 안 닿기	1.2m 이상 높은 선반, 벽장, 캐비닛
보육실에서 소비되는 것	물감, 종이, 점토, 풀, 주스, 크래커	1주일 분량 보관	벽장, 캐비닛, 선반
이 불		낮잠 시 수시로 찾기 쉽게 할 것	다른 구조물이나 다용도 창고 속에 넣기 : 기어오르기, 로프트, 벽장
아동 소지품	코트, 부츠, 담요 등	보육실에서 수시로 찾기 쉽게 할 것	개인 사물함
실내 신체운동 기구	큰 공, 나무 배	보육실과 유희실 모두 찾기 쉽게 할 것	벽장, 캐비닛
시설에 필요한 부피 큰 용품	물감, 종이, 폐품	필요로 하는 성인 모두에게 찾기 쉽게 할 것	벽장, 캐비닛
교과과정에서 공유하는 교구, 음향기기, 전자용품	책, 장난감, 프로젝터, 텔레비전, 비디오, 컴퓨터, 스테레오, 카메라, 녹음기	시설 전체, 소집단에게 찾기 쉽게 할 것	벽장, 캐비닛
유모차		아동을 안고 멀리 찾지 않게 할 것	보육실 근처 특수 벽장, 계단 아래, 외부 처마 아래
계절용품	크리스마스 나무 등 휴일, 축제용 장식들	성인들이 가끔 사용	지하층, 다락방, 큰 벽장, 간이창고
여분의 가구와 도구	책상, 의자, 극화놀이 도구, 컴퓨터	성인들이 가끔 사용	지하층, 다락방, 큰 벽장, 간이창고
조리실 용품	부피 큰 음식 재료, 냅킨 등	취사부가 찾기 쉽게 할 것	배선실
외부 아동 놀이기구	• 큰 것 : 세발자전거, 두발자전거, 미니카 • 작은 것 : 공, 줄, 삽과 들통, 큰 블록, 아동용 정원용품	교사가 찾기 쉽고, 때로는 탈 것을 찾아 멀리 가지 않고 아동이 찾기 쉽게 할 것	외부 간이창고
외부 관리용 장비 · 도구	잔디깎기, 낙엽과 눈 치우는 도구, 삽	외부에서 관리인이 찾기 쉽게 할 것	간이창고, 건물 외부로 열리는 벽장

(4) 크기가 큰 장비

유모차에 대한 창고도 잊지 말아야 한다. 아직 걷지 못하는 아동은 유모차가 필요할 것이고, 계단, 문, 공간이 유모차 이동에 충분해야 한다. 6인용 유모차는 손잡이를 포함해 75×210×97.5cm의 크기이다. 보육실 근처에 따로 벽장을 두거나, 계단 밑에, 실외 차양이나 캐노피 밑에 두는 방법이 있다. 또한, 여분의 아동용 카시트를 제공하여야 한다.

(5) 계절용품 보관창고

1년에 한두 번 쓰는 용품이나, 여분의 가구나 장비를 위한 장소도 필요하다. 들어갈 수 있는 큰 벽장이나 창고, 다락방, 지하에 두는 것도 방법이다.

(6) 식품창고

대량 식품공급을 위한 저장소는 부엌이나 그 근처가 좋다. 주스나 과자와 같은 대량 간식공급도 보육실 근처에 두는 것이 좋다.

(7) 사무관리용 창고

시설의 행정 사무용으로 필요한 창고도 제공하여야 한다. 아동의 파일은 5년까지 보관해야 한다. 비서와 사서, 전문가, 디렉터는 개인 소지품뿐만 아니라 시설 운영에 쓰이는 대량용품을 위한 창고가 필요하다.

(8) 외부용 창고

실외 창고도 무시해서는 안 된다. 세발자전거, 자전거 그리고 4륜 자동차를 두기 위한 놀이터 창고를 제공하여야 한다. 작은 물건을 꺼낼 때 큰 물건이 떨어지는 사고를 줄이기 위해 크고 작은 품목들을 떨어진 위치에 두도록 계획하여야 한다. 정원과 앞뜰을 관리할 때 필요한 장비를 위한 실외 창고, 벽장, 캐노피도 준비하여야 한다.

7. 대지 선택 시 고려사항

대지와 건물, 집단, 보육실의 규모와 위생설비, 창고와 같은 시설의 구성요소에 대한 고려와 함께, 디자인팀이 명심해야 할 대지에 관련된 요소들이 있다. 예를 들면 다음과 같다.

- 건축법령 요구조건(법적 후퇴, 완충 영역, 보행자와 자동차 진입)
- 일조량과 바람 길에 따른 기후의 영향
- 자연적 특성(경사, 나무, 바위, 습지)
- 대지 밖의 영향요소(소음의 근원지, 공해, 전망, 그늘, 그리고 도시 하부구조 위치)
- 인접성(긍정적이거나 부정적인 요소 모두)
- 대지 규모와 확장의 가능성

1) 건강과 안전

대지는 우선 아동의 건강에 미치는 영향의 맥락에서 평가되어야 한다. 보육시설은 위험으로부터 반드시 멀리 위치해야 한다. 아동 건강은 물, 공기의 질, 지구, 전자파에 성인들보다 더 민감하게 영향을 받는다.

(1) 주변 환경에 대한 고려

건강과 안전에 대한 중요한 문제는 대지 선택과정에서 가장 먼저 평가되어야 한다.

일반적으로, 건강의 다른 측면은 '보육시설이 사회에 어떤 영향을 끼치는가' 이며 지역사회에 생태계적 책임을 가지고 있다. 시설의 전기, 위생, 냉난방, 쓰레기 처리방식이 공기를 오염시키지 않도록, 또 과도한 전력을 쓰지 않도록, 혹은 연약한 생태계를 망가뜨리지 않도록 설계하여야 한다.

(2) 안전에 대한 고려

질서와 청결은 건강과 안전에 중요하며 미래의 사용자에게 직업정신과 책임감이라는 메시지를 전달한다. 가능하다면 시설 주변 보도, 찻길과 건물은 깨끗하게 유지되어야 한다. 막다른 길에 있는 공장지대는 대지를 부적합하게 하고 범죄나 파괴행위로부터 보호하기가 어렵다. 학교나 도서관, 박물관, 공원, 예술가 스튜디오, 작은 상점, 정원과 유치원, 시내, 연못, 숲, 병원, 소방서 그리고 다른 응급시설이 있으면 대지로서 좋은 조건이 된다. 이것은 다양한 배움의 기회, 자연과의 충분한 접촉, 안전과 보안을 준다.

노트 4.1 대지 선택의 환경적 고려사항

다음과 같은 조건에 노출되어 있거나 가까이 있는 대지는 피할 것

- 공해나 유해먼지를 유발시키는 시설
- 자동차 공해가 심한 곳
- 바람에 실려 오는 공해(예 : 황사)
- 아스베스토스 또는 납 페인트, 방사능, 라돈 등의 유해물질
- 자동차 또는 공항, 공장의 소음
- 공사기간이 긴 건물이나 시설물
- 유독식물
- 뚜껑 없는 웅덩이, 우물, 낭떠러지

그 외 확인할 것

- 토양의 안전한 지내력(지내력 시험할 것)
- 우수 시 범람 여부
- 조경을 할 수 있는 토양 유무
- 물의 흐름
- 이전의 용도가 유류 창고, 쓰레기 매립장 등이어서 폐기물이 올라오지 않는지의 여부

노트 4.2 대지 선택에 있어 전반적인 건강과 안전의 고려

- 깨끗하고 잘 관리된 환경
- 조절할 수 있는 접근성과 손쉬운 감독
- 영역이나 구역의 명료한 구분
- 철저한 안전관리
- 병원, 소방서에 접근성
- 각 보육실로부터의 비상대피구의 필요한 수량
- 가스, 전기, 물, 하수구, 쓰레기 처리와 같은 주요 공공시설에의 사용 가능성

2) 경사면에 1층이 있는 경우

건축 법규에서 예외조항이 없는 한, 미국 대부분의 주에서 모든 영유아 공간은 바깥으로 바로 나갈 수 있는 1층에 위치해야 한다. 이것은 화재나 비상시에 가장 빨리 대피할 수 있기 때문이다. 어떤 주는 심지어 영유아의 낮잠실에서부터 바깥으로 곧장 나가는 문을 두도록 한다. 모든 건물 층의 요구에 부합되는 고려 대상의 건물의 기본계획 단계에서, 각 주의 법규를 세밀히 확인해야 한다.

3) 인접성

(1) 주택 인접성

대부분의 부모는 집에서 가까운 시설을 선호한다. 부모는 낯선 환경에 아동을 데리고 가는 것을 꺼려하고, 또한 이것은 아동의 불안감과 부모로부터의 격리감을 크게 한다. 시설까지 걸어갈 수 있으면, 아동은 이웃에 대해 알게 된다. 집과 시설까지의 보행은 아동의 보육경험과 구체적인 배움을 얻는 데 매우 중요하다. 그것은 또한 부모와 아동이 공유하는 즐거운 부분이다. 시설에 버스나 자동차를 이용하는 아동은, 시설과 집의 관계에 대한 이해와 그 통학로의 이웃에 대한 이해가 어렵다.

(2) 직장 인접성

직장이 점점 고용인을 위해 보육을 제공하는 추세에 따라 시설의 위치가 직장으로 옮겨가고 있다. 이 시설에서는 엄마나 아빠가 아기를 먹여 주기 위해, 포옹하기 위해, 점심을 함께 하기 위해, 혹은 하루 동안 아동과 함께하기 위해 잠시 방문할 수 있다.

직장에 관련 있는 시설은 만약 부모가 직장에서 걸어서 갈 수 없거나, 시설에서 부모가 아동을 보기 위한 시간을 단축시키지 못한다면 효과적이지 못하다.

(3) 사회경제적 통합

시설은 일반적으로 서로 다른 이웃 사이에 위치하게 된다. 그러므로 아동은 사회경제적 · 인종적 · 윤리적 배경이 다른 친구와 어울릴 수 있다.

(4) 공공시설 근접

시설은 아동이 배울 기회를 증가시킬 수 있는 자연이나 박물관, 미술관과 같이 귀중한 지역사회 자원 주변에 위치될 수 있다.

(5) 이상적 설치

디자인팀은 아동을 위한 이상적인 환경을 조사할 수 있다. 이것은 나무와 개울, 그리고 자연적 특징들로 가득한 시골지역일 것이다. 모든 구성원이 그 장소의 발달적 가치를 이해한다면, 아동이 그곳에 머무를 수 있도록 필요한 편의를 제공하도록 노력할 것이다.

4) 자연적 요소

자연적 특징과 그 장소의 다양한 지형은 면적과 다른 위치 선정 기준 만큼 선택하는 데 중요하다. 아동은 실외의 풍부한 경험에서 잘 자라며, 실내에서 지내는 만큼 밖에서도 지낼 수 있도록 해 주어야 한다. 나무와 정원, 동물, 물, 그리고 경치는 육체적 · 정서적 치유를 제공하며, 아동의 자연세계에 대한 지식을 증대시킨다. 대지의 식생은 식물이 공기를 정화시키고 도로의 소음을 막아 주며 채광과 그림자, 바람의 패턴에 영향을 준다.

5) 실외 놀이면적

실외 놀이가 잘 이루어지려면 그 장소의 자연적 특성이 아동이 오르고, 뛰고, 타고, 매달리는 놀이터와 구분이 없어야 한다. 원래 놀이환경은 집 너머 들판과 숲, 길과 상점들로 이루어져 있었다.

각 보육실은 건물 옆에 있는 3~4.5m 깊이의 포치가 있는 현관이나 실외 놀이공간에 연결되면 이성적이다(그림 4.10). 놀이터를 위한 공간이 부족할 경우 주변 놀이터를 사용할 수 있지만, 이것은 진지하게 고려되어야 한다. 비록 주위의 공원이 놀이터를 대신해도 어린 아동을 데리고 이동하는 것은 힘들고 위험하기 때문이다.

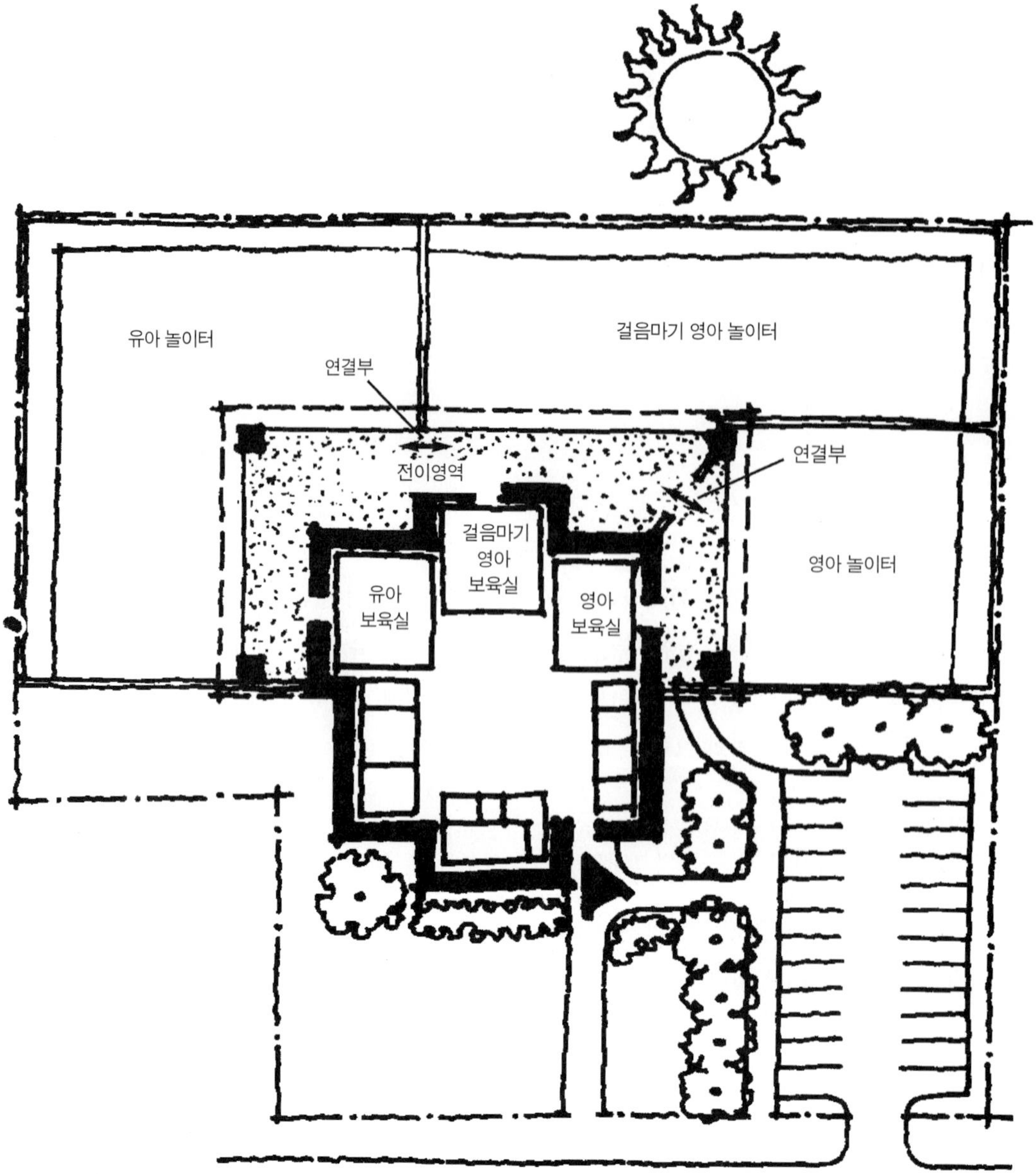

그림 4.10 보육실마다 남향에 직접 나갈 출입구가 있고 지붕 있는 포치나 3~4.5m 깊이 전이영역(transition zone)이 있을 때 실내와 실외 관계가 원활하다.

6) 지역공동체와의 관계

(1) 지역공동체가 보육시설에 어떻게 이익을 줄 것인가?

① 지역사회 자원

아동의 성장은 성인의 삶과 가까워지고 지역사회에서 일어나는 활동과 친숙해지는 것이다. 아동이 박물관, 도서관, 작업장과 같은 지역사회 자원으로부터 배우게 될 잠재적 가능성은 굉장히 크다.

② 보육 네트워크

보육시설은 주어진 지역의 다른 보육시설과 상호이익을 교환할 수 있는 방법을 고려해야 한다. 이러한 공동 작업으로는 다음이 있다.

- 교재와 정보 교환
- 직업 훈련의 연결고리
- 간호사, 심리학자, 봉사자와 같은 인적 자원을 공유하는 방법

③ 후원자

자치단체, 사무실 단지, 정부 대리점, 그리고 큰 단체들은 가끔 현지의 보육을 위해 부동산을 내놓으려고 한다. 이 기관 안에 보육시설을 설치한다면, 초기의 자본투자와 진행 중인 비용 모두를 줄일 수 있다.

(2) 보육시설이 어떤 이익을 지역공동체에 줄 것인가?

'community' 라는 단어는 '공동의(common)' 와 '단체(unity)' 라는 단어에 어원을 둔다. 지역공동체는 공동의 이익을 위해 함께 뭉치고 개인과 부분 간의 통합을 위해 존재한다. 보육은 지역의 개인과 정부, 핵가족, 그리고 혼자 아동을 키우는 사람을 결합시켜 주고, 사람과 지역공동체를 연결한다. 또한 사회에 긍정적이며 교육적인 공헌을 한다. 시설의 위치를 고를 때 디자인팀에게 주어진 문제는 '어떻게 우리 시설이 이곳의 지역사회의 질을 향상시킬 것인가?' 이다.

예를 들어, 어떤 시설에서는 저녁에 부모들이 구입할 수 있는 음식, 세탁서비스, 수영장, 아침에 급히 가는 부모를 위한 커피와 빵, 그리고 회의실을 빈 시간에 이용할 수 있게 하는 서비스를 제공한다. 이런 집중성은 통근시간과 에너지를 아낄 수 있고, 이웃 간에 유대로서의 역

할을 하며, 모두의 참여를 장려한다.

- 작은 헬스장
- 노령자 돌보기 및 식사제공
- 봉사와 정신건강 관리
- 공예, 도서관, 회의실을 포함하는 지역사회 활동
- 직업훈련, 문학 교실, 평생교육 등을 도와주는 지역사회 프로그램
- 부모가 책, 장난감, 자료 등을 읽고 빌릴 수 있는 자료실
- 근무시간 후의 지역사회 방문을 위한 작은 동물원이나 아동 박물관
- 주말에 생일파티를 할 수 있는 공간
- 사진, 운동, 자연체험, 영화, 체육 등 시설에서 부분적으로 배울 수 있는 활동을 위한 공간

일부 시설은 노인 요양원 옆에 두어 노인과 아동이 쉽게 상호작용할 수 있게 하였다. 그런 시설은 양쪽 세대적 흐름에 좋을 뿐만 아니라 비용을 절약할 수 있다. 한 장소에 두 시설을 두는 것은 바쁘고 교통체증에 지친 부모들에게, 그리고 장애인들과 노인들에게 이익이며, 지역에 중요성을 부여한다. 연계된 프로그램이 규모, 소음, 안전 등의 점에서 좋으면 아동의 요구와 양립할 수 있다는 것을 확신한다.

8. 신축 대 개보수

새로운 건물을 세우는 것과 기존 시설을 수리하는 것은 다른 많은 요소에 따라 달라진다.

오래된 보육시설은 적응된 장소에 친밀성을 가지고 있기 때문에, 개보수가 쉬운 것으로 간주되며 비용을 줄일 수 있는 방법으로 여겨졌다. 하지만 보육시설은 굉장히 복잡한 건물 형태를 가진다. 개보수를 하는 것이 비용상 저렴할 수 있지만, 때로는 신축보다 더 저렴하지 않을 수도 있다. 오래된 건물은 비상대피시설, 새로운 소화설비와 스프링클러, 미적 요소, 그리고 실외 놀이공간, 장애인 사용자를 위한 설비의 업그레이드가 필요한데 그 비용이 많이 들고 어려울 수 있다. 개보수가 결정되면 그 건물의 관리자를 만나 새롭게 바뀌기 위해서 어떤 변화가 필요한지를 토론해 보는 게 최선이다. 이 목록은 노트 4.3의 항목의 것들을 포함하고 있을 것이다.

노트 4.3 개보수에 필요한 일반적 사항

- 납칠 제거, 석면 제거
- 스프링클러 설치
- 편리한 주방기기 설치
- 보육에 필요한 배관 연장 설치
- 음향효과 좋게 하는 방음재 설치
- 보육실에 자연 채광이 들어오도록 유리창 설치
- 주차장이나 바닥포장, 보행로 추가 설치

9. 아동 눈높이에서 보기

보육시설을 위해서는 주택이나 상가와 같이 '위치선정이 제일 중요하다.' 기존 건물의 구조를 개보수하거나 새 건물을 짓거나, 위치가 시설의 인지도를 알려 주고, 아동 환경의 질, 실외와 지역사회 자원에 대한 유효성에 영향을 줄 것이다.

시설의 위치는 의도하지 않지만 아동 마음과 신체 속에 이미지, 기억 그리고 장소에 대한 감정을 새기며, 그 인상은 아동의 발달에 크게 영향을 미칠 것이다. 디자인팀이 대지를 고르기 전에, 한 번 더 아동의 눈높이에서 생각해 보는 것이 좋을 것이다.

2장에서처럼, 당신의 어린 모습과 당신을 연결하고, 당신이 상상할 수 있는 가장 멋진 환경이 눈앞에 있다고 생각해 보아야 한다. 어떤 모습일까? 자신에게 다음의 질문들을 해보라.

- 집에서 어떻게 갈 것인가?
- 건물에 가까이 가면 어떤 느낌이 들까?
- 입구가 어떻게 보일까?
- 실내와 실외에서 어떤 색, 소리, 질감을 만나고 싶을까?
- 나에게 특별하다고 느껴지는 것이 어떤 것이 있을까?
- 어디에서 먹고, 자고, 화장실에 가고, 노래하며 춤추고 놀까?
- 밖에서 무엇이 가장 하고 싶을까?

제5장

배치계획과 건축계획 요소

... the public building is not an abstract symbol, but partakes in daily life, which it relates to what is timeless and common.

— Christian Noberg-Shultz

건축물은 대지와 그 주변 커뮤니티와 동떨어질 수 없으므로 '이웃에 둘러싸인 건물' 은 잠재적으로 보육에 필요한 시설이 될 수 있다. 이 장에서는 신축건물과 그 주변 환경에 바람직한 디자인의 질(質)과 주변 기존 건물과 대지의 잠재력을 상승시키거나 평가하는 방법을 찾고자 한다.

1. 보육시설 환경 구성의 이미지

어떤 건물과 주위 환경은 심상(心象)이 생기도록 해 주며 상상력을 풍부하게 한다. 반대로 어떤 건물은 심상이 생기게 하지 않는다. 일반적으로 이미지가 잘 기억날수록 장소성은 더욱 풍요로워진다. 건물 자체만이 아니라 조경이나 놀이터, 담장, 간판, 구조물 등을 포함한 전체 환

내부에 있는 아동을 고려한 환경을 구성한다.

경이 기억에 남을 만한 인상을 주고 감각을 풍부하게 한다.

전체 환경계획의 목적은 '바로 이곳이 아동을 위한 장소구나' 하게 만드는 것이다. 문제는 벽에 장식을 하거나 커다란 동물을 그려 놓은 것으로 그 목적을 달성하려고 하는 것이다. 보육시설의 대지를 찾거나 새로 디자인할 때는 건물과 대지가 모두 안전하고 풍부한 환경인가를 항상 생각하여야 한다.

건물과 대지가 아동에게 적합하고 안전한지는 다음 항목에 따라 달라진다.

- 건물과 조경의 조화
- 건물과 대지, 창 등의 스케일
- 건물 재료
- 지붕 모양이나 높이
- 건물의 모퉁이

1) 건물과 조경의 조화

훌륭한 장소성과 환영하는 분위기는 보육시설 건물이 자연적 경계나 주변 건물과 얼마나 조화되는가에 달렸다. 건물은 주변 자원과 편의시설에서 최대한 이익이 생기도록 배치하여야 하며 유용한 미기후[1]를 활용할 수 있어야 한다.

1) 미기후(microclimate) : 100m 이내의 범위에서 나타나는 기후 차이를 의미하는 것으로, 특히 수직 방향의 기후 차를 뜻한다. 미기후의 예는 온실기후 및 풀숲 열기와 요지(凹地)의 냉기 등이다.

디자인가이드 5.1

이웃과 대지의 조화

- 대지 주변 800m 또는 좀 더 넓은 범위 반경에 있는 근린환경의 긍정적 요소와 부정적 요소를 평가한다. 공기 질이나 소음, 좋은 냄새나 악취, 경관, 평균 습도를 자세히 관찰하고 이런 요소들이 긍정적이고 기억에 남는 장소가 될 수 있을지 평가한다.
- 건물 형태와 대지와의 관계가 장소성을 높이는 디자인이나 건물 사례를 수집한다.

2) 건물 스케일

스케일은 높이와 폭, 부피라는, 전체 대지와 건물, 건물의 세부적 파트(창이나 문, 기둥, 계단)의 크기에 의해 좌우된다. 성인의 스케일은 아동의 스케일과 다르다. 건물 스케일은 일종의 아동에 대한 하나의 '인격' 이라고 할 수 있고 아동에게 적합성을 표현하는 하나의 국면이다.

우리는 시설이나 주택 두 가지 중 하나의 스케일에 익숙해져 있다. 고층 건물일수록 주택이 아닌 시설로 생각된다.

주택과 같은 스케일의 보육시설

나무기둥으로 된 지붕 있는 실외 공간인 포치를 건물 입구에 두면 건물 스케일을 작아 보이게 해준다(코퍼하우스).

디자인가이드 5.2

건물 스케일

- 건물 스케일은 일종의 아동에 대한 하나의 '인격'이라고 할 수 있고 아동에게 적합성을 표현하는 하나의 요소이다.
- 건물의 크기와 높이로 반영되는 주택 크기와 적합한 골목길의 길이, 지붕 크기, 유리창 크기 등은 아동들을 위한 시설인지 알게 한다.

3) 건물 재료

인체 스케일에 맞는 건물은 또한 실외와 실내 재료도 인체 스케일에 맞게 한다. 벽돌이나 돌, 스터코[2], 작은 유리창 등도 모두 인체 스케일에 맞아야 한다.

인체 스케일은 사람 키와 눈높이, 보폭, 손의 폭과 길이, 팔 길이와 같이, 사람 신체의 모든 부분에 관련된다. 사람 몸무게나 힘에 비교된 대상물의 무게감도 스케일 요소 중 하나이다. 아동에게는 5cm 정도 스케일도 드라마틱한 차이를 생기게 할 수 있다. 아동 눈높이에서 보이는 벽 높이 또는 재료 스케일이 아동에게 중요한 영향을 준다.

디자인가이드 5.3

건물 재료

- 건물의 실내와 실외 재료 모두 인체 스케일에 맞게 하고 특히 아동 스케일에 맞게 사용해야 한다. 넓은 판처럼 만들진 것보다는 손으로 만들거나, 잡거나 닿을 수 있거나, 주변을 걸어 다닐 수 있는 재료를 아동이 좋아한다.
- 재료는 벽돌이나 돌, 스터코, 작은 유리창 등으로 인체 스케일에 맞아야 한다.
- 가능하면 금속이나 콘크리트보다는 나무나 벽돌, 흙집처럼 촉감이 따뜻한 재료를 건물 외부에 사용한다. 자연 재료는 아동에게 이 세상에 대한 근원과 연결감을 주기 때문이다.
- 실내에는 부드럽고 따뜻한 재료를 사용한다. 반짝이는 벽돌이나 콘크리트 재료는 가격이 저렴하고 관리하기는 수월하지만 결정적으로 학교 이미지를 떨어뜨리고 좋지 않은 음향효과가 발생한다.
- 다양한 마감 재료는 지나친 평평함을 없애고 재료의 스케일이 두드러지게 한다.

2) 스터코(stucco) : 외벽의 미끄러운 각종 미장마감을 말하는 것으로 시멘트가 사용되기 이전까지 석회와 모래를 주재료로 만든 것이다(김평탁, 1993).

손으로 만든 디테일 장식은 인체 스케일을 표현한다.

아동이 직접 그려 넣을 수 있는 건물 마감 재료

4) 지 붕

지붕의 형태와 스케일이 아동에게는 매우 중요하다. 낮고 잘 보이며, 경사지고 지붕창과 굴뚝이 있는 지붕은 우리에게 안식처 같고 안전(보육시설에 가장 중요한 특성)하다는 느낌이 들게 하는 근원적 역할을 한다.

도시에 있는 높은 건물은 지붕이 안 보이므로 안식처라는 느낌을 전달하지 못한다. 건물의 적절한 크기는 벽면 크기에 대한 지붕 면적의 비율에 의해 영향을 받는다.

디자인가이드 5.4

지 붕

- 가능하면 건물 지붕을 안락함 또는 안전성을 느낄 수 있도록 디자인한다. 특히 입구 부분은 거의 손이 닿을 정도로 낮게 보이게 한다.
- 큰 건물에 친밀감을 주려면 현관 입구나 주 출입문에 낮은 지붕을 만든다.
- 평지붕은 옥상 정원으로서 앉아 쉬거나 놀 수 있는 공간이 될 수 있다. 이런 경우 지붕이 구조적으로 안전하고 배수가 잘 되며, 햇빛이나 바람을 피할 수 있고 난간이 안전한지 확인하여야 한다.
- 평지붕이나 다른 모양의 지붕이 우세한 지방이라면 그 모양을 따라야 집과 같은 시설이 된다.
- 내부 기능의 위계에 따라 지붕선의 높이 변화가 있으면 건물은 더욱 친근한 느낌이 생긴다.

5) 부드러운 경계 부분

건물 이미지와 적합한 스케일은 땅에 연결되는 건물의 경계 부분에도 영향 받는다.

주변에 사용되지 않는 넓은 공간을 남겨 두고 높이 치솟은 초고층 건물과 달리, 친근한 건물은 부드러운 경계를 가지고 있다. 언덕에 스며드는 것 같은 건물은 주변 환경과 친밀하고 통합된 것처럼 보인다. 땅이 건물 경계와 만나는 것처럼 만들어서 어디서 땅이 끝나고 건물이 시작되는지 모르게 하는 것이 좋다. 그런 건물은 주변 대지에 건물이 뿌리내린 것처럼 느껴진다.

건물의 큰 규모는 벤치나 나무, 덤불, 흙으로 된 좁은 길을 둠으로써 부드러워지고 작게 보인다.

부드러운 경계로 된 건물은 더욱 접근하고 싶고 대지에 뿌리내린 것처럼 보인다.

디자인가이드 5.5

건물 경계 부분 부드럽게 하기

- 건물 이미지와 적합한 스케일은 땅에 해당되는 건물의 경계 부분에서도 중요하다.
- 좁은 길이나 테라스, 계단을 건물 경계 부분에 두면 땅과 건물의 경계를 모호하게 한다.
- 건물 아래가 위보다 넓은 경우 대지에 뿌리내린 것처럼 보인다.

6) 가시성과 접근성

가시성이 크면 시설의 존재가 잘 알려져서 방문자가 많아지고, 따라서 외부인이 마음대로 들어오지 못하게 방어적이 되기 쉽다. 도시지역에 있는 경우 특히 그렇게 된다. 주차장 진입로에서부터 시설의 주 출입구가 잘 보이게 배치하여야 한다.

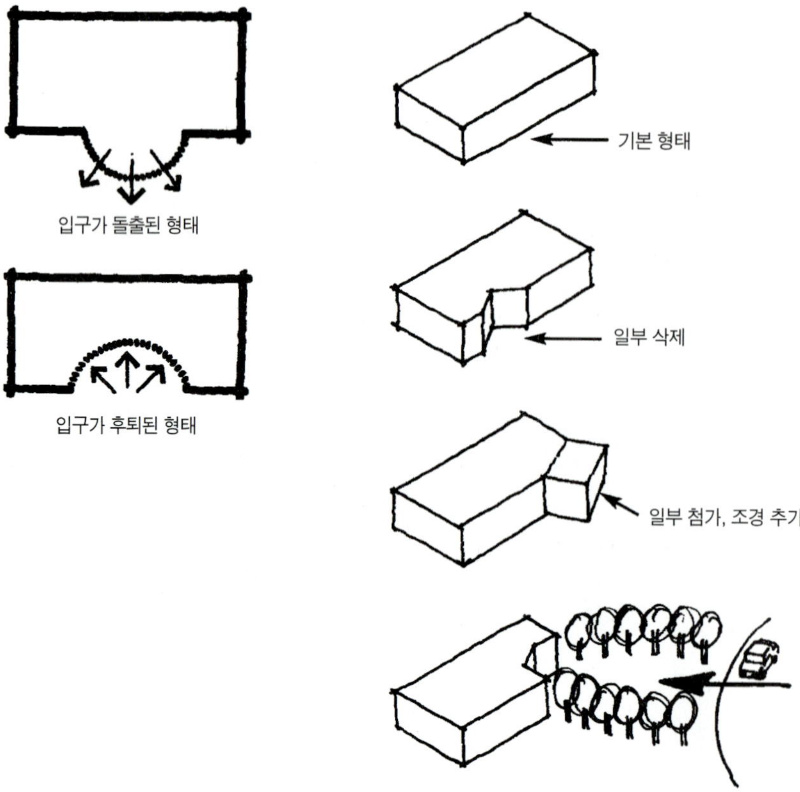

그림 5.1 건물 입구를 잘 보이게 하여 환영받는 느낌이 들며, 기억에 남게 만든다.

> **디자인가이드 5.6**
>
> **가시성과 접근성**
>
> - 가시성 : 건물에 접근할 때는 멀리서도 뚜렷이 보일 수 있어야 한다.
> - 접근성 : 주요 교통 교차점에 가까이 있으면 좋지만 바로 옆에 있으면 안 되며, 버스 정거장은 반 블록 정도 떨어져 있어야 한다.

7) 주 차

보육시설에 오는 부모와 종사자, 서비스, 배달 차량을 위해 주차장이 확보되어야 한다. 도시든 시골이든 시설 위치와 대중교통 접근 가능성이 주차대수를 좌우한다.

주차장 부분의 외형과 자동차를 주차해 본 경험이 시설에 대한 인상을 바꾸고 아동에게 적합한 시설 이미지인지 아닌지에 영향을 준다. 대형 쇼핑몰의 주차장은 차갑고 비인간적으로 느껴진다. 주차장을 소규모로 분할하고 나무를 심어 음영이 생기게 하여야 한다.

이러한 미적 요소 이외에 주차 진입로와 주차구획을 명확하게 표시하여야 하고, 바닥 포장과 야간조명이 되어 있어 모든 기상 변화에도 무리없이 사용할 수 있어야 한다. 부모들은 음식이

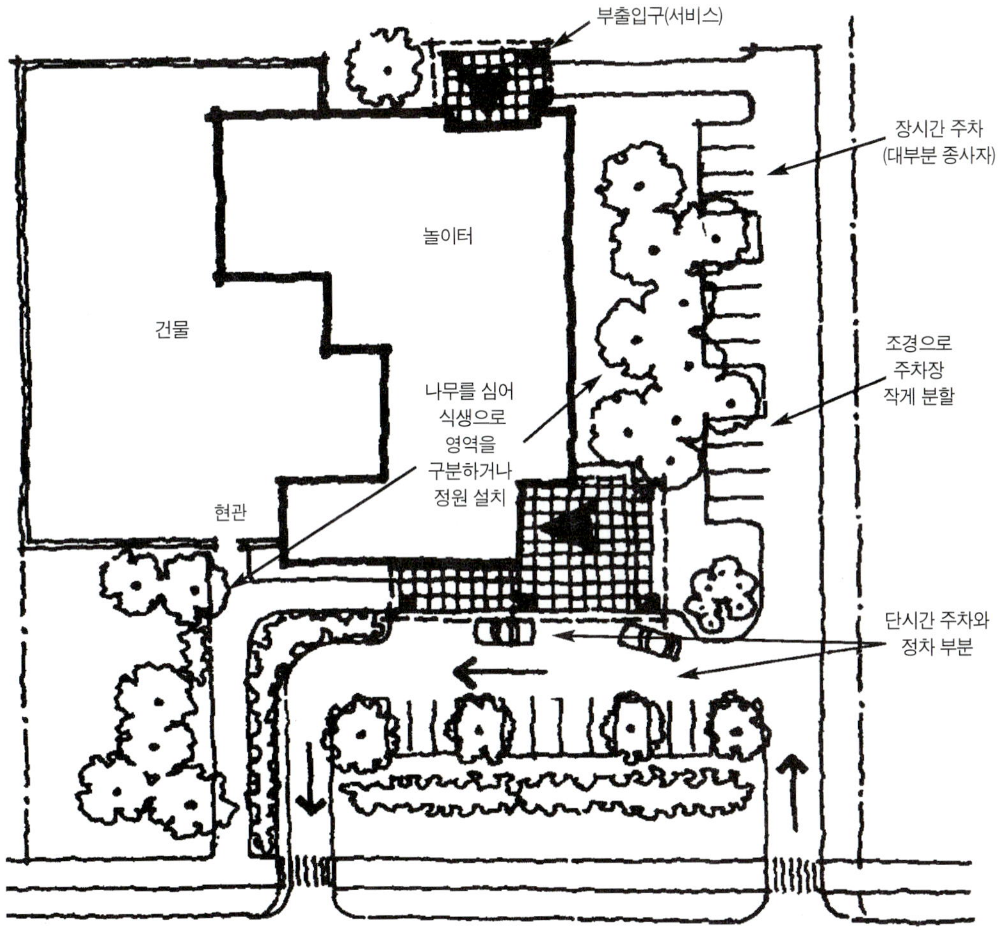

그림 5.2 안전한 보행자 접근이 보도에서 가능하게 하고 장시간 주차장과 단시간 주차장을 구분하며 나무를 심어 주차장을 작게 분할한다.

나 옷, 유모차 또는 아기를 들거나 안고 들어오기 때문에 건물에 쉽게 접근할 수 있어야 한다.

안전한 보행자 접근이 보도에서 가능하게 하고 장시간 주차장과 단시간 주차장을 구분하며 나무를 심어 주차장을 작게 분할한다.

2. 접근로와 입구

1) 접근로

도로나 주차장에서 건물로 들어가는 접근로를 계획할 때, 기억에 남게 하거나 전이의 장소라는 것을 느끼게 해야 한다. 나무 장식 기둥 아래로 자연스럽게 이동하여 특별한 곳에 들어간다는 느낌을 암시하여야 한다.

또한 입구는 환영받는 느낌이 들게 하여야 한다. 꽃으로 장식된 아치나 다리를 건너간다든지, 곡선 길을 내려가는 방법을 사용하면 접근로가 길지 않아도 특별한 느낌이 생긴다. 길이가 짧을수록 식물이나 아치, 작은 문 등을 설치하여 입구라는 느낌이 들게 할 필요가 있다.

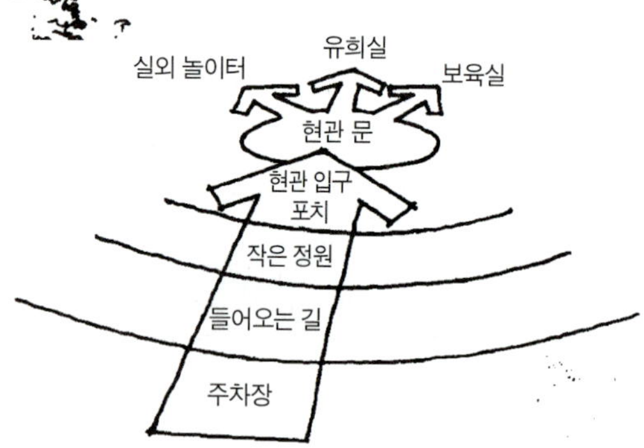

그림 5.3 기억에 남는 입구는 작은 문, 폭이 변화되고 의자와 나무가 있는 짧으면서도 곡선으로 된 접근로, 긴 의자가 있는 현관 입구, 환영하는 출입문으로 구성된다.

낮은 담을 두른 접근로는 기억에 남는 여행을 경험하게 하는 경계 역할을 한다.

2) 주 출입구 : 제3의 경계 부분

주 출입구는 건물의 경계이며 '도착 기분' 이 들게 만들어야 한다. 주 출입구는 환영받는 느낌이 드는 포치와 현관문으로 구성된다.

주 출입구인 현관은 건물에서 중요한 위치이며 내적으로는 사무원의 안내와 관리업무가 이루어지는 곳이다.

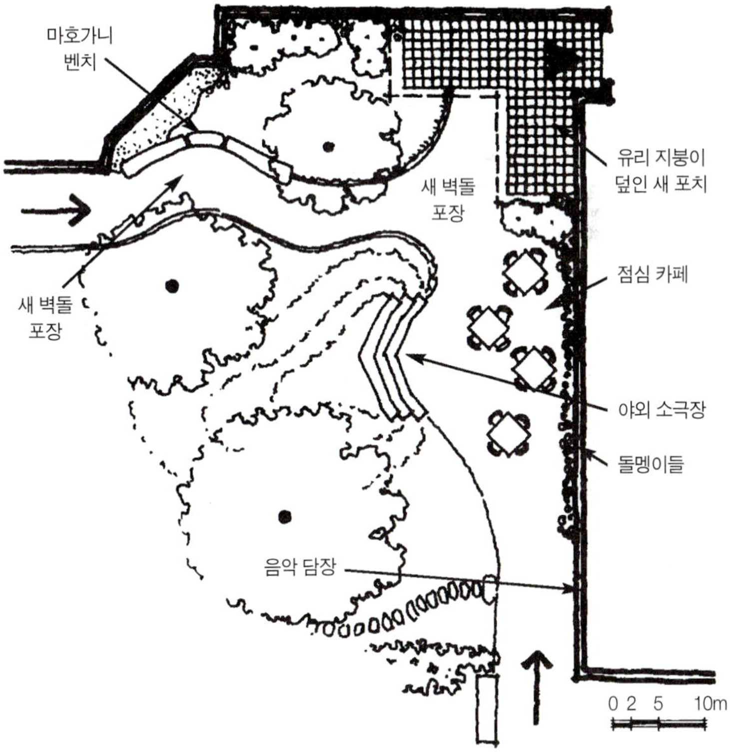

그림 5.4 아스팔트 위에 벽돌 포장을 하여 변경한 접근로이다. 수작업된 곡선 의자와 나무로 된 난간을 만들고 덤불과 대나무를 심어 야외 카페와 같이 조성한다. 또 작은 야외 공연장과 공연 무대를 만들고 작은 분수대를 설치하여 유리 지붕과 나무 바닥으로 만든 현관 포치로 유도한다.

그림 5.5 유리가 있는 투시형 현관문은 아동과 성인이 내부를 들여다볼 수 있다.

뚜렷하지 않게 감추어진 현관(위)을 유리 지붕과 나무 바닥, 모자이크 나무 기둥으로 된 포치를 두어 잘 보이게 하고 기후 변화로부터 보호할 수 있다(아래).

3) 로비와 응접공간

현관문을 들어서면 아동은 다음과 같은 질문을 하게 된다.

- 이곳은 어떤 곳일까? 안전할까?
- 나를 누가 여기서 돌봐 줄까?
- 어디로 가서 누구랑 놀까?
- 어디서 신발을 벗고 물을 마시며 화장실은 어디일까?

진입로가 위에서 서술된 것처럼 잘 만들어져도 로비와 응접공간은 '아동을 위한 곳' 이란 느낌이 확실히 들어야 한다. 보육시설의 현관은 형식적이지 않아야 하고 친근한 크기여야 한다. 또한 마치 가정의 거실과 같아야 하고 아동의 관심을 끌 수 있는 새장이나 수족관, 책이나 장난감 등으로 구성되어야 한다.

환영하는 느낌의 현관은 친근한 얼굴과 같아야 하며 잘 보이고 들어가 보고 싶게 만들어야 한다. 로비와 응접공간은 안전하고 방향을 알려 주고 다른 실로 이동하는 전이지점 역할을 한다.

작지만 환영하는 분위기의 현관과 응접공간이다.

3. 실내 동선

동선은 보육시설의 실내 이동 방법을 결정하는 것으로 평면의 적합성을 평가하는 요소이다. 동선은 건물설계의 주요 구성 요소로서, 가장 일반적인 형식으로 복도 형식과 홀 형식이 있다.

1) 길 찾기 : 건축적인 암시 대 안내판

동선이 잘 이루어진 시설에서 사람들은 길을 잘 파악할 수 있다. 그래서 방향을 묻는다는 것은 그 사람이 이방인이거나 혹은 통로나 중심 영역이 제대로 구성되지 않았다는 것을 의미한다. 건축적인 암시, 가령 랜드마크, 교차지점, 전망, 작은 벽감, 휴게 장소, 통로의 크기와 모양 변화, 조명 등은 방향감각을 보다 명확하게 만들어 준다. 동선을 알려 주는 안내판은 건물이 일반적인 주택의 크기보다 크거나, 건물 자체의 동선이 분명하지 못한 경우에 사용된다.

2) 통로의 길이와 폭

실내 동선에서 통로는 사용자의 보육 프로그램 구성에 따라 영향을 받는다. 그러나 통로는 가능한 복도라는 느낌을 없애고, 집에 있는 홀이나 활동공간 또는 실제 보육실처럼 느끼도록 만들어야 한다(그림 5.6). 특히 통로공간에서는 짧은 대화를 통해 의사전달이나 업무가 이루어지므로 보다 넓고, 즐겁고, 교육적으로 만드는 것이 적합하다.

흥미로운 홀이나 복도는 이동하는 동안 의사전달과 상호작용의 효과를 높인다.

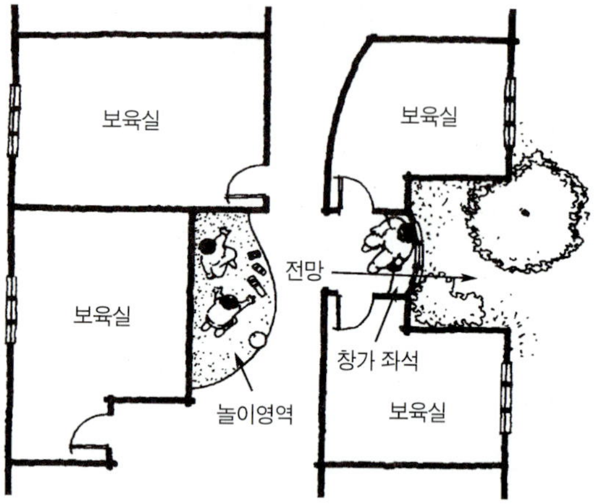

그림 5.6 서로 다른 폭을 가진 복도와 꺾어진 입구는 친교, 놀이, 외부를 바라보는 흥미로운 공간이 된다.

디자인가이드 5.7

실내 동선

- 각 실을 연결하는 복도는 길고 단조롭게 구성되었는가? 그렇다면, 복도의 길이와 폭을 변화시켜 개선시킬 수는 있는가?
- 복도는 공공의 안전과 관련되어 있으므로 건축법규에 적합해야 한다. 복도에 가구가 있는 경우 복도 폭은 6m가 요구된다.
- 신축인 경우에 복도 폭을 다양하게 하고 사회적 접촉을 위한 공간을 만들고 방향감각을 키우도록 계획한다.
- 보육실 문을 안으로 후퇴시켜 특수조명을 하는 것은 오목한 입구를 만드는 효과를 준다. 이것은 복도를 넓게 하고 문들이 구별되도록 한다.
- 길고, 좁고, 어두운 복도를 만나는 공간으로 변경하기 위해서는 좌석, 카펫, 서가, 조명, 멋진 장식품, 예술품 등을 설치하고, 외부로 향한 전망이 가능한 곳에서는 창문을 설치한다.
- 유리창과 유리벽은 법규에 적합해야 하고 프라이버시를 침해하지 않아야 하며, 공간을 나누고 홀의 개방감을 확장시킨다.
- 90° 모서리보다 넓은 각도의 모서리가 사람들, 유모차 및 카트의 흐름을 용이하게 한다.
- 복도 길이에 수직으로 설치된 조명 및 표지판 등은 긴 복도를 짧게 보이도록 만든다.

튀어나온 인접공간은 복도와 실의 모양을 변화시킨다.

통로 길이에 수직 방향으로 설치된 조명등, 카펫, 목재 수납장, 벽에 걸린 작품 등은 어둡고 좁은 복도를 흥미로운 공간으로 변화시킨다.

보스톤 퀸시마켓의 경우처럼 복도 길이에 수직으로 달린 표지판은 길이를 짧게 하고 끝이 더 잘 보이게 한다.

4. 실내와 실외 관계

보육시설 배치에서 가장 중요한 것은 실내와 실외의 관계를 강화하는 것이다. 특히 날씨가 좋은 달에는 실외 활동이 프로그램의 50%를 차지하기 때문에 실내에서 실외 놀이터로의 접근로를 만드는 것이 주요 사항이다.

1) 햇빛 · 그늘, 바람, 물, 나무

실내와 실외를 통합하는 첫 단계는 일조, 바람, 배수 등의 조건을 평가하고 이러한 자연 조건과 주변 조경을 고려하여 실외 공간의 형상을 조성하는 것이다. 그리고 대지에서 나타나는 미기후를 파악하여 디자인에 활용한다(그림 5.7).

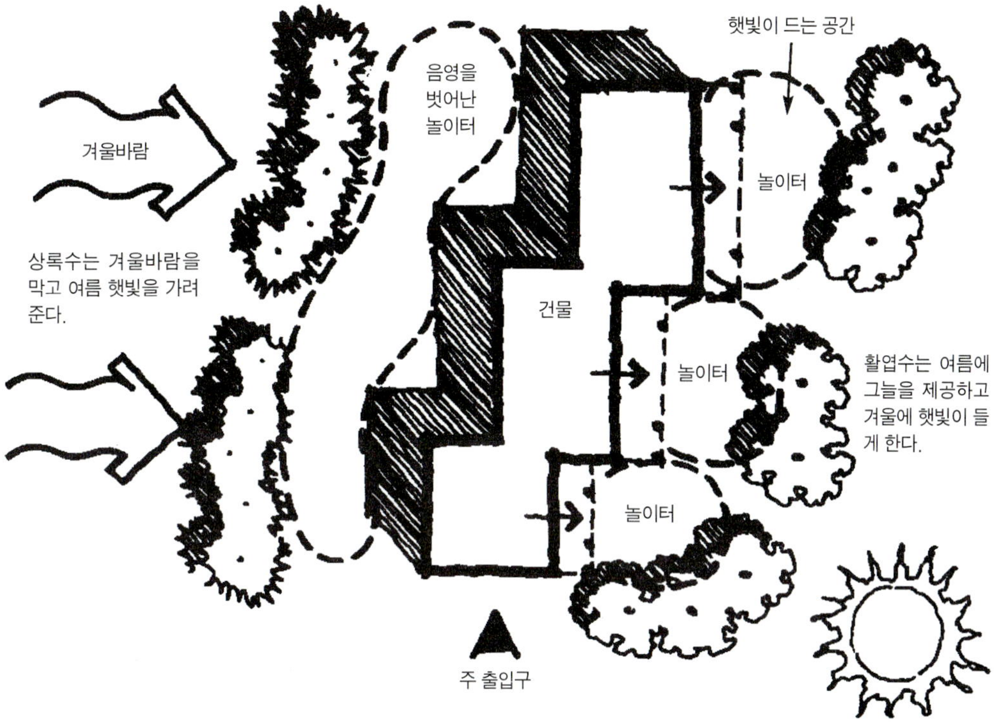

그림 5.7 실외 공간에서의 바람직한 미기후 환경은 다음과 같다. 건물 음영에서 벗어난 실외 놀이터 또는 건물 남쪽에 놓인 실외 놀이터, 겨울바람을 막거나 소음을 막는 방풍 또는 방음 식재, 여름에 햇볕이 잘 드는 곳에 그늘을 제공하고 겨울에 햇볕을 잘 들게 하는 활엽수, 교통이나 소음을 막아 주는 나무 · 담장 · 둑길

2) 창문과 자연 채광

자연 채광이 되느냐 되지 않느냐는 보육실의 가장 중요한 요소이다. 자연 채광이 되는 창문은 아동들이 사용하는 모든 실에서 가장 필수적이다. 자연 채광이 제한되는 도시지역에서는 발코니, 중정, 천창, 낮은 창턱, 열리는 창문, 온실, 고창(高唱) 등 채광을 안으로 끌어들이는 다양한 방법을 고안해야 한다.

디자인가이드 5.8

자연환경 요소와 미기후

- 태양은 어느 방향에서 뜨고 지는가? 어떠한 미기후가 만들어지고 우리가 만들 수 있는 미기후는 어떤 것인가?
- 신축의 경우, 건물의 장축을 동서 방향으로 배치하여 주요 실들이 남향을 향하게 한다. 놀이터가 북쪽에 놓이면 건물을 북동쪽 또는 북서쪽으로 향하게 하여 건물의 음영을 최소화한다. 대안으로 놀이터를 건물 음영에서 벗어나서 배치할 수도 있다.
- 실외 놀이터는 일 년 내내 햇볕이 잘 들고 여름에 바람이 잘 통하도록 배치하고 겨울바람과 음영이 생기지 않도록 계획한다.
- 바람과 비를 피하는 교목, 관목, 지형, 건물 돌출부 등을 설치한다. 대지에 부는 바람에 수직으로 놓인 바람막이는 효과적이며 보도에 눈이 쌓이는 것을 막는 데 도움이 된다.
- 일조의 패턴은 여러 가지 다른 분위기가 생길 수 있다는 것을 고려한다. 대지 일부에 만들어지는 음영은 바람직하다.
- 온대기후에서는 건물 남쪽에 활엽수를 심어 겨울에 일조를 최대로 하고 여름에 그늘이 지도록 한다. 북쪽에는 상록수를 심어 겨울에 열을 빼앗기지 않도록 한다.
- 계절의 변화를 보여줄 수 있도록 계절별 꽃, 잎이 많은 식재, 나무, 먹을 수 있는 채소 등 수목이나 조경을 이용한다.
- 대부분의 식재(나무, 잔디, 관목 등), 벽이나 울타리의 넝쿨식물들은 건물을 식혀 주고 소음 조절에 기여한다.
- 아스팔트와 콘크리트 같은 마감재는 쉽게 뜨거워지므로 더운 날씨에는 직사일광을 가릴 수 있는 가림막이 필요하다.
- 실외 공간에는 사철 배수가 잘 이루어져야 한다.
- 건물, 둑길, 나무, 생울타리, 담장 등 경계를 구분하여 실외 놀이공간을 둘러싼다.

3) 실내와 실외 사이 이동

아동들은 현관 포치[3]나 뜰에서 점심을 먹고, 소나기와 흰 눈을 보기 위해 밖을 뛰어다니고 놀이도구를 가지고 밖에서 노는 것 등을 대단히 즐거워한다. 실외 활동이 프로그램의 50% 정도이기 때문에 건물에서는 실내와 실외를 반드시 연결해야 하고 이상적으로는 각 보육실에서

3) 현관 포치(entrance porch) : 지붕이 있는 현관 앞 공간

실내에서 실외로 나가는 전이공간을 최대한으로 계획한다.

디자인가이드 5.9

실내와 실외 사이 이동

건물은 실내와 실외 사이의 관계를 밀접하게 하는가? 아동은 쉽게 밖으로 이동할 수 있는가?

- 보육실에서 실외 놀이터로 직접 출입할 수 있는 통로를 만들어야 한다. 이 문은 부모와 아동이 출입구로도 사용할 수 있다. 또한 아동의 주요 활동공간에서 실외 공간으로 직접 나가는 통로를 만들어야 한다.
- 보육실 밖에 경질 마감재(목재, 벽돌, 콘크리트, 아스팔트)로 덮인 전이공간을 두어 미술, 목공, 과학, 물놀이, 모래놀이 공간으로 이용할 수 있게 한다.
- 효율적인 전이공간은 최소 1.8m를 확보해야 하며 4.5m가 이상적이다. 이 공간은 햇빛과 궂은 날씨를 고려하여 일부 지붕을 설치하거나 그늘이 지도록 하고, 유리 또는 투명 플라스틱 처마는 인접한 보육실에 자연 채광이 최대로 유입되도록 한다.
- 건물과 출입구 가까이에는 빨리 마르는 마감재로 마감하고, 더디 마르는 잔디, 흙, 모래는 조금 더 떨어지게 배치한다.
- 실내외 보행의 이동은 계단보다는 경사로가 더 적합하다. 모든 문은 아동들도 개폐할 수 있어야 하며, 장애를 가진 아동들도 진입할 수 있도록 만들어야 한다.
- 실내와 실외 모두에 안락한 구석(세상을 바라다볼 수 있는 장소)을 설치할 수 있도록 고려한다.
- 차일이나 천막 지붕은 실내에 온도와 눈부심을 조절할 수 있으며 날씨에 따라서는 전이공간을 가려주는 역할을 한다.

놀이터로 직접 출입할 수 있는 진입로가 있어야 한다.

실내와 실외 연결은 남쪽에 있는 포치나 단단한 재료로 마감이 된 실외로의 전이공간 등이 보육실과 실외 놀이터 사이에서 이루어져야 한다. 이러한 연결공간을 통해서 실내의 보육활동이 쉽게 실외 공간으로 이동하고, 새로운 실험을 할 수 있도록 하고, 실내의 과밀감을 낮추기도 한다.

4) 포치, 데크 및 테라스

포치(porch), 데크(deck), 파티오(patio) 및 테라스 등의 실외 활동공간을 제공한다.

건물로 들어간 부분의 포치는 실내와 실외 관계를 강화시킨다.

투명 플라스틱 나일론 천막 벽은 지붕이 있는 실외 전이공간을 감싸 주고 보호한다.

디자인가이드 5.10

포치, 데크 및 테라스

- 보육실의 외부 확장으로 포치, 차양, 격자울타리, 마감된 데크 등을 사용한다.
- 포치, 데크 및 테라스는 최소 1.8m 적정 3~4.5m 폭으로 계획한다.
- 포치와 테라스 공간의 일부를 건물 안쪽으로 밀어, 부분적으로 둘러싸이도록 하여 실내와 실외 간의 관계를 강화한다.

5) 중정과 벤치가 있는 정원

대지의 자연적 특성을 이용하는 방법으로 중정이나 반쯤 둘러싸인 벤치가 있는 정원은 잠시 쉬거나, 생각하기에 좋은 실외 공간을 제공한다. 이런 시설은 교사나 부모 같은 성인이 주로 사용하지만 감독을 받는 아동도 사용한다. 관목, 둑길, 돌담, 낮은 통나무 울타리, 주택에 있는 것, 꽃 등이 부가되면 이러한 공간은 보다 편안하고 친근한 환경이 된다.

디자인가이드 5.11

중정과 벤치가 있는 정원

중 정

- 보다 큰 오픈 스페이스로 향한 전망이 있는 중정으로 설계한다.
- 건물에서 2~3개 출입구와 연결되도록 중정을 배치하고, 각 출입구는 사람들이 중정을 통과하여 연결되도록 한다(그림 5.8).
- 중정의 일부에는 상부에 캐노피를 두고, 문 상부에는 반드시 캐노피를 두어야 한다.
- 중정은 건물의 출입구, 관리공간 외부, 보육실, 놀이터 주변 등에서 유용하게 사용된다.

벤치가 있는 정원

- 정원과 벤치가 있는 공간은 최대한 햇빛에 노출되도록 배치하고 일조에 의한 건물 음영에서 벗어나도록 해야 한다.
- 길에서 일부 보이지 않고 일부 노출되면 전적으로 공적이거나 사적인 공간이 아니므로 보다 편안하게 느껴진다. 따라서 건물 가까이 벤치가 있는 정원은 반쯤 감추어진 상태가 가장 바람직하다.
- 사람들이 벤치 위치에서 보다 넓은 공간을 바라다 볼 수 있도록 실외 공간의 위계를 계획한다(그림 5.9). 이 위계는 정원을 보다 친밀하고 흥미 있는 곳으로 느끼게 한다.
- 벤치에 등을 지지하는 것(등받이, 돌, 나무 등)을 둔다. 아동이 사용하는 벤치는 높이가 낮아야 한다.
- 벤치가 있는 정원은 아동 놀이터의 일부, 건물 출입구의 한 부분, 긴 진입로를 따라서, 건물의 끝단을 완화시키기 위한 모퉁이, 구석 등에 만들 수 있다.

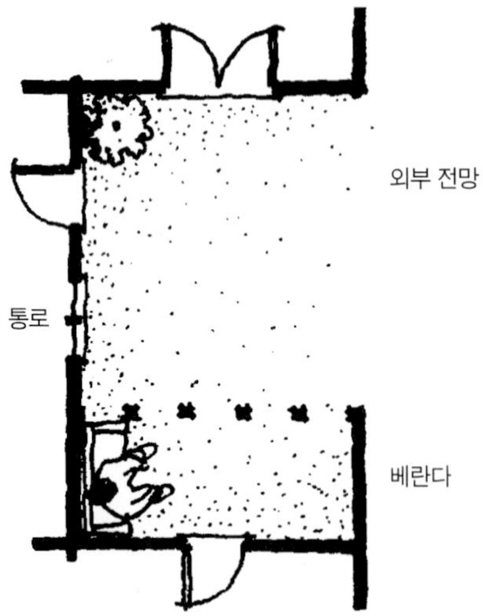

그림 5.8 활기찬 중정은 지나는 사람들에게 흥미를 주는 공간으로, 건물의 2~3개 출입구와 연결되며 출입구 상부에 캐노피를 두어야 한다.

그림 5.9 친숙한 벤치가 있는 정원은 등받이가 있는 좌석으로 구성되어야 하며, 넓은 공간으로 전망이 열려 있어야 한다.

건물 날개, 포치와 울타리는 보육시설 입구에 있는 정원을 부분적으로 감싸고 있다.

5. 대형 건물 안에 위치한 보육시설

보육시설이 대형 건물 안에 위치할 때, 시설에 적합한 접근로를 확보하는 것이 디자인의 과제이다. 대형 고층건물에서는 많은 사람들과 복잡한 통로로 인해 성인에게도 혼란스럽다.

대형 건물에서 보육시설은 단독 건물에서처럼 아동을 위한 공간임을 알릴 필요가 있다. 그러므로 건물 외관과 공공 공간을 개조할 수 없는 것으로 보고, 건물에서 약간 후퇴하여 보육시설 출입문을 두고 여기에서부터 보육시설이 시작된다고 가정한다. 도로에서 건물까지, 건물에서 보육시설 입구까지 전이공간에 대해 심리적으로 감성적으로 매우 중요하므로 건물 외관에서 연속해서 실내로 진입하는 출입구에서는 보육시설의 성격을 명확하게 부여해야 한다(그림 5.10).

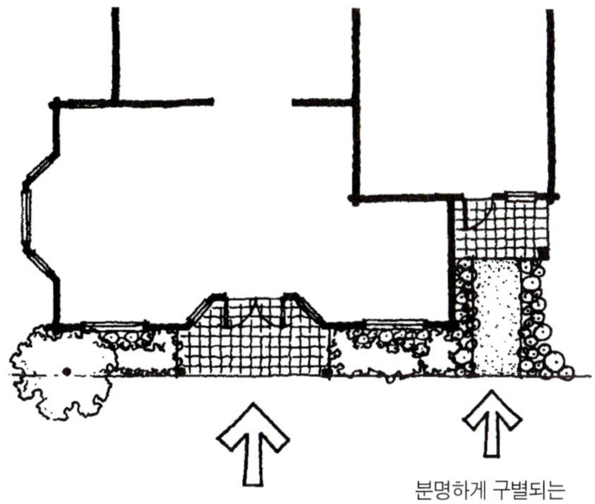

그림 5.10 고층건물에 위치한 보육시설은 건물 외관에서부터 분명히 구별이 되는 독립된 출입구를 두어야 한다.

디자인가이드 5.12

대형 건물에 있는 보육시설

- 보육시설이 대형 건물의 용도에 부속할 수 있는지 없는지 결정한다.
- 영아실은 1층에 배치하고 가급적 유아실도 1층에 두는 것이 좋은데, 미국 주 조례에서는 이것이 필수 사항이다.
- 보육시설에는 도로에서 보이는 구별되는 출입구, 독립된 차도 및 진입로를 확보해야 한다. 대형 건물에 수직으로 낮은 캐노피가 있는 주택 규모의 출입구를 두거나, 조경이 된 보도, 자연스러운 특징, 사인, 눈에 보이는 실외 놀이터 등을 첨가하는 것이 좋은 방법이다. 기존의 주차장, 하차장, 통로, 보도 등을 사용하기도 한다.
- 실내에서 보육시설에 이르는 접근로는 대형 건물을 순환하지 않고 접근하는 지름길로 만들어야 한다. 이것이 불가능한 경우(관공서 건물 등) 로고, 벽 부착물, 미술품, 사진, 바닥의 발자국 등 아동에게 적합한 표시를 통해 가족이나 교사들을 목적지에 잘 안내하도록 고안되어야 한다.
- 자연적 특성이 살아 있는 실외 놀이공간을 충분히 확보한다.

6. 캠퍼스 플랜

보육시설 규모에서 보면, 60~75명 규모의 보육시설에서 프로그램 및 관리가 가장 바람직하므로, 35~40명 정도, 60~75명 이하, 60~75명 이상의 규모로 세분하여 건물을 구성하는 것이 바람직하다. 건물을 설계하는 방법에는 두 가지 접근이 가능하다.

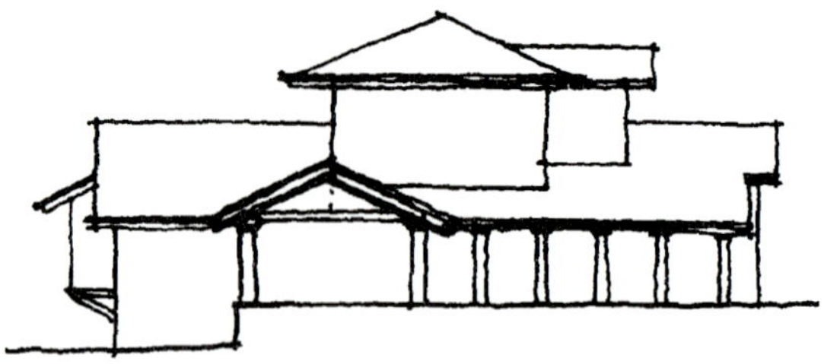

그림 5.11 캠퍼스 플랜의 건물은 사회적 공간의 위계와 대응하여 지붕 높이로서 위계를 준다.

- 모듈로서 각각 구별되는 출입구가 있는 각각의 건물
- 하나의 출입구로 연결된 캠퍼스 플랜

디자인가이드 5.13

모듈과 캠퍼스 플랜

60명 이상을 보육하는 보육시설에서는 아동을 35~40명의 소집단으로 어떻게 묶을 수 있겠는가?

- 단일 건물을 여러 부분으로 나눌 때(분절된 모듈)는 각 모듈에 따라 나누고 구별되는 문을 설치한다. 여러 가지 지붕선과 다양화된 건물 전면은 내부의 분절을 알려주는 데 도움이 된다.
- 몇 개의 건물로 이루어질 때(캠퍼스 플랜) 실내 용도의 위계를 알려 주기 위해서 건물에 지붕 높이를 다르게 하는 것은 주 출입구를 구별하는 데 도움이 된다. 보통 중요 건물은 지붕이 높고 출입구 건물의 지붕은 낮거나 경사도가 눈에 띈다(그림 5.11).
- 캠퍼스 플랜에서 건물 사이 실외 공간에 벤치가 있는 정원이나 보도를 조경하고 건물들을 서로 묶어 주어 주변 다른 영역에 있는 사람들을 고양시켜 주어야 한다. 아케이드, 격자울타리가 있는 보도, 다리, 공유하는 정원, 둑길, 울타리, 조경 설치물들은 서로 다른 부분을 묶어 주는 역할을 한다.
- 건물 사이에는 실내외 연결을 활용한다. 예를 들면 모든 건물은 공동의 실외 놀이터 또는 중정을 마주하게 하거나, 부가적으로 전용 놀이터 또는 전용 출구는 공용의 주 출입구와 관리영역을 지나가게 할 수 있다.

7. 최종 평가

최종 평가에서는 '이 대지와 배치, 건축계획에는 우리가 아동들을 보육하고 싶어하는 장소적 특성이 나타나는가?'라는 질문을 가지고 평가한다.

대지와 배치, 건축계획안이 설계팀이 주장하는 구상에 미치지 못한다면 어떤 변화를 통해 원하는 바로 만들 수 있는가? 어떤 것들이 변경될 수 없는가? 이러한 제약들을 수용할 수 있는가? 또는 아동들에게 악영향을 미쳐 또 다른 대지를 찾아 보아야 하는가? 변경이 가능한 장소에서 시설을 설치하는 데 드는 경제적 비용은 얼마인가? 또는 그렇지 못한 경우 사회적 손실은 얼마인가?

제6장

보육시설 **배치**

The movement between rooms is as important as the rooms themselves; and its arrangement has as much effect on social interactions in the rooms as the interiors of the rooms.

— Christopher Alexander

설계팀의 다음 단계는 기본설계를 시작하는 것이다. 이것은 보육 프로그램의 요구에 맞도록 건물 실내 공간의 크기를 대략적으로 잡는 과정이다. 시설 배치 전반에 대하여 고려할 문제와 변수가 이 장에서 논의될 것이다.

1. 기획설계 과정

보육시설 배치에서는 프로그램의 요구, 대지의 장점과 단점, 법규, 보육시설 설치기준 및 관련 규정을 만족시켜야 한다.

설계 과정에서는 여러 가지 선택 사항을 고려해 볼 수 있는 개방성과 가변성을 가져야 한다. 또한 각각의 계획안은 업무의 효율성과 사용의 편리성을 평가하며, 모든 팀 구성원의 전문적 의견을 건물의 기능에 명확하게 반영하여 협의안을 도출한다.

1) 대지이용 개념

기획설계는 대지분석에서 시작한다. 시설을 배치하는 과정은 대지이용 개념에 대한 2~3개 대안을 만들고, 보육시설의 프로그램 요구에 맞추어 건물이 대지에 배치될 수 있는지 다음 노트 6.1에 언급한 항목을 고려한다.

2) 실내 공간의 선정

다음 단계는 필요한 실내 공간을 명확하게 해야 한다. 필요 공간 목록을 검토함으로써, 가정한 내용을 조사하고 현재 모델의 한계를 면밀히 체크하며, 활기찬 보육 프로그램을 수용하는 대안을 개발한다.

노트 6.1 대지요소

- 태양과 바람의 통로
- 바위, 나무, 물 등의 자연적 특성
- 영아를 위해 햇빛을 최대한 받는 위치
- 지형과 등고 높이 변화
- 건축선 후퇴[1], 완충공간, 지역 및 지구, 인접 대지 사항
- 전망
- 차량 및 보행자의 출구와 통행로 대안
- 주차공간의 가능성
- 실외 놀이터의 위치
- 대지 출입문의 위치

1) 건축선 후퇴(set back) : 건물을 대지경계선으로부터 후퇴시키는 것

노트 6.2 보육시설의 실내 필요 공간

- 출입문 · 대기실
- 관리영역 : 원장실, 사무실, 사서실, 서고, 양호실
- 영아 보육실
- 걸음마기 영아 보육실
- 유아 보육실
- 유치반 아동 보육실
- 물놀이 공간
- 다목적실 · 유희실
- 실내 기구창고
- 실외 기구창고
- 전기기계설비
- 통로 · 동선
- 실내 정원
- 주방 · 준비실
- 교사영역 : 휴게실, 교재실, 창고, 교사실, 회의실
- 성인 화장실
- 아동 화장실 · 싱크
- 부모영역
- 교사 · 부모 회의실
- 교재실(A/V, 교과 준비실, 도서)
- 세탁실
- 관찰실
- 양호공간
- 관리공간
- 지역사회 관련 활동
- 서비스 출입구
- 장애인 편의시설

2. 공간 구성

시설의 필요 공간을 선정하면 배치할 준비가 이루어진 것이다. 여기에서는 2~3개 항목의 작업이 동시에 진행된다. 이상적인 건물 프로그램에 알맞은 배치, 보육실 계획 규모에 따른 대지의 적합성, 기능에 따라 인접한 보육실 배치 등을 함께 다룬다.

1) 근접성

프로그램에서 필요한 모든 공간을 목록화하여 연관되는 활동끼리 가까이에 배치하는 근접 정도에 따라 공간을 구성한다. 가장 중요한 문제는 보육실과 지원공간이 어떻게 서로 연관되도

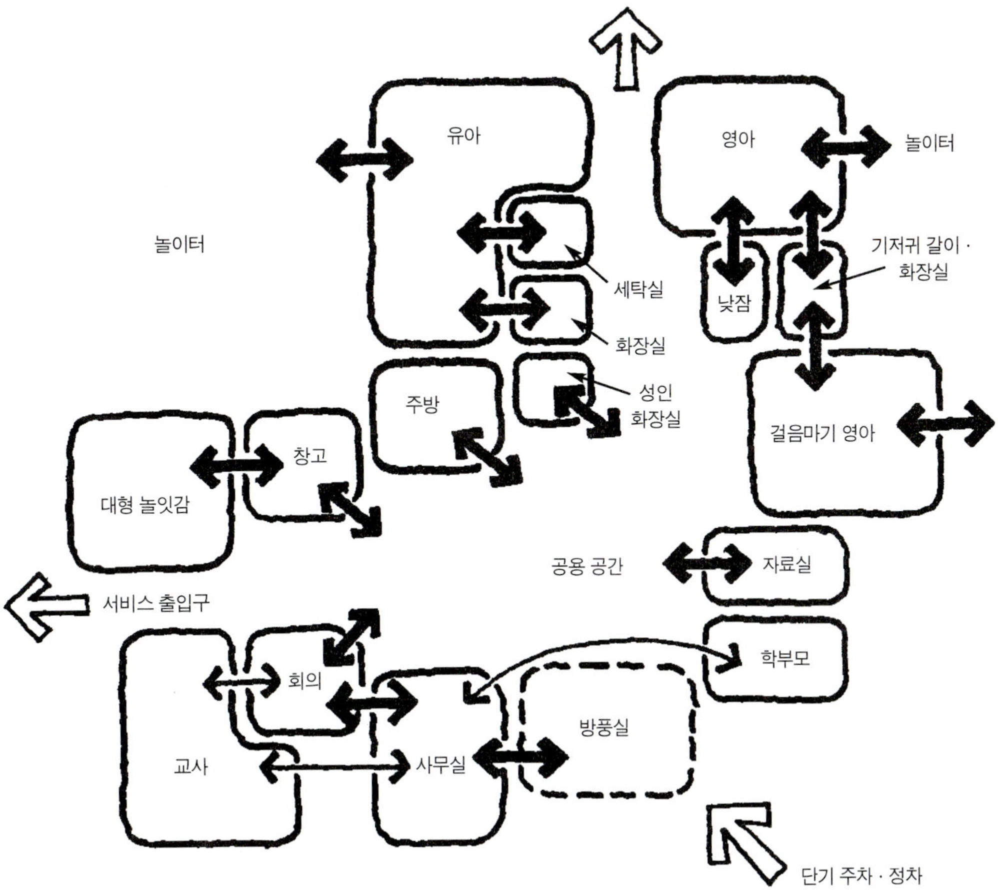

그림 6.1 보육시설 평면에서 물리적 근접성을 표현

록 하느냐 하는 것이다. 또한 부가적으로 여러 개의 보육실이 모여 있는 곳이나 중심부에는 적어도 하나의 공용 공간이 필요하다.

2) 필요 공간의 규모

먼저 버블 다이어그램[2]을 실제 공간 크기로 맞추어 구성한다. 실용적인 방법으로는 일정한 축척에(축척은 1/100이 바람직하다) 따라 개별공간이나 집합공간의 모양을 오려서, 대지 위에 건물의 모양을 이리저리 옮겨 본다.

2) 버블 다이어그램(bubble diagram) : 공간의 크기와 근접성을 알 수 있도록 먼저 버블로 도식해 보는 것으로서, 각 공간의 상대적 크기와 연계성을 파악하는 데 도움이 된다.

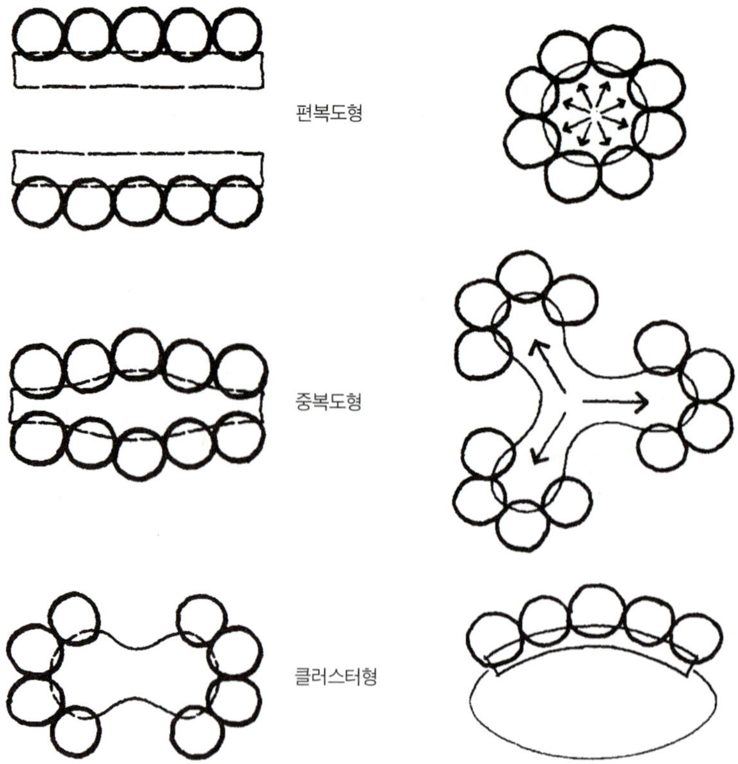

그림 6.2 통로의 구성방법을 이용한 여섯 가지 평면구성

보육실의 규모는 영아 보육실 69.7m^2, 걸음마기 영아 보육실 79.0m^2, 유아 보육실과 방과 후 보육실 93.0m^{2}로 예상하며, 화장실 등 지원시설을 포함한 경우에는 표 4.4에서 제시된 바와 유사하게 추정한다.

3) 건물의 구성 형식

설계팀이 시설의 관계와 근접성을 보여 주는 버블 다이어그램을 작성한 다음에는 이것을 대지에 배치하고 건물 외곽선을 그려 본다.

건물의 공간을 구성하는 방법 중에서, 동선을 기반으로 하는 여섯 가지 공용 공간 구성형식이 그림 6.2에 제시되어 있다. 여기에는 편복도형, 중복도형, 클러스터형, 집중형, 방사형, 놀이공간 결합형 등이 있다.

확인사항

근접성과 공간 구성

1. 설계팀은 보육실과 화장실 같은 지원공간의 관계를(동일 연령 혹은 혼합 연령으로) 어떻게 구성하고 싶은가?
2. 시설은 하나 이상의 공용 공간에서 어떤 이점을 얻을 수 있는가?
3. 어떤 실과 어떤 기능이 서로 가까이 있어야 하는가?
4. 보육시설을 1~3항목에 부합하도록 어떻게 조직하고 대지에 배치시켜야 하는가? 편복도형, 중복도형, 집중형, 방사형, 클러스터형, 놀이공간 결합형, 이들의 조합 등.

3. 배치 시 고려사항

다음은 시설 전체를 배치하는 데 고려할 주요 사항이다. 별표가 붙은 항목은 우선적으로 고려해야 할 항목으로, 설계팀이 가능한 양보해서는 안 되는 영역이다.

- 주요 공간의 용도*
- 주된 동선
- 주 출입구와 비상출구
- 보조적인 건물 동선
- 중심에 있는 공용 공간*
- 실내 공간의 접근과 분리
- 공적 영역에서 개인적 영역으로의 이동
- 가변성
- 보육실 및 지원공간의 형태와 장애물*
- 기계실과 서비스 영역
- 창고*
- 위생설비*
- 냉난방설비

1) 주요 공간의 용도*

주요 공간은 대지와 건물 배치를 통해 햇빛, 신선한 바깥 공기, 좋은 공기의 순환, 실내에서 실외의 멋진 풍경이 제공된다. 아동은 햇빛이 부족한 환경에 취약하므로, 심리적인 편안함뿐만 아니라 신경계의 원만한 기능을 위해 자연 빛에 노출되어야 한다.

- 햇빛을 최대한 받을 수 있는 남동향, 남향, 남서향으로 배치한다.
- 실외 또는 포장된 실외 놀이공간에 직접 진입할 수 있게 한다.
- 아동의 눈높이에 맞는 창문은 실외 활동에 접하도록 설치한다.

자연 채광과 자연 환기가 충분하지 않은 곳에서는 가장 어린 영아를 우선적으로 햇빛에 접하도록 한다.

사 례 공공청사의 맨 꼭대기 층에 있는 보육시설은 길고 좁은 직사각형이었다. 아동 높이에 맞는 유일한 창문은 입구에서 가장 가까운 직사각형의 단축 끝단에 있었다. 이 창문에서는 옥상 놀이공간이 보이고 자연 채광이 들어왔다. 보육시설의 장축으로 입구 뒤쪽에 있는 공간은 구조적으로 낮은 창문을 설치할 수 없어서 바닥에서 1.5m 높이에 있는 창문에서 자연 채광을 받았다. 그래서 영아와 유아를 어느 곳에 두어야 할지, 누가 창문 있는 곳을 차지할지를 결정해야 했다. 설계자는 영아를 보육시설의 후면에 두어, 입구에서 멀리 떨어져 잠자기에 조용하고 어둡도록 하였다. 그러나 교사들이 최우선으로 고려한 것은 조용한 것보다는 자연 채광과 전망에 면하는 것이었다. 왜냐하면 유아들은 교사의 도움 없이도 실외로 나갈 수 있고, 1.5m 높이 창문에 맞추어 로프트를 올라갈 수 있지만 영아들은 그럴 수가 없기 때문이다. 결국 이동이 어렵고, 어려서 햇빛, 공기 및 실외 활동에 접근하기 어려운 점을 감안하여 영아들을 건물 전면의 낮은 창문이 있는 공간에서 생활하게 하였다.

그림 6.3은 버블 다이어그램과 화살표를 이용하여 건물 내부와 태양광선, 전망 실외 출입과의 관계를 보여 준다. 보육실과 지원공간은 바닥이 동일한 평면에 있어야 하며, 비상구를 두고, 그 비상구가 외부로 연결되면 더욱 좋다.

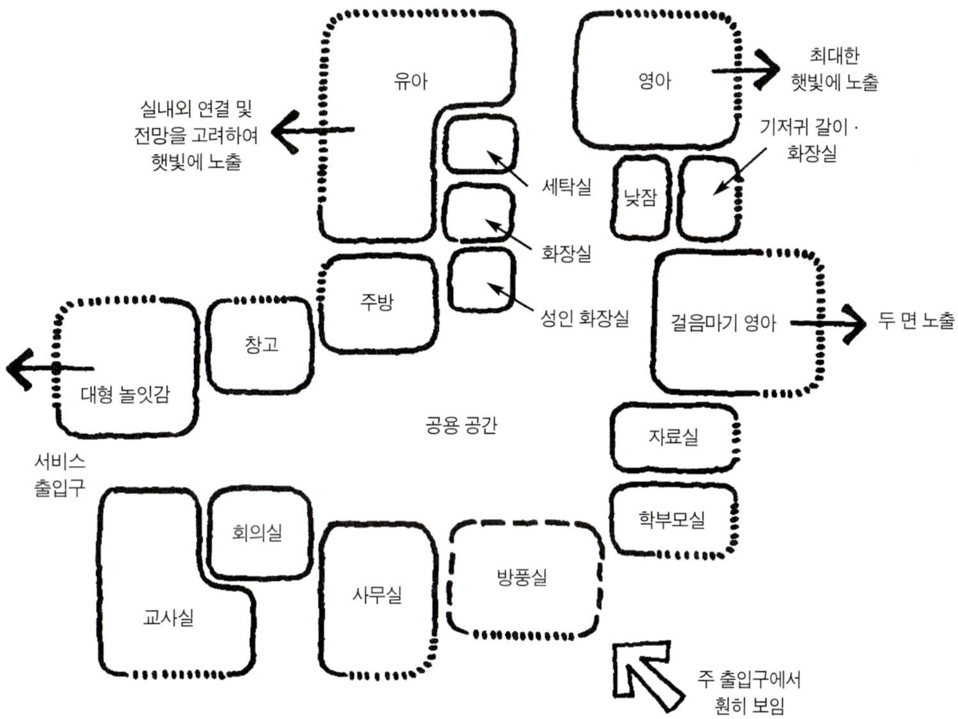

그림 6.3 보육시설의 실외에 면함, 실내외 관계

확인사항

주요 공간

1. 대지에서 어디가 가장 일조가 양호한가? 아동 특히 영아의 공간과 실외 놀이터는 근접하고 있는가?
2. 아동이 사용하지 않거나 단지 낮잠만 자는 경우처럼 채광이 적은 곳에 배치될 수 있는 기능은 무엇인가?
3. 영아 보육실과 낮잠실의 위치를 제한하는 층별 규정이나 대지 규정이 있는가?

2) 주된 동선

보육시설 주 출입구 위치는 대지와 건물과의 관계, 건물 형태에서 결정된다. 전면 출입구가 안전과 관리 목적에 맞게 결정되면, 전면의 주 출입구로부터 후면의 비상출구까지 건물의 주된 동선이 만들어진다. 그림 6.4는 주된 동선을 따라 시설의 주요 공간이 지정되는 것을 보여준다. 보조적인 동선은 대지와 건물 배치에 따라, 주된 동선에 추가된다.

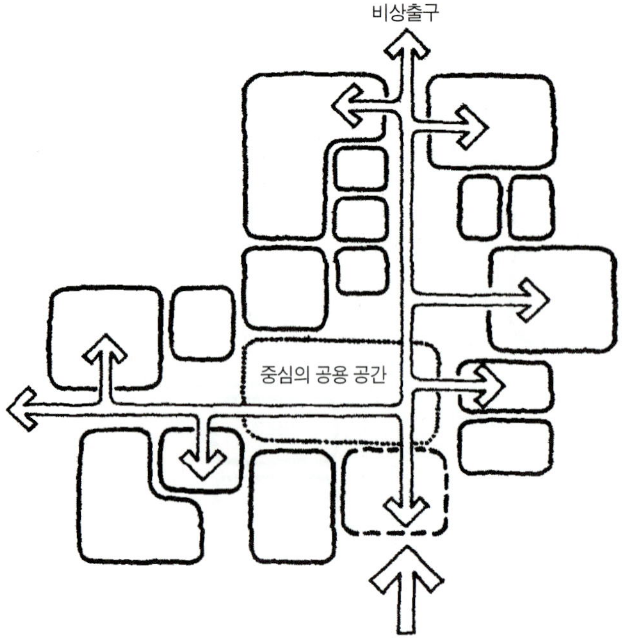

그림 6.4 안전과 관리를 위해서, 보육시설에는 한 개의 주 출입구와 비상출구 그리고 중앙의 공용 공간을 포함하여 주요 공간을 연결하는 주된 통로를 설계한다.

확인사항

주된 동선, 주 출입구와 비상출구

1. 현관으로 가능한 장소는 어디인가? 어느 곳이 최적인가? 이유는 무엇인가?
2. 건축 법규 또는 대지의 조건이 주 출입구와 비상출구의 위치에 영향을 미치는가?
3. 주 출입구로부터 주된 동선이 건물의 주요 공간이나 보육실의 통로가 되도록 하려면 건물을 어떻게 배치해야 하는가?
4. 어떤 모양의 창과 문이 안전이나 방화에 대한 기능적 요구에 적합한가?
5. 방풍실 또는 전실에는 어떤 문이 요구되는가?
6. 중심부 공용 공간을 어떻게 실외 공간과 연결하고 자연 채광을 받게 할 수 있을까?

3) 중심에 있는 공용 공간*

설계팀은 시설 중심에 어떤 활동이 이루어지는 공용 공간을 만들 것인가에 대해 계획해야 한다. 성공적인 공용 공간이 되기 위해서는 다음과 같이 위치해야 한다.

- 건물의 중심 또는 중심 주변인가? 그래야 모든 공간에서 접근할 수 있다.
- 하나 또는 그 이상의 주요 기능이 이루어지는가? – 식사, 휴식, 실외 또는 다른 공간으로의 접근이나 전망
- 주된 동선이 이곳에 인접해 있는가?

건물의 형태가 만들어지면, 설계팀은 보육실과 보조공간을 구분하고 중심에 공용 공간이 만들어질 수 있는 방법을 고려한다.

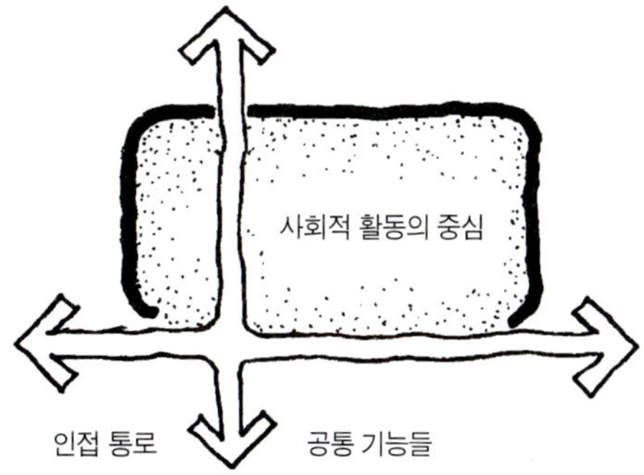

그림 6.5 중심 공용 공간은 건물 중앙에 두고 주된 동선에 인접한다.

4) 안전지대

중심의 공용 공간 또는 다목적 공간은 사람이 움직이는 통로 이외에 안전하게 머물 수 있는 공간이 있어야만 제대로 운영된다.

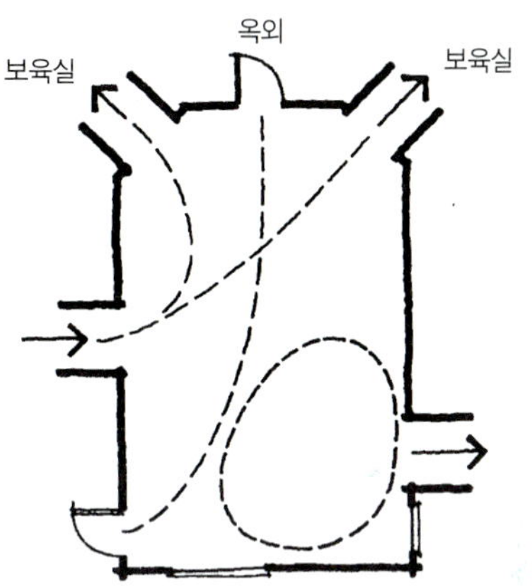

그림 6.6 대형 연결공간을 중심 공용 공간으로 만들기 위해서는 우측 하단 통로를 재배치하여 보육활동을 위한 아늑한 공간이 확보되도록 한다.

확인사항

건물 동선과 중심부의 공용 공간

1. 주요 동선은 건물과 어떻게 연결되는가?
2. 보조 동선과의 연결이 바람직한가?
3. 설계팀은 어떤 활동을 중심에 배치하고자 하는가? 그리고 보조 요소의 연결을 어떻게 표현하고자 하는가?

5) 실내 공간의 접근과 분리

보육시설에서 공간 간의 물리적 근접성과 실외 관계에 추가하여, 설계팀은 프로그램에 대한 접근과 분리를 시각 · 청각 · 후각 측면에서 면밀하게 확인해야 한다. 그림 6.7과 그림 6.8은 시각적 · 청각적 관점에서 실내 공간 사이의 필수적인 접근과 분리를 보여 주는 버블 다이어그램이다.

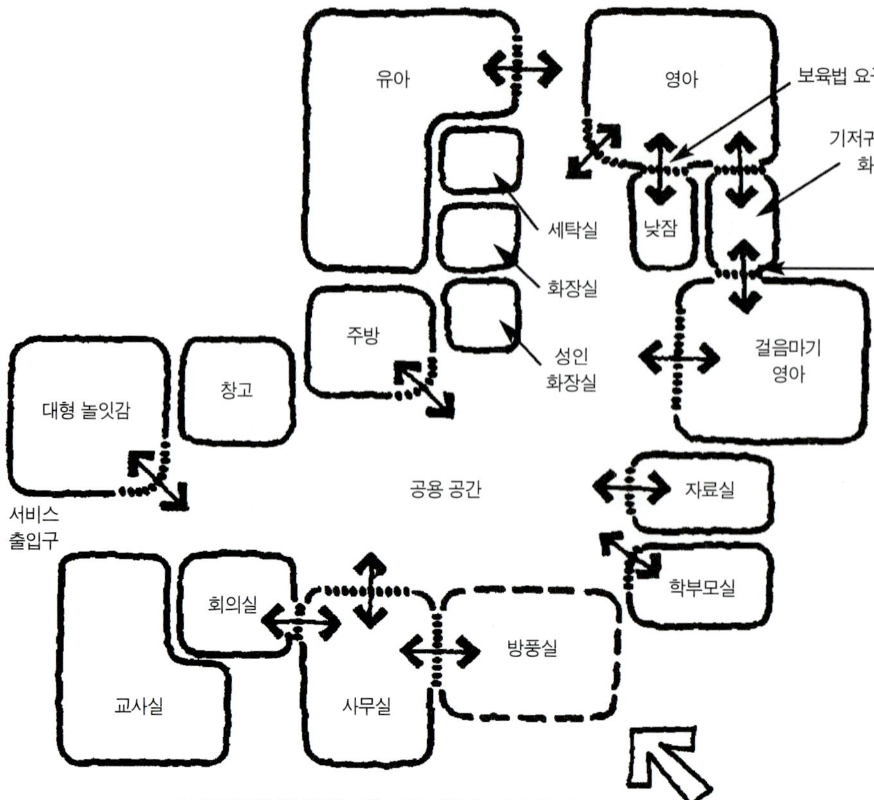

그림 6.7 보육활동을 통합하는 중요한 시각적 연결 관계

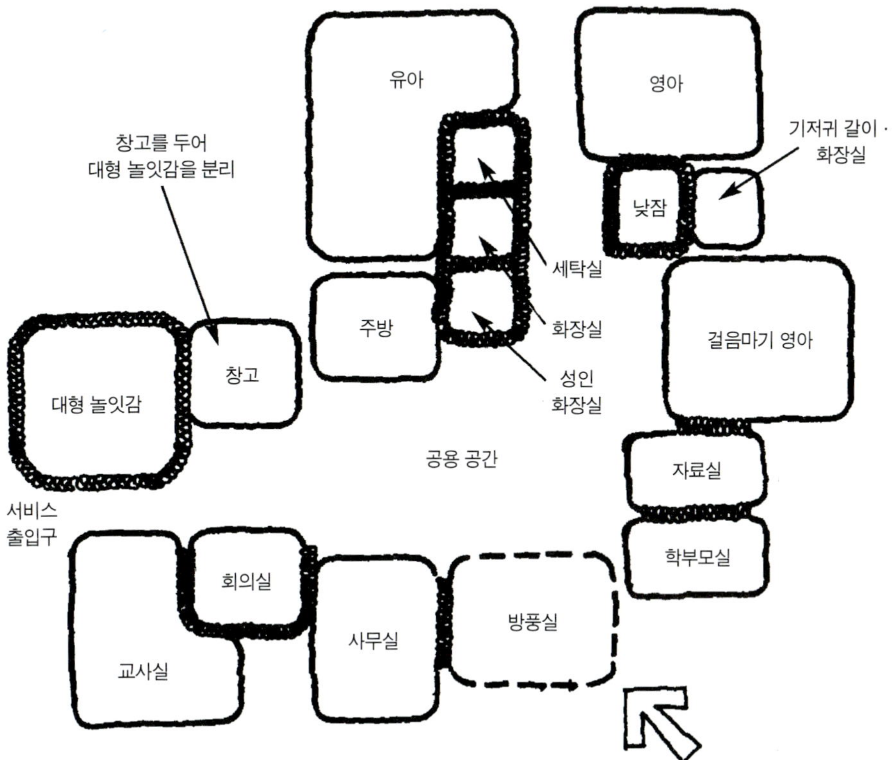

그림 6.8 방음처리를 통해 도움을 받는 보육공간

확인사항

접근과 분리

1. 프로그램에서 어떤 실과 기능이 서로 가까이에 있어야 하는가? 서로 보이며 소리를 들을 수 있는가?
2. 시각적 · 청각적으로, 거리상으로 어떤 실과 기능이 분리되어야 하는가?
3. 어떤 악취와 향기가 차단되거나 한층 북돋아져야 하는가?

6) 공적 영역에서 개인적 영역으로의 이동

보육시설의 공간은 일부는 공적이고 일부는 개인적이다. 입구에서 동선이 점진적으로 활동공간에서 개인적인 공간으로 접근하도록 배치한다. 그림 6.9는 집과 보육시설에서 공적이고 개인적인 영역의 관계를 보여 준 것이다.

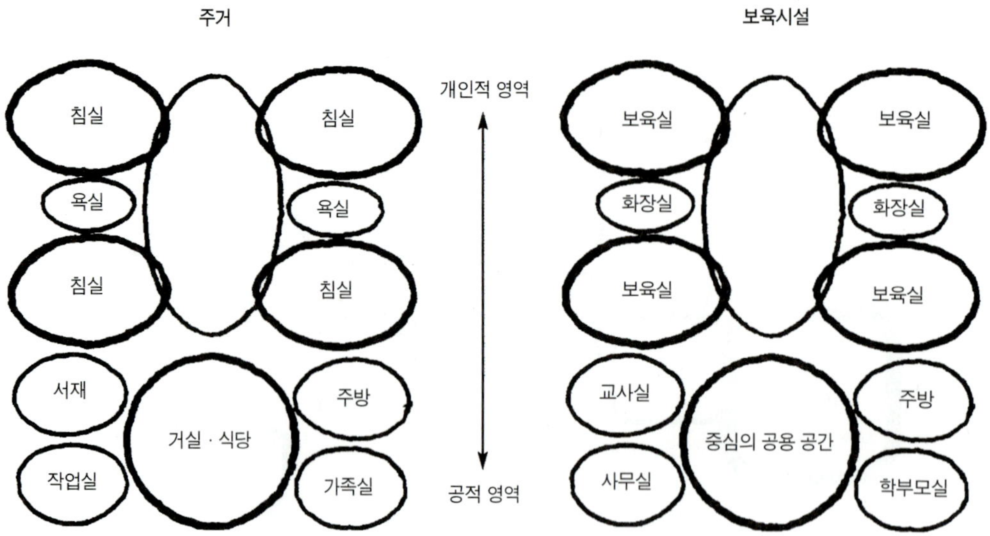

그림 6.9 보육시설과 같은 유형의 주거 : 보육시설은 주거와 같이 공적 영역에서 개인적 영역으로 진행한다.

확인사항

공적 영역에서 개인적 영역으로

1. 활동성이 높은 공간에 접근하기 위한 공간과 기능으로 출입구에 가까운 곳은 어디인가?
2. 어떤 공간과 기능이 분리되어야 하는가?

7) 가변성

설계팀은 영아, 유아 등 연령별 인원수의 변화에 쉽게 대응할 수 있는 평면계획을 원할 수 있다. 연령별 예상 인원수가 유동적이면 추가비용이 들게 되므로, 인원과 아동 발달을 고려하여 보육실 규모를 크게 할 수 있다.

사 례 영아 전담시설은 때에 따라 인원수가 변하는 것을 고려해야 하므로, 각 연령별 보육실이 각각의 연령에만 적합하도록 결정할 수 없다. 설계팀은 걸음마기 영아가 영아보다 더 크고 기저귀 갈이대, 변기, 세면대가 필요하므로 걸음마기 영아 보육실을 더 크게 계획했다. 그리고 설계팀은 가변성을 고려하여 모든 보육실을 걸음마기 영아의 수준에 맞추어 설계하기로 결정했다. 추가비용은 인원 변화에 따른 유동성으로 상쇄될 수 있는 것으로 보았다.

8) 보육실 및 지원공간의 형태와 장애물*

보육실은 너무 좁고 길지 않으며, 너무 넓고 짧지 않은 균형 잡힌 비율이어야 사용에 적합하다. 보통 보육실은 보육활동을 할 수 있도록 가로세로 최소 폭이 6.0~7.6m이어야 하며 중간에 0.9~1.5m 폭의 통로가 추가되어야 한다. 실의 형태를 다양하게 하기 위해, 넓게 튀어 나온 베이[3] 또는 알코브를 1.2~3.0m 깊이로 계획한다.

보육실 모양에서 고정된 요소인 기둥, 수직 방열기판, 칸막이벽 등이 종사자의 시선과 이동을 방해할 수 있다. 장애물이 있거나 장애물이 필요한 곳에는 보육실의 사용 연령과 프로그램 운영에 문제가 없는지 확인해야 한다.

일반적으로 L자형 보육실에서 꺾인 부분이 1.5~2.1m 깊어지면 감독하기가 어렵다(그림 6.10).

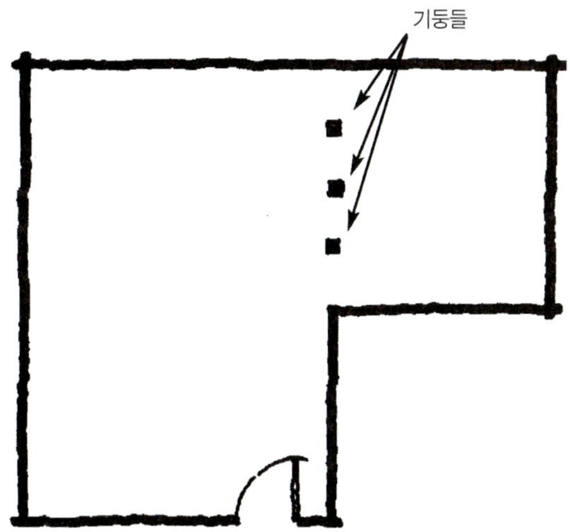

그림 6.10 L자형 보육실에 기둥과 같은 장애물이 있어, 시야를 가리거나 움직임을 방해하는 것은 바람직하지 못하다. 또한 벽에 붙박이 가구와 문이 많이 설치되면 보육실의 기능이 현저히 떨어진다.

9) 기계실과 서비스 영역

그림 6.11과 같이 주방, 재활용 및 쓰레기통, 청소도구, 기저귀 쓰레기, 쓰레기통은 서비스 출구 가까이에 둔다. 소음이 심한 기계 및 설비는(냉난방 기계, 세탁설비 등) 가능한 보육실에서 멀리 배치한다. 차음막을 대거나 창고공간을 두어 소음이 나는 공간을 분리하거나 완충시킨다(그림 6.8과 6.12).

3) 베이(bay) : 기둥과 기둥 사이의 공간을 밖으로 튀어나오게 돌출시킨 부분

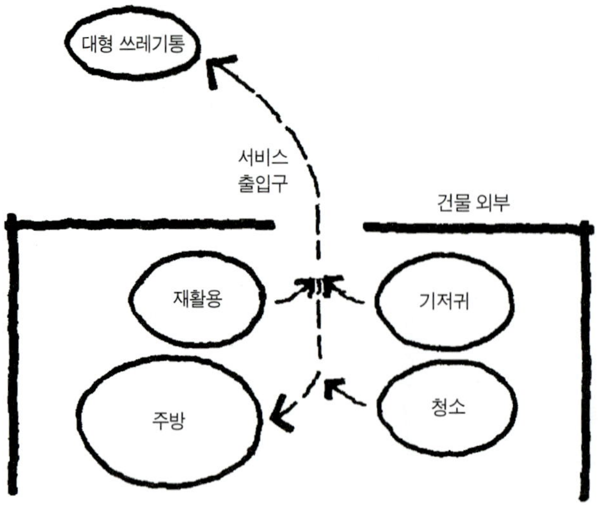

그림 6.11 주방, 재활용, 청소, 기저귀 쓰레기와 옥외 쓰레기통의 위치는 서비스 출입구 가까이에 배치한다. 서비스 차량은 소음이 심하므로 차음을 해야 한다.

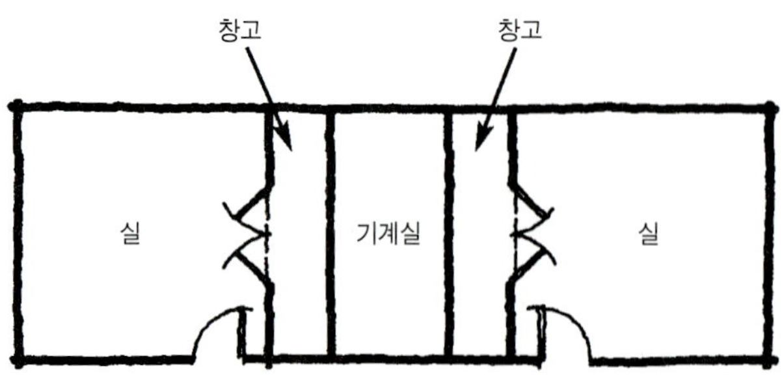

그림 6.12 소음이 심한 시설과 기계실은 소리를 완충하는 창고를 이용하여 아동의 사용 공간과 분리시킨다.

10) 창 고*

설계팀은 몇 개의 창고를 보육실, 교사실, 교재실, 사무실, 기타실에 설치할 것인지를 결정해야 한다. 설계팀이 실 배치에서 이러한 문제를 상세하게 고려한다면, 프로그램과 교실 운영이 보다 정확하고 용이하게 될 것이다.

11) 위생설비*

기획설계 과정에서는 모든 위생설비를 철저히 조사하고 확인해야 한다. 고정된 배관은 눈에 드러나지 않으므로 비용을 들여 바람직한 위치에 두어야 한다.

12) 냉난방설비

냉난방설비 방식은 지형상의 위치 및 기후와 관련된다. 혹한의 기후에는 바닥 난방과 실내 공기를 따뜻하게 할 부가적인 시스템이 요구된다.

4. 개보수 계획안

개보수 건물에 위치한 보육시설은 시설의 특성에 따른 배치계획을 고려해야 한다.

1) 이동할 수 없는 벽이 있는 실

기존 건물을 개보수하여 보육시설을 설치할 때, 요구사항에 따라 보육시설 설치가 기존 건물에 적합하지 않을 수도 있다. 구조 벽이 없는 실은 크기의 요구를 수용할 수 있지만, 이동할 수 없는 벽이 있는 실은 필요한 크기보다 더 크거나 작아지게 된다. 그때에는 어떤 연령집단을 어떤 보육실에 배치할 것인가를 결정해야 한다. 일반적으로, 인원이 많은 연령 집단에게 큰 실을 주어 기존 실의 이용을 최대한 활용한다. 그러나 어떤 경우에는 영아가 유아보다 부수적인 필요공간이 더 커서, 일반적으로 유아보다 더 큰 실을 요구할 수 있다.

사례 개보수하기 위해 공사 중인 공간을 들여다보면, 여러 가지 제한요소로 인해 어떤 실은 다른 실보다 더 크게 만들어진다. 일반적으로 보육실은 아동 1인당 보육활동 면적 3.9m²/인에 보조면적을 더하며, 유아는 보육인원이 많고 영아에 비해 몸도 크고 활동적이어서 보다 규모가 큰 실이 필요하다고 생각할 수 있다. 그렇지만 설계팀은 유아보다 영아에게 보다 큰 실을 주도록 결정하였다. 이것은 영아 1인당 필요 면적이 크고, 수유 및 청결로 인한 가구 면적이 요구되며 영아가 바닥을 기기도 하기 때문이다. 한편 유아는 이동하여 다목적실을 사용할 수도 있고 걸어서 실외로 나갈 수도 있기 때문이다.

확인사항

개보수 시

1. 실의 크기에 적합하도록 어떤 벽이 제거될 수 있는가?
2. 천장의 높이는 어떠한가? 이것은 다른 크기의 실과 연령별 배치에 영향을 미치는가?
3. 공간 및 면적 사용에 있어서 어떤 연령별 집단을 어디에 두어야 최선인가?

2) 여러 개 소규모 실의 이용

27.9~37.2m^2 정도의 작은 공간은 소규모 집단에서 사용된다. 예를 들면 교사 한 명과 영아 네 명이 한 실을 사용하는 것은 두 가지 측면에서 바람직하지 않다.

- 한 명의 교사가 한 연령집단을 책임지는 것은 안전하지 않다. 이것은 교사가 한 명의 아동에게 집중해야 하거나 실을 잠깐 비워야 할 때 다른 아동들이 적절한 보육을 받을 수 없기 때문이다.
- 작은 공간에서는 연령별 발달에 따른 보육활동을 하기 어렵다. 공간이 좁아, 자동차놀이 등과 같은 활동이 어려워 발달에 필요한 요구를 수용하지 못하기 때문이다.

여러 개의 작은 공간이 있는 곳은 우선 큰 공간을 만들 수 있도록 벽을 제거할 수 있는지 모색을 한다. 그래서 보통의 집단 규모와 교사 대 아동수가 적합하도록 한다. 이것이 어렵다면 작은 인접실 사이에 문과 창을 두어 교사가 지속적으로 아동을 감독하고 소통할 수 있도록 계획한다(그림 6.13). 다음에는 아동이 그 작은 실을 서로 다른 용도로 이동하면서 사용할 수 있도록 계획한다. 하나는 대근육 놀이 등의 활동적인 장소로, 다른 하나는 미술 등 조용한 활동 장소로 구분하여 사용한다. 이러한 배치는 아동에게 다양한 활동을 경험할 수 있도록 한다. 작은 실을 사용할 때에는 시간을 정해서 사용하거나 한꺼번에 실을 바꾸어 사용하지 않도록, 교사는 각 실에 따라 계획을 세워 아동이 자유로이 움직일 수 있도록 한다. 여러 개의 작은 실은 이동할 수 있고, 규칙을 지킬 수 있는 아동에게 적합하다. 영아는 이리저리 돌아다니고, 항상 감독을 받아야 하므로 부적합하다.

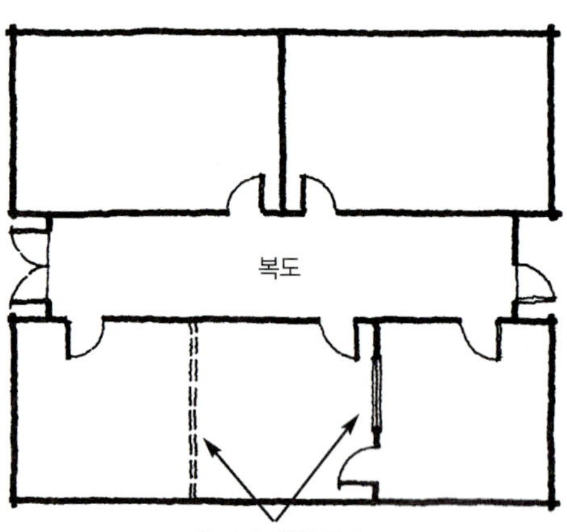

그림 6.13 개조 시 인접한 실 사이의 벽을 없애거나 문과 창을 설치한다.

3) 단일 대형 실

여러 집단을 수용할 수 있는 대형 실(144.0~185.8m²)이 있으면 설계팀은 이 집단을 동일연령 또는 혼합연령으로, 즉 걸음마기 영아 두 개 반, 또는 걸음마기 영아 한 개 반과 영아 한 개 반 등으로 구성할지를 결정해야 한다. 혼합연령으로 구성하여 대형 실에 보육할 때에는 연령별로 분리하는 칸막이가 소리를 차단할 수 있는지 고려한다. 동일한 연령은 한 집단으로 묶는 것이 바람직하다.

기능적인 칸막이 벽

4) 규모 차이가 많은 실

기존 건물이 크기 차이가 많이 나는 실로 인접되어 있는 경우, 벽이 움직이지 않는다면 이러한 실은 사용 방법에 따라 문제가 생긴다.

사례 30명 정원의 보육시설은(3~5세 유아 두 개 집단) 입구에서 떨어진 한 개의 큰 실과 한 개의 작은 실로 이루어져 있고, 이 작은 실에는 큰 창문이 있고 자연 채광이 들어온다. 10~15명의 유아를 작은 실에 배치하는 것은 활동공간이 적기 때문에 바람직하지 않으며, 또한 큰 실에 배치하는 것도 자연 채광이 어렵기 때문에 바람직하지 못하다. 그래서 설계팀은 작은 실의 특성을 활용할 수 있는 기능을 고려하여 배치하기로 결정했다. 자연 채광이 가능하므로 미술활동 공간을 배치할 것인지, 소음이나 활동공간이 가능하므로 자전거 타는 놀이공간으로 할 것인지, 또는 독서나 탐구활동, 소집단활동을 위한 조용한 공간이 되어야 하는지가 우선 고려사항이 되었다. 심사숙고 끝에 아동의 행복한 생활을 최대한 고려하여 휴식할 수 있는 조용한 장소로 만들기로 하였다. 그리하여 그 실은 시설에서 가장 조용한 공간이 되었고, 장시간 잠을 자는 아동에게는 낮잠공간으로 제공되었다.

5. 우선순위의 필요성

이상적이라면 설계팀은 여기에 언급된 배치목표를 모두 만족시키는 것이 가능할 것이다. 그러나 현실에서는 불가능하므로 시설배치에 있어 우선순위를 두게 된다. 일반적으로 시설의 특징과 설계팀이 강조하고 싶은 가치를 근거로 하여 모든 변수를 고려하여야 한다. 설계팀은 이 단계에서 서로 양보하기 어려운 사항에 대해서는 교사와 아동의 보육활동에 미치는 영향을 고려하여 우선순위를 결정해야 한다.

6. 배치계획안 검토

여러 가지 배치계획안이 만들어지면 다음에는 평면계획으로 발전된다. 그런데 도면상 간결해 보이는 공간구성이 그 공간을 사용하는 사람에게는 분명하지 못하고 잘 이해되지 않을 수 있다. 특히 아동은 전체보다는 부분에 집중하므로 시설의 배치안에 대해 그 공간을 사용하는 사람의 동선을 중심으로 검토해야 한다.

실제 공간처럼 계획안을 검토하는 것은 불가능하므로 검토방법 중 하나로서 모형이나 모형 크기의 사람을 이용하는 것이 있다. 이것은 노트 6.3에 설명되어 있고, 왼쪽 그림에서 볼 수 있다.

건물 모형 크기에 맞추어 인물 모형을 축소하여 이리저리 움직여서 배치계획안을 검토한다.

노트 6.3 계획안의 검토 : 시각화

시설 모형 또는 평면도에 작은 인물 모형을 두고 그 공간에 자신이 서 있는 것처럼 상상한다. 시설 전체를 걸어서 이동하는 것처럼 경험한다. 어떤 공간이 시각적으로 물리적으로 잘 연결되고 있는가? 어떤 공간이 서로 잘 연결되지 않는가? 걸어서 경험하면서 공간구조, 동선, 공적 공간에서 개인적 공간으로의 전이 등이 프로그램에서 요구한 설정과 부합하는가? 그렇지 않다면 무엇을 수정해야 하는가? 이러한 세심한 관찰이 바로 디자인가이드가 된다.

7. 여덟 가지 보육시설 계획안

여덟 가지 보육시설 계획안의 평면도가 그림 6.14~6.22까지 제시되어 있으며 주요 장점과 단점이 간단하게 설명되어 있다. 이러한 평면은 기존의 조건에 대응하여 발전시킨 것으로, 서로 다른 대지와 주위 환경에 따라 합리적이고 바람직한 해결방안을 제시하고자 한 것이다.

8. 필요공간의 특성

설계팀이 몇 개의 기본계획안을 확정하면 다음 단계는 필요공간 특히 보육실의 상세한 인테리어로 발전시킨다. 이 단계에서는 팀 구성원이 시설의 필요한 공간을 '장소성(spirit of place)' 의 특성이 표현되도록 나타내는 것이 바람직하다. 그러므로 각 공간을 시각화하고 아동과 종사자가 조용한 공간, 사교적인 공간, 모험적인 공간 등 그 공간에서 어떻게 느끼기를 바라는지를 서술한다. 예를 들면 주방은 기능적인 공간이어야 하며, 가정 같은 또는 학교 같은, 규모 있는 또는 펼쳐져 있는 등으로 서술한다. 우선적으로 각 필요공간의 특성을 정하는 것은 주요 실을 배치하고 가구, 마감재 및 상세한 부분을 결정하는 데 도움이 된다.

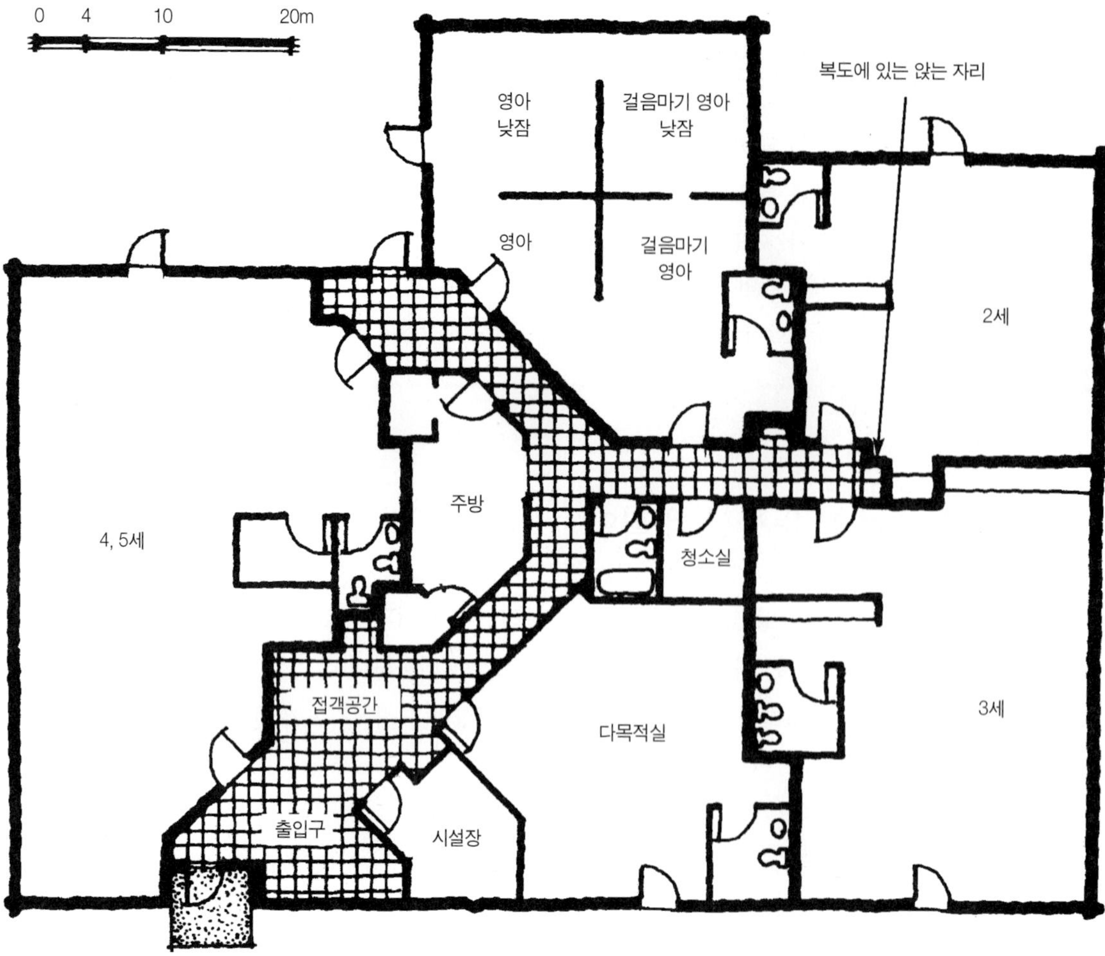

그림 6.14 작은 슈퍼마켓과 인접한 주택을 개조하여 다섯 개의 실이 있는 보육시설로 변경하는 데 방사형 동선 평면이 사용되었다.

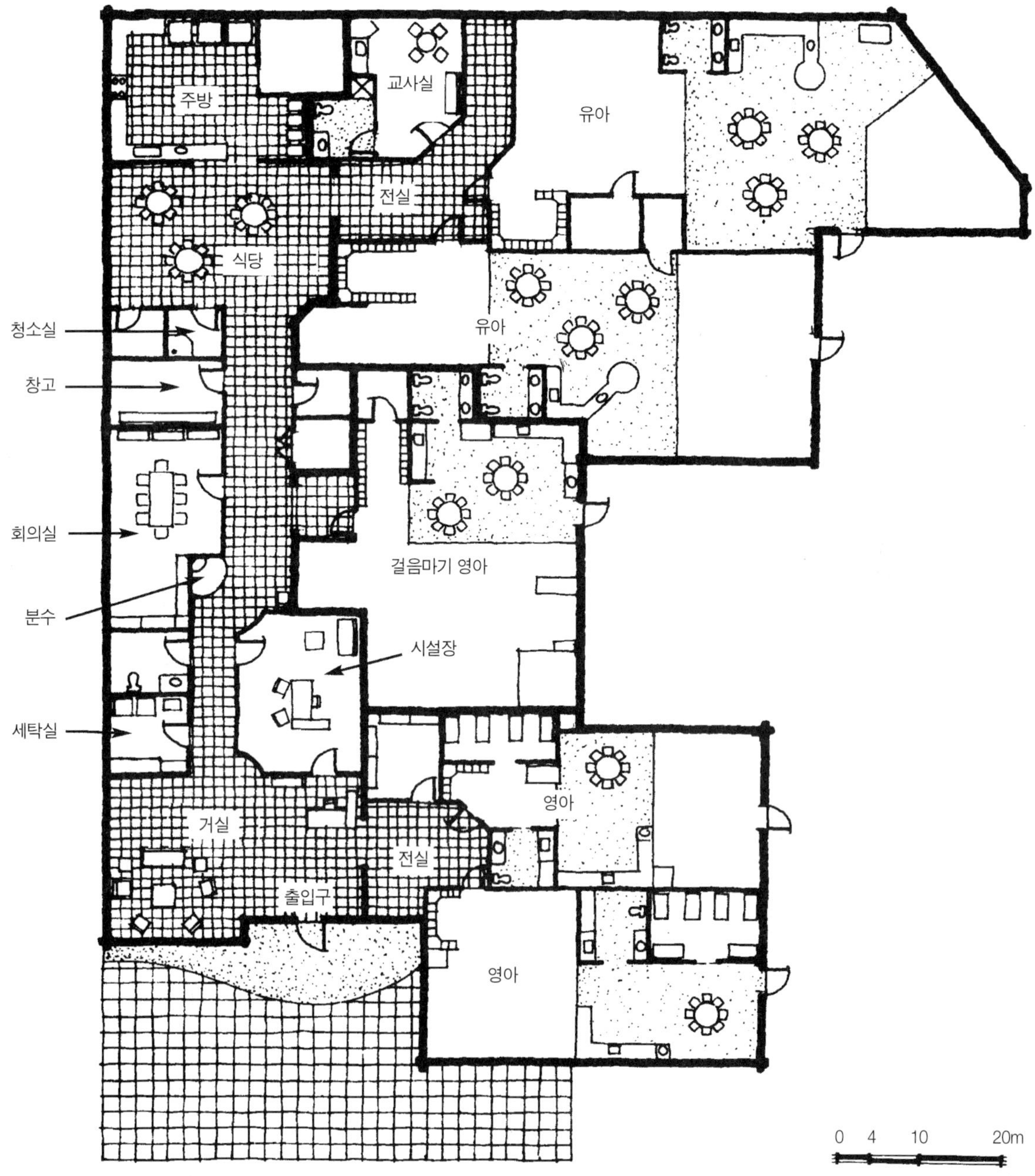

그림 6.15 이 시설에서는 모든 보육실에 자연 채광과 실외 놀이공간을 두기 위해서, 안쪽으로는 사회보장국 사무실과 인접하고 바깥쪽으로는 실외와 연결되었다. 그리고 주택 형식의 공용 공간, 예를 들면 영아와 유아 집단을 구분하는 전실, 복도의 느낌을 없애는 분수 및 천장 처리 등이 있는 것이 특징이다.

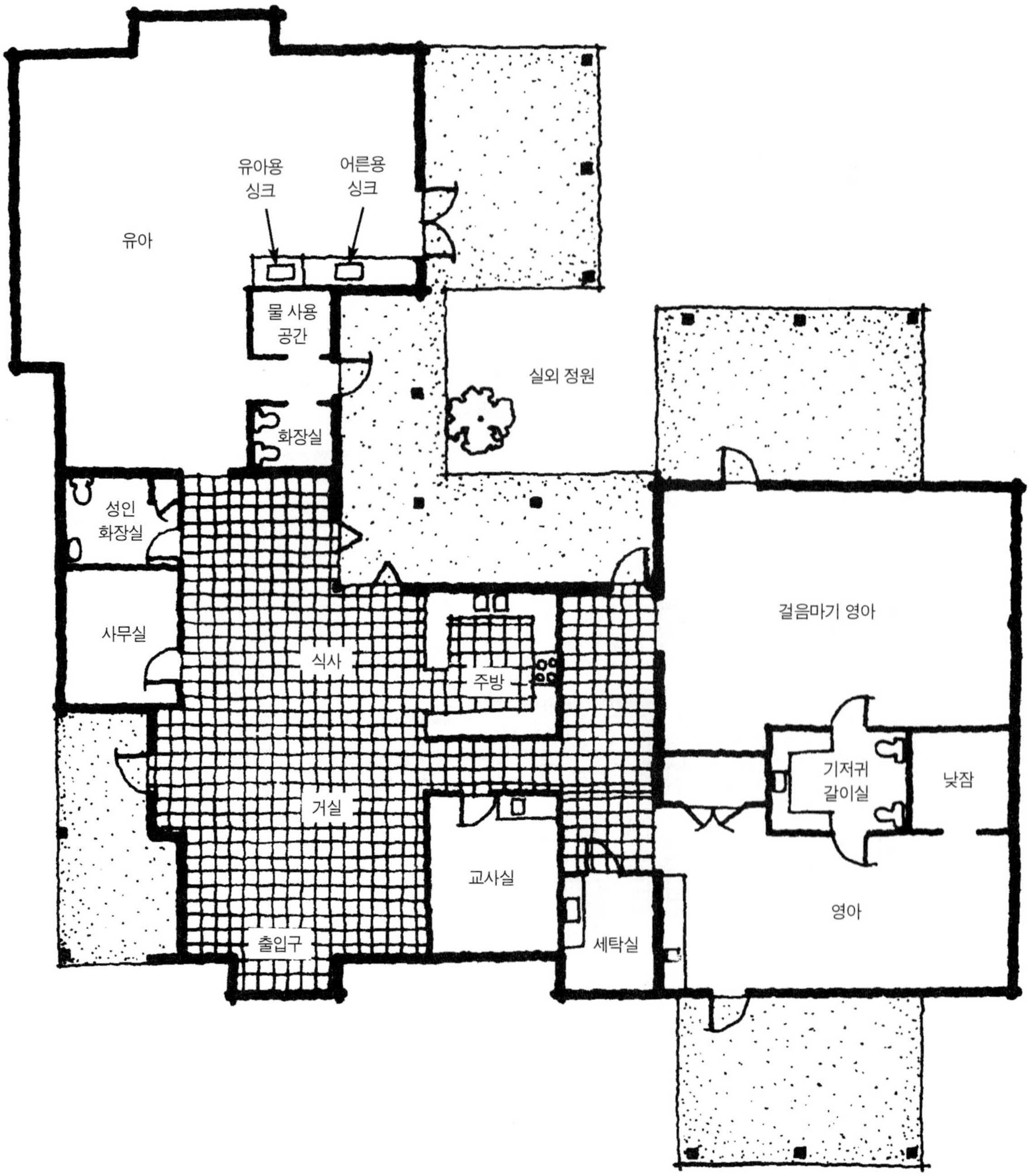

그림 6.16 주택 형식의 공용 공간은 L자형 평면이 특징이다. 그리고 온화한 기후에는 식사와 놀이를 할 수 있는 실외 정원을 두고 보육실이 둘러싸여 있다.

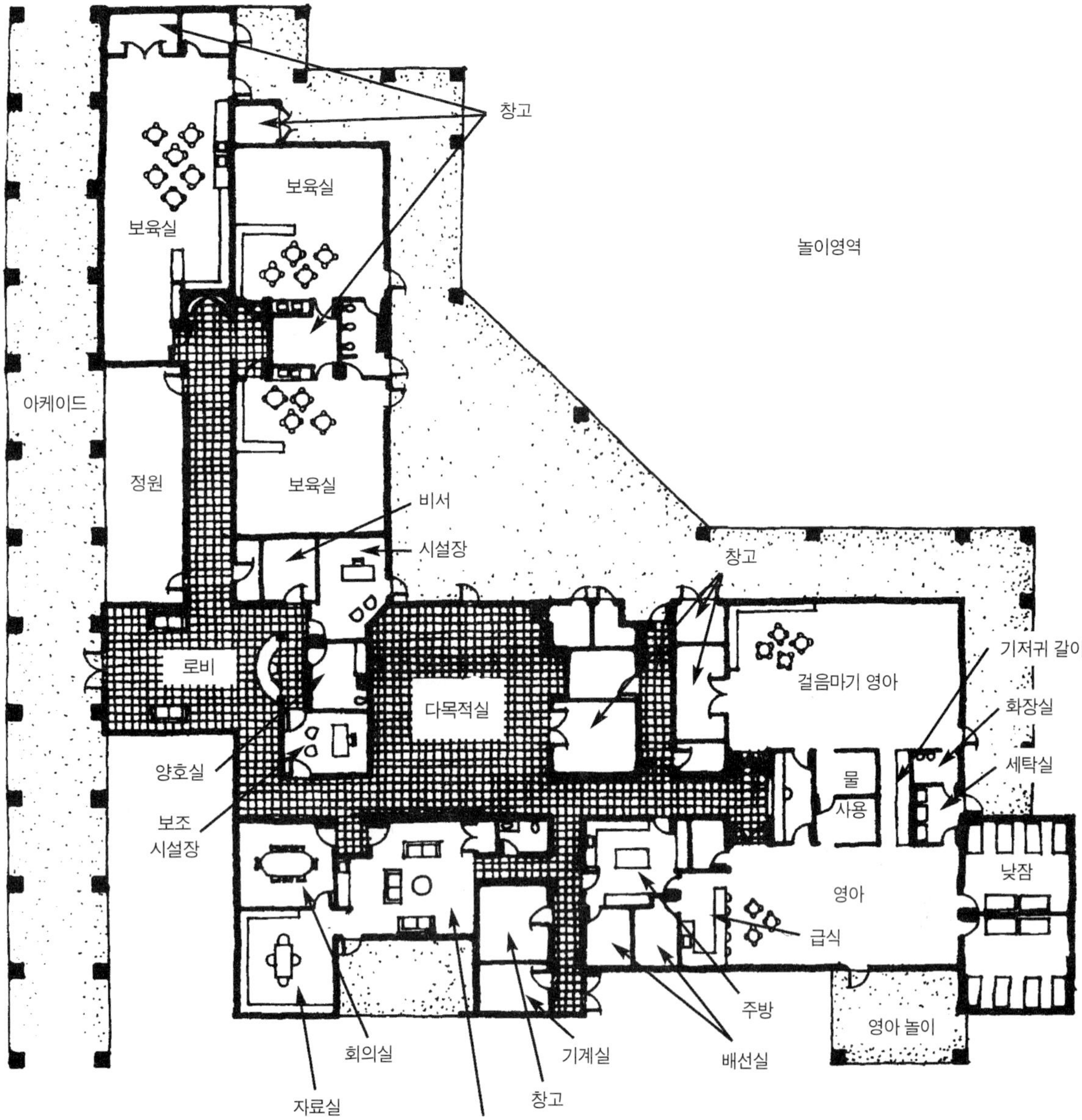

그림 6.17 L자형 중복도 평면도에서는 증축된 보육실 둘레를 지붕이 덮인 정원과 뜰로 감싸고 있다. 중심부에 교사 및 관리공간, 다목적실을 배치하고, 한쪽에 영아실을, 다른 쪽에 유아실을 두고 있다.

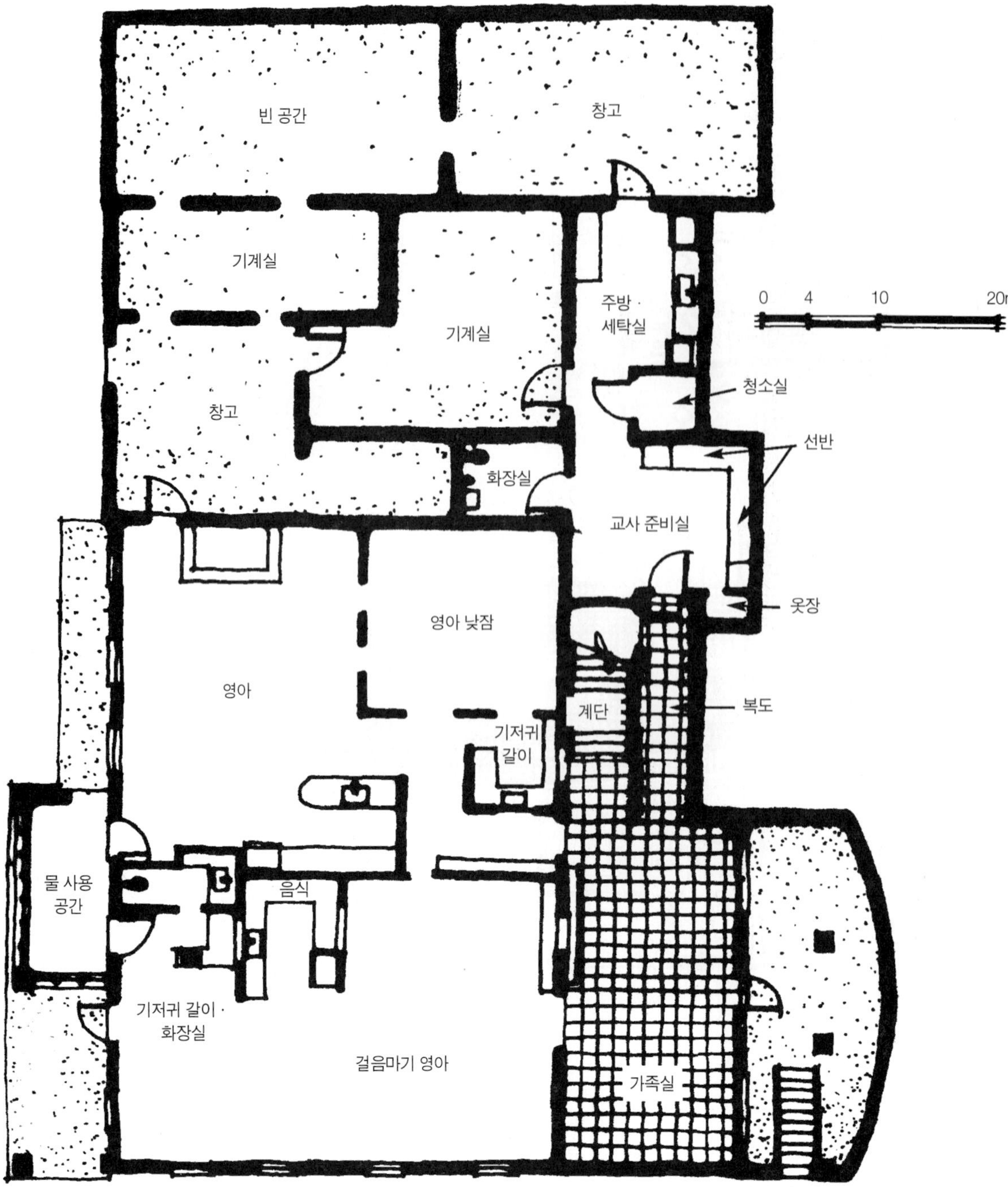

그림 6.18 지하층. 교회시설 중 일부 지하층과 1층을 개조하여 보육시설을 설치하였다. 특히 지하층에 있는 영아에게 실외 공간을 주기 위해 땅을 파고, 1층 건물 출입구를 재배치하였다. 특징으로는 층마다 가족실을 두었고, 음악 · 신체활동 공간, 영아들이 공유하는 유리로 둘러싼 물놀이 공간 등이 있다.

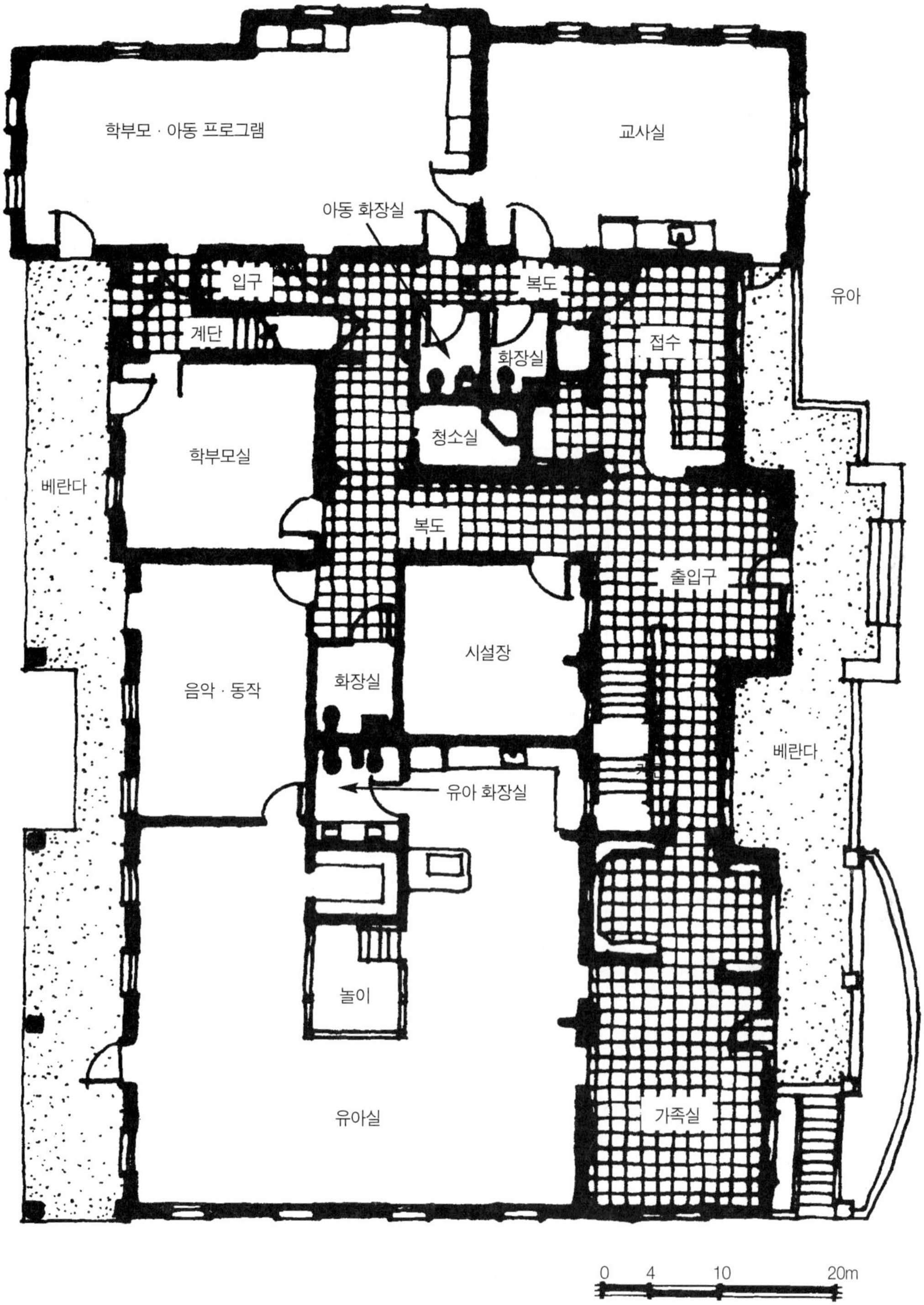
학부모 · 아동 프로그램
교사실
아동 화장실
입구
복도
유아
계단
접수
화장실
청소실
학부모실
베란다
복도
출입구
시설장
화장실
음악 · 동작
베란다
유아 화장실
놀이
유아실
가족실
0
4
10
20m

그림 6.19 1층, 출입구

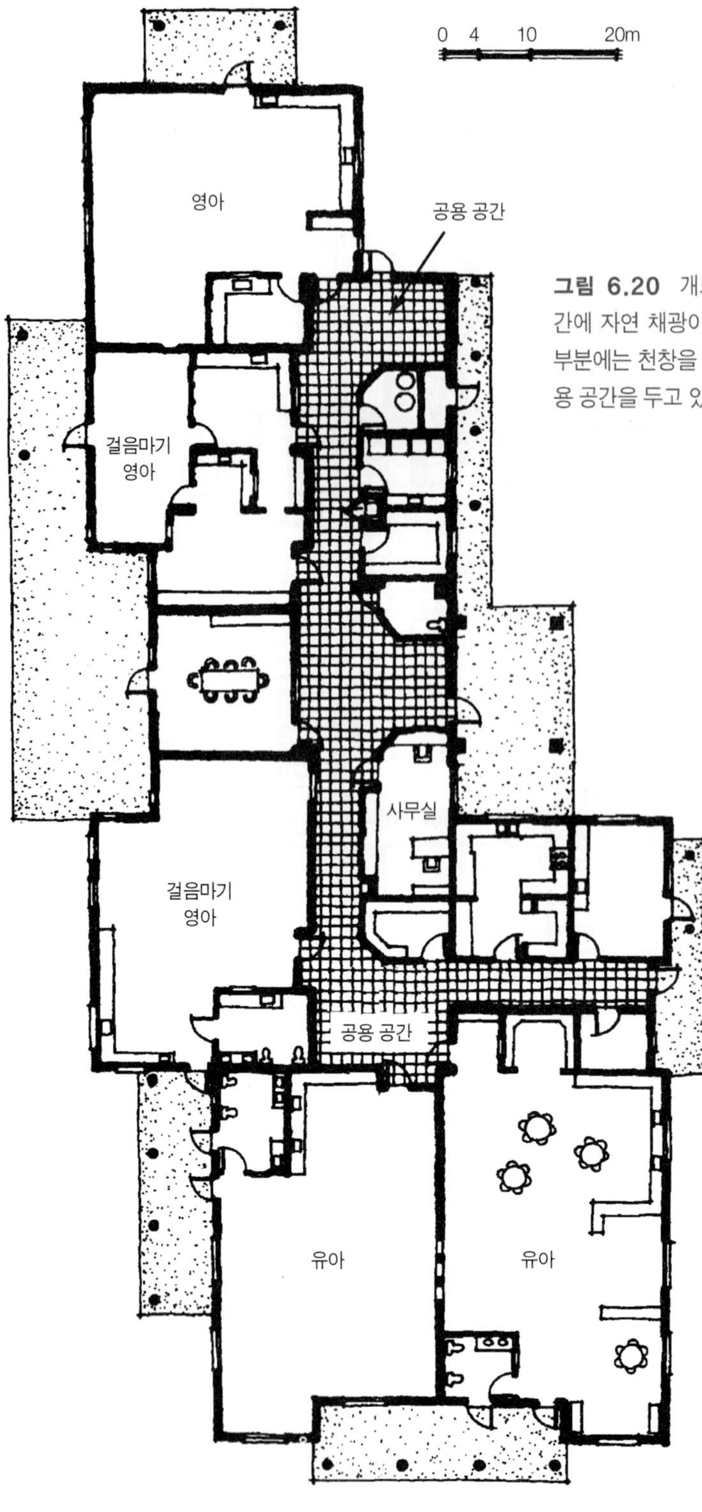

그림 6.20 개조한 중복도 평면에서는 모든 공간에 자연 채광이 들어오며, 보육실 별로 어두운 부분에는 천창을 두고, 건물 양 끝 중앙에 작은 공용 공간을 두고 있다.

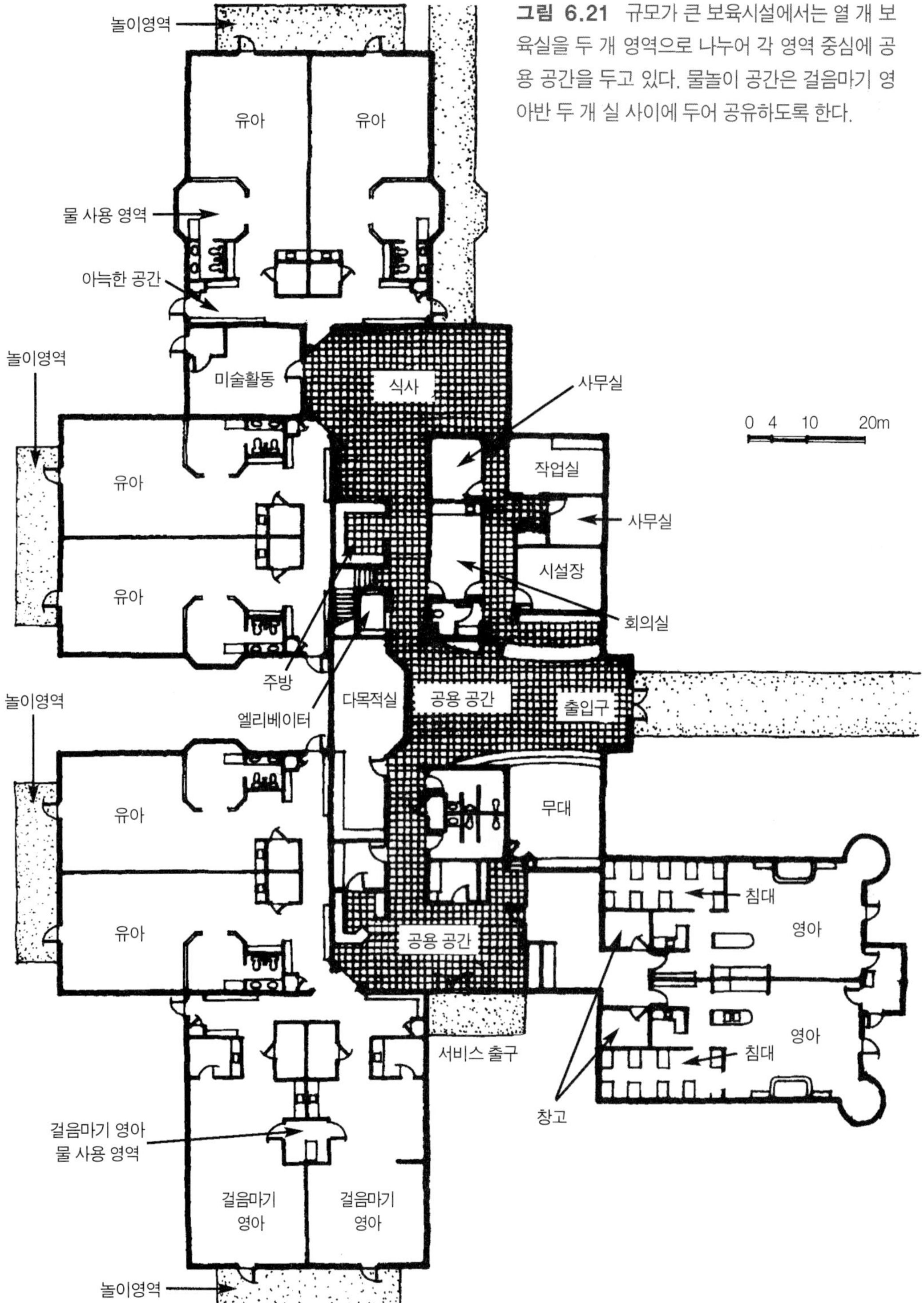

그림 6.21 규모가 큰 보육시설에서는 열 개 보육실을 두 개 영역으로 나누어 각 영역 중심에 공용 공간을 두고 있다. 물놀이 공간은 걸음마기 영아반 두 개 실 사이에 두어 공유하도록 한다.

그림 6.22 조립식으로 세워진 보육시설에서는 영아를 유아와 분리하고, 교사 및 사무공간을 2층에 두어 한정된 대지에 적합하게 한다.

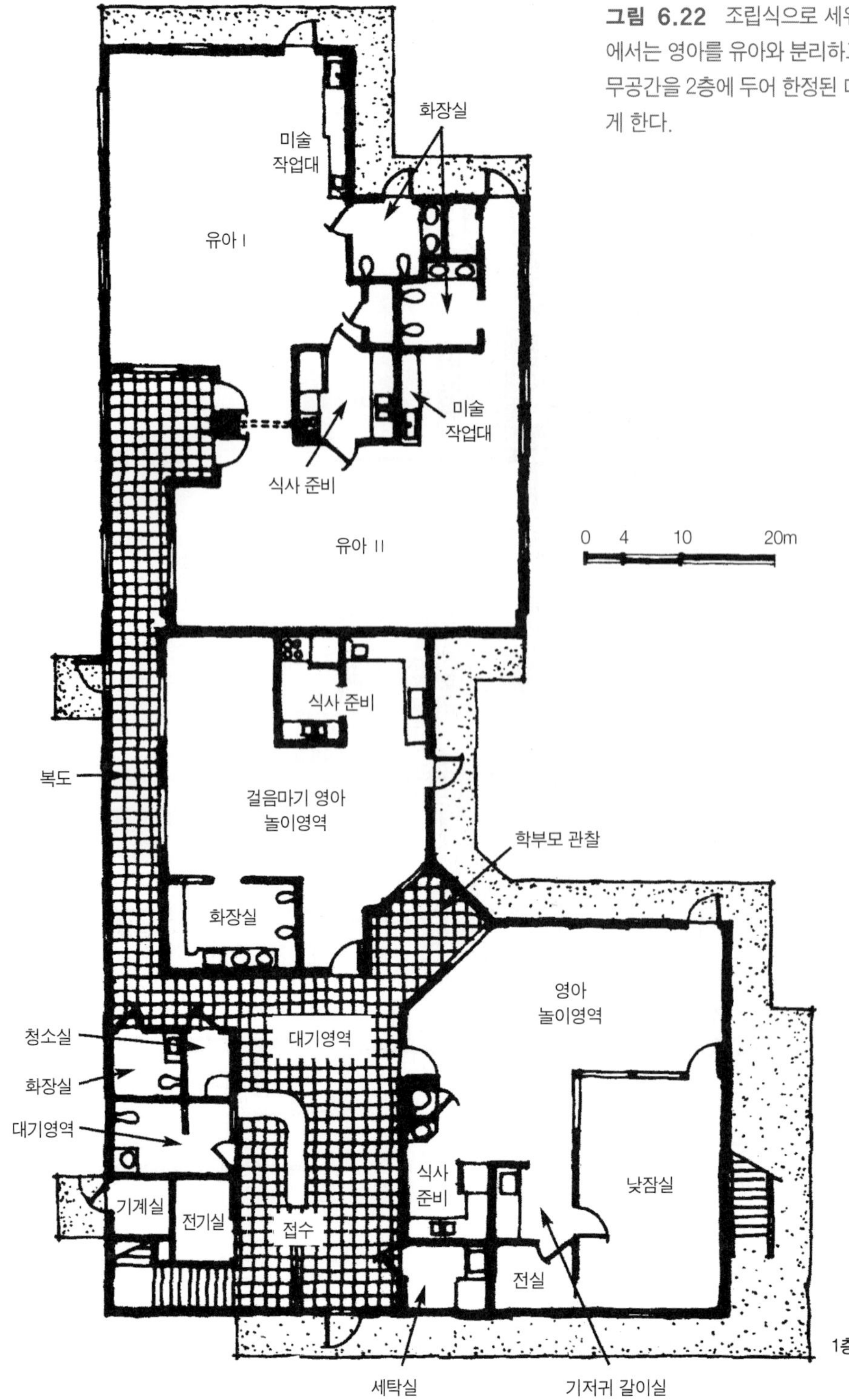

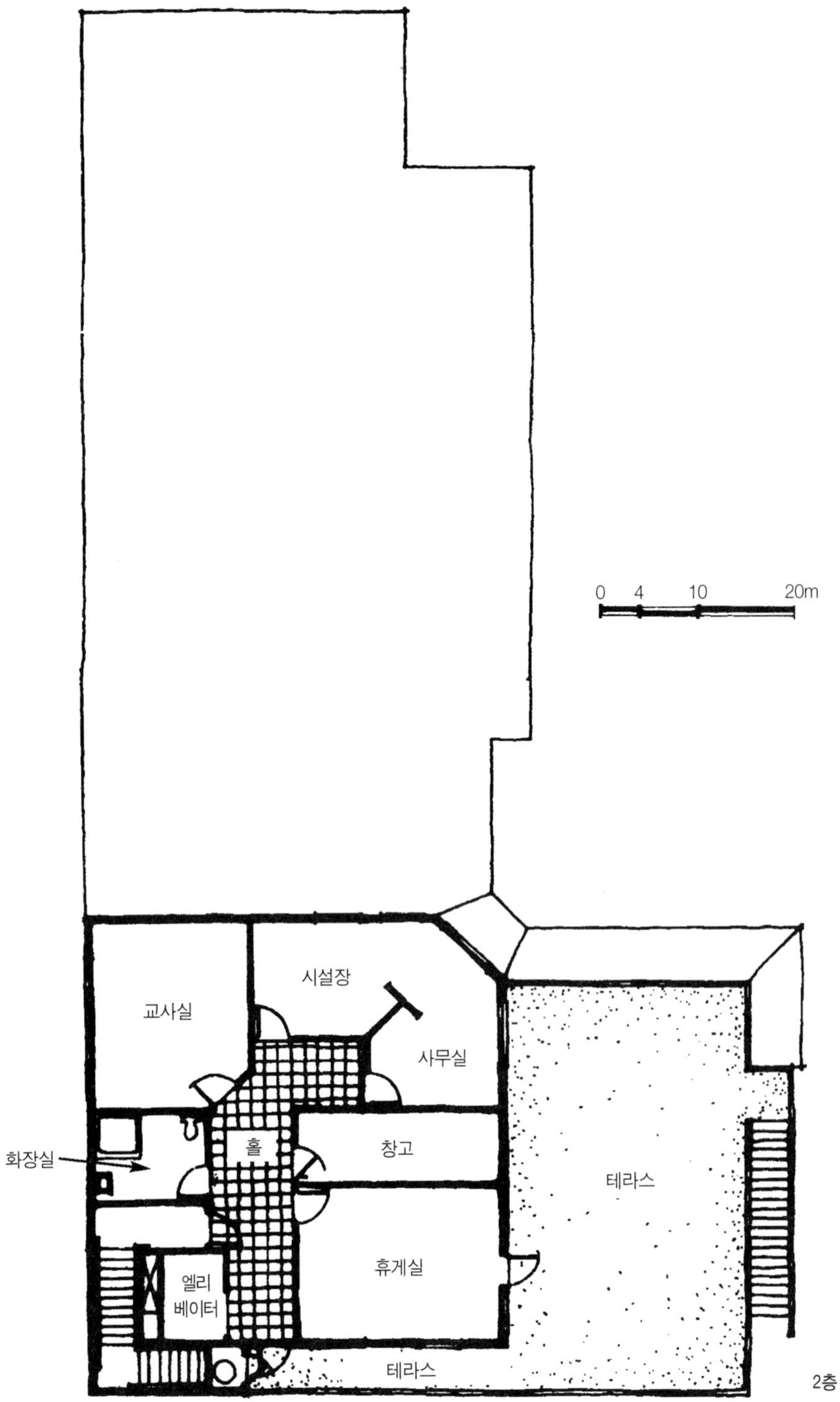
0 4 10 20m
시설장
교사실
사무실
화장실
홀
창고
테라스
휴게실
엘리
베이터
테라스
2층

제7장

보육실 영역 구성

No building ever feels right to the people in it unless the physical spaces(defined by columns, walls, and ceilings) are congruent with the social spaces(defined by activity and human groups).

— *Christopher Alexander*

1. 기능적 요구 파악

보육실을 설계하는 첫 단계는 그 보육실에서 어떤 활동을 주로 하는가를 결정하는 것이다. 보육실에서는 다양하고 복합적인 행동이 일어난다. 그러므로 발달적이고 교육적인 활동을 목록으로 정확하게 작성한 후 설계를 시작한다. 보육실의 기능은 활동(먹고, 자고, 기고, 껴안고, 읽고, 그리는 일), 가구(냉장고, 의자, 침구, 옷장)와 이러한 기능을 지원하는 조명과 방음시설 등이 있다. 보육실의 기능은 아동이 요구하는 것과 보육교사가 요구하는 것을 모두 반영해야 한다.

표 7.1에서는 연령별 기능을 돌보기, 활동적 놀이, 조용한 놀이, 메시놀이[1] 네 개 범주로 구성하여 제시한 것이다. 그 중에서 활동적 놀이, 조용한 놀이, 메시놀이는 신체영역과 관련이 있고, 돌보기는 전체에 걸쳐 일어난다.

1) 메시놀이(messy play) : 물놀이, 모래놀이, 찰흙놀이, 물감놀이와 같이 마음껏 어지럽히고 지저분하게 할 수 있는 놀이

표 7.1 연령별 기능

영 아			
돌보기	활동적 놀이	조용한 놀이	메시놀이
• 기저귀 갈이 : 기저귀와 의복 수납 • 잠자기(1침구/1인) • 조리 · 식사 준비 • 수유, 분유조제 • 영아 개인 수납장 • 부모 확인란 및 게시판 • 성인과의 신체 접촉 : 안아 주기, 업어 주기 • 아기 마사지 • 자료정리 및 창고 • 전이활동 공간 • 개인적 공간	• 흔들기(rocking) • 그네타기 • 기기 • 위로 구르기(bouncing) • 손잡고 서기 • 태워 주기 • 음악 듣고 움직이기	• 읽기 • 듣기 • 손 조작활동 • 인형, 동물, 바퀴 달린 장남감 • 활동, 빛, 자연을 응시하기	• 물 • 모래 • 물감

걸음마기 영아			
돌보기	활동적 놀이	조용한 놀이	메시놀이
• 기저귀 갈이 및 대소변 보기 • 기저귀 장 • 낮잠(1침구/1인) • 조리 · 식사 준비 • 먹이기, 먹기 • 부모 확인란 및 게시판 • 영아 개인 수납장 • 종사자 개인 수납장 • 성인과의 신체 접촉 : 안아 주기, 업어 주기 • 마사지 • 수납창고 • 전이활동 공간 • 개인적 공간	• 흔들기 • 그네 타기 • 기기 • 위로 구르기 • 손잡고 서기 • 걸음마하기 • 돌기 • 털석 앉기/구르기 • 균형 잡기 • 미끄럼 타기 • 달리기 • 밀고 당기는 놀이 • 바퀴 달린 자동차 타기 • 음악 듣고 움직이기 • 두들기기	• 읽기 • 듣기 • 손 조작활동 • 인형, 동물, 바퀴 달린 장남감 • 활동, 빛, 자연을 응시하기 • 간단한 퍼즐 맞추기 • 가벼운 블록 쌓기	• 물 • 모래 • 물감 : 손가락 및 이젤 • 색칠하기 • 찰흙놀이 • 찢어 붙이기

유 아			
돌보기	활동적 놀이	조용한 놀이	메시놀이
• 대소변 보기 • 유아 개인 수납장 • 교사 개인 수납장 • 부모 확인란 및 게시판 • 낮잠(1침구/1인) • 조리 · 식사 준비 • 성인과의 신체 접촉 : 안아 주기, 신체놀이 • 수납창고 • 대집단활동 공간 • 개인적 공간	• 오르기 • 기기 • 그네 타기 • 미끄럼 타기 • 균형 잡기 • 음률활동 • 가게놀이 • 인형극놀이 • 역할 옷 입기 • 소꿉놀이 • 주제가 있는 극놀이 • 블록 • 모형 놀잇감	• 읽기 • 듣기 • 손 조작활동 • 작은 블록 쌓기 • 쓰기 • 수학 · 과학	• 물 • 모래 • 찰흙 • 물감 • 오려 붙이기 • 요리하기 • 나무로 만들기 • 과학 · 동물 · 자연 탐구

2. 고정시설

보육실의 기능이 정해지면 그 기능을 만족시키도록 공간을 설계해야 한다. 벽, 문, 바닥, 천장, 창문, 조명, 비상구, 냉난방설비, 싱크, 욕실과 같은 고정시설은 보육실의 형태를 결정하는 건축요소이다.

사례 그림 7.1 (A)의 보육실의 경우 뒤쪽에 있는 작은 방의 문이 보육실 출입구와 일직선상에 있어 다음과 같은 문제가 발생할 수 있다.

- 길고 좁은 통로공간이 생겨 아동이 이곳에서 달리기를 한다.
- 통로공간의 왼쪽 부분과 같이 너무 좁아 쓸모없는 공간이 생긴다.
- ㄷ자 형태의 벽은 그 공간이 보육활동에 맞지 않게 구성되어 모퉁이를 유용하게 사용할 수 없다.

그림 7.1 (B)와 같이 작은 방의 문 위치를 벽 중간으로 옮기면 이런 문제가 줄며, 그 공간에 필요한 기능에 따라 적합하게 조절할 수 있다.

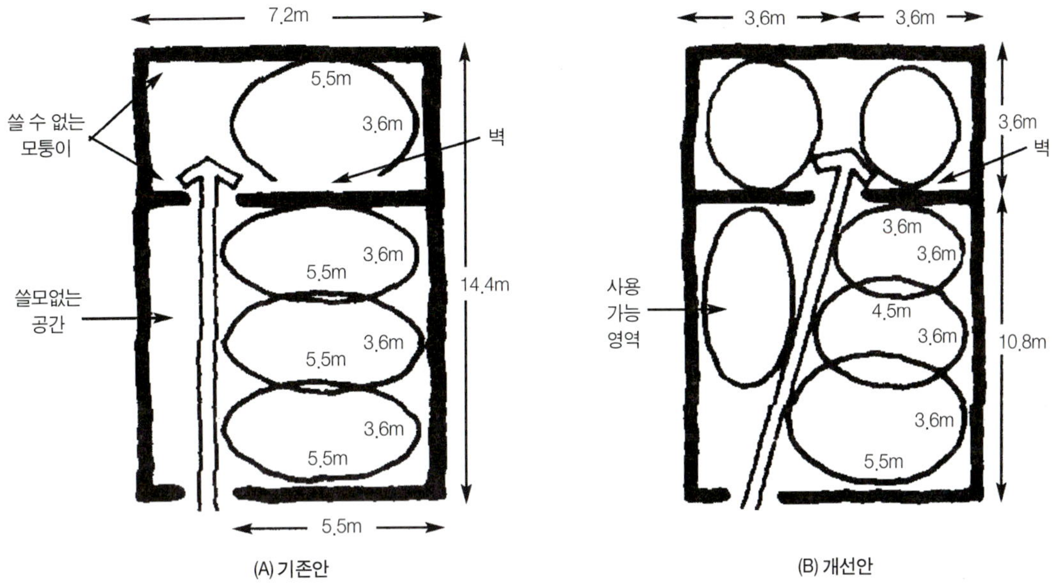

그림 7.1 기존안과 개선안

보육실의 고정시설은 보육실에 들어오는 햇빛의 방향(sun orientation)과 실외 공간과의 연계에 영향을 준다. 보육실을 만들 때 평면에 햇빛의 방향을 그려서 가장 바람직한 위치에 창문을 배치한다. 이 보육실과 가장 인접한 실외 공간을 표시하여 버블 다이어그램을 그리고, 보육실 내외가 연결되어야 할 곳에 화살표를 그린다.

고정시설은 다음 두 가지 측면에서 매우 중요한 역할을 한다. 첫째, 고정시설은 사용자에게 의미를 전달하고, 공간 지각에 영향을 미친다. 둘째로, 고정시설은 공간을 구성하는 가장 중요한 두 요소인 통로와 활동공간의 배치에 영향을 미친다.

노트 7.1 보육실 고정시설의 의미

먼저 빈 공간을 걸어 다니거나 도면 위 또는 모형 안에 자신이 있다고 상상해 보라. 공간이 시간과 일조에 따라 어떻게 느껴질지 고려하라. 공간의 특성이 드러나도록 하고, 문이나 모퉁이 위치를 확인하라. 어디가 앉아서 먹고, 그림을 그리고, 퍼즐을 맞추고, 책을 읽기에 좋은 곳인지 확인하라.

3. 구역과 영역

효율적으로 공간을 사용하기 위해서는 보육실 내에 활동공간을 구분할 필요가 있다. 보육실을 설계할 때 먼저 물 사용 구역과 건조구역의 두 개 구역으로 나누고, 다음으로 그 안에 입구, 메시영역, 활동적 영역, 조용한 영역의 네 개의 영역이 구성되도록 고정시설을 배치한다.

1) 구역이란 무엇인가?

보육실에는 물을 사용하는 물 사용 구역과 물을 사용하지 않는 건조구역의 두 개 구역으로 구분할 수 있다. 물 사용 구역은 물이나 모래, 물감, 찰흙을 사용하는 활동을 하는 곳으로 쉽게 닦을 수 있는 바닥 마감재로 마감되어야 한다. 물 사용 구역을 결정하는 데 가장 중요한 요소는 싱크의 위치이다. 물 사용 구역은 보육실의 절반 정도를 차지하며, 나머지 절반은 물을 사용하지 않는 건조구역으로 보통 카펫으로 마감한다.

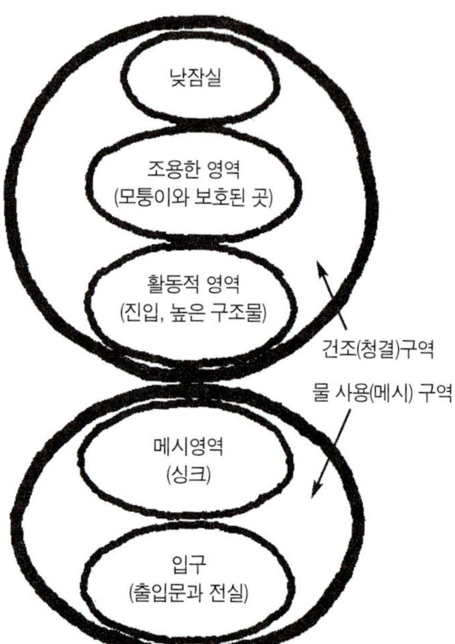

그림 7.2 보육실의 물 사용 구역은 입구 및 메시영역으로 구성되고, 건조구역은 활동적 영역과 조용한 영역으로 구성된다. 그리고 다섯 번째 영역으로 영아들을 위한 낮잠영역을 둘 수 있다.

2) 영역이란 무엇인가?

두 구역 안에는 일반적으로 입구, 메시영역, 활동적 영역, 조용한 영역의 네 개 영역으로 구분된다. 물 사용 구역은 입구와 메시영역을 포함하고, 물을 사용하지 않는 건조구역은 조용한 영역과 활동적 영역을 포함한다(그림 7.2).

이동이 많고 다양한 활동이 일어나는 입구 및 메시영역은 서로 가까이 배치하는 것이 바람직하다. 동시에 조용한 영역을 입구 및 메시영역과 분리하여 배치하는 것이 중요하다. 조용한 활동은 주로 바닥에서 일어나므로 카펫으로 마감하는 것이 적합하다. 카펫은 아동이 놀이기구 아래로 떨어질 경우 충격을 완화시켜 주기도 한다.

3) 다섯 번째 영역 : 영아 낮잠

영아 보육실에는 잠을 자는 영역이 부가적으로 필요하다.

이 영역은 따로 구분이 되거나, 시끄럽고 활동적인 공간에서 멀리 떨어져 조용한 영역 가까이에 배치한다. 자연 채광을 최소한으로 받는 보육실의 일부가 가장 적합하다.

4. 네 개 영역에서 일어나는 활동

1) 입 구

- 부모 또는 방문객이 인사를 나누는 곳
- 겉옷과 신발을 입고 벗거나, 실내외 활동이 구분되는 곳
- 실외로 직접 진입하는 곳

2) 메시영역

메시영역에는 이젤, 목공놀이용 벤치, 물, 모래, 찰흙놀이 책상, 의자 등이 필요하고, 싱크로 이동이 쉽게 이동할 수 있도록 여유공간을 충분히 두어야 한다. 메시영역이 실외 놀이공간과 연결되면 더욱 바람직하다.

3) 활동적 영역

보육실의 코너, 입구와 메시영역 외의 나머지 공간은 아동의 움직임이 많고, 오르내리는 활동, 극놀이 활동에 적합하다.

4) 조용한 영역

조용한 영역에는 작은 블록, 레고 블록, 조작놀잇감과 같이 아동 혼자서 놀 수 있는 작은 놀잇감이 있고, 퍼즐, 책, 게임과 같은 구조화된 놀잇감이 있다. 이러한 교구는 주로 바닥에서 사용하므로 통로공간에서 떨어진 곳에 둔다.

5. 물 사용 구역 및 건조구역 만들기

보육실의 구성과 고정시설의 배치가 적합하지 않을 경우 다음과 같은 문제가 발생한다.

- 보육실의 출입문이 너무 많은 경우
- 보육실 코너에 싱크를 두어 조용한 영역을 방해하는 경우
- 보육실 코너에 문을 두어 아늑한 공간이 없어지는 경우
- 문, 수납장, 창문을 설치하여 빈 벽 공간이 없어지는 경우
- 보육실 입구에 전이공간이 없어서 수납장 및 입구에서의 활동이 보육실 내에서 일어나는 경우
- 실외 놀이터로 직접 나가는 문이 없거나, 실외 놀이터로 나가는 곳에 있는 전이공간에 처마(지붕)를 설치하지 않은 경우

이러한 문제는 물 사용 구역과 건조구역, 그리고 네 개의 활동영역을 만들어 해결할 수 있다. 입구 및 메시영역에서 활동적 영역, 조용한 영역 순으로 배치하는 것은 공적인 공간에서 개인적인 공간으로의 이동을 의미한다. 이러한 사실은 모든 보육실 배치에도 적용이 된다.

6. 물 사용 구역 : 개방된 공간

아늑한 공간을 만들기 위해서는 개방된 공간을 가능한 최소화시키고 물 사용 구역 안으로 모아 놓는다.

1) 입구 및 메시영역

보육실의 출입문을 통해 복도, 비상구, 실외 놀이터, 다른 보육실, 수납창고로 들어가게 된다. 그림 7.3에서는 보육실 문을 잘 배치한 경우와 그렇지 못한 경우를 보여 주고 있다.

2) 주요 동선

보육실에는 복도로 나가는 출입문과 실외 놀이터로 나가는 문만 있는 것이 가장 좋다(그림

그림 7.3 (A) 문이 많으면 아늑한 공간이 없어진다. (B) 보육실 안의 수납공간을 다시 만들고 문과 싱크를 재배치하여 건조구역을 확보한다. 다만, 비상구는 재배치할 수 없다.

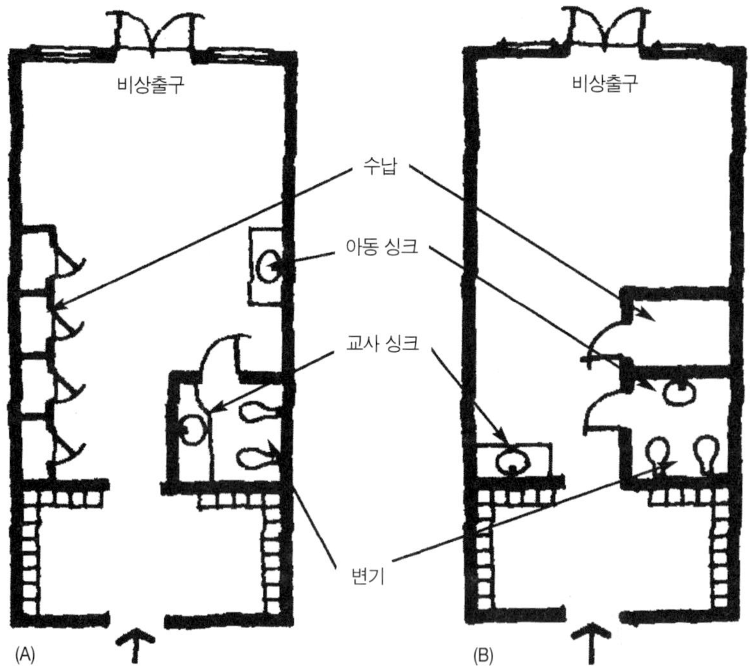

7.4). 두 개의 출입문 중심으로 주요 동선이 확보되면 사람들이 이동하면서 생기는 혼잡스러움이 최소화된다. 불필요한 문은 없애고, 사람의 움직임으로 조용한 영역을 방해하지 않도록 재조정한다(그림 7.5).

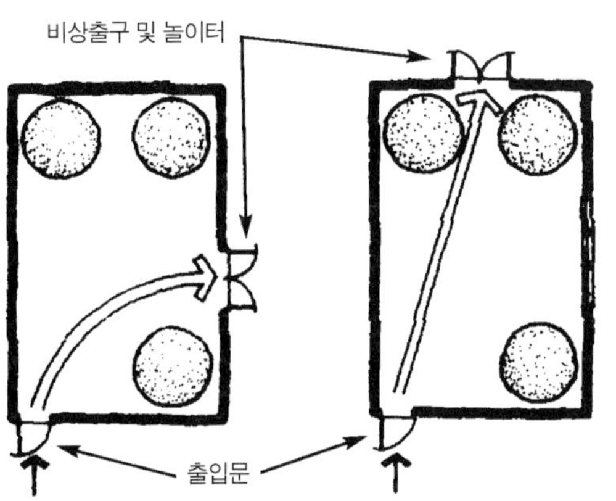

그림 7.4 보육실의 주요 동선은 출입문과 비상구, 실외 놀이터 출입문 사이에 만든다.

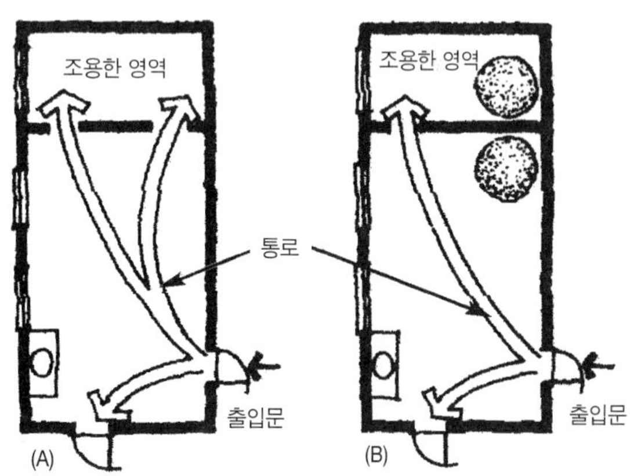

그림 7.5 (A) 조용한 영역으로 들어가는 문이 두 개가 있어 조용한 놀이를 방해한다. (B) 한 개의 문을 제거하여 아늑한 공간 두 곳을 만들었다.

3) 싱크

싱크는 메시영역을 규정하고, 싱크 위치와 주변 공간은 다음 영향을 준다.

- 보육실의 동선
- 조용한 활동을 위한 코너와 아늑한 공간을 격리하는 기능
- 사람들의 물 사용과 청소가 용이
- 교사가 싱크에서 작업할 때 교실 전체 아동을 감독할 수 있도록 배치하기
- 보육실에서 할 수 있는 메시놀이의 수

그림 7.6은 싱크를 배치해야 할 곳과 배치해서는 안 되는 곳을 보여 준다.

각 보육실에는 성인과 아동의 키 높이에 맞는 두 개의 싱크를 두는 것이 가장 바람직하다. 즉, 하나는 교사용 싱크로 성인의 키 높이에 맞아야 하며, 길이는 1.8~3m이고 아래와 위에 수납공간이 있어야 한다. 다른 하나는 아동용 붙박이 물놀이대로 수도시설과 배수시설을 물놀이대 아래에 설치한다.

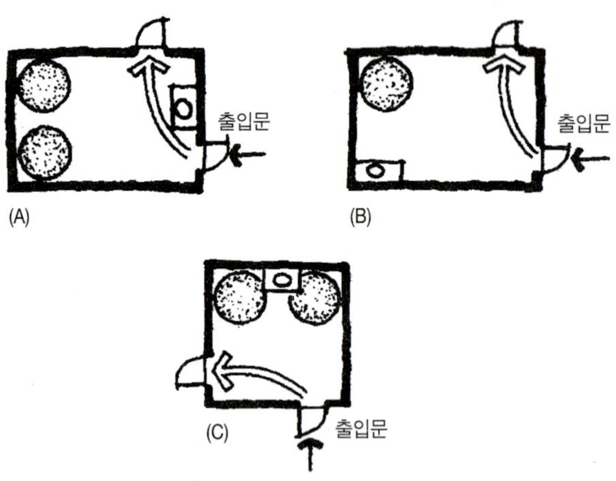

그림 7.6 (A) 좋음 : 주요 동선 가까이에 싱크를 배치하고 아늑한 공간에서 격리시켰다. (B) 나쁨 : 싱크를 입구에서 멀리 떨어진 아늑한 공간에 배치하였다. (C) 나쁨 : 싱크를 입구에서 멀리 떨어진 아늑한 공간에 배치하였다.

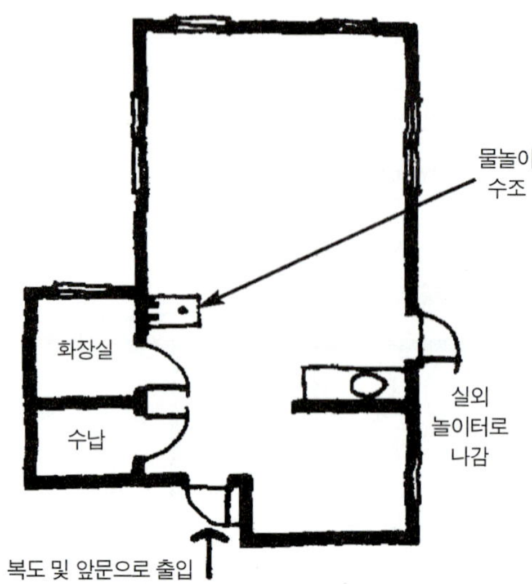

그림 7.7 붙박이(아동용) 물놀이대는 물놀이의 즐거움과 편리함을 증가시킨다.

4) 보육실의 모양, 출입문, 영역

버블 다이어그램은 보육실의 물 사용 구역과 건조구역의 공간 관계를 쉽게 표시할 수 있다. 이것은 이상적인 모양을 표시하기 때문에 보육실을 나타내고, 벽을 두고, 문을 두는 일들을 쉽게 달성할 수 있다.

대부분 보육실은 여러 가지 모양과 문제를 가지게 되므로 여러 대안의 장점과 단점을 파악하는 것이 도움이 될 것이다.

잘 짜여진 건물설계의 경우로서 보육실이 정사각형이 아닌 직사각형이라고 가정한다. 출입문이 직사각형의 짧은 벽에 있으면, 보육실의 방위가 길고 좁은 쪽으로 결정되고(그림 7.8), 출입문이 직사각형의 긴 벽에 있으면 보육실의 방위가 넓고 얕은 쪽으로(그림 7.9) 결정된다. 이러한 두 개의 배치는 이제까지 논의된 공간 구성의 원리이나, 이것은 두 가지 다른 방식으로 설계된 것이다.

그림 7.8에서 출입문은 보육실의 단변 벽 모퉁이에 위치한다. 문과 싱크는 물 사용 구역과 관련되어 있고, 보육실의 넓은 부분을 두고 있어 입구에서 떨어진 두 개의 공간이 있다. 메시 영역에서 실외 놀이터로 나가는 문이 있어, 특히 날씨가 좋을 때에는 보육실 내와 실외 간의 자유로운 활동이 가능하다. 험한 날씨에는 아동들이 비옷, 방한복, 장화 등을 신고 입구의 문

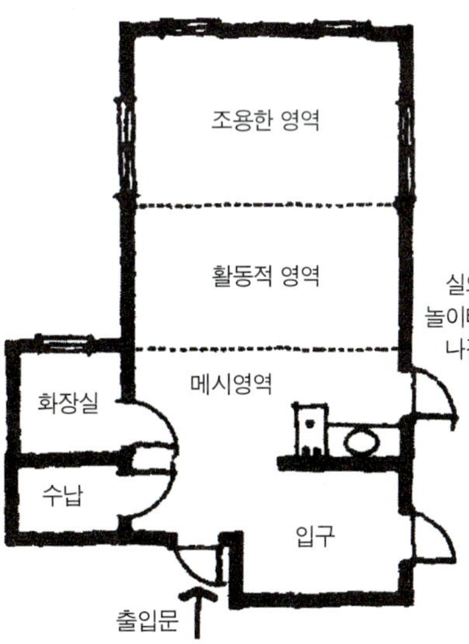

그림 7.8 단변 벽 코너에 출입문이 있는 직사각형의 보육실

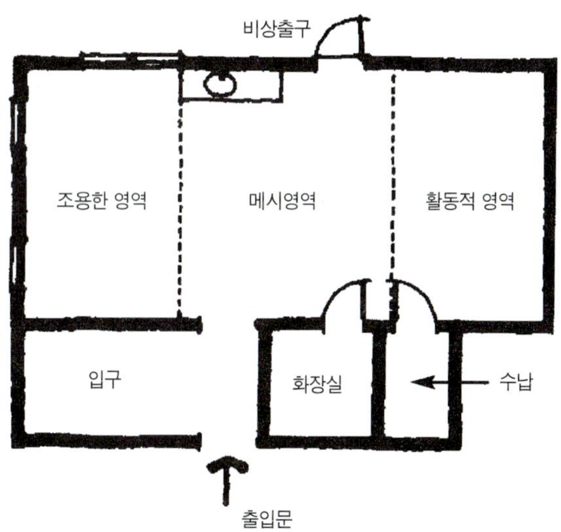

그림 7.9 장변 벽 중앙에 출입문과 비상출구가 있는 직사각형의 보육실

을 통해 보육실과 실외 놀이터를 드나들므로 먼지는 덜 생긴다. 이러한 배치의 단점은 활동적 영역과 조용한 영역이 서로 인접하고 있다는 것이다. 그렇지만 영역 내의 칸막이나 가구를 통해 분리될 수 있다.

그림 7.9에서 출입문은 보육실의 벽 중앙에 위치한다. 문과 싱크는 메시영역에 집중되어 있고 이를 활동적 영역과 조용한 영역 사이에 두어 보기 좋게 분리한다. 조용한 영역은 두 개 코너로 보호되어 바람직하며, 메시영역에서 실외 놀이터로 나가는 문이 있다. 보육실은 실외에서 진입하는 공간 끝에 위치하고 그림과 같이 입구 옆에 위치한다. 이 평면의 단점은 메시영역에 싱크, 카운터 상부 수납, 이젤 및 전시 등을 위한 벽면이 많지 않다는 것이다. 그리고 이것은 쉽게 보강할 수가 없다.

새로운 평면을 설계하거나 기존 평면을 평가할 때, 방의 모양, 건물과 실외 공간의 관계, 싱크의 위치와 관련된 출입문 위치 선정 시에 통로에서 떨어진 차단된 코너를 남겨 두도록 몰아주어야 한다. 또한 물 사용 및 건조구역을 분명하게 구분하도록 노력해야 한다.

5) 입구 및 메시영역을 햇볕이 드는 곳에 배치하기

아동들이 따뜻한 날씨에 많은 시간을 야외에서 보내 보육실 내외를 자유로이 이동할 수 있는 곳에서는 사물함이 있는 입구와 보육실 배치로 문제가 발생한다. 사물함과 보육실은 시설 복도에 접한 출입문에 가까워야 할까? 아니면 실외 놀이터에 가까워야 할까?

그림 7.10은 이 문제를 생각하는 두 가지 방법을 제시한다. 그림 7.10 (A)에서 사물함은 시설의 복도와 접한 입구에 가까이 두고 학부모가 오가고, 게시판을 읽으며, 아동의 짐을 두고 오후에 이것을 가져가는 곳이다. 그러나 보육실이나 싱크가 있는 메시영역은 실외 놀이터에 가까운 보육실의 반대편에 둔다. 이는 보육실과 실외 놀이터 사이에 통행이 가장 집중되므로 이러한 배치는 바람직하다.

그림 7.10 (B)에서 전체 입구와 메시영역이 실외 놀이터 끝에 위치하고 있다. 이러한 배치에서 학부모와 아동들은 건물 출입 로비와 복도를 통하기보다는 실외 놀이터를 통해 보육실에 진입한다. 이 경우 감독 및 안전 관리가 복잡한 큰 시설보다는 작은 시설에서 보다 바람직하다. 보육실은 폭이 7.9~8.5m 정도로 넓어야 시설 복도에서 보육실 내로 진입하면서 통로 양쪽의 활동을 방해하지 않는다. 학부모와 아동이 복도 쪽 출입문을 통해 들어온다 하더라도 입구 및 메시영역은 한 곳에 몰려 있어야 이용이 잘 되는 것이다.

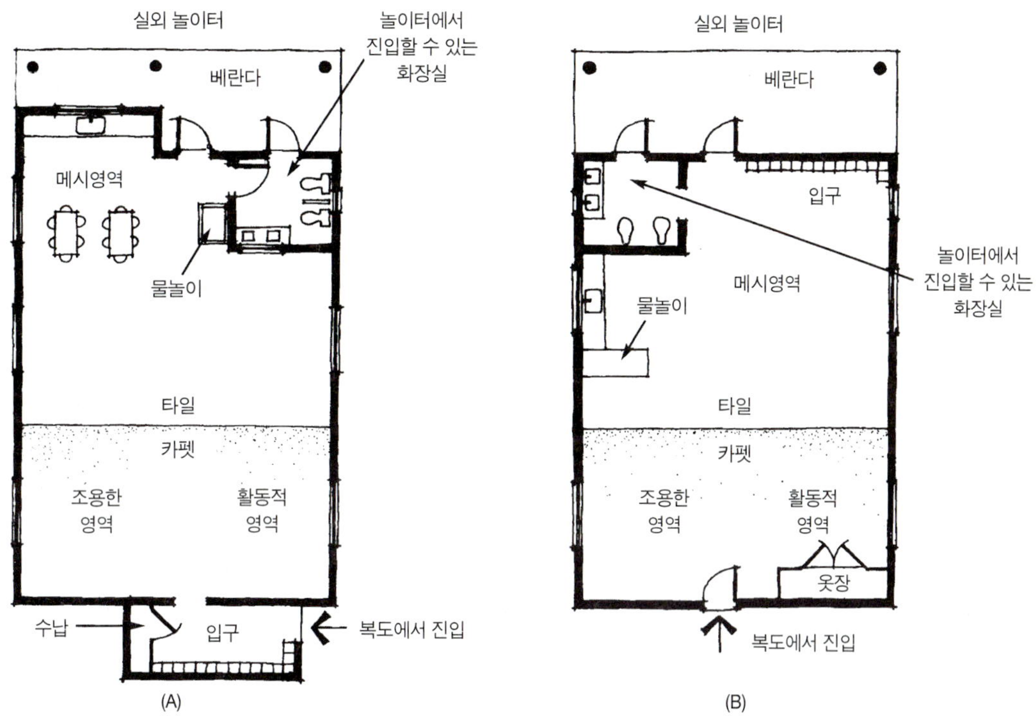

그림 7.10 (A) 보육실이 실외 놀이터에 면해 있으며, 출입문과 사물함 영역으로부터 보육실을 가로질러 배치되어 있다. (B) 보육실과 사물함 영역이 실외 놀이터에 면해 있으며, 출입문으로부터 보육실을 가로질러 배치되어 있다.

7. 건조구역 : 아늑한 공간이 있는 장소

출입문이 보육실을 노출하는 공간이라면, 코너는 아늑한 공간이다. 보육실의 출입이 필수적이고, 화장실과 싱크가 설치되지만, 동시에 보육실 내의 차단되고 아늑한 공간도 매우 중요하다. 이 아늑한 공간은 단순한 코너가 아닌 실질적인 크기가 요구된다.

1) 조용한 영역

신축 또는 개조 시 보육실 내에 코너와 아늑한 공간을 구성하는 방법은 통로에서 멀리 떨어진 아늑한 공간을 찾아 표시하는 것이다.

2) 가장 아늑한 코너에 대한 생각

보육실은 가장 아늑하다고 볼 수 있는 코너가 적어도 한 개 이상이 있다. 보육실을 사용하는 사용자들은 본능적으로 이 코너를 구별한다. 가장 아늑한 코너는 출입문에 대각선으로 마주보며 가장 멀리 떨어진 곳이다(그림 7.11).

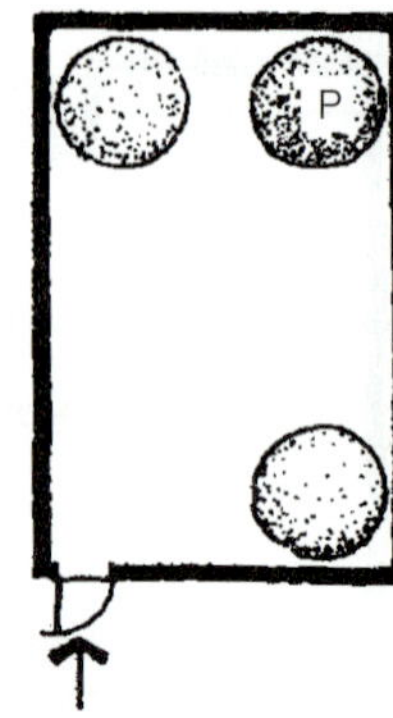

그림 7.11 보육실에서 가장 아늑한 코너 P

아늑한 코너는 다음과 같은 두 가지 측면에서 중요하다.

- 우리 신체는 등 쪽이 벽으로 되어 있을 때 안심한다. 그래서 등, 책상, 의자를 벽이나 차단이 잘 된 곳에 본능적으로 두게 된다.
- 코너가 문에서 멀리 떨어져 있어서, 불시의 방문객에 대해 준비하고 대응할 시간이 충분할 때, 우리는 공간을 가장 잘 조절한다고 생각한다. 이 경우 보육실 전체를 파악하고 출입문에서부터 방문을 감시하는 것이 용이하다고 할 수 있다.

3) 활동적 영역

활동적 · 메시놀이 영역에 나열된 활동은 조용하고 메시한 활동 사이의 중간 위치이다. 예를 들면 인형, 인형집, 장난감 트럭과 자동차, 요리놀이 등은 어느 정도 개별적이며 방해받지 않아야 한다. 오르기 활동은 공간이 더 넓어야 하며, 가게놀이나 인형극놀이는 손님이나 관객에게 개방되어야 한다. 그러므로 활동적인 놀이는 주 통로를 따라 두는 것이 바람직하며 보육실의 모양 또는 다양한 높이의 구조물, 다락 및 칸막이를 통해 영역이 유지된다.

메시영역에서 활동은 어느 정도 물 흐르듯 자유로워야 하며 책상과 의자를 배치하여 이리저리 돌아다니는 아동들로부터 놀잇감과 아동을 보호한다. 이와는 반대로 활동적 영역에서는 둘러싸주는 것이 유리하며, 범위를 벗어나지 못하게 하고 소음과 혼잡을 막도록 한정되어야 한다.

4) 높이가 있는 놀이기구의 위치

활동적인 영역에는 여러 높이의 놀이기구가 있으므로 영역의 배치에서는 높이와 가시성을 고려해야 한다. 높은 놀이기구의 위치는 조심스럽게 결정되어야 한다.

사 례 그림 7.12에서 A, B, C는 높은 놀이기구의 가능한 위치를 나타낸다. 다른 위치에서는 출입구, 창문, 싱크 사용을 어렵게 하고, 아늑한 코너를 침해한다.

- A 위치는 출입구에 인접하여 메시영역에 가장 적합한 공간을 점유한다.
- B 위치는 가능하나 조용한 영역을 줄이고 아늑한 코너에 너무 가까워진다.
- C 위치는 바람직하나, 높은 놀이기구 때문에 Q 지점에 서 있는 교사가 조용한 영역 P_2를 관찰하기 어렵다. 조용한 영역에 있는 아동들은 바닥에 앉아 혼자서 활동하므로 이 영역에는 최소한의 감독이 요구된다. 게다가 성인이 싱크 쪽으로 움직이면 놀이기구는 시야에서 사라진다. 메시놀이를 감독하는 교사는 걸어서 움직이고, 조용한 영역의 활동에 참여하게 될 가능성이 높다. C 위치는 보육실의 주 통로에 근접하고 있어 가장 바람직하다.

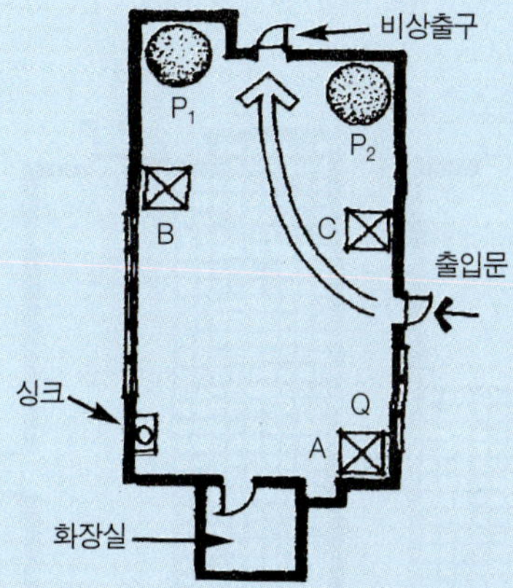

그림 7.12 A, B, C 위치에서 높은 놀이기구를 배치하는 최적의 위치는 C이다.

아동이 보육실에 처음 들어갔을 때 받는 인상은 높은 놀이기구의 위치에 영향을 받는다. 높은 놀이기구는 시각적으로 주의를 끈다. 놀이기구가 높아 출입문에서 시야를 차지한다면 다른 선택사항을 압도하고 오르기 등이 가장 중요한 활동이라는 것을 암시한다. 이는 공간에서의 활동감과 긴장감을 높이게 한다. 즉, 높은 놀이기구를 시각적으로 너무 두드러지게 하여 보육실의 여러 가지 다른 제안 활동들이 무시되어서는 안 된다.

그림 7.13에서 스케치는 높은 놀이기구가 보육실 내 다른 고정요소와 함께 배치하는 방법을 나타낸다. ⊠표시가 최적의 위치이다.

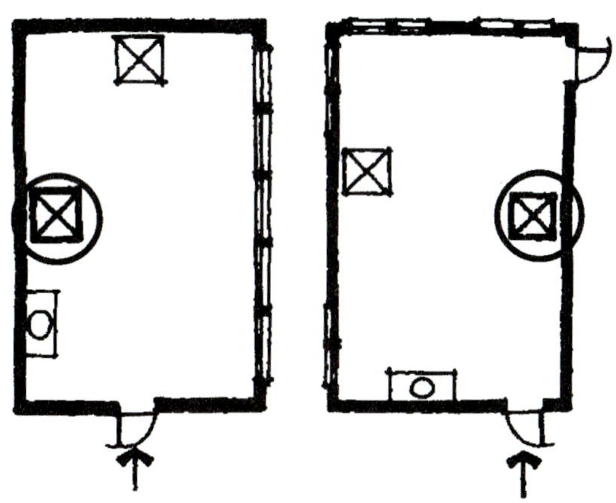
그림 7.13 서로 다른 고정요소의 제약으로 인한 높은 놀이기구의 가능 위치(⊠)와 최적 위치(⊠)

8. 물 사용 구역과 건조구역의 경계 구분

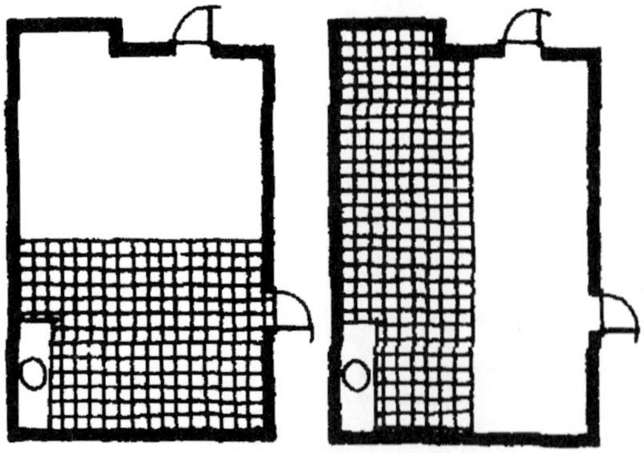

(A) (B)

그림 7.14 (A) 보육실의 장축에 수직 방향으로 카펫 · 타일 분리선을 두는 것이 좁은 보육실을 균형 있게 보이도록 만든다. (B) 장축에 평행인 카펫 · 타일 분리선은 보육실의 좁음을 강조한다.

천장 높이의 변화, 조명, 창문의 크기, 색깔 등의 건축적 요소는 물 사용 구역과 건조구역의 경계를 구분하는 확실한 방법이다. 모든 보육실은 각 구역으로 나누거나 영역으로 나누면 둘 내지 네 개의 천장 높이로 이루어진다.

바닥의 물 사용 구역과 건조구역 간의 구별은 카펫과 닦을 수 있는 마감재의 구분선에 의해 표시된다(소위 카펫 · 타일 재료 분리선). 구역과 영역의 위치가 정해지면, 보육실의 카펫 · 타일 분리선의 위치를 기본적으로 결정할 순서이다. 이 선의 정확한 위치는 영역에 따라 확정되며, 가능한 넓은 면적을 카펫으로 하는 것이 보기에 좋다. 카펫의 가장 중요한 용도는 아늑하고 조용한 영역을 마감하는 것이다. 입구를 카펫으로 할지 말지는 기후, 선호, 통과량, 의장 및 비용의 문제이다.

카펫 · 타일 분리선을 결정할 때에는 보육실의 모양을 파악한다. 그림 7.14에서 직사각형 보육실은 넓다기보다는 오히려 길다. 원칙적으로 타일 · 카펫 분리선은 보육실의 장축에 수직이거나(A) 평행이다(B). 분리선이 수직 방향(A)이면, 두 개의 정사각형으로 나누어져 더 넓게 느껴진다. 평행 방향(B)은 줄서기 효과가 생겨 보육실의 선형을 더 강조한다. 의장 면에서는 균형이 잡힌 (A)가 바람직하다.

9. 보육실 영역 구성 및 배치의 12단계

노트 7.2의 12단계는 영역 구성에 관해 여기에서 논의한 주요 사항을 요약하고, 신축 시 또는 기존 건물을 개보수하는 전략을 제안하고 있다. 그림으로 나타내기 위해서 간략한 보육실 배치를 그림 보기로 사용하고 있다. 그래서 이것은 그대로 카피할 수 있는 평면도가 아니며, 이 보기가 모든 복합적인 상황을 해결한다고 주장할 수 없다. 오히려 설계팀은 자신들의 상황을 평가하는 도구로서 사용할 수 있다.

노트 7.2 보육실을 설계하는 12단계

1단계 : 보육실의 기능적 요구사항을 명확히 한다

설계하는 보육실에서 일어나는 보육기능과 활동을 모두 나열한다.

2단계 : 보육실에 고정된 요소를 그린다

설계하거나 개조하는 보육실의 모든 고정요소를 축소된 도면에 그린다(그림 7.15). 배치에서 태양 궤적을 표시하고 일조와 창문에 대해 계획한다. 버블 다이어그램으로 실외 놀이공간을 위치시키고 시작에서부터 연결을 고려하여 계획한다. 이러한 설계단계에서는 1/50 축척이 유용하다. 보육실 내에 가장 노출된 공간과 아늑한 공간이 어디인지를 찬찬히 파악한다.

3단계 : 아늑한 공간을 명확히 한다

평면도 위에서 보육실의 코너가 되는 곳에 커다란 원을 둔다. 가장 아늑한 한두 개 코너에 있는 원에 P라고 표시한다. 보호가 된 코너는 2.1×2.1m 정도이고 출입문에서 약간 떨어져 있다(그림 7.16).

4단계 : 주요 통로와 노출된 구역을 명확히 한다

보육실의 출입문과 비상출구를 명확히 하여 보육실을 가로지르는 주요 통로를 평면도에 그린다(그림 7.17). 다른 출입문이 있으면 주 통로에 보조적인 통로를 그려 둔다. 걸어 다니는 패턴을 파악한다. 아늑한 공간을 최대화하기 위해서는 가능한 코너에서 이격하여 집중시키고 문을 재조정하거나 생략한다.

5단계 : 물 사용 및 건조구역을 배치한다

1~4단계에서 수집한 정보에 근거하여 평면도에 물 사용 및 건조구역을 표시하는 두 개의 큰 원을 그린다(그림 7.18).

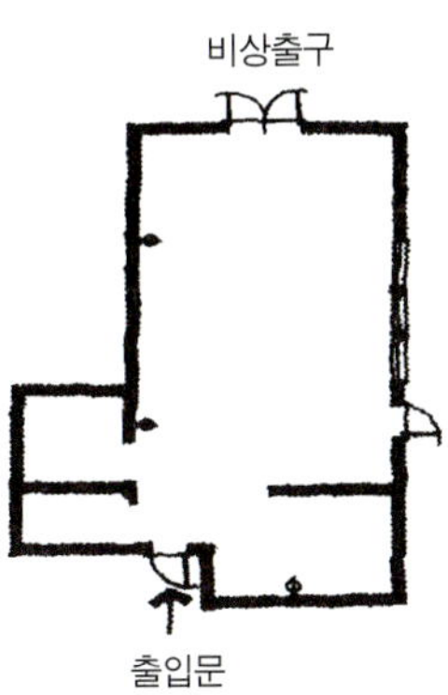

그림 7.15 정리된 모습

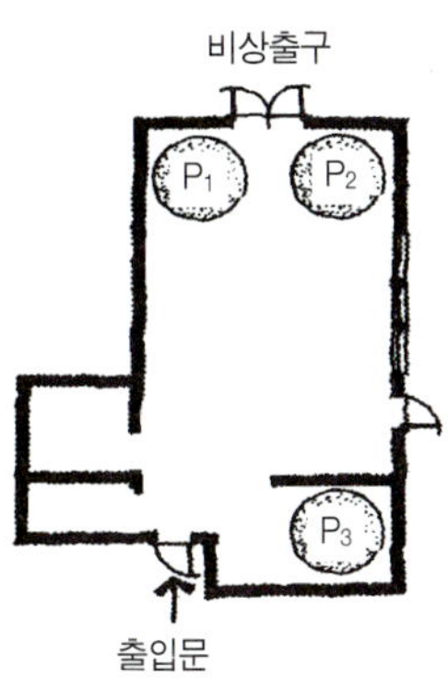

그림 7.16 보호된 모퉁이

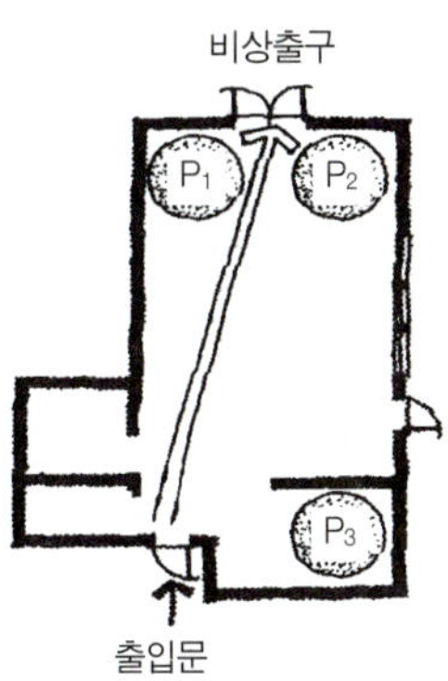

그림 7.17 주요 통로

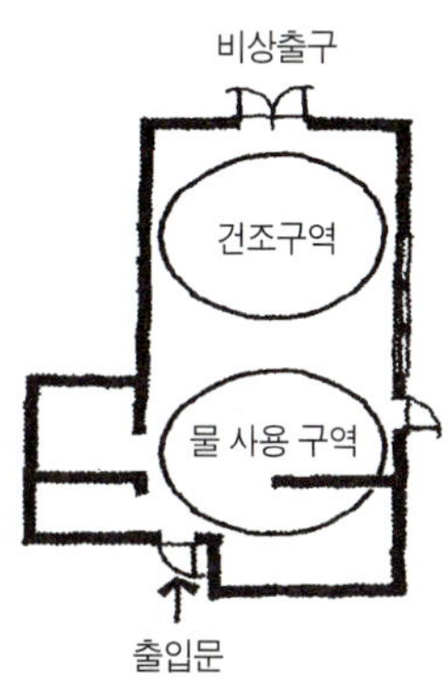

그림 7.18 물 사용 구역과 건조구역

6단계 : 입구를 배치한다

물 사용 구역 안에 입구의 면적과 위치를 표시하는 원을 그린다(그림 7.19).

7단계 : 메시영역을 배치한다

물 사용 구역 안에 메시영역의 크기와 위치를 표시하는 원을 그린다(그림 7.20).

입구와 메시영역을 표시한 원들은 물 사용 구역을 표시하는 커다란 원 안에 위치해야 한다. 입구 및 메시영역의 활동을 검토하면 처음 물 사용 면적이 조금 더 큰지, 작은지 판단하고 그에 따라서 면적을 조정한다.

8단계 : 메시영역에 싱크와 화장실을 배치한다

메시영역에 있는 싱크, 화장실 및 사용빈도가 높은 설비를 출입문과 주 통로 가까운 곳에 배치한다. 주 통로에서 이러한 시설에 접근하는 가능한 짧고 직선적인 보조통로를 그린다(그림 7.21). 다음의 지침을 활용한다.

- 주 통로는 메시영역을 통과하며, 통로는 싱크에서 0.9~1.2m 떨어지게 하고 통행이 메시놀이 활동을 방해하지 않도록 각 끝단에서 충분한 공간을 확보해야 한다. 주 통로에서 화장실과 싱크로 향하는 보조통로는 가능한 짧고 장애물이 있어서는 안 된다. 보육실을 사용하는 사람들이 적어도 하루에 세 번 이상 이 보조통로를 통행하기 때문이다.
- 아늑한 코너에는 싱크를 두지 않는다.
- 기존 싱크를 바람직한 위치로 옮기는 데 드는 비용은 그만한 가치가 있다. 적합하지 못한 배관설비에 따라 보육실을 설계하는 것은 교사의 효율을 줄이고, 과외 노동을 부담하게 한다.

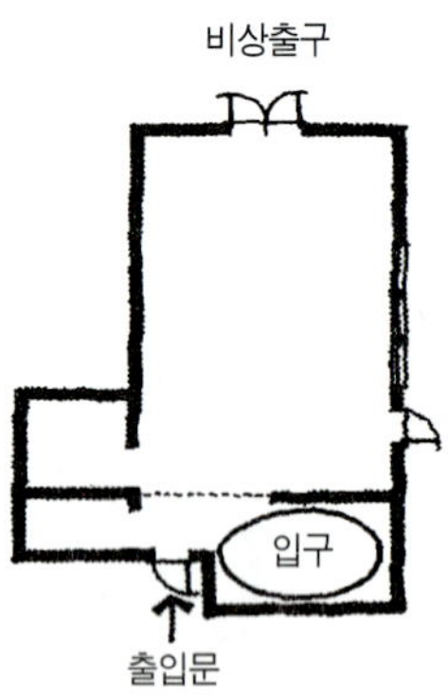

그림 7.19 입구

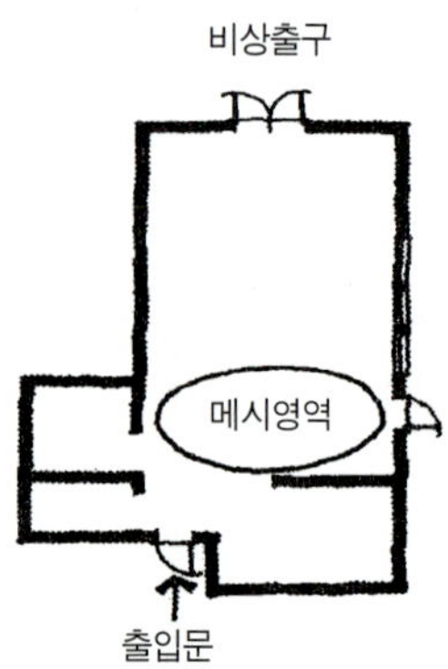

그림 7.20 메시영역

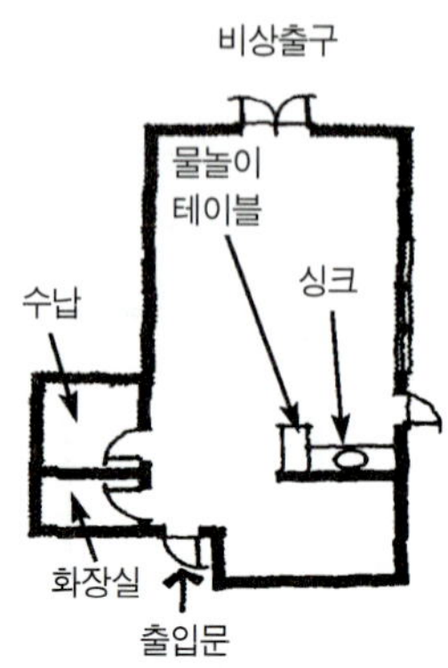

그림 7.21 싱크, 화장실 및 수납공간

9단계 : 조용한 영역을 배치한다

건조구역 안에 조용한 영역의 크기와 위치를 표시하는 원을 그린다. 보육실 내에서 가장 보호가 된 부분으로 입구에서 가장 떨어진 부분에 조용한 영역을 둔다(그림 7.22). 3단계에서 구분한 아늑한 코너를 포함시키고, 이 영역은 카펫으로 계획한다.

10단계 : 활동적 영역을 배치한다

건조구역 안에 활동적 영역의 크기와 위치를 표시하는 원을 그린다(그림 7.23). 이 영역은 주 통로에 인접해야 하며, 높은 놀이기구를 둘 수 있어야 한다. 활동적인 놀이는 조금 크고 경계가 없는 공간이 바람직하다는 것을 기억한다.

다음으로 활동적 영역과 조용한 영역의 크기를 조정해서 건조구역 안에 이를 맞추고 이에 따라 건조구역을 조정한다.

11단계 : 높은 놀이기구의 위치를 찾아본다

활동적 영역 안에 ⊠로 높은 놀이기구의 최적 위치를 표시한다(그림 7.24). 코너가 아닌 배경이 될 수 있는 단단한 벽에 가까이 두고, 활동적 영역의 시야를 막지 않는 것이 바람직하다. 주 통로에 근접시키고 고창(高窓) 밑에 두는 것이 바람직하다.

12단계 : 물 사용 및 건조구역 간의 경계를 표시한다

카펫 마감과 닦을 수 있는 바닥 마감재 분리선을 표시하여 물 사용 구역과 건조구역을 구분하는 선을 그린다(그림 7.25). 천장 높이, 조명, 창문, 색깔 등에 변화를 주어 경계를 구분하는 방법을 고려한다.

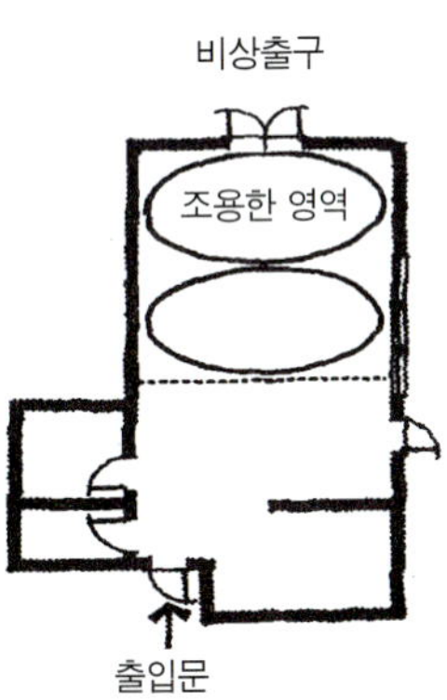

그림 7.22 조용한 영역

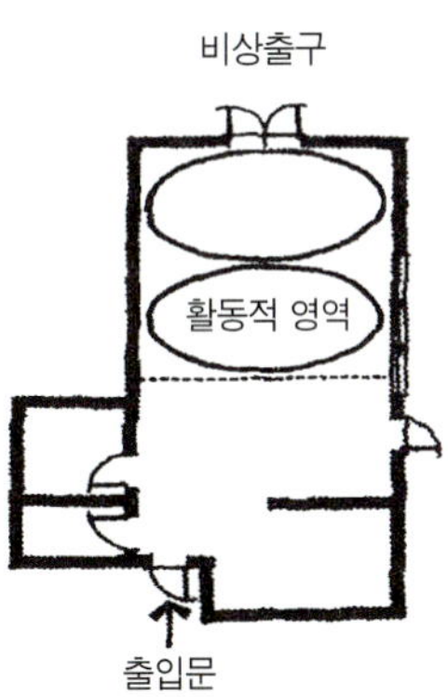

그림 7.23 활동적 영역

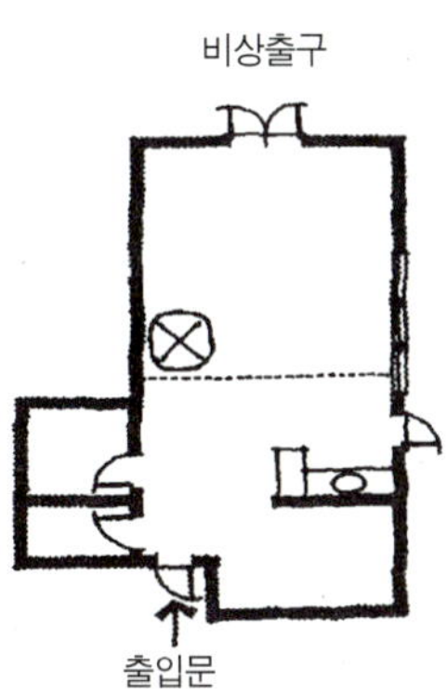

그림 7.24 높은 놀이기구

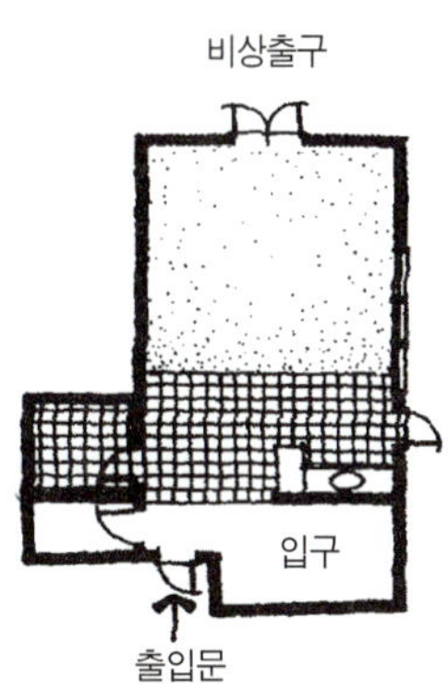

그림 7.25 카펫 · 타일 구분선

10. 사 례

다음 세 가지 보육실의 공간 개조사례는 창의적인 실제 사례이고 기존 건물을 보육시설로 개조하여 재조정한 것이다. 각 사례에서는 물 사용 구역과 건조구역, 입구, 메시, 활동적 및 조용한 영역 등 보육실을 배치하는 과정에서 고정요소로 인한 문제점, 프로그램의 요구, 맞교환 등이 고려되었다.

1) 사례 1 : 유아반

(1) 기존 조건

3~5세 17명이 생활하는 이 개조공간은 30층 건물의 1층에 위치하며 7.3×14.6m로 길이가 폭의 두 배이다. 한쪽 끝에 기존 출입구가 있고 맞은편 끝에 주방, 화장실, 원장실이 있다. 출입구에서 실외 놀이터로 다니는 주 통로를 파악한다. 보육실은 삼면에 창문이 나있고, 나머지 한 면은 전기 및 기계설비 공간과 창고가 있다. 여기에는 아주 유용한 코너 P_1, P_2가 있다. P_2는 입구에서 가장 멀리 떨어져 있지만, 주방에 근접하고 있고 뒤에 있는 사용빈도가 높은 문 때문에 방해를 받는다.

이 공간은 콘크리트 기둥 두 개가 있어 세 부분으로 구별된다. 양쪽 끝단의 두 개 부분은 같은 크기이고, 중앙 부분은 끝단 크기의 두 배이다. 입구는 건축에서 이미 결정되어 주요 문제는 메시, 활동적, 조용한 영역을 고정요소인 기둥으로 나누어진 세 개 부분에 배치하는 것이다.

(2) 디자인 해결

이 장에서 강조한 원리에 따라 메시영역을 입구 가까이에 두는 것이 바람직한 보육실 배치이다. 그러나 이렇게 하면 메시영역이 기존 물 사용시설 및 실외 놀이터로의 진입에서 멀어지고 아늑한 코너에 놓이게 된다. 배관설비를 옮기는 것은 불가능하고, 보육실 외의 상황에 따라 주 출입구와 비상출구를 바꿀 수도 없다. 그러므로 3번 공간을 메시영역으로 하여 싱크, 물, 욕실, 주방에 접근하고, 원장실 및 야외 놀이터로의 통로로 하는 것이 합리적이다. 다행스럽게도 4×7.3m(12×24ft)의 공간은 기둥으로 구분되고, 주방 부분을 부가하여 모든 메시활동에는 충분한 크기이다. 기둥 B는 타일과 카펫의 마감분리선에 맞추어 자연스럽게 분리된다.

다음 문제는 조용한 영역과 활동적 영역을 어디에 배치하느냐이다. 1번 공간은 가장 아늑

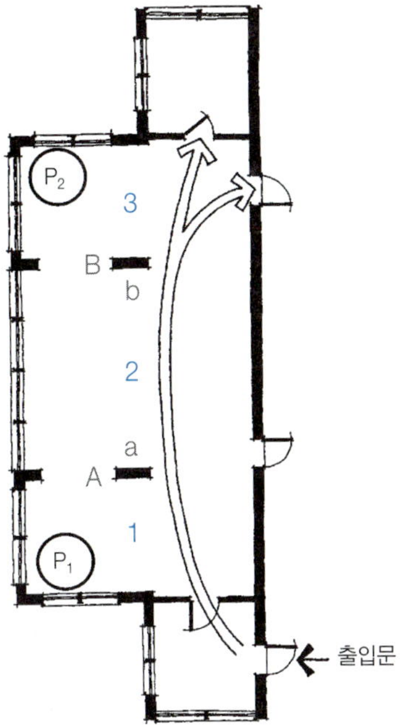

그림 7.26 사례 1 : 기존 조건

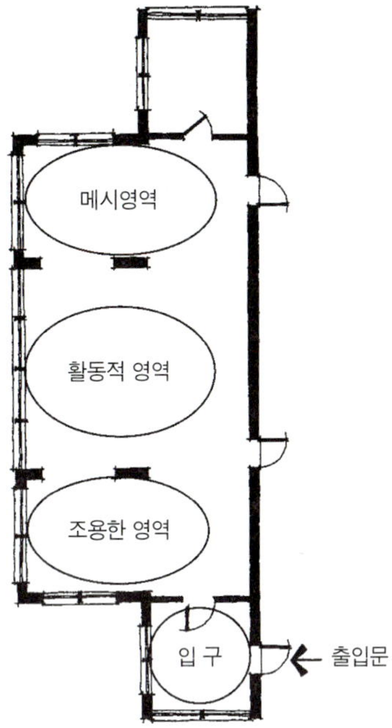

그림 7.27 사례 1 : 영역 구성

한 코너이나 입구에 너무 가까워 조용한 놀이가 통행에 의해 방해를 받는다. 2번 공간은 코너가 없고 크기가 넓어 확장과 움직임에 유리하므로 2번 공간에 조용한 영역을 두는 것은 어려워진다. 반면에 입구, 주 통로 및 1번 공간 사이에 장애물을 두어 조용한 장소를 만드는 것은 가능하다. 그래서 조정방안이 필요하지만 고정요소는 1번 공간을 조용한 영역으로, 2번 공간을 활동적 영역으로 분명히 나타낸다.

다음 문제는 2번 공간 안에 다양한 높이의 놀이기구를 어디에 두느냐이다. 놀이기구는 창문 쪽이나 수납장 쪽에 둘 수 없다. 가능한 방법은 기존 기둥 a, b에 기대어 두는 것으로, 이 두 가지 방법은 모두 주 통로에 근접하는 이점이 있다. 조용한 영역에서 좀 떨어지려면 기둥 b가 바람직하다.

16

15

8

7

4

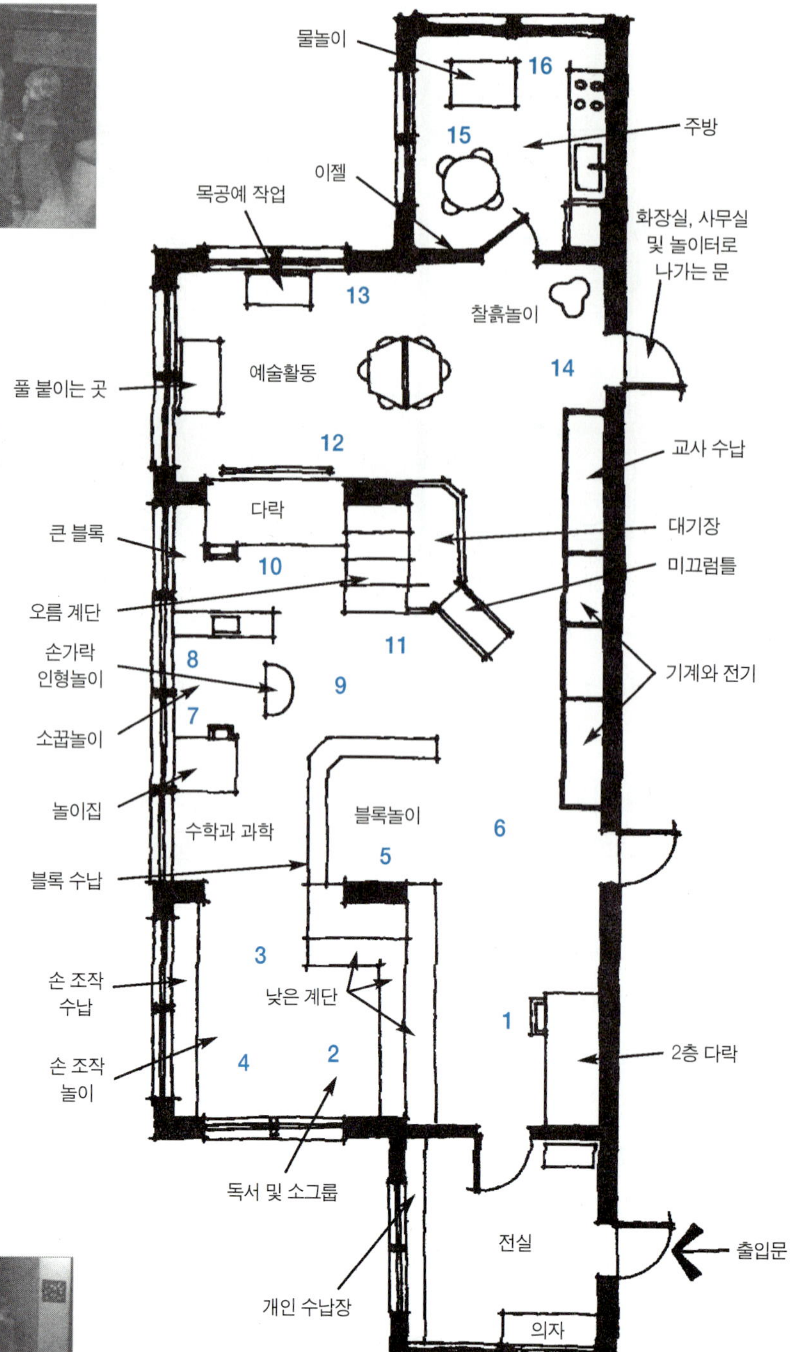

그림 7.28 사례 1 : 디자인 해결

12

13

14

9

10

11

5

6

3

2

1

2) 사례 2 : 3세 반

(1) 기존 조건

3세 아동 16명이 생활하는 시설로 7.01×10.36m 크기의 슈퍼마켓을 개조하는 것이다. 보육실 끝단에는 비상출구와 큰 창문이 있으며, 바깥 상부에는 60cm 가량의 지붕이 내밀고 있다. 긴 벽면 쪽에는 1.8m 상부에 작은 창문이 있고 하부에는 벽만 있다. 비상출구는 도로로 연결되며 출입구로 사용되지 않는다. 아동들은 출입문을 통해 건물의 다른 쪽에 위치한 실외 놀이터로 나가게 된다.

(2) 디자인 해결

기존 조건에 따라 배관설비는 벽면 B의 중간 부분에 배치하며 다소 어정쩡한 위치이다. 주 통로는 싱크·화장실 영역을 거쳐 간다.

보육실에는 세 개 코너 P_1, P_2, P_3가 있으며, 그중 P_1, P_2가 입구에서 가장 멀리 떨어져 있고 가장 보호된 곳이다. P_3는 보호받고 있지만 상부로 올라가는 계단에 밀려 계단 밑 하부는 1.2m이다. 입구는 출입문에 인접하는 것이 적합하고 싱크 벽에 의해 만들어진 L자형 벽이 영역 구성을 도와준다. 보육실의 끝단에는 비상출구가 있지만 통행이 거의 없어, 대체로 아늑한 공간이다. 조용한 놀이에도 적합해 보이고, 미술이나 공작에도 적합하게 자연 채광이 비추는 장소이다.

우선 해결해야 할 문제는 다음과 같다. 배관설비가 중앙부에 위치하고 조용한 공간이 큰 창문 앞에 놓인다는 사실을 두고 메시, 활동적 및 조용한 영역을 어디에 배치할 것인가? 그림 7.29의 버블 다이어그램은 세 가지 방법을 표현한 것이고 추가된 한 가지 방법이 선정되었다.

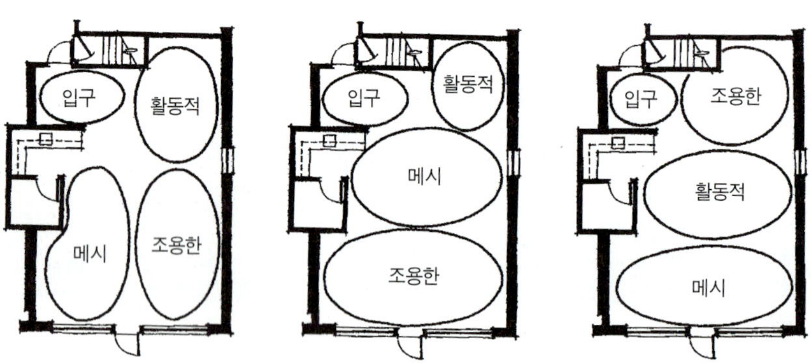

그림 7.29 영역 구성의 세 가지 방법

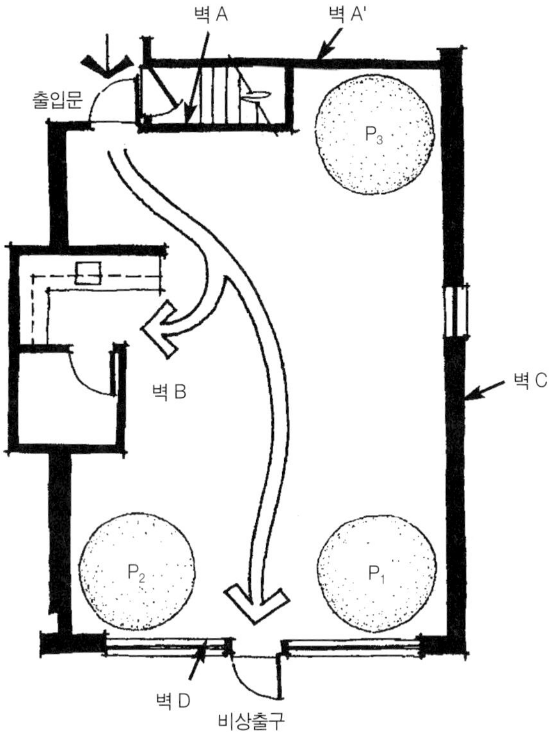

그림 7.30 사례 2 : 기존 조건

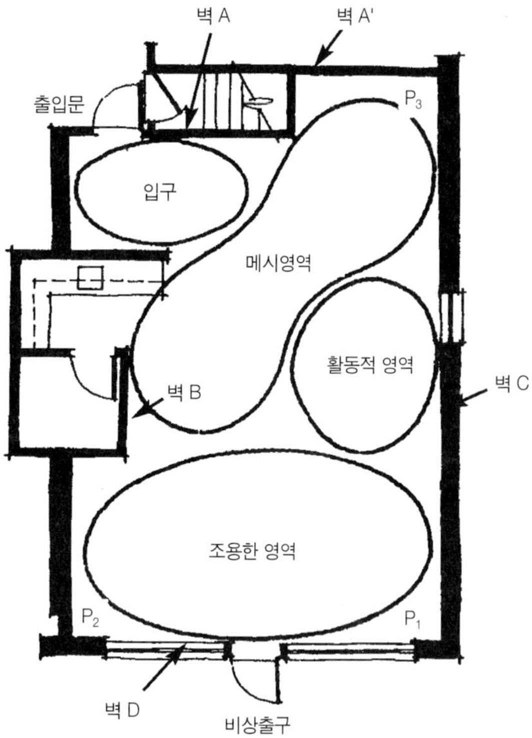

그림 7.31 사례 2 : 영역 구성

메시영역의 활동 중에는 미술활동이 있으며 이것은 자연 채광에 접해야 유리하다. 그러나 미술활동 책상과 의자 및 메시놀이를 창문가에 두는 것은 두 가지 바람직하지 못한 결과를 가져온다. 싱크에서 멀어지는 메시놀이 영역을 만들게 되고 탁자를 두고 통행과 움직임이 많아져 가장 아늑한 두 개의 코너를 상실하게 된다. 코너 P_1, P_2는 조용하게 노는 놀이에 가장 적합하다. 미술작업에 자연 채광이 있으면 좋겠지만 고정시설의 의미를 고려하고, 조용한 공간으로 만드는 것이 미술활동에 빛을 고려하는 것보다 더욱 중요하다. 이 경우 조용한 활동에 코너를 이용하고 메시영역의 미술활동에는 싱크와 출입구 가까이에 책상을 배치한다. 조용한 영역에서의 천장은 낮지만 가능한 많은 자연 채광이 메시영역까지 비추도록 해야 한다. 메시영역의 인공조명은 전반사조명으로 개선될 수 있다.

비상출구에서 떨어진 공간을 사용하는 방법은 카펫 · 타일 분리선에 따라 달라진다. 카펫과 타일 분리선은 벽 B, 벽 C에 수직 방향이고 두 부분의 균형을 맞추는 데 도움이 된다. 만일 코너 P_3가 조용한 영역이라면 장축을 강조하여 카펫은 벽 A, 벽 D에 수직일 수도 있다. 분명 전자가 바람직하고 이것은 그림 7.14에 분명히 나타나 있다.

다음 문제는 남아 있는 절반 크기의 공간 중에 메시영역과 활동적 영역을 어디에 배치하느냐이다. 메시영역을 보육실의 중앙에 두면 이는 싱크에 인접하게 된다. 그러면 활동적 영역은 입구와는 충동하지 않고 출입문에 가까워진다. 그런데 입구는 활동적 영역을 코너 P_3로 몰게 되므로 활동적 활동과 구조화된 놀이대는 제한을 받을 수 있다.

이 문제를 해결하기 위해 최종 요소가 고려되어야 한다. 높은 놀이기구는 어디가 가장 적합한가? 조용한 영역, 창문가, 입구에 지장을 주지 않는 세 가지 방법이 있으며 놀이기구를 벽 A, 벽 B, 벽 C에 배치하는 것이다.

- 벽 A와 A'에 큰 놀이기구를 두는 것은 P_3와 짧은 벽 A의 길이 때문에 제한을 받는다.
- 벽 B에 두는 것은 가능하나, 짧은 벽 B의 길이로 인해 크기가 제한되고 놀이기구의 길이가 주 통로까지 차지하게 된다.
- 벽 C는 가장 바람직한 위치이며, 큰 놀이기구를 고창 아래 놓으면 아동들이 올라가서 밖을 보는 기회가 생긴다. 벽 C에서의 활동적 활동은 보육실 중앙에서 이루어지며 고정시설과도 어울리고 움직임을 확대할 수 있는 공간과 기회가 최대로 된다. 메시영역은 싱크에서 벽 A와 A'까지 확대되고 코너 P_3를 포함하는데, P_3에서는 찰흙놀이, 과학, 목공작업 등을 위한 아늑한 느낌을 준다.

큰 구조물을 벽 C에 두는 것은 교사가 P_3 지점에 서서 코너 P_1을 관찰할 때 보육실 전체의 시야를 가로막는 단점이 있다. 그렇지만 메시영역을 감독하는 교사는 이동하므로 입구에서 몇 걸음 나아가면 조용한 영역을 감시할 수 있다. 또한 조용한 영역의 아동들에 대한 감독의 요구가 가장 낮다.

1

2

3

6

4

5

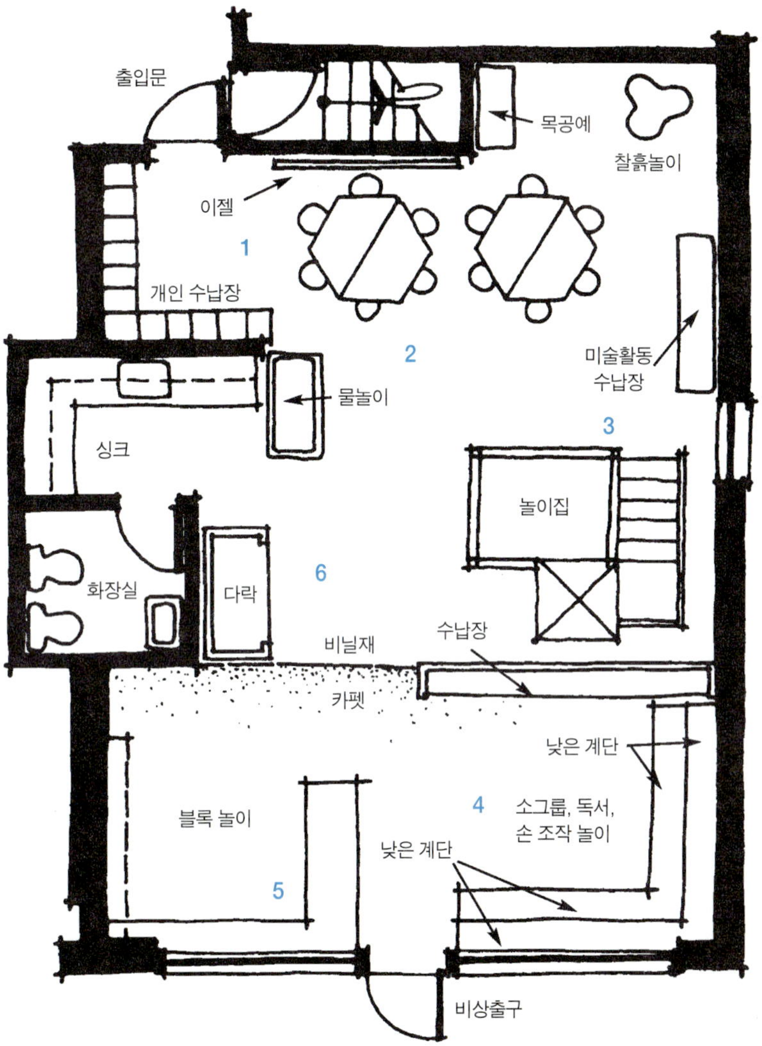

그림 7.32 사례 2 : 디자인 해결

3) 사례 3 : 영아 및 걸음마기 영아 보육실

(1) 기존 조건

0~30개월 이하 아동 보육실은 6.09×6.40m 크기의 부정형 큰 보육실과 2.7×4.3m 크기의 입구에서 떨어진 작은 보육실로 구성된다. 큰 보육실에는 두 면에서 채광이 되는데 큰 창은 바닥까지 뚫리고 작은 부지에 대한 시야가 개방되며, 다른 면의 두 개 창은 1.2m 높이에 설치되어 있다. 작은 보육실에도 바닥에서 1.2m 높이에 작은 창문이 있다. 비상출구는 곧장 실외 주차장으로 연결되며, 작은 보육실에도 안전을 위해 유사한 출구가 마련되어 있다.

(2) 디자인 해결

안에 있는 작은 보육실이 멀리 떨어져 있고 작으므로 낮잠을 자는 공간으로 적합하다. 큰 보육실 출입문 밖의 넓은 복도는 입구와 전이영역을 만들기에 편리하며 그 보육실이 작아도 보육실 내를 침해하지 않는다. 그래서 삼각형 모양의 보육실에는 메시, 활동적 및 조용한 영역만을 둔다. 교사가 수유 및 식사를 준비하는 싱크, 기저귀를 가는 싱크, 낮은 물놀이 공간 등을 위한 배관설비가 요구된다. 이 큰 보육실에는 실제 P_1, P_2 두 개 코너가 있다. 이 코너들은 통로 때문에 영향을 받지는 않는 반면 사례 1, 사례 2와 같이 차단되지는 않는다. 주 통로는 입구에서 비상출구로 바로 연결되며, 끝에 있는 낮잠 보육실로 연결된다. 보행이 많은 영역은 메시영역으로 하고 두 개의 코너 공간은 활동적 영역과 조용한 영역으로 배치한다. 두 개의 코너 중 P_1은 문 뒤에 있으므로 기어 다니고 걸음마하는 조용한 영역에 적합하며 P_2는 입구에서 곧장 진행하는 대각선 방향에 있으므로 동적 활동에 적합하다. P_2는 영아를 성인 눈높이에

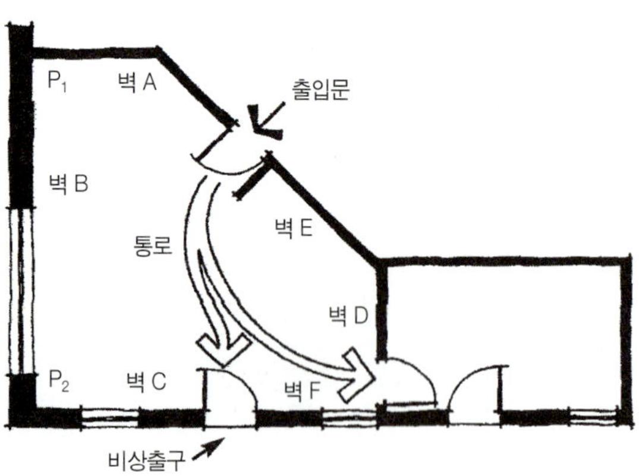

그림 7.33 사례 3 : 기존 조건

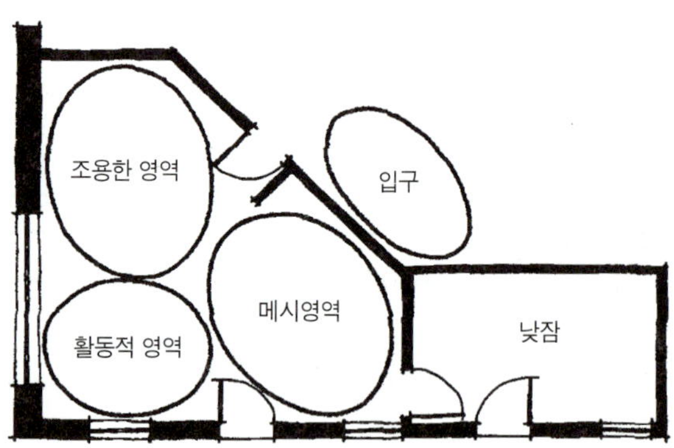

그림 7.34 사례 3 : 영역 구성

두는 대근육 놀이기구에 적합한 공간이며 1.2m 높이의 창문을 통해 밖을 볼 수도 있다. 이와는 달리 벽 A, 벽 B를 기대서 놀이기구를 둘 수도 있다.

다음 단계는 싱크와 배관설비를 배치하는 것이다. 가깝지만 주 통로에서 벗어난 벽 E는 벽 F보다 길다. 벽 E는 두 개의 싱크와 물놀이대를 두기에 적합하며 기저귀 갈이, 청소, 식사준비를 위한 공간 확보도 용이하다. 추가로 낮잠실에서 기저귀 가는 공간이 가까워서 더욱 좋다.

출입문과 비상출구 사이의 경계는 카펫과 타일 구분선으로 제시한다. 이 구분선은 활동적, 조용한 및 메시영역의 크기에 따라 달라진다.

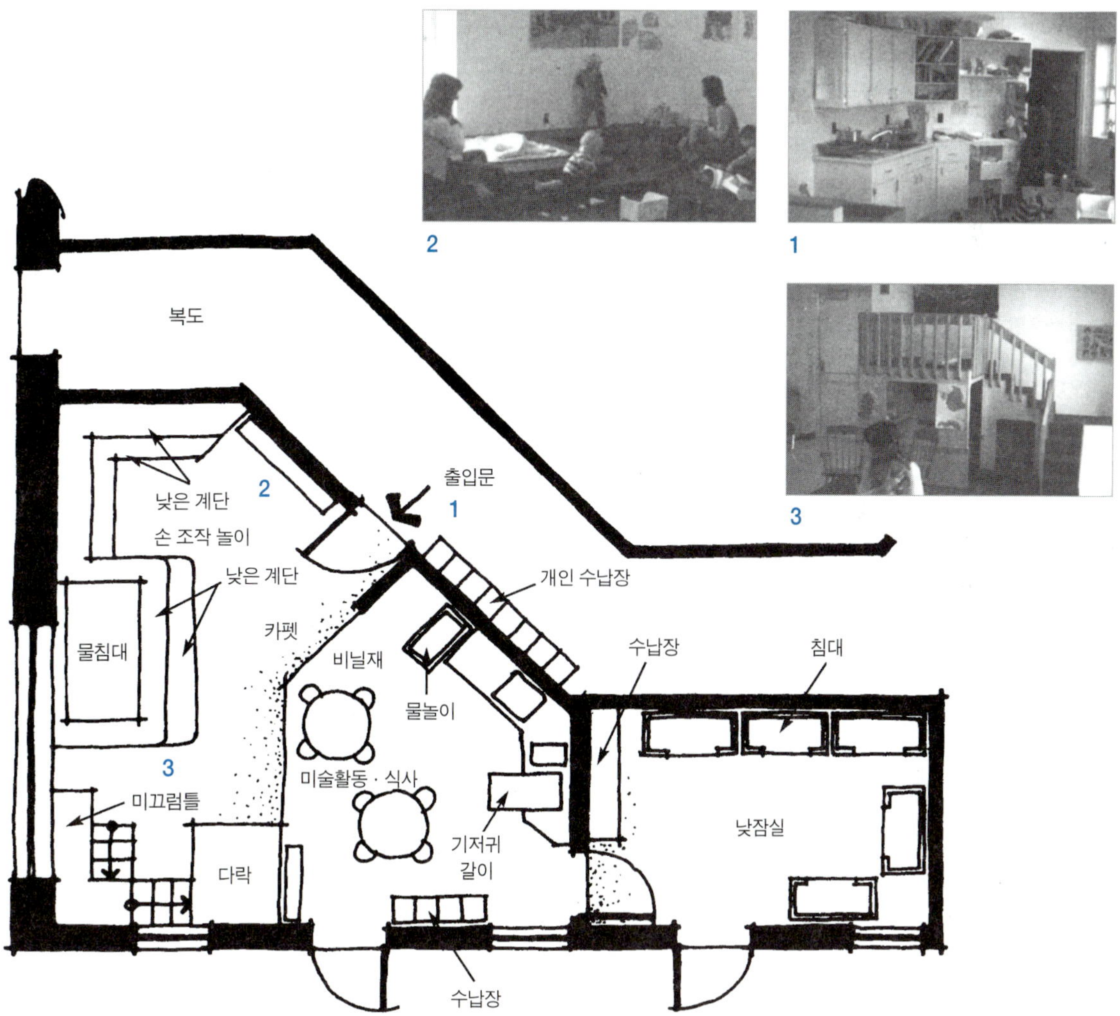

그림 7.35 사례 3 : 디자인 해결

03

디자인 요소

제8장 건강한 건물 | **제9장** 음 · 빛 · 조명 | **제10장** 창 · 문 · 보안
제11장 색 | **제12장** 실내 마감재 | **제13장** 비품

Child Design Guide

제8장

건강한 **건물**

Our present systems of design have created a world that grows far beyond the capacity of the environment to sustain life into the future. The industrial idiom of design, failing to honor the principles of nature, can only violate them, producing waste and harm, regardless of purported intention. If we destroy more forests, burn more garbage, drift-net more fish, burn more coal, bleach more paper, destroy more topsoil, poison more insects, build over more habitats, dam more rivers, produce more toxic and radioactive waste, we are creating a vast industrial machine, not for living in, but for dying in.

— *William McDonough*[1)]

이 장에서는 건물의 재료, 시스템, 위치가 아동의 건강과 환경에 미치는 영향을 살펴봄으로써, 생태학적으로 안전하며 지속 가능한 디자인 실무가 매우 중요함을 설명하고자 한다.

1. 건물 생태학과 환경친화적 디자인

우리는 역사적으로 중대한 시점에 와 있다. 인간의 소망대로 환경을 건축하고, 조성하려는 열망과 이러한 열망이 지구와 생명체를 보존할 수 있는 재생 가능성에 미치는 효과 사이에서 균형을 잡으려 하고 있다. 인구가 폭발적으로 성장하고 자연 시스템이 퇴화되면서, 화학 합성적

1) W. McDonough(1993). *Design, Ecology, Ethics and the Making of Things*. New York: the Centennial Sermon presented at the Cathedral of St. John The Divine, p. 7.

인 건축재료, 건축과정, 건축산업, 그리고 인간의 삶을 더 효율적으로 만들어 주는 생산품이 등장했다. 하지만 이러한 것은 대부분 생물과 환경에 유해한 것으로 알려져 있다. 많은 질병이 유독 화학 화합물, 수질 · 대기 오염, 가공식품, 토양 고갈과 관련있다는 증거가 새롭게 나오고 있다. 이것은 인류의 생존이 달린 문제이기 때문에 세계가 이 문제를 어떻게든 해결할 것이라고 치부해 버릴 수는 없다.

다행히 적절한 기술과 환경친화적 디자인 대안이 가능하며, 점점 더 증가하고 있다. 환경보존적 실천(sustainable practice)은 자연을 손상시키지 않으면서, 현재의 요구를 해결해 나가고 있다. 천연자원을 고갈시키고 유독물질과 폐기물을 만들어 내는 생산품과 그 생산과정이 문제인데, 환경친화적 디자인은 본질적인 문제에 대한 해결책을 제시해 준다. 우리는 독성이 없는 물질을 창안해 낼 능력이 있다. 그리고 재생에너지 자원을 이용하여 생태계에서 먹이가 되는 폐기물을 배출하고 비록 자연분해는 되지 않지만 재분해 · 재가공되어 재사용될 수 있는 TV와 자동차 같은 내구재를 생산할 수 있다.

여기서 제안되는 많은 대안적 접근은 어떠한 부가비용이나 노력이 필요하지 않다. 다만 건물의 부지 설정과 디자인에 있어서 주의를 요할 뿐이다. 이러한 대안은 초기비용과 노력을 요구할 수 있다. 그러나 건물 유지비를 줄여 줄 것이고, 건강한 환경, 내구성으로 보상할 것이다. 여러분은 장기적으로 이러한 선택에 따른 비용과 혜택을 자세히 알고 싶을 것이다. 우리가 사용하는 자재와 방식의 부정적인 면을 줄이기 위해 노력하면 조금씩 올바른 방향으로 나아가게 된다. 자원을 보존하고 독성 물질을 차단하기 위한 아무리 작은 조치일지라도 우리가 살고 있는 세계와 시설 사용자에게 광범위한 영향을 끼칠 수 있다.

그러므로 디자인팀은 보육시설에 사용할 자재와 방식이 가지는 잠재적 영향력을 의식해야 한다. 그 이유는 다음과 같다.

- 아동은 어른보다 독성 물질에 훨씬 큰 영향을 받는다.
- 환경친화적 디자인은 아동의 의식과 태도에 영향을 미친다.
- 지구의 건강과 생존은 환경친화적 디자인에 달렸다.

1) 아동과 독성 물질

전통적인 건물은 자연적으로 환기가 되고, 건축자재와 가구도 나무, 흙, 목화, 양모와 같은 자연적인 재료로 만들었다. 하지만 오늘날 건물 안에 거주하는 사람은 때때로 '건물증후군(sick building syndrome)' 으로 고통받고 있다. 이는 합성 인테리어 마감재와 가구, 그리고 부적절한 환기 시스템에 의한 결과이다.

유독물질은 어른보다 아동에게 더 위협적이다. 아동은 오염물질을 흡수할 수 있는 내부 조직이 아직 부족하기 때문이다. 게다가 아동의 간(독소를 분해하는 인체기관)도 작고 발달이 충분하지 못하다. 가장 민감한 어린 시절에 오염물질과 오염된 공기에 지나치게 노출되면 질병을 자각하지 못한 상태로 유독물질이 축적되어 몇 년 지나지 않아 기능장애가 올 수 있다. 자신의 건강을 스스로 살피지 못하는 아동은 유독물질의 효과가 심각하게 드러날 때까지 자신의 건강 상태에 대해서 알기 어렵다. 그러므로 아동은 어릴 때 작은 오염물질이라도 노출을 피할수록 화학오염 물질에 덜 민감하게 반응하며, 심각한 상태에 이를 가능성이 적어진다. 그러므로 어디에서나 천연직물과 물질을 사용하는 것이 가장 유익하다.

노트 8.1에서는 일반적인 건축 외장재와 내장재의 유독성에 대해 다룬다. 이것은 처방을 위한 것이 아니라, 가능한 주의를 기울이고 경계를 해야 할 장소를 알려 주기 위한 것이다.

2) 환경에 대한 인식 배우기

아동은 자연과 멀어지고, 자신의 행동이 환경에 미치는 영향을 알아차릴 수 없는 건물에서 자라는 것보다 환경에 대한 영향력을 인식하며 살아가도록 교육받아야 한다. 예를 들면 캐나다 온타리오 주에 있는 보인 리버 에콜로지 센터(Boyne River Ecology Center)에서는 방문하는 초등학생에게 헤어드라이기, TV, 컴퓨터와 같은 생활 전기제품이 얼마나 많은 에너지를 소모하게 되는지를 알려 준다. 이후에 학생은 센터 위쪽 언덕에 풍차가 만들어 내는 에너지가 얼마나 되는지 배우고, 그 에너지가 배터리에 저장되는 것을 볼 수 있다. 그리고 그 에너지가 바닥나지 않도록, 어떤 전기제품을 얼마나 오랫동안 사용할 것인지를 결정해야 한다.

어릴 때 이러한 친환경적 해결책을 접하게 되면, 평생 동안 환경친화적 해결책을 선호하게 될 것이다. 벽난로보다는 태양열을 사용하고, 쓰레기를 방치하기보다는 생물학적 폐기물처리 시스템을 이용하게 될 것이다. 그리고 변압기와 발전기보다는 광 발전과 풍차를 선호하게 될 것이다. 디자이너는 친환경 디자인으로 미래 세대에 최고의 선례를 남길 수 있으며, 더 나은 세계를 만들어가게 된다.

노트 8.1 저독성 건물재료[2)]

+ : 무해함 • : 보통 × : 유해함

구 분	내 용
기 초	+ 라돈 성분이 없는 콘크리트 • 라돈 성분이 없는 콘크리트 블록(젖었을 때 합성 화합물은 반응을 일으킬 수 있음) • 가공목재
구 조	+ 돌 + 벽돌 + 흙벽돌 + 콘크리트 • 목재(가공목재는 영향을 줄 수 있음) • 알루미늄(코팅된 것은 영향을 줄 수 있음) • 콘크리트 블록 × 라미네이트(Laminated) 나무 제품
외장 · 구조재	+ 목재 + 금속 스트랩 • 외장용 합판 • 하드보드 • 포일 처리된 판지 × 파티클보드(합성수지 접착제를 스프레이로 도포한 작은 목재조각을 겹쳐 열압성형한, 비중 0.5~0.9의 판재) × 중간 밀도의 섬유판(파이버보드 : 목재나 짚 등의 식물섬유를 열압성형 또는 건조시킨 판재)
방 습	+ 페트롤륨이 없는 시멘트 봉합제 × 아스팔트 봉합제
공기와 증기 차단재	+ 외부에 화학적으로 처리하지 않은 건물이나 크라프트지(시멘트 부대용) + 알루미늄 포일, 뒤에 종이를 댄 포일 × 폴리틸렌 시팅(sheeting)

2) Carol Venolia, Building with Nature : A Networking Newsletter(November/December, 1991)에서 인용하였다.

구 분	내 용
지붕재	+ 금속(에나멜 마감 처리된 스틸이나 구리) + 타일 + 슬레이트 • 목재(가공목재) • 밀폐(봉함)된 콘크리트 타일 × 아스팔트 루핑
벽 패널	+ 스터코(치장벽토 : 시멘트 회벽 등의 미장재를 발라 마감하는 방법으로 바르거나 뿜칠 시공 후 롤러 등으로 무늬를 만들어 주기도 함) + 조적 • 목재(가공목재) • 스터코에 합성 화학물 첨가제는 피함 • 단단한 목재(떡갈나무, 벚나무, 마호가니 등)는 포름알데히드가 방출되기도 함 • 금속(전자파와 공기 부족으로 인한 곰팡이 서식의 가능성이 있음) × 비닐 × 아스베스토스(석면) 시멘트
창 문	+ 금속 + 목재 • 제품화된 목재 창문(살균제와 살충제로 처리됨) • 유리창은 합성 화학물질로 되어 있어 민감한 사람들에게는 반응이 나타날 수 있음 × 비닐
문	+ 금속 + 목재 • 플러시 문(유독성 접착제를 사용함) • 양판문(유독성 접착제 사용 가능성) × 나무같이 보이는 플라스틱
단 열	• 섬유유리(파이버글라스) • 셀룰로스 • 퍼얼라이트(경량건축재료) • 버미큐라이트(풍화한 흑운모 : 벽에 수평으로 사용하는 것이 좋으며 소량의 아스베스토스가 포함됨) • 암석섬유(석탄이나 광유가 미량 함유됨) • 포일 면으로 된 버블 팩(플라스틱 포함) • 화학 처리된 코르크

구 분	내 용
단 열	• 팽창시킨 폴리스틸렌, 폴리우레탄(외부에 잘 견디며 연소 시 독성이 있음) • 면화 솜 단열재 × 요소 포름알데히드 × 아스베스토스(석면)
틈마개 재료 (문풍지)	+ 금속 • 합성 플라스틱
실내 벽과 천장 마감재	+ 페인트칠하지 않은 플라스터(도벽용 재료) • 집섬보드(합성물과 페인트 접합 시 저독성 사용) × 라미네이트 목재 패널 × 천장 타일 또는 아스베스토스가 함유된 스프레이 마감
페인트	+ 무독성 페인트 + 자연 페인트 • 라텍스 페인트 × 오일 페인트 × 납이나 수은 성분이 함유된 페인트
봉 인	+ 저독성 성분 + 밀랍 • 자연도료 • 래커 칠 • 우레탄니스 × 에폭시(강력접착제) × 솔벤트 가구 광택제
콘크리트 접합제	+ 소듐 실리케이트(물유리 : water glass) × 석유화학약품 봉합제
봉함제	• 첨가제가 없는 투명 실리콘(건조될 때까지 환기를 잘 유지) • 아마인유 접합제(퍼티)와 뱃밥 접합제 • 아크릴 접합제(가스 방출을 줄일 수 있도록 페인트칠할 수 있음)
바 닥	+ 세라믹 타일(독성 첨가제 없는 몰탈이 최상임, 저독성 시멘트풀 사용) + 벽돌 + 슬레이트(점판암) + 대리석 + 목재(독성 마감재는 피함, 나무 자체에 알레르기가 있을 수 있음, 알루미늄이 바닥 밑에 아스팔트판 대용으로 가능함)

구 분	내 용
바 닥	+ 가공하지 않은 세탁 가능한 자연 섬유 부분 러그 • 자연 리놀륨(저독성 접착제 사용) • 콘크리트(라돈은 피함) • 하드 비닐(저독성 접착제 사용, 아스베스토스 피함) × 소프트 비닐 × 전체 카펫(대부분 독성 화학물질 사용, 접착제가 독성이 강함) × 비닐 아스베스토스 타일
접착제	+ 흰색과 노란색 접착제 • 세라믹 타일용 묽은 몰탈 접착제 × 일반 카펫, 패널, 건축물의 접착제
가구재	+ 에나멜 금속 + 견고한 목재 • 외장용 합판(포름알데히드가 방출되는 것도 있음) × 내장용 합판 × 파티클보드
작업대 상판	+ 화강암 + 대리석 + 세라믹 타일 + 금속 • 플라스틱 • 목재(나무 : 곰팡이가 생기지 않도록 습기 있는 곳은 피함)
배 관	+ 구리 파이프 × 주철로 된 파이프 × 아연 도금 스틸로 된 파이프 × PVC로 된 파이프

3) 환경친화적인 건축자재

건물을 짓기 위해 건축자재를 고를 때는 유독물질로부터 아동을 보호하는 것과 천연자원을 절약하는 것을 목표로 설정한다. 지역에서 생산되는 자재를 사용하는 것이 천연자원을 보존하고 지역경제를 튼튼하게 한다. 건축자재를 선택할 때, 성능, 내구성, 외형, 비용과 같은 전형적인 기준뿐 아니라 다음과 같은 환경적 요인까지 고려해야 한다.

- 에너지 소모 : 원자재 추출, 물건 제조, 원자재와 완제품 이송, 건축현장에서의 원자재 사용, 건축 폐기물의 폐기 및 제거에 사용되는 에너지
- 오염 정도 : CO_2의 양과 생산 · 사용 · 제거에서 발산되는 유독성 물질
- 실내 공기 질에 미치는 효과
- 자원 고갈에 미치는 영향
- 고체 폐기물의 생성과 폐기

환경적으로 안전한 건축자재는 폐기물을 적게 발생시키고 환경을 오염시키지 않는다. 또한 에너지 효율적이고 내구적이며 오랫동안 유지되어 수리하기 용이하다. 이런 자재는 재활용될 수 있고 환경에 적은 영향을 주며, 노동자 측면이나 사회적으로도 정당한 방법으로 생산된다.

4) 알아야 할 정보

국내외에서 환경친화적인 제품, 건축자재 그리고 접근방식에 대한 지식이 점차 증가하고 있다. 특별히 주목할 것은 20년 전 한 의학박사에 의해 시작된 독일의 'Bau-biologie(건축생물학 : building biology) 운동'이다. 이 연구자는 건축과 디자인의 모든 면에 대한 포괄적인 재평가를 실시했다. 이 평가는 사람과 건물 그리고 자연 간의 관계에 대해 포괄적인 관점으로 다양한 과학적 정보를 담고 있다[3].

지속 가능한 건물 실무에 대한 정보는 비전문가에게 유용한다. 하지만 일반적인 원칙은 대부분 평범한 사람이 쉽게 알 수 있어야 한다. 비용, 이용 가능성과 지속 가능성 요인이 모든 자재 선택에 영향을 미치지만, 보육시설을 설계하는 팀은 점점 증가하는 친환경적 '녹색(green)' 건축자재와 무독성 수성수지(water-based resin), 접착제, 염료, 자연목재 왁스, 자연섬유 카펫, 유기농 면직물과 자연 식물 염색 직물을 시장에서 친숙하게 볼 수 있다[4].

3) International Institute for Bau-Biologic and Ecology, P. O. Box 387, Clearwater, Florida 34615.

4) 일반인을 위한 가장 훌륭하고 이해하기 쉬운 안내서는 《The Natural House Catalog》이다. 이 책은 데이비드 피어슨(David Pearson, Simon & Schuster, 1996)에 의해 쓰였다. 건축가를 위해서는 《The AIA Environmental Resource Guide(ERG)》가 가장 좋다.

디자인가이드 8.1

환경친화적 디자인[5)]

- 환경친화적 디자인을 적용한다. 아니면 적어도 환경과 생물체에 해를 줄 수 있는 생산품이나 자재를 최소화한다. 이것은 대부분 추가 비용 없이 가능하다.
- 개방된 공간, 야생 습성, 습지를 보전하기 위해 환경적 영향을 최소화할 수 있도록 건물의 입지를 정한다.
- 단열, 창문의 기밀성, 기밀한 시공을 실시하여 건물의 에너지 효율성을 높이도록 디자인한다. 남부지역에서는 과다한 태양열 흡수를 억제하기 위해서 반사유리를 사용하고, 태양열 축적이 가능한 또는 배제할 수 있는 곳으로 건물의 방향을 결정한다.
- 에너지 소모가 적은 건축재료를 선택한다[6)]. 다양한 재료의 상대적인 에너지 강도는 목재=1, 벽돌=2, 시멘트=2, 유리=3, 유리섬유=7, 스틸=30, 알루미늄=80과 같다.
- 재활용된 재료로 만들어진 제품을 사용한다. 예들 들면 섬유질 단열재, 호모소테(homosote), 서모플라이(thermo-ply) 그리고 재활용된 플라스틱 목재 등이 해당된다.
- 재활용을 위한 수납공간을 마련한다. 부엌 근처에는 재활용 전용 쓰레기통을, 실외에는 퇴비용 음식 쓰레기를 모으는 통을 두고, 퇴비를 만들 수 있는 공간을 마련한다.
- 오래된 목재에서 생산되는 판재를 피하고, 지속 가능하도록 재배된 판재를 이용한다. 이에 대한 자세한 정보는 국재판재생산협회(International Hardwood Products Association)에서 얻을 수 있다[7)].
- 과대포장을 자제하고, 대형 단위로 제품을 구매하여 불필요한 포장재를 피한다.

5) 이 장의 디자인가이드의 일부분은 "A Checklist for Environmentally Sustainable Design and Construction," Environmental Building News: A Bimonthly Newsletter 17, no.1에서 인용하였다.

6) the AIA' s Environmental Resource Guide(ERG) for Life Cycle Analysis of 28 categories of building materials 참조

7) Pearson, David, The Natural House Catalog, (Simom & Schuster, 1996)

2. 급배수시설

보육시설에서는 정확하고 제한된 급수를 위하여, 절수기구를 사용하는 것이 바람직하다(특별히 변기, 세탁기, 식기세척기 등). 중앙 정수 시스템은 식수와 요리, 목욕물을 정화하기 위해 필요하다. 건축법이 허용한다면, 중수 시스템(gray water)을 활용하는 것이 좋다. 우수관과 빗물 체인[8]은 아동에게 물의 순환 시스템을 설명하기에 좋다.

특히 다양한 위치의 배수는 보육시설을 준비하는 과정에서 비용이 가장 많이 드는 작업이다. 이 시스템은 교환하기 어렵기 때문에 제대로 설치하는 것이 중요하다. 쉽게 청소하고, 악취를 방지하기 위해서는 변기와 싱크대 주변에 바닥 배관(floor drain)을 하는 것이 중요하다('환기' 부분 참조).

그림 8.1 자연스러운 물 흐름은 주변 환경에 더 많은 에너지와 산소 그리고 습기를 제공한다.

디자인가이드 8.2

수도꼭지와 싱크 부속품

- 적외선 감지형 수도꼭지는 절수와 위생적인 이유로 사용이 증가하고 있으나 이러한 자동장치는 아동에게 절약의 의미를 가르치는 데 어려움이 있으므로, 레버나 수도꼭지를 사용하는 것이 바람직하다.
- 발로 밟는 부속장치는 아동이 작동하기에 어려운 점이 많다.
- 기저귀 갈이대를 사용하는 어른을 위해서는 오염을 방지하기 위해 발로 밟는 수도꼭지 또는 단일 레버형 수도꼭지가 유용하다.

8) 빗물 체인(rain chain) : 우수를 지붕으로부터 땅으로 흘려보내기 위해 금속 체인을 늘어뜨리는 방식

디자인가이드 8.3

급수와 배수

- 절수와 안전한 오물 처리를 위해서는 절수장비를 설치한다.
- 중앙 정수 시스템을 설치하거나 음수와 요리에 사용되는 수도가 있는 모든 싱크대에 개별 정수 필터를 설치한다.
- 목욕과 설거지에 사용된 중수(gray water)는 변기 또는 식물용 관수로 재활용한다. 만약 현행 건축법이 인정하지 않는다면 미래에 이러한 시스템으로 교체하기 쉽게 설계한다.
- 외부 공간에 사용하는 물은 지붕에 떨어지는 우수를 집수하여 활용한다.
- 염소의 90%를 제거할 수 있는 필터를 직원용 샤워실과 아동을 씻기는 모든 공간에 설치한다. 물속에 있는 잔류성 염소는 모발, 피부, 코, 폐에 모두 위해하기 때문이다[9].
- 그림 8.1과 같이 '물 흐름(flow-forms)'을 설치해서 물도 정화하고 공기에 가습하는 용도로 활용한다.
- 수도꼭지에서 나오는 물의 온도는 48.9~54.4℃ 정도로 유지한다.
- 가뭄에 잘 견디는 자연 식물과 다년생의 잔디를 이용하여 절수가 가능하고 유지관리비가 적게 드는 조경을 한다.

3. 난방과 냉방

우리는 온열환경이 '쾌적' 또는 '쾌적하지 못함'을 쉽게 알아차리기 때문에, 실내 환경의 다양한 온도를 경험하지 못한다. 자연적인 원리에 의한 냉난방은 화석연료를 보존하고 오염을 줄여줄 뿐 아니라 인간과 기후 변화의 관계를 재정립시켜 준다. 블라인드, 셔터, 창문, 환기설비 그리고 다른 온도조절장치의 작동은 외부 기후조건을 조절하여 신체의 요구를 만족시켜 준다. 아동에게 이러한 장치를 알게 하는 것은 유익하다.

난방과 냉방 선택에 영향을 미치는 세 가지 요소는 다음과 같다.

- 새로운 또는 개조된 시설을 위한 냉난방 시스템을 선택할 때, 에너지 소비와 이산화탄소 방출, 그리고 실내 공기 질을 고려한다. 건물 디자인은 최대한 태양광을 활용하고 자연적인 방법을 활용한다. 강제공조 시스템은 공기를 건조하게 하며, 오염물질을 순환시킨다. 공기 필터와 가습기를 고려해야 한다.

9) 트리할로메탄이라 불리는 염소 부산물 독소는 암과 장애를 일으키는 것으로 알려져 있다.

그림 8.2 온돌난방은 영아가 머무르는 공간을 따뜻하게 해준다.

- 보육실은 실별 선택이 가능하도록 난방과 냉방 시스템을 디자인한다. 대부분 보육시설은 중앙 온도조절장치를 사용하여 극단적인 추위 또는 더위에 시달린다. 항상 개폐할 수 있는 창과 순환 환기를 제공하며, 문은 외부와 연결되도록 하는 것이 바람직하다.
- 아동은 키가 작으므로(바닥에서 0.3~0.9m), 냉난방 시스템을 디자인할 때는 이를 고려한다(그림 8.2). 더운 공기는 위로 올라가므로 바닥에 찬 공기와 외풍을 유발한다. 특별히 영아 보육실에는 바닥에 복사열을 제공하는 것이 바람직하다.

디자인가이드 8.4

난 방

1. 태양에너지의 활용

- 태양열 공간(sunspace), 축열체, 태양광, 적절한 차양, 고효율의 반사체, 통풍을 위한 창, 단열 등을 이용해 에너지 사용을 줄인다.
- 태양광, 자연 냉방, 태양 온수기 등의 새로운 시공방식을 시도하고, 건물을 단열 패널로 디자인한다.
- 냉방부하를 줄이기 위해 건물의 남쪽과 서쪽에 활엽수를 사용한다. 수목이나 관목은 겨울에 찬바람을 막아주고 여름에 시원하게 하기 때문이다.
- 태양열 패널과 축열체를 활용한 태양열 난방 시스템을 고려한다.

2. 보육실 온도

- 아동의 연령과 활동량 그리고 시간대에 따라 태양광의 양이 달라지므로, 각 보육실마다 온도조절기를 별도로 설치한다.
- 실 온도를 아동의 높이에 맞추어 바닥에서 0.3~0.9m 높이 기준으로 한다. 보육실은 20~22.2℃를 유지한다.
- 아동이 주로 바닥에서 생활한다면, 바닥 복사열과 카펫을 활용한다.
- 보육실에서는 호흡기 감염률이 높기 때문에 난방 시에는 50~55%의 습도가 바람직하다. 가습은 보육실을 더 따뜻하게 느끼게 해주므로 연료를 절약하고, 정전기를 감소할 수 있다. 더욱이 70%가 넘는 습도는 성장에 큰 도움을 준다.

3. 외풍 방지

- 스탠드형 냉난방기는 그 주변을 활용하기 어렵다.
- 순환수식 히터(hydronic baseboard heaters)는 오염물질이나 먼지가 방출되지 않으며, 소음이 크지 않고 강한 바람을 일으키지 않는다. 단, 아동의 손에 닿으면 위험할 수 있다.
- 아동은 창가에서 바깥을 바라보기를 좋아하므로 외부로 나가기 어려운 겨울철에는 외풍 방지를 위해 창에 이중 · 삼중으로 단열처리를 한다.
- 공기 차폐기(air lock)를 설치하고, 출입구에 전실공간을 두며, 현관에 안내데스크가 있는 경우에는 바람을 피할 수 있는 위치를 선정하여 디자인한다. 방패막이를 세우거나 복사열 패널을 사용하여 임시방편으로 해결하는 것은 실내 공간을 쾌적하게 해 주지 못한다.

4. 설 비

- 운영비를 줄이고, 작동 중 오염물질을 줄이기 위해서는 내구성과 효율성이 높은 냉난방 시스템을 설치한다.

- 모든 냉난방 장치는 아동의 손이 닿지 않도록 한다.
- 겨울에 건물을 덥히거나 여름에 시원하게 하기 위해서 지열축열체(geothermal heat sink)를 사용한다. 설치에는 비용이 많이 들지만 매우 친환경적이고 장기적으로 봤을 때 경제적이다.

5. 복사난방

- 복사열은 공기 대신 물체를 덥히는 역할을 하며, 낮은 위치에 있는 공기가 따뜻하게 느껴져 쾌적하게 한다.
- 태양에너지 난방은 복사열 중 가장 깨끗하고 에너지 효율적인 형태이며, 연기를 방출하거나 화석연료를 소비하지 않는다.
- 온돌 시스템은 조용하고 깨끗하며 공기와 먼지를 날리지 않는다. 또한 공기가 건조하지 않으며, 알레르겐과 유해물질이 순환되지 않는다.
- 영아는 열 손실에 영향을 받기 쉬우므로, 바닥의 복사난방과 HVAC를 주의 깊게 계획한 시스템이 바람직하다. 유난히 창의 면적이 큰 경우는 영아를 창가에 있지 않도록 하고, 열 손실을 가져오기 쉬우므로 주의한다.
- 기저귀 갈이대 주변에 복사난방 패널을 설치해서 발가벗은 영아를 따뜻하게 한다.

디자인가이드 8.5

냉 방

- 건물의 향, 노출, 수목, 관목, 맞통풍 등 건물을 자연적인 방법으로 시원하게 할 수 있는 방법을 고려한다.
- 매우 더운 계절에 내부 공간을 시원하게 하기 위해서 천막, 처마, 격자울타리, 깊은 창턱, 천장 팬, 블라인드, 밝게 채색된 외부 벽체, 두꺼운 조적식 내부, 흙벽, 스크린, 중정, 개방된 고탑 등을 사용한다. 되도록 반사유리를 피하고, 내부에 자연광을 줄이는 것이 좋은 방법이다.
- 팬과 환기설비를 위한 보호가리개의 구멍은 매우 작게 하여, 아동의 손가락이 들어오는 것을 막아야 한다.
- 공기조화 시스템은 필터를 잘 사용해야 하고, 소음을 줄이기 위해 모터, 팬, 컴프레서를 분리 설치해야 한다. 또한 곰팡이 균을 제거하기 위해서는 배수를 원활하게 해야 한다.

4. 통풍과 공기의 질

바람이 신선한 공기를 건축물로 들여보내며 내부 오염물질을 허술한 건물 외피를 통해 외부로 배출시킬 수 있었던 과거와는 달리 현재의 건축물은 기밀하게 지어지고 있으며, 모든 지역에서 냉난방 시스템은 일반적이 되었다. 동시에 상품, 마감재 그리고 비품으로 사용되는 수천 가지의 새로운 건축자재과 제품이 더욱 실내를 오염시키고 있다.

바람직한 통풍 시스템은 건물에 유입·배출되는 공기를 균형 있게 조절하는 것이다. 모든 조건하에서 배출되는 것보다 더 많은 공기가 유입되어야 한다. HVAC 시스템[10]은 공기 질을 더 악화시킬 수도 있다. 이 시스템이 곰팡이와 박테리아로 오염되면 오염된 공기가 시스템 전체로 이동하면서 실내 거주자에게 균을 옮길 수 있기 때문이다. 그러므로 HVAC 시스템은 환기 덕트와 코일을 반드시 정기적으로 검사받고 관리해야 한다.

실내 공기 질은 오염물질이 부재한지, 그리고 신선한 공기를 건물 안으로 들여보내는 통풍 시스템의 힘이 어느 정도인지, 오염물질을 제거하는 필터의 힘이 어느 정도인지에 달렸다. 통풍 시스템의 선택은 아동의 호흡기 건강과 화학적 민감성에 영향을 미친다. 어린 아동에게 천식 발병이 증가하고 있는데 이것은 유독 내부 마감재와 유독 세정 제품의 사용, 신선한 외부 공기를 호흡하는 시간의 부족 등과 더불어 열악한 통풍 시스템에도 부분적으로 원인이 있다.

또한 보육시설에는 특별 통풍이 필요한 장소가 있다. 바로 화장실, 기저귀 갈이 공간, 주방 등이다. 3~4세 이하의 유아는 대소변 가리기와 화장실 사용에 대해서 배우는 시기이므로 많은 실수가 있을 수 있다. 이때 발생되는 오물은 즉시 깨끗하게 처리되지 않는다. 왜냐하면 교사는 아동을 돌보느라 바쁘고, 화장실을 정기적으로 청소하기 어렵기 때문이다. 그 결과 화장실 냄새는 갈수록 심해진다. 이는 보육시설의 이용자나 방문자가 자주하는 불평 중 하나이다[11]. 화장실에는 추가의 공기배출 시스템이 필요하다. 환기할 수 있는 창문이 있다면 금상첨화이다.

화장실에 딸려 있지 않은 기저귀 갈이 공간도 독립적인 공기배출 시스템을 필요로 한다. 비록 기저귀 처리용기가 밀폐되어 있어 냄새를 조절하지만, 냄새가 완전히 제거되지 않는다. 가까이 환기할 수 있는 창문이 있으면 매우 유용할 것이다.

---

10) HVAC 시스템 : Heat, Ventilation, Air Conditioning system. 냉난방 공용 시스템

11) Gretchen Lee Anderson(1993). *Removing Barriers to Childcare Facilities Development.* Northridge, CA: California State University.

디자인가이드 8.6

통풍과 공기 질

- 연구조사 결과, 많은 보육시설이 욕실과 기저귀 갈이 공간에서 냄새를 제거하기 어렵다고 보고하고 있다. 탁월한 통풍설비와 청소를 위한 바닥의 배수구가 필요하다.
- 가스레인지는 환풍을 위해 외부와 연결된 후드, 강력한 팬, 가까이에 환기할 수 있는 창을 필요로 한다. 요리할 때 발생하는 가스는 부엌에서 오랫동안 일하는 사람에게는 포름알데히드 중독과 유사한 증세를 유발한다.
- 안전하고 건강한 실내 공기 질을 확보하기 위해서는 기계적인 환풍장치를 설치한다. 에너지 절약을 위해서는 열 손실을 최소화할 수 있는 특별 환풍장치가 선호된다. 그러나 일반 환풍 시스템이라도 충분하다.
- '밀폐된 건물'에 대한 물리적 반응은 창문이 기밀하고 환풍 시스템이 공기의 85% 정도만 정화할 때 발생할 수 있다. 결과적으로 연기, 향수, 헤어스프레이, 박테리아, 바이러스 그리고 실내 마감재에서 유출되는 소량의 포름알데히드 등이 실내에서 재순환하고 거주자가 그 속에서 호흡하게 된다.
- 건강을 위해서 열 수 있는 창문을 제공한다면, 공기와 빛 모두를 조절할 수 있다.
- 변질조직 합성물을 방출하는 물질을 피하는 것이 좋은데, 특별히 포름알데히드 성분의 마감, 접착제, 카펫, 파티클보드는 좋지 않다.
- 향기 있는 꽃이나 구운 과자, 열린 창으로부터 들어오는 시원한 공기와 같은 쾌적한 냄새를 유입한다.
- 미생물이 생길 수 없는 단순한 디테일을 디자인해서 되도록 살충제의 사용을 억제한다.
- 무해한 세탁세제와 용품만을 사용한다[12].

주방의 냄새는 때로는 즐거움을 주기도 하지만, 불쾌한 냄새와 가스 오염물질, 그리고 퀴퀴한 공기를 제거하기 위해서는 좋은 통풍장치와 가열대 상부에 있는 냄새배출 팬이 필요하다.

12) Norman L. Miller(Ed.) (1995). *The Healthy School Handbook*. Washington, D.C.: NEA Professional Library.; Debra Lynn Dadd(1997). *Home Safe Home: Protecting Yourself and Your Family from Everyday Toxic and Harmful Household Products*. New York: Tarcher/Putnam.

5. 전자기파 영역

전자기파(EMFs)는 빛과 같이 단순한 에너지의 형태인데, 이는 모든 전자 기구에 의해서 형성된다. 파워라인 위에 존재하는 라디오와 텔레비전 신호탑, 변압기는 강도 높은 수준의 전자기파를 발산한다. 전자기파를 피하는 것은 가능하지도 않을 뿐더러 바람직하지도 않다. 전자기파는 그 존재가 문제되지는 않지만, 축적됨으로써 발생하는 영향력과 노출되는 지속성이 관심의 대상이 된다.

어떠한 연구도 전자기파에 대한 노출이 건강에 위험하다고 평가하지는 않는다. 하지만 안전 수준도 설정되지 않았다. 전자기파에 노출된 모든 사람에게 병이 생기는 것도 아니고 모든 질병의 원인이 전자기파인 것도 아니다. 하지만 많은 연구에 따르면 전자기파는 동물과 인간의 생리학에 중대한 영향을 미치며 결과적으로 건강을 악화시키고 스트레스를 가중시키며 생리학적으로 그리고 성적으로 기능장애를 가져온다고 한다. 또한 많은 연구는 암 발병률이 오랫동안 전자기파에 노출된 대상 중에서 더 높게 나타났고, 특히 아동에게, 그리고 개인의 임계점을 넘어섰던 사람에게 더 높게 나타났다고 밝히고 있다.

인간의 몸은 근본적으로 건강하게 유지하려는 전자기적인 시스템이다. 이 시스템은 적절한 주파수에서 진동해야만 한다. 어린 아동은 이러한 주파수의 왜곡에 특히 취약하다. 스웨덴의 연구는 높은 볼트의 케이블로부터 방출되는 높은 수준의 전자기파에 노출된 아동이 정상 아동보다 암 발생률이 두 배나 높다고 밝히고 있다[13]. 그러므로 방송단말기와 변압기와 같은 강력한 전자기파의 근원 근처에 보육시설을 세우는 것은 바람직하지 않다.

심지어 가정이나 직장에서 낮은 수준의 전자기파 노출이 알레르기를 촉진시키며 스트레스와 혈압을 상승시키고 불면증을 가져온다는 증거가 늘어나고 있다. 그렇다면 보육시설에서 가능한 전자기파에 장기적으로 노출되는 것을 줄이는 것이 바람직하다. 전자기파는 벽과 바닥을 뚫고 지나갈 수 있지만, 축적되지는 않고 다른 사물에 전이되지도 않는다. 제1의 전자기파의 발생원은 머리 위에 있는 전깃줄, 금속파이프와 물을 함유하고 있는 냉각장치, 컴퓨터, 스테레오, 전자레인지, 세척기, 헤어드라이어, 핸드폰 등이다. 심지어는 이런 기구의 플러그가 뽑아져 있는 상태에서도 콘센트에 연결되어 있는 전선에 아직 전류가 흐르고 있으므로 전

13) A. A. Marino(1993). "Electromagnetic Fields, Cancer and the Theory of Neuroendocrine-Related Promotion," *Bioelectrochemistry & Bioenergetics 29*, pp. 255–276.; Rodney Girdlestone(1994). "Electromagnetic Fields," *Mind Body Soul: The Alternative Lifestyle Magazine, 21*. Sep/Oct.; Rodney Girdstone and David Cowan(1994). *Safe as Houses? Ill-health and Electro-stress in the Home*. Gateway Books.

디자인가이드 8.7

전자기파 영역

- 보육시설을 변환기나 발전소, 라디오나 TV 방송 터미널 근처에 위치하지 않도록 한다.
- 전기설비와 전선을 배치할 때 되도록 아동과 직원의 전자기파에 대한 노출을 최소화하도록 계획한다.
- 건물의 전기 케이블을 단열재로 감쌈으로써 주변의 전자기파를 줄인다.
- 컴퓨터나 전자레인지와 같은 설비에 사용가능한 보호막을 구매한다.
- 측정기를 구매하거나 전문가를 고용하여 건물의 전자기파를 측정한다. 아동은 사회에서 요구하는 성인 평균 노출 정도보다 수준을 낮추어야 한다.

자기파를 발산한다. 건물의 전자기파 수준을 측정하기 위해서는 가우스 미터를 직접 구입하거나 지역의 전기관리 회사에 측정을 의뢰할 수 있다.

아동용 침대는 콘센트와 시계 그리고 다른 전기장치 등으로부터 가능한 먼 장소에 위치해야 한다.

제9장

음 · 빛 · 조명

The voices of the past do not sound the same in the big room as in the little bed chamber and calls on the stairs have yet another sound…
Still further it is possible to recover… the resonance of each room in the sound house.

— Caston Bachelard[1)]

… Light is the most important environmental input, after food, in controlling body function.

— Richard Wurtman[2)]

1. 음

사람은 특별한 공간에 대한 기억을 소리로 기억하고 있다. 공간에 대한 소리의 특성은 특히 장소성과 관련이 있다. 그러나 보육시설은 공간에서 소리가 어떻게 전달되는지, 어떻게 울려 퍼지는지에 대한 특별한 고려 없이 지어진다. 이 장에서는 음이 아동발달에 영향을 주는 방식과 어떻게 디자인이 음향 요소에 영향을 미치는지 알아보려고 한다.

프랑스 물리학자 알렉산더 토마티스(Alexander Tomatis)의 음 생리학 연구에 의하면, 우리 몸의 모든 세포들은 음 파장을 가지고 있다고 한다. 그래서 우리는 실제로 귀로만 듣는 것이 아니라, 우리의 몸 전체를 이용하여 듣는다. 심지어 취침 중 잠재의식에서도 음에 반응할 수

1) G. Bachelard(1969). *The Poetics of Space*. Bostin: Beacon Press, pp. 60–61.

2) Richard J. Wurtman(1982). "The Effect of Light on the Human Body," *Scientific America, 1*(233), pp. 68–77.

있다. 청각, 미각, 촉각, 시각 등의 감각이 긴밀하게 연결되어 있기 때문에 토마티스는 음 신경을 '반응과 지각을 연결하는 주요 메커니즘'으로 정의하였다[3]. 그는 귀와 뇌, 눈과 뇌 사이의 신경 연결을 수차례 확인한 바 있다.

가장 최초의 태아 세포는 소리에 민감하고, 태아가 $4\frac{1}{2}$개월이 되면 청각이 완성된다. 7개월 후, 태아는 엄마의 음성에 따라 정확하게 움직이기 시작한다[4]. 이러한 민감성과 청각 발달은 아기가 태어난 후 처음 3~5년 동안 언어 획득에 도움이 된다.

음은 공간에 있는 물건이나 사람의 위치를 알게 해준다. 특히 선천적으로 보이지 않는 이들은 물건이 내는 소리로 물건을 찾는다[5]. 시각이 좋지 않은 아동이나 성인도 음으로 또는 촉감으로 물건을 구별한다. 이러한 사실은 아동이 낯선 세계에서 적응하고 살아가는 방법으로 음을 사용하는 것을 의미한다.

성인과 달리 아동은 소음을 줄이려고 하는 습관적 반응이 거의 없고 듣는 것도 조절할 수 없다. 음은 신체의 전체 세포에 영향을 주기 때문에 미숙한 조직들은 특히 강한 진동과 소음에 영향을 받기 쉽다. 반대로 음향적으로 조화로운 환경은 장기 조직과 세포 발달을 도와준다. 부적절하거나 너무 지나친 음은 아동이 겪는 청각적 손상이나 건강에 큰 영향을 준다.

음은 특히 아동에게 방향성과 안전에 대한 중요한 근원이다. 아동은 우는 소리나 친숙하지 않은 기계소리, 그리고 극도의 조용함을 경험하며 긴장하게 된다. 반대로 인간의 목소리, 부드러운 음악, 새소리, 산들바람 소리 등의 친근한 소리는 낯선 환경에서도 편안함과 안정감을 준다.

1) 시설의 음향적 목표

보육시설의 음향은 모든 사람의 건강에 영향을 줄 정도로 매우 중요하다. 보육시설의 음향적 목표는 다음 두 가지이다.

- 조화롭고 만족스러운 음 환경을 만든다.
- 원하지 않는 소음을 제거하거나 흡수 또는 조절한다.

장소성은 다양한 음향의 적절한 수준에 의해 향상된다.

---

3) A. Tomatis(Ed. Don Campbell) (1991). "Chant, the Healing Power of Voice and Ear," in *Music, Physician for Times to Come*. Wheaton, Ill: Quest.

4) J. C. Pearce(1992). *Evolution' s End: Claiming the Potential of Our Intelligence*. San Francisco: Harper, p. 71.

5) T. G. R. Bower(1977). *The Perceptual World of the Child*. Cambridge, MA: Harvard University Press, pp. 76–77.

2) 바람직한 음향 환경

보육시설의 음향의 질을 높이기 위해서는 디자인팀에 처음부터 개조 전문가나 음향 기술자를 포함하여 공사를 진행하는 것이 좋다.

- 각 공간에 알맞은 음향 환경을 만들겠다는 디자이너의 헌신
- 각 공간에 정확하게 지적된 소음문제를 해결하겠다는 계약 합의
- 지역 선정에서부터 완성된 시설을 평가하기까지 공사 전반에 걸친 지속적인 관심

음향의 질을 높이는 방법은 다음과 같다.

- 시끄러운 장소를 피한다.
- 적절한 건설방법과 조경기술을 사용한다.
- 실내에 방음재를 사용한다.
- 만족스러운 음을 의도적으로 도입한다.

(1) 소음이 있는 공간 피하기

시설의 음향 환경의 질은 보육시설의 장소 선정에서부터 시작된다. 외부 환경에 대한 신중한 조사는 필수적이다. 아동은 50% 이상의 시간을 바깥에서 지내기 때문에 놀이공간의 음향 환경은 가장 중요한 요소 중 하나이다.

(2) 적절한 건물과 경관의 이점

'어떻게 빌딩이 시공되었나', 그리고 '무엇이 주위를 둘러싸고 있는가' 가 음향의 질에 영향

디자인가이드 9.1

음향의 질과 위치

- 소리는 살아 있는 조직을 재구성하는 능력을 가지고 있기 때문에 조화로운 음향 환경을 만들고, 소음을 줄이겠다는 목표를 설정한다.
- 가능하면 고속도로, 대중교통, 기차, 산업시설, 소방서, 병원, 쇼핑센터, 박람회장, 공군기지, 공장, 공항과 같은 부정적인 요소의 근접을 차단한다.
- 위에서 기술한 것과 같이 간헐적이고 불규칙한 소음이 가장 불쾌한 소리이다. 낮은 수준의 지속적이고 특징 없는 소리는 크게 영향을 미치지 않으며, 고음의 소리가 저음보다 훨씬 불쾌하게 느껴진다.

디자인가이드 9.2

음향적 질이 요구되는 공간과 경관

- 외부의 소음을 차단하기 위해서는 콘크리트나 석재와 같이 중량이 나가는 벽을 설치한다.
- 가벼운 재료로 지어진 건축물에서는 벽 사이에 샛기둥 세우기, 벽 사이에 공기층 두기, 내부 벽에 탄력 있는 금속 패널로 마감하기 등의 방법으로 진동의 전달을 줄일 수 있다. 이러한 방법은 진동이 건물 내부로 침투하는 것을 막을 수 있다.
- 외부에서 공기와 함께 운반되는 소음을 막는 것도 실내 에너지를 보존하는 방법이다.
- 빌딩 주변의 소음은 조밀한 나무 장벽, 콘크리트 담장 등의 자연적 요소로 감소시킨다.
- 음을 흡수하는 가장 좋은 방법은 키 큰 나무와 굵고 무성한 나무로 구성된 넓은 조경지대이다.
- 이러한 식물 차단 벽은 소음과 가까우면 가까울수록 효과적이다.

을 미친다. 음향 환경을 위해 설치한 조경은 시원하고 깨끗한 공기, 소음원의 시각적 차단, 그리고 새를 유인할 수 있는 장점이 있다.

(3) 실내 소음 조절의 전략

소음은 주로 공기, 충격, 진동의 세 가지 방법으로 전달된다. 공기에 의한 소음은 위에서 설명한 것과 같이 조경과 재료의 중량으로 조절될 수 있다. 바닥이나 벽에 전달되는 충격 소음은

그림 9.1 다양한 높이의 가구, 로프트, 플랫폼은 실내에서 울리는 소리를 방지한다.

카펫이나 이중 바닥이나 이중 천장으로 조절된다. 진동은 수도관이나 엘리베이터 등에 음이 충돌되었을 때 발생하며 바닥과 벽을 따라서 멀리까지 이동한다. 이것은 기계, 전기배관장비 주변의 틈을 메움으로써 줄일 수 있다.

모든 소음 조절 문제는 발생원, 경로, 청취자의 세 가지 독립적 요소와 관련되어 있다. 어떤 음은 발생원에서 통제될 수 있다. 다른 음은 전달되는 경로에서 조절될 수 있다. 그리고 어떠한 경우에는 청취자가 적응을 해야 할 때도 있다.

보육실에 더욱 편안한 방음 분위기를 주기 위해서는 흡수성이 있는 표면을 추가하고, 천장 또는 가구의 높이를 다양하게 함으로써 실내의 반사하는 음을 줄여 준다. 그리고 주변 소음원을 조절하여 아동이 주변 소음에 이목을 덜 끌도록 만들어 준다. 또는 아동의 '와글와글' 하는 소리, 분수나 출입구의 차임, 배경음악의 의도적인 도입으로 소음을 차단한다.

아동이 주로 바닥에서 활동하기 때문에, 방 전체 부피의 50%가량은 비어 있는 상태이다. 실내에 다양한 천장 높이와 칸막이, 지붕, 오르기 등을 설치하면 소음을 흡수하고 무뎌지게 만들어 준다.

프린터, 팩스, 복사기는 안내 데스크 가까이 있어야 하지만 어느 정도 가려져야 한다(코퍼하우스).

디자인가이드 9.3

음의 조절 전략

- 디자인 단계의 초기에 기계장치로부터의 소음이나 진동을 통제하기 위해 미국냉난방공조학회(ASHRAE)와 미국재료시험협회(ASTM)의 소음표준(Noise Criteria : NC) 등급에 기반을 둔 확실한 지침을 확립한다[6].
- 위생과 화재를 고려해서 커튼과 같은 직물은 보육시설에서 자제하는 것이 좋다. 하지만 건축가는 단단한 건축 표면을 음향적으로 완화시키기 위해 직물을 사용하므로 건축 형태 자체가 반드시 좋은 음향적 환경으로 설계되어야 한다.
- 조용한 공간에서는 사용자가 만들어 내는 음이 부드럽거나 크고 거칠 수도 있다. 이는 방의 인테리어 볼륨과 마감재의 흡음적 특성에 의해 좌우된다. 공간의 반향은 방의 크기에 따라 증가하고 흡수성이 높은 재질로 감소시키거나 천장높이로 조절할 수 있다.
- 방 상부 공간의 50%인 비어 있는 공간에서 음은 더 쉽게 움직인다. 방의 수직적 형태를 다양하게 변화시킴으로써 원치 않는 음의 흐름을 막을 수 있다. 예를 들면 다른 높이의 천장이나 단차, 오르기, 칸막이를 설치하면 음이 이러한 구조물에 부딪혀 더 멀리 이동하는 것을 차단할 수 있다.

1. 소음의 원인

- 난방·환기설비는 소음의 주된 원인이므로 관을 설치할 때 방을 가로지르는 대신 복도에서 방으로 연결하는 것을 고려한다. 난방이나 환기 소음은 지속적이고 조심성 있다면 청각적으로 허용될 수도 있다.
- 갈라진 작은 틈이나 이음새는 벽의 단음 효과를 감소시킨다. 통풍관은 좁고 쉽게 지나칠 수 있는 통로를 만들고 이곳을 통해 소리가 새어나갈 수 있기 때문이다.
- 천장의 환기시설은 방음 천장 판의 얇은 층보다 더 많은 방음재가 필요하다.
- 크고 작은 가정 설비에 의한 소리는 주관적 기준으로 평가되기도 한다. 예를 들어, 변기의 강한 물소리는 어린 아동에게 겁을 줄 수도 있다.
- 배관과 도관을 보호하는 작업은 진동과 소음을 최소화한다.
- 사진 복사기, 팩스와 같이 시끄러운 장비는 닫힌 문 뒤나 분리된 공간에 설치한다.

2. 소리와 공간

- 호환성이 없는 공간인 보육실과 기계설비실은 인접하지 않도록 한다. 또한 보육실은 엘리베이터, 쓰레기 통로, 수위실과 떨어져 있어야 한다.

6) 다양한 경우의 NC(Noise Criteria)를 위해서는 ASHRAE(Amercian Society of Heating, Refrigerating, and Air-Contitioning Engineering) System Habdbook 참조. 소음과 음향에 대한 자세한 정보를 얻기 위해서는 The American Society for Testing and Materials에 문의해 본다.

- 다목적 또는 활동영역 주변에 보육실을 배치하는 것은 바람직하지 않다. 다목적실이 흡음처리를 완벽하게 하거나 떨어진 건물에 위치하는 것은 좋다.
- 방에서 방으로, 복도에서 방으로 소리가 전달되는 것을 완충하기 위해서는 방 사이에 벽장이나 창고를 위치시킨다. 벽이 두꺼워지면 입구에 공간이 생겨 소리를 차단해 주기 때문이다. 이는 특별히 보육실이나 사무실과 같이 아주 조용해야 하는 공간에 적절한 방법이다.
- 사무실, 회의실, 보육실, 직원실, 전화 부스와 같이 개인 사생활이 보호되어야 하는 공간은 시끄러운 공공 공간과 멀리 떨어뜨려 배치하거나, 흡음재로 처리하고 벽의 두께를 더 두껍게 하는 방법을 사용한다.
- 방을 구획할 때(7장 참조)는 조용한 곳과 시끄러운 곳으로 분리한다.

3. 소리와 재료

- 콘크리트, 유리, 플라스틱과 같이 통기성이 없고 단단하며 소리를 반사하는 자재는 보육시설의 음향환경에 적절하지 않다.
- 카펫, 커튼, 벽에 매달아 놓은 직물, 천장 현수막, 천장의 방음텍스와 같이 부드럽고 다공성이며 방음성이 높은 자재는 불쾌한 소리를 줄여 준다.
- 칠판, 칸막이, 게시판 또는 수납가구에는 흡음재를 사용해야 한다. 책장 뒷면에 흡음재를 부착하면 소음을 흡수하는 동시에 뒷면을 전시용 패널로 사용할 수 있다.
- 벽의 일부분이나 특히 낮은 부분에 카펫을 사용한다.
- 전화 부스의 천장과 벽에 흡음 재료를 사용한다.

(4) 만족스러운 음 환경

우리는 어떤 공간이나 대상을 기억할 때 그곳의 독특한 소리를 떠올린다. 공간의 청각성은 잊혀지지 않으며, 기억을 일깨워 준다. 보육시설에서 아동에게 어떠한 청각적 즐거움을 만들어 줄 수 있을까?

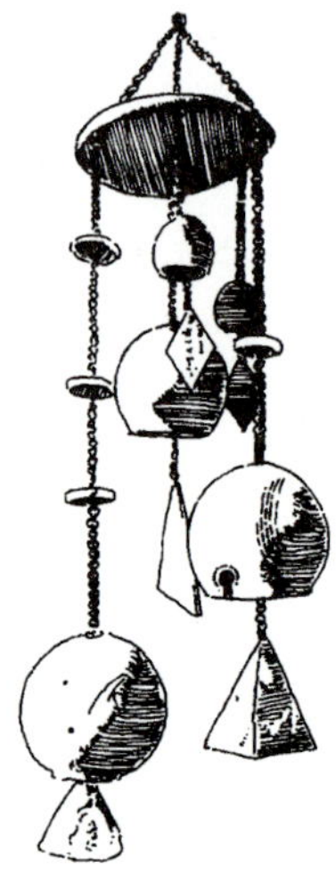

그림 9.2 풍경, 새, 개구리, 작은 연못, 그리고 부드러운 바람은 즐거운 소리를 내는 장소를 만들어 준다.

디자인가이드 9.4

즐거운 소리 만들어 주기

- 베리 종류의 식물을 심어 지저귀는 새를 유인한다.
- 귀뚜라미나 개구리를 키우거나, 이들을 유인할 수 있는 연못 또는 숲을 가까이 해서 즐거운 소리를 아동에게 들려 준다.
- 바람에 흔들리면서 아름다운 소리를 내는 대나무나 갈대, 키가 큰 풀을 심는다.
- 풍경을 달아 준다.
- 실내에 작은 연못이나 졸졸 흐르는 물의 흐름을 만들어 준다.
- '소리 나는 방(sound room)'을 만들어 아동이 직접 드럼, 마림바, 심벌즈, 실로폰과 같은 악기를 경험할 수 있도록 한다. 또한 실의 벽을 공명이 다른 나무, 금속, 플라스틱 재료로 만들어 아동 수준에서 경험할 수 있도록 한다.

2. 빛과 조명

빛은 그 중요성에도 불구하고 인테리어 디자인에서 항상 무시되는 요소이다. 비용 때문에 건축가들은 그 실에 들어오는 자연광과 공간 사용을 고려하지 않고 균일하게 형광등 기구를 설치하곤 한다. 그 결과 보육시설은 바람직하지 않은 강력한 형광등 빛와 어두운 그림자의 조명 환경이 만들어진다.

전기조명은 조명의 양, 질 그리고 각 공간에 들어오는 자연광의 위치를 고려하여 디자인되어야 한다. 가장 좋은 방법은 다양한 전기조명이 자연광을 보충할 수 있도록 계획하는 것이다. 초등학교를 위한 조명방법은 보육시설에는 전혀 적합하지 않다. 다양하고 만족스러운 조명계획을 위한 비용은 건축계획의 예산에 포함되어야 한다.

아동은 자연광 가까이 모여든다.

1) 자연광

장소성은 다른 어떤 요소보다도 자연광에 의존한다. 사람들은 고양이처럼 자연광이 있는 곳을 찾아가고, 적어도 두 면에 창이 있는 방을 선호한다. 자연광은 시간과 계절에 따라 천천히 그리고 끊임없이 변화한다. 그리고 다양한 조도에 따라 사물과 공간을 경험할 수 있다. 자연광은 육체가 24시간 주기의 리듬을 유지할 수 있도록 하며, 방향성, 안전성, 다양성, 움직임, 변화와 같은 심리적 요소에 영향을 준다.

빛은 인체의 신체 생리에도 영향을 준다. 여러 실험결과에서 빛의 색과 강도는 혈압과 맥박, 호흡률, 두뇌활동, 분비작용, 신진대사 기능에도 영향을 준다는 사실이 보고되고 있다. 광선요법은 신생아 황달, 마른 버짐 그리고 포진 등에 효과가 있다. 의료과학에서는 태양광의 유익한 효과를 '헤리오테라피(heliotheraphy)' 라는 특별한 용어로 사용한다. 자연광이 부족한 경우에 비타민 D 부족과 뼈와 치아의 탈염증세를 유발하고, 육체의 면역체계를 약화시키며, 스트레스와 피곤을 증가시킨다[7].

자연광과 우울증과의 관계를 인식하는 것은 캐나다와 일본에서 '태양광 법' 이 만들어진 동기가 되었고, 이들 나라에서 디자이너는 건물 거주자들에게 최소 일조시간을 확보해 주어야 한다.

아동에게 충분한 자연광을 제공하는 가장 효율적인 방법은 1년 내내 쉽게 접근할 수 있는 외부 놀이공간을 제공하는 것이다. 이것은 실외 공간이 모든 아동이 동시에 나가놀 수 있도록 충분히 커야 한다는 것을 뜻한다. 실외 공간이면서 지붕이 있는 외부 공간은 기후가 좋지 않

처마(porches)에서는 어떤 기후 조건에서도 실외 놀이가 가능하다. 그리고 지붕에 설치된 천창은 내부에 자연광을 충분히 투사해 준다.

7) N. E. Rosental, et al.(1985). "Antidepressant Effects of Light in Seasonal Affective Disorder," *Amercian Journal of Psychiatry, 142*(2), pp. 163–170.

디자인가이드 9.5

자연광 (2장 참조)

- 모든 실내 공간에서 건강을 위해 자연광을 극대화한다. 창이 없는 방에서 아동은 하루에 몇 시간 이상을 지내서는 안 된다.
- 빛을 조율하고 눈부심을 줄이기 위해서는 실에 적어도 두 면 이상에 창을 설치한다.
- 빛이 실에 골고루 비추도록, 되도록 '폭이 깊지 않도록' 건물을 디자인한다.
- 돌출 창이나 낮은 창턱, 처마, 발코니, 데크, 안마당, 천창, 온실, 고창, 실내 창은 밝은 외부 공간을 끌어들여 주는 좋은 수단이다.
- 아동이 자연광에 충분히 노출될 수 있도록, 각 실에서 직접 연결되는 실외 공간을 제공한다. 그리고 처마를 설치하여 기후조건이 좋지 않을 때도 실외 공간의 활용도를 높인다. 처마 지붕을 유리나 투명한 플라스틱으로 하면 실로 들어오는 태양광의 투과를 방해하지 않는다.
- 미술 작업공간은 특히 자연광이 충분히 들어오도록 하고, 인공조명을 쓰더라도 완벽한 빛의 스펙트럼이 공급되도록 한다.

을 때도 실외 공간의 활용을 증대시켜 준다.

창문은 아동이 자연광을 경험하게 하는 좋은 수단이다. 이를 위해서는 창문을 열 수 있고 창턱이 낮으며 전망이 좋아야 한다. 창문이 없는 공간에서는 절대로 아동 또는 성인을 종일 생활하게 해서는 안 된다.

많은 건축계획은 보육시설에 자연광을 부여하도록 한다. 온실, 발코니, 중정, 돌출된 창(window well), 안마당(atria), 처마, 고창 등을 적극적으로 사용하는 보육시설은 많지 않다.

2) 인공조명[8)]

인공조명은 야간이나 겨울, 흐린 날, 그리고 창에서 먼 곳에 자연광을 보충하기 위해 사용한다. 인공조명은 자연광에서 볼 수 있는 모든 빛의 성질을 재현할 수 있도록 디자인한다. 각 실의 분위기는 빛이 비춰지는 방식에 따라 크게 변화된다.

인공조명을 선택하는 데는 전구의 종류와 조명의 목적, 두 가지 중요한 고려사항이 있다.

8) 이 내용은 스티븐 로즌(Steven Rosen)의 책《Available Light》에서 요약 · 발췌하였다.

(1) 전구의 종류

전구가 100여 년 전에 발명된 이후로, 인간은 실내에서 많은 시간을 생활해 왔다. 그동안 인공조명이 우리의 건강에 미치는 영향에 대하여 실험한 결과, 인공조명에는 특별한 파장이 자연광에 비하여 부족하다는 것이다. 부족한 조명환경은 두통, 관절염, SAD, 발육저하, 충치, 낮은 학습능력, 낮은 칼슘흡수 등에 영향을 미치는 것으로 알려져 있다[9]. 특히 영아 시기의 부적절한 조명은 영양결핍 현상과 유사하다.

형광등에 온종일 노출된 아동은 코티솔(스트레스 호르몬)과 ACTH(성장호르몬과 아드레날린)의 증가로 정신적 · 물리적으로 흥분할 수 있다[10]. 형광등 빛은 초당 120번의 섬광(flash)을 방출한다. 이러한 섬광은 아동에게 과다행동(hyperactiveity)을 유발하며, 발작증을 가진 사람에게는 간질발작을 유발할 수 있다. 대안으로는 새로운 에너지 효율형의 콤펙트형 형광등(fluorescent electronic light)이 제시되고 있다[11]. 콤펙트형 형광전구는 전통적인 백열전구를 대신한다. 이 전구는 전기를 70~80% 절감하기 때문에 가장 친환경적이고 비용 면에서도 효율적이다. 빛 스펙트럼 분포 면에서도 유리하며, 색 연출 면에서도 탁월하다.

종일반 아동은 자연 빛을 필요로 한다. 되도록 지금 설치된 일반 형광등과 백열등을 에너지 효율형 형광등, 백열등, 할로겐 등으로 교체하는 것이 좋다. 만약 시설 전체를 교체하는 것이 어렵다면 최소한 보육실과 사무실만이라도 교체하는 것이 필요하다.

(2) 조명의 목적

조명의 목적은 전구의 종류뿐만 아니라 전반조명인가 작업조명인가를 고려하는 것이 중요하다.

조명 목적에 따라 조명기구가 달리 선택되며, 미적인 디자인과 공급되는 광원도 다르다. 보육실에서 다양한 조명기구를 사용하는 것은 각 공간에 '분위기'를 부여하는 데 매우 중요하다. 예를 들면 넓은 공간에 전반조명을 하는 것은 집단 활동을 지원한다. 반면에 할로겐 스포트라이트는 소수 아동이 공간의 일부를 집중적으로 사용하는 활동을 지원해 준다. 광원은 직접, 간접 그리고 직간접의 혼합 형식이 될 수 있다. 광선은 전구와 조명장치의 종류 그리고 비춰지는 대상과의 거리에 따라 달라진다.

조명은 각 공간에서 일어나는 활동과 그 공간에서 요구되는 분위기를 지원해야 한다. 이를

---

9) J. N. Ott(1973). *Health and Light*. New York: Simon & Schuster.

10) Fritz Hollowich(1980). *The Influence of Ocular Light Perception on Metabolism in Man and in Animals*. New York: Spring Verlag.

11) 콤팩트형 형광등은 안전하고, 열을 많이 방출하지 않으며, 일반 백열등보다 16배 수명이 길다. 이것은 섬광이 적고 조용하며, 어떠한 기후조건에도 적합하다.

디자인가이드 9.6

인공조명

- 인공조명은 전반조명이나 작업조명 모두 따뜻하고 자연스러우며 집 분위기를 표현할 수 있어야 한다. 시설 분위기가 강하고 눈부심을 유발하는 그리드 형식의 형광등 천장 조명방식은 되도록 피한다.
- 천장 부착형 조명보다는 벽 부착형 조명이 천장이나 벽에 빛을 투사하는 데 있어서 더욱 바람직하다.
- 작업조명은 전반조명을 보충하기 위해서 필요하다. 테이블이나 책상 위 또는 천장에 매달리거나 트랙 형식의 작업조명으로 다양한 형태와 조도를 만들 수 있다.
- 조명은 융통성을 가져야 한다. 트랙 조명이 융통성 면에서 가장 유리하다.
- 비활동적인 공간에는 낮은 조도를 사용하고, 활동적인 공간에서는 높은 조도를 사용한다.
- 아동의 건강을 위해서는 보육실이나 사람이 많이 모이는 공간에 '풀-스펙트럼형' 백열전구나 형광 전구를 사용한다.
- 간질 증세를 보이는 아동이 있는 경우에는 형광등 사용을 자제한다.
- 일반 형광등은 색을 왜곡시키기 때문에 예술작업 공간에서는 자연 빛을 보충하기 위해서 '풀-스펙트럼형' 전구를 사용한다.
- 빛은 형태와 색채에 영향을 미치기 때문에 공간에서 사용되는 벽, 카펫, 가구 등을 결정할 때는 실제 조명 조건에서 색채와 재질을 결정하는 것이 좋다.
- 비상 조명의 요건은 해당 지역 건축법을 따르도록 한다.

위해서는 다양한 조명기구를 채택하는 것이 바람직하다. 다양한 전반조명과 작업조명에 대한 것은 노트 9.1을 참조한다.

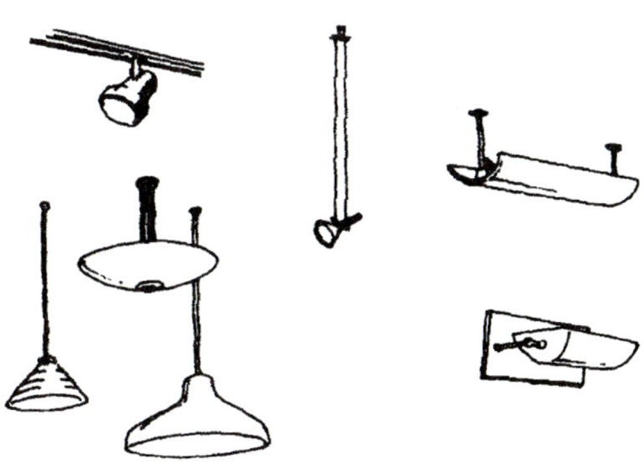

그림 9.3 다양한 전반조명 방식은 보육시설의 조명 요구사항을 해결해 줄 수 있다.

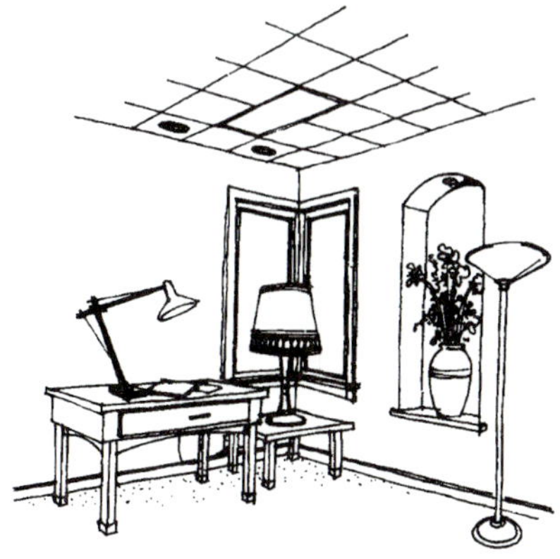

그림 9.4 다양한 작업조명 방식

노트 9.1 위치에 따른 보육시설 조명 제안

실 · 영역	제안하는 조명 형식
취침실	딤머[12]를 단 스콘스[13], 침대 옆 테이블 위의 스탠드
양호실	스콘스, 캔[14]. 책을 읽기에 충분한 정도, 눈부심을 주는 천장 부착형 조명이 없도록 한다. 필요시 아동의 상태를 확인할 수 있는 구즈넥[15] 램프를 사용한다.
영아실	직간접 형태의 벽 부착형 코브[16] 또는 스콘스, 접시형 간접조명[17], 트랙 조명[18]. 누워 있는 영아에게 눈부심을 주지 않도록 한다.
보육실	직간접 형태의 벽 부착형 코브, 캔, 스콘스, 천장 삽입형 캔[19], 확산직부등[20]. 작업조명으로는 테이블 램프와 스콘스, 트랙 등을 사용한다.
복 도	직간접 형태의 벽 부착형 코브, 캔, 스콘스, 천장 삽입형 캔
사무실	직간접 형태의 벽 부착형 코브, 캔, 스콘스, 천장 삽입형 캔, 트랙, 작업조명용 테이블 램프
직원실 및 회의 영역	직간접 형태의 벽 부착형 코브, 캔, 스콘스, 천장 삽입형 캔, 트랙, 작업조명용 테이블 램프
부 엌	천장 삽입형 캔, 트랙, 천장 부착형 형광등, 싱크대 하부 조명
식 당	직간접 형태의 벽 부착형 코브, 캔, 스콘스, 천장 부착형 캔, 트랙
운동 및 다목적실	공처럼 날아오는 사물로부터 흔들리거나 손상되지 않는 조명기구
천 장	부착형 형광등이나 전체 균일한 조명
예술작업, 게시판	벽 부착형 구즈넥 또는 스네이크 조명, 트랙, 미니 할로겐

12) 딤머(dimmer) : 조명의 강도를 조절할 수 있는 기구_역자 주

13) 스콘스(sconce) : 벽 부착형 조명기구로, 빛이 천장을 향하여 투사되도록 설치된 간접등_역자 주

14) 캔(can) : 조명기구가 깡통 형태라 하여 '캔' 이라 불린다. 빛은 일반적으로 아래로 떨어지는 직접등_역자 주

15) 구즈넥(gooseneck) : 조명기구의 방향을 조절할 수 있도록 지지대가 '거위의 목' 처럼 길고 자유자재로 움직일 수 있는 조명등_역자 주

16) 코브(cove) : 천장이나 벽에 설치되는 긴 막대 형태로, 반사광으로 간접 조명하는 방식_역자 주

17) 접시형 간접조명 : 스콘스와 같은 설치방식이며, 형태만 접시형으로 된 간접등_역자 주

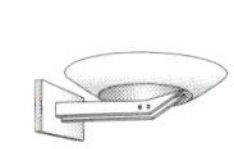

18) 트랙(track) 조명 : 천장에 설치된 막대에 조명기구가 설치된 형태로 조명의 위치 및 각도를 자유롭게 조절할 수 있다._역자 주

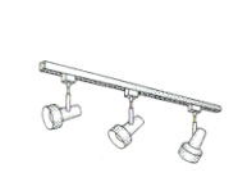

19) 천장 삽입형 캔 : 캔 형태의 조명기구가 천장에 삽입된 형태로 백열등이나 콤팩트형 형광전구가 들어갈 수 있으며, 빛이 아래로 떨어지는 형태_역자 주

20) 확산직부등 : 매입형처럼 천장에 빛을 확산하지는 않으나 확산 면이 넓어 배광 면적이 비교적 넓다._역자 주

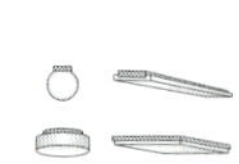

(3) 조도 조절하기

딤머는 전반조명과 작업조명의 조도 조절에 가장 이상적이다. 빛의 공급을 분화하고 바닥 면에서 활동의 변화에 따라 조명을 조절하기 위해서는 다양한 스위치를 사용하는 것이 좋다. 조도를 조절하기 위한 다른 수단은 디자인가이드 9.7을 참조한다.

카운터 위의 유리와 거울이 아름다운 전시효과를 내고 있다.

디자인가이드 9.7

조도 조절하기

- 내부 눈부심을 방지하고 쾌적한 환경을 조성하기 위해서는 실의 두 면에 창을 디자인하는 것이 가장 좋은 방법이다.
- 직사광선을 조절하기 위해서는 처마, 차양, 깊은 창틀, 나무 등을 사용하는 것이 좋다.
- 낮 동안 창문 벽이나 주변에 눈부심을 조절하기 위해서는 인공조명이 잘 조절되어야 한다. 눈부심은 커튼이나 차양을 설치함으로써 방지할 수 있다.
- 다양한 조도를 제공하기 위해서는 백열등과 형광등 모두 딤머를 사용한다.
- 취침실에서는 아동이 깜깜한 환경에서 잘 수 있고, 반면에 교사가 필요시에 조절할 수 있도록 딤머를 사용한다. 최소한의 조도는 낮잠시간의 영아와 유아 모두에게 필요하다.
- 다양한 조명기구를 갖춘 방에서는 복합 스위치(mutiple switch)를 설치해서 빛을 선택하여 사용할 수 있도록 한다.
- 창이 설치되어 있는 벽은 밝은 색으로 채색하는 것이 바람직하다. 이것은 벽과 태양광 사이의 심한 대비를 피하기 위해 필요하다. 그리고 창문 반대편 벽도 중간색이 바람직한데, 이는 투사된 빛이 벽에 흡수되는 것을 방지하기 위해서이다.
- 자연광으로부터 반사된 눈부심이 예상되는 곳에는 표면을 광택 없이 거칠게 처리한다.
- 캐비닛 하부 조명기구는 캐비닛이 상부에 설치된 작업공간에 적합하다.

(4) 콘센트와 스위치

벽에는 많은 콘센트와 조명, 환기, 난방, 냉방을 위한 스위치가 필요하다. 미리 세심하게 계획하더라도 전기콘센트와 스위치의 위치는 항상 문제를 일으키게 된다. 디자인팀과 보육전문가는 콘센트와 스위치의 위치를 미리 확인해야 한다.

벽의 사용을 방해하지 않고 다양한 콘센트를 사용하기 위해서는 가능한 낮게 설치한다. 스위치는 법규에서 지정하는 바닥으로부터 높이 규정을 지켜 설치한다. 가장 중요한 것은 벽의 중앙이 아니라, 벽의 경계에 설치하는 것이다. 사용하기 쉽고 찾기 쉬우며 다른 것에 방해되지 않게 하기 위해서는 스위치를 출입문 옆에 설치하고 벽의 색채와 조화되도록 채색하는 것이 바람직하다. 움직임 감지형 조명기구는 에너지를 절약하기 위해서 욕실, 사무실, 부엌에 설치할 수 있다.

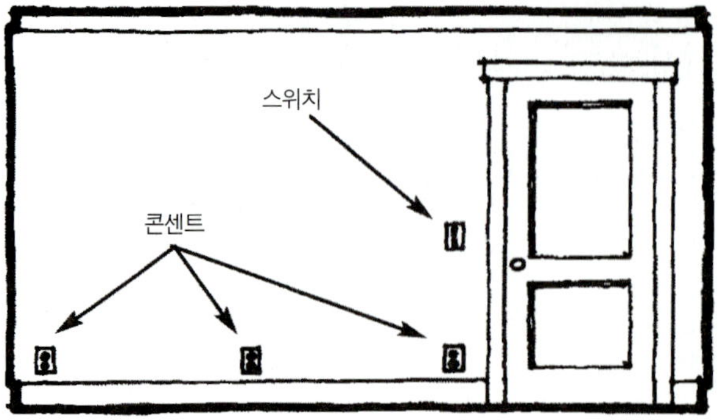

그림 9.5 벽 공간은 매우 유용하다. 벽 가장자리에는 스위치가 설치되고, 바닥에는 콘센트가 설치된다.

디자인가이드 9.8

콘센트와 스위치

- 전기 콘센트는 가능한 한 많이 설치한다. 만약 안전덮개를 설치하면 아동의 손이 닿는 높이에도 설치할 수 있다.
- 불규칙적인 스위치 위치는 실의 사용을 어렵게 만들므로 스위치를 집중하여 실의 가장자리에 위치시키는 것이 가장 바람직하다. 모든 스위치와 콘센트의 위치를 디자인팀과 보육 전문가가 미리 결정하는 것이 중요하다.
- 에너지 절약을 위해서는 욕실이나 현관에서 움직임 감지형 스위치의 설치를 고려한다.
- 놀이집이나 목공 작업공간 등에 어린이의 키 높이에 맞는 위치에 스위치를 설치한다. 이것은 아동에게 작업조명을 조절할 수 있는 권한을 부여하게 된다.

(5) 외부 조명

안전과 방범을 위해 외부 조명은 주차장, 복도, 건물 현관과 출구에 필요하다. 높은 곳에 매달린 형태의 조명과 바닥에 설치된 조명, 플라스틱 관에 들어 있는 작은 조명 등 조명장치를 선택하는 것은 환경과 거리에 따라 달라진다. 태양전지도 한 대안이 될 수 있다.

목공 공간 벽에 있는 조명을 아동이 조절할 수 있다(코퍼하우스).

디자인가이드 9.9

외부 조명

- 야간 사용을 위해 주차장, 통로, 현관, 출구에 반드시 외부 조명을 설치한다. 높이 설치된 조명장치, 움직임 감지형 조명장치 등의 유형이 있다.
- 크리스마스트리에 설치되는 작은 조명은 현관과 발코니, 외부 나무에 효과적이다. 작은 조명은 플라스틱 관에 들어 있어서 다리와 통로 영역을 따라 길게 설치될 수 있다.

제10장

창 · 문 · 보안

Emptiness and formlessness can only be won by substance and order, darkness by light, and depth by a solid ground.

— *Christian Norberg-Shulz*

제9장에서는 햇빛이 건강과 행복에 매우 중요하다는 것을 강조하였다. 이어서 이 장에서는 창의 형태, 위치, 유리 면의 세공이 보육실에 미치는 영향, 문의 위치와 디자인이 의사소통과 공간구성에 미치는 영향 그리고 보안 문제와의 관계에 대해서 살펴보고자 한다.

1. 창

보육실로 들어오는 햇빛은 공간에 대한 느낌과 공간성(spirit of room)에 큰 영향을 미친다. 눈이 사람 영혼의 통로라면 창은 건물 정신의 통로이다. 대개 사람은 아름다운 창이 있고, 창 밖의 아름다운 풍경을 볼 수 있으며, 바깥에서 부드러운 빛이 들어올 때 그 공간을 매력 있고 인상 깊은 곳으로 기억한다.

아동은 창을 통해서 다음과 같은 것을 할 수 있다.

- 낮 동안에 태양의 움직임을 보면서 시간에 대한 감각을 키울 수 있다.
- 창을 열어 놓을 때 들어오는 햇빛과 신선한 공기, 그리고 소리를 통해 건강함과 아름다움을 경험할 수 있다.
- 자연, 거리, 인도 등의 바깥 세계를 배울 수 있다.
- 아침에는 보육시설에 도착한 후 보육실에서 부모님을 배웅할 수 있고, 오후에는 부모님을 기다릴 수 있다.
- 날씨와 동식물을 관찰할 수 있다.
- 실내 또는 작은 방 안에 갇혀 있다는 느낌을 덜 받을 수 있다.

보육실로 들어오는 햇빛은 방의 분위기와 편안함에 큰 영향을 미친다(코퍼하우스).

보육실의 방향에 따라서 들어오는 햇빛의 질이 달라지므로 보육실의 향을 고려하여 필요한 창의 숫자와 위치를 정한다. 아동이 대부분의 낮시간을 보내는 보육실은 가장 편안하고 아름다운 빛이 들어와야 한다.

눈부심을 줄이기 위해서는 적어도 보육실의 두 면에 창이 있는 것이 좋다. 보육실의 두 면에 창이 있을 경우 공간이 복잡해지고 불규칙하게 될 수도 있으며 가끔 비용이 증가하기도 하지만, 보육실을 사용하는 사람은 눈부심 없이 햇빛을 실내에서 즐길 수 있다. 창이 없는 보육실을 만들어서는 안 되며, 특히 아동이 한 시간 이상 머무르는 보육실은 반드시 창이 있어야 한다. 보육실에 창이 있으면 아동은 창 밖에 있는 덩굴과 식물, 실외 조형물 등 흥미로운 풍경을 볼 수 있지만, 창이 없어 바깥을 볼 수 없을 경우 답답함을 느끼게 된다.

1) 실내 창

보육실과 보육실 사이, 또는 보육실과 복도 사이의 창 등 실내에 창이 있을 경우 바깥에 직접 접하지 않는 실내 공간이라도 실내 창을 통해 햇빛이 들어올 수 있으며, 공간 사이의 연결이 좋아진다.

부엌은 아동과 성인에게 즐거움과 학습을 제공하는 중요한 공간이지만, 안전성 때문에 아동이 부엌 안으로 들어가는 것을 금지하고 있다. 그러므로 아동이 부엌 안에서 요리하는 모습을 관찰

식사실과 부엌 사이에 큰 창이 있어 아동은 식사실에 앉아서도 창을 통해 부엌 안을 볼 수 있다(레지오 에밀리아).

공간과 공간 사이에 창이 있을 경우 아동은 복도에서 보육실 안을 볼 수 있고, 부엌 안에 있는 음식들을 볼 수 있다(코퍼하우스).

할 수 있도록 식사실과 부엌 사이에 적어도 한 개 이상의 실내 창을 두는 것이 바람직한데, 이 창은 클수록 좋다.

2) 창 디자인

창은 아름다운 창틀과 햇빛이 잘 들어오는 유리가 있어야 가장 좋다. 고정된 건축 시스템에 따라서 창의 간격과 배치를 결정하기보다는 보육실의 크기와 형태에 적합하도록 창의 크기와 형태를 결정하는 것이 바람직하다. 그리고 창의 형태가 천장의 독특한 모양과 유사하거나 똑같을 경우 보육실의 장소성(sprit of place)을 극대화할 수 있다. 비록 창이 독특한 형태가 아니더라도 창을 통해서 독특한 풍경을 볼 수 있다.

독특한 모양의 창에 규격 유리가 사용되었다.

거실에 있는 창에 앉는 곳을 만들었다.

세 개의 면에 창이 있는 알코브

3) '장소' 로서의 창

보육실에 있는 창은 특별한 '장소(place)' 로 만들어야 한다. 알렉산더 등(Alexander et al.)은 보육실을 편안하게 느끼도록 창을 특별한 장소로 만들 수 있어야 한다고 하였다. 창이 벽 안쪽으로 우묵하게 들어가고 창틀을 낮게 하여 사람이 앉을 수 있는 공간으로 만들면 창은 하나의 장소가 될 수 있다. 그러나 너무 후미진 곳에 있거나 앉는 부분이 너무 좁고 딱딱하며 등을 댄 부분이 딱딱할 경우 사람은 이 장소를 찾지 않는다. 창을 편안하게 앉을 수 있는 장소로 만들기 위해서는 모든 사람이 편안함을 느끼는 안락의자나 소파와 같은 기울기로 만들고 쿠션을 두어야 한다. 다음에서 창을 특별한 장소로 만든 예들을 소개한다.

우묵하게 들어간 곳에 있는 낮은 창

- 1~2명이 앉을 수 있는 작은 창
- 앉는 곳을 벽에 고정시키거나, 소파와 의자가 있는 커다란 베이 윈도[1]
- 일광욕실과 유사한 형태로, 모든 면에 창이 있으며 깊게 만들어진 알코브
- 벽이 우묵하게 들어간 곳에 있는 낮은 창
- 아동의 신체 크기에 맞는 니치와 알코브의 한 부분에 있는 낮고 작은 창. 이것은 실외 창이 아니어도 되며, 실내의 칸막이 벽이나 칸막이에 있을 수 있다.

1) 베이 윈도(bay window) : 돌출된 창

4) 창의 크기

실내 칸막이에 아동의 키 높이에 맞는 창이 있다.

보육실의 크기, 건물의 높이(층수), 그리고 방향에 따라서 창을 통해 들어오는 햇빛의 양과 환기 정도는 달라진다. 특히 창의 크기가 다양할 때 아동은 더 흥미롭고 즐거워한다[2]. 보육실의 창 크기를 결정할 때 다음을 반드시 고려해야 한다.

- 창턱의 높이가 60.9~76.2cm 이상으로 높고 크기가 작은 창은 성인이 사용하는 공간에서는 심리적인 안전감을 준다. 창의 크기가 작더라도 창이 높을수록 하늘이 더 많이 보이고 햇빛이 더 많이 들어온다.
- 커다랗고 편평한 판유리로 된 창은 보호감과 아늑함이 없어 보육시설에서는 사용하지 않는다.
- $0.1m^2$ 이하의 작은 격자로 분할한 창을 통해 아동은 바깥의 자연세계를 더 많이 접할 수 있고, 동시에 안전함과 보호감을 느낄 수 있다.

5) 창턱[3]의 높이

영아가 바깥을 볼 수 있도록 창은 바닥에서 30.5cm 정도의 높이에 설치해야 한다. 그리고 아동이 가까이 다가갈 수 있는 작은 창은 안전유리를 사용해야 한다. 아동이 사용하는 보육실 창은 바닥에서 60.9~76.2cm 정도 높이에 설치해도 된다. 유아와 취학 아동은 바닥에서 보내는 시간이 많기 때문에 창의 높이가 낮을수록 좋다.

이미 창을 높게 만든 경우는 되도록 아동의 신체 크기에 맞도록 낮게 만들어야 한다. 아동의 머리보다 높은 창을 낮출 수 없다면 아동이 바깥을 볼 수 있도록 창 아래나 근처에 로프트를 설치한다.

---

2) 알렉산더(Alexander, 1977)는 기후에 따라서 보육실에 있는 창의 전체 면적은 보육실 면적의 25~50% 정도는 되어야 한다고 제안하고 있다.

3) 창턱(sill) : 창문 밑의 두 문설주 사이에 가로 댄 나무 부분으로, 문지방이라고도 한다.

2층에 있는 보육실의 경우 창턱이 높은 작은 창은 물리적으로 보안을 제공한다(코퍼하우스, 교사 영역).

높은 창 아래에 있는 로프트에서 아동은 바깥을 내다볼 수 있다.

6) 창과 벽

모든 보육실에 햇빛이 충분히 들어오도록 창을 많이 설치하는 것이 바람직하지만, 대신 창이 많으면 교육자료나 공예품, 일정표, 프로젝트 수업에서 만들어진 많은 작품을 전시할 수 있는 벽면 공간이 없어지게 된다. 따라서 창의 위치와 수는 남은 벽면을 최대한으로 할 수 있도록 계획해야 한다(그림 10.1).

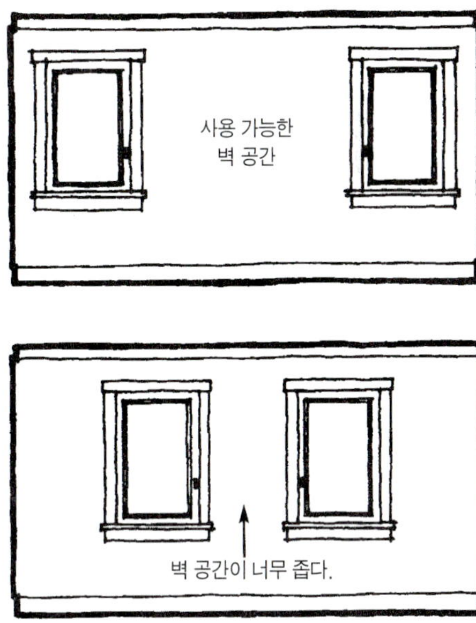

그림 10.1 벽을 전시공간으로 이용할 수 있도록 창의 위치를 정한다.

7) 열 수 있는 창

창을 열 수 있어야 신선한 공기와 햇빛이 실내로 들어올 수 있으며 집과 같은 분위기를 만들 수 있다. 보육시설에 있는 열리는 모든 창에는 스크린을 설치한다. 그리고 아동이 기어오르거나 떨어지지 않도록 15cm 이하로 열리게 하는 개폐조절장치를 설치하거나 창이 많이 열리지 않도록 디자인해야 한다.

호퍼창[4]과 어닝창[5]은 적게 열리고 사용하기 어렵기 때문에 오르내리기창보다 안전하다. 그리고 걸림쇠를 설치하여 창이 열리는 정도를 조절할 수 있다. 아동의 손이 닿는 높이에 있는 창이

4) 호퍼창(hopper window) : 창 아래쪽은 고정되어 있고 윗부분이 안쪽으로 열리는 창
5) 어닝창(awning window) : 창의 윗부분이 고정되어 있고 아랫부분이 바깥쪽으로 열리는 창으로, 돌출창 또는 차양식 창이라고도 한다.

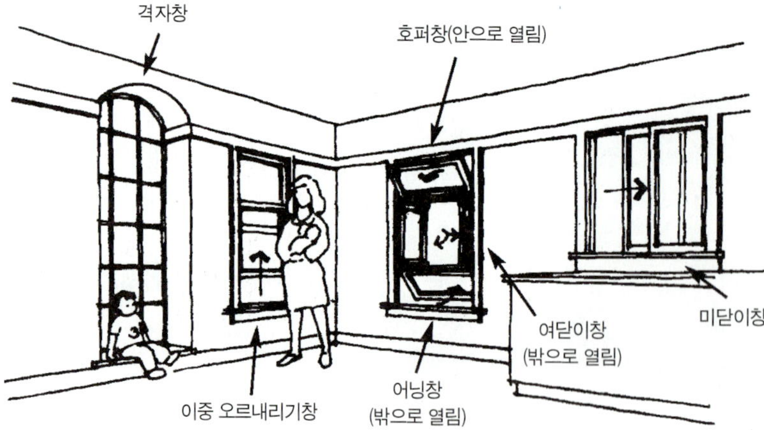

그림 10.2 창은 개폐방법에 따라서 다양한 형태가 있다.

안전하게 잘 열리지 않거나 닫히지 않을 경우 손가락이 창에 낄 수 있으므로 주의해야 한다. 창의 안 또는 바깥에 스크린을 설치했다면 같은 벽에 있는 다른 창 또는 보육실에 있는 모든 창에 똑같이 설치해야 한다. 그림 10.2에서는 개폐방법에 따른 창의 다양한 형태를 소개하고 있다.

8) 창의 문설주[6)]

창의 문설주는 문짝을 끼워 달기 위하여 창의 양쪽에 세운 기둥을 말한다. 최근에 지은 건물의 문설주 깊이는 7.6~12.7cm 정도 된다. 그러나 문설주가 깊을수록 창의 건축적, 미학적 가치는 높아진다. 창의 문설주는 눈부심과 그림자를 줄여 주고, 실내와 실외를 연결시키며, 보육실과 건물의 장소성을 향상시키며, 집과 같은 분위기를 만들어 준다. 또한 문설주가 깊으면 외풍을 막을 수 있고, 식물과 전시품을 올려 놓거나, 창에 편안하게 앉을 수 있는 공간을 만들 수 있는 넓은 창턱이 생기게 된다. 눈부심을 없애기 위해서는 창 문설주의 폭은 25.4~30.4cm 정도로 하고 창의 수평면 쪽으로 50~60° 정도 벌어지도록 해야 한다.

보육실의 한쪽 벽에만 창이 있을 경우에는 눈부심을 줄이기 위해서 창 문설주를 더 높고 깊게 하거나 벽의 구석진 부분에 창을 두어야 한다. 벽을 두껍게 시공하여 만든 문설주가 가장 좋다. 이것은 문설주와 벽을 일체형으로 만드는 방법으로, 벽을 두껍게 하여 선반이나 전시를 위한 공간으로 활용할 수 있다.

6) 문설주 : 'jamb' 이라고 하며, 버팀기둥, 옆기둥 등으로 불리기도 한다.

9) 창틀 재료

창의 형태, 문설주, 그리고 창틀에 따라서 보육실을 독특한 공간으로 만들 수 있다. 목재로 된 창틀이 가장 집과 같은 분위기를 만들지만 가격이 비싸고 유지관리가 어렵다는 단점이 있다. 반면 알루미늄 틀은 가격은 저렴하나 열전도율이 높아 열손실이 많다.

- 바깥쪽은 알루미늄이고 안쪽은 목재인 창틀
- 커다랗고 부드러운 알루미늄 틀에 모든 면이 목재로 된 실내 창을 끼워 넣는 경우
- 알루미늄 창 위쪽으로 목재로 된 밸런스를 설치하는 경우
- 창을 둘러싸고 있는 벽에 목재 장식 테두리를 설치하는 경우

10) 파손 방지

이중 또는 삼중으로 열처리된 유리는 잘 깨지지 않는다. 커다란 창을 작은 격자로 분할할 경우 문양을 만들 수 있고 유리의 파손을 방지하며, 아동 신체 크기에 맞는 조망을 만들 수 있고, 격자 중 일부만 열리도록 할 수도 있다. 그러나 창 위에 플라스틱으로 된 창살[7)]을 붙여 마치 창이 작은 격자로 분할된 것처럼 보이게 하는데, 이것은 실제로 유리를 작은 격자로 분할할 때의 장점을 전혀 살리지 못하고 오히려 인위성만 높여 주기 때문에 좋지 않다.

11) 추위 방지

어린 아동, 특히 영아는 추위를 잘 모르거나 춥다고 말하지 못하므로 북쪽 지역에서는 외풍을 막기 위해서 질 좋고 밀폐성이 우수한 이중 또는 삼중의 단열유리로 된 창을 설치하는 것이 바람직하다. 열전도성이 낮은 목재로 된 창틀은 금속 틀에 비해 열손실이 적어 실내 보온성이 좋으며, 커튼 등을 창에 드리우는 것도 외풍을 막는 좋은 방법이다.

12) 창 가리개

창 가리개는 예산과 심미성을 고려하여 직물, 금속, 플라스틱, 또는 목재를 사용할 수 있다.

---

7) 창살 : 문짝에 종이를 바르거나 유리를 끼우는 데 뼈가 되는 나무오리 또는 대오리를 말한다.

디자인가이드 10.1

창

- 각 보육실에 들어오는 햇빛의 질을 고려하여 보육실이 면하는 주된 방향을 결정한다. 북쪽 지역에서는 남쪽에서 들어오는 햇빛이 따뜻하고 황금색이며 북쪽에서 들어오는 빛은 차갑고 은색 또는 회색이다. 아동, 특히 영아를 위한 보육실은 가장 햇빛이 잘 들어오는 곳에 위치해야 한다.
- 적어도 두 벽면에 창이 있는 보육실이 좋으며, 눈부심을 줄일 수 있다.
- 창을 통해서 아동은 햇빛을 쬐고 바깥을 볼 수 있다. 영아를 위한 보육실의 창은 바닥에서 30.5cm 높이에 설치하고, 유아를 위한 보육실 창은 바닥에서 60.9~76.2cm 정도 높이에 설치해야 한다.
- 이미 창이 아동 머리보다 높게 설치되어 있는데 창을 낮게 만들 수 없을 경우, 아동이 창 밖을 볼 수 있도록 창 아래에 로프트를 설치한다.
- 햇빛을 유입하는 가장 좋은 방법은 천창을 설치하는 것이다. 특히 천창을 설치할 경우 창이 없는 공간에 자연광을 유입시킬 수 있다.
- 보육실에 있는 창 중에서 적어도 하나는 특별한 '장소'로 만든다. 창턱이 낮고 벽에서 움푹 들어간 곳에서 특별한 추억을 만들 수 있고, 소규모 사람들이 편안하게 앉을 수 있는 장소로 이용할 수도 있다.
- 보육실 및 건물 외관과 연결하여 창의 느낌에 따라서 모서리, 세로 창살, 턱의 위치를 정한다.
- 보육실에 있는 창의 수와 위치는 전시를 위한 벽 공간을 충분히 확보할 수 있도록 한다.
- 표준 크기의 창 이외에도 작은 격자로 분할되어 있으면서 일부 격자만 열리도록 되어 있는 커다란 창을 설치할 수도 있다.
- 실내 또는 실외 창에 빗각, 프리즘, 에칭, 색유리 등을 사용하여 다양한 형태로 빛을 실내로 유입할 수 있다.
- 창의 문설주가 깊을수록 틀과 벽이 만나는 곳에서 발생하는 눈부심과 외풍이 적고, 장식을 올려놓거나 앉을 수 있는 장소를 만들 수 있는 넓은 턱이 생긴다. 그리고 실내외를 연결하고 보육실의 공간성을 부여한다. 보육실의 한쪽 면에만 창이 있는 경우에는 문설주를 깊게 만드는 것이 매우 좋다.
- 목재 창틀은 집과 같은 분위기를 가장 가깝게 연출하고 아름답지만 비싸다는 단점이 있다. 또한 바깥쪽은 알루미늄이고 안쪽은 목재로 된 창틀은 비싸지만 유지관리가 쉽다. 알루미늄 창은 열 손실이 크기 때문에 목재로 된 덮개와 밸런스를 설치해서 열 손실을 줄일 수 있다.
- 바닥에서 30.5cm 이상 높이에 창을 설치할 경우 외풍을 막을 수 있다.
- 남쪽이나 남동쪽으로 커다란 창을 설치하고 여기에 부엌 작업대를 배치하면 부엌에서 오랜 시간 일하는 사람에게 쾌적한 환경을 제공할 수 있다. 수납을 위한 벽 공간이 부족할 경우에는 창을 가로지르는 개방형 선반을 설치할 수 있다.

열 수 있는 창

- 신선한 공기와 햇빛이 보육실로 들어오도록 열 수 있는 창을 적절하게 설치한다. 이 경우 환기에도 좋다.
- 호퍼창이나 어닝창이 가장 안전하다. 그리고 아동 키 높이에서는 15cm 이하로만 창이 열리도록 걸림장치를 설치한다.
- 여러 개 격자로 나뉜 창의 경우 중간 정도에 있는 격자를 열 수 있도록 한다.
- 열리는 창, 특히 아동이 열 수 있는 창에는 모두 잠금장치를 설치한다.

(1) 목 적

보육시설에서 창 가리개를 설치하는 것은 눈부심을 조절하고, 낮잠시간에 방을 어둡게 조절하며, 외부에 있는 사람이(특히 어두워졌을 때) 시설 안을 보는 것을 방지하기 위해서이다. 창이 이중 유리로 되어 있고 적절하게 밀폐되어 있을 때, 그리고 안이나 바깥을 보는 것이 큰 문제가 되지 않을 때는 창 가리개를 설치하지 않아도 된다.

(2) 선택 요소

창 가리개를 선택할 때 다음 네 가지 요소를 고려해야 한다.

- 빛의 조절 정도 또는 비가시성의 정도
- 창 가리개에 대한 아동의 접근
- 창 가리개를 사용하지 않고 옆으로 밀어 두었을 때 창 가리개가 창의 일부를 막게 되면서 보육실로 들어오는 빛을 감소시키는 정도
- 아름다운 스타일과 디자인

보통 투명 정도에 따라서 창 가리개를 선택한다. 그러나 보육실 전체를 깜깜하게 하거나 내부가 완전히 보이지 않는 가리개를 설치하는 것보다는 낮잠시간에 빛을 약하게 가리고, 어두워졌을 때 외부에서 보육실 내부의 세세한 부분을 자세하게 볼 수 없을 정도면 된다.

벽을 이용할 수 있는 공간이 작을 경우, 창을 가로지르는 개방형 선반을 설치하면 태양광이 실내로 들어오고 전시품을 진열할 수도 있다.

구슬로 연결된 롤 쉐이드는 영아의 낮잠 영역에서 적절하게 빛을 가려 준다(코퍼 하우스).

(3) 형태와 특성

- 커튼과 버티컬 블라인드는 옆으로 밀어 두었을 때 창을 막고 아동이 잡아당기거나 장난칠 수 있기 때문에 아동 공간에서는 바람직하지 않다.
- 롤 쉐이드가 보육센터에 적합한데, 이것은 직물로 되어 있고, 금속 구슬로 된 체인을 잡아당겨서 올리거나 내릴 수 있다. 쉐이드는 창의 양쪽 면에 있는 작은 트랙을 따라서 움직이는 것도 한다. 쉐이드는 직물 종류에 따라서 불투명 정도와 색상이 다양하다. 아동의 손에 닿지 않도록 체인을 아주 짧게 할 수도 있다. 쉐이드를 사용하지 않을 때는 작게 말아 둘 수 있어 창을 거의 막지 않는다. 그리고 실내 창에도 효과적이지만, 문설주가 매우 얕은 경우 쉐이드는 지나가는 사람들에게 부딪히게 된다.
- 눈부심을 조절하고 낮잠시간이나 밤 동안의 조도를 조절하기 위해서는 베네시안 블라인드[8)]가 적합하다. 그러나 블라인드를 조절하는 막대기나 줄은 아동의 손이 닿지 않을 정도로 짧거나 숨겨 두어야 한다.
- 롤 쉐이드는 빛을 잘 막아 주고, 감아올렸을 때 창을 차단하지 않으며, 내려놓지 않으면 줄이 문제가 되지 않는다. 그러나 빛의 조절에 따라서 융통성 있게 사용하기가 어렵다.
- 로만 쉐이드는 빛을 잘 막아 주지만 융통성 있게 사용할 수 없으며, 긴 줄이 있다. 사용하지 않을 때는 큰 부채꼴 형태로 접혀 있어 창을 어느 정도 가리게 되며, 창틀이 가늘거나

8) 베네시안 블라인드(Venetian blind) : 이탈리아 베니스에서 처음으로 발달되었으며, 얇고 좁은 기다란 나무, 금속, 플라스틱 조각을 수직 또는 수평으로 엮어 양쪽에 줄을 매달아 여닫게 만든 것이다.

디자인가이드 10.2

창 가리개

- 창 가리개는 눈부심을 조절하고, 낮잠시간 동안 보육실을 어둡게 하고, 어두워졌을 때 바깥에서 안을 볼 수 없도록 하기 위해서 필요하다.
- 보육시설에는 막대기로 조절하도록 되어 있는 작은 베네시안 블라인드와 구슬 체인이 있는 롤 쉐이드가 적합하다. 반면 휘장과 버티컬 블라인드는 바람직하지 않다.
- 아동이 낮잠을 자는 동안에는 천창을 가려야 한다. 천창을 설치할 때는 쉐이드의 형태, 작동의 용이성, 비용 등을 고려한다.
- 보육실에 있는 다른 물건과 서로 잘 어울리도록 창이나 벽과 잘 맞는 중성 색상의 문양이 없는 창 가리개를 선택하는 것이 바람직하다.

직선이 있는 보육실과는 어울리지 않을 수 있다.

- 창을 가로질러 설치된(또는 네 개 벽을 따라서 설치하여 모든 창에 연결된) 목재로 된 밸런스나 배플은 사용하지 않는 블라인드와 쉐이드를 효과적으로 가려 준다.
- 낮잠시간 동안 천창으로 들어오는 빛을 조절할 수 있어야 한다. 천창이 있을 경우 적절한 차폐물의 형태와 그 비용을 고려해야 한다.

(4) 미적인 고려

보육실의 크기, 형태, 그리고 다른 문양에 따라서 창 가리개의 문양과 색을 결정해야 한다. 일반적으로 보육실은 시각적으로 복잡하며, 프로그램에 필요한 많은 가구와 재료의 색과 패턴을 조절하기가 어렵다. 창 가리개와 보육실에 있는 많은 물품을 서로 조화롭게 하기가 어려우므로 창 가리개는 보통 문양이 없고, 창틀 및 주변 벽과 어울리는 중성 색상을 선택하는 것이 가장 안전하다.

2. 문

1) 문의 디자인

어떤 문은 다정한 손짓으로 부르는 듯 하면서 눈에 잘 띄는 반면, 다른 어떤 문은 위협하는 듯 하고 눈에 잘 띄지 않는다. 어떤 문은 새것이거나 기계로 찍어서 만들어진 반면, 다른 어떤 문은 수공예로 만들어지고, 낡고 오래 되어 삐걱거리는 소리가 나는 것도 있다. 문의 형태, 재료, 소리, 무게, 그리고 작동방법에 따라서 문은 장소에 대해, 그리고 그 안에 있는 사람에 대한 메시지를 전달한다. 그러므로 환영하는 듯하고 친근한 문을 만들어야 한다. 문 표면에 다양한 문양이 세공되어 있고, 실내를 볼 수 있는 창이 있고(또는 아동의 키 높이에 있는 창), 붙잡고 조종할 수 있는 문손잡이가 있는 문은 출입구 경험에 대한 기억을 더욱 강하게 심어줄 수 있다.

환영하는 듯하고 눈에 잘 띄는 문

우아하고 나무틀로 된 유리문을 통해서 영아는 보육실 안, 그리고 인접해 있는 거실을 볼 수 있다(코퍼하우스).

2) 문의 기능

보육시설에는 적어도 현관 출입문, 기타 실외 문, 실내 문의 세 가지 유형의 문이 있어야 한다.

그림 10.3 유리가 있는 출입문은 아동과 성인 모두가 안을 볼 수 있도록 해준다.

(1) 출입문

보육시설의 출입문은 집에서 사용하는 문과 유사해야 하며, 성인과 아동 모두 실내를 살짝 볼 수 있도록 출입문에는 성인 키 높이에 유리창이 있고 문 옆 벽에는 길다란 유리창이 있는 것이 가장 바람직하다. 목재로 된 문이 금속이나 유리로 된 문보다 더 친밀감을 준다. 은행이나 공공시설에 있는, 전체가 유리로 된 출입문은 시설적인 느낌을 준다. 보육시설에 신체장애를 가진 아동이 많지 않다면 전자감지장치가 있는 문을 설치하지 않는 것이 좋다.

(2) 실외 문

일반적으로 실외 문은 두 가지 유형이 있는데, 하나는 비상출구이고 다른 것은 실외 놀이터로 가는 문이다. 비상출구는 화재에 대비하여 일반 건축법규를 준수해야 한다. 법령과 비용이 허락하는 범위 내에서 실외 문에 유리창이 있으면 아동은 창을 통해 지금 들어가고 있는 장소를 볼 수 있을 뿐만 아니라 실외 문의 창을 통해 실내로 햇빛이 들어온다. 작은 공간에 있는, 그리고 복도 끝에 있는 실외 문에 유리창이 있으면 공간에 생명과 빛을 더해 줌으로써 폐쇄공포증을 상당히 줄여줄 수 있다.

보육실과 연결된 실외 놀이터로 난 문은 문 전체 또는 일부를 유리로 하면 훨씬 더 매력적이 된다.

(3) 실내 문

실내 문은 아동과 성인 모두의 눈높이에 맞도록 유리창을 만들어야 한다. 그래야 아동이 지금 자신이 들어가는 공간을 미리 볼 수 있고, 문 근처에 작은 아동이 앉아 있거나 서 있을 경우 부딪히지 않게 피할 수 있다. 실내 문에 유리창을 만드는 것은 문 양쪽에 있는 공간 간의 관계에 따라서 달라진다. 집과 같은 분위기를 주는 목재로 된 실내 문이 금속으로 된 문보다 좋다.

사무실과 보육시설 종사자(교사)를 위한 영역에 있는 문은 경우에 따라서 다르게 디자인되어야 한다. 문에 유리창이 없을 경우 프라이버시를 보호할 수는 있으나 복도나 다른 공간을 볼 수 없다. 따라서 각 실의 성격에 따라서 문에 창을 설치할지를 결정한다. 예를 들어 시설장실에 있는 문에는 환영하는 느낌을 주면서 말없이 감독할 수 있도록 적절한 창 가리개가 있는 창을 설치해야 한다.

일반적으로 비상구 문은 바깥쪽으로 열리고, 실내 문은 가장 흔하게 많이 일어나는 아동의 움직임에 따라 열리는 방향을 정한다. 보육실 내에 있는 문은 바깥쪽으로 열려도 무관하다.

3) 문 위치

대부분의 보육실, 특히 작은 보육실의 경우 문이 보육실의 코너에 위치할수록 보육실의 동선이 더욱 원활해진다. 이렇게 문을 배치할 경우 방의 한쪽 코너는 사용할 수 없게 되지만, 벽을 가능한 한 길고 연속된 형태로 유지할 수 있어 다른 쪽 코너를 최대한 활용할 수 있다. 출입문과 비상문 모두가 있어야 할 경우, 그림 10.4에서와 같이 보육실의 좁은 쪽 끝부분에 두 개의 문을 설치해야 한다.

직사각형의 커다란 방에서는 긴 쪽 벽 중앙에 문이 있는 것이 방의 모든 부분에 쉽게 갈 수 있고 네 개의 코너를 모두 사용할 수 있다는 점에서 가장 바람직하다(그림 10.5).

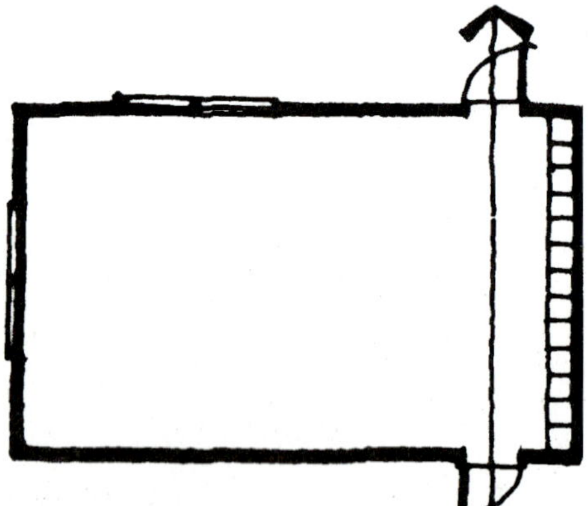

그림 10.4 이동 동선을 한쪽으로 집중시키기 위해서 보육실의 좁은 쪽 끝에 문을 낸다.

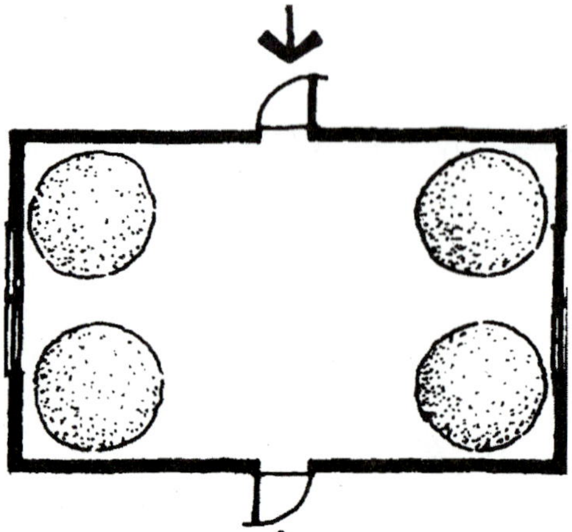

그림 10.5 직사각형의 커다란 보육실의 긴 쪽 벽 중앙에 문이 있으면 방의 네 모서리를 사용할 수 있다.

실내에 있는 창과 문틀에 페인트칠한 것이 매우 부자연스럽다. 인접한 복도와 보육실을 분리시키는 것 같다.

4) 문 마감

문의 재료, 문에 있는 돌출부, 유리의 크기, 그리고 창이나 밸런스, 창 장식 등 보육실에 있는 다른 요소들과의 관계 등을 고려하여 문을 페인트칠할 것인지, 착색할 것인지, 아니면 단순히 니스만 칠할 것인지를 결정한다. 니스를 칠하거나 착색한 목재 문은 나무의 자연스러운 특성을 살릴 수 있다. 벽과 다른 색으로 페인트칠한 문은 눈에 잘 띄는 반면, 벽과 같은 색을 페인트칠한 문은 잘 구별되지 않는다. 페인트칠한 문은 쉽게 긁히고 찍힐 수 있다. 실외 문은 기후 변화에 강한 페인트를 칠해야 한다. 문에 페인트칠을 할 경우 문 양쪽 면을 다른 색으로 칠할 수 있다.

5) 연속된 문

복도에 비슷하게 생긴 문들이 있을 경우 문마다 다른 색을 칠하거나 그래픽(그림), 표식을 설

아동 키 높이에 맞는 구멍은 아동과 성인에게 즐거움을 준다.

디자인가이드 10.3

문의 디자인과 위치

- 보육시설에는 출입문, 실외 비상구와 실외 마당으로 향하는 문, 그리고 실내 문의 세 가지 유형의 문이 있어야 한다.
- 문 재료로는 금속, 목재, 유리, 또는 이들 재료를 복합해서 사용할 수 있다. 문은 완전히 불투명한 것으로 할 수 있고, 다양한 형태와 크기의 창을 두어 강조할 수도 있다. 주 출입문과 실내 문을 목재로 할 경우 가장 집과 같은 분위기를 만들 수 있다.
- 실외 또는 실내 문에 유리창을 만드는 것은 공간 간의 연결성을 주고 공간을 분리해 주기 때문에 가장 바람직하다.
- 화재에 대한 안전을 위해서, 창고나 성인용 화장실과 같은 공간에는 단단한 문을 사용한다.
- 실내 문에 성인과 아동 모두의 키 높이에 유리를 설치하면 문 근처에 서 있거나 앉아 있는 작은 아동을 보호할 수 있고, 아동이 들어가는 공간을 미리 볼 수 있다.
- 닫을 때 '쾅' 소리가 날 정도로 무거운 문은 소리에 대한 프라이버시를 제공해 주며, 가시성과 채광을 위해서는 유리격자로 된 문이 가장 바람직하다.
- 아래위 2단으로 분리된 문은 빛과 소리가 들어오게 하고 공간들을 연결시키면서 아동의 출입을 통제할 수 있어 매우 유용하다.
- 아동의 키 높이에 맞는 문은 아동에게 항상 즐거움을 준다. 구멍이 있는 낮은 칸막이를 두면 성인은 위쪽으로 관찰할 수 있고 아동은 구멍으로 볼 수 있어 마치 마술처럼 느껴진다.
- 창에서 언급한 것과 같이 문설주를 깊게 하면 한 공간에서 다른 공간으로 이동하는 경험을 증가시킨다.
- 창과 함께 커다랗고 넓은 유리가 있는 문에는 유리에 부딪히지 않도록 전사 무늬나 그림 요소를 삽입한다.
- 대부분의 보육실에서, 특히 작은 보육실에서의 동선을 원활하게 하기 위해서 보육실의 코너 근처에 문을 위치시킨다. 커다란 직사각형의 보육실에서는 문을 긴 벽 중앙에 위치시켜야 네 코너 모두를 활용할 수 있다.
- 벽과 다른 색으로 페인트칠한 문은 눈에 잘 띌 수 있으며, 벽과 같은 색의 문은 구별하기 어렵다. 니스 칠한 목재 문은 자연스러운 나뭇결을 볼 수 있으며 따뜻하고 편안하다. 문과 창틀에 색을 칠할 경우 방에서 가장 중요한 것에 대한 주의집중력이 떨어지게 되므로 주의해야 한다.
- 복도를 따라 여러 개의 문이 이어져 있을 경우, 유리의 크기와 형태를 다르게 하거나 문 자체의 디자인을 다르게 해야 한다.

치하여 구별이 쉽도록 한다. 또는 문에 있는 유리창의 크기나 모양을 다양하게 하거나, 문 자체를 다른 것으로 할 수 있는데, 이때 다른 문과의 조화를 반드시 고려해야 한다. 이렇게 다양한 방법으로 문을 처리하는 것이 방 번호나 이름을 붙이는 것보다 바람직하다.

최근 복도 쪽에 있는 보육실을 집과 같이 보이도록 하기 위해서 복도 쪽 벽에 문과 격자로 된 창을 두고 있다. 어떤 경우에는 매우 잘 되어 있지만, 그러나 많은 경우에서는 인위적으로 보이며, 복도와 보육실을 분리하는 진부한 방법으로 생각한다.

3. 보안과 잠금장치

1) 주 출입문

출입문에서 보안은 가장 중요한 문제이다. 문 안쪽에 응접을 위해 사람을 배치하는 것은 보안을 지원하는 것이지 완전히 해결해 주는 것은 아니다. 벨이 출입을 통제하는 가장 쉬운 형태이다. 많은 보육시설에서는 전자카드나 패드 시스템을 이용하여 등록된 부모와 직원이 자유롭게 시설을 출입할 수 있도록 한다. 문에 유리를 끼워 놓을 경우 양방향으로 볼 수 있고, 보안을 유지할 수 있다.

아동이 자신도 모르게 건물 밖으로 나가는 것을 방지하기 위해서 부모가 아침에 떠나고 난 뒤에 전자 잠금장치(버저 시스템)를 가동할 수 있다. 매우 높은 곳에 문손잡이가 있는 무거운 문은 아동이 열 수 없다. 현관문을 열어 두어야 할 경우, 카드 시스템 외에 또 다른 보안장치를 아동 영역 가까이에 설치해야 한다.

2) 기타 출구와 비상구

부 출입구의 실외 문과 비상구, 특히 서비스 출입구는 주 출입문과 유사한 보안장치가 필요하다. 그러나 비상시 실내에서 쉽게 빠져나갈 수 있도록 잠금장치를 설치해서는 안 된다. 한 방향 잠금장치[9]를 실외 문에 설치해야 한다.

9) 한 방향 잠금장치 : 문을 양방향으로 열 수 있지만 문이 닫힐 때 문이 흔들리지 않도록 하는 장치이다.

디자인가이드 10.4

보 안

- 벨, 전자 잠금장치, 전자카드나 패드 시스템은 출입문의 보안을 유지하는 데 효과적이다. 문에 유리를 끼우는 것도 좋은 방법이다.
- 부 출입구의 실외 문(특히 서비스 출입구)은 출입문과 마찬가지의 보안이 필요하다. 그리고 한 방향 잠금장치를 설치한다.
- 아동이 사용해서는 안 되는 문이나 교사가 양방향으로 통제해야 하는 모든 문에는 아동의 손이 닿지 않는 곳에 잠금장치, 볼트, 후크 등을 설치한다.
- 프로그램의 내용에 따라서 실내 문에 잠금장치를 설치한다. 아동이 자유롭게 출입할 수 있는 공동 영역에 있는 실내 문에는 실외 문에 있는 것과 유사한 보안장치를 설치한다.
- 옷장, 욕실(화장실), 아동이 쉽게 다가갈 수는 있지만 사용해서는 안 되는 문에 있는 잠금장치에는 아동이 실수로 안에서 잠갔을 때 문을 열 수 있도록 내부에 잠금을 푸는 걸쇠가 있어야 한다.

3) 놀이터로 나가는 문

모든 놀이터로 나가는 문에는 야간과 주말 동안의 보안을 위해서 잠금장치나 이중자물쇠[10)]를 설치해야 한다. 놀이터에 울타리를 칠 경우 아동과 교사 모두가 놀이터의 문을 작동할 수 있을 때 실내와 실외를 오가는 움직임이 보다 쉬워진다. 경첩을 설치하여 필요에 따라 문이 열려 있도록 할 수 있다. 그러나 교사는 양쪽에서 아동이 문을 사용하는 것을 통제할 수 있어야 한다. 이러한 목적으로 잠금장치, 볼트 또는 후크를 높게 설치해야 한다.

4) 실내 문

아동이 사용해서는 안 되는 문에는 아동의 손이 닿지 않는 높은 곳에 잠금장치를 설치해야 한다. 아동은 고의든 또는 사고든지 모든 종류의 잠금장치를 잠글 수 있으므로, 양쪽 방향에서 잠글 수 없는 문을 두어야 한다. 출입문에서의 보안과 마찬가지로 아동이 공동 영역으로 자유롭게 드나들 수 있는 모든 실내 문에는 보안이 필요하다. 밤에는 보육실의 문을 잠글 수 있어야 한다.

10) 이중자물쇠 : 열쇠 · 손잡이를 돌리면 잠기는 자물통 걸쇠

4. 부착물 : 손잡이와 레버

독특한 형태와 무게, 질감을 가지도록 잘 디자인된 문손잡이는 문을 열고 닫을 때 손잡이를 돌리는 손을 통해 다양한 신체 경험을 준다. 과거에는 문의 경첩뿐 아니라 문손잡이가 중요한 디자인 요소였다. 걸쇠와 경첩 디자인을 표준화하면서 예술품으로서의 가치를 상실하게 되었고, 요즘은 문 레버가 손잡이를 대신하고 있으며 경첩은 거의 볼 수 없게 되었다. 이 요소를 개성으로 독특하게 만들 수 있다면 문을 열고 닫는 경험이 더욱 풍요로워질 것이다.

아동이 사용할 수 있는 부착물과 사용해서는 안 되는 부착물을 반드시 구별해야 한다. 안전과 통제를 위해서 성인이 문을, 특히 실외 문을 열고 닫기도 한다. 그러나 아동이 열고 닫을 수 있도록 작동이 간단하고 안전하게 디자인된 레버를 설치하면 아동은 학습의 기회와 자기 만족을 얻을 수 있다. 각각의 문에 적합한 부착물을 설치해야 한다.

디자인가이드 10.5

부착물

- 아동을 위해서 60.9~76.2cm 높이에 문손잡이를 설치한다.
- 아동이 사용하는 손잡이의 크기는 아동의 손 크기에 맞아야 한다. 또한 날카로운 코너와 돌기가 없어야 하며 수선과 유지관리가 쉬워야 한다.
- 문이 쉽게 흔들리게 하면서 문의 무게를 지탱할 수 있는 적절한 손잡이를 사용하여 문을 아동이 사용할 수 있도록 한다.
- 모든 잠금장치는 양방향에서 열 수 있어야 한다.
- 손가락이 문에 끼는 것을 막기 위해서 문이 천천히 닫히도록 하는 장치를 하고, 문 모서리에 고무 패킹을 설치한다.
- 장애아동을 위한 전자감지장치가 설치된 문은 시설 같은 분위기가 난다. 이런 문은(법규에 규정되어 있다면) 색을 칠하거나 유리를 끼워 넣어 좀 더 부드럽게 만들 수 있다.

제11장

색

Color is a living force that directly influences the soul.

— *Kandinsky*

세상에 색이 없다면 매우 황량할 것이다. 색을 통해서 삶의 형태, 건강 상태, 과일과 곡식의 무르익음, 또는 하루 중의 시간을 알 수 있을 뿐 아니라 삶의 의미, 아름다움을 더해 주기도 한다.

보육시설의 건물 형태가 매우 단조롭고 시설처럼 보일 때, 보육시설을 가장 쉽고 저렴하게 바꾸는 방법은 시설의 실내 색채를 바꾸는 것이다. 물, 나무, 흙, 하늘로 둘러싸인 자연 속에 있는 실외 공간처럼 쉽게 알 수 있으면서 뚜렷하게 구분되도록 실내 공간의 색을 계획해야 한다.

성인과 마찬가지로 아동은 평화로움과 행복감을 느낄 수 있는 보육환경을 좋아한다. 자연에서는 다른 많은 색이 서로 조화를 이루면서 함께 섞여 있는 것처럼 보육환경은 아동, 성인, 장난감, 가구 등이 조화를 이룰 수 있도록 색을 계획해야 한다.

색에 대한 전문지식을 바탕으로 상세한 부분까지 색채를 계획할 때 보육환경을 더욱 활기차게 만들 수 있다.

색은 재료의 재질과 패턴, 공간에 유입되는 빛의 형태와 양에 따라서 크게 달라지므로 색의 선택은 하나의 통합과정이어야 한다. 보육공간을 위한 색을 선택할 때는 빛, 마감처리, 비품에 대한 내용을 참고해야 한다.

1. 색의 효과

색은 에너지의 형태로 사람의 마음과 감정뿐 아니라 생리현상에도 영향을 준다. 빨강, 주황, 노랑과 같이 난색을 접하면 사람의 몸이 흥분하게 되는 반면에 초록, 파랑, 보라와 같이 한색에서는 차분해진다.

색은 보육실의 크기와 느낌을 바꿀 수 있다. 즉, 색에 따라서 부피감과 무게감, 시간, 온도, 소음에 대한 평가가 달라지고, 내향성 또는 외향성을 높일 수 있으며, 흥분 또는 평화로움을 증가시킬 수도 있다. 색은 신경계, 호흡, 혈압, 근육 긴장, 눈의 깜박거림, 효소와 호르몬 분비 등 많은 신체기능에 영향을 준다.

빛과 마찬가지로 색에 대한 반응은 사람의 신경계와 깊이 연관되어 있다. 대부분의 사람은 다양한 색이 사용된 화려한 것보다는 온화하고 부드러운 것을 더 좋아한다. 색의 가장 큰 치유효과 중 하나는 흥분을 가라앉히는 것이다.

1) 색은 무엇인가?

실제로 외부에서 보는 색에는 모든 색이 조금씩 포함되어 있으며, 보색에 의해 더욱 뚜렷해진다. 색을 혼합할 때, 색과 상관없이 이러한 자연스러운 효과는 건축물, 예술작품, 가구, 실내장식품, 그리고 보육실에 있는 목재 표면에 있는 특정 색뿐만 아니라 페인트에 있는 모든 색들을 조금씩 첨가하여 얻을 수 있다.

보육실의 분위기는 색을 포함하여 재료, 빛 등 모든 요소에 영향을 받는다. 따라서 자연이 포함하고 있는 모든 것을 고려하면서 색을 계획해야 한다. 건축공간에서 색은 빛에 있는 각 색을 혼합하는 예술가와 같은 접근방식을 사용한다.

색 혼합 제조법은 자연에서와 같이 조화를 이루는 폭넓고 다양한 색조를 만들어낼 수 있을 뿐만 아니라, 색은 빛과 같다는 하나의 방정식을 성립시킨다. 보육실의 분위기는 다양한 조건 아래에서 어떤 색과 어떻게 상호작용하는가에 따라 역동적으로 변하게 된다. 자연광과 같은 조건은 조절할 수 없지만 그 외 조건들을 관찰하여 적절한 색을 연출하면 공간을 더욱 밝고 아름답게 만들 수 있다.

2. 색의 이해

색을 선택하고 혼합하는 과정을 이해하기 위해서는 먼저 색과 관련된 용어와 원리를 이해해야 한다.

1) 색의 특성

모든 색은 색상, 채도, 명도의 세 가지 요소로 되어 있다.

- 색상 : 색의 이름
- 채도 : 색의 강하고 약한 정도. 맑고 탁한 정도
- 명도 : 색의 밝고 어두운 정도. 기본 색상에 혼합된 회색의 양

흰색, 회색, 검은색은 색상과 채도는 없고 명도만 있는 것으로, 무채색이라고 한다.

2) 색상환

색은 그림 11.1에서와 같이 1차색, 2차색, 3차색의 세 가지로 분류된다.

- 1차색 : 빨강, 노랑, 파랑. 안료 중 어떤 색을 혼합해서도 만들 수 없는 가장 기본이 되는 색으로, 삼원색이라고도 한다. 1차색을 혼합하여 모든 색을 만들 수 있다.
- 2차색 : 주황, 초록, 보라. 두 가지의 1차색을 혼합하여 만든 색(예 : 빨강+노랑=주황)
- 3차색 : 1차색과 인접한 2차색을 혼합하여 만든 색(예 : 노랑+초록=연두)

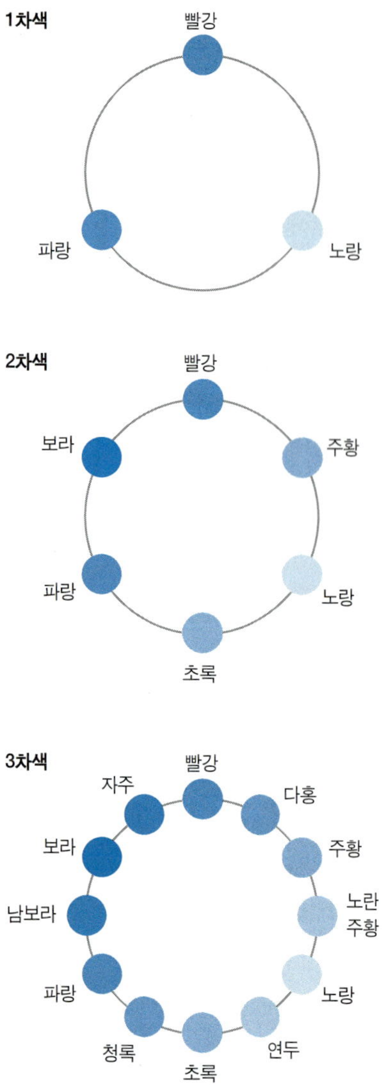

그림 11.1 1차색, 2차색, 3차색

3) 색의 온도감

색을 보면서 따뜻하거나 차갑다고 느끼게 되는 온도감은 그림 11.2의 색상환에 의해 결정된다. 즉, 색상환의 위쪽에 있는 빨강, 주황, 노랑 등 파장이 긴 색상은 따뜻한 느낌을 준다. 반면 색상환의 아래쪽에 있는 초록, 파랑, 보라 등 파장이 짧은 색상은 차가운 느낌을 준다. 같은 색상에서도 명도에 따라서 온도감이 달라진다. 예를 들어, 파랑은 빨강에 비해 차가운 느낌을 주는 색이지만, 망간 블루[1)]는 감청색에 비해 따뜻한 느낌을 준다. 난색은 외향성을 높이고 활동하게 하며 활기를 주므로 보육환경에 가장 적합하다. 반면 한색은 내향성을 조장하고 위생 및 휴식활동에 적합하다. 하지만 순색의 한색은 보육환경에서는 되도록 사용하지 않는 것이 좋다.

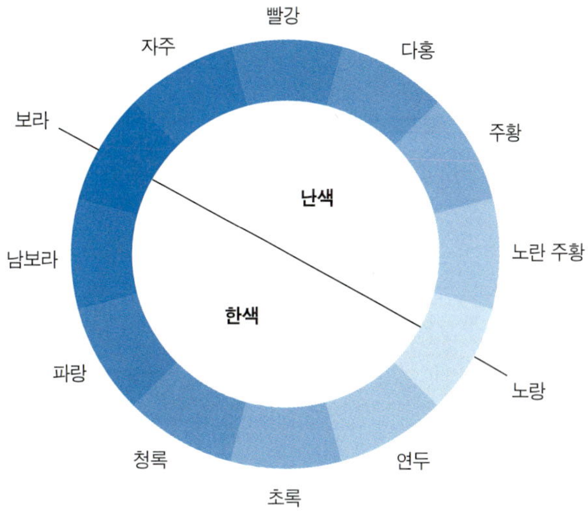

그림 11.2 난색과 한색

4) 색 조

채도가 색 선호도에 가장 큰 영향을 미치지만, 실제로 흥미롭고 만족할 만한 실내 디자인을 만들어 내는 색조(resonance)는 매우 다양하다. 어떤 특정 색상은 원래 색을 바꾸기 위해 사용한 색에 따라서 다른 색조를 가지고 있다. 마티스(Mathis)는 다음과 같이 다섯 가지의 색조를 제시하였다.

- tinted(**흰색을 가해서 되는 변화색**) : 쾌활함, 순수함, 달콤함
- shaded(**검은색을 가해서 되는 변화색**) : 엄숙함, 정중함, 심오함, 깊음, 신비로움
- washed(**기본 색상에 물을 가해서 되는 변화색**) : 깨끗함, 상쾌함, 뚜렷함, 귀여움
- toasted(**기본 색상에 갈색을 가해서 되는 변화색**) : 따뜻함, 풍요로움, 감미로움
- muted(**보색을 가해서 되는 변화색**) : 부드러움, 온화함, 미묘함, 은은함

1) 망간 블루(manganes blue) : 초록빛이 더해진 청색

5) 색의 조화

색의 조화는 각기 다른 환경에서 색을 다양하게 조합하는 방법이라고 할 수 있다. 벽에 칠해진 색이 어떻게 보이는가는 바로 옆에 있는 색, 빛, 칠해진 면적, 표면의 질감에 따라서 달라진다. 따라서 색상, 채도, 명도 이외에도 색의 상호작용 원리와 확장 원리를 이해해야 한다.

마티스와 코너(Conner)는 다섯 가지의 색 조화를 제안하고 있다.

(1) 중성색 조화

두 가지 이상의 중성색(예를 들어 갈색, 검은색, 흰색, 회색)을 사용한다. 안정된, 견고한, 세련된, 조용한, 편안한 효과를 가지고 있다.

(2) 단색 조화

하나의 색상이면서 명도가 다른 색(예를 들어 담록색, 초록, 흑록색)을 사용한다. 조용한, 편안한, 기대되는, 우아한 효과를 주지만 단조로운, 지루한 효과도 있다. 실내에서는 밝은 톤의 색을 위한 배경으로 사용하는 것이 좋다.

(3) 유사색 조화

색상환에서 서로 옆에 있는 색상 2~3개(예를 들어 빨강－보라, 파랑－보라, 주황－빨강－보라)를 조합한다. 유사색의 조화는 단색 조화보다 다양하게 적용할 수 있으나, 보색에서 나타나는 잔상의 문제가 발생한다.

(4) 보색 조화

그림 11.3의 색상환에서 서로 반대쪽에 있는 두 가지 색상을 사용한다. 채도와 명도는 동일하면서 서로 보색관계에 있는 색을 사용할 경우 균형감 있고, 자극적이며, 극적이고, 긴장한, 강렬한 효과가 있다. 보색은 따뜻함과 차가움, 활동성과 소극성의 균형을 이룬다. 가운데 부분이 노란색인 보라색 꽃, 날개에 주황색이 있는 파랑새와 같이 보색 조화는 자연에서도 쉽게 발견할 수 있다. 세 가지의 원색(빨강, 노랑, 파랑) 모두를 포함하고 있는 보색을 혼합할 경우 회색이 된다. 보색 조화를 성공하기 위해서는 명도와 채도를 잘 조절해야 한다.

보색 조화에서는 잔상효과가 발생하게 된다. 눈은 어떤 색에 대해서 보색으로 균형을 잡으려고 하고, 만약 보색이 없다면 보색을 만들려고 한다. 따라서 빨간색의 벽을 주시한 다음 흰

그림 11.3 보색 : 빨강–초록, 주황–파랑, 노랑–보라 등 색상환에서 정반대에 있는 색을 말한다.

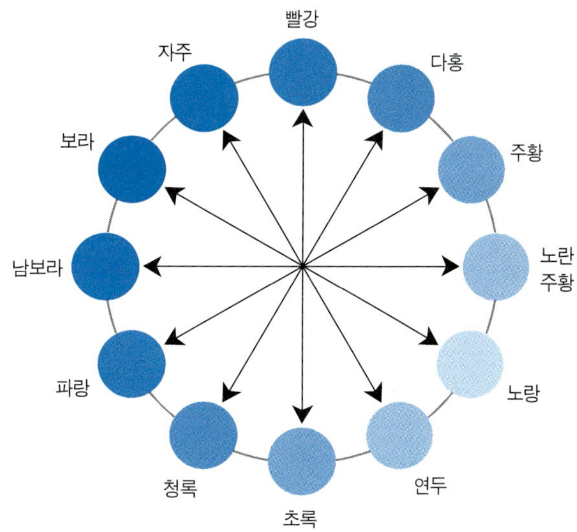

벽을 보게 되면, 빨간색의 보색인 초록이 보이게 된다. 바로 옆에 있는 색을 사용할 때 보색은 균형을 제공한다. 왜냐하면 서로 인접한 색은 어떤 색의 잔상이 다른 색을 더 뚜렷하게 만들어 주기 때문이다. 잔상효과라고 하는 이 현상은 자극적이면서 고요한, 온화한 효과가 있다.

- **직접보색** : 그림 11.3에서의 보색들을 동일한 비율로 혼합할 경우 반중성색을 만들고 이상적인 색의 균형을 이루게 된다.
- **분리보색** : 두 개의 보색(빨강–초록) 중 한 색(초록)에서 가장 인접한 밝은 색 연두와 그 반대쪽의 인접한 어두운 색 청록으로 이루어진다. 분리보색은 색의 균형이 깨진 상태이

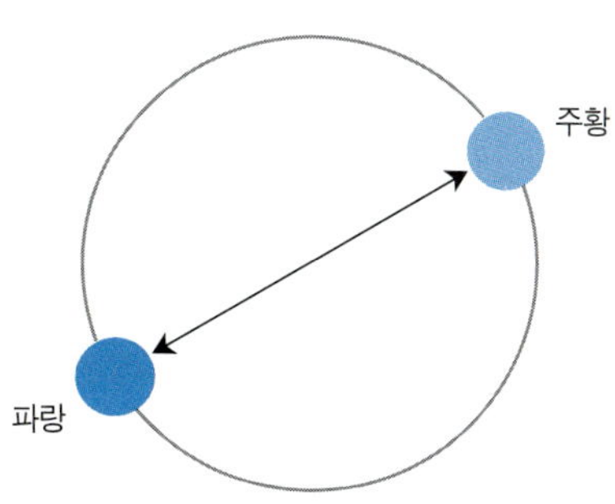

그림 11.4 직접보색

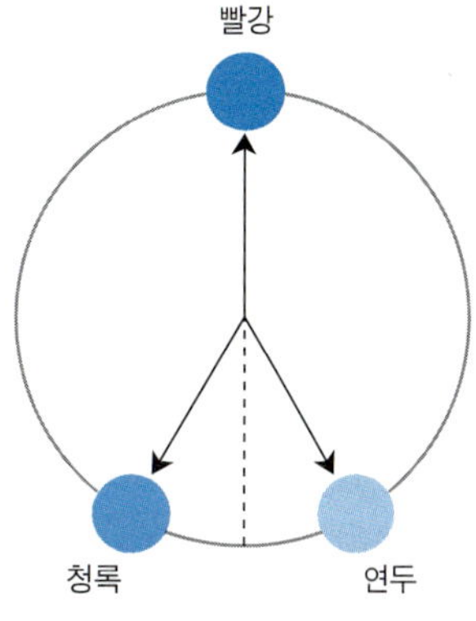

그림 11.5 분리보색

므로 이것을 이용할 경우 활동적인, 자극적인 효과가 있는 반면, 불안한 느낌을 주기도 한다. 그리고 이 세 색의 색조, 채도, 명도가 균형을 이루지 못할 경우 '축제'와 같은 느낌을 주지만 많은 에너지를 소모하게 되므로 종일 그 안에서 지내야 하는 아동과 교사가 피로하게 된다.

- **이중보색** : 보색관계에 있는 두 쌍의 색을 사용한다. 극도로 활동적인, 가슴을 두근거리게 하는 효과가 있다.

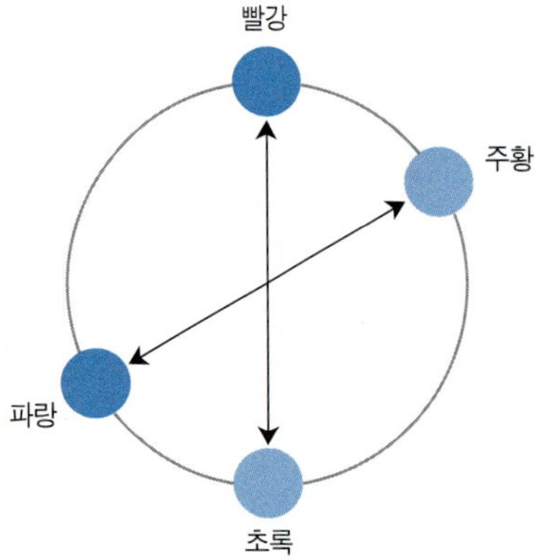

그림 11.6 이중보색

(5) 삼색 조화

삼색 조화는 색상환에서 서로 같은 거리에 있는 대조되는 세 개의 색상을 결합하는 것으로, 그림 11.7의 빨강 · 노랑 · 파랑 또는 주황 · 초록 · 보라와 같이 세 개의 색상을 혼합하여 만든 반중성색은 충분히 떨어져 있어야 한다. 삼색 조화에 사용되는 세 개의 색은 유사색이 아니며, 다른 색 조화법보다 다양한 색을 사용하게 된다. 삼색 조화는 기분 좋은, 활기찬, 활동적인 느낌을 준다.

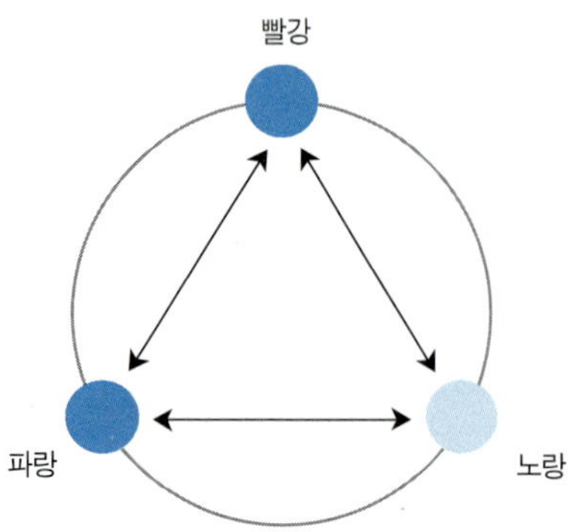

그림 11.7 삼색 조화

노트 11.1 색상 : 결합과 사용

빨 강

흥분되는, 자극적인. 에너지, 힘, 열정, 불, 생명 등의 의미를 내포하고 있으며 피, 공격, 폭동의 의미도 지닌다. 빨강은 심장 박동이나 호흡을 빠르게 하는 등 신체를 자극하므로 체력단련장에 적합하다.

일반적으로 작은 면적에 사용되면 강조색으로 적합하며, 휴식과 조용한 분위기를 원하는 곳에는 피해야 한다. 빨강을 분홍, 장미색, 적갈색(maroon), 산호색(coral) 등과 같이 옅은 색으로 사용하면 여성스럽고, 온화하며, 우아한 이미지를 나타내므로 보육공간에 더 적합하다. 적갈색은 바닥에 적합하다.

주 황

흥분되는, 낙관적인, 팽창하는, 개방적인, 자신만만한, 대담한, 사교적인, 축제의 의미를 담고 있다. 빨강보다 쉽게 사용할 수 있다. 주황은 신체를 안정시키고 고갈된 활력을 재충전하며 식욕을 자극한다. 사교나 식사를 위한 장소에 적합하다. 주황을 옅게 사용하면 살구색이 되어 벽, 천장, 바닥을 따뜻하고 부드러운 배경으로 만들 수 있다.

노 랑

명랑한, 따뜻한, 밝은, 힘찬. 노랑은 지성, 계몽, 소통을 의미한다. 그리고 혈압, 심장 박동, 호흡을 빠르게 한다. 모든 색들 중에서 가장 행복감을 주는 색으로 우울, 긴장, 공포 등을 경감시킬 수 있다. 따라서 집중, 생각의 정화, 대화, 상담, 행복등을 위한 장소에 적합하다. 또한 노랑은 햇살을 연상시키며 생동감 있고 활동적인 이미지를 지닌다. 연두 계열의 연한 노랑은 창백하고 약한 느낌을 주기도 한다.

천장과 벽에 적합하지만 바닥에 사용할 경우 쉽게 더러워질 수 있다. 깨끗하게 마무리된 마룻바닥은 노랑 계열의 색을 띠기도 한다.

초 록

고요한, 편안한, 긴장을 푸는, 평화로운, 상쾌한 느낌을 주며 빨강보다 쉽게 사용할 수 있다. 초록은 새로운 성장, 원기 회복, 탄생, 죽음과 변화, 균형, 조화, 치유, 청결의 의미를 지닌다. 그러나 회색으로 채도를 낮추고 어둡게 할 경우 질투, 엄격, 병, 쇠퇴를 의미하기도 한다. 초록은 눈에 가장 편안하고 자연스러운 색으로, 파랑의 고요함과 노랑의 에너지가 합쳐져 있어 강렬하지도 침체되지도 않은 중성적인 느낌을 준다. 초록은 신경을 진정시키는 효과를 가지고 있어, 휴식과 휴양을 위한 장소에 적합하다. 초록 계열의 다양한 색은 벽, 천장, 바닥에 적합하다.

파 랑

고요한, 긴장을 푸는, 편안한. 파랑은 지성, 직관, 평화, 초월, 하늘을 의미한다. 또는 빨강이나 주황과는 정반대로 따뜻한 느낌이 전혀 없는 차가운 색이며, 아픔 · 혈압 · 맥박을 감소시키고 신경을 진정시킨다. 파랑이 가지고 있는 고유의 차가움 때문에 파랑을 넓은 면적에 사용할 경우 우울하고 침체된 느낌을 주게 된다.

파랑은 차가운 색이므로 절제해서 사용해야 한다. 초록이 가미되어 따뜻한 느낌을 주는 파랑을 벽, 천장, 바닥에 사용하는 것이 좋다.

보 라

차분한, 품위 있는, 고요한, 즐거운. 보라는 고상함, 감화의 의미를 지니지만, 어두운 보라는 외로움과 슬픔을 느끼게도 한다. 빨강과 파랑이 혼합된 색으로, 옅은 보라는 가볍고 장난기 있고 신비스러운 느낌을 나타내며, 어두운 보라는 어둡고 부정적인 이미지를 가지고 있다.

빨강 · 보라는 보육환경에 적합하지만 파랑 · 보라는 너무 어둡고 차갑기 때문에 피해야 한다. 밝은 파랑 · 보라(violet)의 침실은 깊고 편안하게 잠잘 수 있도록 해준다. 일반적으로 밝은 보라는 벽과 천장에 적합하다. 짙은 색상을 바닥에 사용할 경우 인체 에너지를 고갈시킬 수 있다.

흰 색

순수함, 완전함, 깨끗함, 차가움, 외향성. 흰색은 모든 색이 혼합된 것으로 삶과 죽음 모두를 의미한다.

순수한 흰색은 채워지지 않고 비어 있는 느낌(공허함)이나 지루함을 느끼게 한다. 흰색은 약간의 유채색을 혼합해서 따뜻한 느낌의 흰색과 차가운 느낌의 흰색 등과 같이 다양한 색으로 변형이 가능하며, 이러한 색을 벽과 천장에 사용할 수 있다.

검은색

신비, 미지, 내향성, 강함, 부정, 소극성, 음성, 죽음을 의미한다. 검은색은 에너지를 흡수하고 회복하며, 금지하고, 보호한다. 보육환경에서는 작은 면적의 강조색으로만 사용하는 것이 바람직하다.

갈 색

균형과 지구를 의미한다. 갈색은 집중력을 향상시킬 수 있으나, 침체된 분위기를 만들 수도 있다. 특히 나무와 같은 갈색은 바닥, 벽, 가구에 적합하다.

회 색

고집, 완고함, 지속, 정신적 갈등, 죽음과 부활을 의미한다. 일반적으로 보육환경에는 바람직하지 않지만, 밝고 따뜻한 회색은 휴식영역에 효과적일 수도 있다.

6) 확 장

색의 확장은 일정한 크기로 사용된 두 가지 이상의 색 조각의 상대적인 크기를 말한다. 그리고 사용된 색의 상호작용에 의한 잔상현상을 의미하기도 한다. 예를 들어, 초록을 동일한 크기의 흰색 옆에 놓을 경우, 눈은 자동으로 초록의 보색인 빨강을 만들게 된다. 이때 보색은 눈에 보이지 않으며 단지 눈의 지각작용으로 나타난다. 이러한 잔상은 눈에서 분홍이나 불그스레한 색과 같은 중성색으로 투영된다. 흰색보다 초록색이 더 많을 때 이러한 현상은 더욱 강하게 나타난다.

7) 색 심리학

일반적으로 색에는 독특한 심리적 의미가 담겨져 있으며, 이것은 우리가 살고 있는 환경과 자연 속에서 경험하면서 얻어진 결과라고 할 수 있다. 이러한 경험은 단순히 보는 것뿐만 아니라 느끼고, 사용하는 모든 경험의 복합체를 의미한다. 따라서 개인의 감성은 각기 달라도 한 문화권 내에서 함께 생활해 온 사람들에게 통용되는 색채 의미가 존재하게 된다. 대부분의 색은 채도 또는 강도에 따라서 긍정적 의미와 부정적 의미를 모두 함축하고 있다. 노트 11.1에는 각 색상이 가지고 있는 보편적인 이미지와 이에 따라서 가장 적절하게 사용하는 방법을 간단하게 소개하고 있다.

3. 색 선택 시 고려사항

1) 색과 빛의 관계

색과 빛은 매우 밀접한 관계를 가지고 있다. 색을 지각할 때는 빛의 강도, 방향, 그리고 광원의 영향을 받으며, 색을 칠한 표면의 질감과 재질의 영향도 받는다. 따라서 색을 선택할 때는 주변 환경과의 관계를 반드시 고려해야 한다. 자연광과 인공광의 영향을 파악하기 위해서는 주어진 상황 아래에서 사용하려고 하는 모든 색을 시험하는 것이 매우 중요하다. 조명 색(형광등, 백열등, 할로겐등, 자연광)을 변화시켜서 안료, 마감재, 가구의 색을 바꿀 수 있다. 유채색의 조명일수록 고유의 색이 더 많이 변화하게 되고, 백색에 가까운 조명일수록 순수한 고유

색, 재질, 패턴을 선택할 때 페인트 색, 바닥과 벽 마감재, 가구 및 장식품의 재료, 기타 직물들의 샘플은 큰 것을 사용하는 것이 좋다. 색과 재료들이 놓일 공간의 조명과 동일한 상황 아래에서, 그리고 색, 재질, 패턴 각각을 결합시켜서 선택해야 한다.

색을 볼 수 있다. 난색은 낮은 조도의 조명에서보다는 높은 조도의 조명 아래에서 더 강하게 나타난다. 반면에 한색의 편안함은 낮은 조도의 조명에서 더욱 효과가 커진다.

하루 중에서 아침의 빛은 약간 차갑고, 오후의 빛은 황금색이다. 정오의 빛은 본래의 색에 가장 가깝게 보이도록 하는 백색광이다. 겨울의 빛은 회색, 파랑에 가깝고 더 차갑고, 여름은 노랑에 가깝고 더 따뜻하다.

이렇듯 색은 상황에 따라서 다르게 지각될 수 있다. 눈부심과 섬광은 눈에 해를 끼칠 수 있다. 적절하게 빛을 반사하는 파스텔은 흰색보다 피로감이 덜한 반면, 반사율이 높은 페인트는 약 1/3 정도 어두운 곳에서 조도를 높일 수 있다. 방에 설치된 모든 종류의 조명 아래에서 색 샘플을 시험해 보아야 한다. 만약 실제 상황에서 시험할 수 없다면, 노란색이 가장 적은 북쪽의 자연광 아래에서 색을 선택하는 것이 가장 좋은 방법이다.

2) 색의 샘플 크기

색, 빛, 패턴은 상황에 따라서 크게 달라지기 때문에 작은 샘플을 보고 색상을 선택하는 것은 바람직하지 않다. 페인트의 색은 방에 있는 다른 색과의 관계, 바닥 마감재와 변화하는 빛과의 관계 속에서 적절하게 선택할 수 있도록 적어도 45.7×60.9cm 크기의 샘플이 필요하다.

바닥재를 선택할 때 2.5cm의 사각형 안에 있는 패턴은 작은 샘플 안에 있을 때와 4.5×9.1m의 방을 채웠을 때와는 전혀 다르게 보인다. 질감의 경우 20.3cm 정도 떨어진 곳에서는 식별이 가능하더라도 1.8~3.1m 정도 떨어진 곳에서는 식별이 불가능하기도 한다. 자연광에서는 기분 좋은 느낌을 주는 라벤더색(연한 자주색)이 형광등 아래에서는 차갑게 보인다.

바닥 마감재의 색을 선택하는 가장 좋은 방법은 적어도 1.2×1.2m의 큰 샘플을 방에 두고 다른 조명 조건 아래에서 다양한 위치에서 관찰하는 것이다. 만약 방에 둘 수 없을 경우, 중간색의 배경 위에 샘플을 두고 관찰하는 것이 좋다.

3) 색의 부피

빛만큼이나 색도 보육실 크기가 어떻게 보이는지에 중요한 영향을 미친다. 페인트 칩의 색은 네 개의 벽과 천장에 칠했을 때 약 50% 정도 더 밝다. 따라서 칩과 똑같이 보이도록 벽을 칠하려면 더 어둡고 흐린 페인트를 선택하는 것이 바람직하다.

4) 시각적 조직자로서의 색

보육환경에 사용하는 색을 선택할 때 아동 공간은 시각적으로 매우 복잡하다는 사실을 명심해야 한다. 강력한 시각적 조직자로서 색은 방에 있는 사람에게 시각적으로 지나친 자극을 주지 않도록 하는 데 중요한 역할을 한다. 이러한 이유에서 벽의 배경색은 두드러지지 않는 배경막과 같은 역할을 하도록 눈에 띄는 것보다는 밝은 것을 선택하는 것이 중요하다. 배경색을 정한 다음에 놀이공간과 의자의 면, 아동 높이의 장식장과 수납장에 사용할 색과 재질을 선택하게 된다.

7장에서 언급한 것과 같이 보육실은 대개 네 개의 구역으로 구성된다. 각 구역 안에는 여러 개의 활동영역이 있을 수 있다. 예를 들어 자유로운 놀이구역에는 물, 모래, 그림, 목공놀이영역이 있을 수 있다. 색을 이용해서 각 구역을 표시할 수 있는데, 예를 들어 벽의 색상을 다르게 사용하여 각기 다른 기능을 하는 구역을 나눌 수 있다.

보육실은 밝은 색의 나무로 된 책장, 테이블, 의자로 채워져 있어 단순하면서도 획일적이다. 공간을 분리하기 위하여 바닥 높이에 약간의 차이를 둔 경우, 아동의 높이에서 놀이공간의 면, 칸막이, 벽에 붙여 놓은 선반 등에 다른 색상을 사용하면 영역을 쉽게 알 수 있다. 방에서 있는 아동은 다른 색조, 예를 들어 연한 노란색의 방, 부드러운 청록색의 방, 연갈색의 방을 볼 수 있으며, 색이 영역과 활동의 경계를 짓고 있다는 것을 알 수 있다.

5) 연령에 적합한 색

연령에 따라서 적합한 색이 있을 수 있다. 예를 들어, 초록색은 영아반에 좋은 색일 수 있다. 그러나 회색이 너무 많이 들어간 초록색은 침침한 느낌을 줄 것이고, 너무 밝은 초록색은 지나치게 자극적일 수 있다. 따라서 농도 또는 색의 혼합에 따라서 특정 색이 특별한 연령에 적합한가를 결정하게 된다.

다음은 코퍼하우스(Copper House)에서 사용되었던 색으로, 연령에 따라서 적절한 색을 선택하게 된 생각들을 정리한 것이다.

- **영아** : 영아는 주변을 둘러싸고 있는 색을 눈으로 볼 뿐만 아니라 색의 모든 느낌을 느낄 수 있다. 분홍, 살구색, 연어색과 같은 색이 영아에게 적합하다고 할 수 있다.
- **걸음마기 영아** : 걸음마기 영아는 영아보다 더 많은 자극을 받아들일 수 있지만, 그래도 편안하고 평온한 색이 적합하다. 초록이나 청록과 같은 색, 또는 차분한 톤의 노랑과 보라와 같이 약간 생기 있거나 조용한 색이 적합할 수 있다. 중간색, 분리보색, 삼색 조화가 걸음마기 영아의 모험심에 적합하다.
- **유아** : 호기심, 창의력, 상상력은 3~6세 사이에 급증하게 된다. 부드럽고 따뜻한 색을 배경으로 두고 노랑, 주황, 보라와 같이 밝고 활기찬 색상을 둘 경우 유아의 호기심을 더욱 자극하게 된다.

6) 색의 공간 효과

따뜻한 색은 진출하는 느낌을, 차가운 색은 후퇴하는 느낌을 준다. 따라서 밝고 차가우며 채도가 높은 색이 공간을 확장되어 보이게 한다. 이것은 방이 작고 천장이 낮은 보육공간에서 필요하다. 하지만 차가운 색, 특히 파랑의 냉기를 없애기 위해서는 모든 색상이 갈색을 띠고 따뜻한 톤의 채도를 가진 색상을 사용해야 한다. 어두운 천장은 무겁고 낮아 보이는 반면, 밝은 천장은 공간을 더 높게, 더 넓게 보이게 한다. 마찬가지로 작은 패턴은 공간을 확장되어 보이게 하는 반면, 큰 패턴은 공간을 축소되어 보이게 한다.

색은 공간의 기능과 사용자의 요구에 따라서 방의 길이, 깊이, 높이, 부피, 따뜻함, 밝음을 약화시키거나 또는 강조할 수 있다. 이와 관련된 내용 몇 가지를 노트 11.2에 제안하였다.

노트 11.2 공간의 지각과 분위기에 영향을 주는 색의 사용

- 방이 더 커 보이기 위해 : 따뜻한 톤이면서 채도가 낮은 갈색을 띠는 색상을 사용한다.
- 깊어 보이기 위해 : 차가운, 후퇴색을 사용한다.
- 멀리 있는 벽이 가까이 있는 것처럼 보이기 위해 : 중간 밝기의 강열하고 따뜻한 색을 사용한다.
- 좁은 복도가 넓어 보이기 위해 : 다른 색으로 두 개의 벽을 칠하거나, 한쪽 벽에 대비색의 수직선을 그린다. 그리고 반대쪽 벽에도 비슷한 수직선을 그린다.
- 긴 복도가 짧아 보이기 위해 : 복도의 끝부분에 따뜻하고, 선명하고, 어두운 색을 사용하거나 그래픽을 그린다.
- 방에 통일감을 주고 공간이 확장되어 보이기 위해 : 채도와 명도가 유사한 색상을 사용한다. 그러나 동일색은 피한다.
- 집중력을 높이기 위해 : 옅은 색상과 차분한 중성색을 사용한다.

7) 현재 공간에 있는 주변 색

현재 공간에 있는 주변 색을 신중하게 고려해야 한다. 창 밖으로 보이는 풍광과 자연뿐 아니라 바닥, 가구, 실내 장식품, 그리고 주요 건축 요소의 색을 고려하여 벽의 색을 선택해야 한다. 시각적으로 압도하는 아름다운 예술작품은 색의 선택에 중요한 역할을 하기도 한다.

8) 두 가지의 주의할 점

(1) 개인의 선입견에 따른 색의 선택

친숙함, 관례, 개인 성향에 따라서 보육환경의 색을 선택하는 경우가 종종 있다. 어떤 사람이 색에 대해서 불안감을 느낄 경우, 베이지와 같이 친숙하고 안전한 색을 선택하는 경향이 있다. 개인의 취향에 맞도록 색을 선택할 경우 개성 표현에는 좋을지 모르지만, 보육환경에서는 개인의 성향보다는 공동 의견을 고려해야 한다.

(2) 원색의 사용

일반적으로 유아는 본래부터 외향성을 지니고 있으며 특히 색에 대해서 적극적으로 반응한다. 5~6세 이전의 아동은 형태보다 색을 더 쉽게 기억한다. 따라서 형태의 윤곽을 이용하여 건축적 단서를 제공하는 것 대신에 색을 이용하는 것이 아동이 더 쉽게 인지할 수 있다.

어린 아동은 일반적으로 빨강, 노랑과 같이 밝은 색을 좋아한다. 그러나 플라스틱 장난감에서 많이 사용하는 높은 채도의 원색은 실내 벽과 가구(설치물 ; furnishing)에는 어울리지 않는다. 집과 달리 보육시설에서는 많은 아동이 동시에 수많은 색으로 된 재료를 사용하고 있다. 밝은 색이 너무 많을 경우, 아동이 극도로 활동적이 되거나, 흥분하고, 지치게 되거나 자극에 대한 감각이 무뎌지는 등의 악영향을 가져 올 수 있다. 또한, 밝은 색을 사용할 경우 시각적으로 혼란스러운 환경이 조성되어 아동이 어떤 한 가지 일에 집중할 수 없게 된다.

4. 실외 공간의 색 선택

기후, 지리적 위치, 지역(도시, 도심외곽, 시골) 등을 고려해서 건물의 실외 색을 선택해야 한다. 아프리카, 멕시코, 남방지역의 집에서 볼 수 있는 밝은 주황, 파랑, 보라와 같이 따뜻하고, 채도가 높은 색상은 열대지역에 적합하다. 비, 눈, 그리고 회색으로 특징지어지는 북방지역의 기후와, 식물이 없는 도시지역에서는 차갑고, 가벼운 색조와 중간색이 가장 보편적이다.

5. 실내 공간의 색 선택

보육실의 색 중에서 실내 공간의 색을 선택하는 것이 가장 중요하다. 특히, 시설에서 3~5년까지의 시간을 보내게 되는 아동에게 다양한 경험을 할 수 있도록 각 보육실마다 다양한 색을 사용하거나 연령별로 서로 다른 색을 사용하는 것이 바람직하다. 또한, 아동은 형태보다 색을 더 쉽게 분별할 수 있기 때문에 실내 공간의 색을 다르게 사용할 경우 아동은 다른 집단, 다른 공간에 대해 더 쉽게 이해할 수 있게 된다.

1) 바 닥

보육실의 바닥 마감재를 제일 먼저 선택하는 것이 좋다. 보육실의 색 계획은 바닥 색에 의해 좌우되며, 바닥 색과 서로 조화되도록 다른 색을 계획해야 한다.

아주 어두운 색을 사용할 경우, 바닥이 무거워 보이고 신체 에너지를 소진시키고 공간의 크기가 축소되어 보이게 한다. 그러나 지나치게 밝은 색은 쉽게 더러워진다는 단점을 가지고 있다.

단색은 여러 색으로 되어 있거나 문양이 있는 카펫 또는 타일보다 얼룩과 먼지가 더 잘 보이므로 사용하지 않는 것이 좋다. 아동을 위해 특별히 디자인된 기호와 게임이 그려진 카펫은 지나치게 색이 많아서 종일 그곳에서 지내야 하는 아동에게 시각적으로 너무 복잡하고 혼란스러운 느낌을 주며 쉽게 지치게 한다. 사무실과 공공기관에서 주로 사용되는 시판용 카펫은 내구성은 좋으나, 단조로운 어두운 회색 톤으로 되어 있어 아동에게 활력을 충분히 제공하지 못한다. 카펫은 유사색으로 혼합되어 있는 것이 바람직하다. 그리고 사람의 눈은 보색을 혼합하여 회색이나 짙은 회색으로 지각하기 때문에 보색 관계의 색이 혼합된 카펫은 사용하지 않는 것이 좋다.

2) 벽

일반적으로 아동 공간에 에너지와 활발함을 부여하기 위해서는 주조색으로 난색 계열의 색을 선택하는 것이 바람직하다. 밤색, 황갈색 등과 같은 흙색이 혼합되어 약간 갈색을 띄는 색은 공간에 풍부함을 불어 넣고, 흰색이나 크림색이 혼합된 엷은 색은 경쾌함을 제공한다. 다음으로 보육실에서 어떤 영역을 구분하기 위해서 또는 강조하기 위해서 사용하는 벽 색으로는 초록 계열의 색을 주로 사용할 때는 파랑을 강조색으로, 파랑 계열의 색에서는 초록을, 보라 계열의 색에서는 빨강을 강조색으로 사용한다. 단, 보라 계열의 색에 파랑을 강조색으로 사용하는 것은 피한다. 이와 같이 물과 식물을 의미하는 색을 사용하는 것이 바람직하다. 그리고 회색이 가미된 단조롭고 어두운 색, 원색, 엷은 색은 사용하지 않는 것이 좋다. 빨강, 노랑, 파랑과 같은 원색은 강조색으로 작은 부분에만 사용해야 한다.

컬러리스트들은 최대한 세 가지의 색을 사용하는 것이 바람직하다고 한다. 색의 명도, 채도, 질감 등을 변화시켜 다양한 색을 사용할 수 있다. 그러나 벽을 중성의 배경 막으로 만들기 위해서 흰색이나 베이지색으로 할 필요는 없다.

다른 용도로 사용되는 작은 공간이나 알코브와 베이 등과 같은 형태의 공간이 보육실에 있을 경우, 이런 공간의 벽을 다른 색으로 처리하여 다른 공간과 구별되도록 하는 것이 좋다. 이것을 2차색이라고 한다. 활동이 많은 영역에서는 따뜻하고 강렬한 색조를, 조용한 영역에서는 차가운 색조와 색상(파랑－초록, 빨강－보라)을 사용하는 것이 바람직하다.

사례 코퍼하우스의 영아실의 기본색은 복숭아색이며, 작은 식사준비 영역은 보라, 취침영역의 아래쪽은 부드러운 크림색이 가미된 초록을 사용하여 삼색 조화를 이루도록 하였다. 초록은 취침영역의 반대쪽에 있는 물놀이를 위한 베이에서도 사용되고 있다.

(1) 페인트

광택이 없는 페인트 마감은 광택이 있는 것보다 얼룩이 잘 보이며 청소하기가 어렵기 때문에 교사 영역에 적합하다. 아동이 사용하는 영역에는 중간 정도의 미색 또는 광택이 있는 것을 사용하는 것이 바람직하다.

광택이 많은 페인트는 목공영역 또는 벽에 흙탕물이 튀거나 젖을 수 있는 영역에 사용하는 것이 좋으며, 어두운 복도와 같이 빛을 반사시켜 공간에 밝기를 더해 줄 필요가 있는 곳에 사용한다.

(2) 질 감

표면의 질감은 빛을 반사하고 일부는 흡수하기도 하기 때문에 질감에 따라서 색이 다르게 보이게 된다. 따라서 색이 칠해지는 표면의 상태를 반드시 고려해야 한다.

사용된 재료의 표면과 질감에 광택이 나도록 하기 위해서는 특수효과로 졸라톤(다른 색의 작은 조각들이 혼합된 페인트)을 사용할 수 있다. 이 밖에도 '문지르기', '스펀지로 닦기', '얼룩지게 하기' 등의 방법이 있다. 그러나 이러한 기법은 손이 많이 가며 아주 정교한 기술을 필요로 한다.

거친 회반죽의 벽은 회반죽의 질감을 그대로 살리기 위해서 색을 사용하지 않는 것이 좋으며, 햇빛이 표면에 비춰질 때 자연스럽게 물들게 하기 위해서는 중성의 부드러운 색을 사용하

디자인가이드 11.1

색

- 시각적으로 혼란스러운 색은 아동이 일에 집중하는 것을 방해한다. 어린 아동은 차분한 톤보다는 밝은 색을 더 좋아하지만, 밝은 원색을 많이 사용할 경우 아동이 지나치게 활발해지고 지쳐버리게 되거나, 자극에 대한 감각이 무뎌지기도 한다.
- 아동, 성인, 장난감, 가구가 조화를 이루어 즐겁게 활동할 수 있도록 색 환경을 조성해야 한다.
- 다른 색상의 심리적 효과를 이해하고, 각 공간에서 아동의 연령과 기대되는 기능에 따라서 적절한 색을 사용할 수 있어야 한다.
- 아동은 형태보다 더 쉽게 색을 읽을 수 있기 때문에, 각 실마다 다른 주조색을 사용하는 색채계획으로 다른 집단과 공간에 대한 아동의 이해력을 향상시킬 수 있다.
- 연령에 적합한 벽의 색이나 바닥 재료를 잘 선택하려면 색상 자체가 아닌 색의 농담(tint), 어두운 정도(shade), 보색 관계에 있는 색의 혼합 등이 더 중요한다.
- 주변 환경과의 관계 속에서 색을 평가한다. 샘플은 크기가 큰 것을 사용하며, 자연광과 인공광의 효과를 판단하기 위해서는 색을 사용할 공간(가게나 디자이너의 보드가 아닌)에서 가능한 모든 색을 시험해야 한다.

바 닥

먼저 각 방의 바닥 마감재와 카펫을 선택한다. 유사색이 혼합되어 있는 카펫이 좋으며, 지나치게 어두운 색은 바닥을 무겁게 보이게 하여 방을 작게 느껴지게 한다. 반면 너무 밝은 색조는 쉽게 더러워진다.

천 장

천장 높이가 2.4m 이하인 방의 경우, 흰색을 50% 이상 혼합한 밝은 색을 천장에 사용한다.

벽

- 일반적으로 아동을 위한 공간의 주조색으로는 에너지와 활달함을 의미하는 따뜻한 색을 사용한다. 부수적인 색으로는 물과 식물을 나타내는 색(파랑·초록 계열의 색, 초록·파랑 계열의 색, 빨강·보라 계열의 색)을 사용한다. 대신 파랑·보라 계열의 색은 피하고, 단조롭고 어두운 색이나 원색, 또는 지나치게 엷은 색은 사용하지 않는다.
- 빨강, 노랑, 파랑과 같은 원색은 강조색이므로 작은 부분에 사용한다.
- 광택이 없는 페인트 마감은 교사실에 적합하다. 아동들이 사용하는 영역에는 중간 정도의 광택과 미색의 마감이 더 좋다.
- 고광택의 마감은 목공영역 또는 벽이 젖거나 흙탕물이 튀기 쉬운 영역에 적합하다. 그리고 어두운 복도와 같이 밝게 해야 할 필요가 있는 곳에도 적합하다.

- 방의 길이, 넓이, 높이, 면적, 온도(따뜻함), 밝기 등은 색으로 강조할 수 있다. 유사색을 사용함으로써 통일감과 공간감을 부여할 수 있으나, 단조로움을 줄 수도 있다.
- 밝은 색, 강하고 따뜻한 색은 축소되어 보이게 하므로 멀리 있는 벽을 가까이 있는 것처럼 보이게 한다. 엷은 색과 차가운 색은 깊이를 더해 준다.
- 욕실에 형광등을 사용할 경우, 중간색의 노랑, 초록, 파랑으로 된 페인트나 벽 마감은 피해야 한다. 이 색이 피부에 반사될 경우 사람을 창백하게 보이게 하기 때문이다.

실 외

실외 색을 선택할 때는 기후 또는 지리적 특성(사막, 숲, 해변 등), 지역적 특성(시골, 교외, 도심 등)을 고려한다.

는 것이 바람직하다. 월도프 학교에 사용된 기술인 '라주링[2]'은 벽에 질감을 첨가하는 기법으로, 괴테의 영향을 받은 루돌프 스테이너(Rudolf Steiner)가 고안한 것이다.

햇빛이 잘 들어오고 질감이 풍부한 보육실에서는 흰색이 아닌 다른 색을 사용하는 것이 자연광이 주는 효과와 벽 자체의 질감이 가지는 효과를 충분히 즐길 수 있다. 시간의 흐름에 따라서 장미색, 파란색, 보라색, 금색이 칠해진 벽이 만드는 미묘한 그늘을 만들어낼 수 있다. 그러나 이것은 실외의 풍부한 초록과 자연을 볼 수 있을 때만 가능하다. 일반적으로 보육시설에서는 크림빛이 가미되거나 엷은 흰색이 바람직하며, 순수한 흰색은 삭막하고 차갑고 눈부심이 생긴다.

3) 주의할 점

(1) 창과 문의 틀

일반적으로 대조되는 색으로 창과 문의 틀에 페인트칠을 한다. 벽과 다른 색으로 칠해진 창이나 문의 윤곽선은 교구와 놀이기구와 함께 시각적으로 복잡하게 한다.

창이나 문이 건축적으로 아름답게 만들어져 있다면 색을 사용하지 않고도 자연스럽게 시선을 사로잡게 될 것이다. 문과 틀이 두드러질 경우 벽이 작은 조각으로 분리되어 보이므로, 공

2) 라주링(lazuring) : 특수한 붓을 사용하여 얇게 페인트칠한 부분의 위에 얇게 니스(광택제)를 칠한다. 페인트와 니스를 번갈아 칠하는 것을 계속하게 되면 화가가 캠퍼스에 페인트를 칠한 것과 유사하게 된다. 이렇게 처리된 벽 표면에 비춰지는 빛은 여러 방향으로 반사되면서 벽에 생동감을 부여하고 밝게 해준다.

간을 넓게 보이게 하기 위해서는 벽과 동일한 색으로 문과 틀을 칠하거나 벽과 유사한 색을 칠하는 것이 바람직하다.

(2) 장난감

집과 마찬가지로 보육시설에는 원색으로 된 플라스틱 장난감이 압도적으로 많다. 유럽에서는 나무로 된 장난감과 가구에 원색보다는 아름답게 느껴지는 부드러운 혼합색을 사용한다. 밝은 원색의 장난감은 시선을 사로잡으며 다른 색과 전혀 조화를 이루지 못한다.

제12장

실내 마감재

Whether people are fully conscious of this or not, they actually derive countenance and sustenance from the "atmosphere" of the things they live in or with.

—Frank Lloyd Wrigh[1)]

이 장에서는 보육시설의 바닥, 벽, 천장에 사용되는 실내 마감재와 안내판과 미술작품의 특성과 디자인에 관한 내용을 다룬다. 실내 마감재는 보육시설의 분위기에 가장 큰 영향을 준다. 일관성 있고 통일된 공간이 되도록 실내에 사용한 색상, 직물, 가구, 장식품들이 처음 계획한 재료와 조화를 이루어야 한다.

보육시설에서 실내는 아동이 가장 많이 접촉하는 부분이다. 피부는 신체의 가장 많은 비율을 차지하는 기관으로, 촉감을 통해 많은 양의 정보와 자극을 받아들인다. 3세 이하의 아동이나 장애아에게 촉감은 다른 감각보다 중요하다. 즉, 질감과 느낌을 통하여 아동은 물리적인 세계와 자신의 신체를 익히게 된다. 실제로 학습장애가 있는 아동에게 촉각적 자극을 증가시켰을 때 형태와 공간 지각이 향상된 것으로 나타났다. 그러므로 가구설비와 실내 마감은 전체

1) Quote taken from A. Lawlor(1994). *The Temple in the House*. New York: Tarcher/Putnam, p. 135.

건물 디자인에 미치는 영향만큼이나 아동에게도 큰 영향을 주므로, 처음부터 실내 마감재에 대한 계획을 수립하여야 한다.

또한, 마감재는 아동과 성인에게 메시지를 전달한다. 단단한 마감재는 '만지지 마시오' 라는 암시를 주며, 아동은 만지거나 두드리는 등의 '부적절한' 행동을 할 수 있다. 반대로 부드러운 마감재인 카펫, 나무 패널, 푹신한 표면은 사용자를 존중하는 느낌을 주므로 아동도 보육시설을 존중하게 된다. 보육시설에 '부드러운' 요소인 카펫, 쿠션, 안락한 가구, 물과 모래 등과 같은 재료가 있는지 여부에 따라서 보육시설의 질을 평가할 수 있다[2].

마감재는 보고, 듣고, 만지고, 냄새 맡는 것에 영향을 줌으로써 사람의 느낌에 직접 영향을 준다. 재료와 마감재의 질감은 아동의 인지적 · 생리적 발달에 매우 중요하다. 다시 말해서, 통일성 안에서의 변화와 다양성은 사람의 신경체계를 건강하고 민첩하게 하지만, 단조롭고 동일한 것은 감각적 결핍을 가져온다.

1. 질감

질감은 피부가 주변 광원에 의한 재료의 구조, 촉각, 농도, 색과의 상호작용에 의한 것이다. 모든 것에는 질감이 있다. 즉, 표면이 편평하고 특징이 없는 곳에서는 어딘가 '좀 더 질감이 있기를' 원하게 된다. 보육시설이 청결하고 아동에게 안전해야 한다는 생각으로 전체가 단조롭고 씻을 수 있는 표면으로만 되어 있으면 아동은 다양한 질감을 즐길 수 있는 기회를 가지지 못하게 된다. 특히 보육실은 특정 공간의 분위기와 용도에 적합하도록 다양한 질감을 사용해야 한다.

플라스틱과 같은 합성 재료는 닳고 낡아 보기 흉해지지만, 양모나 나무와 같은 자연 재료는 시간이 지날수록 오래된 느낌이 자연스럽게 나타나고 독성이 없어 건강에 좋다. 최근 나온 재료와 기능성 마감재는 자연스럽고, 오래되고, 숙성된 느낌을 주는 재료와 함께 사용하는 것이 가장 좋다. 어떤 재료도 좋고 나쁜 것은 없으며, 중요한 것은 다양성을 주는 것이다.

2) Elizabeth Prescott and Thomas G. David(1976). "Concept Paper on the Effects of the Physical Environment on Day Care". Pasadena, CA: Pacific Oaks College.

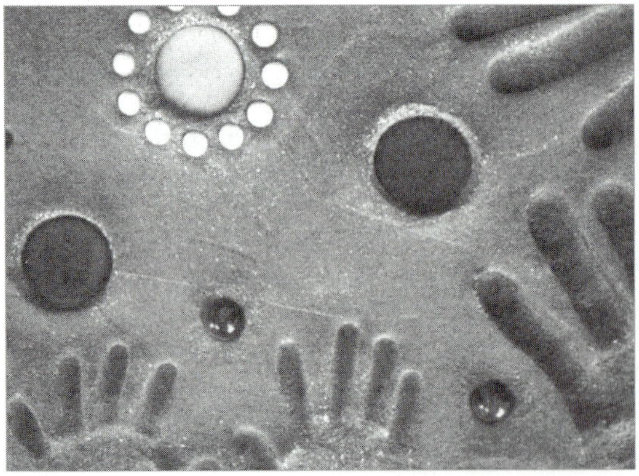

만져 보는 것은 아동에게 가장 중요한 감각이다.

1) 질감의 진실성

물체나 표면의 재료가 가지고 있는 특성을 위장하거나 인위적으로 마감 처리를 하면 지각적 왜곡이 생긴다. 즉, 조화(彫花)가 생화(生花)가 될 수 없고, 나뭇결무늬 시트를 붙인 철문도 소리나 무게, 열전도성에서 본래 재료인 금속의 특성이 드러난다. 재료와 마감 처리는 자연친화적 환경, 아동이 재료의 특성을 학습할 수 있는 기회, 진실성과 정직을 배울 수 있는 중요한 기회가 될 수 있으므로 보육시설에서는 가능한 한 모조품과 대체물의 사용을 피하는 것이 좋다.

2) 관리와 유지

보육시설에서 마감재를 선택할 때 특히 관리 문제를 고려해야 한다. 유지관리비가 적게 드는 재료는 단단하고 차가운 느낌을 주기 때문에 유지관리와 심미성 간의 조화를 이루는 것이 중요하다. 모든 실내 마감재는 자주 교체해 주고 정기적인 보수를 해야 하며, 특히 좋은 재료일수록 더 그렇다. 따라서 처음부터 양질의 물건을 구입하는 것이 가장 경제적이다.

3) 안 전

모든 재료는 소방법과 건축법의 안전기준에 따르면서 다양한 질감을 사용해야 한다. 시중에는 색깔과 질감 면에서 우수한 카펫, 직물, 마감재가 많이 생산되고 있다. 건강한 보육시설 환경을 위해서는 인화성 물질이 아니면서 세탁이 가능하고 항균 및 방염(防炎) 처리된 A등급인 제품을 사용한다.

2. 바 닥

아동은 바닥을 가구로 사용한다.

바닥은 보육시설에서 매우 중요하므로 바닥재의 질감, 마감재, 색, 무늬를 먼저 결정한 후 바닥재에 따라서 실내의 다른 재료를 결정하는 것이 좋다.

1) 바닥의 기능

디자인에 따라서 바닥은 이동의 기능뿐 아니라 놀이하고 앉을 수 있는 표면이 될 수 있고, 활동의 경계를 지어 주며, 탐색 대상이고, 모든 종류의 이벤트를 할 수 있는 무대가 되기도 한다. 바닥은 따뜻하고 미끄럽지 않으며, 청소가 용이해야 한다. 또한 방습 · 항균 기능이 있고, 무독성이며 정전기를 발생하지 않는 것이 가장 바람직하다.

보육시설에서 바닥은 가구로 간주한다. 아동은 의자보다 바닥에 앉아서 놀기를 더 좋아하고 편안해 하며, 바닥을 벽보다 더 친근하게 생각한다. 따라서 먼저 좋은 바닥재 구입에 예산을 할당하고, 교체가 용이한 책상이나 의자는 저렴한 가격으로 구입한다. 바닥을 가구로 사용하면 다음과 같은 장점이 있다.

(1) 이동과 조절

아동이 바닥에 앉아서 노는 경우 아동의 움직임을 자유롭게 조절할 수 있고 보육실을 효과적으로 계획할 수 있다. 아동이 공간을 가로질러 다니지 않아서 바닥은 덜 혼잡해지고, 아동이 눈에 잘 띄므로 교사가 아동을 손쉽게 돌볼 수 있다. 바닥에서 앉았다 일어났다 하는 것이 의자보다 더 힘들므로 아동은 바닥에서 덜 일어나게 된다.

(2) 융통성

바닥을 놀이장소로 쓰면 공간을 더 융통성 있게 활용할 수 있다. 그렇게 되면 아동이 마음대로 공간을 넓히거나 좁힐 수 있고, 서로 이야기하기 위해 가구를 사이에 두고 소리칠 필요가 없다.

(3) 시야 확장

바닥에 앉아서 놀면 아동이 앉거나 무릎을 꿇어야 하기 때문에 눈높이와 시야를 넓힐 수 있다. 어린 아동은 전체보다는 부분에 초점을 맞추기 때문에 시야를 넓히면 한눈에 더 많은 것을 보게 되며, 이것은 아동의 발달에 도움이 된다.

(4) 효율성

바닥에서 작은 블록 쌓기나 조작활동 놀이를 할 때 수납장이나 파티션 등으로 물리적 경계를 만들어 주면 더 차분하고 효율적일 수 있다.

(5) 다면성

바닥은 움푹 들어간 곳, 한 단 높인 곳, 약간 굴곡진 곳, 비탈, 계단 등을 만들 수 있다. 이렇게 바닥은 높이나 형태를 변화시켜 성격이 다른 공간들을 구분할 수 있으며, 아동이 다양한 형태로 움직일 수 있게 된다. 바닥이나 모든 수평한 면은 낮추거나 높일 수 있으며, 딱딱하거나 부드럽게, 질감이 있거나 매끄럽게, 무늬가 없거나 골이 있게, 편평하거나 경사지게, 혹은 파도치게 할 수 있다. 물, 공기 매트, 콩알이 든 주머니, 트램펄린[3], 그물, 다리 등을 자연물이나 인공적 재료로 만들 수 있다.

(6) 공간의 규정

아동의 눈높이는 바닥에 가깝기 때문에 공간의 구성을 바닥에서 제일 잘 파악한다. 그러므로 바닥의 높이차, 색, 질감을 달리해 주면 아동이 동선이나 건물의 영역, 보육실 내 영역 등을 쉽게 구분할 수 있다.

(7) 다양한 질감

단단하고 부드러운 바닥재는 다양한 질감을 느끼게 해 준다. 그러나 질감의 변화로 걸려 넘어지지 않도록 이음새 부분의 처리를 부드럽게 해야 한다. 표면의 변화로 인해 휠체어, 바퀴 달

3) 트램펄린(trampoline) : 강철로 만든 네모난 틀에 다수의 용수철 · 고무줄을 이용하여 나일론제 등의 튼튼한 천을 장치한 운동기구

린 장난감, 방 안을 이동하는 시설물이 걸리지 않아야 한다.

(8) 층의 변화

플랫폼, 라이저, 로프트와 같이 바닥차를 두어 공간을 구분할 수 있고, 다양한 동작으로 움직일 수 있다. 대부분의 플랫폼에는 수납, 난간, 벽 같은 경계가 있어야 한다. 한 단으로 된 10~15cm 높이의 플랫폼은 아동이 떨어지지 않도록 단 끝부분의 질감이나 색을 달리하여 분명하게 구분하도록 한다.

(9) 소음의 흡수와 탄력성

보육실은 활동적인 장소이므로 특히 조용한 영역에는 방음이 매우 중요하다. 이에는 카펫이 가장 적합하며, 카펫과 깔개는 두꺼울수록 효과가 좋다. 특히 조용한 영역, 작은 블록, 언어영역에 소음 흡수와 포근한 느낌을 주기 위해서 카펫을 벽에 붙이거나 바닥에서부터 벽까지 연결하여 설치하기도 한다.

플랫폼과 벽에 카펫을 깔면 블록영역에 방음효과와 아늑함을 준다(코퍼하우스).

(10) 난 방

바닥에서 많은 시간을 보내는 아동, 특히 영아에게는 바닥 난방이 가장 좋다.

(11) 바퀴 달린 장난감을 위한 표면

아동이 실내에서 바퀴 달린 장난감으로 놀 수 있는 곳은 비닐, 리놀륨, 나무, 타일, 털이 짧은 카펫과 같이 부드러우면서도 단단한 바닥이 가장 좋다.

2) 바닥재의 선택

실내 바닥재는 카펫, 탄력 있는 비닐과 리놀륨, 도자기 타일과 콘크리트, 나무, 부분 깔개의 다섯 종류가 있다.

(1) 카 펫

카펫은 영아가 안전하고 편안하게 길 수 있다.

카펫은 두껍고 숱이 많아야 아동이 앉기에 편안하다. 조용하고 활동적인 영역은 모두 카펫을 까는 것이 좋다. 가장자리만 고정시키거나 전체에 설치할 수 있는데, 전체에 설치했을 때 부드러운 바닥으로 사용하기 좋다. 특히 영아는 바닥에서 주로 생활하므로 카펫이 중요하다. 두꺼운 카펫은 걸음마기 영아가 넘어질 때 쿠션 역할을 한다.

음식과 소변을 흘리는 일이 많은 영아반에는 세탁이 쉬운 좋은 품질의 카펫을 선택해야 한다. 카펫을 선택할 때는 섬유의 종류, 내구성, 털의 결, 덧붙임, 패딩 접착제, 색, 짜임새, 패턴, 얼룩 방지, 세탁방법, 정전기, 방습, 곰팡이, 항균성, 바퀴 마찰력, 쌓기 재료에 대한 내구력 등을 고려해야 한다.

보육시설에서는 세탁과 비용 때문에 얇고 판판한 카펫을 사용하려는 경향이 있는데, 이것은 카펫의 부드러움과 촉감이 좋지 않으므로 시설 같은 느낌을 준다. 두껍고 조밀한 좋은 카펫은 드라이, 젖은 청소기 등 적절한 세탁법을 사용하면 자주 바꿔 주지 않아도 되고, 쉽게 닳지 않고 찢어지지 않아서 오히려 경제적이다. 아동은 매우 촘촘하고 두꺼운 카펫 위에서 블록과 놀잇감 쌓기놀이를 할 수 있다. 울 카펫은 비싸지만 내구성 있고 유독성 기체를 발생시키지 않으므로 합성 카펫보다 훨씬 더 좋다. 그러나 최근에는 가스발생 방지와 오염 방지 처리된 합성 카펫이 생산되고 있다.

쉽게 더러워질 수 있는 곳은 교체할 수 있는 부분 카펫이 더 좋으나, 부분 카펫의 가장자리가 말리게 되면 아동이 손가락으로 만지작거릴 수 있으므로 가장자리가 말리지 않는 것으로 깔아야 한다. 내구성이 있어야 하는 출입구와 계단 같은 곳은 야자 껍질이나 사이잘 초, 갈대 등의 천연섬유 바닥재를 고려한다.

(2) 탄력 있는 비닐재와 리놀륨

페인트, 물, 모래 등을 사용하는 메시영역과 화장실의 바닥은 젖었을 때 미끄럽지 않고 쉽게 닦을 수 있어야 한다. 대부분의 비닐재(VRT)는 전체 또는 타일 형태로 25~30cm로 깐다. 비닐 타일은 제품마다 강도, 탄성, 내구성이 다르다.

리놀륨은 아마유, 코르크, 나무 송진, 나무 분말, 점토 안료, 황마와 같은 천연재로 만든 것이 아름다운 색과 무늬를 가지고 있다. 리놀륨 바닥은 밟기에 편하지만 특별한 관리가 필요하다[4].

바닥재는 얼룩, 긁힘, 닳은 자국이 보이는 단색보다는 무늬가 있는 것을 선택한다. 그러나 기하학적인 무늬는 방이 작아 보이고 혼란스러우므로 차분하게 가라앉는 무늬가 좋다.

(3) 도자기 타일과 콘크리트

① 작은 도자기 타일

2.5×2.5cm 크기의 도자기 타일은 미끄럽지 않으므로 방수(防水)가 필요한 물놀이영역에 적당하다. 이 타일은 수영장에 많이 쓰이며, 색이 다양하고, 덜 미끄러운 매트로 되어 있거나 유약으로 처리된 것도 있다. 중간색을 쓰고 색채 효과를 주기 위해 채색 타일을 부분적으로 사용할 수 있다[5].

② 큰 도자기 타일

적갈색 톤의 느낌을 주는 30~35cm의 큰 타일은 복도나 건물 입구 등 통행이 많은 장소에 적합하며, 집과 같은 효과를 주고 내구성이 있다. 매트를 위에 깔면 장화를 신은 아동에게도 그다지 미끄럽지 않다. 그러나 물놀이영역 주변에서는 많이 미끄러우므로 사용하지 않는 것이 좋다.

띄엄띄엄 중간색을 넣은 2.5cm의 사각 타일은 욕실과 물놀이 영역에서 미끄럼을 방지해 준다(코퍼하우스, 걸음마기 영아반).

③ 콘크리트

큰 도자기 타일의 대용으로 가격이 저렴하며, 색을 넣거나 칼로 긁어 무늬를 넣을 수 있다. 콘크리트의 다양한 마감 방법은 다음과 같다.

- 타일이 일정한 형태인 것에 비해 콘크리트는 좋아하는 무늬를 넣을 수 있다.

---

4) DLW리놀륨, PA는 코퍼하우스의 조형영역(art areas) 전체에 사용되었다.
5) 이것은 코퍼하우스의 물놀이영역(wet-play bays)에 사용되었다.

- 돌, 모자이크 등 다른 재료들을 박아 넣을 수 있다.
- 미끄럼 방지를 위해 긁거나 모래를 뿌릴 수 있다.
- 콘크리트 안에 길을 내고 모양을 만들 수 있으며, 보육실 입구를 나타내는 특별한 표시를 하고 싶거나, 넓은 공간에서 아동이 따라갈 수 있는 흥미로운 길을 만들 때 적당하다.

(4) 나 무

① 천연 나무

나무 바닥은 탄력 있고, 집과 같으며 청소와 관리가 쉽고 아름답다. 그러나 가격이 비싸므로, 마음대로 어지럽히고 실험해 보아야 하는 메시영역에는 적합하지 않다. 나무 바닥은 공용 공간, 거실, 사무실, 교사 공간, 실내 유희실에는 매우 적합하다. 나무 바닥은 폴리우레탄으로 마감해야 하고 왁스 등을 사용해 정기적으로 덧칠을 해야 한다[6].

② 합성 나무

부분 러그는 부드럽고 시각적으로 매력이 있으면서 공간을 한정해 준다(코퍼하우스, 학령기 아동 방).

새로운 비닐 합성 나무 바닥재는 관리가 편하고 금이 가지 않으며 휘지 않아 좋다. 그러나 합성 재료이기 때문에 걸을 때 나무 같은 느낌이나 소리가 나지 않는다.

(5) 부분 깔개

바닥 전체에 깔려 있는 나무, 비닐, 타일, 카펫 위에 까는 깔개는 질감이나 무늬가 더 있고, 많은 경우 패드를 필요로 하며, 밟을 때 미끄러지지 않도록 양면 테이프로 안전하게 고정시켜야 한다. 부분 깔개는 공간을 구분하거나 방이나 복도에 시각적 다양성과 포근함을 주는 데 효과적이다[7].

---

6) 북미 전역에서 판매되고 있는 독일 제품인 비독성 오스뮴(Os)을 고려해볼 수 있다.

7) 코퍼하우스에서는 270×360cm의 부분 러그를 거실에 카펫으로 사용하였다. 인도와 스칸디나비아에서 온 더 작고 저렴한 부분 러그는 60×120cm에서 90×240cm의 크기로 보육실에 포인트로 사용하였다. 또 복도에는 앉는 영역의 일부에 사용하고 통행이 빈번한 복도에 러너로 사용하였다.

3. 천 장

1) 천장의 계획

천장은 격자 창살과 형광등을 다는 것이 시설의 일반적인 특징이다. 천장은 건물 전체의 기술 및 전기 시스템과 관계가 있기 때문에 집의 느낌을 내고 싶다면, 천장의 모양과 마감 처리에 대해 디자인 초기부터 특별히 신경 써서 결정해야 한다. 전기선과 배관을 벽에 넣으면 천장을 특색 있게 할 수 있다. 예산, 법령, 소방 규정이 허용하는 범위에서 격자 천장보다 석고, 나무, 노출 빔의 집 같은 느낌이 훨씬 더 좋다.

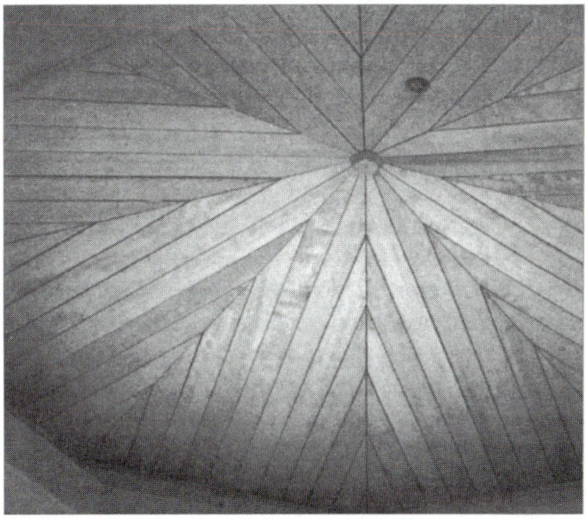

팔각형 모양의 천장은 숨겨진 조명과 나뭇결이 우아함을 준다(코퍼하우스, 영아반).

2) 천장 높이의 다양화

낮은 천장은 친밀감을 주고, 높은 천장은 격식을 갖춘 분위기를 만든다. 천장 높이를 똑같이 하는 것보다 아동이 다양하게 경험할 수 있도록 공간마다 또는 보육실 내 각 영역에 따라서 천장 높이를 다양하게 하는 것이 중요하다(그림 12.1). 다양한 천장 높이는 음향 조절에도 도움이 된다.

그림 12.1 높고 낮고, 위아래의 천장 변화와 바닥 차는 아동에게 공간감과 친밀도, 시각 차이를 느끼게 한다.

천장이 높을수록 사람들 간의 거리는 멀어지므로 친밀한 사회적 상호작용이 필요한 장소의 천장은 낮게 한다. 보육실에는 사회적 상호작용과 네 가지 영역의 활동 수준에 따라 3~4종류의 높이가 필요하다. 예를 들면 입구는 240cm, 메시영역과 활동적인 영역은 270~360cm, 조용한 영역은 240~300cm, 문이 없는 작은 알코브는 180~210cm의 높이로 한다.

메시영역 위의 천장 높이는 270~330cm까지 곡선으로 처리하고(보이지 않는 왼쪽) 조용한 영역은(오른쪽) 300cm 높이로 하였다(코퍼하우스, 유아반).

15~20cm 간격으로 나무판을 천장에 댄 것은 물체나 기구를 매달 때 유용하다.

나무로 된 격자 틀은 커다란 유아반을 공간적으로 한정해 주고 아름다움을 준다.

디자인가이드 12.1

천 장

- 회반죽, 나무, 모자이크 타일, 스타코, 스테인드글라스 등 다양한 천장 재료를 선택한다. 천장 처리는 특히 누워서 천장을 쳐다보는 영아에게 매우 중요하기 때문이다.
- 천장 장치와 스타일은 천창[8], 고측창[9], 발코니, 중이층[10], 돌출된 구조(overhangs) 등 다양하다.
- 배너를 사용하면 저렴한 비용으로 천장 높이를 다양하고 아름답게 할 수 있다.

8) 천창(skylights) : 지붕과 천장을 통해서 채광하는 빛

9) 고측창(clerestories) : 지붕 밑에 한 층 높게 창을 내어서 채광하도록 된 장치

10) 중이층(mezzanines) : 어떤 층과 다음 층의 중간에 설치된 층으로서 아래층보다 바닥 면적이 협소하다. 극장 최하단의 발코니 선단 부분을 의미한다.

특히 보육시설에서 천장은 놀이 장치물, 그네, 트라페즈(체조 곡예용 그네의 일종), 모빌, 장식, 배너, 그물 의자를 매다는 곳으로 이용할 수 있다. 방이나 놀이영역 위 천장에 15~20cm 간격의 나무판을 설치하면 필요한 곳에 물체를 매달 수 있다. 필요한 곳에 들보를 하나 설치해도 된다. 바닥 차가 없는 공간에 천, 식물, 예술품을 천장에 매달면 방을 더욱 아름답게 꾸밀 수 있다.

염색한 배너를 조용한 영역 위에 설치하면 천장을 낮추는 효과가 있다.

4. 벽

벽은 보육시설의 기능과 아름다움에 중요한 역할을 한다. 즉, 벽은 청각·시각적 분리뿐 아니라 수납, 전시, 쓰기, 만지고 놀이하는 면으로서의 역할을 하기도 한다. 방음과 단열이 잘 안 되는 벽은 인접공간의 청각적 프라이버시 보호와 안전한 울타리 역할을 하지 못한다. 벽에 활기를 주기 위해서 두께와 모양에 따라 나무, 벽돌, 타일, 돌, 벽토나 특별한 예술적 처리로 된 벽면을 적절하게 사용한다. 최근에는 아름답고 독특한 효과를 주기 위하여 편평한 벽 대신 수작업한 회반죽벽 등과 같은 건식 벽을 사용하여 다양한 재료와 디테일로 벽에 생기를 넣기도 한다. 페인트칠을 하거나 벽지를 바를 필요 없이 칠하기 전에 젖은 회반죽에 틴트(흰색 바림)를 가미할 수도 있다.

더러운 손으로 아동이 벽을 만지기도 하므로 청소하기 쉬워야 한다는 이유로 모든 벽을 판판하고 윤이 나는 것으로 만들어서는 안 된다. 대신에 벽에 광택을 주어 반사되고 그림자가 지며 빛을 쏘아서 놀이를 하면서 공간을 살릴 수 있는 방법을 고려해야 한다. 너무 판판하고 광택이 나는 벽면은 재미없고 시설 같은 느낌을 준다.

손으로 회반죽을 칠한 벽은 독특한 질감과 생동감 있는 효과를 준다.

가장자리, 벽의 경계, 코너, 문틀, 창문에 사용하는 간단한 처리는 시설 전체를 통일성 있게 해 준다. 바닥재, 특히 카펫을 벽까지 연결해 깔거나 나무 패널 같은 벽재를 천장까지 시공하여 수평 · 수직을 통합하면 흥미로운 효과를 준다.

1) 벽 마감재 : 페인트와 비닐

보육시설 벽면은 페인트나 비닐로 마감할 수 있다. 각각은 장점과 단점이 있는데, 이 두 가지를 결합하여 위에는 페인트를 칠하고 아랫부분이나 상하기 쉬운 부분은 내구성 있는 비닐을 사용하기도 한다.

(1) 페인트의 특성

- 경제적이며 시공이 쉽고 간단하게 바꿀 수 있다.
- 마르면 독성이 없다.
- 반 광택, 광택일 경우 닦기 쉽다. 손이 닿는 곳에는 무광택을 쓰지 않아야 한다.
- 움직이는 기구(유모차, 카트)에 의해 쉽게 깨지고 손상되며, 수정(덧칠)할 수 있지만 적정한 시기를 놓치기 쉽다. 다양한 색과 질감의 내구성 있는 페인트가 시중에 나와 있다.
- 색 선택이 매우 다양하다.

(2) 비닐의 특성

- 처음 시공할 때 다소 복잡하고 비용이 들지만, 내구성이 있어 오히려 경제적이다.
- 두께와 내구성, 질감, 무늬, 색이 다양하다.
- 표면 질감에 상관없이 항상 물로 닦을 수 있다.
- 볼펜, 크레용, 립스틱 등 지워지지 않는 물질에 대비해 코팅할 수 있다.
- 비닐과 접착제는 유독성 가스가 발생하고, 비닐은 인조, 가짜, 시설 같은 분위기를 조성한다.
- 제거하기 어렵고 비용이 든다.
- 입구와 같이 손상되기 쉬운 곳은 아무리 두꺼운 비닐이라도 쉽게 마모되므로 이런 곳에는 나무, 벽돌, 카펫과 같이 내구성 있는 것을 사용하는 것이 좋다.

2) 완충장치, 코너 몰딩, 난간

완충장치, 코너 몰딩, 난간은 필요한 곳에 설치한다. 눈에 보이는 곳에 설치하는 것은 아름다워야 하고, 다른 건축요소와 조화를 이루도록 전체 디자인과 통합되어야 한다.

- 집과 같은 느낌을 주려면 금속 대신 나무 난간을 사용한다.
- 눈에 덜 띄게 하려면 바닥에 완충장치(범퍼 가드)를 설치한다.
- 손잡이용 난간은 잡기 쉽고 보호할 수 있는 것으로 사용하고, 장애아동이나 휠체어를 탄 사람을 위해서 더 중요시한다.

3) 프로그램을 지원하는 벽

다양한 높이와 깊이로 벽을 자르면 의자, 테이블, 카운터, 선반, 높고 낮은 단, 경사면을 만들 수 있다(그림 12.2).

두 공간을 분리하기 위해 벽을 세우지 말고 플랫폼이나 계단, 경사, 기저귀 갈이대, 벽 양쪽에서 상호작용 놀이를 할 수 있는 구조로 '기능적인' 벽을 만드는 것이 바람직하다.

벽 외에도 60~90cm 높이의 파티션을 설치할 경우 성인은 전체를 볼 수 있고 아동은 아늑한 느낌을 받을 수 있다. 벽처럼 디자인된 파티션은 놀이 패널, 높이 쌓는 놀잇감, 손잡이 봉, 질감, 전시와 쓰기 판, 이젤, 거울, 다양한 높이에서 붙일 수 있는 면으로 사용할 수 있다.

그림 12.2 좌석, 테이블, 카운터, 플랫폼과 경사진 작업 면은 벽과 파티션을 수평으로 자르면 만들 수 있다.

'기능성' 을 가진 벽은 영아와 걸음마기 영아반을 구분해 준다.

탄력 있는 시트 재료는 곡선으로 된 면에도 전시 벽으로 사용할 수 있다(코퍼하우스, 유아반).

(1) 전시를 위한 벽

보육시설의 벽은 상호작용 놀이를 하거나 아동의 작품, 문서, 교육자료, 안내판, 게시, 화재와 안전에 관한 정보 등을 전시하는 곳으로 많이 사용한다. 전시를 위한 벽면 재료로 포르보, 호모소테, 코르크를 추천한다.

- **포르보**(forbo) : 색이 다양하고 천연의 무독성, 접촉성, 탄력 있는 리놀륨 시트로 되어 있으며, 초기 비용은 들지만 내구성과 접촉성이 좋아 경제적이다. 충격에 강하고 방음효과도 있고, 곡면에도 설치하기 쉽다.

벽면 전체를 붙일 수 있는 전시 면으로 활용하면 매우 유용하다.

- **호모소테**(homosote) : 120×240cm 크기의 재활용 종이 패널로 방음효과가 있다. 페인트, 폴리우레탄, 삼베로 마감된 것도 있으며, 압정을 꽂을 수 있다. 압정과 스테이플 자국이 많아지면 교체해야 한다(수납장 뒷면에도 좋다).
- **코르크**(cork) : 호모소테보다 비싸지만 질감, 두께, 색이 다양하고 시트나 타일 형태가 있으며, 방음효과가 있다.

전시 벽면은 아동의 안전을 위해 압정 대신 테이프와 스테이플을 사용한다. 부드러운 질감의 벨크로, 펠트재, 접착력이 있는 제품이 좋다. 자석판을 쓸 수 있으나 너무 넓은 곳에 사용하면 차가운 느낌을 줄 수 있다.

(2) 거 울

다양한 모양과 크기의 거울은 아동에게 교육적이고 흥미를 주며, 벽과 공간에 도움을 준다. 아동의 눈높이에 걸린 거울은 즐거움을 주고 자아개념 발달에 도움이 된다.

- 부드러운 강화유리로 만든 거울이 가장 좋다.
- 플라스틱 거울은 좋지 않다[11].
- '재미있는' 거울은 신중하게 고려하여 설치하고, 상이 왜곡되는 것은 특히 장애아동에게 혼란을 줄 수 있다.

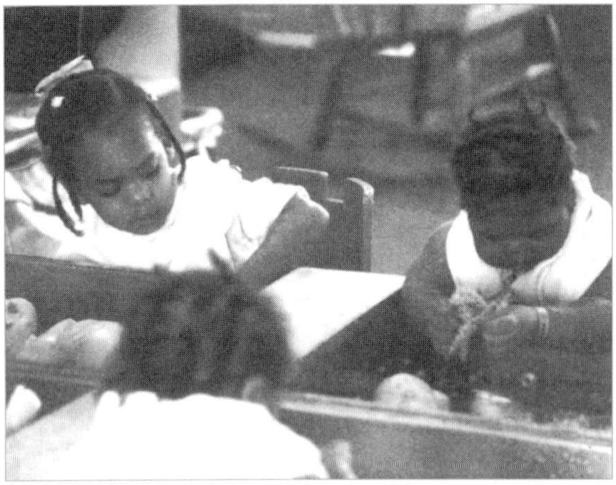

아동이 벽과 마주한 쪽에 거울이 있으면 뒤쪽을 볼 수 있어 안전하게 느낀다.

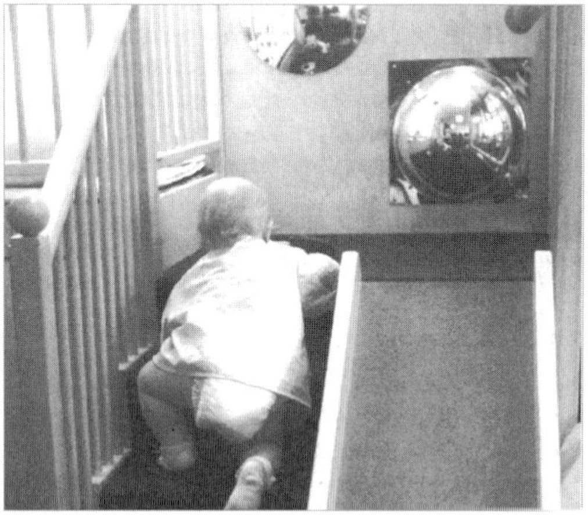

거울은 교육적이고 재미를 느끼게 한다.

11) 렉산(Lexan) 거울과 패널은 플렉시 유리(Plexiglas)보다 더 견고하다.

5. 안내판과 미술품

1) 안내판

안내판(signs)은 시설을 나타내므로, 안내판의 수가 적을수록 집과 같은 친밀한 느낌을 준다. 안내판 디자인은 시각적 요소로서 전체 인테리어의 일부로 고려해야 한다. 안내판은 문자 이상의 강한 정보를 줄 수 있기 때문에 효율성, 통일성, 유쾌함, 환영, 놀라움, 독창성 같이 보육시설에서 원하는 분위기를 표현할 수 있다.

기계로 만든 안내판은 나무, 밧줄, 유리 등 손으로 만든 개성 있는 안내판의 이미지를 약화시킨다. 안내판을 주문제작할 수 없다면 활자체와 크기를 다르게 하고 나무 위에 나무, 벽돌 위에 금속, 나무 위에 페인트 등 대비되는 재료를 사용함으로써 아름답고 효율적인 안내판을 직접 만들 수도 있다.

손으로 짠 러그를 기둥에 설치하면 부드럽고 매력적이다.

안내판은 길을 찾을 수 있는 단서가 부족할 때 더 많아진다. 건물을 파악하기 쉬우면 안내판은 줄어든다. 아동은 성인과 같이 반응하지 않으므로 아동의 눈높이에 맞게 안내판을 고안하는 것이 좋다. 돌릴 수 있는 것, 누르는 단추, 만져볼 수 있는 것, 아동이나 동물의 사진 등은 모두 아동을 환영하고 시설에 적응하는 데 도움을 준다.

디자인가이드 12.2

안내판

- 아동은 기는 아기, 유아가 공을 잡는 그림, 남아나 여아의 형체와 같은 안내판의 뜻을 해석할 수 있다.
- 가능하면 성인뿐 아니라 아동에게도 안내판이 잘 보이도록 설치한다.
- 친절한 단어(다민족 집단에서는 여러 언어로) 사용은 사람을 더 배려한 듯한 느낌을 준다.
- 아동의 공간을 구분하는 독특한 사인이나 로고를 사용한다.

2) 미술품

미술품(art)은 건물에 개성과 활기를 주고 아름다움을 더해 준다. 아동이 좋아하는 캐릭터를 그려 놓은 큰 벽화는 '귀엽고 예쁜' 것이긴 하지만, 그 벽을 융통성 있게 사용하지 못하면 진정한 아동 중심이 되지 못한다.

그래픽 작품은 복도나 공간의 방향을 확실히 해줄 수 있다. 사람은 길을 갈 때 랜드마크나 일시적인 '목표'를 설정하므로, 그래픽이 이를 도와주고 기존의 건축적인 표시를 강화해 준다.

사람이 지나다니는 통로 벽에 큰 고양이와 날아가는 새와 같이 섬세하면서 크고 독특한 그래픽은 매우 강력한 방향성을 가진다. 건물에서 길을 잃은 사람도 대담하고 독특한 그래픽을 보고 쉽게 그 장소를 알아볼 수 있다. 중간 크기의 전통적인 그림, 모자이크, 배너, 3차원의 예술품, 건물이나 지역사회의 역사, 그 안에 있는 사람과 활동을 보여 주는 사진으로 독특한 효과를 얻을 수 있다.

아동 눈높이에 만지거나 조작할 수 있는 것을 설치하면 아동을 배려한 듯한 느낌을 준다.

미술품 본래의 심미성과 상징성은 전체적인 통일성, 지역사회, 자아가치의 이미지를 전달함으로써 아동의 영혼을 성숙시킬 수 있다. 보육시설에서 유명한 미술가의 작품보다는 아동이 작품에 감동할 수 있도록 일관성 있게 계획하도록 한다. 석판화, 실크스크린 프린트, 유화, 아크릴, 수채화 그림, 천이나 부드러운 조각품, 사진, 모자이크, 동상, 금속작품, 기타 미술품들을 전시할 수 있다.

미술품을 전시하기 전에 먼저 계획과 목표를 세워야 한다. 요란하지 않도록 세심하게 고려하여 각 작품에 적합한 프레임을 하고 적절한 곳에 작품을 배치하는 것이 바람직하다. 미술품을 주제와 크기, 색상에 따라 선택하여 전체 인테리어의 색을 보완할 수 있다. 평범한 건물이라도 아름다운 예술품으로 변화를 가져올 수 있다.

손으로 제작한 안내판은 개성적인 이미지로 긍정적인 효과를 준다.

세심하게 신경 써서 프레임한 예술품은 보육시설의 관심과 정성을 보여 준다(코퍼하우스).

니치를 설치하여 즐거움과 흥미를 주는 공예품을 전시한다.

저렴한 가격의 포스터로 유명한 예술품을 감상할 수 있다.

아동의 눈높이에서 만질 수 있는 작품

디자인가이드 12.3

미술품

- 유치하지 않은 그래픽을 사용한다. 디즈니, TV, 동화 캐릭터 등은 다른 것들은 아동 중심이 아니면서 그 장소만 아동 중심인 것처럼 보이게 하므로 피한다.
- 리듬감 있는 무늬나 파도 무늬는 지각의 혼동을 유발할 수 있으므로 피한다.
- 건물의 외부에서 내부까지 예술품을 연결한다. 외벽의 배너나 벽 그림 주제가 디테일을 달리 해서 내부에도 반복되게 한다.
- 조명이 미술품을 비추면 작품을 더 돋보이게 한다.
- 장식품을 고를 때는 다양성과 융통성을 사전에 심사숙고하여 결정한다. 3차원적인 것, 부드러운 것, 질감이 있는 것, 상호작용하는 것, 장식적인 것 등을 고려해서 적절하게 붙이고, 프레임하고, 매달고 전시한다.
- 벽이나 천장에 매달린 모빌, 연, 배너, 태피스트리, 부드러운 조각들은 시각적 흥미를 유발한다.
- 이국적 공예품이나 작품은 아동의 마음을 사로잡을 뿐만 아니라 교육적 가치가 크다.
- 자연과 동물 그림은 모든 사람의 마음을 감동시킨다.
- 다양한 질감의 만질 수 있는 작품을 전시한다.
- 포스터나 유명한 화가의 그림을 프레임하여 적당한 가격에 훌륭한 작품을 소개한다. 지역 미술관이나 갤러리에서 원본을 대여하기도 한다.
- 아동이 흥미와 변화를 느낄 수 있도록 정기적으로 교체한다.
- 아동의 작품을 슬라이드에 비추어 크게 확대하여 큰 종이에 놓고 따라 그리거나 다시 색을 칠하게 한다. 또한 분필, 마커, 물감으로 이동 가능한 패널에 장식하게 한다.

제13장

비 품

Consciously and unconsciously, expressing ourselves in our environment lets us see who we are and helps us shape who we become. Our choices and arrangements of furniture, the things we put on our walls, the music we play, the colors we select, and the ways we use each room all give us message, reinforcing our beliefs about ourselves.

— Carol Venolia

가구, 직물, 캐비닛, 액세서리 등의 비품을 적절하게 둠으로써 보육시설의 디자인을 더욱 부드럽고 개성 있게 만들 수 있다. 그리고 아동, 교사, 부모는 보육시설에서 다른 요소보다도 비품을 더 많이 접촉하게 되기 때문에 적절한 비품의 선택과 배치가 매우 중요하다. 그러나 보육시설에서는 비품의 기능성에만 신경을 쓸 뿐 미적인 부분에 대해서는 전혀 주의를 기울이지 않고 있다. 하지만 진정한 디자인이 완성되기 위해서는 건물과 비품이 완벽하게 조화를 이루어야 한다.

보육시설에는 쓰레기통, 접시, 그릇, 팬, 각종 도구, 작고 큰 용구, 청소용품, 조명등, 창문처리, 미술품과 장식품, 꽃병, 화분, 우산꽂이, 코트걸이, 난방기구 등 매우 많은 비품이 필요하다. 이런 모든 비품의 형태, 색, 재료, 질감, 크기 등이 서로 조화를 이루도록 선택해야 한다. 따라서 보육시설은 이곳을 이용하는 많은 아동에게 집과 같은 곳이므로 보육시설을 디자인할 때 이러한 세부사항까지도 세밀하게 계획함으로써 색, 질감, 형태 등에서 미적으로 조화를 이룬 환경에서 아동과 성인이 아름다움과 즐거움을 만끽할 수 있어야 한다.

1. 시 작

보육시설의 디자인을 시작할 때 각 보육실에 필요한 비품의 사전계획을 마련하는 것이 바람직하다. 보육실에 두어야 할 모든 비품과 설비의 크기와 필요한 공간을 미리 알고 있는 것이 방의 크기, 모양, 인접과 분리 등을 결정하는 데 도움이 된다.

먼저, 각 보육실에서 이루어지는 모든 활동을 목록으로 작성한 다음 각 활동에 필요한 비품과 액세서리를 기록한다. 예를 들어 미술활동을 위해서는 그림을 그릴 작업대(경사진 것 또는 편평한 것), 종이와 물감, 붓, 앞치마 등을 수납할 수 있는 장소(아동의 손이 닿을 수 있는 곳), 물, 그림을 말리거나 전시할 공간, 의자 등이 있어야 한다. 일단 모든 보육실에서 이루어지는 활동과 필요한 비품목록을 작성한 다음 지침에 따라서 보육실의 디자인을 시작한다.

2. 비품목록 작성

보육실에 필요한 모든 비품목록을 반드시 작성한 다음 각 비품의 위치와 크기 등을 알 수 있도록 비품 배치계획을 세워야 한다. 비품목록은 아래의 예와 같이 작성할 수 있다. 목록은 책, 장난감 등 학습 재료와 관련된 것과 비품과 액세서리를 위한 것으로 분류하여 두 가지 목록으로 정리하는 것이 좋다.

표 13.1 비품목록의 예 : 영아실 미술영역

위 치	항 목	수 량	구매·중고	비 고	가 격
IA-1	미술용구 수납장	2	구매		
IA-2	가벼운 탁자	1	구매		
IB-2&3	탁자와 의자		구매		
IA-3	자유로운 놀이를 위한 트레이	2	구매		
IA-4	선반	2	중고		
IA-5	물감통	1	구매		

3. 비품의 배치

보육실 환경을 조화롭게 만들기 위해서는 모든 공간에 적용할 수 있는 다음의 일반 원칙을 따르는 것이 바람직하다.

- **대조** : 반대되는 특성 즉, 밝음/어두움, 높음/낮음, 오목함/볼록함, 보호됨/노출됨, 무늬 없음/무늬 있음, 기계로 만듦/손으로 만듦, 광택 없음/광택 있음 등을 함께 둔다.
- **공간감** : 특히 보육실이 작을 경우 공간을 넓게 보이게 하는 것이 중요하다. 비어 있음은 눈과 마음이 편안하게 휴식할 수 있도록 해 준다. 치수가 작은 비품을 사용할 경우 공간을 더 넓게 보이게 할 수 있다. 그러나 만약 비품의 크기와 위치가 다양할 경우 크고 작음, 채움과 비움, 중요한 것과 중요하지 않은 것 등을 고려하여 균형을 잡아야 한다.
- **균형** : 로프트, 플랫폼, 실내에 설치된 지붕, 현수막, 캐비닛 등 높거나 낮은 비품의 균형을 잡아야 한다. 모든 비품을 아동의 키 높이에 맞출 경우 보육실은 지루한 환경이 되고, 보육실의 50% 정도는 아동의 손이 닿지 않는 곳이어서 비어 있게 되고, 그 결과 소리의 울림현상이 생긴다.
- **평행 배치** : 공간을 가장 효율성 있게 사용하기 위해서는 모든 가구를 벽과 평행하게 배치하는 것이 바람직하다. 보육실 축에 대각선으로 가구를 배열하는 방법도 있다.
- **구분** : 가구는 카펫 위 또는 바깥에 두어야 하며, 카펫에 걸쳐지도록 해서는 안 된다.
- **조화** : 그림, 거울, 게시판, 전시판 등은 보육실 내의 건축적으로 중요한 선(창문틀, 문틀, 징두리벽판 등)과 조화를 이루는 높이에 걸어야 한다. 두 개의 창문틀 사이에 가구를 두고, 벽에 거는 비품의 경우 창문틀 또는 문틀 상하의 선으로 만들어지는 시각적 영역 안에 걸 위치를 정하거나 일정한 높이로 비품을 거는 것이 바람직하다. 커튼, 휘장, 블라인드의 길이는 창틀 아래까지 또는 바닥까지 오도록 한다.
- **스케일** : 아동의 신체 크기에 적절한 스케일의 비품을 둔다. 어떤 경우에는 비품의 위치에 따라서 그 크기가 확대 또는 축소될 수도 있다. 예를 들어서 커다란 캐비닛을 벽에 붙이는 것이 방 중간에 놓는 경우보다 눈에 덜 띈다. 벽과 비슷하거나 똑같은 색으로 비품을 칠할 경우도 시각적으로 두드러지지 않는다.
- **홀수** : 쌍을 이룬 것이 너무 많을 경우 보육실이 형식적이고 경직되어 보인다. 특히 성인이 사용하는 공간에 있는 가구에서 이러한 현상을 많이 볼 수 있다.

그림 13.1 보육실의 주요 건축상의 선과 조화를 이루도록 가구와 그림의 위치를 정한다.

4. 가 구

가구를 선택하는 것은 결코 쉬운 문제가 아니다. 예를 들어 의자의 경우, 우선 재료에서는 나무, 금속, 플라스틱, 대나무, 판지, 캔버스, 가죽, 또는 이들이 혼합되어 있는 의자 등 매우 다양하고, 표면을 페인트로 칠하거나 자연 그대로 둔 의자가 있다. 그리고 등받이, 팔걸이, 다리, 옆면에 패드를 넣은 의자와 넣지 않은 의자가 있고, 바퀴가 달린 의자와 흔들의자, 다리가 세 개 또는 네 개인 의자도 있다. 이렇게 다양한 의자 중에서 사용자의 연령과 민첩성, 그리고 가구가 놓일 곳을 고려하여 적절한 것을 선택해야 한다. 모든 가구는 비슷하게 선택해야 전체가 조화로운 디자인이 될 수 있다.

새로운 가구를 선택하거나 가구의 위치를 바꿀 때 가장 좋은 방법으로 제일 먼저 마음속에 보육실을 상상하고, 자신이 원하는 보육실의 분위기를 구체화하는 말과 이미지를 떠올리고, 다음으로 보육실에 필요한 가구를 생각한다. 보육실의 분위기를 결정하는 주요 가구를 정한 다음, 점차 작은 가구를 채워나가면 된다.

1) 가구 유형

일반적으로 보육시설은 다음 세 가지 유형의 가구들을 사용한다.

- **시판용 아동 가구** : 테이블, 의자, 책장 등 미리 만들어져 있는 가구로, 디자인이 다양하지 못하다.
- **주문제작 아동 가구** : 라이저, 물침대 플랫폼, 로프트 등과 같이 특별한 공간이나 상황에 맞도록 가구를 제작한 것을 말한다. 대개 시판용 가구는 정해진 크기로 생산되지만, 주문제작된 것은 공간에 맞도록 가구의 규모와 형태를 만든다. 보육실은 크기가 너무 작거나 또는 많은 다양한 활동을 할 수 있도록 하기 위해서 변형된 형태를 취하는 경우가 많기 때문에 주문제작용 아동 가구를 사용하는 것이 더 바람직하다.
- **성인용 가구** : 사무실, 교사 영역, 로비, 복도, 출입구, 부모 영역에 주로 사용되는 가구들이다. 소파, 안락의자, 흔들의자와 같은 성인용 가구를 보육실에 두는 경우도 있다.

2) 양질의 가구

보육시설에 들어가는 가구는 일반 가정의 약 열 배 정도가 된다. 보육시설 가구는 이음매, 철물, 표면 처리가 특히 중요하다. 그리고 안전하고, 튼튼하며 유지관리가 쉬우며, 세탁이 쉽고, 세탁 후 모양이 좋아야 한다. 연령에 맞고 보육실 규모에 알맞은 가구 크기를 선택하는 것이 중요하다. 테이블과 의자는 아동이 쉽게 움직일 수 있도록 가벼우면서도 안정성을 가질 정도의 무게여야 한다. 테이블과 의자 다리가 바닥을 긁거나 소음이 나지 않도록 해야 한다.

오래된 가구와 새 가구를 같이 사용하여야 한다(코퍼하우스, 학령기 아동실).

3) 재 료

비록 목재로 된 가구가 플라스틱 가구보다 비싸지만 더 오래 사용하고 매력적이며 집과 같은 느낌을 주면서 자연 배경을 만들어 주기 때문에 더 좋다. 플라스틱과 비교해서 목재가 가지는 장점은 다음과 같다.

- 청소가 쉽고, 얼룩이 잘 보이지 않으며, 청소 후에도 빛깔이 바래지 않는다.
- 내구성을 강화하는 표면 처리를 할 경우, 더 오래 사용할 수 있다.
- 벽, 설비, 아동의 옷과 장난감으로 되어 있는 보육실의 색에 방해가 되지 않는다.
- 플라스틱으로 만들어진 아동의 많은 재료들과 대조를 이룸으로써 다양성과 따뜻함을 부여한다.

자작나무 합판으로 된 가구는 시설과 같은 느낌을 주지 않으면서 오래 사용할 수 있다. 대나무와 등나무로 된 가구는 목재보다 내구성이 더 좋다.

플라스틱, 비닐, 스틸과 같은 인공 재료는 사용한 지 얼마 되지 않아서 흠이 생기고, 색이 바래지고, 거무스름한 얼룩이 생긴다. 단, 목재로 된 가구는 조심해서 다루어야 한다.

4) 아름다움

아름다움은 가구 선택에서 중요하지만 간단하게 말하기는 매우 어렵다. 가구가 집과 같은 분위기를 주는지 또는 시설과 같은 분위기를 주는가? 가구의 색, 크기, 형태가 보육실 전체 디자인에 부합하는지 또는 부합하는가?

(1) 부 피

가구의 높이, 너비, 폭에 따라서 가구가 차지하는 공간을 말한다. 가구 선택 시 인체공학과 내구성뿐만 아니라 주어진 위치에 적절한 공간감을 가지고 있는지를 고려해야 한다. 예를 들어, 시설장의 의자는 똑같은 치수의 암체어보다 부피가 작아 보이고 이동성이 좋아 보인다. 어두운 색의 가구는 밝은 색보다 무거워 보이고, 더 많은 공간을 차지하는 것처럼 느껴진다. 대체로 보육실은 작은 공간에 비해 많은 가구와 설비가 들어가기 때문에 각 가구의 부피는 전체적인 공간감에 중요한 영향을 미친다.

(2) 선

직선, 곡선 또는 원과 같이 가구의 선은 형태의 윤곽선이나 형상(외형 ; shape)으로 만들어진다. 직선은 능률, 엄격, 정확함을 표현하고 남성을 상징하고, 곡선은 휴식, 우아, 부드러움을 나타내고 여성을 상징한다. 어린 아동은 주로 여성스러운 환경을 좋아하기 때문에 주요 가구는 어느 정도의 곡선이 있는 것이 바람직하다. 곡선과 직선이 조화와 균형을 이루어야 좋은 디자인이 된다.

디자인가이드 13.1

가 구

- 모든 가구는 방염처리를 하고 색, 선, 크기, 구조, 디자인에서 아름다워야 한다.
- 대체로 목재가구는 플라스틱 가구보다 자연스럽고 오래 사용할 수 있으며, 유지관리가 쉽고, 따뜻하고, 즐겁고, 경제적이다.
- 각 연령별 보육실과 공공 공간에 적어도 하나 이상의 오래된 가구를 둔다.
- 의자나 스툴과 같은 가구는 쌓을 수 있어야 공간을 절약할 수 있다.
- 바닥은 아동에게 중요한 가구이다. 바닥의 높이를 달리하거나 매트, 쿠션, 다리가 없는 좌판 등을 바닥에 두어 앉을 수 있는 공간을 만들 수 있다.
- 가구의 가장자리는 날카롭지 않게 하고, 표면은 매끄럽게 처리하고, 쪼개지고 금이 가지 않도록 하며, 안전하고 오래 가는 장식물을 달고, 납이 함유되지 않은 무독성 페인트로 마감 처리한다.
- 안전성을 위해서는 모서리를 둥글게 하고, 가장자리는 비스듬하게 깎는다. 또한 나사와 볼트는 넓은 구멍에 박아 넣고, 무독성 재료로 표면을 처리한다.
- 낮잠을 위한 침대, 간이침대, 매트는 세탁이 가능해야 하며, 아동이 각자 자신의 것임을 알 수 있도록 이름표를 붙이거나 다른 표시를 한다. 바닥이 차거나 습기가 차는 경우에는 간이침대를 사용한다. 쌓아올릴 수 있는 간이침대는 각 아동의 침구를 담아둘 수 있다. 매트는 수납공간이 많이 필요하지 않지만 침구류를 위한 수납공간이 따로 있어야 한다.
- 가구 중에서 어떤 것은 아동이 옮길 수 있는 것이 바람직하지만, 모든 것을 쉽게 옮길 수 있게 되면 공간이 어수선해지고 방향을 잃게 된다.
- 수납 가구가 쉽게 움직이도록 다리에 붙여 놓은 바퀴는 잠금장치가 있어야 하고 튼튼해야 한다.
- 질 높은 시판용 가구가 장기적 안목에서는 더 경제적이다.
- 보육실 공간을 최대한 활용하기 위해서는 사용자가 주문제작한 가구를 어느 정도 사용해야 한다.
- 보육실에는 성인이 편안하게 앉을 수 있는 것이 하나 정도는 있어야 한다.

5) 새로운 가구와 사용하던 가구의 혼합

목재로 된 새로운 가구만 배치한 공간은 플라스틱으로만 채워진 공간만큼이나 부드럽지만 평범하게 보일 수 있다. 다양한 비품을 사용하여 공간에 활기를 불어 넣을 수 있다. 오래되고 낡은 궤, 트렁크, 찬장 등과 같이 스타일이 다르고 오랫동안 사용하여 빛깔이 바랜 가구를 함께 배치하면 시판용 아동 가구가 가진 단조로움을 상쇄할 수 있다.

6) 테이블과 의자 크기

일반적으로 테이블 상판에서 의자 좌판까지의 거리는 25.4cm가 가장 적절하며, 걸음마기 영아의 경우 20.3cm도 가능하다. 연령이 혼합되어 있을 경우에는 다양한 높이의 테이블과 의자가 필요하다.

7) 수면용 가구

보육시설에서 하루에 2~3시간 정도 낮잠을 자는 아동이 마치 자신의 침대에서 자는 것과 같이 편안하고 영역성을 느낄 수 있도록 해야 한다. 목재로 만든 유아용 침대는 일반 가정의 침실과 같은 수면공간을 연출할 수 있다. 이탈리아의 레지오 에밀리아에서는 영아의 수면공간에 범퍼와 시트로 가장자리를 처리한 아름답고 커다란 바구니를 바닥에 두었다. 이것은 영아가 바구니로 기어들어가고 나올 수 있도록 앞부분의 일부를 터놓고 있다. 일반적으로 이탈리아에서는 걸음마기 영아와 유아를 플라스틱 틀 안에 비닐로 된 매트가 있는 곳에서 잠을 재운다. 이런 수면용 가구는 접을 수 있어 공간을 적게 차지하므로 효율성이 있지만 시설과 같은 분위기를 만든다. 독일에서는 폼 매트리스가 있는 목재로 된 아름답고 편안한 아동용 침대를 사용하고 있는데, 이 침대는 쌓아둘 수도 있다.

이탈리아의 레지오 에밀리아에서는 영아의 수면을 위해 바구니를 사용한다.

독일에서는 낮잠공간으로 폼 매트리스가 있는 목재로 된 아름다운 침대를 사용하는데, 이 침대는 쌓아둘 수도 있다.

5. 캐비닛

캐비닛, 작업대, 선반은 보육실뿐만 아니라 부엌, 욕실, 회의실 등 많은 공간에 필요하다. 대개 캐비닛은 사용하는 장소에 맞도록 직접 제작하는 경우가 많다. 매일 사용하는 재료, 도구, 용구, 장난감, 간이침대 등을 수납할 수 있도록 모든 보육실에는 캐비닛, 선반, 벽장을 두어야 한다.

1) 캐비닛과 작업대의 크기

모든 보육실에는 교사의 물품과 아동이 만져서는 안 되는 물건을 수납할 수 있도록 작업대의 위와 아래에 캐비닛을 두어야 한다. 일반적으로 캐비닛과 작업대의 치수를 다음과 같이 권장하고 있다.

- 한쪽 끝에 싱크가 있는 긴 작업대 : 182~305cm
- 아래쪽에 캐비닛이 있는 높은 작업대 : 높이 91.4cm, 깊이 60.9cm
- 상부 캐비닛의 높이 : 76.2~106.6cm

- **캐비닛 안쪽 깊이** : 30.4cm
- **작업대 위 캐비닛의 높이** : 45.7cm

천장까지 닿는 키 큰 캐비닛을 둘 경우 다른 수납공간을 추가할 필요가 없으며, 캐비닛이 보육실에서 두드러지지 않는다. 대신 키 작은 캐비닛은 윗부분을 전시공간으로 활용할 수 있다. 캐비닛의 선반은 높이 조절이 가능하도록 한다. 선반이 30.4cm보다 더 깊을 경우 물품이 겹쳐져서 찾기가 어렵게 된다.

2) 벽 장

대부분의 보육실에는 캐비닛과 선반 외에도 최소 3.7~5.8m^2의 벽장 공간이 필요하다. 벽장 안의 선반 깊이는 30.5~60.9cm까지 다양할 수 있으며, 일반적으로 큰 상자와 장난감, 페인트 통, 종이, 기타 부피가 큰 물품을 둘 수 있을 정도의 깊이를 가진 선반이 필요하다. 벽장의 바닥에는 선반에 안전하게 올려놓을 수 없는 큰 공이나 바퀴달린 장난감, 대근육 활동 도구 등을 둘 수 있을 정도의 공간이 있어야 한다. 간이침대(유아용)는 보육실에 있는 로프트 아래나 간이침대용 벽장, 일반 벽장에 수납할 수 있다.

벽장은 클수록 좋다. 보육실마다 적어도 3.7~5.6m^2의 벽장을 두어야 한다(코퍼하우스, 걸음마기 영아 보육실).

로프트와 간이침대용 수납공간(커튼이 쳐진 부분)이 결합되어 있다(코퍼하우스, 유아 보육실).

6. 직 물

보육시설에서 직물을 사용하는 곳으로 융단, 커튼, 방석 등의 직물로 된 비품, 침구류와 쿠션 및 액세서리, 벽걸이가 있다. 융단이나 커튼, 방석, 침구류, 쿠션은 인체에 직접 닿기 때문에 자주 바꿔 주어야 한다.

1) 융단, 커튼, 방석과 같은 직물로 된 비품

쿠션이 있고 직물로 된 비품은 플라스틱과 나무로만 되어 있는 가구보다 보기에 더 좋다. 그리고 공간을 부드럽게 만들어 주고, 손으로 만질 때 전해지는 질감과 촉감을 느낄 수 있다.

(1) 재료의 선택

직물로 된 비품의 재료는 각 영역의 다양한 활동에 적합하도록 매우 광범위하게 사용한다. 커버를 유사한 것으로 두 개씩 준비할 경우 직물로 된 비품을 청결하게 유지할 수 있을 뿐 아니라 더 오래 쓸 수 있다.

비닐계 직물을 많이 사용하고 있지만, 이것은 겨울에는 차갑고 여름에는 덥고 끈적거리고, 잘 씌워지지 않고, 퇴색되고 금이 가기도 하며, 찢어지거나 구멍이 나기도 한다. 데님, 코르덴, 벨루어 등과 같이 촉감이 있는 직물을 방염 · 항균 처리한 것이 많이 있으며, 특히 병원과 사무실에서 많이 사용하고 있다.

여자 아이가 앉아 있는 단단한 매트와 여러 가지 크기의 쿠션과 로프트를 베이 창에 두어 편안하게 앉거나 기대거나 누울 수 있는 공간으로 만들었다(코퍼하우스, 영아 보육실).

로비 또는 많은 사람이 이용하고 아동이 끈적거리는 손으로 다니는 공간에 있는 소파와 의자는 천으로 커버를 씌워 놓은 것이 가죽으로 된 것보다 경제적이다.

(2) 직물의 질감

활동과 사용에 따라서 적절한 질감을 선택해야 한다. 질감이 거의 없고 난색의 경우 사랑스러운 느낌을 주는 반면, 질감이 깊고 패턴이 많은 것은 안정감을 준다. 아동은 특히 보푸라기가 어느 정도 있어 부드러운 질감을 느낄 수 있는 것을 좋아한다. 평직, 능직, 루프 등과 같이 짜인 직물은 튼튼하지만, 니트, 레이스, 망, 꼬아 놓은 끈, 뜨개질한 것 등과 같이 짜이지 않은 직물은 부드럽고 적절한 질감을 가지고 있어 아동이 좋아하나 쉽게 망가지기 때문에 일상에서 사용하는 곳에는 적합하지 않으며 대신 교체가 가능한 액세서리에는 아주 좋은 재료이다. 금속, 나무, 유리, 뼈, 조개껍데기, 진주, 준보석의 돌, 세라믹, 플라스틱, 종이꽃 등 직물이 아닌 것은 안전하고 오래 사용할 수 있어야 하는 비품의 장식으로 사용할 수 있다.

2) 침구류와 직물로 된 액세서리

침대에 누워 편안하게 쉴 수 있다는 것, 혹은 소파나 커다란 의자에서 이불을 돌돌 말면서 뒹굴 수 있다는 것은 집에서 생활하면서 가질 수 있는 일상의 즐거움 중의 하나이다. 마찬가지로 보육시설에서도 간이침대에서 다른 친구와 함께 보내는 낮잠시간을 즐거운 시간으로 기억될 수 있는 방법을 찾아야 한다.

(1) 침구류

질감과 패턴이 있는 침구류를 두어 아동이 편안하게 기대거나 앉거나 누울 수 있도록 해 준다. 집에서는 이러한 특성을 아동의 침실에 넣으려고 노력하지만 보육시설에서는 그러지 못하고 있다. 보육시설에서 침구류를 사용할 때는 보육실의 색채계획에 조화를 이루는 것을 선택해야 한다. 새털로 된 이불이나 아동이 직접 선택할 수 있도록 두세 가지의 색 또는 패턴으로 된 담요를 두는 것이 좋다.

(2) 베개 · 쿠션

보육시설의 분위기를 부드럽게 만드는 효과적이면서 비용이 많이 들지 않는 방법으로 천으로 되어 있지 않은 가구(고리버들로 만든 의자, 나무의자, 벤치 등) 위에 쿠션을 올려놓고 소파, 의자, 라이저, 조용한 영역, 보육실에 있는 로프트에 쿠션을 두는 것이다. 쿠션은 가볍고 쉽게 움직일 수 있는 것으로, 아동이 껴안고 있을 수 있으며 다른 곳으로 옮겨 놓고 편안하게 누울 수 있는 공간과 개인 공간을 만들 때 사용할 수 있다. 다양한 크기와 모양의 쿠션을 사용하는 것이 좋다.

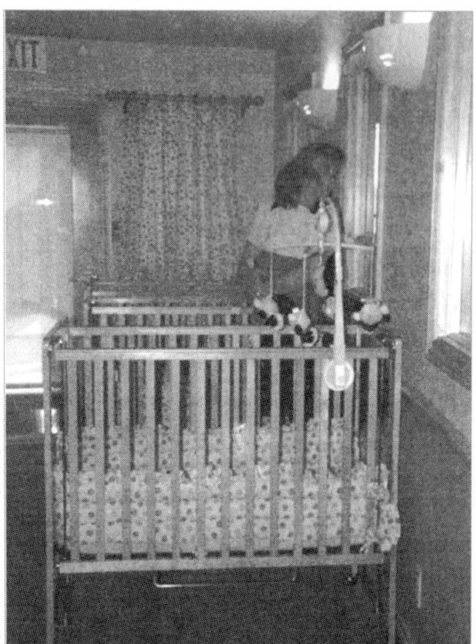

난간이 있는 유아용 침대의 범퍼, 커튼, 담요를 적절하게 맞추어서 낮잠공간을 차분하고 조용한 분위기가 나도록 하고 있다(코퍼하우스, 영아 보육실).

- 30.4~45.7cm의 움직일 수 있는 쿠션
- 60.9cm의 부드러운 쿠션
- 벨로우로 커버를 만든 빈백 체어(bean bag chair)
- 인형으로 된 베개
- 커다란 매트
- 60.9cm의 정사각형으로 된 쿠션(높이는 대략 15.2cm 정도)은 때로 성인과 아동이 앉을 수도 있다. 그리고 아동이 성곽과 숨을 수 있는 공간을 만드는 데 사용하기도 한다.

디자인가이드 13.2

직 물

- 모든 직물은 방염 처리가 되어 있어야 하며, A등급과 B등급의 직물을 사용하는 것이 바람직하다.
- 쿠션 커버를 지퍼가 있는 것으로 두 개 준비하면 색채계획에 따라서 바꿀 수 있으며, 세탁과 수선을 위해 쉽게 바꿀 수도 있다.
- 쿠션과 베개는 아동이 앉거나 껴안거나 옮기거나 요새와 잠복공간을 만들 수도 있어 다용도로 사용이 가능한 요소이다.
- 시트, 담요, 이불과 같은 침구류가 보육실의 색채계획과 맞을 때 가장 아름답다.

(3) 직물로 된 액세서리

턱받침, 범퍼, 테이블보, 매트, 냅킨 등과 같이 천으로 된 액세서리를 선택할 때는 색, 패턴, 질감, 스타일, 세탁성 등을 면밀히 살펴보아야 한다. 영아의 낮잠공간은 난간이 있는 유아용 침대가 많기 때문에 범퍼와 커튼을 적절하게 잘 맞추어야 조용한 분위기를 만들 수 있고 디자인의 통일성을 부여할 수 있다.

04

공간 디자인

제14장 보육실 흥미영역 계획하기 | **제15장** 영아반 아동을 위한 공간
제16장 유아반 아동과 유치반 아동을 위한 공간
제17장 교사와 부모를 위한 공간 | **제18장** 실외 놀이공간
제19장 미래의 보육시설

제14장

보육실 흥미영역 계획하기

People need an identifiable spacial unit to belong to.

— Christopher Alexander

1. 흥미영역이란 무엇인가?

흥미영역이란 그 영역 고유의 기능을 할 수 있도록 교구와 교재를 갖추어 놓은 특정한 공간이다. 잘 디자인된 흥미영역은 예술가의 작업실, 사진가의 암실과 같이 그 공간만의 고유 정신을 살릴 수 있는 곳이다. 보육실 안에 여러 흥미영역이 그 기능을 잘 발휘하도록 준비된다면 그 안에서 이루어지는 활동은 최고로 확장되고 발전될 수 있다. 잘 계획된 보육실에는 15~20개의 흥미영역을 배치할 수 있다. 공간이 협소하다면 이보다 적거나 두 가지 기능을 함께 하는 영역을 만들 수 있다. 노트 14.1에 네 가지 주요 영역(입구, 메시영역, 조용한 영역, 활동적 영역)에 따라 배치할 수 있는 대표적인 흥미영역을 제시하였다.

노트 14.1 영역 특성에 따라 보육실 내 설치 가능한 흥미영역

구 분	설치 가능한 흥미영역
입구 · 전이공간	아동 개인 사물함, 교사 개인 사물함, 부모와 교사가 만나는 영역
메시영역	화장실 · 기저귀 갈이 · 세면 영역, 급간식영역, 물놀이 영역, 모래놀이영역, 찰흙놀이영역, 물감놀이영역, 만들기 영역, 목공놀이영역, 요리영역, 과학 · 자연 영역
조용한 영역	낮잠 · 수면 · 휴식영역, 읽기 영역, 듣기 영역, 조작영역, 쓰기 영역, 단위적 목영역, 수영역
활동적 영역	큰 블록영역, 극놀이영역(소꿉놀이, 인형놀이, 역할놀이 틀, 인형극 틀, 역할 옷 입기, 주제극놀이, 모형 놀잇감), 음률 영역, 대근육 영역
기타 공간	대집단 영역, 개별 공간, 교사 공간 및 전화

흥미영역 배치의 장점은 다음과 같다.

- **공간활용도 증진** : 아동이 여러 개의 흥미영역으로 나뉘어 놀므로 한 영역에 관심이 집중되어 아동들 간 놀잇감 분쟁이 일어나는 것을 막을 수 있다.
- **행동의 조절** : 잘 정돈된 흥미영역은 아동 스스로 어디에서 어떤 놀잇감을 찾아서 탐색하고 다시 정돈할 수 있는지를 알려 주기 때문에 아동의 행동과 놀잇감의 사용을 조절한다.
- **아동의 자율성과 교육적 효과 증진** : 아동 스스로 놀이를 시작하고 안전하게 놀 수 있도록 모든 자료와 지원이 잘 정리된다면 교사가 일일이 재료를 나누어 주고 잘 사용하는지 항상 확인할 필요가 없다. 따라서 교사는 남는 시간을 아동과 좀 더 질높은 상호작용을 하는 데 쓸 수 있다.

2. 흥미영역의 특징

한 공간에 책상과 의자를 놓는 것만으로 흥미영역을 만들 수는 없다. 잘 계획된 흥미영역이란 아동을 그 공간으로 끌어들이고 교재를 탐색해 보게 하는 곳이다. 흥미영역은 다음과 같은 다섯 가지 특징을 갖는다(그림 14.1).

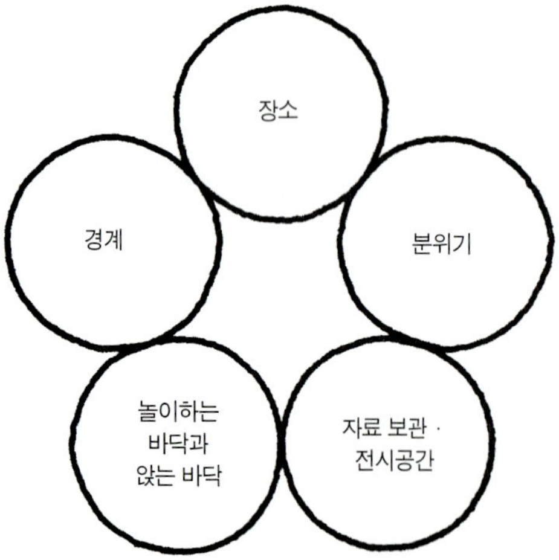

그림 14.1 활동영역의 다섯 가지 특성

- 활동에 맞는 물리적 공간
- 눈에 보이는 경계
- 놀이하고 앉을 수 있는 바닥
- 그 활동에 맞는 교재를 보관하고 전시할 수 있는 공간
- 다른 공간과 활동영역을 구분 짓는 분위기

1) 물리적 공간

흥미영역을 배치하는 데 가장 중요한 것은 열린 공간에서 잘 운영할 수 있는 활동과 아늑한 공간에서 잘 운영할 수 있는 활동을 구분하는 것이다. 보육실을 잘 분할한다는 것은 활동과 공간을 적절하게 조합한다는 것을 뜻한다.

(1) 아늑한 공간

아늑한 공간(protected regions)은 휴식과 낮잠같이 조용한 활동이나 방해받지 않아야 하는 작은 블록이나 집짓기 놀잇감, 그 밖의 조작 놀잇감을 이용한 놀이를 하는 영역으로 이용되는 것이 가장 좋다.

보육실의 모든 활동 중, 작은 블록 놀이는 코너나 플랫폼에서 하는 것이 좋다. 쌓기 영역은 아동의 놀이를 보호하기 위해서 사람들의 이동이 적은 한적한 공간에 배치하도록 한다. 쌓기 영역을 보육실 입구 근처에 배치하면 아동이 자신이 만드는 구성물이 무너질까봐 불안한 마음에 자칫 블록놀이를 많이 하지 않을 수도 있다. 독서나 언어 영역, 대집단 모임 등도 물리적으로 분리된 공간이 필요하나 이러한 영역에서 사용하는 책과 이어폰 등의 교재는 크기가 작아서 아동 스스로 조절할 수 있기 때문에 쌓기 영역만큼 보호가 필요하지는 않다.

아늑한 공간은 작은 블록이나 집짓기 놀잇감으로 놀기에 가장 좋다.

(2) 열린 공간

책상을 필요로 하는 활동(조형, 과학, 모래, 물, 목공)이나 서서 하는 활동(역할놀이 틀, 인형극 틀)은 열린 공간에 배치하는 것이 좋다(그림 14.2). 놀이 상황에 따라서 아동이 책상을 향해 서면 주변의 활동들과 분리되어 자기만의 놀이를 할 수 있다.

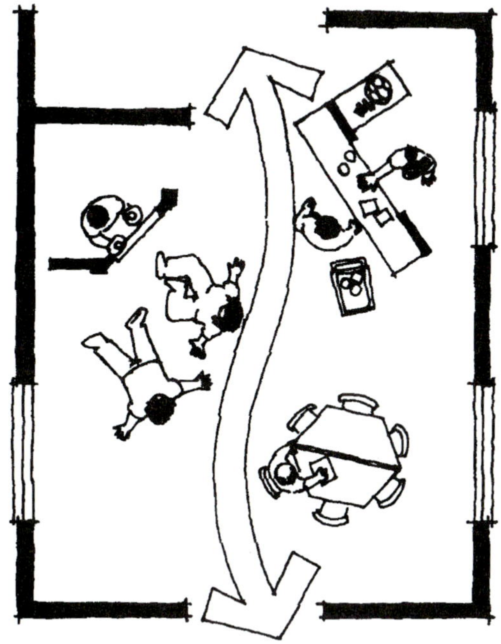

그림 14.2 역할놀이 틀, 인형극 틀, 책상 등은 영역 간 통로 주변에 배치되는 것이 좋다.

2) 흥미영역을 위한 경계 설정

흥미영역을 배치한 후에는 그 영역이 어디서 시작되고 끝나는지를 알리는 경계를 설정한다. 가구, 파티션, 낮은 벽으로 설정되는 경계는 놀이가 방해받지 않도록 하고 한 흥미영역에 참여가 가능한 인원 수를 알려 주며 교재를 물리적으로 분리해 준다. 적절한 경계를 설정하지 못하면 보육 프로그램을 효과적으로 운영하기 힘들다.

디자인가이드 14.1

흥미영역의 배치

- 조용한 놀이와 휴식을 위한 공간은 보육실의 한적한 곳에 배치한다.
- 단위 블록 등 작은 쌓기 교구를 이용하는 놀이는 바닥에서 놀 수 있는 분리된 지역에 배치한다.
- 책상을 필요로 하는 활동이나 서서 하는 활동은 쉽게 이동할 수 있는 열린 공간에 배치한다.
- 서로 충돌하는 영역끼리는 조용한 영역과 시끄러운 영역, 메시영역과 깨끗한 영역 등으로 분리하여 배치한다.
- 메시영역은 싱크대 가까운 곳에 배치한다.
- 아동이 바깥을 내다볼 수 있도록 높은 창 근처의 바닥은 높인다.
- 독서, 조형, 쓰기 영역은 가능한 햇빛이 잘 드는 곳에 배치한다.
- 전기 배선이 필요한 영역(어항, 요리)은 콘센트 가까이에 배치한다.
- 경관이 좋은 창, 벽난로, 천장의 높이 등 건물의 특징을 흥미영역에 포함하여 독특한 느낌이 있는 공간으로 만든다.

(1) 경계 설정을 위한 고려사항

플라스틱 상자를 쌓아 벽을 만드는 것은 공간을 둘로 나누는 분리대 역할뿐만 아니라 전시공간, 영아가 기어서 통과할 수 있는 공간이 될 수 있다.

경계는 높이, 무게, 투과성, 투명성, 고정성에 따라 변화한다. 이러한 요인은 아동이 놀이하는 동안 교사와 또래 친구를 얼마나 쉽게 볼 수 있느냐, 교사가 교실 전체를 얼마나 쉽게 볼 수 있느냐에 영향을 미친다. 아동에게 자극을 주고 상호작용을 촉진하며 지도하기 위해서 경계는 가능한 낮게 하고 아동 크기에 맞추며 높이와 투과성을 다양하게 하는 것이 좋다.

(2) 고정된 경계와 이동 가능한 경계

보육실 벽과 같이 고정된 경계가 있는가 하면 바닥에 테이프를 붙여 쉽게 움직일 수 있는 경계를 만들 수도 있다. 고정된 경계는 바닥을 주로 이용하는 활동영역 주변에 교구장이나 가구, 낮은 분리대를 사용하여 설정하고, 이동 가능한 경계는 아동이 서서 움직이는 활동영역 주변에 설정하도록 한다. 이동 가능한 경계로 바닥의 높이와 천장 높이, 조명 등을 사용하여 변화를 줄 수 있다.

A자형 분리대는 한 면을 도서영역의 서고로, 다른 면을 미술영역의 이젤로 사용할 수 있다.

10.2cm 높이의 플랫폼 겸 창고는 훌륭한 조작영역으로 사용할 수 있다.

30.5cm 높이의 큰 단상은 그 자체로 아동에게 재미있는 놀이와 앉는 면이 될 뿐 아니라 성인 키에 맞는 카운터에서는 아동과 눈높이를 맞출 수 있게 한다.

마감이 완성되지 않은 역할놀이영역의 다락 벽은 아동이 '집' 을 꾸미고 싶도록 만든다. 밑부분에는 낮잠용 침구가 보관되어 있다.

잘 구분된 놀이영역 : 천장에서 내려오는 역할놀이영역과 그 아래 마련된 개방된 목공놀이영역

(3) 높이차가 있는 바닥의 장점

30.5cm 높이의 카펫으로 감싼 분리대를 이용하여 구분한 조작영역

- 플랫폼을 설치하면 아동의 활동을 분산할 수 있어서 놀이가 너무 복잡해지지 않는다.
- 아동이 높은 플랫폼을 오르내리면서 협응력이 길러지고 대근육 운동을 하게 된다.
- 높은 빌딩에서 도시를 내려다보는 것처럼 아동은 높은 곳에서 전체 방을 둘러보면서 방의 공간 구성을 알 수 있다.
- 높은 바닥은 공간의 개별화, 소그룹 운영, 개인 영역, 휴식영역으로 사용할 수 있다.
- 높이가 다른 바닥을 오르내리는 활동은 자연스럽게 공간과 관련된 어휘를 알게 하고 그 공간을 직접 경험하면서 공간 개념을 이해할 수 있다.
- 바닥 높이를 달리해 아동이 안정감을 느끼고 보호 받는다고 생각하는 장소를 만들 수 있다.

(4) 색을 이용한 경계 설정

경계를 표시하는 또 다른 효율적인 방법은 색을 이용하는 것이다. 경계를 설정하는 데 색을 이용하는 것은 단순히 문이나 창틀, 벽면과 천장을 다른 색으로 칠하는 것을 뜻하는 것이 아니다. 활동영역별로 바닥, 책상, 파티션, 보관함 등을 다른 색으로 칠해서 영역이 어디에서 시작되고 끝나는지 확실히 구분해 줄 필요가 있다. 노란 영역, 파란 영역, 초록 영역 등으로 볼 수 있도록 영역을 구분하는 것은 각 영역에서 할 수 있는 활동을 정하는 데 도움을 준다.

높은 곳에서 보는 것은 보육실 공간을 이해하도록 할 뿐 아니라 공간 관계를 쉽게 이해할 수 있다.

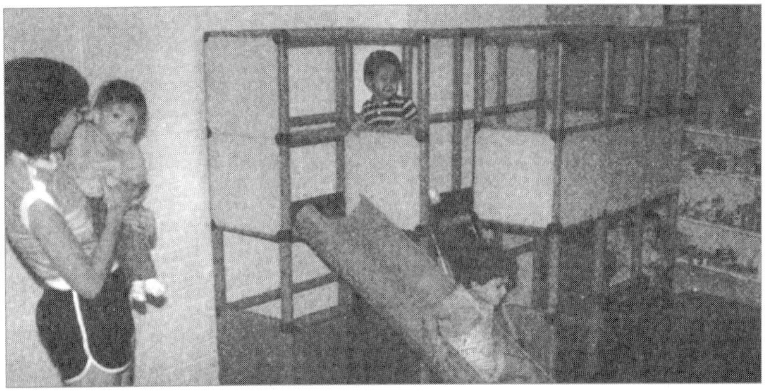

판매하는 조립식 가구를 설치하여 실내 공간의 높낮이를 조절할 수 있다.

(5) 경계를 이용한 공간 크기의 변화

보육실 안에 공간 크기를 여러 가지로 조정하여 개인 공간, 소집단을 위한 공간, 대집단을 위한 공간, 1 : 1 상호작용이 일어날 수 있는 공간으로 구분하면 아동이 선택할 수 있는 공간이 다양해진다. 일반적으로 하나의 흥미영역에는 한 번에 네 명의 아동이 편안하게 놀 수 있도록 하는 것이 가장 좋다. 단, 놀이상황에 따라 흥미영역에 있는 아동의 수는 융통성 있게 조정될 수 있다.

① 개인 공간을 위한 경계 설정

아동에게는 단체생활을 하다보면 쉽게 무시될 수 있는 개인 공간에 대한 욕구가 있다. 개인 공간이란 청각적 프라이버시(비밀을 말할 수 있는 공간), 시각적 프라이버시(다른 아이들이 참견하지 않고 시각이 분산되지 않는 공간), 지역적 프라이버시(자신만의 공간), 절대적 프라이버시(오직 혼자만 있을 수 있는 공간)가 보장되는 공간이다.

경계의 높이, 빛의 밝기, 방음 등을 고려하여 보육실 내 개인 공간을 제공할 수 있다. 창문 앞의 작은 자리, 플랫폼, 사물함, 부드러운 천으로 된 소파 그리고 넓은 계단참 등은 치유, 쉼, 배움을 위한 공간이 되고 새로운 상황을 위한 준비공간이 될 수 있다. 이 공간은 자기 조절감과 자아 정체감의 발달을 돕는다.

코트 수납장 위에 만들어진 '곰의 동굴'이다. 벽면의 구멍을 뚫어 아동이 숨을 수 있고 동시에 교사가 안을 들여다볼 수 있으며 이동식 사다리를 설치하여 공간의 활용을 조절할 수 있다.

약 180cm 높이의 놀이집에 앉아 있는 아동은 다른 사람과 만나지 않아도 이 방으로 들어오는 모든 사람들을 볼 수 있다.

아동은 이 까마귀집을 너무나 좋아한다. 방의 한 구석에 서너 명이 숨을 수 있는 공간으로 천장에서부터 내려온다.

천으로 된 원통에 입구를 뚫어 들락날락하는 공간을 만들 수 있다.

② 보육실에서의 개인 공간

보육실에서의 개인 공간은 다음과 같은 역할을 한다.

- 일반적으로 자기감정을 밖으로 드러내지 않는 수줍은 아동에게 자신의 내면을 탐색할 수 있는 기회를 제공한다.
- 가끔 집단 활동을 하기 싫은 아동에게 또래와 떨어져서 자기 혼자 기분에 맞게 행동할 수 있게 한다.
- 빠르게 진행되는 집단 활동에서 빠져 나와 잠시 쉴 수 있는 기회와 공간을 제공한다.

로프트나 플랫폼을 만들 때 한두 아이가 들어갈 수 있는 작고, 약간 닫혀 있는 공간들을 연결하여 사용하는 방법이 있다. 섬유판 통을 이용하여 쉽게 옮길 수 있는 개인 공간을 간단하게 만들 수 있다. 천으로 된 원통을 잘라 다양한 모양과 형태의 문을 내어 꾸며 줄 수 있다. 지루해하거나 피로를 느끼는 아동은 가끔 이 통에 들어가 보이지 않는 곳에서 길게는 한 시간 정도까지 혼자의 시간을 보낸다. 이 안에서 아동은 외부에서 일어나는 활동을 관찰하고 평가하다가 스스로 진정되거나 힘을 얻어 집단 놀이에 참여할 준비가 되었을 때 다시 밖으로 나온다.

이러한 조용한 사색 공간 외에도 아동은 쌓고, 부수고, 던지고, 차거나 때리는 등의 행동으로 좌절감을 표현하여 공격적인 감정을 없애 버릴 수 있는 개인 공간이 필요하다. 그러므로 아동이 안전하게 뛰고, 떨어지고 점프할 수 있는 공간을 마련하여 화를 가라앉힐 수 있게 해야 한다.

디자인가이드 14.2

경계 설정

- 경계란 각 영역이 어디서부터 시작하고 끝나는지 정의해 준다.
- 정해진 영역 안에서 일어나는 활동이 경계의 고정성과 융통성을 결정한다.
- 조용하고 바닥에 앉아서 하는 활동을 위해서는 벽이나 가구를 이용하여 고정된 경계 설정한다.
- 책상에서 하는 활동은 바닥이나 천장의 높낮이 또는 조도의 변화 등을 이용하여 이동 가능한 경계를 설정한다.
- 색은 매우 효과적이고 시각적으로 영역을 구분한다.
- 높이, 부피, 투과성, 투명성과 경계의 고정성 등이 보육실의 공간감, 질서감, 전체 공간의 가시성이나 아동의 안전과 프라이버시 제공에 어떻게 영향을 미치는지 고려해 본다.
- 바닥을 높이는 것은 영구적인 방법으로도 가능하지만 조립식으로 임시 설치하는 것도 가능하다.
- 아동의 키보다 높은 공간을 이용하여 자료장을 만들어 효율적으로 사용한다.
- 네 가지 유형의 프라이버시를 제공하기 위하여 경계의 물리적 변수를 조절한다. 청각적 · 시각적 자극으로부터 스스로를 차단할 수 있고, 개인 구역 확보는 물론 가끔씩 완전히 혼자가 될 수 있는 공간을 제공한다.
- 영역의 크기가 다양하도록 경계를 이용한다. 대부분의 영역을 네 명 정도의 아동과 한 명의 어른이 있을 수 있도록 디자인한다.
- 세 가지 공간, 즉 전체가 모이는 공간, 1 : 1 상호작용이 일어날 수 있는 공간, 아동의 개인 공간을 확보한다.

바닥은 '가구'이며 놀이와 앉기를 위한 귀중한 공간이다.

3) 다양한 면을 이용하여 놀이하고 앉기

아동은 놀이활동을 위해 책상을 이용할 뿐 아니라 종종 보육실 바닥이나 교구장 윗면, 의자, 플랫폼을 이용하기도 한다.

(1) 바 닥

아늑한 공간에서는 바닥을 이용한 놀이활동을 할 수 있다. 바닥의 장점은 다음과 같다.

- 아동은 방바닥에 한번 내려가면 거기에 머문다. 계속 움직이기는 하지만 교실을 돌아다니면서 말썽을 일으키지 않는다.
- 바닥에서 놀이를 하면 공간을 보다 융통성 있게 사용할 수 있을 뿐 아니라 보육실 내 가구의 수도 줄일 수 있다. 방바닥에서 노는 아동은 몸을 움직여 서로 간의 거리를 조절하고, 가구 너머로 큰소리로 이야기하지 않아도 된다.
- 바닥에서 아동은 앉거나 무릎을 꿇어 스스로 시야를 조절할 수 있다. 시야가 넓어지는 것은 아동이 한 눈에 더 많이 보게 됨을 의미하고 이 시기 발달적 특징인 전체를 보지 않고 작은 부분에 집착하는 것을 극복하도록 돕는다.

(2) 책 상

다양하고 안전하게 공간을 사용하기 위하여 바닥 공간을 많이 확보하고 보육실 내 책상(tables) 수를 줄여야 한다. 다양한 크기와 형태의 책상을 사용하여 가능한 활동이 일어날 수 있는 빈 공간을 많이 만든다. 4~6세를 위한 작은 책상은 아동 사이의 공간을 좁혀서 방의 소음을 감소시키며 친밀하게 대화를 나눌 수 있다. 다음은 책상을 이용하는 효율적 방법이다.

- 점심시간에 딱 30분 사용하는 책상을 놓고 하루 종일 좁은 방에서 지내기보다 다기능 가구를 사용하도록 한다. 뒤집을 수 있고 겹쳐 쌓을 수 있는 책상, 스툴이 있는 카운터, 놀이와 식사공간이 동시에 될 수 있는 플랫폼 등을 이용한다.
- 물이나 모래놀이대에 뚜껑을 덮어서 바닥의 높이를 올린 것과 같은 효과를 낼 수 있다.

물놀이 영역을 덮개로 덮어 탁자로 사용할 수 있다.

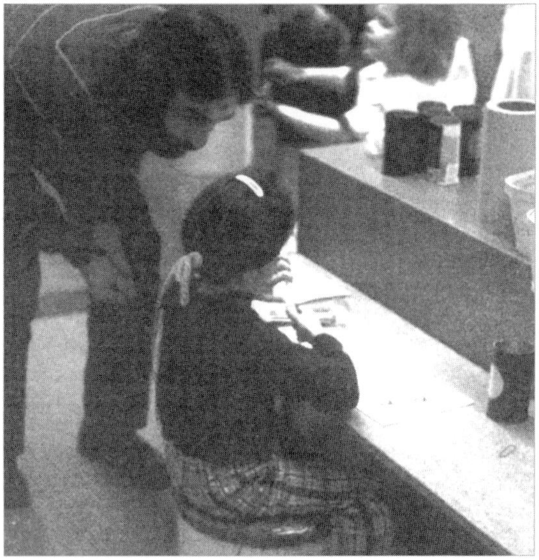

쓰기 영역의 교구장 뒤에 있는 올렸다 내렸다 하는 이 카운터는 사용하지 않을 때는 밑으로 내려놓을 수 있다.

아동은 25.4cm 높이의 책상에서 활동에 전념할 수 있다.

카운터 높이가 아동 활동에 적당하다.

- 책상 높이를 아동이 무릎을 꿇거나 쭈그리고 앉아서 작업하는 높이(25.4cm), 일반 아동용 책상 높이(35.6~50.8cm 사이), 아동이 서서 활동하는 높이(58.8cm 정도) 세 가지로 다양하게 한다. 찰흙과 목공놀이영역에는 아동이 눈앞의 자료를 한눈에 보고 온몸의 힘을 쏟아 작업할 수 있도록 낮은 책상을 배치하는 것이 좋다.

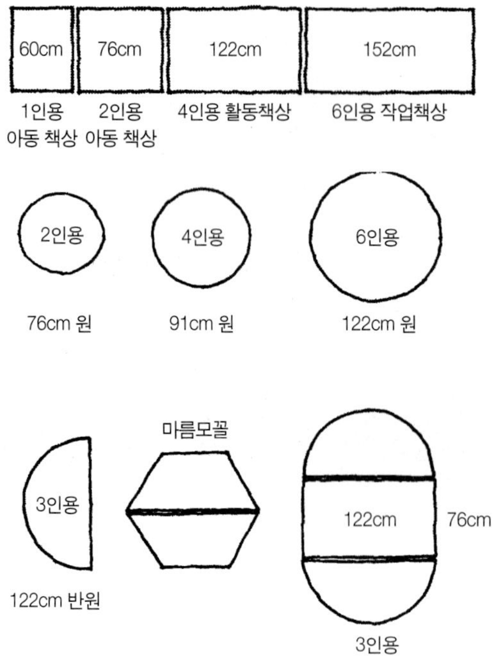

그림 14.3 작은 책상을 어떻게 조합하는지에 따라 다양한 용도로 사용할 수 있다.

- 아동이 서로 가까이서 대화할 수 있도록 작은 원, 사각형, 마름모 또는 반원 모양의 책상을 이용한다. 큰 책상은 친밀감을 방해한다.
- 서서 하는 미술이나 과학활동을 위해서는 높은 책상을 사용한다(유아반은 58.8cm, 유치반은 61.0cm).
- 교사가 한쪽에 앉도록 디자인된 U자형 책상은 공간과 바닥을 많이 차지할 뿐 아니라 다양하게 사용하기 힘들다(그림 14.4). 차라리 작은 사각, 원형, 직각, 혹은 마름모 모양의 책상을 사용하여 친밀감을 증진하고 작은 책상을 합쳐서 큰 책상이 필요한 경우 사용하도록 한다.
- 일반적으로 보육실에서 사용하기에는 마름모 모양의 책상이 가장 바람직하다(그림 14.5). 긴 부분이 서로 닿게 놓으면 원형 책상과 같은 친밀감을 조장할 수 있고, 간식이나 점심시간에 분리해 놓으면 다섯 명씩 총 10명의 아동이 함께 앉을 수 있다.

그림 14.4 말발굽 모양의 책상은 다양하게 사용할 수 없고 많은 공간을 차지한다.

그림 14.5 마름모 모양의 책상은 다양하게 사용할 수 있고 자리를 적게 차지한다.

(3) 의자와 앉는 장소

의자 등받이의 유무와 높이, 뒤로 젖힐 수 있는 정도와 팔걸이, 패딩 등에 따라 앉는 자리를 다양하게 할 수 있다.

그림 14.6 두 사람이 함께 앉을 수 있는 흔들의자

- 일반 의자 외에 빈백 체어나 공기 의자를 사용할 수 있다.
- 팔걸이가 있는 의자, 소파, 라이저, 물침대, 베게와 쿠션, 매트리스, 그물망, 흔들의자, 그리고 해먹(hammock) 위에 아동이 책이나 장난감을 들고 안락하게 앉을 수 있다.
- 책상에서 작업을 하는 아동은 주로 몸을 앞으로 수그리고 작업하기 때문에 등받이를 거의 사용하지 않으므로 차라리 스툴을 사용하는 것이 좋다. 스툴은 사용하지 않을 때 탁자 안에 쉽게 밀어 넣을 수 있다.
- 아동과 성인의 치수에 다 맞는 흔들의자(그림 14.6)는 아동과 성인이 서로 신체 접촉을 할 수 있고, 교사가 아프거나 피곤한 아동을 안정시킬 때 도움이 될 뿐 아니라 활발한 아동에게는 다른 사람을 방해하지 않으면서 움직일 수 있는 기회를 제공한다.

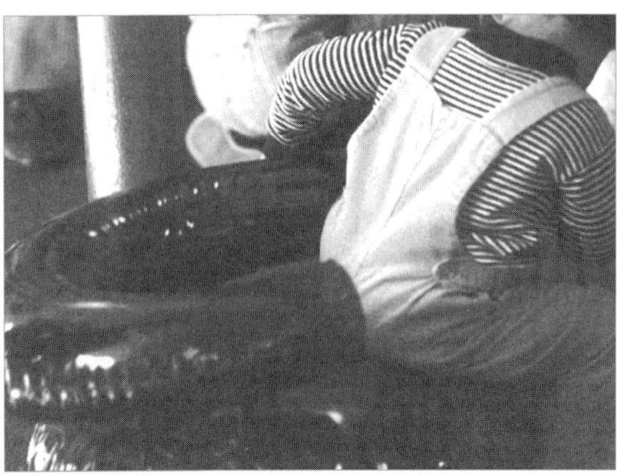

공기의자나 빈백 체어는 재미있다.

해먹은 안고 쉬는 것을 장려한다.

스툴은 간식 탁자 주변에서 이동이 쉽게 앉을 수 있는 장소가 된다.

(4) 동작을 장려하는 방법

아동은 자신의 몸을 움직이면서 학습한다. 책상과 의자가 너무 많은 경우 오히려 다양한 놀이가 일어나지 않는다. 다음은 아동의 움직임을 장려하는 공간을 계획하기 위한 제안이다.

- 벽에 부착하는 놀이판, 잡고 일어서는 바(grab bar), 다양한 질감의 자료, 거울, 반사판 등을 다른 높이에 붙여서 공간의 다양함을 제공하라.
- 붙박이 의자, 책상, 카운터, 높고 낮은 단, 기울기가 있는 작업공간 등을 만든다.
- 바닥과 수평면의 높이를 다양하게 하여 딱딱하고 부드러운 면, 거칠고 부드러운 면, 단단

낮고 곡선이 있는 벽은 걸음마 아동과 장애가 있는 아동을 도울 뿐 아니라 재미있는 활동이 일어나도록 한다.

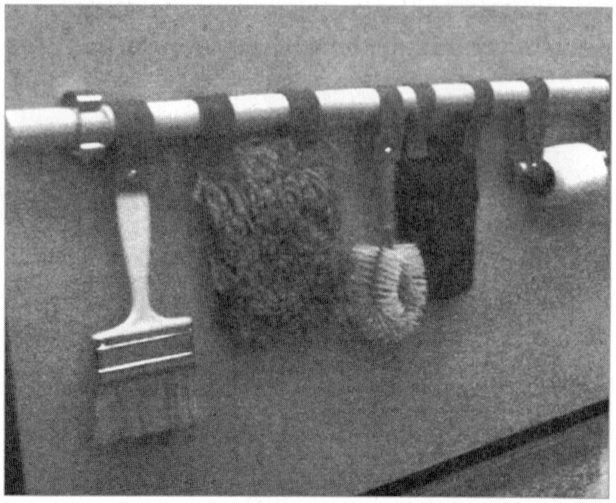

벽에 원하는 높이에 봉 하나를 설치해 놓으면 아동이 집에서 쓰는 물건들을 탐색할 수 있도록 바꾸어 제시할 수 있다.

하고 매끄러운 면, 기울기가 있고 울퉁불퉁한 면 등을 제공한다. 자연 자료와 인공 재료, 매트리스, 빈백 체어, 트램펄린, 그물과 줄다리 등을 이용하여 바닥의 높이를 다양화하고 플랫폼을 만든다.

- 카펫으로 감싼 라이저를 이용하여 경계를 만들고 이 라이저를 기어서 넘는 공간, 앉는 공간, 걸음마 아동이 짚고 일어서는 공간으로 사용한다.

카펫을 씌운 웨이브가 있는 바닥은 모든 연령의 아동에게 도전이 된다.

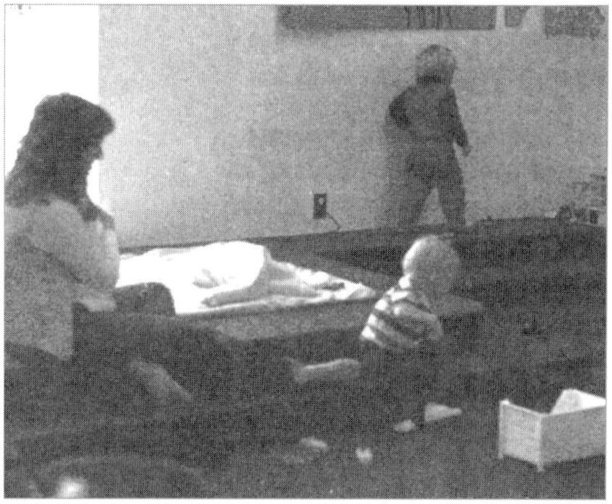

카펫을 씌운 라이저를 여러 단으로 해놓으면 활동의 경계가 될 뿐 아니라 오르고 기어 넘는 공간, 놀고 앉는 공간 그리고 걸음마를 연습하는 공간으로 쓰일 수 있다.

바닥에서 약 165cm 높이에 설치된 그물 다리는 아동에게 즐거움을 준다.

보육실 천장의 가로지르는 들보에 놀이기구를 매달 수 있다.

디자인가이드 14.3

놀이를 위한 바닥과 앉을 바닥 선택

- 활동영역에서 놀이하는 아동의 연령과 신체적 필요, 활동의 특성에 따라 적절한 종류와 높이의 바닥을 정한다.
- 놀이 장소와 앉는 면적을 디자인할 때는 주변 가구보다 아동의 특징적 움직임과 자세를 가장 먼저 고려한다.
- 공간의 융통성을 최대화하기 위하여 교실 안의 책상수를 최소화한다.
- 대화할 수 있는 친밀감이 있도록 책상은 4~6명 정도 쓰는 크기로 한다.
- 다양한 높이의 책상을 제공한다. 58.8cm의 높이는 점토놀이나 조작놀이에 좋고, 서 있는 아동 높이는 과학, 미술, 물, 모래놀이에 좋으며, 앉아 있는 아동 높이는 간식이나 콜라주에 좋다.
- 기울기가 있는 설계 책상을 실험적으로 사용해 본다.
- 모양이 있는 책상은 공간을 많이 차지할 뿐 아니라 아동의 상호작용을 방해한다. 작은 원형, 사각형, 마름모형 책상같이 다양한 모양과 사이즈로 합쳐 사용할 수 있는 책상이 유용하다.
- 스툴, 소파, 공 의자, 물침대, 쿠션, 해먹, 그물망과 그네의자, 흔들의자, 플랫폼, 라이저 등은 일반 의자 대신 선택할 수 있는 훌륭한 대안이다.
- 각 보육실마다 벽, 마루, 칸막이, 플랫폼, 천장을 이용하여 다양한 놀이와 앉는 면을 제공할 수 있는 방법을 생각한다.
- 수직 공간을 활용하여 보관이나 아동이 오를 수 있는 다락 등으로 활용하는 방법을 고려한다.

(5) 놀이 지원을 위한 천장 이용

천장은 동자놀이 기구와 놀잇감을 매달기에 더없이 좋은 장소이다. 놀잇감을 매달고 싶은 천장 주변에 15cm 간격으로 나무 격자를 만들어 놓으면 편리하다. 그네, 새장, 펀치백, 흔들의자를 매달고 싶은 천장에 가로지르는 들보를 설치할 수 있다.

(6) 앉는 방향

앉는 자리를 정할 때 아동이 안전하게 놀면서 주변 환경을 둘러 볼 수 있도록 방향을 설정하는 것이 중요하다.

① 신체적 안정감

사람은 뒤에 눈이 없기 때문에 뒷부분이 보호되고 눈앞에서 무슨 일이 일어나고 있는지를 살펴볼 수 있을 때 안전하다는 느낌을 받는다. 따라서 놀이 장소나 앉는 자리를 설정할 때 아동의 등이 벽을 향하고 아동이 보육실을 볼 수 있도록 해야 한다. 아동이 보육실을 등지고 활동하도록 하는 설정은 피한다.

그림 14.7 보육실 구석에 마련된 두 단의 라이저는 집단 활동을 훨씬 친밀하고 안정되게 만들어 준다.

② 주변 환경을 살필 수 있는 능력

신체적 안정감은 주변 상황을 파악할 수 있는데서 비롯된다. 따라서 주변에서 일어나는 상황에서 너무 보호되는 공간도 직접적인 방해만큼 놀이하는 아동이 안정감을 느끼지 못하도록 한다. 오히려 아동이 주변에 놀이를 방해할 수 있는 어떤 요소가 있는지 미리 알고 있도록 하는 것이 안정감을 갖게 한다. 아동이 앉은 곳에서 적어도 한쪽 면 정도는 바깥의 상황을 시각적으로 파악할 수 있도록 보육실 영역을 디자인하도록 한다. 바깥에서 일어나는 일로부터 적정 거리를 유지하면서 이를 예의주시하고 살필 수 있는 것은 오히려 아동에게 안정감을 줄 수 있다.

교사는 본능적으로 보육실에서 가장 안전한 벽을 등지고 앉는 경향이 있기 때문에 아동들은 자연히 등을 내보이면서 앉게 된다. 아동이 등 뒤에서 불안을 느끼거나 시각적 안정감을 느낄 수 없을 때 문제행동이 발생할 수 있다. 만약 아동과 성인 모두 벽을 등지고 앉을 수 없다면 아동이 벽을 등지고 앉을 수 있도록 해주어야 한다.

대집단 활동은 L자 모양의 코너(그림 14.7)에서 훨씬 안정된 분위기로 이루어진다. 벽과 적절한 각도의 방향으로 인해 제공되는 안정감은 다음과 같은 효과가 있다.

- 다른 아동과 눈을 맞추게 한다.
- 집단이 차지하는 영역을 줄여 친밀감을 증진시킨다.
- "선생님, 잘 안 보여요." 라는 불평을 줄일 수 있다.
- 교사로부터 모든 아동의 거리를 같게 한다.
- 아동이 라이저에 앉아 방 전체를 볼 수 있도록 하여 활동에 자율적으로 집중하도록 한다.

4) 자료의 보관과 제시

보육시설에서는 언제나 자료를 보관할 장소가 부족하다. 부피가 큰 물건과 가끔씩 사용하는 교재교구는 창고에 보관을 하지만 보육실 내에서는 교재교구를 아동이 놀고 앉는 자리에서 꺼내기 쉽게 보관하여야 한다. 아동이 사용할 수 있는 교재교구가 무엇이고, 어디서 꺼낼 수 있으며 어디에 다시 갖다놓아야 하는지 알 수 있도록 해야 한다.

(1) 매력적인 교재 제시의 중요성

아동의 자발적 놀이는 놀잇감을 볼 수 있을 때 시작된다. 예를 들어 빈 책장 옆 바닥에 쿠션을 놓아둔다고 책보기 영역이 되는 것은 아니다. 하지만 책장에 책들이 매력적으로 진열되어 있으면 바닥에 놓인 쿠션 위에서 뛰라는 것이 아니라 쿠션 위에서 책을 보라는 의도가 명백해진다. 넓은 작업공간 위에 퍼즐이 하나 올려져 있으면 퍼즐을 하고 싶다는 생각이 절로 들지만, 선반 위에 다른 놀잇감 사이에 비좁게 끼워져 있다면 퍼즐을 하고 싶은 마음이 생기지 않는다. 마찬가지로 잠겨 있는 캐비닛과 비어 있는 선반들은 '손 대지 마. 이 자료는 너에게 내 주기에는 너무 중요한 것이야. 너는 오직 선생님이 골라 주는 것만 쓸 수 있어.' 라고 암시한다. 반대로 아동의 눈높이에 맞추어 교재가 잘 진열되어 있는 선반은 '자, 이 아름다운 교재를 보렴. 어서 와서 이걸 만지고 사용하여 배우렴.' 이라는 메시지를 전한다.

교사는 보육실을 최대한 잘 활용하기 위해서는 전시예술가가 되어서 교재의 색, 높이와 수량을 적절히 혼합하고 배치하여야 한다. 아동은 분명히 잘 보이는 보관 장소가 있을 때 물리적 환경에 대한 확실한 개념을 갖게 되고, 자신에게 허용된 범위 안에서 호기심을 충족시키면서 필요한 교재를 스스로 꺼내고 정리하면서 놀이할 수 있다.

한 영역에서 사용되는 교재는 아동이 놀거나 앉아 있는 곳에서 쉽게 접근할 수 있도록 보관하고 전시하여야 한다.

(2) 제시할 교재의 양

꺼내 놓는 교재교구가 얼마냐에 따라 교재가 눈에 잘 띄는지, 어떻게 사용하는지 결정된다. 너무 적은 양의 교재를 내어 주면 그 영역은 재미가 없고 아무 할 일이 없는 곳이 될 수 있다. 반면 한 영역에 너무 많은 양의 교재가 있으면 그 영역은 혼란스럽고 어디서부터 놀이를 시작할지 모르게 된다. 흥미영역에서 놀잇감을 제시할 때는 다음 사항을 고려하도록 한다.

- 모든 아동이 자신감을 느낄 수 있도록 한다.
- 개개인의 독특한 흥미에 맞는 놀잇감이 제공되도록 한다.
- 각기 다른 발달단계의 아동들이 도전을 느끼도록 한다.
- 협동놀이를 장려한다.

교재를 나누어 교대로 제시하고, 계속 사용하는 교재교구의 경우 진열 위치를 가끔씩 바꾸어 주어 아동이 새로운 흥미를 느끼게 한다.

(3) 교실 꾸미기

아동이 등원하기 전에 교사가 시간을 투자하여 보육실을 정돈하고 영역을 꾸며 놓는 일은 매우 중요하다. 아동이 무언가 하고 싶은 동기가 생겼을 때 필요한 교재를 찾아 세팅하기까지 기다리도록 할 수는 없다. 놀이의 확장은 필요한 교재가 충분하고 손쉽게 접근할 수 있도록 세팅되어 있을 때 일어난다. 하원 후에 교실 세팅을 미리 해 놓으면 실제 보육 상황에서 교사는 놀이의 촉진자 역할을 할 수 있고 아동은 자율성과 독립심을 기를 수 있다. 보육실의 기본 디자인과 세팅을 잘 정착시켜 놓으면 다음날을 위하여 교사가 교실을 정돈하는 시간을 줄일 수 있다. 그렇지 않아도 보육시간 자체가 긴 보육현장에서 정돈 시간을 줄이는 것은 매우 중요한 요소이다.

(4) 교재 바구니의 유형

교구장과 교재 바구니는 교재를 잘 담을 수 있고 잘 보여 줄 수 있어야 한다. 적절한 교재 바구니는 모든 교재를 담을 수 있고 아동의 눈높이보다 높이 보관해도 내용물을 쉽게 알아볼 수 있으며, 가벼우면서도 공간을 많이 차지하지 않아야 한다. 사용하는 영역 바로 옆에 교재 바구니를 비치하면 교재의 분실을 줄일 뿐 아니라 보육실 내 움직임도 줄일 수 있다.

교구를 잘 담을 수 있고 잘 보여 줄 수 있는 교구 바구니를 마련한다.

(5) 작업 중인 작품과 개인 보물

아동이 자신만의 속도에 맞추어서 작업하고 미처 끝내지 못한 활동을 연결해서 할 수 있도록 작업 중인 작품을 보관할 수 있는 장소를 마련해야 한다. 아동이 잘 다니지 않는 쪽으로 개방형 선반이나 탁자를 마련하여 시각적으로 잘 보이면서 작품 건조도 할 수 있는 곳을 준비한다. 보육실 안에 아동의 작품을 붙여서 전시할 수 있는 벽을 만드는 것도 아동이 소속감을 느끼고 의사소통을 증진시킬 수 있는 방법이다. 모든 홍미영역에 종이와 필기구를 배치해 놓으면 아동은 자신의 작품에 대하여 짧은 글이나 그림을 남길 수 있다. 아동의 작품과 이에 대한 글이나 그림을 보육실에 전시하는 것은 아동의 활동에 대한 이야기 거리를 제공한다. 이는 아동의 언어발달을 촉진할 뿐 아니라 아동이 서로에 대해 존중감을 가질 수 있다.

아동이 자신이 소중하게 생각하는 물건을 보육실에 들고 온다는 것은 보육실에서 자신이 가져온 물건을 자랑할 수 있다는 기대감에서이다. 따라서 아동이 가져온 보물을 전시할 수 있는 공간을 마련하여 자신의 보물에 대하여 아동 스스로 설명하고 칭찬들을 수 있도록 해주어야 한다.

(6) 보관과 정리정돈

모든 자료를 제대로 사용하고 치우기 위해서 보육실을 잘 정리해 놓을 필요가 있다. 치우는 시간에 참여하면서 아동은 자율적인 협동을 배우고 교실 내 교구교재의 위치를 알게 된다.

디자인가이드 14.4

자료의 보관과 제시

- 놀잇감의 존재가 아동에게 무엇을 할 수 있는지 아이디어를 주므로 놀잇감 진열이 매우 중요하다.
- 흥미영역에서 자료를 보관하고 진열하는 가장 좋은 방법은 아동이 자주 이용하는 곳에 두는 것이다.
- 당장 사용하지 않는 놀잇감, 특히 영아와 걸음마기 영아를 위한 부피가 큰 놀이자료를 보관할 만한 추가 장소를 마련한다.
- 교구 선반 위에 각각의 교구가 어떻게 진열되는가는 그 교구가 어떻게 보이는지에 영향을 미친다. 진열을 계획할 때는 교구의 색, 크기, 수, 그리고 필요한 보관 장소를 고려한다.
- 보관함은 모든 부품을 넣을 수 있고 가벼우면서 공간을 많이 차지하지 않는 것을 선택한다. 아동의 눈높이보다 높이 보관하려면 투명한 보관함을 사용하거나 안의 내용물을 표시하여 보관한다.
- 잘 정비된 보관체계는 아동이 흥미영역을 깨끗하게 유지하도록 하고 자료를 제자리에 둘 수 있게 한다.
- 너무 적은 놀잇감은 공간을 재미없게 하고 너무 많은 놀잇감은 혼란을 야기한다. 적절한 놀잇감의 수는 시간과 상황에 따라 다르다.
- '작업 중'인 작품을 위한 보관과 진열공간을 마련한다.
- 벽면의 진열공간은 아동이 작품에 대하여 이야기하는 것을 장려한다.
- 아동이 가정에서 가져오는 보물을 안전하게 보관할 수 있는 장소는 아동의 소속감을 북돋아 주고 보육실을 더욱 친밀한 장소로 만든다.

5) 분위기의 다양화

온종일 놀이를 하면서 긴장을 유지하는 것은 비록 드러나지 않더라도 아동의 몸에 스트레스를 준다. 활동에 참여하는 정도를 조절할 수 있다면 아동은 장시간 동안 보육환경에 있어도 편안한 상태를 유지할 수 있다. 많은 보육시설에서는 다양한 분위기를 확보하지 못하여 프로그램이 지루하거나 너무 자극이 많아지는 경향이 있다.

활동에 필요한 에너지에 따라 각 영역의 분위기를 맞추도록 한다. 예를 들어 조용한 활동은 따뜻하고 부드러운 공간에서 가장 잘 일어나며 확산적 활동은 시원하고 딱딱하며 톡톡 튀는 톤의 공간에서 일어난다. 궁극적인 목적은 각 영역마다 독특한 장소성(spirit of place)이 있는 다양한 흥미영역을 확보한 보육실을 만드는 것이다. 그래서 보육실 안의 공간에서 아동이 부드럽고, 딱딱하고, 어둡고, 밝고, 차갑고, 따뜻하고, 색이 화려하거나 단색으로 된, 그리고 크고, 작고, 조용하고, 시끄러운 공간을 경험하도록 하는 것이다.

물리적 공간의 차별화는 다음과 같은 조건에 변화를 주면 이루어진다.

- **바닥 차이** : 높이거나 낮추기, 플랫폼, 로프트
- **천장 높이** : 캐노피, 차양, 격자, 천창
- **경계선 높이** : 벽, 낮은 가리개, 낮은 선반
- **조명** : 자연광, 형광등, 백열등, 부분조명, 간접조명

분위기는 또한 공간을 감각적으로 풍요롭고 다양하게 만드는 화분, 베개, 색, 질감, 섬유, 무릎덮개 등의 장식에 의하여 좌우된다. 모빌, 풍경, 물고기, 동물, 식물 등, 또는 거울같이 움직임을 반사하는 것은 시각적 재미와 흥미를 더해 준다. 식사시간에 테이블보, 꽃, 너무 밝지 않은 조명, 항아리 안의 촛불을 설치하는 것은 아동의 삶의 질을 향상시키는 데 이바지한다.

감각적 다양성은 다음을 통하여 얻을 수 있다.

- **시각적 홍미** : 벽지, 고전적 그림, 아동 작품, 하늘이나 나무 풍경, 색
- **청각적 홍미** : 기계적 도구, 음악, 허밍음, 애완용 쥐가 갉는 소리, 아이들 웃음소리
- **후각적 홍미** : 쿠키 굽는 냄새, 싱싱한 꽃향기, 흙에 심은 식물
- **촉각적 홍미** : 나무, 천, 깃털, 카펫, 플라스틱, 코팅, 유리
- **운동감각적 홍미** : 몸의 다른 부분으로 만질 수 있는 것들, 기어들어가고 내려가고 올라갈 것, 다른 시점에서 환경을 볼 수 있는 기회

디자인가이드 14.5

분위기

- 보육실 내에서 아동이 하루 종일 에너지를 유지하고 주의를 집중하도록 분위기를 만든다.
- 흥미영역의 분위기는 장식이나 공간 크기의 변화, 공간 내 시각적 · 청각적 · 후각적 · 촉각적 · 운동감각적 자극의 다양화에 의하여 만들어진다.
- 조용한 활동은 따뜻하고 부드러운 공간에서 가장 잘 일어난다. 반면 확산적 활동은 시원하고 딱딱하며 역동적인 공간에서 일어난다.
- 연구에 따르면 보육실의 '부드러움'은 보육의 질에 영향을 미친다고 한다. 피부가 우리 몸의 가장 커다란 장기라는 점에 근거하여 어린 아동을 위한 신체 접촉의 중요성이 대두되면서 가능한 다양한 감촉의 만질 거리를 제공하는 것이 아동의 심리적 · 물리적 웰빙에 매우 중요한 요소라는 것이 강조된다. 쿠션, 안락한 가구, 벽에 걸어 놓는 장식품, 카펫 등과 마음껏 놀아도 되는 놀잇감(물, 찰흙, 물감, 모래) 등은 자칫 딱딱할 수 있는 보육시설의 분위기를 부드럽게 한다.

분위기는 미학적으로 아름다운 공간에서 표현된다. 잘 디자인되고 구성된 공간에서 '아름다움은 출현한다'. 아름다운 공간은 아동과 교사의 삶을 풍요롭게 한다.

3. 보육실 배치의 변화와 유지

이상적으로는 보육실 디자인이 기능적 요구가 변할 때마다 바꾸어야 한다. 흥미영역을 바꿀 수 없는 것으로 생각하면 안 된다. 하지만 보육실의 배치를 바꾸는 데 따르는 세 가지 중요한 우려가 있다.

- 보육실을 잘 설계하지 못하면 교사는 해법을 찾기 위하여 실내를 자주 바꾸어야 한다. 이것은 교사에게 많은 시간 투자를 요구하고 아동은 안정감을 느끼지 못하므로 보육실의 기본계획이 처음부터 잘 되도록 신중을 기한다.
- 보육실이 작을수록 여러 가지 기능을 수용하기 위해서 한 가지 방법으로만 배치할 수밖에 없을 수도 있다. 이러한 보육실에 변화를 주려면 과감하게 기능을 빼 버려야 한다.
- 보육실의 배치가 바뀌지 않는다는 것이 반드시 나쁜 것은 아니다. 집에서도 기본적 기능을 하는 공간은 바뀌지 않는다. 단순히 변화를 위해서 각 흥미영역 배치의 기본 원칙을 깨는 일은 없어야 한다. 대신 시간이 지나 프로그램이 진행됨에 따라 공간의 네 가지 특징(경계, 놀이와 앉는 바닥, 보관과 진열, 분위기)을 바꾸어 보도록 한다. 전체 보육실의 배치보다 그 안의 흥미영역이 교육의 주체임을 잊지 말아야 한다.

마침내 편안하고 기능적인 보육실의 배치가 이루어지면 가능한 한 이 배치가 유지되도록 한다.

제15장

영아반 아동을 위한 공간

Remember as children our easy innocence when alive with the new ability to see we devoured a many faceted world. Our unfettered imaginations explored the mysterious corners of small-scaled universe followed the path of radiant lights and joyous colors. Harmony among many things was so apparent then — We had frogs as friends. Our hearts were ever open to continued discovery and surprise.

—Benjamin Thomson, excerpt from unpublished poem

1. 프로그램에서 고려할 사항

1) 집단 크기, 비율, 면적

보육의 양질은 집단의 크기가 작고, 교사 대 아동 비율이 낮으며, 정규시간 외에도 보육교사가 계속 안정되게 보육에 전념할 수 있어야 한다. 가장 바람직한 보육환경은 다음과 같다.

- 15~18개월 사이의 영아반은 6~8명의 영아와 두 명의 보육교사로 구성
- 18~36개월 사이의 걸음마기 영아반은 8~10명의 영아와 두 명의 보육교사로 구성

영아반은 집단 크기가 작을수록 더욱 좋고(표 4.4 참고), 한 보육교사가 되도록이면 오랫동안 아동을 돌볼 수 있어야 한다. 영아의 경우 생후 3년간 성인의 안정된 돌봄이 영아 발달에 매우 중요하므로, 6~9개월마다 보육교사를 바꾸기보다는 한 명의 보육교사가 계속해서 영아

를 돌보도록 해야 한다. 그렇지 않으면 영아는 끊임없이 새롭고 낯선 관계를 맺어야 하기 때문이다. 영아반이 소집단으로 구성되더라도 보육실은 모든 흥미영역을 포함해야 한다. 영아는 대체로 부피가 큰 비품을 사용하기 때문에 넉넉한 수납공간과 바닥공간이 필요하다. 그러므로 영아 보육실은 다른 연령층의 보육실(수면실, 식사실, 기저귀 가는 곳, 입구, 부모대기실, 창고, 놀이실 포함하여 아동 1인당 약 8.4~9.3m²)보다 1인당 더 넓은 면적이 필요하다. 걸음마기 영아 보육실은 별도의 수면실을 제외하고 1인당 약 6~7m²가 필요하다(표 4.5 참조).

2) 발달 수준

생후 첫 18개월 동안 영아는 받쳐 주지 않으면 앉을 수도 없는 상태에서부터 기기, 똑바로 앉기, 잡고 일어서기, 걷기에 이르기까지 빠르게 발달한다. 모든 아동들의 수면, 섭식, 놀이, 발달에 관한 리듬에는 개인차가 있다.

18~36개월의 걸음마기 영아는 두발로 서서 균형을 잡기도 힘든 상태에서 민첩하게 달리기도 하고 오르기도 할 수 있을 정도로 발전하게 된다. 영아는 끊임없이 움직이기 때문에, 너무 멀리 흩어지지 않도록 보호하면서 그들의 호기심을 자유롭게 채울 수 있어야 하며, 모든 동작이 가능한 환경에서 영아는 최대한 능력을 발휘하게 된다.

3) 영아와 걸음마기 영아에게 필요한 것

(1) 좋은 이동 수단의 중요성

영아는 누군가에 안겨서 사랑받기를 기대하며 세상에 태어난다. 전통사회에서의 신생아는 어머니가 일하면 같이 이동할 수밖에 없었다. 대표적으로, 발리 사람들은 영아가 105일이 되기 전에 땅에 내려놓는 것은 위험하고 신성하지 못하다고 여겼다. 따라서 그들은 생활의 일상적인 리듬에 따라 움직이는 사람의 신체에 매달려 부딪치고 흔들리며 지내게 되었고, 그러면서 바쁜 어머니의 등 위나 팔 안에서 매우 다양한 경험을 했다. 최근에는 유모차, 영아용 의자, 영아용 이동침대, 플레이팬(playpens) 등의 현대적인 장비들을 이용하고 있다.

심리학자인 진 리들로프(Jean Liedlof)는 그의 저서 《The Continuum Concept》에서 생후 1~6개월 동안 '팔로 안는' 양육방법으로 돌아가는 것이 중요하다고 주장한다. 왜냐하면 그러한 지속적인 신체 접촉을 통해 영아는 안전하게 보호받고 조건 없이 사랑받고 있음을 경험할 수 있으며, 이러한 경험은 삶에 대한 신뢰감과 자기 자신에 대한 신뢰감을 갖게 하기 때문

표 15.1 출생~36개월까지의 발달과업

구 분	발달과업	연 령
영아의 수행능력	구르기	2~5개월
	장난감을 손을 뻗어 잡기	3~5개월
	장난감을 잡아 입에 가져오기	3~5개월
	혼자 앉기	6~10개월
	부드러운 소리 나는 쪽으로 몸을 돌리기	6~12개월
	까꿍놀이, 상대방 손바닥 치며 놀기, 손안에 물건 숨기기, 책을 쳐다보기, 말하기	6~12개월
	엄지와 검지로 물건 잡기	7~10개월
	두 개의 블록을 마주치기, 손뼉 치기	7~15개월
	기기	8~11개월
	잡고 서기	8~12개월
	컵 들고 마시기	10~17개월
	혼자 걷기	11~15개월
	그릇에 모래 채우기, 냄비나 그릇을 북처럼 두드리기	12~18개월
	크고 부드러운 공 굴리고 잡기, 장난감 잡아당기기, 작은 상자 쌓아올리고 무너뜨리기, 두 개 블록 쌓기	12~20개월
	엄마, 아빠 등 3~10개 단어 말하기	12~21개월
	물을 퍼서 따르기, 컵을 포개어 넣기, 옷 벗기	14~22개월
걸음마기 영아의 수행능력	옷 벗기, 신발 벗기	14~22개월
	두 방향 따라가기	14~30개월
	신체 부위 가리키기	18~24개월
	두 단어 같이 말하기	18~24개월
	점토나 찰흙 사용하기	18~24개월
	인형, 헝겊으로 만든 동물들, 어른 옷, 세발자전거, 장난감 자동차 등으로 역할놀이 하기	18~24개월
	옷 입기, 신발 신기	20~36개월
	계단 오르내리기	24개월
	한쪽 발로 두세 발짝 깡총 뛰기, 뛰기	24개월
	공차기	24개월
	컵과 수저 사용하기	24개월

이다. 그리고 그는 영아의 생활 리듬을 통제하면서 그들을 생명이 없는 이동장비에 넣어 두는 현대의 양육법이 영아가 자신의 본질적인 선함, 삶에 대한 권리, 사회 내 자신의 위치 등을 알 수 있는 중요한 기회를 박탈한다고 확신하였다.

그의 가정대로 오늘날의 사회는 불편함, 남용, 탐닉, 폭력, 사회적 병리현상, 사랑받기를 갈망하는 것과 같은 사회현상이 범람하고 있다. 그와는 대조적으로 토착 문화에서 생활하는 아동이나 성인은 기쁨, 자기 우호감, 사회적 책임감을 가지고 있다.

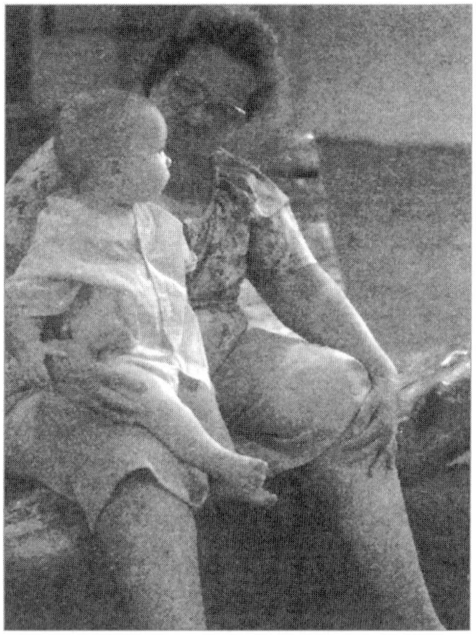
영아는 '팔 안에' 안겨서 이동하면서 튼튼하게 성장한다.

신경심리학자인 제임스 프레스코트(James Prescott)와 지리학자인 제임스 디메오(James DeMeo)는 유아기 신체 접촉과 성인 폭력 간의 상관관계에 대한 비교 문화 연구 결과에서 다음과 같은 사실을 지적하고 있다. 영유아에게 높은 수준의 신체적 접촉과 신체적 즐거움을 제공하는 문화에서는 성인 폭력 수준이 낮고, 영유아의 신체적 접촉과 신체적 즐거움이 낮은 문화에서는 성인 폭력 수준이 높은 결과를 보여 준다는 것이다.

리들로프의 '팔로 안는' 양육법은 모든 사회적 · 개인적 갈등을 예방하지 못할 수도 있지만, 그 잠재적 의미가 대단해서 무시할 수 없는 것이다.

아동이 어렸을 때, 엄마와 아동이 떨어져 있게 되면 둘 다 몹시 슬프다. 보육교사 입장에서도 3주나 3개월 정도 밖에 되지 않은 어린 영아를 종일 보육을 하고 있으면 안타까울 때가 있다. 제1장에서 강조했던 것처럼, 생후 6주~6개월까지 영아는 엄마와 같이 집에 있어야 충분한 신체적 접촉과 안김을 경험할 수 있다.

그러나 보육시설에 있는 영아들이 모두 '팔로 안아 주기'를 원한다면 한 명의 보육교사가 모든 영아를 안을 수는 없다. 한 명의 보육교사가 혼자 돌볼 수 있는 영아는 최소 3~4명이고 두 명의 보육교사는 7~8명을 돌볼 수 있다고 한다. 그러나 한 보육교사가 기저귀를 갈거나, 전화를 받거나, 간식을 준비하거나 화장실에 갈 때 다른 보육교사가 혼자서 모든 아동을 돌볼 수는 없다.

집단보육 시스템 안에서는 영아가 성인과 신체 접촉을 하면서 안기는 경험을 하기가 어렵다. 그러므로 가능한 집단 크기를 작게 유지하면서 보육교사의 몸에 맞는 다양한 모양의 아기띠를 이용하여 손쉽게 영아를 안아서 이동할 수 있도록 한다.

(2) 감각의 중요성

영아와 걸음마기 영아는 감각운동적 존재이다. 의식적이기보다는 감각적이라서 아동의 신체는 다양한 리듬과 형태의 소리, 빛, 움직임, 온도, 질감, 그리고 주변의 모양들을 흡수한다. 삶 자체를 몸 전체로 경험하는 것이다. 관계가 없거나 무의미한 것은 없다.

그러므로 보육환경이 즐거운 소리, 흥미로운 색깔, 식물, 살아 움직이는 생물(물고기, 애완동물 등), 변화하는 빛과 그림자, 다양한 촉각적 경험 등의 감각적 즐거움으로 가득 채워져야 한다. 3세 미만 아동은 촉각이 가장 예민하므로 포근한 소파, 카펫, 베개와 쿠션, 벽걸이 등 다양한 질감을 가진 도구 또는 점토나 찰흙 같은 놀이 재료들을 영아와 걸음마기 영아 공간에 풍부하게 두어야 한다.

(3) 움직임의 중요성

영아와 걸음마기 영아는 대부분의 시간을 앉기, 몸을 흔들기, 기어다니기, 붙잡기, 굽히기, 돌기, 걷기, 기어오르기 등 신체를 자유롭게 움직이면서 보낸다. 영아는 움직이면서 배운다. 이러한 학습을 도와주기 위해서는 안전하게 움직일 수 있도록 환경이 구성되어야 한다. 영아를 위한 공간이 안전하면서도 자극적인 움직임을 촉진할 수 있도록 구성되지 않을 경우에 영아는 안전하지 않은 방법으로 움직이게 되고 보육교사는 끊임없이 "안 돼"라고 말하면서 아동의 자유로운 움직임을 제한하게 된다. 상호작용을 위해 펼쳐진 풍경처럼 모든 공간을 '조작하는 것'은 아동의 감각을 풍부하게 길러줄 뿐만 아니라 그들이 필요로 하는 움직임을 도와준다.

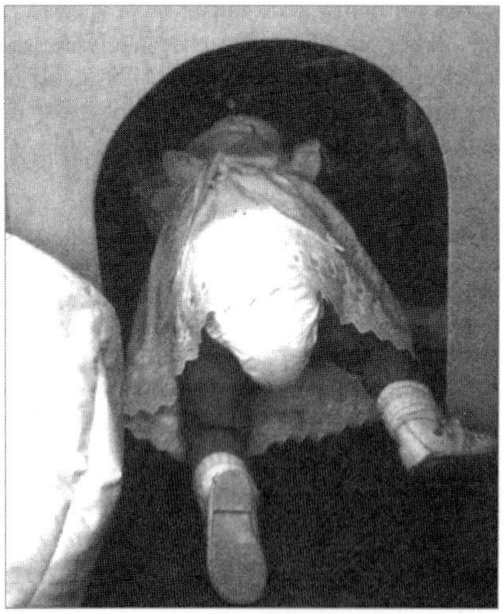
움직임을 도와줄 수 있는 공간

3세 이하 영아를 위한 풍부한 공간은 다음과 같아야 한다.

- 영아와 성인 간 신체적 · 정서적 접촉을 극대화시킨다.
- 보육교사가 영아를 효율적으로 돌볼 수 있는 환경을 제공한다.
- 영아가 사물과 상호작용을 풍부하게 할 수 있도록 감각적으로 다양한 환경을 제공한다.
- 영아가 새로운 신체적 기술을 실행해 보고 완성해 가면서 움직이는 것을 배우고 즐거움을 갖도록 도와준다.

2. 디자인 고려사항

1) 구성 : 여러 영역과 활동적 영역

영아와 걸음마기 영아의 보육실에는 입구, 메시영역, 활동적 영역, 조용한 영역의 네 개 영역을 갖추어야 하며, 특히 영아 보육실에는 잠자는 공간, 먹이는 공간, 음식을 준비하는 공간 등이 추가로 필요하다. 그리고 영아와 걸음마기 영아 보육실에는 제14장에서 설명한 여섯 가지 유형의 놀이 경험을 제공할 수 있어야 한다.

어린 영아일수록 주변 환경의 형태와 구성에 아주 민감하다는 사실이 연구결과로 제시되고 있다. 즉, 어린 영아는 신체적 단서들(수유 시 본 엄마의 블라우스에서 채워지지 않은 단추)과 마찬가지로 물리적 표식들(창문의 위치 등과 같은)도 기억해낼 수 있다. 앉기에서 기기, 걷기로 움직임이 발달하면서 영아는 이동하면서 접하게 되는 공간의 경계선, 모양, 크기 등과 같은 것으로 공간적 특징을 인식한다. 청결하고 안정적인 보육실 구성을 통하여 영아는 물건과 사람을 포함한 기본적 인과 관계를 배우게 된다.

2) 빛의 방향

영아는 혼자서 이동하기 어렵기 때문에 실외 환경을 접할 기회가 적으므로 영아 보육실은 건물에서 가장 햇빛이 잘 드는 곳, 실외 놀이터에서 가장 쉽게 직접 접근할 수 있는 곳에 위치해야 한다.

3) 부모와의 상호작용

보육종사자와 부모 간의 원활한 의사소통이 영아에게는 아주 중요하다. 부모–보육종사자, 부모–자녀 간의 상호작용을 위한 자유로운 공간을 만들어 상호작용을 촉진시켜 준다. 영아의 분리 불안을 줄일 수 있도록 출입구 영역을 매우 신중하게 디자인해야 한다.

4) 교사의 관심

보육교사가 신체적 · 감정적 스트레스를 가능한 받지 않도록 우선적으로 배려하는 것은 영아 보육실을 구성하는 데 매우 중요하다. 9.1~15.9kg의 영아를 안아서 이동하고 계속해서 앉고 서는 행동을 반복하는 일은 매우 힘들다. 성인용 의자를 제공하면 이러한 부담을 완화하는 데 도움이 된다.

보육교사가 아동과 같이 앉을 수 있는 작고 낮은 소파도 신체적 접촉을 증진시켜 주는데, 특히 영아가 붙잡고 일어서거나 기어올라도 끄떡없을 만큼 튼튼하다면 더욱 큰 효과를 나타낼 수 있다.

보육교사가 쉽게 이동할 수 있도록 확 트인 시야와 정돈된 바닥으로 공간 배치가 잘 이루어진 보육실에서는 보육교사가 한 아동과 개별적인 상호작용을 하는 동안에도 다른 영아들을 쉽게 관리할 수 있다. 아동을 안전하게 보호하는 환경구성은 보육교사의 긴장감을 완화시켜 주고, 따라서 보육교사는 좀 더 즐겁게 영아 개개인의 요구에 관심을 기울일 수 있게 된다.

5) 바 닥

영아를 위한 공간에서 바닥이 매우 중요한 요소로, 바닥은 부드럽고 따뜻하며 단순해야 한다. 보육실의 가운데서부터 가장자리까지 어느 곳에서든지 일어나는 모든 상황이 잘 보이고 모든 소리가 들려야 보육교사가 보육실의 코너 쪽에서 무언가를 요구하는 아동에게 빨리 응할 수 있고, 아동이 돌아다니며 이것저것 탐색하는 동안에도 보육교사의 시야에서 멀어지지 않는다. 이를 위해서는 보육실 중앙은 이동할 수 있도록 비워 놓고 가장자리에 같은 높이로 다양한 영역을 구성하는 방법이 있다. 보육실 가장자리에 적절한 높이의 투명한 경계는 놀이와 앉기 장소를 구성하기도 한다. 기저귀 갈이대를 보육실의 코너에 배치하면 양 벽이 이 영역의 양면을 구성해 주므로 두 개의 칸막이만 세우면 된다.

보육실 중앙에 가구를 놓지 않고 개방된 공간으로 할 경우 이동의 중심축으로서의 기능뿐 아니라 다양한 행사를 위한 무대로서의 기능도 할 수 있다. 여기에서 아동은 성인으로부터 특별한 관심을 받을 수 있고, 돗자리, 그네, 낙하산, 에어 매트리스 등의 이동 놀잇감을 다양한 놀이에 따라서 적절하게 설치할 수 있다.

(1) 영아 공간

영아에게는 경계가 거의 없으면서 넓고 편평한 장소가 필요하다. 영아 보육실의 바닥에 작은 가구를 놓게 되면 놀이공간은 사람들이 이 공간을 가로질러 지나가면서 놀이에 방해가 되거나 혹은 통행공간이 되어버리기 쉽다.

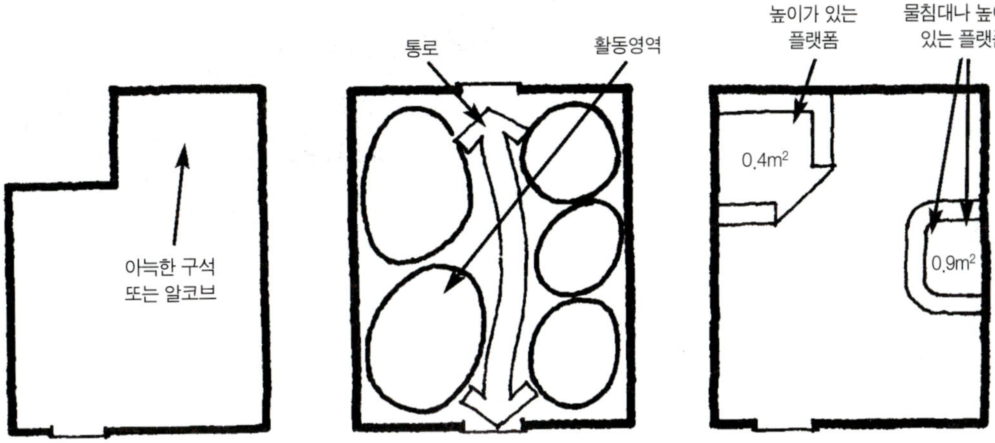

그림 15.1 보육실 안에 알코브, 놀이와 이동을 분리시키는 넓은 면적의 사각형 또는 조금 올라간 구역을 제공함으로써 바닥에서 노는 아동을 보호한다.

영아가 바닥에서 놀도록 보호할 수 있는 방법은 다음과 같다.

- 구석진 장소나 알코브 제공
- 놀이공간과 통로공간을 분리할 수 있을 만큼의 넓은 방
- 높이가 있는 연단이나 높이 차이가 나는 장소를 놀이나 앉기 장소로 이용

모든 영아 보육실에는 '팔짝팔짝 뛰는' 장소가 필요한데 이곳은 통로 장소와 접근이 용이하면서도 보호받을 수 있어야 하며 보육교사는 이곳에서 한꺼번에 여러 아동과 편안하게 신체적 접촉을 할 수 있다.

(2) 걸음마기 영아 공간

걸음마기 영아에게는 7.6~15.2cm 정도의 바닥 높이차가 나는 장소를 자유롭게 돌아다니거나 오르내릴 수 있도록 해야 아동은 균형을 잡고 걷는 기술을 익힐 수 있다. 그리고 바닥 높이차가 나는 장소는 조용한 휴식과 잠시 동안 잠을 자는 장소로도 사용할 수 있다. 영아는 '울타리가 쳐진 열린 목장' 과 같은 경계를 가진 열린 공간에서 다양한 것을 학습한다.

6) 바닥 높이차가 있는 장소

영아 보육실에 있는 플랫폼, 라이저, 로프트 등은 '가구' 처럼 아동을 보호하고, 다양한 바닥 공간의 역할을 하고 탐험의 장소로도 이용할 수 있다. 바닥 높이차가 나는 장소는 고정되어

10.2cm 높이의 플랫폼은 보육교사와 영아 모두에게 편리하다.

일반 매트리스 또는 물 매트리스는 새우잠을 자고, 놀이를 하고, 쉬고 싶어 하는 영아와 보육교사에게 완벽하게 '풍덩 떨어질 수 있는' 장소가 된다.

있는 것처럼 보일 수도 있으나 실제로는 재구성할 수 있는 요소들이다.

- 10.2~25.4cm 높이에 최소 5.1~10.2cm 깊이의 플랫폼은 아동이 안전하게 '팔짝팔짝 뛰는' 장소로 활용할 수 있으면서, 보육교사는 아동을 올리고 내려놓는 동작을 편하게 할 수 있다. 물 매트리스나 다른 즐거운 장소로도 활용할 수 있다.
- 12.7~25.4cm 높이의 가장자리로 테두리를 두른 유아용 침대 크기나 2인용 크기의 물 매트리스에서는 아동이 기면서 감각운동적 통합 기능을 기르기도 하고 새우잠을 자거나 쉬기 원하는 아동에게는 안전한 장소가 되기도 한다.
- 10.2~25.4cm 높이의 카펫으로 된 라이저는 놀이와 앉기 장소 사이의 경계로 사용할 수 있고, 기어오르는 목적물, 잡고 서고 아장아장 걷는 데 이용하는 지지대로도 이용할 수 있다.
- 바닥에서부터 61~121.9cm 올라간 공간에서 아동은 마치 새가 하늘에서 세상을 바라보는 것처럼 주변 세계를 탐색하고 팔 다리를 움직이면서 이곳을 더 흥미 있는 공간으로 만든다. 그 아래 공간은 다양한 층으로 만들어 천장과 벽을 거울, 플라스틱 테이프, 그림, 여러 색의 천 등으로 장식할 수 있다.

플랫폼의 높이가 높아지면 가장자리에 적절한 높이의 견고한 난간을 설치해야 아동이 그 위를 올라가거나 떨어지는 것을 방지할 수 있으며, 아동이 다른 사람을 보고, 다른 사람도 아동을 볼 수 있게 된다. 플랫폼의 난간은 가시성과 안전성을 고려하여 가로대, 모양창, 플렉시 유리판(plexiglas) 등을 사용할 수 있다.

로프트 아래쪽 장식을 한 공간은 아동이 탐색하기에 흥미로운 공간이 된다.

91.4cm 높이의 플랫폼에 서 있는 보육교사와 영아는 눈높이를 맞출 수 있다.

- 91.4cm 이하의 플랫폼에서 보육교사가 영아를 편안하게 들어서 올릴 수 있고, 영아는 붙잡고 일어서면 성인과 눈을 맞출 수 있다. 그렇지만 이러한 공간이 탐색이 제한된 패쇄된 영역이면 영아를 위한 '공원' 으로 사용되지 못한다.
- 다양한 도구들을 바닥 높이차가 나는 공간에 균형과 협응을 길러 주기 위해서 설치하기도 한다. 이러한 도구로는 일반 매트리스, 물 매트리스, 에어 매트리스, 콩으로 만든 작은 주머니, 다양한 농도의 거품, 트램펄린, 가로 그물, 돗자리, 공중에 매달린 다리, 그 밖의 흥미로운 재료들이 있다.

7) 교구장의 접근성

뚜껑 있는 교구바구니와 쉽게 접근하고 사용할 수 있는 교구장이 영아와 교사 모두에게 필요하다. 놀잇감을 모아서 쌓고 무너뜨리기를 좋아하는 영아는 한 무더기의 놀잇감을 바닥에 어지러뜨리게 된다. 이를 해결하기 위해서는 일정한 바닥 영역 주변이나 플랫폼 주변에 교구장을 짜서 채워 넣고 거기에다 수시로 떨어뜨린 놀잇감을 정리하게 한다.

8) 안전성

안전에 대한 세심한 배려는 따뜻하고 즐거운 바닥 분위기 만들기로부터 시작되는데 쿠션 폭포, 코너 싸주기, 날카로운 모서리 감싸기 등이 있으며, 어떤 아동도 아래로 떨어지지 않도록 해야 한다.

표 15.2 영아용 가구의 권장 크기

(단위 : cm)

의자 및 책상 높이				
연 령	의자 높이	의자 넓이	의자 깊이	책상 높이
6~8개월	12.7	27.9	16.5~17.8	30.5
12~30개월	16.5	27.9	35.6	38.8
24~36개월	20.3~25.4	27.9	40.6	40.6
선반 높이				
영 아	30.5~38.1			
걸음마기 영아	30.5~45.7			
성 인	바닥 위로 121.9(영아의 손이 닿지 않는 거리)			
물과 모래놀이 탁자 높이				
영 아	30.5			
걸음마기 영아	45.7			

9) 가구 크기

영아용 가구의 권장 크기는 표 15.2에 제시한다.

3. 영아 및 걸음마기 영아용 프로그램에 맞는 흥미영역 디자인

영아 및 걸음마기 영아를 위한 프로그램에 맞는 흥미영역을 구성하기 위해서는 다음과 같은 기본사항을 고려하여야 한다.

- 이동과 상호작용을 원활하게 하기 위해서 입구영역을 정리할 것
- 영아와 보육교사의 상호작용이 원활하게 이루어질 것
- 기저귀 갈기와 닦아 주기가 효율적으로 이루어질 것
- 음식 먹여주기와 먹기에 대한 준비가 이루어질 것
- 아동이 중심이 되는 풍부한 활동을 도와줄 수 있는 공간으로 발전시킬 것

1) 입 구

낮은 문은 영아가 입구로 기어오는 것을 지켜 준다.

영아에게 입구는 다음과 같은 역할을 위한 공간이다.

- 부모를 반갑게 맞이하고 보육실에 방문하도록 이끌어 주는 곳
- 아동의 겉옷과 보육 종사자의 소지품을 비치하는 곳
- 아동이 기어다니는 바닥에 오르기 전 신발의 먼지나 더러움을 털어 내는 곳
- 보육교사가 영아를 맞이하는 곳
- 부모가 아동의 노는 모습을 관찰하는 곳

3~36개월 사이의 영아는 가능하면 자주, 특히 수유시간이나 간식시간 동안에 부모를 보는 것이 필요하다. 때때로 부모가 떠나고 낯선 사람에 대한 불안감으로 영아가 분리 불안을 경험하게 된다. 잘 구성된 입구는 부모가 원활하게 이동하면서, 보육실에 두고 온 아동이 평온해지는 모습을 아동이 눈치 채지 않게 자연스럽게 보고 안심할 수 있게 된다. 이상적인 환경구성은 입구로 들어오면서부터 아동들이 바깥세상에 대해 잊게 하는 것이다.

디자인가이드 15.1

입 구

- 출입문, 상하로 여닫는 문, 식물, 낮은 칸막이 등을 사용해서 입구를 구성하고 영아의 접근을 제한하는 보호공간을 만든다.
- 가능하면 보육실의 코너에 입구를 설치하거나, 큰 나무 또는 반투명 칸막이를 두어서 부모가 영아에게 쉽게 노출되지 않으면서 아동을 관찰할 수 있도록 한다.
- 성인이 영아의 외출복이나 신발을 벗겨줄 수 있도록 소파, 안락의자, 벤치 또는 카펫으로 감싼 라이저 등을 제공한다.
- 성인의 신발, 장화 등을 보관할 수 있는 선반이나 상자, 또는 지정된 바닥공간을 제공한다.
- 부모게시판을 설치한다.
- 외부의 더러운 것들이 보육실로 옮겨가지 않도록 바닥 깔개를 깐다.
- 영아와 보육종사자의 개인 사물함을 설치한다.

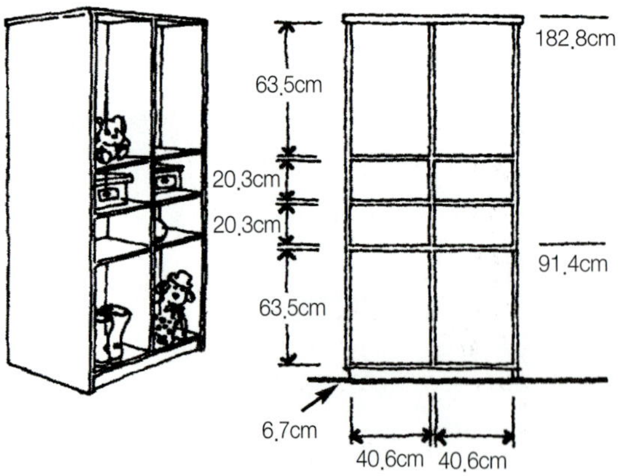

그림 15.2 영아를 위한 선반 디자인의 예

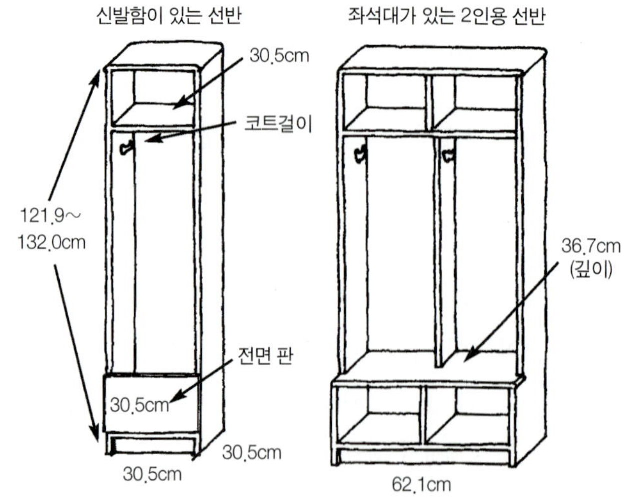

그림 15.3 걸음마기 영아를 위한 선반 디자인의 예

(1) 영아용 개인 사물함

각 영아에게 겉옷, 기저귀 가방, 개인 소지품, 놀잇감, 일과 중에 만든 물건 등을 넣어 둘 사물함이 필요하다. 이러한 물건들을 보관하기에 가장 좋은 장소는 입구와 가까운 곳이다(또는 실외 놀이터 나가는 곳). 기저귀와 여벌의 옷을 넣기에는 기저귀 갈이 영역에 가까운 곳이 가장 적합하다.

디자인가이드 15.2

영아용 선반

- 영아의 개인 방한복, 모자, 장갑 등과 집에서 가져온 좋아하는 놀잇감이나 개인 물품들을 넣은 큰 기저귀 가방을 넣을 수 있는 선반을 제공한다. 영아의 이름이 붙어 있는 이동할 수 있는 상자가 있는 선반도 편리하다(그림 15.2). 영아가 선반에 접근하지 못하도록 하기 위해서 각 선반 전면에 문을 달거나 천으로 커튼을 설치하면 넘치게 들어 있는 물건을 가려 주면서 현관을 한결 돋보이게 한다.
- 영아가 선반에 있는 자기 물건을 찾아갈 수 있도록 선반 윗부분은 문으로 가리고 아래쪽은 교구 바구니와 담요 등을 넣는다.

디자인가이드 15.3

걸음마기 영아용 선반

- 스스로 옷을 벗고 입을 수 있고 소유감을 갖도록, 영아가 접근할 수 있는 걸음마기 영아용 선반을 구성한다(그림 15.3). 외투와 신발을 분리해서 넣고, 젖은 장갑을 말릴 수 있는 걸개나 선반을 만든다. 영아의 키 높이에 물건을 걸 수 있는 고리를 달아 준다.
- 장화를 쉽게 밀어 넣고, 고리에서 떨어지는 옷을 집을 수 있도록 선반 하단 전면에 판을 설치한다.
- 각 선반 안에 집에 가지고 갈 그림을 말아서 넣을 수 있는 10.2cm 지름의 플라스틱 통을 설치한다.
- 선반이 있는 장소에는 긴 의자와 충분한 바닥 공간을 확보한다. 걸음마기 영아는 종종 누워서 방한복과 재킷을 입기도 한다.
- 선반을 L자 모양이나 U자 모양으로 구성하여 입구가 저절로 구성되도록 한다.
- 선반들이 넘어지거나 쓰러지지 않도록 안전을 확보한다.

(2) 교사용 개인 사물함

교사들에게도 외투, 핸드백, 개인 물품을 넣어 둘 사물함이 필요하다.

디자인가이드 15.4

교사용 개인 사물함

- 선반, 가는 봉, 옷걸이가 있고 신발과 장화를 넣을 공간이 있는 교사용 외투 걸이를 입구에 설치한다.
- 교사뿐만 아니라 영아가 옷을 입거나 벗을 때 도움이 되도록 보관함의 문 밖에 거울을 설치한다.
- 교사의 물건과 기록물을 안전하게 보관할 수 있는 적절한 장소를 제공한다.

디자인가이드 15.5

유모차와 카시트 보관고

- 부피가 크고 무거운 유모차와 손수레, 카시트 보관고는 입구 가까이 설치하나 입구 내에는 설치하지 않는다. 3인용 유모차는 길이 182.9cm, 넓이 $2.8m^2$, 높이 91.4cm, 6인용 손수레는 길이 152.4cm, 넓이 $2.8m^2$, 높이 91.4cm에 91cm 높이의 손잡이가 있다. 카시트는 대략 45.7×63.5cm 크기이다.
- 영아용 이동 도구용 보관고를 설치할 때 고려사항은 다음과 같다.
  - 되도록이면 교사가 보육실을 비우지 않도록 보육실에서 가장 가까운 곳에 설치한다.
  - 영아는 이동 도구까지 함께 이동해야 하고 돌보는 사람 없이 혼자 남겨 두어서는 안 된다. 걸음마기 영아는 다른 아동과 함께 이동도구까지 걸어갈 수 있다.
  - 부피가 큰 도구들은 입구 문을 통과해서 보육실 중앙을 지나가기에 너무 크므로 외부 보관고에 보관해야 한다.
- 복도에 유모차와 손수레 등을 쌓아 놓는 일이 없도록 적절한 보관고를 확보한다.

(3) 유모차와 카시트 보관고

입구나 출구 가까운 곳에 부피가 큰 도구들은 넣어 둘 보관고가 필요하다.

(4) 창 고

놀잇감, 책, 미술 재료들 외에도 영아를 위한 프로그램에는 그네, 영아용 의자, 식탁, 스펀지로 만든 돗자리, 공 등 엄청난 양의 크고 부피가 있는 교구들이 필요하다. 사용하지 않을 때에는 따로 보관을 해야만이 영아가 놀 수 있는 공간이 확보된다. 각 보육실마다 자주 쓰는 물품들을 보관할 수 있는 일정한 장소가 필요한데, 보육실 입구 쪽이나 캐비닛 위쪽 공간을 활용할 수 있다.

디자인가이드 15.6

창 고

- 부피가 큰 도구들과 활동자료들을 보관하기 위해서 3.7~$5.6m^2$의 넓은 문을 잠글 수 있는 벽장을 설치한다. 입구 가까이에 벽장을 설치해야 시야가 덜 가려진다.
- 응급처치에 필요한 도구들은 잘 보이고 쉽게 접근할 수 있는 곳에 있는 벽장이나 고유 표시가 있는 캐비닛 안에 둔다.

디자인가이드 15.7

부모 · 교사 간의 의사소통

- 부모와 교사가 특별한 일 없이 머물러서 이야기할 수 있는 밝고 편안한 장소를 제공한다.
- 영아용 선반 또는 부모용 우편함을 설치하거나 벽에 개인 주머니를 다는 등 교사와 부모가 서면으로 전달사항을 남겨 놓을 수 있는 다양한 방법을 제공한다.
- 부모가 자녀의 일과생활 중 섭취한 음식, 수면시간, 배설 형태에 관한 기록을 보고 답할 수 있는 장소(가능한 한 사적 공간)를 제공한다. 이후 음식을 준비하는 공간으로 제시되는 영역이 이러한 의사소통의 형태로 사용될 수 있다.

(5) 부모 · 교사 간의 의사소통

입구는 영아의 부모와 교사 사이에 원활한 의사소통의 공간을 제공한다. 부모가 아동을 데려오고, 데리고 가면서 들르는 이 공간에서 편안함을 느끼며, 부모들끼리의 만남도 이루어진다.

(6) 영아 · 보육교사 간의 상호작용

영아를 보육하는 일은 육체적 · 정신적으로 부담이 많이 가는 일이므로 환경이 최대한 도움을 줄 수 있어야 한다. 기저귀를 갈고, 수유하고, 급식하는 일이 보육교사 업무시간의 50%를 차지하기 때문에, 이러한 일상의 보육업무를 하면서 아동에게 관심을 쏟을 수 있는 능력이 최대한 발휘되도록 쉽고 효율적으로 일할 수 있는 환경을 제공하는 것이 필요하다. 적절하게 구성된 보육환경은 영아 관리를 잘하게 해주고 보육교사와 영아 사이의 빈번한 신체적 접촉, 그리고 기본적인 보육 업무를 수월하게 해준다.

월령이 증가하면서 늘어나는 몸무게와 더불어 호기심도 증가하며, 제대로 통제되지 않는 본능적 욕구와 함께 영아의 이동성도 활발해지기 때문에 보육 종사자는 더 큰 육체적 부담을 가진다. 그러므로 잘 정리된 보육환경은 영아가 구속감을 갖지 않고 안전하게 돌아다니면서 감각적인 자극을 받도록 해준다.

디자인가이드 15.8

영아 · 보육교사 간의 상호작용

- 시야가 잘 확보되고 정돈된 바닥으로 이루어진 체계적인 환경에서는 보육교사가 한 영아에게 시선이 집중되면서도 그룹 전체 아동에게 지속적인 관심을 유지할 수 있다.
- 각 보육교사가 영아를 이동하기 위해서 착용하기에 편리한 아기 띠, 포대기 등을 골고루 제공한다.
- 성인 높이의 편리한 의자를 최소한 한 개 정도는 제공한다.
- 보육교사가 바닥 위나 바닥 가까이에서 편하게 앉을 수 있도록 스태킹(stacking) '등' 의자, 비치용 슬링 체어, 15.2~30.5cm 높이의 상자나 스펀지 쿠션, 바닥에 까는 매트리스(일반이나 물)와 요, 보육교사와 영아가 같이 앉을 수 있는 10.2~38.1cm 높이의 플랫폼(최소 60.9×121.9cm) 등 여러 가지 방법을 제공한다.
- 보육교사와 영아가 같이 공유할 수 있는 좌석, 즉 흔들의자와 그네의자, 해먹, 그물의자, 버들가지(등나무) 흔들의자, 빈백 체어, 안락의자, 소파 등을 제공한다.
- 영아를 안고 수유하는 보육교사는 성인 높이의 소파나 의자에 앉아서 있을 때 가장 편안하다.
- 걸음마기 영아의 경우 기저귀 가는 테이블로 스스로 올라가게 해주는 계단은 보육교사의 허리통증을 감소시켜 준다(그림 15.5 참조).
- 바닥 위 91.4cm 높이의 플랫폼은 보육교사가 서서 그 위에 서 있는 영아를 마주보게 해준다.

2) 낮잠공간

(1) 영 아

영아는 대부분의 시간을 자면서 보내고, 휴식을 제공하는 영역에서 많은 도움을 받는데, 이곳에서 영아는 개별 침대에서 쉬면서 집안의 침실에 있는 것 같은 편안함을 느낀다. 미리 아기 침대 모양과 크기를 정한 다음, 침대가 들어갈 낮잠공간 구성을 한다.

일반적으로 작은 크기의 아기 침대를 선호하는데, 이유는 침대 사이를 60.9~91.4cm 떼어 놓게 되면 침대당 2.8m^{2}를 차지하기 때문이다. 적절한 장소가 미리 배정되지 않게 되면 아기 침대가 대부분의 영아 보육실을 차지하게 될 것이고 보육실은 아기가 안전하게 사방을 기어 다니는 활동과 같은 다른 활동을 하기에는 좁아질 것이다. 이러한 상황은 아기의 발달에 바람직하지 않을 뿐 아니라 오히려 발달에 부정적인 영향을 미친다.

작은 크기의 아기 침대를 사용했는데도 침대가 보육실의 대부분 공간을 차지할 경우에는 선반에 쌓아 놓는 형태(stacking unit)를 고려해 볼 필요가 있다. 영아는 잠자는 동안에 아늑하

'일렬로 짜 맞춘' 영아 침대는 공공기관과 같은 외형적 분위기를 제공한다.

잘 구성된 영아 침대는 침실과 같은 분위기를 느끼게 한다.

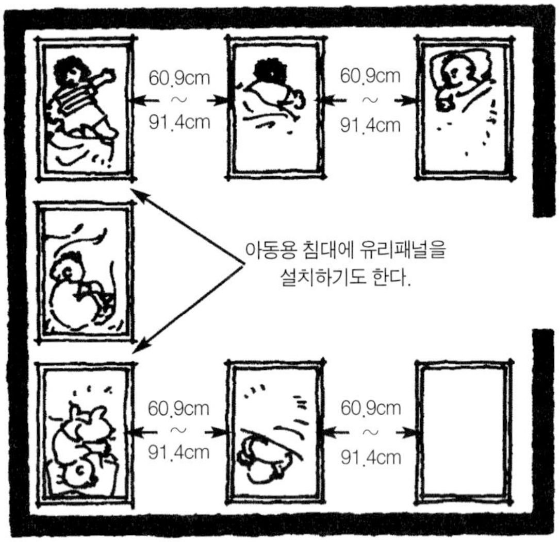

그림 15.4 가로대가 쳐진 옆면이 있는 영아 침대는 60.9~91.4cm 간격으로 분리되어야 한다.

작은 침실 안에 옷장과 램프, 그네의자 등으로 가정과 같은 분위기를 제공한다(코퍼하우스).

지만 좁아서 조금 힘들게 자는 것보다, 잠자지 않을 때 좁은 공간에서 활동하는 것을 더 힘들어한다. 선반에 쌓아 놓은 형태의 침대를 새장같이 생각하는 성인의 인식이 아동의 요구에 적합한 것은 아니다. 오히려 아동은 '새장 같은 침대' 에서 더 빨리 잠이 들고 더 오래 잔다. 실제로 모든 아기용 침대는 '새장' 모양이다.

디자인가이드 15.9

영아 낮잠공간

- 6~8개 영아 침대가 들어가는 분리된 수면공간을 구성한다. 벽이나 반벽, 큰 식물, 칸막이로 분리하고, 보육교사가 보고 들을 수 있으며 신속한 물리적 접근이 가능하게 한다. 가정과 같은 외형적 분위기를 제공한다.
- 각각의 아동에게 길이 132.1cm, 넓이 2.5m²의 침대나 딱딱한 매트리스가 들어 있는 작은 침대 한 개씩을 제공한다. 가로대는 별도로 $2^{1}/_{8}$ 이상이 될 수 없다. 때로는 플랙시 유리(plexiglas) 마감이 바람직하기도 하다.
- 길게 이어서 배치할 수 있도록 영아 침대 마감을 플렉시 유리판으로 하지 않으면 침대 사이의 간격을 60.9~91.4cm로 확보하기 위해서 영아당 3.0m²의 침대 공간을 할당해야 한다(그림 15.4).
- 적어도 한 개의 영아 침대(출입구 쪽에 설치할 것)는 기저귀 가는 용으로 특별 바퀴를 장착해야 한다. 수면영역에 보관하는 대형 유모차가 기저귀 가는 용도로 사용될 수 있다.
- 세 면을 튼튼하게 고정시킨 스태킹(stacking, 쌓아 올린) 유아 침대는 빛과 소리를 차단해 주고, 공기로 병균이 감염되는 것을 감소시키며 성인의 허리 통증을 최소화해 준다. 또한 침대가 원래의 용도(수면)로만 사용되도록 하며, 일반적인 침대보다 훨씬 작은 공간을 차지하게 된다. 이 침대를 사용하는 영아가 더 안전하게 느끼고, 쉽게 잠이 들고, 더 오래 수면을 취하며, 서로 수면 방해를 덜 하게 된다. 자유롭게 세워진 침대 선반은 닫힌 수면 공간의 모양을 갖추게 된다. 기저귀, 매트리스, 세탁 가능한 침대 용품의 사용으로 배설물로 인한 위쪽 침대에서 아래쪽 침대로의 감염 가능성을 방지할 수 있다.
- 상업용 스태킹 유아 침대의 크기는 깊이 58.5cm, 길이 121.9cm, 높이 182.9cm에 작은 크기의 영아용 매트리스(7.6×58.4×101.6cm)가 들어간다. 영아가 침대에 편하게 들어가고 나가기 위해 위층은 높이가 91.4cm가 넘지 않도록 하고 좀 더 무거운 영아와 걸음마기 영아가 아래쪽을 사용하도록 한다.
- 다른 수면용 도구들을 살펴보면 해먹이나 용수철 달린 손수레 등이 있다.
- 가능하다면 옥외에 잠잘 수 있는 포치(porch)나 베란다를 설치한다. 스칸디나비아 영아들은 겨울에도 신선한 공기를 마시고 풍부한 자연광을 쐴 수 있도록 잠잘 때 실외의 손수레 안에서 잔다.
- 커튼을 이용하여 자연조명을 조절하고 빛 밝기 조절기가 있는 인공조명을 설치해서 보육교사가 자는 아동을 방해하지 않고서도 일을 볼 수 있도록 해야 한다. 벽에 붙어 있는 조명과 작은 탁자용 조명등이 좋다.
- 깨끗한 침구들을 보관하는 정리함을 마련한다. 사용한 침구들을 모아 두는 바구니, 흔들의자, 그네의자, 보육교사의 이동을 위한 공간 등을 제공해야 한다.
- 열린 창을 통해서 적절한 환풍과 신선한 공기가 제공되어야 한다.
- 침대 위에 모빌을 설치하거나 벽에 다양한 장식을 하고, 잠에서 깨어나거나 잠이 들려고 하는 영아에게 부드러운 음악을 틀어 주기 위해서 카세트 플레이어나 CD 플레이어를 설치한다.
- 걸음마를 막 시작하는 영아는 접이식 침대, 작은 침대 또는 레지오 에밀리아에서 사용하는 것과 비슷한 바구니 속에서 좀 더 바닥에서 가까운 곳에서 잘 수도 있다.

(2) 걸음마기 영아

영아와 달리 걸음마기 영아는 긴 낮잠을 자기도 하고 기분이 좋으면 자지 않으려고 할 수도 있다. 집의 침실과 비슷하면서 편안히 쉴 수 있는 분리된 휴식공간을 갖는 것이 이상적이다. 그러나 공간을 절약하기 위해서 걸음마기 영아는 보육실 여기저기에 흩어져 있는 이동식 아기 침대, 일반 침대, 요 등에서 휴식을 취한다(만 3세 미만 영아에게 솜을 넣은 요 사용을 금지하는 경우도 있다).

걸음마기 영아의 낮잠 자는 형태가 불규칙하고 아주 개별적이기 때문에 좀 더 오래 자는 아동을 다른 아동으로부터 보호해 주어야 한다. 그래서 보육교사가 잠자는 아동을 볼 수 있도록, 밖에서 침대 안을 볼 수 있도록 해야 한다.

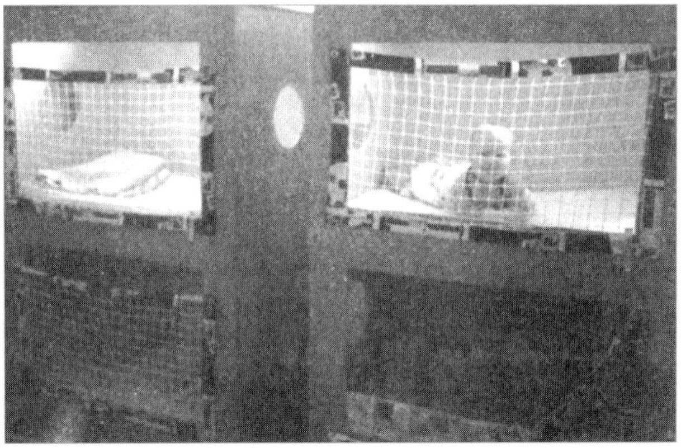

상업용(왼쪽)과 소비자 구매에 맞게 구성된 스태킹 영아 침대는 면적이 좁은 경우에 개방된 바닥 공간을 확보하도록 한다.

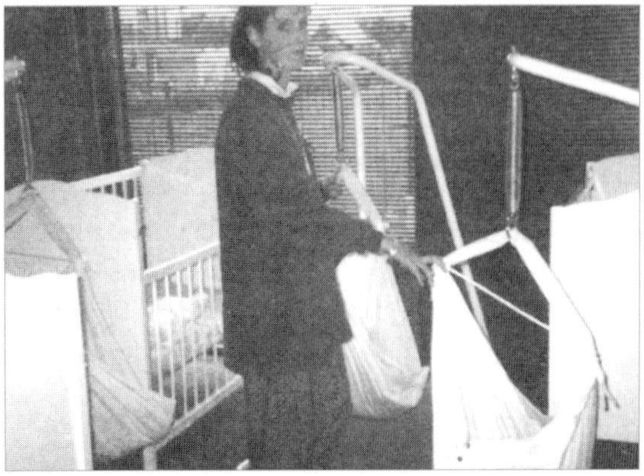

해먹 침대와 용수철이 달린 천으로 된 '바구니'(뉴질랜드)도 어떤 문화권에서는 영아에게 침대로 사용한다.

디자인가이드 15.10

걸음마기 영아 낮잠공간

- 분리된 낮잠공간이 걸음마기 영아에게 제공되지 않을 경우에는 보육실 구성이 접이식 침대나 일반 침대가 들어갈 수 있도록 해야 한다. 걸음마기 영아용 침대 크기는 55.9×101.6×12.7cm이다.
- 제13장의 수면용 가구들을 참조한다.

3) 기저귀 갈기 및 닦아 주기

(1) 영 아

기저귀 갈기는 영아와 보육교사 간 상호작용을 제공하는 중요한 시간이며, 기저귀를 가는 동안 보육교사가 영아에게 계속 말을 걸기 때문에 영아의 언어발달이 촉진된다. 기저귀 가는 영역이 능률적으로 계획되면 보육교사는 아동에게 개별적인 관심을 보여 줄 수 있다(그림 15.5). 보육교사가 보육실에서 등을 돌리지 않고 나머지 영아들을 보면서 기저귀를 갈 수 있도록 기저귀 갈이용 탁자를 설치하는 것은 중요한 배려이다. 기저귀 가는 영역에 설치한 싱크대는 음식 준비나 다른 용도와는 별도로 사용해야 한다. 단단히 봉할 수 있는 용기는 사용된 기저귀를 버리기 위해서 필요하고, 대변 처리를 위해서 변기나 산업용 싱크대가 필요할 때도 있다.

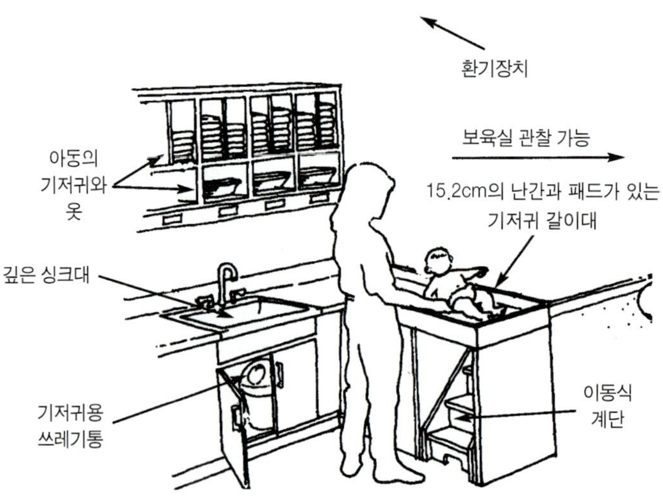

그림 15.5 잘 디자인된 기저귀 갈이 공간

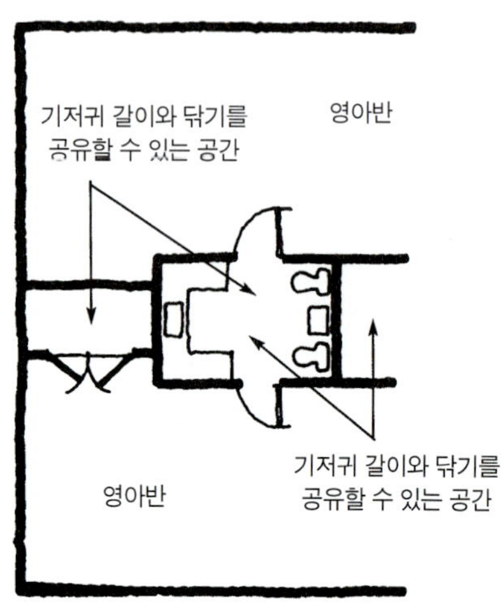

15.6 두 명의 영아가 기저귀 갈이와 닦기를 공유할 수 있는 공간

(2) 걸음마기 영아

걸음마기 영아의 보육실은 화장실과 기저귀 갈기 영역 모두 구성되어야 한다. 기저귀 가는 탁자에 분리되는 계단이 설치되어 있으면 아동은 그걸 가지고 논다(그림 15.5). 기저귀 갈기 영역은 영아 것과 비슷하거나, 아동이 서게 되면 낮은 플랫폼이 되기도 한다. 걸음마기 영아가 기저귀 가는 것을 도울 수 있는 방법은 스스로 깨끗한 기저귀를 꺼내거나 기저귀를 간 다음에 표에 × 표시를 하고 스스로 손을 닦는 것이다. 화장실은 접근하기 쉽게 배치가 되어 있어야 영아가 집단활동에서 멀어지지 않은 채 놀고 있는 다른 영아들을 보면서 배변을 볼 수 있다. 둘이 같이 앉아서 배변을 할 수 있다면 더 이상적일 수도 있다.

디자인가이드 15.11

기저귀 갈이 및 닦기

- 기저귀 가는 영역을 음식 준비하는 곳에서 멀리 떨어져 있는 곳에 위치시키고 각 영역에 색으로 구분되는 싱크대를 설치한다.
- 보육교사가 영아집단을 볼 수 있도록 기저귀 갈이대의 방향을 정한다.
- 양쪽의 보육실에서 접근할 수 있고 공유할 수 있도록 기저귀를 갈고 닦아 주는 영역의 크기를 적절하게 조절한다.
- 기저귀 가는 면적은 약 91.4cm×60.9cm에 5.0~37.6cm 패드를 댄 106.6cm 길이를 제공한다. 기저귀를 갈면서 영아가 떨어지지 않도록 기저귀 갈이대의 세 면의 패드 위에 15.2cm 정도로 가장자리를 높여 주거나 7.6cm 패드로 22.8cm 깊이의 통을 만들어 준다.
- 어느 경우에나 영아는 보육교사의 손길이 닿지 않는 곳에 두면 안 된다. 패드는 미끄러지지 않아야 하고, 통기성이 있어야 하고, 세척이 가능하며 피부에 접촉했을 때 따뜻하도록 만든다. 기저귀를 갈고 나서 매번 오염되지 않도록 비누와 물로 세척을 할 수 있거나 일회용 커버 제품을 공급한다. 비닐 커버를 씌운 패드가 사용하기 편리하다.
- 기저귀 갈이대 가까이에 영아를 목욕시킬 만큼 넓은 싱크대를 설치한다. 싱크대는 감염을 최소화하도록 팔꿈치로 조작하는 핸들이나 발 패달을 설치한다. 싱크대 옆에 기저귀갈 때 필요한 물품이나 갈아입을 옷을 두는 여유공간을 둔다. L자 형태로 싱크대와 기저귀 가는 곳을 배치하는 것은 보육교사와 영아 간의 상호작용을 효율적으로 만들어 준다. 기저귀 가는 영역에 18.2~30.4m^2의 공간을 제공한다.
- 몇몇 어린이집에서는 영아와 걸음마기 영아에게 두 개의 기저귀 갈이대를 설치하기도 한다. 이 두 개는 싱크대를 가운데에 두고 양쪽에 설치되기도 하고, 하나는 낮잠공간 가까이 설치하기도 한다. 어느 경우에도 두 명의 보육교사가 동시에 기저귀를 갈아서는 안 된다.

• 헝겊 기저귀를 가는 경우에는 손을 닦는 싱크대 외에 대변 처리를 위해서 변기나 산업용 싱크대를 설치한다.

• 기저귀 가는 탁자와 싱크대 외에 이 영역에서 필요한 것들은 다음과 같다.
  - 일회용 기저귀를 버리기 위한 쓰레기통 : 발로 조작 가능하거나 손으로 조작하지 않아도 되는 큰 쓰레기통, 기저귀 갈이대 아래 칸 안쪽에 설치
  - 더러워진 의복을 담기 위한 세탁물 바구니나 영아의 개인용 가방
  - 월령이 높은 영아나 걸음마기 영아를 위한 잡아 당겨지는 계단
  - 영아의 눈에 직접 비추지 않고, 위로 비춰 주는 빛 조절이 가능한 조명등
  - 종이 타월, 액상 비누, 핸드로션, 고무장갑
  - 가정에서 가져온 기저귀, 의복, 그 밖의 용품들을 보관할 수 있는 보관함

• 영아 개인별로 보관함 공간은 길이 12.7cm, 깊이 135.5cm, 높이 30.4~60.9cm가 필요하며, 갈아입을 옷이나 그 밖의 개인 용품을 보관하기 위한 추가 공간도 넓이 25.4cm, 깊이 35.5cm, 높이 15.2cm 정도가 요구된다. 개별 구역 내에서는 플라스틱 상자나 바구니가 사용하기 편리하다. 보육교사가 기저귀를 가는 내내 영아와 접촉할 수 있도록 이 상자들은 기저귀 갈이대에서 손이닿을 수 있는 거리 내의 위쪽이나 아래쪽 선반에 둔다.

• 세제, 연고 종류, 종이 타월 등의 필요한 물품들을 보관하는 선반을 설치한다. 선반은 보육교사에게는 쉽게 손이 닿을 수 있는 거리에 설치해야 하나 영아의 손이 닿으면 안 된다.

• 기저귀를 가는 동안 영아와 보육교사 간 대화의 빌미를 제공하고 영아의 시선을 끌 수 있도록 선반 아래쪽이나 천장에 거울을 부치거나 모빌, 그림을 걸 수 있도록 기저귀 가는 탁자 위에 고리를 단다. 기저귀 갈이대 한쪽 면에 거울을 붙이는 것이 교육적 가치를 부가하기도 한다.

• 냄새가 다른 영역에 흘러들어가지 않도록 기저귀 가는 공간에 환풍기를 추가로 설치한다.

• 외풍으로부터 기저귀 가는 영역을 보호하여 온도를 2~4℃ 올린다. 기저귀 가는 장소 위쪽에 방사열 난방기구를 달아 두면 벗은 상태의 영아를 보온하기에 적합하다.

• 배변훈련이 된 걸음마기 영아는 27.9cm 높이의 변기나 어른용 변기를 올라가서 앉을 수 있도록 장비가 갖추어져 있을 때 사용할 수 있다. 그룹별로 두 개의 변기를 제공하는 것은 사고를 방지할 수도 있고 둘이 함께 앉을 수 있는 좋은 방법이다.

• 다른 영아의 활동을 볼 수 있고 보육교사도 영아를 볼 수 있도록 걸음마기 영아용 변기를 설치한다.

• 변기에 잘 앉지 못하는 걸음마기 영아에게는 배변의자를 사용한다.

• 대다수의 영아들이 수세식 변기의 물 내려가는 소리를 무서워하기 때문에 조용한 변기를 제공한다. 변기에 앉지 못하는 영아에게는 배변의자가 적합할 수도 있다.

디자인가이드 15.12

세탁기와 건조기

- 충분한 공간이 있으면 대형 크기의 세탁기와 건조기를 설치한다. 세탁물에 따라 차이가 있지만 일반적으로 영아 30명당 세탁기와 건조기가 한 대씩 필요하다.
- 환풍기, 전기, 배수시설이 된 바닥, 손빨래용 세탁조, 세탁용품을 놓는 선반, 세탁물을 정리할 수 있는 공간, 완료된 세탁물과 세탁할 의류 들을 보관하는 영역 등이 갖추어져 있고 잠글 수 있는 세탁실을 만든다.
- 보육실 내에서나 거주하는 공간 내에서 영아들이 세탁물을 정리하는 것을 돕도록 한다.

4) 세탁기와 건조기

영아 보육실에 편리한 세탁기와 건조기를 설치하는 것을 침대시트, 담요, 의류, 수건, 작업복 등을 세탁하기 위해서 강력히 추천한다. 건조기는 젖은 눈옷과 의류를 말리는 데 편리하다. 더러워진 개인 물품들과 천 기저귀는 집에 보내 세탁해 오도록 한다.

5) 수유 및 급 · 간식

(1) 영 아

모유를 수유하도록 권장하거나 아니면 적어도 모유를 우유병에 담아서 영아에게 주도록 도와주는 것이 필요하다. 모유에는 아기에게 꼭 필요한 영양소들, 특히 뇌의 세로토닌 발달에 필요한 트립토판 아미노산이 포함되어 있는데 이 영양소는 음식물에는 들어 있지 않다. 우울증, 자제력 부족, 난폭한 행동 등은 뇌의 세로토닌의 부족으로 생긴다고 한다.

모유는 면역체계를 촉진하는 데 필요한 항체를 공급해 준다. 이 항체는 계속해서 감염에 노출되어 있는 집단 보육시설의 영아에게 특별히 중요한 역할을 한다.

영아의 월령이 6주~18개월로 증가함에 따라 다양한 형태의 음식 주기의 변화가 이루지게 되는데 모유 수유에서 우유병 잡고 마시기, 이유식 먹기, 낮은 의자에 앉혀서 씹을 수 있는 음식 먹이기, 낮은 식탁에 앉아서 혼자 먹기 등으로 이어진다. 영아에게는 앉아서 발이 바닥에 닿을 정도의 낮은 의자가 높은 의자보다 바람직하다. 왜냐하면 낮은 의자가 영아의 통제력를 발달시켜 주고 묶여서 갇혀 있는 느낌을 줄여 주기 때문이다.

25.4×25.4cm 크기의 L자 모양의 우유병과 보육실 내의 음식물 준비하는 공간. 이 안에 부모와 종사자들이 의자에 앉아 영아들의 활동을 기록할 수 있는 넓은 공간이 있다(코퍼하우스).

음식에 대한 초기 경험은 아동의 사회적 태도에 영향을 미친다. 아기가 조용한 환경에서 음식을 먹으면서 엄마나 보육교사와 밀접하게 연결되어 있음을 느끼는 것이 중요하고, 그것으로 인해서 음식을 '즐기면서' 탐색해볼 수 있고 자연스럽게 혼자 먹는 기술을 배우게 된다. 한꺼번에 소수의 아기들을 앉혀 놓고 음식을 주게 되면 개별적으로 보호받는다는 느낌을 줄 수 있는 소중한 개별 시간을 갖게 된다.

이 일도 업무에 포함되기 때문에 음식을 준비해서 아동에게 주는 보육교사의 태도는 매우 중요하다. 어린이집 내에 중앙 주방이 있지만 영아 보육실 안에도 간이주방이 필요하다.

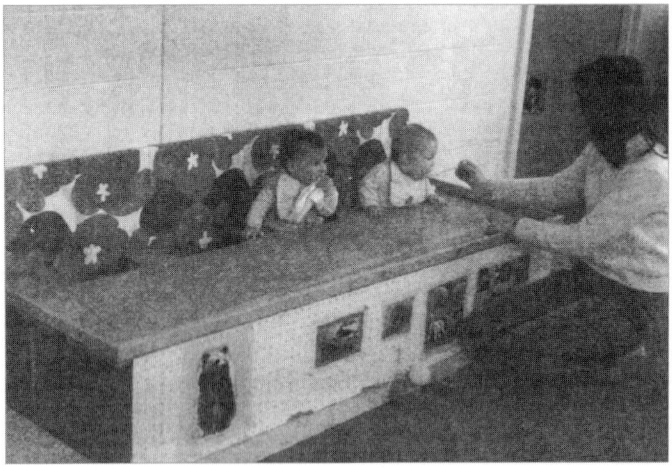

영아를 안전하게 보호하기 위해서 만들어진 30.5cm 높이의 '탁자'는 음식을 주거나 다른 활동에도 유용하게 사용된다.

디자인가이드 15.13

영아의 급 · 간식

- 넓은 좌석과 팔걸이가 있는(팔걸이가 없거나) 흔들의자, 그네의자, 또는 일반의자가 모유 수유하는 엄마나 우유병으로 수유하는 보육교사에게 제공되어야 한다. 이러한 가구는 조용한 영역에 배치한다.
- 수유하는 엄마에게는 바깥 풍경을 볼 수 있는 창가와 같은 즐거운 공간을 제공함으로써 수유를 즐겁게 하도록 한다. 젖을 짜서 먹이는 경우에는 격리된 공간이 필요하기도 하다.
- 누워서 수유하는 영아의 눈으로 빛이 들어오는 머리 위 조명은 피한다.
- 딱딱한 음식을 줄 경우에, 아직 혼자 앉을 수 없는 영아는 스탠드나 탁자에 음식을 놓고 성인 무릎 위에 앉혀 놓고 먹인다. 영아용 의자가 낡았을 경우에는 바닥에 앉게 하거나 깊이 25.4~38.1cm의 플랫폼에 앉게 하고 가까운 곳에 음식 담은 그릇을 둔다.
- 급 · 간식에 필요한 가구들은 장소를 많이 차지하기 때문에 어떤 스타일로 할 것인지, 몇 명의 영아들이 동시에 급 · 간식을 필요로 하는지를 미리 정해야 한다. 급 · 간식을 하는 장소와 의자는 세척이 가능하고 견고하고 안전하며 날카로운 모서리와 튀어나온 부분이 없어야 한다.
- 너무 커서 공간을 많이 차지하는 탁자는 배치하지 않는다.
- 영아가 혼자 의자에 앉을 수 있으면 영아 높이의 급 · 간식 의자에 앉혀 접시를 놓고 급 · 간식을 해주고, 접시를 치우고 난 후에는 쌓아 놓을 수 있다. 높은 유아용 의자는 급간식에 적절하지 않다. 이는 영아를 답답하게 하고 많은 공간을 차지하는데다가 쌓아 놓을 수가 없기 때문이다.
- 한 명의 보육교사가 돌봐 주는 3~4명의 작은 그룹에서 30.5~35.6cm 높이의 낮은 테이블에 놓인 음식을 스스로 먹을 수 있는 걸음마기 영아는 12.7~16.5cm 높이의 삼면이 막힌 튼튼한 의자나 두 개의 높은 등받이가 있는 입방체 모양의 의자에 앉힌다.
- 보육교사가 음식을 준비하기 위해서 보육실을 떠나지 않아도 되기 때문에 보육시설의 주방이 보육실 가까이에 있어도 영아가 접근할 수 없는 간이 주방을 보육실 안에 설치할 필요가 있다. 싱크대, 영아별 우유와 음식을 보관하는 상자가 들어 있는 냉장고(가능하면 대형 크기), 음식 데우는 기구, 주스, 크래커, 턱받이, 그릇 등을 보관할 수 있는 보관함을 갖춘다. 전기냄비가 우유병을 데우는 데는 아주 좋으며, 모유에 들어 있는 영양소를 파괴하고 영아를 데이게 할 정도로 너무 뜨겁게 우유를 가열하는 전자레인지 오븐은 설치하지 않는다.
- 더러워진 면 제품을 넣어 두는 플라스틱 바구니가 급 · 간식영역 가까이에 있으면 도움이 된다.

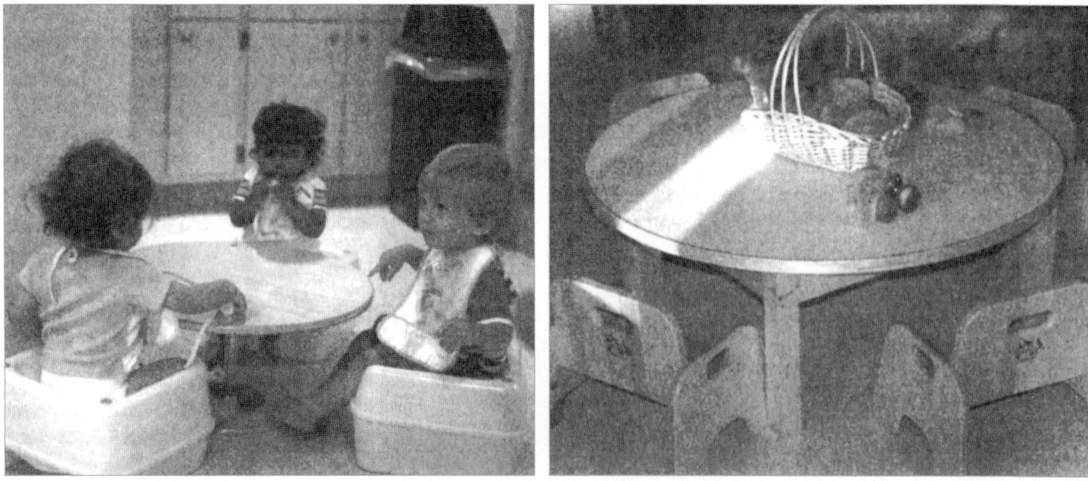

낮은 탁자와 견고한 입방체 모양의 의자나 삼면이 막힌 의자에 앉아서 월령이 조금 높은 영아는 혼자 먹기도 하고 같이 어울려서 먹기도 한다.

보육실 내 '간이 주방'에는 식기장, 조리대 밑 작은 냉장고, 공간 확보를 위해서 쓰고 밀어 넣을 수 있는 주방용 조리대 등을 구비한다.

디자인가이드 15.14

걸음마기 영아의 급 · 간식

- 표 15.2의 탁자와 의자 높이를 참조한다. 좌석벨트가 없는 의자를 택하게 되면 등을 잘 받쳐 주고 영아의 발이 바닥에 견고하게 닿도록 해준다. 다양한 크기의 여러 면이 있는 입방체 모양의 의자는 이 연령의 영아에게 아주 적절하다. 정사각형, 직사각형, 육각형의 탁자는 여러 용도로 사용되는데 식사활동, 미술활동, 탁자 위에서 할 수 있는 다양한 활동에 유용하다.
- 걸음마기 영아는 중앙 식당에서 식사를 하기도 한다. 이 경우에는 소그룹이면서 친밀한 식탁 차림을 해주는 것이 필요하다. 월령이 높은 영아들은 스스로 배식할 수 있도록 낮은 조리대 설치를 고려해 본다.

(2) 걸음마기 영아

걸음마기 영아는 손가락으로 음식을 집어 먹기도 하고, 유아 집단과 같이 지내면서 식기 사용을 제법 잘하게 된다. 걸음마기 영아는 활동적이며 쉽게 산만해진다. 음식을 엎지르고, 부수고, 떨어뜨리는 일들이 늘 벌어진다. 넘어지지 않을 정도의 튼튼한 의자에 앉아서 어른들과 또래와 즐거운 분위기에서 식사하는 경험이 필요하다. 걸음마기 영아는 어느 정도 컸기 때문에 더 이상 개별적인 식탁에서 식사를 하지 않아도 되며, 보육실이나 식당에서 다른 또래(네 명 정도)와 함께 앉는 식탁에 앉아 보육교사의 도움을 받으며 혼자 먹을 수 있어야 한다.

4. 영아 및 걸음마기 영아반 고유의 흥미영역

영아는 많은 시간을 앉기, 몸을 앞뒤로 흔들기, 기기, 잡기, 구부리기, 돌기, 잡고 서기, 걷기, 오르기 등 자신의 신체와 도구를 조절하는 데 필요한 움직임들을 연습하면서 보낸다. 부드러운 소파에서 어른들에 안겨서 조용한 놀이를 하는 것이 활동적인 움직임을 하는 것만큼 중요하다. 빛, 물, 모래, 페인트, 진흙, 기타 자연 소재의 재료들을 탐색하는 것도 권장 사항이다. 적절한 도움이 주어지면 아기는 상상하는 것 이상으로 다양한 가능성을 보인다. 누워 있을 때, 15.2cm 높이의 시야를 가지고 길 때, 50.8cm 높이의 시야로 불안전하게 서 있을 때 각각 다른 환경이 그들의 인지능력에 중요한 영향을 미친다.

걸음마기 영아는 새롭게 발견한 신체적 독립과 주 양육자와 밀접하게 지내고자 하는 욕구 사이에서 갈등을 겪는다. 영아가 할 수 있는 것과 하면 안 되는 것을 구체적으로 보여 주는 질

디자인가이드 15.15

영아와 걸음마기 영아의 전형적인 흥미영역

- 놀이판(play pannels), 장난감, 가로대(grab bar), 천 조각, 거울, 반사면 등을 높낮이를 달리해서 벽에 배치한다. 튼튼하게 연결된 놀이판은 '벽'과 낮은 분리대의 기능을 하기도 한다.
- 누워 있거나 기고 서 있는 영아와 걸음마기 영아에게 다양한 모양과 스타일의 거울이 유용하게 사용될 수 있다. 거울을 창문 아래쪽 벽, 모든 벽면, '동굴'의 천장, 놀이판, 로프트 등에 설치한다.
- 넓은 공간을 두 개의 보육실로 분리하기 위해서 일반적으로 사용하는 석고 벽 대신에 영아들이 기고, 오르고, 미끄러지고 관찰도 하면서 양쪽에 숨을 공간이 있는 기능성이 있는 벽을 설치하는 것을 고려한다.
- 걸음마기 영아는 컨테이너 안에 있는 물건들을 알아가는 데 열중하게 되는데, 숨겨진 물건과 그 관계성을 알아내기 위해서 물건을 열어 보고, 꺼내고 다시 집어넣는 일을 반복적으로 한다. 장난감과 가구들 그리고 여러 공간을 칸막이, 문, 벽판, 통로 등을 사용해서 구성하면 이러한 학습을 도와줄 수 있다.
- 시각적 · 청각적 어려움이 있는 영아들을 도와주기 위해서 보육실 내의 몇 군데는 소리를 흡수하지 않도록 한다.
- 보행자는 영아에게 위험할 뿐 아니라 영아의 움직임과 발달을 방해하므로 주의한다.
- 바닥 쪽에 유리판을 붙인 문이 있으면 특별히 청력 장애가 있는 영아는 자기 앞으로 오는 것이 무엇인지를 알 수 있고, 반대쪽에서 다가오는 것에 대해서도 알게 된다.
- 영아가 손으로 잡을 수 있는 높이에 사물함을 설치하고, 성인 손이 닿을 수 있도록 121.9cm 위에 추가 사물함을 설치해서 영아의 손이 닿는 사물함에 물건들을 손쉽게 채워 넣도록 한다.
- 보육실 내 각 영역에 영역별 특성과 분위기를 적절히 갖춘다. 각 영역에 미적 가치를 부여해서 아름답게 꾸민다.
- 보육실에서 실외 활동영역으로 바로 나갈 수 있는 지붕이 있는 통로를 설치하고 영아 놀이터와 걸음마기 영아 놀이터를 분리해야 한다.

서가 있는 환경에서 성인은 조정자라기보다는 친절한 협력자로서 역할을 할 수 있다. 영아와 달리, 걸음마기 영아의 환경은 훨씬 더 발전된 활동 영역이 필요하다. 특히 역할놀이를 위한 책 · 블록 등의 도구, 탐험놀이를 위한 물 · 모래 · 페인트 · 진흙 등, 정교한 소근육 활동을 위한 재료와 같이 다양한 소재의 재료를 갖추어야 한다.

이러한 활동을 위한 도구들은 크기가 작고 안전해야 한다. 걸음마기 영아 보육실의 흥미영역의 크기와 교구는 유아들을 위한 것과 크게 다르지 않으나 영역이 좀 더 개방적이어야 하고, 장남감은 기본적인 것으로 제공되어야 한다. 걸음마기 영아는 영역 사이로 물건을 나르고, 정리해야 할 장난감들을 뒤죽박죽 섞어 놓는다.

1) 자유로운 놀이

영아와 걸음마기 영아는 재료의 감각적인, 특히 촉각적인 특징에서 즐거움을 느끼는데, 이것은 모래 · 물 · 페인트 · 흙과 같이 마음대로 다룰 수 있는 재료들을 만지작거리면서 갖는 풍

디자인가이드 15.16

영아와 걸음마기 영아를 위한 자유로운 놀이

- 작은 탁자를 사용한다. 공간을 확보하기 위해서 실제로 필요한 만큼만 탁자를 배치하고 여러 다른 종류의 놀이를 할 수 있도록 다양한 모양과 높이의 탁자를 둔다. 상하 이동이 가능한 카운터, 놀기도 하고 앉아서 식사도 할 수 있는 것처럼 다용도로 사용할 수 있는 플랫폼과 라이저, 물통과 모래 통으로 변형해서 사용할 수 있도록 안쪽에 커버를 씌운 탁자 등이 공간 확보에 도움이 된다.
- 공간을 확보하기 위해서 쌓아 놓을 수 있고, 쟁반과 접시가 달린 급간식 의자를 사용한다.
- 대부분의 연령층이 높은 영아와 걸음마기 영아는 의자에 앉는 것을 싫어하고, 서 있거나 바닥에 앉거나 계속 기어다니는 것을 좋아한다.
- 물, 모래, 물감, 진흙과 같은 재료가 영아의 탐색놀이와 다양한 촉각적 경험을 하기 위해서 중요한 도구이다. 이 재료들을 사용하기 위한 영역은 상당히 넓어야 하며 세척할 수 있고 통풍 · 배수가 잘 되어야 한다.
- 물놀이 통(영아용은 30.6cm 높이, 걸음마기 영아용은 45.7cm 높이)에 배수장치가 잘 갖추어져 있으면 보호 · 관리하는 일이 많이 줄어들게 된다. 이 통은 이동이 가능하기도 하고 한 곳에 고정적으로 설치하기도 한다. 영아와 걸음마기 영아용 모래놀이 통의 높이는 물놀이 통의 높이와 같아도 된다.
- 아직 제대로 설 수 없는 영아는 자유로운 영역에서 바닥에 직접 놓여 있는 물감, 물, 모래가 들어 있는 통을 붙잡고 다니기도 하는데, 바닥은 방수처리가 되어야 한다.
- 바닥에 경사진 배수로가 되어 있고, 손으로 잡고 쓸 수 있는 샤워기가 설치되어 있으며 벽과 바닥 전체를 완전히 타일로 붙인 '물놀이방'을 만들고, 그 방에서 영아는 물, 물감 등으로 자유롭게 모든 벽과, 바닥, 심지어 자기 몸 위에까지 여러 가지 활동을 할 수 있다.
- 영아와 걸음마기 영아의 미술활동, 특별히 찰흙으로 만드는 활동을 하기 위한 가장 좋은 장소는 25.4cm 높이의 탁자이다. 거기에서 영아는 앉기도 하고 무릎을 꿇으며 의자 없이 서기도 한다.
- 플렉시 유리로 된 이젤을 자유롭게 세워 놓거나 창문 앞에 설치한다. 바닥에 가깝게 놓인 이젤에는 앉아 있는 영아도 그림을 그릴 수 있다.

부한 경험에서 나오는 것이다. 풍부한 모래와 물이 있는 해변가에서 아동들이 완전히 몰입해서 놀 수 있는 것처럼, 그와 비슷한 환경이 이상적인 보육환경이 될 수 있다. 보육 종사자들이 '더러워지는 것' 을 수용할 수 있다면 이러한 활동에 적합한 배수로와 쉽게 청소되는 바닥과 같이 충분한 공간을 제공하는 것이 가장 중요하다. 사방이 막혀 있고 타일 처리가 되어 있어 샤워기로 벽과 바닥을 씻어 내릴 수 있는 방이 있다면 영아들은 보디 페인팅을 하거나 다른 더럽혀지는 놀이를 하면서 그들의 감각을 즐겁게 만족시킬 수 있고 종사자들은 나중에 쉽게 청소를 할 수 있다.

자유로운 놀이에 필요한 목록과 지원할 수 있는 교구들은 영아들에 적합한 것이어야 한다.

2) 조용한 놀이

아기는 거의 움직이지 못하므로 안아서 이동해야 하기 때문에 영아보다 더 어리면 조용하고 활동적인 놀이 사이의 구분이 모호하다. 그러나 이후 18개월 동안 빠른 변화와 집단보육을 경험한 아동은 조용한 공간을 필요로 하는데, 거기에서 꼭 껴안고 볼을 비비며 즐거운 감각적 경험을 하면서 좋아하는 재료들을 탐색하게 된다. 영아에게 조용한 활동은 책을 보는 것, 책 읽는 소리를 듣는 것, 음악을 듣는 것, 손으로 만지작거리면서 노는 것, 통을 비우고 채우는 것, 쉬는 것, 주변 사람과 상호작용하는 것, 조용히 풍경, 소리, 그림자, 빛, 색 등을 관찰하는 것 등이다. 조용한 놀이를 위한 영역은 식물, 모빌, 프리즘 등으로 꾸미거나 가까이에 낮은 창문을 두어서 밖에 있는 나무나 꽃들을 볼 수 있으면 더욱 이상적이다.

조용한 놀이를 위한 교구

조작놀이 교구와 따로 사용하거나 같이 사용할 수도 있다.

- 소파, 팔걸이의자, 카펫으로 감싼 라이저
- 해먹, 그물의자, 빈백 체어
- 물침대와 라이저, 요, 매트리스, 돗자리
- 카펫이 깔린 바닥 공간
- 다 같이 모일 수 있는 장소
- 책
- 책을 읽을 수 있는 낮은 로프트

- 카세트 플레이어, 녹음기, CD 플레이어, 오디오와 비디오테이프, 판, CD, VCR
- 부드러운 장난감들
- 개인 공간

조작놀이를 위한 교구

- 플랫폼
- 놀이 교구를 넣을 수 있는 낮은 선반, 우유통, 상자 등
- 퍼즐, 게임, 뚜껑, 구슬, 숫자놀이 카드 등
- 조립하는 소형 장난감
- 작은 크기의 차와 트럭
- 작은 크기로 부드러운 재질의 블록
- 잠글 수 있는 상자, 무늬가 요란한 판, 장식이 있는 주사위 등
- 깜짝 놀래줄 수 있는 장난감

로프트 아래 조용한 놀이영역에서 소곤소곤 얘기를 하고 깍꿍놀이를 한다.

12.7~25.4cm 높이의 라이저가 큰 크기의 물침대 둘레를 감싸 주는데 스펀지로 싸기도 한다.

2.5cm 두께로 가장자리를 두른 낮은 북케이스, 끝 부분을 올린 선반, 코너를 받침대로 이용한 선반 등이 영아용 사물함으로 적당하다.

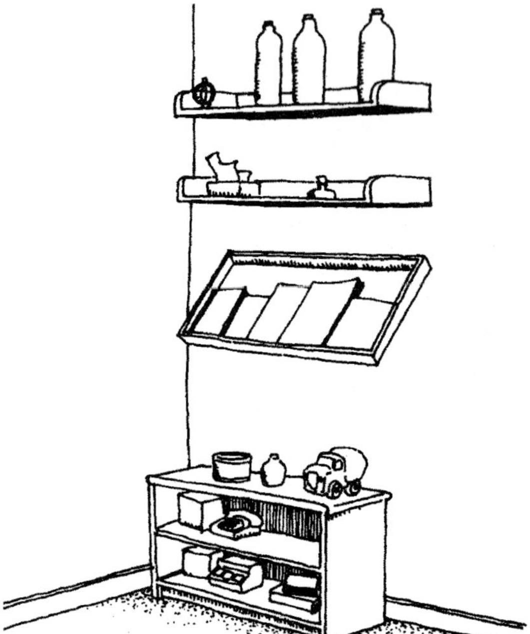

그림 15.7 붙박이 사물함이 있는 조립된 플랫폼(코퍼하우스)

디자인가이드 15.17

조용한 놀이

- 창쪽에 배치한 작은 의자들, 부드러운 천으로 마감 처리를 한 의자, 그리고 낮은 플랫폼들이 휴식, 관찰학습, 새로운 상황에 영아를 적응시키는 일에 도움이 된다.
- 빈백 체어, 안락의자, 소파, 라이저, 베게, 쿠션, 낮은 매트리스, 요, 해먹, 그물의자 등이 영아가 보육교사에게 안겨서 취하는 휴식과 근육 이완을 도와준다. '침대' 모양으로 펼쳐지는 접이식 스펀지 소파나 의자는 공간을 절약해 준다.
- 흔들의자는 신체적 접촉을 증가시키고, 리듬을 진정시키며 운동능력을 발달시킬 수 있는 기회를 제공한다. 이 의자는 수면실에서도 대환영이며 수유하는 엄마들이 특히 좋아하지만 기어다니는 영아에게는 위험하기 때문에 그네 의자를 선호하기도 한다.
- 고정된 고리에 매어 달은 유카탄식 부드러운 해먹은 성인과 몇 명의 영아들이 같이 쉴 수 있는 장소를 제공해 준다.
- 영아 보육실 내에 '팔짝팔짝' 뛸 수 있는 장소로 12.7cm 높이의 낮은 라이저로 둘러싸인 유아용 트윈 크기의 물침대를 고려해 본다. 보통 유아용 트윈 크기의 침대는 별로 관심이 없으나 25.4cm 높이의 카펫이 있는 플랫폼이 있으면 아주 이상적이다.
- 25.4~30.5cm 높이의 조명 테이블을 통해서 영아와 걸음마기 영아는 매혹적인 감각 경험을 하게 된다.
- 25.4~30.5cm 높이의 카펫이 있는 라이저는 걸음마를 시작하는 영아가 잡고 서는 데 도움을 주고, '모래놀이터'로 이용하도록 해 주며 조용한 영역과 경계를 만들어 준다.
- 붙박이 사물함으로 낮은 플랫폼을 구성해 주면 영아는 장난감을 보관하고, 꺼내고 다시 집어넣기도 하면서 놀고, 이동이 원활한 자유지역에서 걸음마 연습을 위해 잡고 일어서는 것을 반복적으로 연습한다.
- 장남감이 위에서 떨어지지 않도록 앞쪽과 윗부분에 1.9~2.5cm 정도의 테를 두른 낮은 선반을 구상해야 한다.
- 낮고 테두리가 있는 선반을 만들어서 10~20권 정도의 책을 전시해야 한다.
- 뚜껑이 없는 작은 장난감 상자가 필요하다. 부피가 큰 장난감 상자와 우유 담는 나무 상자는 여기저기 흩어져 있는 물건들을 집어넣기는 쉬우나 아무거나 막 집어넣기 때문에 부서지기도 하고 잃어버리기도 한다.

3) 활동적인 놀이

로프트는 낮은 계단과 미끄럼틀을 갖추고 있다.

영아가 더 많이 움직이게 되면, 움직이면서 새로 발견한 운동기술을 실행해 보고자 하는 욕구도 그치지 않고 점점 더 강해진다. 이 연령층의 아동들을 위험으로부터 보호하면서 탐색활동을 도와주는 것이 어른들에게는 아주 귀찮을 수도 있다. 그렇기 때문에 보육환경이 도전적이면서도 안전해야 한다. 팔짝팔짝 뛰기, 오르기, 흔들기, 뒤집기, 구르기, 숨기, 발로 차기, 잡아당기기, 밀기, 춤추기 등 모든 주요한 운동기능을 발휘할 수 있는 공간을 구성한다. 이러한 기능을 수행하기 위해서 작은 계단, 플랫폼, 미끄럼틀, 경사로, 로프트, 요, 큰 베개, 흔들리는 장난감 등 놀이의 변화가 있는 공간을 마련하고 다양한 형태의 민감하면서도 재미있는 표면을 구성한다.

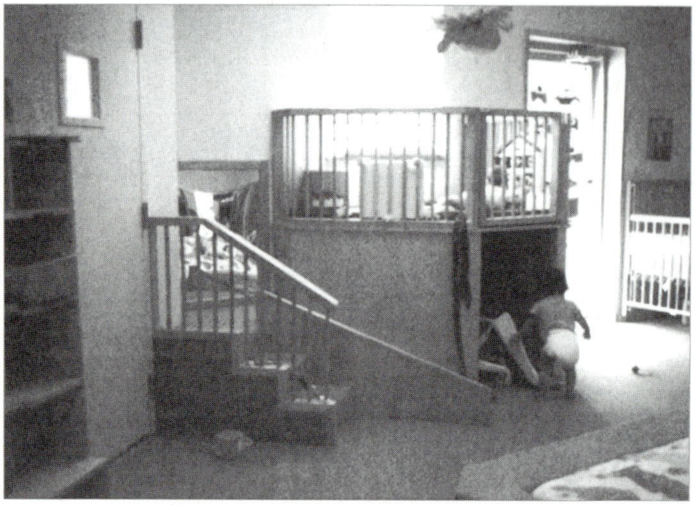

영아용 로프트는 높은 창문을 통해서 바깥 풍경을 볼 수 있는 아기 놀이터 역할을 하며 밑으로 기어갈 수 있는 공간을 제공하기도 한다.

놀이활동 시설

- 올라갈 수 있는 계단
- 스펀지 매트, 웨지(wedge), 덧배게
- 미끄럼틀
- 그네
- 볼풀장
- 높이 차이가 나는 장소
- 트랩
- 배나 말 등 흔들 수 있는 장난감
- 기어서 통과할 수 있는 터널
- 평균대
- 시소
- 올라탈 수 있는 장난감과 자동차
- 끌고 다니는 장난감
- 미니 트램펄린
- 부표다리(suspension), 그물다리, 걸음마기 영아용 다리
- 작은 클라이머(climber)
- 손으로 잡을 수 있는 낮은 바(bar)

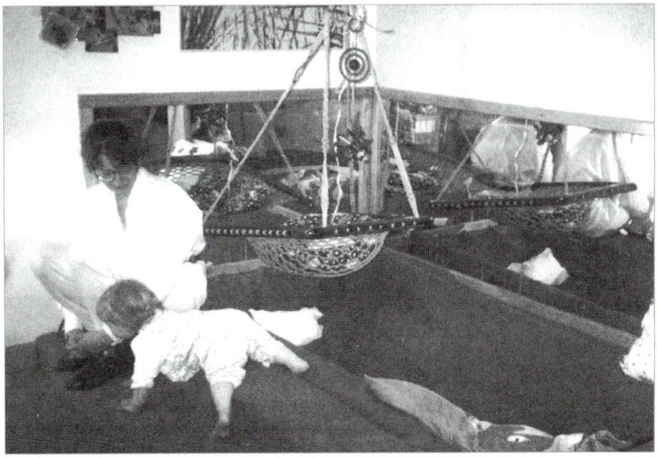

균형을 잡고 기어오르는 기술을 발달시키기 위해서 도전 수준에 근소한 차이를 둔다.

디자인가이드 15.18

활동적 놀이

- 바닥에서 213.4~274.3cm 위에(필요하면 더 낮출 수도 있음) 15.2~20.3cm 두께의 나무 슬레이트로 된 격자를 위에 설치해 놓고, 바람이 불면 소리가 나는 장식물, 모빌, 공중그네 등을 매달아 놓는다. 이러한 경우에는 스프링클러 머리 부분이나 소방 시스템을 방해하지 않아야 하므로 지방 소방법을 참조한다.
- 보육실에서 가장 좁은 곳에(활동적 놀이영역이면 이상적임) 213.9~274.3cm 높이의 가로대를 설치해서 그네와 다른 도구들을 매달아 놓는다.
- 기고, 오르고, 균형을 잡는 기술이 영아마다 다르기 때문에 도전 수준에 근소한 변화를 주어야 한다.
- 7.6~20.3cm 높이의 상자들을 죽 정리해 놓으면 기고, 걷고, 앉고, 그 위에 눕기도 하는 영아에게 대단한 광경을 보여줄 수 있다. 다양한 재료로 예쁘게 장식한 상자들로 아래쪽과 마찬가지로 위쪽도 다시 정리를 하여 시야와 촉각 경험을 다양하게 해 준다.
- 대근육활동을 위한 도구(그네, 해먹, 목마, 미니 트램펄린 등)가 발달과 치료에 있어서 훌륭한 가치를 발휘한다.
- 월령이 조금 높은 영아와 걸음마기 영아가 안전하게 계단을 오르내릴 수 있도록 여러 가지 방법을 모색한다. 영아를 위한 계단참은 깊이 22.9cm, 높이 12.7cm가, 걸음마기 영아를 위한 계단참은 깊이 20.3cm, 높이 15.2cm가 적당하다.
- 활동적 놀이영역 안에 커다란 마분지 판을 세워 놓고 조작놀이(조용한 영역)와 연결하거나 역할놀이 영역에 있는 다양한 재료들을 가지고 활동해 본다.

4) 역할놀이

영아가 성숙해지면서 상상놀이와 역할놀이에 대한 관심이 증가한다. 이러한 형태의 놀이는 동물과 사람의 사회적 관계에 대해서 알 수 있게 하는 최초의 방법이다. 18개월 미만의 영아는 완전히 폐쇄된 공간에 있으면 두려움을 보이지만 걸음마기 영아는 오히려 흥미롭게 생각한다. 역할을 모방해서 흉내 내고 싶은 욕구를 자극하려면 그렇게 할 수 있도록 기어 들어갈 수 있는 장소나 뒤에 숨을 수 있는 스크린, 벽판 또는 구조물, 열고 닫을 수 있는 문, 손인형과 손가락인형, 간단하나 흥미로운 의상들과 소도구 등의 환경을 구성해 주어야 한다.

역할놀이 도구목록

- 손인형, 손가락인형
- 미니어처(miniature) : 모형
- 인형, 봉제 동물인형
- 장난감 빗자루, 다리미, 청소기
- 장난감 집, 종이집
- 다락(play loft)
- 거울
- 작은 인형 극장, 창문
- 입고 벗길 수 있는 의상들
- 인형 침대, 유모차
- 영아 크기의 싱크대, 가스레인지, 냉장고
- 열고 닫을 수 있는 문, 서랍
- 텐트
- 작지만 실제로 사용할 수 있는 접시, 냄비, 프라이팬

디자인가이드 15.19

역할놀이

- 통로와 상호작용이 가능한 패널을 가지고 좀 더 나이가 든 영아는 소꿉놀이 세팅을 한다.
- 걸음마기 영아는 방의 네 벽과 비슷한 폐쇄된 공간을 만들어 보기 위해서 소꿉놀이 도구들을 다시 정리하려고 한다. '지붕'은 집의 분위기를 강화시키는 요소가 된다. 실물과 같은 항아리, 프라이팬, 접시, 빗자루, 재활용 상자 그리고 넥타이, 스카프, 핸드백, 구두 등과 같은 간단한 소도구들을 제공한다.
- 걸음마기 영아는 문이나 서랍장을 여닫고, 칸막이를 오르내리는 것을 좋아하므로 보육실 내의 모든 기본 구조는 특별히 견고해야 한다. 걸음마기 영아가 혼자 힘으로 여닫기에 어려운 문이 달린 가구를 제공하는 것도 다른 방법의 하나이다. 기본 구조물과 문의 무게로 손가락이 부딪혀서 상처를 입지 않도록 해야 한다.
- 계단이 있는 로프트나 클라이머(climber), 미끄럼틀, 탐색할 수 있는 위쪽, 아래쪽의 장소 등이 영아에게는 이상적이다. 걸음마기 영아에게는 장난감집, 핸들, 영역을 구분하거나 그 뒤에 숨을 수도 있는 이동 가능한 천 패널 등 좀 더 확장된 활동과 역할놀이 특징을 가진 요소들을 제공해야 한다.

5. 영아 및 걸음마기 영아반 보육실의 설계사례

다음에 영아반 보육실 설계사례 일곱 가지를 소개한다. 각 배치도에는 영역구성과 상품화된 가구와 주문한 가구들을 소개한다. 배치도에 함께 수록된 사진들 중 몇몇 요소들은 좀 더 자세히 설명하고 있다.

그림 15.8 코퍼하우스의 영아 보육실

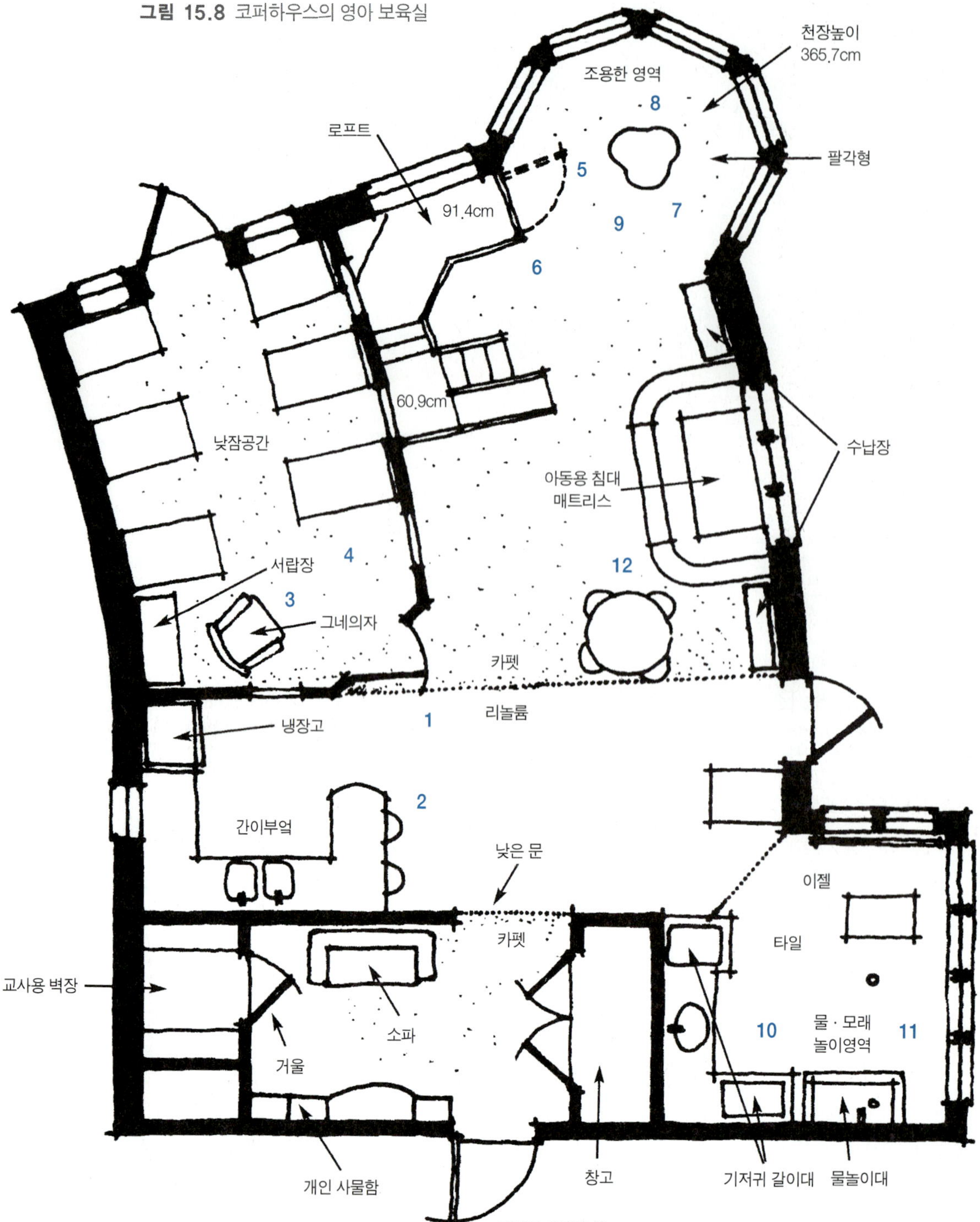

1 영아 보육실 활동영역(왼쪽), 매트리스 영역(오른쪽), 조용한 팔각형 영역(뒤쪽)

2 종사자와 부모를 위한 L자형 우유와 음식 준비 영역

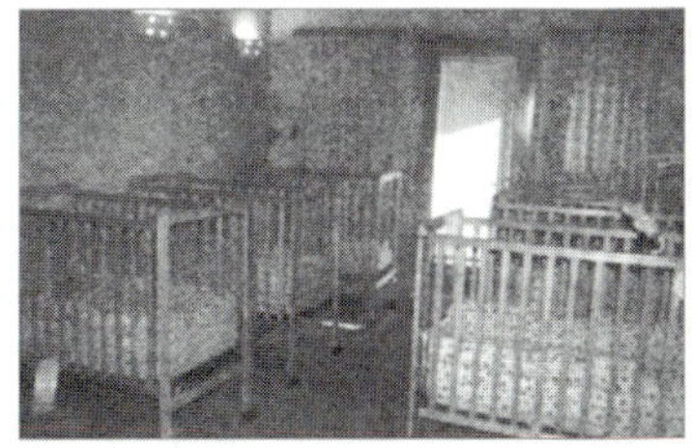

3 밝기조절이 가능한 조명을 갖춘 수면실, 외부로 통하는 문과 창, 보육실로 낸 창

4 영아 수면실 내 흔들의자, 경대, 전등, 그리고 다양한 장식을 한 벽

5 계단과 미끄럼대가 있는 클라이머(climber), 3층으로 된 플랫폼, 높이가 있는 '플레이팬', 아래쪽에 어항과 탐색할 다양한 장소들

6 플랫폼 내 플렉시 유리로 마감한 구멍은 아래쪽 상황을 들여다 볼 수 있다.

7 조용한 활동을 위한 팔각형의 구석진 장소

8 기어다니는 아이들도 바닥에서 30.5cm 높은 창문을 내다볼 수 있다.

9 팔각형 영역의 천장

10 젖을 수 있는 영역 내에 있는 기저귀 갈이대

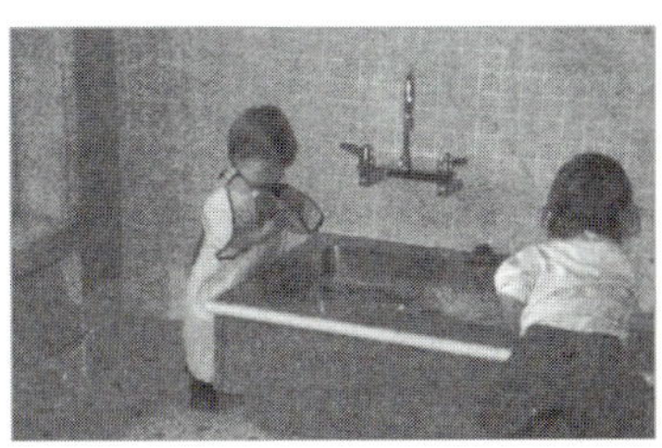

11 물놀이 장소 내 30.5 cm 깊이의 붙박이 욕조

12 5~10인치 높이의 라이저로 감싼 작은 침대 크기의 매트리스

그림 15.9 코퍼하우스의 걸음마기 영아 보육실

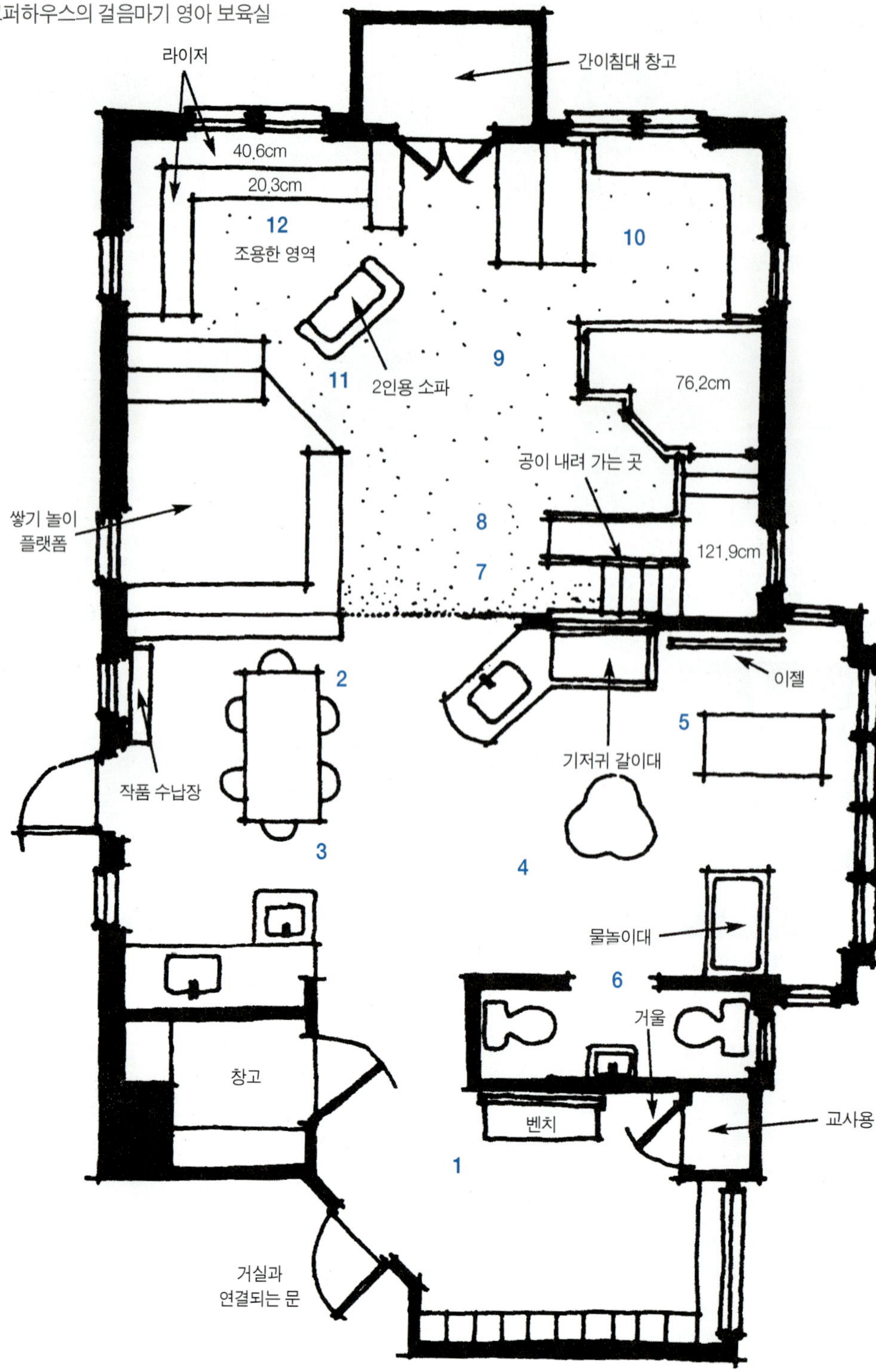

1 거울 붙인 문이 있는 종사자들 외투걸이 장, 초록색 식물들로 꾸며진 걸음마기 영아들의 즐거운 공간

2 미술영역 내 종사자용 세면대, 작업대, 걸음마기 영아 키 높이의 세면대, 실외 놀이터로 나가는 문

3 손 씻는 아이들을 즐겁게 해주는 재미있는 동물 사진들

4 걸음마기 영아용 물 사용 영역

5 122cm 길이의 자유롭게 세워진 이젤

6 물 사용 영역과 분리된 화장실

7 계단, 미끄럼대, 무대가 있는 극놀이 로프트, 아래쪽에 탈의실과 창고

8 미끄럼대로 공을 굴리는 경주를 한다.

9 로프트 다른 쪽에는 소꿉놀이영역과 이동이 가능한 '장난감 집' 이 있다.

10 61×122cm 크기의 나무로 된 '장난감 집'

11 창문 높이에 지붕이 있는 조작놀이 영역 플랫폼

12 조용한 영역 내 라이저와 책꽂이대

그림 15.10 세인트 루이스(St. Louis)의 영아 보육실

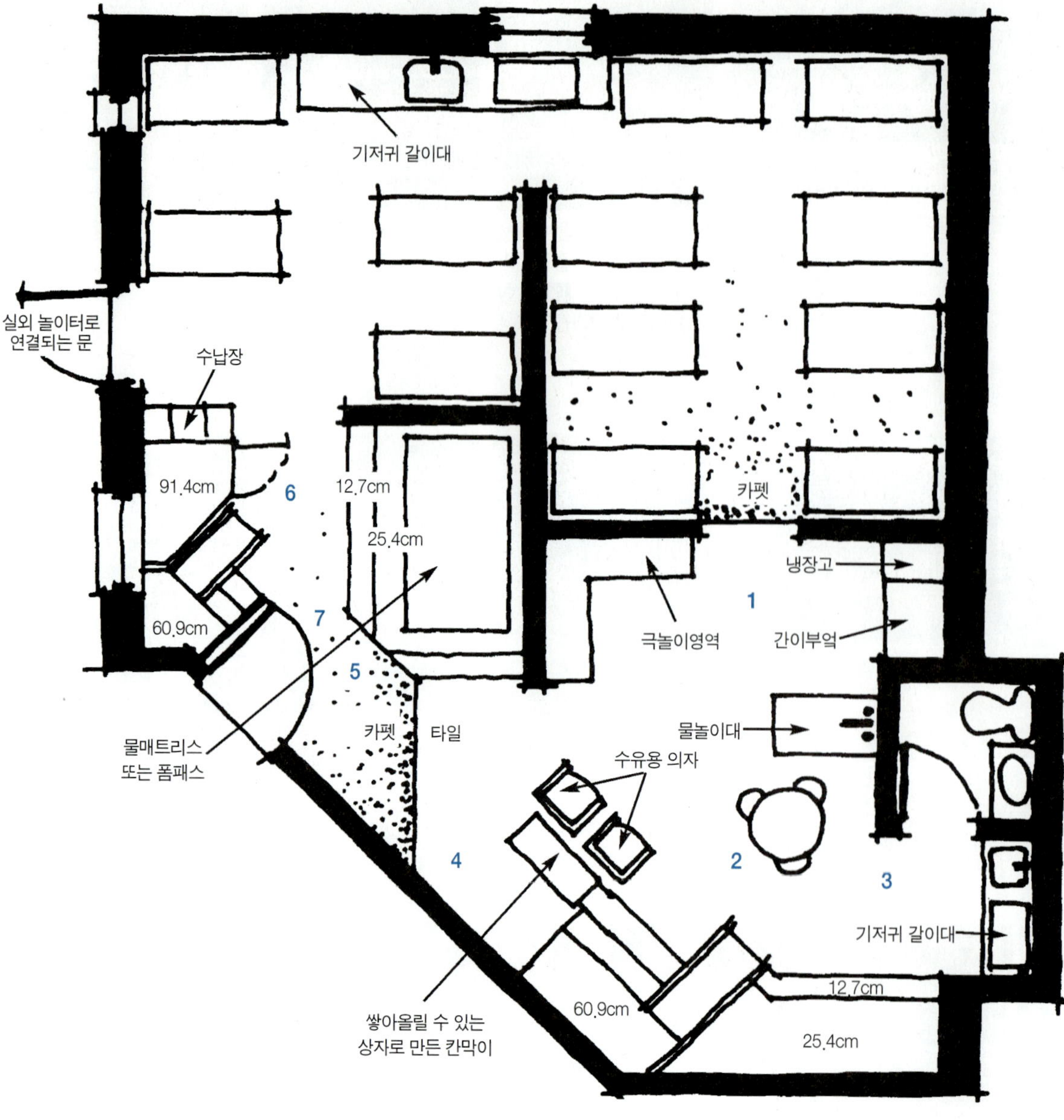

1

2

3

4

5

6
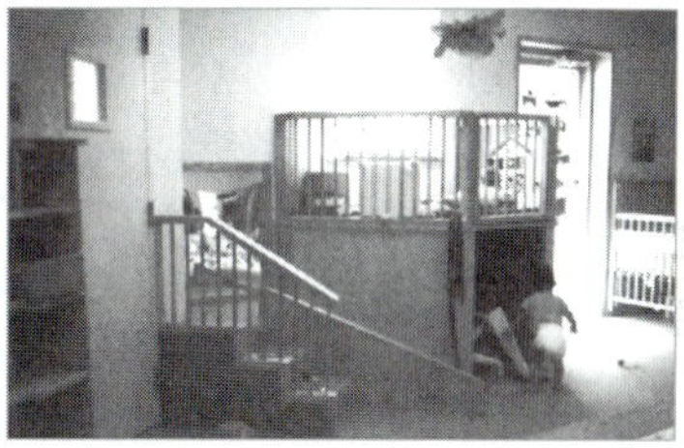
7

그림 15.11 세인트 루이스의 걸음마기 영아 보육실

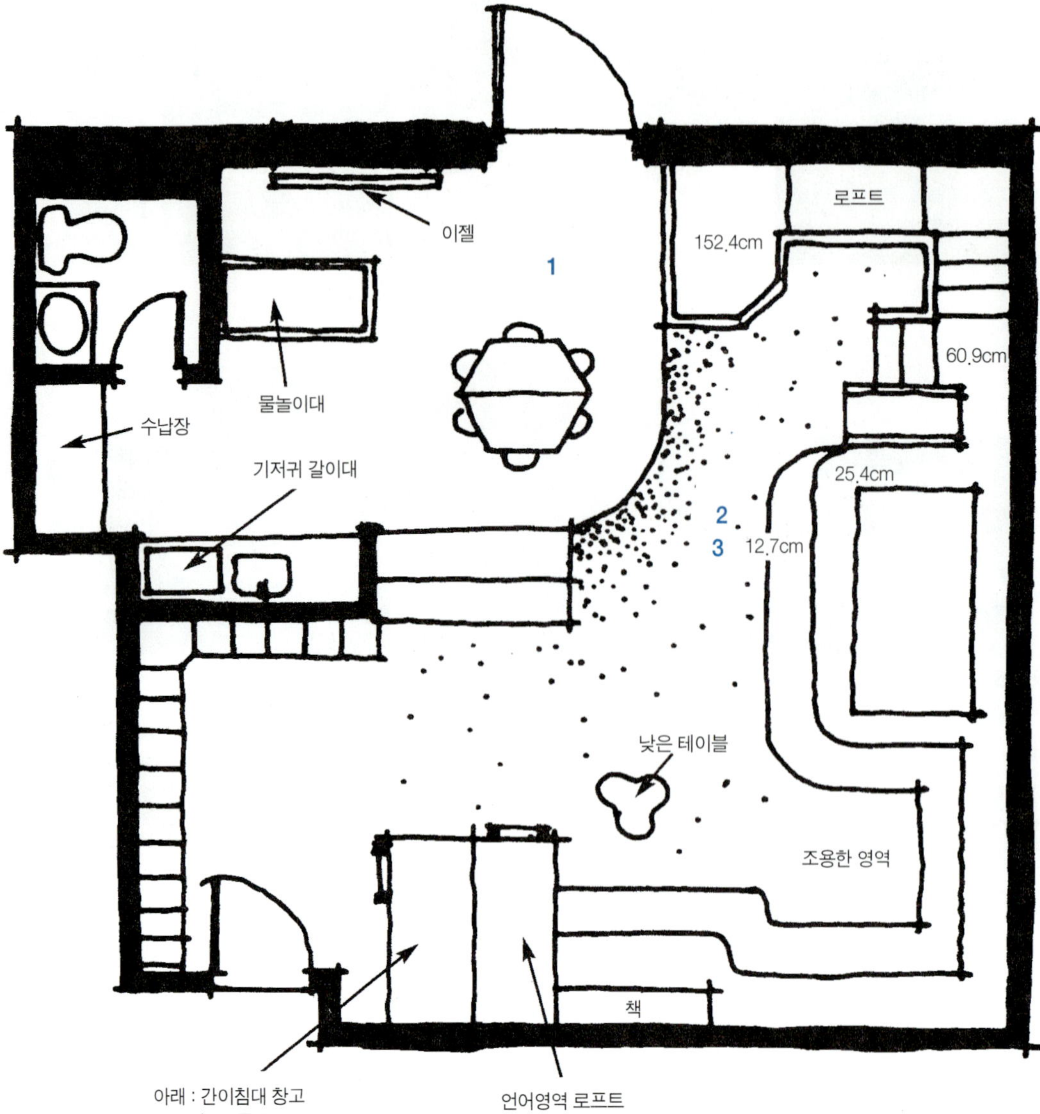

1

2

3

그림 15.12 린저의 영아반 보육실. 어떤 기능을 가진 벽을 사용하여 커다란 공간을 영아반과 걸음마기 영아반 보육실 두 개로 분리하고 있다.

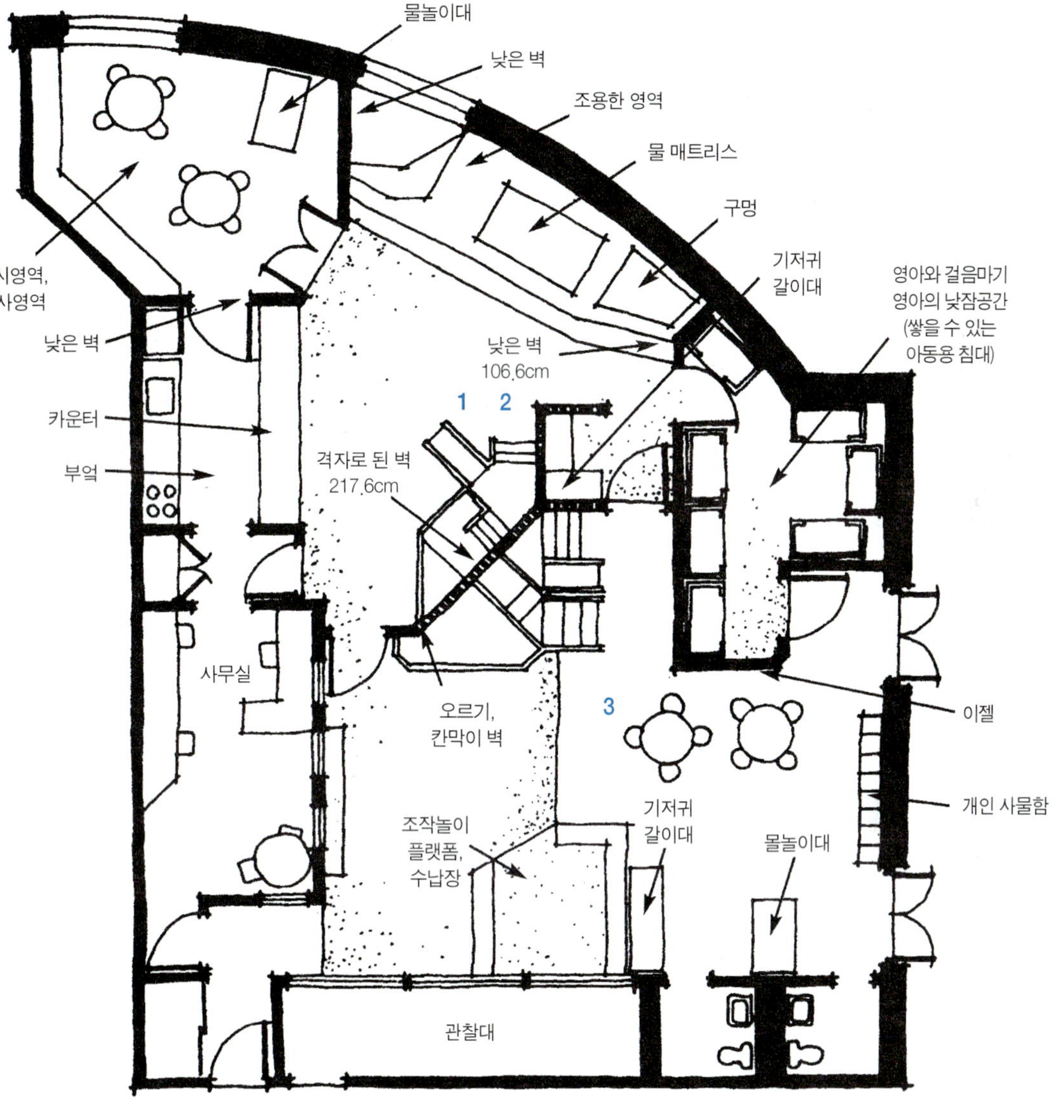

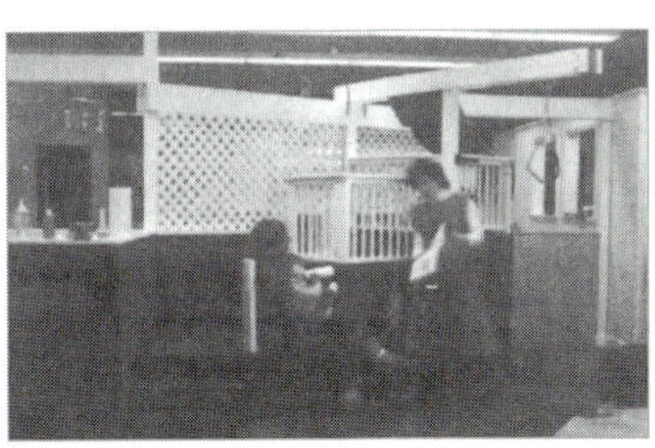
1

2

3

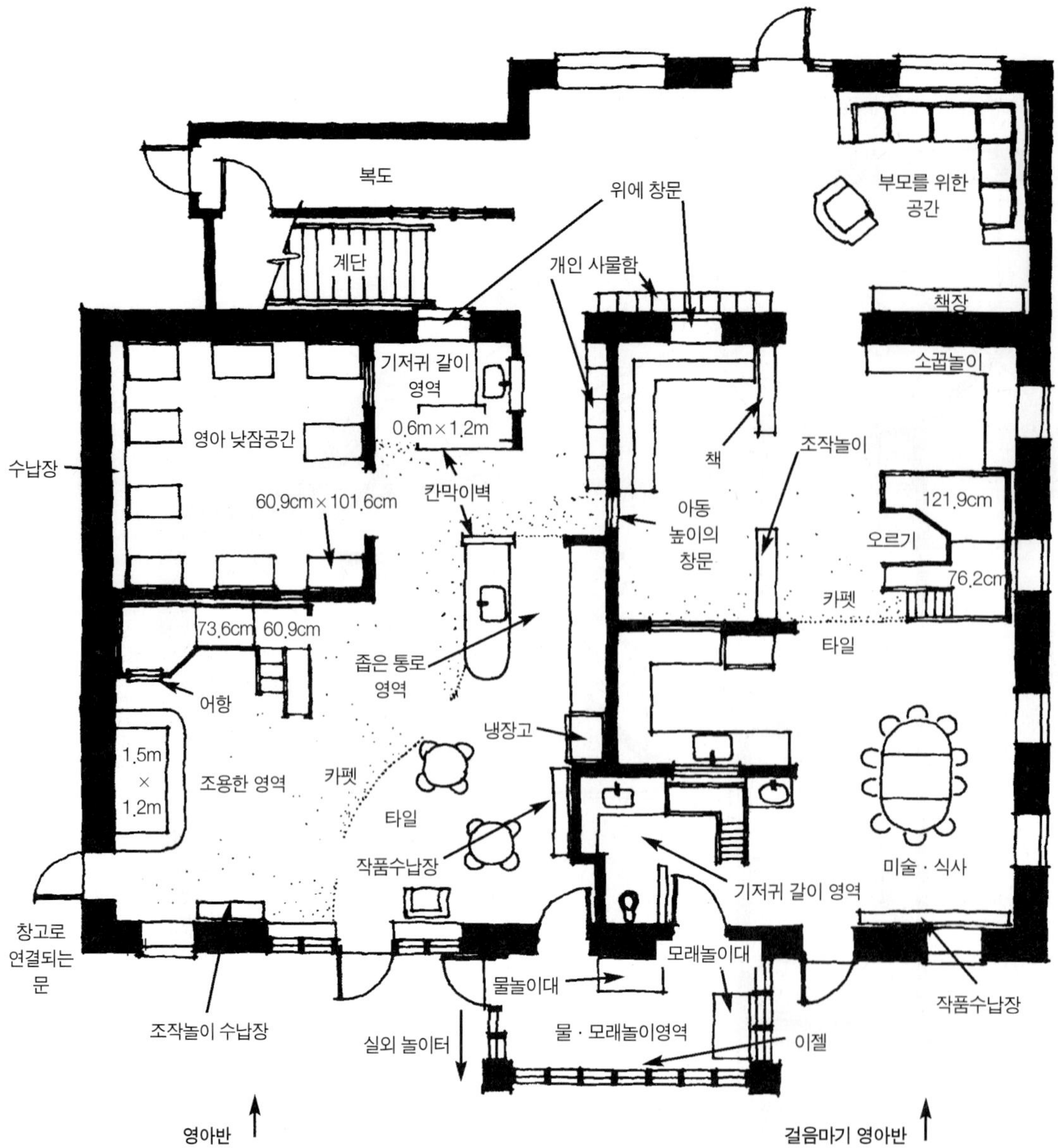

그림 15.13 영아반 보육실과 걸음마기 영아반 보육실의 크기가 작을 경우, 물 · 모래놀이영역을 함께 사용하고, 부모를 위한 공간과 거실을 가까이에 두는 것이 좋다.

그림 16.14 두 개의 걸음마기 영아반이 2.4m×2.4cm의 물 · 모래놀이영역을 함께 사용하고 있다.

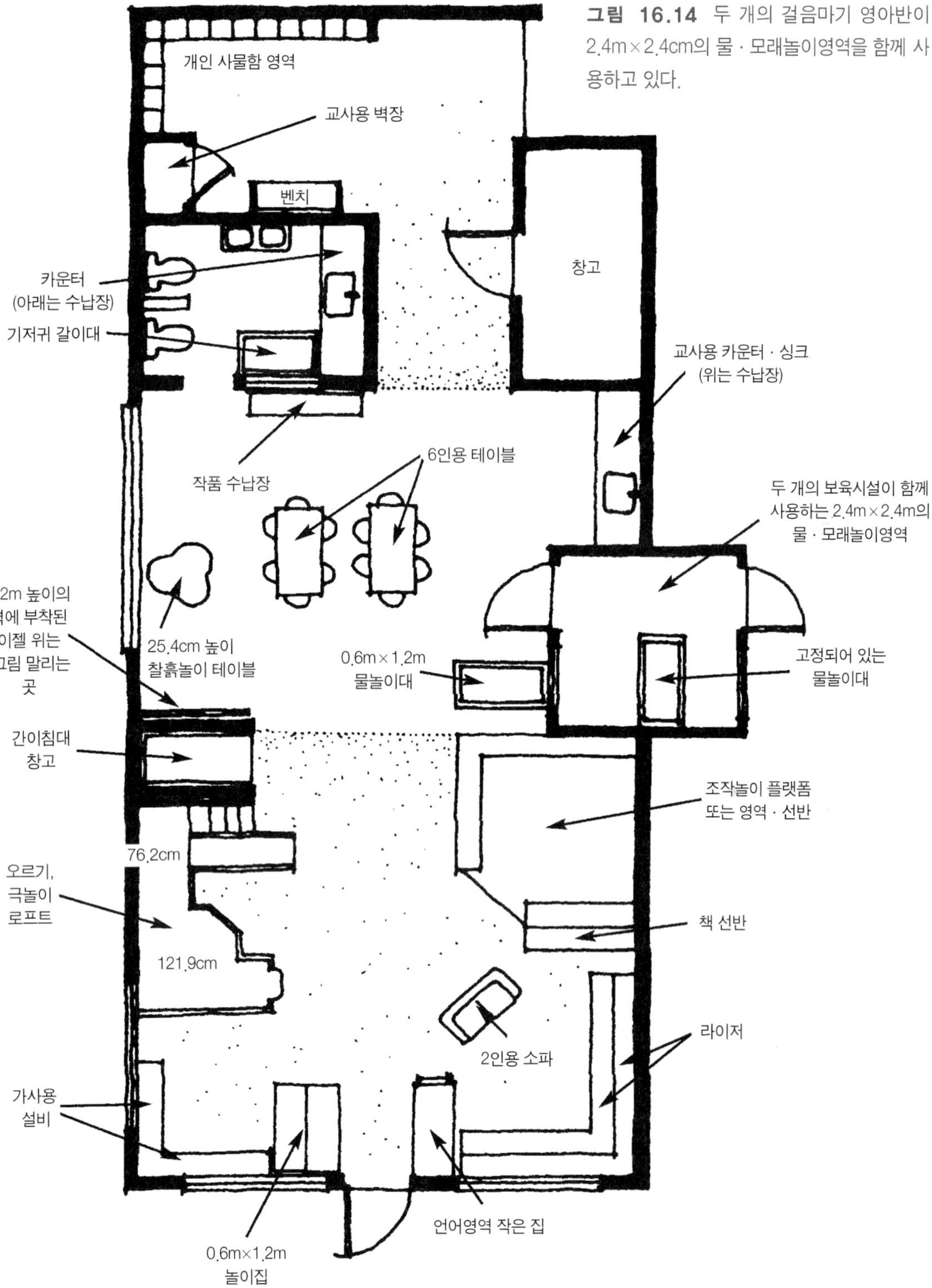

제16장

유아반 아동과 유치반 아동을 위한 공간

Be aware of wonder. Remember the little seed in the styrofoam cup:the roots go down and the plant goes up, and nobody really knows how or why, but we are all like that.

—Robert Fulghum

이 장에서는 유아반 아동과(3~4세) 유치반 아동을(5세) 위한 보육실 디자인에 대해 언급하겠다. 이 장의 중요사항, 설비목록, 지침은 제7장에서 설명한 영역구성 및 제14장에서 언급한 발달에 적합한 흥미영역에 대한 제안점과 서로 관련된다.

유치반 아동을 대상으로 하는 프로그램은 매우 광범위하기 때문에 이 장에서는 주로 유아반에 초점을 맞출 것이다. 유아반과 유치반의 교실 환경구성을 다르게 하려고 하지 않는다면, 입구, 낮잠공간, 욕실, 간식, 식사공간 등을 구성할 때 고려할 점은 유아반과 유치반에서 거의 비슷하다. 일반적으로, 유치반 프로그램은 흥미영역이 기본적으로 여섯 개로 구성된다는 점에서 유아반과 거의 비슷하다. 유아반과 유치반의 보다 주요한 차이점은 유치반에서 교구교재를 더 강조하고 사용한다는 점이다.

1. 프로그램에서 고려할 사항

디자인 요소들을 이야기하기 전에, 유아반과 유치반의 전반적인 프로그램 목표를 간단히 언급하는 것이 도움이 될 것이다.

1) 집단 크기, 비율, 면적

질적으로 우수한 프로그램으로 운영하기 위해, 이 책에서는 교사 대 아동비율을 유아반은 교사 두 명 대 아동 14~16명, 유치반은 교사 두 명 대 아동 16~20명으로 하겠다. 연령 집단에서 바람직한 평균적인 교실 크기는 92.9~111.5m^2이다. 유아반과 유치반 아동들은 기어오르기, 수직적인 공간 이용하기, 로프와 다양한 수준의 구조물을 사용하기 등 수직적인 움직임이 가능하기 때문에 제한된 교실 면적이 보완될 수 있다.

2) 발달 수준

생후 첫 3년 동안의 빠른 발달적 변화와 비교하면 유아반과 유치반 시기의 아동은 비교적 조금 더 느리게 변화한다.

(1) 유아반 아동

유아반 아동은 배우는 것을 좋아하고, 기술을 익히기 위해 노력하며, 민첩하게 움직이고, 도구를 조작할 수 있으며 또래와의 놀이에 관심을 보이기 시작한다. 동화, 역할놀이, 약간의 구조가 있는 게임, 또래 간 협동하고 경쟁하기도 하는 경험들은 또래 및 성인과의 사회생활의 성격을 규정짓는다. 유아반 아동들은 물, 모래, 나무, 진흙, 물감 등과 같이 가공되지 않은 순수한 재료들로 무언가를 만드는 것을 좋아하고, 남자와 여자의 놀이를 구별하기 시작한다.

(2) 유치반 아동

유치반 아동은 유아반 아동보다 상징적 언어를 유창하게 사용하고, 발과 소근육을 사용하는 일에 능숙하다. 에너지가 넘치며, 또래와 함께 하는 놀이를 매우 좋아한다. 상상의 이야기, 만화, 영웅, 그리고 자신들이 느끼는 것 보다 더 힘이 있는 성공과 승리가 있는 이야기를 좋아한다. 규칙을 만들긴 하지만, 논리적이거나 일관적이지는 않다. 학교놀이, 귀신놀이, 닌자놀이와 같은 즉흥적으로 일어나는 놀이를 좋아한다. 그리고 게임을 할 때 쫓고 쫓기기, 공격과 수비, 수용과 거절과 같은 반대되는 역할을 하기 좋아한다. 유치반에서 이러한 놀이들이 일어날 때는 한명의 리더가 있고, 다른 아이들은 리더를 따른다. 평균적인 발달을 보이는 5세 아동은 호핑(hopping)을 할 수 있고, 짧은 시간 한발로 서 있을 수 있다. 또한, 평균대에서 발을 교대로 걸을 수 있고, 팔꿈치를 이용하여 20.3cm의 공을 잡을 수 있다.

3) 유아반 아동과 유치반 아동에게 필요한 것

유아반과 유치반 시기에는 독립심과 자기조절능력이 증가하고, 그들의 가족이 아닌 다른 사람들에게까지 관심이 확대된다. 하지만 이 시기의 아동은 여전히 주 양육자와의 따뜻하고 안정적인 관계가 필요하다. 또한 제1장에서 언급한 네 가지 요소(움직임, 안정성, 유능감, 조절)가 같은 비중으로 요구된다.

2. 디자인 고려사항

유아반과 유치반 공간은 다양한 수준과 주제로 변화될 수 있다. 보육실은 생활 주제에 맞춰 다양한 자극을 줄 수 있도록 변화를 주어야 한다. 예를 들어, '바다'가 주제라면 놀이집을 해저탐험 본부로 꾸며 주고, 미술영역에 물고기 그림, 이젤, 작업을 할 수 있는 책상을 제공한다. 언어영역은 바닷속 생활에 대한 그림책, 바다에서 나는 소리 듣기 활동을 할 수 있도록 꾸며 주고, 쌓기 영역에서 바다 만들기, 물 · 모래놀이에서 댐과 물의 흐름을 배울 수 있도록, 음률 영역은 바닷속 생물의 신체표현 등을 할 수 있도록 교실환경을 꾸며 준다. 대부분의 교구교재와 장난감들은 아동 스스로 꺼내고, 사용 · 정리 · 보관할 수 있도록 개방되어 있어야 한다.

유아반과 유치반에 권장하는 가구 치수는 표 16.1과 같다.

표 16.1 권장 가구 치수 : 유아와 유치반 아동

(단위 : cm)

의자 및 책상 높이				
연 령	의자 높이	의자 넓이	의자 깊이	책상 높이
3세	25.4	29.2	24.1	45.7
4세	30.4	32.3	27.9	50.8
5~6세	30.4	32.3	27.9	50.8
선반 높이				
유 아	최대 93.9~101.6			
유 치	최대 101.6~121.9			
물과 모래놀이 탁자 높이				
유 아	60.9			
유 치	60.9			

3. 유아 및 유치반 아동용 프로그램에 맞는 흥미영역 디자인

유아반과 유치반 프로그램에 적합한 흥미영역을 디자인할 때, 아래의 기본적인 사항들을 고려하여야 한다.

- 변화를 인식할 수 있고, 환영 받는 느낌이 드는 입구 만들기
- 아동과 교사 간의 상호작용 촉진시키기
- 낮잠 · 휴식영역 제공하기
- 세면대 · 화장실 활용하기
- 식사 · 간식 공간 제공하기
- 아동이 중심이 되는 활동을 할 수 있도록 충분히 넓은 공간 확보하기

1) 입 구

아동에게 미치는 전이의 중요성과 입구의 일반적인 기능은 제7장에서 설명하였다.

U자 형태로 놓여진 사물함이 입구 영역을 만든 장면

그림 16.1 유아반 사물함

(1) 개인 사물함

아동 개개인은 여벌옷, 외투, 집에서 가져온 물건, 기관에서 만든 물건을 보관할 개인적인 공간이 필요하다. 옷장의 위치는 교사와 부모 간의 원활한 의사소통 및 부모와 아동의 자연스러운 작별인사, 청소의 용이성에 큰 영향을 미친다. 옷장의 위치, 디자인, 수납공간 크기는 부모와 교사가 서로 더 관심을 가질 수 있게 하고, 아동에게는 스스로 옷을 입는 방법을 쉽게 배울 수 있게 한다. 수납장 근처에 학부모 간의 의사소통 공간, 우편함, 게시판 등을 놓을 수 있다.

디자인가이드 16.1

아동 개인 사물함

- 보육실 입구에 한 반 전체 아동의 옷을 보관할 수 있는 사물함을 놓을 수 있도록 충분한 공간을 마련한다(약 9.3m^2).
- 교실 입구에 사물함을 L자나 U자 모양으로 놓아 자연스러운 전이공간을 만든다.
- 옷장 근처에 벤치나 보관함(뚜껑을 열면 분실물을 보관할 수 있는 수납상자로 사용가능한 의자)을 함께 놓아 옷을 입고 벗을 때 앉을 수 있도록 한다.
- 사물함의 너비는 각 아동마다 최소한 30cm가 되도록 한다. 보육실 내에 바닥 공간은 다른 용도로 쓰임새가 많기 때문에, 복도에 배치하거나 두 명이 하나의 사물함을 사용하는 것을 고려해 본다.
- 부모 공지사항용 게시판, 선반, 클립보드, 또는 부모가 기록할 수 있는 다른 물건들을 준비한다.

(2) 교사 개인 사물함

영아반 교사들에게 개인 사물함이 필요한 것처럼 유아반, 유치반 교사들에게도 개인 사물함이 필요하다.

(3) 창 고

대용량 물품들, 장난감, 설비들을 보관할 적어도 3.7~5.6m²의 옷장을 제공한다.

(4) 부모 · 교사 간의 의사소통

유아반, 유치반에서도 여전히 학부모는 가정과 기관의 연계를 위해 교사와 매일 이야기하길 원한다. 부모가 언제나 환경 받는 느낌을 받고, 교사와 쉽고 빠르게 만나서 이야기할 수 있는 분위기는 매우 중요하다. 이런 분위기는 부모가 자유롭게 이야기할 수 있게 만든다. 또한 부모는 다른 부모와 만나 이야기하는 것도 원한다.

유아 · 유치반 아동은 성인의 사랑과 관심을 원한다.

2) 아동 · 양육자 간의 상호작용

유아반과 유치반 아동은 신체적 · 인지적 한계에 부딪혔을 때, 또래와의 관계에서 혼란스러울 때, 익숙하지 않은 공포에 직면했을 때 어른들로부터 여전히 많은 사랑과 관심을 받길 원한다. 아동을 둘러싸고 있는 환경은 아동과 성인 사이의 신체적 접촉 및 친밀한 관계가 지속적으로 일어나도록 도와준다.

디자인가이드 16.2

아동 · 양육자 간의 상호작용

- 성인 높이의 편안한 의자를 한 개 이상 제공한다.
- 아동이 성인과 개인적인 시간을 보낼 수 있는 소파, 큰 의자, 로프트 또는 플랫폼을 제공한다.

3) 낮 잠

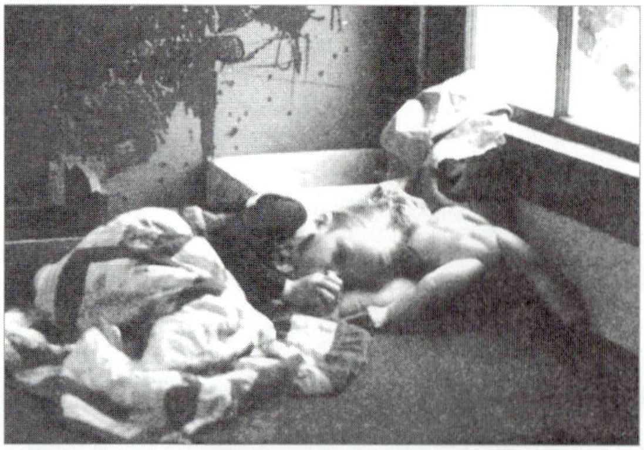

극놀이영역에 낮은 플랫폼은 아픈 아동이 집에 가기 전까지 침대로 사용할 수 있다.

간이침대나 개인 요를 이용하여 보육실 내에 낮잠영역을 만들거나 보육실과 독립적인 공간에 낮잠영역을 만들 수 있다. 질병을 막고 위생적으로 관리하기 위해 개인 요 · 이불은 각각 보관하고, 자주 세탁한다. 간이침대마다 아동의 이름을 적는다. 오래 낮잠을 자거나, 조용한 놀이를 하는 아이를 위해 편안히 쉴 수 있는 자유로운 영역을 교실에 마련하는 것을 고려해 본다.

또한 아픈 아동을 위해 아늑한 곳, 후미진 곳을 별도로 만들거나 부모와 헤어져 기분이 좋지 않은 아동을 위해 간이침대를 준비할 수 있다. 양호실보다 아동에게 친숙한 보육실 안에서 돌보는 것이 더 좋다.

디자인가이드 16.3

낮 잠

- 만약, 낮잠을 자는 공간을 별도로 마련하지 않을 예정이라면, 각 아동에게 개인 간이침대, 개인 요, 또는 쌓아 올리거나 접었다 펼 수 있는 침대를 제공한다.
- 간이침대, 개인 요, 침대를 교실 크기에 딱 맞게 깔 수 있도록 크기를 가늠한다(유아반 간이침대는 약 55.8×132×12.7cm이다).
- 아동이 낮잠을 자는 동안 조명이 필요하면, 아동의 낮잠을 최대한 방해하지 않도록 커튼을 이용하여 자연광을 조절하고(창 가리개에 관한 정보는 10장 참고), 빛 밝기 조절기를 이용하여 전등 빛의 밝기를 조절한다.
- 창문을 열고 적절히 환기를 하여 신선한 공기를 제공한다.
- 세탁이 가능하고 편안하며 포근한 침구를 제공한다. 보육실의 색과 어울리도록 맞추어 준비하고, 만약 아동이 집에서 이불을 가지고 오지 않는다면 아동에게 이불의 디자인을 선택할 기회를 준다.
- 아동의 컨디션이 좋지 않을 때 이용할 수 있는 휴식영역 또는 간이침대를 아동의 이동경로를 방해하지 않는 공간에 세팅한다. 수족관, 새, 애완용 쥐 우리 근처에 세팅하면 아동의 마음을 편안하게 하는 데 도움이 된다.

낮잠영역의 설비목록

- 간이침대, 개인 요 또는 침대
- 간이침대나 개인 요를 보관할 장
- 이불, 베개
- 이불, 베개를 보관할 장
- 밝기를 어둡게 조절할 수 있는 조명
- 창 가리개
- 조용한 음악

4) 화장실

유아반과 유치반의 경우 아동이 화장실을 쉽게 이용할 수 있도록 해야 한다. 비교적 공개되어 있고, 즐거움을 주고, 집과 같은 분위기여야 하며, 아동의 사이즈에 맞는 설비 또는 아동들이 사용하기 쉬운 성인의 설비로 이루어져야 한다. 10명당 한 개의 변기와 세면대가 필요하다. 유아반에서는 성별을 구별하여 화장실을 만들 필요는 없지만, 가끔 유치반 아동들은 그렇게 하길 원할 때가 있다. 청소하기 쉽도록 디자인하지만 공공 화장실 느낌이 나지 않도록 해야 한다.

화장실의 설비목록

- 높이 27.9cm의 변기
- 화장지를 보관할 수 있는 장
- 높이 60.9cm의 다양한 감각적 자극을 줄 수 있는 파티션 또는 칠판
- 화장실 또는 가까운 곳에 높이 55.8~60.9cm 세면대 설치
- 핸드 타월, 화장지, 또는 손 건조기
- 비누 보관대
- 개인 양치 컵, 칫솔, 홀더
- 휴지통
- 여벌옷을 보관할 수 있는 장(또는 반침에 보관하기)
- 바닥 배수
- 더러운 옷을 보관할 수 있는 바구니
- 조명
- 큰 거울
- 재미있는 장식품

변기 사이 파티션에 예쁜 조개껍데기를 묻어 화장실의 심미감을 더했다(코퍼하우스).

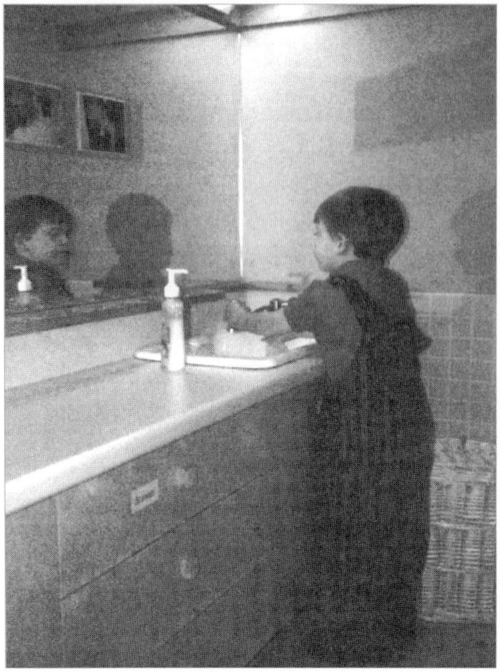

사진 속의 유아반 화장실은 나무 장, 부드러운 조명, 큰 거울로 되어 있어서 집과 같은 느낌을 준다(코퍼하우스).

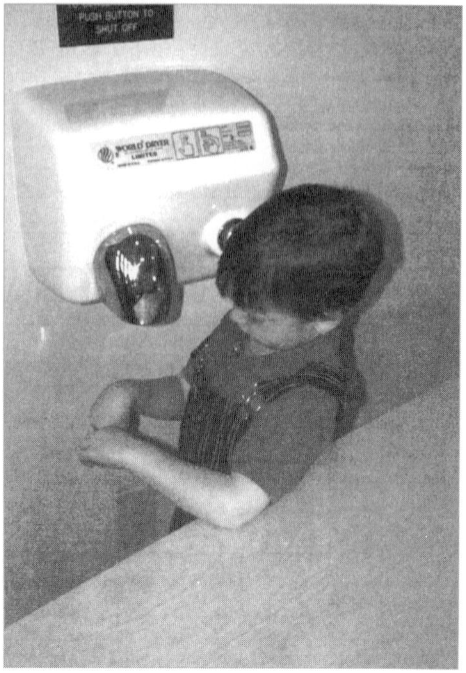

유아반 아동은 전기 손 건조기를 사용할 수 있고, 전기 손 건조기를 사용하면 종이를 아낄 수 있다.

디자인가이드 16.4

화장실

- 부드러운 조명, 세면대 위의 큰 거울은 화장실을 좀 더 집과 같은 느낌이 나게 한다.
- 카운터 안에 싱크대를 붙박이로 만들거나, 좀 더 실용적으로 사용하기 위해 한 개의 세면대에 두 개의 수도꼭지를 설치한다.
- 아동이 대소변 실수를 하거나 변기의 물을 내리지 않아 생기는 냄새를 없애기 위한 성능이 좋은 환기장치를 설치한다(문이 열리는 창문이 바람직하다).
- 전기로 작동하는 손 건조기는 종이를 절약할 수 있고 위생적이다.
- 장식목, 칠판, 조각, 바다조개 등과 같이 아동이 관찰하고 직접 만질 수 있는 높이가 약 60.9cm 정도 되는 낮은 파티션을 제공한다. 이런 설비는 화장실이 좀 더 집과 같은 분위기가 나도록 한다.

5) 세탁기와 건조기

영아반에서 사용했던 세탁기와 건조기를 사용하거나, 유아반, 유치반 아동의 수가 많다면 새로운 것을 설치한다. 물놀이나 눈 온 날 놀이 후 아동의 옷을 말리는 데 도움이 될 것이다.

6) 급 · 간식영역

급 · 간식시간은 아동이 스스로 음식을 먹을 수 있고, 교사, 또래와 이야기하며 친근감을 느낄 수 있는 즐거운 시간이다. 이런 경험은 집에서 가족들과 함께 저녁을 먹는 것과 비슷하다. 창문이 보이는 자리, 즐거운 장면을 볼 수 있는 자리, 날씨가 좋을 경우 실외에서 간식을 먹어 보는 경험은 아동에게 보다 매력적인 일이다. 급 · 간식을 나르는 일은 급 · 간식을 준비하는 영역과 가까울 때 가장 수월하다.

간식의 경우 유아반과 유치반 아동은 하루에 여러 번 간식을 먹는다. 간식영역이 개방되어 있고, 아동이 먹고 싶을 때 자유롭게 먹을 수 있도록 하는 것이 대집단으로 같이 먹는 것보다 더 좋다. 이렇게

한 책상에 4~6명의 아동이 앉아서 간식을 먹을 때 대화가 가장 원활하게 이루어지고, 아동에게 가장 즐거운 시간이 된다.

디자인가이드 16.5

급 · 간식영역

- 급 · 간식을 보육실에서 먹을지 별도의 식당에서 먹을지를 결정한다.
- 만약에 보육실에서 급 · 간식을 먹는다면, 한번에 먹을 인원을 구체적으로 정하고, 그에 맞는 충분한 공간을 마련한다. 미술영역의 책상, 물놀이대, 모래놀이 상자, 겹쳐 쌓을 수 있는 낮은 책상, 벽에 고정되어 있는 접이식 탁자는 최소한으로 사용한다.
- 별도의 식당에서 먹을 때, 주방과 배식대를 가까이 배치한다. 아동들 간의 친밀감을 높이고, 식당의 혼잡함을 줄이기 위해 4~5개의 책상에 나누어 앉고, 동시에 14~18명 이상 먹지 않도록 한다.
- 아동이 직접 상을 차릴 수 있도록 접시, 식기류, 시트를 아동의 키 높이에 보관한다.
- 4명 정도의 아동이 항상 이용할 수 있는 별도의 간식책상을 마련한다. 아동이 스스로 챙길 수 있도록 컵, 주스, 바구니, 냅킨과 같은 물건들을 근처에 준비한다. 비누를 담는 바구니, 깨끗한 물, 컵 고리를 준비해 주면 아동 스스로 자신의 컵을 씻고 정리할 수 있고, 이렇게 하면 일회용 물건의 사용을 줄일 수 있게 된다.
- 책상과 의자의 높이는 표 16.1을 참고한다.

음식을 먹는 공간에는 아동 스스로 책상을 정리할 수 있도록 컵, 접시, 시트를 보관하는 공간을 제공한다.

하면, 여러 개의 책상들이 지저분해지지 않고, 아동이 배가 고플 때나 소집단으로 친구를 만나고 싶을 때 스스로 간식을 먹을 수 있다. 친밀한 인간관계를 만드는 데 음식과 대화는 매우 중요한 역할을 한다. 또래 간의 많은 대화는 교실의 어느 영역보다 급 · 간식영역에서 많이 일어난다.

4. 유아 및 유치반 고유의 흥미영역

아동은 유아반과 유치반 보육실의 잘 계획된 흥미영역에서 영역별 다른 활동들을 함으로써 다양한 경험을 할 수 있다. 각 영역의 자료들은 1~2명이 할 수 있는 것, 3~4명이 할 수 있는 것, 5명 이상이 할 수 있는 것 등으로 변화를 줄 수 있고, 이러한 경험들을 통해 아동은 하루일과 동안 균형을 이룰 수 있다. 아동은 각각의 흥미영역에서 예를 들어 '지저분하거나 깨끗한, 능동적이거나 수동적인, 개별적이거나 사회적인' 등의 질적으로 다른 분위기를 경험할 수 있다.

언어 게임, 듣기 · 쓰기 영역, 수 · 과학영역, 비구조적인 테마가 있는 소꿉영역은 유치반 아동의 발달과 능력을 증진시키기 때문에 유치반 흥미영역에 포함해야 한다고 강조하고 싶을 것이다. 또한 실내외에 모두 신체 운동을 할 수 있는 영역을 제공하여야 한다.

교사가 항상 모든 아동들을 관찰할 수 있도록 영역을 구성해야 하지만, 교실 안에 아동들을 위한 개인적인 공간이 제공되어야 한다.

디자인가이드 16.6

유아 · 유치반의 고유한 흥미영역

- 노트 14.1, 제7장, 제14장에서 소개한 여섯 가지 놀이 유형을 참고한다. 제15장의 같은 섹션도 참고한다.
- 아동에게 잠시 쉴 수 있는 개인적인 공간을 제공한다.
  예) 아늑한 공간, 엿보기 구멍(peep hole), 플랫폼, 로프트, 넓은 계단의 층계참(spacious stair landings), 벤치, 소파, 팔걸이 의자, 또는 창문턱
- 아동이 기분이 나쁘거나 흥분했을 때 교실 안팎에 감정을 해소할 수 있는 공간을 만드는 것을 고려한다. 이곳에서 던지기, 차기, 달리기, 떨어지기, 매트, 스티로폼, 매트리스, 베개, 펀칭백 등을 사용할 수 있다.
- 보육실 내 각 흥미영역의 장소성과 고유의 분위기를 고려한다.
- 아름다운 전시품, 수족관, 새장, 동물우리 등 생물의 아름다움과 심미감을 느낄 수 있는 공간을 제공한다.
- 보육실에서 실외 놀이터로 바로 나갈 수 있는 출입구를 제공한다.

1) 메시놀이

교실의 메시영역(messy area)은 일반적으로 물놀이, 물감놀이, 찰흙, 음식 준비 등의 활동을 포함하며, 싱크대가 있어야 하고, 바닥은 물로 닦기 쉬운 재질이어야 한다. 물놀이, 모래놀이, 요리, 목공놀이, 과학활동에서 구체적으로 고려해야 할 사항들은 아래에 설명되어 있다.

(1) 물놀이와 물놀이영역

물놀이는 유아반과 유치반 아동에게 필수적인 놀이이다. 수도시설과 배수시설의 기능이 좋아야 물놀이대의 물을 비우고 채우는 것을 원활하게 할 수 있다.

벽, 바닥, 샤워기로 둘러싸인 물놀이영역에서 아이들이 자유롭게 재료들을 탐색하고, 놀이할 수 있고, 교사들은 아이들을 쉽게 씻길 수 있다.

물놀이의 설비목록

- 물놀이대
- 수도시설과 배수시설(또는 물을 채우고 비울 수 있는 다른 시설)
- 차가운 물, 따뜻한 물(온도 조절 밸브)
- 물놀이 장난감(깔때기, 튜브, 그릇, 인형 등)
- 통, 바구니, 고리, 장난감 선반
- 앞치마
- 선택사항 : 1.8×2.4m 또는 사이즈가 더 큰 전면이 밀폐된 물놀이방

디자인가이드 16.7

물놀이

- 배수시설이 되어 있고, 닦기 쉬운 바닥으로 되어 있는 곳에 물놀이공간을 배치한다.
- 유아반, 유치반 각각에 적어도 0.6×1.2×15.2cm의 물통을 바닥에서 60.9cm 높이에 설치한다. 큰 세라믹 싱크대나 스테인리스로 만든 식당 공급용 물통이 적당하다.
- 아동이 물놀이대의 세 면에서 놀이할 수 있도록 안내한다.
- 물놀이대 근처에 물놀이 장난감을 보관할 있는 곳을 제공한다.
- 앞치마를 걸 수 있는 고리와 3~5세 아동을 위한 방수가 되는 앞치마를 제공한다.

붓, 롤러, 물감통을 사용하면, 벽이나 아동 자신의 몸에 그림을 그릴 수 있다.

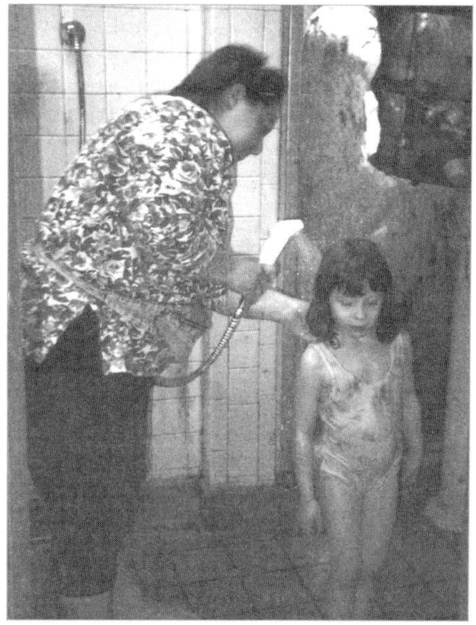

샤워기를 사용하여 아동을 씻어줄 수 있고, 교실을 깨끗이 닦을 수 있다.

5.5×2.4m의 유리로 둘러싸인 물놀이 방. 큰 샤워실과 비슷하고, 더러워져도 되는 놀이를 하기에 안전한 장소이다.

물 · 모래놀이 책상을 교실 안에 세팅할 수 있다.

(2) 모래놀이

카펫으로 된 바닥에서 모래놀이를 할 때 진공청소기로 청소하기 쉽기 때문에, 모래놀이 상자 아래 러그를 깔거나, 카펫이 깔린 곳 근처에 영역을 배치하는 것이 좋다. 모래놀이와 물놀이의 교육적 가치가 중복되는 경우가 있기 때문에 메시영역 안에 모래놀이영역을 배치하는 것은 좋지 않다. 모래가 하수도를 막거나, 모래놀이 상자 안에 많은 양의 물이 들어가지 않도록 하기 위해, 교사가 감독할 수 없는 시간에는 물놀이대와 모래놀이대를 서로 멀리 떨어뜨려 배치하는 것이 좋다. 모래놀이 상자는 크기가 다양하고, 상자의 치수에 따라 놀이 형태가 달라진다. 실내에서 사용하는 모래놀이용 상자는 모래가 상자 안에 남게 되고, 아동의 옷에 잘 섞이기 때문에 모래놀이대의 경계가 분명하지 않으면 사용하기 힘들다. 만약, 실내에 공간이 부족하다면, 실외 놀이터의 모래상자나 흙무덤이 실내의 모래놀이 대용으로 필요할 것이다.

모래놀이의 설비목록

- 모래놀이 상자
- 모래놀이 교구
- 바구니, 선반, 교구를 걸 수 있는 고리
- 물을 사용할 수 있는 시설

디자인가이드 16.8

모래놀이

- 적어도 0.6×1.2×15.2cm의 모래놀이 상자를 바닥에서 60.9cm 높이에 설치한다. 모래놀이 상자의 크기와 높이는 아동이 참여하는 모래놀이의 종류에 따라 결정된다.
- 모래놀이 상자의 세 면에서 놀이할 수 있도록 아동을 안내한다.
- 모래놀이 교구를 보관할 수 있는 장소를 근처에 마련한다.
- 모래놀이를 할 때 물놀이를 함께할 수 있도록 가까운 곳에 설비한다.

(3) 요 리

아동에게 음식을 준비할 수 있는 기회를 주는 방법으로는 보육실 또는 주방에서 가까운 책상에서 조리사를 도와주기, 배식하는 곳 근처나 미니 주방에서 음식을 준비하기, 이동이 가능한 설비를 이용하여 보육실 내에서 음식하기(보육실에 설비를 하거나, 카트를 이용하여 설비를 옮기기)가 있다.

(4) 목공놀이

나무를 이용하여 생각을 표현하는 방법을 배우는 것과 단순한 공구를 사용하여 물건을 만드는 것은 유아반과 유치반 아동들에게 매우 교육적이다. 많은 교사들은 목공놀이가 위험하고 시끄럽다고 느껴 아동과 함께 활동하기를 꺼린다. 목공놀이를 하는 장소와 방법은 여러 가지 경우에 따라 다르므로, 디자인가이드 16.9를 참고하면 된다.

목공놀이의 설비목록

- 0.6×1.21×55.8cm 높이의 목공놀이 작업대
- 다른 크기의 나무를 보관할 바구니
- 실제 공구
- 진행 중인 작업을 보관할 선반
- 풀을 사용할 수 있는 가까운 곳에 물로 씻을 수 있는 재질로 된 책상
- 부드러운 나무의 그루터기
- 선택사항 : 작업 벤치와 공구를 위한 창고

디자인가이드 16.9

목공놀이

- 아동의 안전을 위해, 목공놀이 작업용 벤치에서 한번에 2~3명의 아동만 작업할 수 있도록 하고, 벤치의 세 면에서만 사용할 수 있도록 한다.
- 메시영역 안에 목공놀이를 세팅할 경우, 교사가 꼭 그곳에서 감독한다.
- 작은 나무 조각들과 작업 중인 작품들을 보관할 장소를 마련한다.
- 소음을 줄이기 위해 가능한 한 작업 표면을 두껍게 만든다(오래된 정육점의 나무 도마와 같은 느낌이 나는 작업대).
- 톱질이나 망치질이 싫증난 아동들을 위해 풀을 사용하는 곳 근처에 얇은 판자로 된 표면의 책상을 준비한다.
- 페그보드 판에 가볍고 작은 실제 공구를 준비한다.
- 부드러운 나무의 그루터기는 못질을 배우는 데 매우 좋은 재료이다. 나무를 많이 사용하여 표면이 거칠어지면 다른 것으로 바꿔 준다.

(5) 과학 및 자연

아동이 식물, 동물과 함께 생활하게 되면 생물을 보호하고 존중할 수 있게 된다. 실내에 있는 자연관찰영역이 이러한 점을 대신할 수 있을 거라고 여겨지지만, 절대 그렇지 않다. 나무, 잔디, 연못, 강, 산, 정원과 같이 진짜 살아 있는 자연을 경험해야 한다.

과학 · 자연영역에서 충분히 넓은 활동공간과 충분한 양의 교구장은 매우 중요하다. 과학영역에는 자석, 현미경, 돋보기, 온도계, 전지와 전구, 동물 표본, 표본상자, 조개껍데기, 둥지, 누에고치, 화석, 바위 등의 자료가 있어야 한다.

과학 · 자연영역의 설비목록

- 수집품, 식물, 동물을 전시하고 보관할 선반
- 교구교재를 가지고 활동할 수 있는 아동용 카운터
- 4~6명 정도의 아동들이 소집단으로 활동할 수 있는 책상과 의자
- 가능하면 자연, 혹은 밝은 조명
- 가까운 곳에 위치한 싱크대
- 현재 전시하지 않는 아이템을 보관할 교사용 보관 창고
- 게시판
- 스케치를 위한 칠판이나 화이트보드

아동의 키 높이에 맞는 책상과 게시용 파티션은 과학과 자연에 관계된 교구교재들을 탐색할 수 있는 장소가 된다.

넓은 자연영역에는 넉넉한 양의 수납장 및 교구장, 카운터, 전시공간, 작업공간이 있다.

디자인가이드 16.10

과학 및 자연

- 과학영역 근처에 싱크대를 배치하고, 넓은 카운터와 충분히 활동할 수 있는 공간을 마련한다. 씨앗, 공구, 교구들, 게시판, 바위, 잎사귀, 조개껍데기 등을 보관할 교구장을 마련한다.
- 자연광이 들어오도록 영역을 구성하고, 교실 전체가 보이는 책상을 제공한다.
- 아동이 물고기를 만지거나 수족관을 잡아당겨 내리지 않도록 아동의 시야보다 낮은 곳에 수족관을 놓는다.
- 동물들은 명령한 대로 움직이지 않기 때문에 애완용 쥐, 생쥐, 물고기, 뱀, 등의 우리를 어디에 놓는 것이 좋을지 생각해 본다. 동물을 어디에 놓을지에 대한 것은 동물을 보호하고 돌봐 줄 아동의 능력, 교실 분위기에 따라 달라진다. 햄스터는 읽기 영역의 개방된 우리가 적당하고, 수족관을 책장 아래쪽 선반 안에 놓으면 아동이 마룻바닥에 누워 있는 동안 즐거운 장면을 볼 수 있다.
- 작은 동물은 안락한 영역 근처 또는 타임아웃을 하는 니치, 베이 또는 개인적인 공간에 전시할 수 있다. 이런 니치 근처에 컨디션이 좋지 않은 아동을 위해 간이침대를 놓아줄 수 있다.

2) 조용한 놀이

읽기, 듣기, 쓰기, 수, 조작, 작은 단위적목놀이와 같은 활동은 교실의 좀 더 조용한 곳에 배치한다.

(1) 읽기 및 대집단

편안한 읽기 영역에서는 유아반과 유치반 아동들이 여러 가지 자세로 앉고, 기댈 수 있고, 다양한 주제의 책을 읽을 수 있다. 읽기 영역의 활동들은 아동의 언어발달을 돕는다. 이 영역에서는 동화를 읽기도 하고, 반 전체가 하루에 한두 번 모이는 대집단활동을 할 수도 있다. 읽기 영역에 듣기와 조작영역이 포함되거나, 각각 독립되어 있을 수도 있다. 이 영역에 라이저, 쿠션, 그리고 작은 소파, 로프트와 같은 것들을 준비해 주면 좋다.

가는 나뭇가지로 만든 등받이가 있는 작은 의자와 얇고 가벼운 소재의 천으로 만든 캐노피가 읽기 영역의 아늑한 분위기를 조성한다.

창문 앞의 층계의 단은 아동들이 읽기활동, 대집단활동, 조작놀이를 할 수 있는 아주 좋은 장소이다.

읽기 · 대집단영역의 설비목록

- 소파, 팔걸이의자, 카펫으로 된 라이저, 해먹, 공의자, 의자
- 카펫으로 된 바닥
- 책과 책꽂이
- VCR과 TV
- 부드러운 장난감
- 읽기 놀이집(reading loft)
- 개인 공간
- 게시판

여기 또는 다른 곳에

- 조작놀잇감
- 조작놀이 교구장과 창고
- 25.4cm 높이의 책상
- 카세트 플레이어, CD 플레이어, 오디오 테이프, CD, 이어폰

디자인가이드 16.11

읽기 및 대집단

- L자나 U자 모양의 2층 카펫 라이저는 읽기나 대집단 활동을 하기에 매우 좋은 형태이다. 좌석의 높이는 20.3~22.8cm, 깊이는 최대 30.4~38.1cm로 된 합판 재질이 아닌 층계를 만든다.
- 쿠션, 소파, 로프트, 층계로 된 플랫폼, 작은 놀이집과 알코브, 붙박이 또는 디자인된 베이를 추가로 읽기 영역에 준비해 주면 좋다. 아동이 편안하게 기대어 앉을 수 있는 자리를 선택한다.
- 읽기 · 대집단 영역은 다른 조용한 놀이와 인접해서 배치하는 것이 가장 좋다. 밝은 조명(가능하면 자연광도 일부 들어오면 좋다)을 준비하고, 시끄러운 소리를 조절할 수 있는 곳에 배치한다.
- 한번에 20~25개의 책을 앞표지가 보이게 세팅할 수 있는 책꽂이를 제공한다.
- 테이프 플레이어, 이어폰, 그리고 다른 전자제품을 사용할 수 있는 콘센트를 제공한다.
- 만약, 조작놀이를 읽기 영역에 포함시킨다면, 라이저 제일 아래 칸에 교구를 보관할 바구니를 준비하는 것을 고려해 본다.

(2) 조작놀이

마룻바닥, 층계, 또는 낮은 플랫폼은 유아반, 유치반 아동이 퍼즐, 게임, 구성놀이를 하기에 매우 좋은 공간이다. 조작놀이영역은 경계를 확실히 구분하고, 아동의 통행이 적은 곳에 배치한다.

조작놀이의 설비목록

- 퍼즐, 게임, 숫자카드놀이
- 조각이 작은 구성놀이 교구(레고, 단추 블록 등)
- 작은 모형 극놀이 교구
- 페그보드, 구슬 끈 끼우기, 모양 보드, 알파벳 보드
- 아동이 사용할 수 있는 조작놀이 교구장
- 의자 없는 낮은 책상(25.4cm 정도 높이) 또는 가장자리에 의자가 붙어 있는 책상 중 선택하기
- 베개나 쿠션
- 화보, 사진 등을 붙일 게시판

아동이 활동하고, 전시하기에 적절하게 아동의 키 높이에 맞춰 조작놀이 교구장이 충분히 넉넉한 사이즈로 만들어졌다. 조작놀이영역의 넓은 바닥에서 아동들은 활동할 수 있다.

두 개의 면이 막혀 있는, 0.9×1.2×30.4cm의 플랫폼은 1~2명의 아동이 조작놀이를 하기에 완벽한 장소이다.

디자인가이드 16.12

조작놀이

- 아동은 교구장 근처에서 놀이하는 경향이 있기 때문에 선반 앞의 바닥을 자유롭게 사용할 수 있도록 60.9×76.2cm의 교구장을 벽 위쪽에 설치한다.
- 조작놀이 교구를 바구니에 담아 교구장에 보관하고, 교구장에 밑판 그림을 붙여 찾기 쉽도록 한다.
- 만약, 조작놀이가 읽기 · 대집단영역에 포함된다면, 낮은 단이나 계단의 아래 부분에 바구니를 보관하고 바구니를 앞으로 당겨 사용하는 것을 고려해 본다.
- 조작놀이는 바닥에서 하는 것이 더 좋기 때문에, 책상은 그다지 필요하지 않지만, 책상을 놓고 싶으면, 의자가 필요 없는 낮은 책상이나 의자가 붙어 있는 책상을 사용한다.

(3) 쓰 기

유아반과 유치반 아동은 또래, 성인과 그림이나 글자로 의사소통하는 법을 배우기 좋아한다. 또한, 글자, 숫자를 흉내 내어 쓰는 것에도 관심이 많다. 이 활동은 미술영역의 책상에서 할 수도 있지만, 별도의 영역이 있으면 더 많은 장점이 있다. 쓰기 영역은 책상과 의자 또는 쿠션과 낮은 책상으로 꾸밀 수 있다.

쓰기 영역의 설비목록

- 작은 책상
- 2~4개의 의자
- 종이, 글자, 쓰기에 필요한 도구를 보관할 장
- 플랫폼이나 로프트(선택)

벽난로를 작은 쓰기 영역으로 사용하였다.

디자인가이드 16.13

쓰 기

- 382페이지에서 본 과학영역과 유사하게, 책상 뒤에 붙여 놓은 호모소테(homosote)는 쓰기 영역의 경계가 될 수 있다.
- 종이, 필기도구, 글자 모형을 제공한다.
- 아동이 편지를 쓰고 의사소통을 할 수 있도록 작은 '우편함'을 제공한다.
- 원한다면, 듣기 영역과 한곳에 배치한다.

(4) 듣 기

듣기는 읽기와 대집단영역에 포함되지만, 가끔 CD나 테이프를 듣기 위해 따로 구성할 필요가 있고, 이어폰도 아동이 마음대로 사용할 수 있도록 해야 한다. 듣기 영역은 보육실의 매우 조용한 곳에 배치하고, 카펫, 쿠션, 편히 기댈 수 있는 작은 소파 같은 것을 함께 세팅하거나 플랫폼의 아래 또는 위에 구성할 수 도 있다. 카세트 플레이어, CD 플레이어는 안전한 선반에 놓도록 한다. 한 번에 1~4명의 아동이 활동할 수 있도록 계획한다.

듣기 영역의 설비목록

- 레코드, CD, 아동이 사용할 수 있는 테이프 플레이어
- 이어폰 2~4세트
- 튼튼한 교구장
- 레코드, CD, 테이프
- 카펫
- 부드러운 의자, 쿠션, 공의자, 소파 등
- 플랫폼이나 2층 놀이집(선택)

디자인가이드 16.14

듣 기

- 듣기 활동은 책상, 로프트의 1층, 바닥에 앉아서 할 수 있다. 테이프와 CD는 아동이 그림을 볼 수 있도록 표지를 앞으로 보이게 진열한다.
- 만약 공간이 충분하지 않으면 바퀴가 달려 이동이 가능한 듣기 책상을 사용한다.

(5) 단위적목

단위적목놀이를 통해 아동은 기본적인 수학개념, 무게와 균형의 원리, 건축기술의 작은 단위 등을 알게 된다. 단위적목영역은 아이들이 지나다니며 구성물을 부수지 않도록 보육실에서 가장 안전한 곳에 배치하는 것이 좋다. 자동차, 사람, 동물 등의 모형 장난감을 함께 제공하도록 한다. 교육적 효과를 최대한 얻기 위해서 최소한 200개의 블록이 필요하다.

단위적목영역의 설비목록

- 단위적목 1세트(200~400개)
- 76.2~91.4cm 높이의 긴 블록 교구장
- 바닥에 깔 카펫
- 블록장으로 둘러싸거나 플랫폼으로 벽을 가리는 등의 방법을 사용하여 블록으로 만든 구성물들이 부서지지 않도록 단위적목영역을 매우 안전한 장소로 만들기

단위적목영역은 블록의 모양이 보일 수 있도록 블록의 긴 면으로 정리하고, 모형 장난감을 같이 내어 준다.

디자인가이드 16.15

단위적목

- 출입구 쪽에 쌓기 영역을 배치하지 않는다(쌓기 영역이 장으로 막혀 있거나, 벽이 높은 플랫폼이 설치되어 있는 경우 제외).
- 교구장을 포함하여 최소한 2.43×3.04m의 카펫이 깔린 바닥공간을 확보한다. 또한 조용한 다른 놀이와 인접하여 배치하고, 좁은 공간에서는 수직의 구성물을, 넓은 공간에서는 수평의 구성물을 만들도록 격려한다.
- 블록의 긴 쪽이 보이도록 교구장에 정리한다. 아동이 정리하기 쉽도록 블록 교구장에 밑판 그림을 붙여 준다. 이런 방법은 아동이 갖고 있는 평면적인 표상을 입체적인 모양에 연결시킬 수 있게 한다.
- 자동차 모형, 트럭 모형, 사람 모형, 쌓기 영역에서 사용하는 여러 가지 소품들을 보관할 교구장을 마련한다.

(6) 수

유아반과 유치반 아동은 숫자와 관련된 간단한 과정의 학습을 좋아한다. 여기에는 아동 나름대로의 수 세기, 순열, 측정, 무게 재기, 차원 비교하기 등이 포함된다. 이러한 활동에 필요한 교구교재를 사용하고 보관하기에 용이한 장소에 수영역을 배치하는 것이 좋다.

수영역의 설비목록

- 책상 또는 카운터
- 교구를 보관할 개방적인 선반
- 주사위, 작은 블록, 수게임 등
- 91.4cm(1yard) 길이의 막대, 줄자, 자
- 체중계, 양팔저울 등

디자인가이드 16.16

수

수에 관련된 활동에 사용하는 실제적인 교구를 넣을 수 있도록 영역을 디자인한다. 일반적으로 영역에 포함되어야 할 것들은 교구장, 큰 계산기, 교구를 펼쳐 놓을 수 있는 책상, 측정을 위한 벽과 바닥, 성장 차트 등이다.

수영역에 무게 측정, 수 세기, 분류 활동 교구를 담을 수 있는 바구니와 많은 책상이 필요하다.

3) 활동적인 놀이

유아반과 유치반 아동은 몸을 움직이는 것을 매우 좋아하기 때문에 실외 놀이에서만 동적인 놀이를 하는 것으로는 부족하다. 그러므로 하루일과 동안 실내에서도 몸을 움직이는 놀이를 할 수 있어야 한다. 이러한 놀이를 통해 아동은 협응력과 균형감, 폐활량과 체력, 공간 지각력을 발달시킬 수 있다. 실내 대근육 공간에는 오르기, 기기, 슬라이딩, 그네타기, 매달리기 등을 할 수 있는 기구를 설치할 수 있다. 또한 여러 가지 목적으로 사용할 수 있도록 만들어진 로프트와 플랫폼에서 아동들은 활동적인 놀이를 할 수 있다. 아동이 할 수 있는 활동적인 놀이는 매우 다양하고, 그 내용은 사용 가능한 공간의 크기, 기구의 디자인, 전체적인 프로그램에 따라 달라질 것이다. 다음에 제시된 사진과 설비목록은 몇 가지 대안을 제안한다.

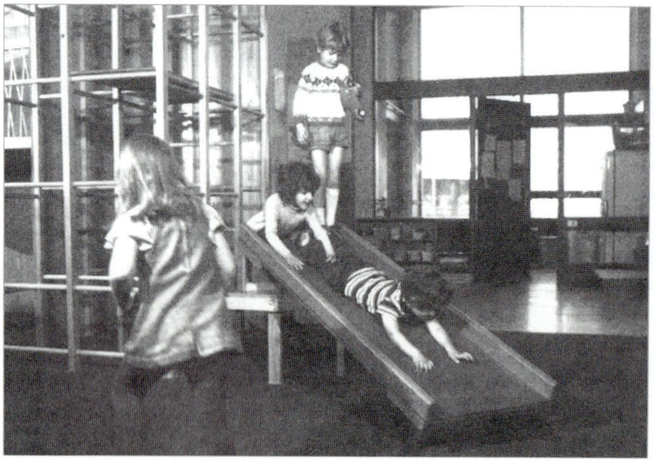

나무못으로 고정되어 있는 미끄럼틀은 경사로를 쉽게 떼어낼 수 있으며, 미끄럼틀을 지지하고 있는 플랫폼을 떼어내면 아동이 놀이하는 공간, 무대가 될 수 있다.

3.7×1.8m의 오르기 기구는 층이 있는 디딤판과 아동이 다시 배치할 수 있는 두 개의 플랫폼으로 구성되어 있다. 정글짐의 기둥에 펀칭백, 타이어 그네와 같은 대근육 기구를 매달았다.

이 사진에 있는 실내에 있는 큰 오르기 기구는 위로 올라가는 놀이, 기는 놀이를 함께 할 수 있다.

활동적인 놀이의 설비목록

- 오르기 기구
- 미끄럼틀
- 터이어 또는 몽키 그네
- 펀칭백
- 머리 위에 손을 뻗어야 하는 위치의 바와 링
- 천으로 만든 접이식 터널
- 작은 트램펄린
- 폼매트, 쐐기, 받침대
- 흔들 말, 흔들 보트와 같이 흔들리는 장난감
- 평균대
- 시소
- 승용 장난감과 마차
- 매달리기, 그물, 그물다리
- 줄, 그물, 체인, 나무사다리
- 소방관의 막대

디자인가이드 16.17

활동적인 놀이

- 만약, 날씨가 좋지 않아 실외에서 활동적인 놀이를 할 수 없다면, 보육실 내에서 대근육활동을 할 수 있는 방법을 생각한다.
- 교실의 좁은 공간을 가로질러 설치된 기둥에는 이동이 가능한 대근육활동 기구를 매달 수 있다.
- 활동적인 놀이에 사용되는 많은 물건은 여러 반이 사용할 수 있도록 이동이 가능한 것들이다. 하지만 대근육 기구들은 비교적 크기가 크기 때문에, 보관할 수 있는 적절한 공간을 마련해야 한다.

(1) 음률활동

잘 제시된 악기는 아동의 즉흥적인 악기 연주를 격려한다.

유아반, 유치반 아동은 리듬, 음악, 악기연주, 감각 협응과 균형에 맞게 몸 움직이기와 같은 활동을 본능적으로 즐기고 좋아한다. 이상적인 음률영역 환경은 아동이 즉흥적으로 몸을 움직이고, 춤을 출 수 있도록 충분히 넓고 아무 것도 없는 바닥으로 되어 있는 곳이다. 만약, 이런 공간이 없다면, 이런 목적을 위해 음률영역을 아무것도 없는 곳으로 만들 수 있는 방법을 고려해 보아야 한다. 바닥공간을 확보하는 것은 힘들더라도 테이프, CD를 동시에 들을 때 서로 방해되지 않는 적절한 장소에 음률영역을 배치해야 한다. 스피커를 천장에 달면 음률영역을 좀 더 유용하게 사용할 수 있다.

음률영역의 설비목록

- 소집단으로 신체 표현을 할 수 있는 최소 2.4×3m 면적의 공간
- 카펫이 깔려 있는 바닥
- 테이프, CD, 아이들이 작동할 수 있는 레코드플레이어
- 악기
- 스카프, 깃발, 신체를 표현할 수 있는 교구

디자인가이드 16.18

음률영역

- 악기는 아동이 사용하기 쉽고, 아름답게 제시될 때 더 매력적이다.
- 만약 공간이 제한적이라면 악기를 보관하는 움직이는 교구장을 고려해 본다.
- 기관 전체가 사용할 수 있는 크고, 카펫이 깔려 있는 공동 공간에서 음률활동을 하면 보육실에서 제한적으로 음률활동을 하는 것을 보완할 수 있다.

디자인가이드 16.19

큰 탈 것

- 큰 탈 것은 복도 또는 복도의 한 부분, 잘 사용하지 않는 공간, 교실 밖의 다른 장소에서 타는 것이 좋다.
- 아동의 안전과 사용의 편리성을 위해 탈 것은 벽장 안이나 낮은 벽의 뒤와 같이 바닥에 보관하는 것이 바람직하다.

(2) 탈 것 놀이

유아반과 유치반 아동은 자동차, 자전거 타기, 나무, 금속, 플라스틱으로 만든 트럭, 자동차, 마차 등을 조작하는 것을 매우 좋아한다. 크기가 크고, 보관할 공간이 필요하기 때문에 이런 놀이는 실외 놀이터에서 하는 것이 가장 좋다. 가능하다면, 실내에도 이런 놀이를 할 수 있는 공간이 있는 것이 바람직하다.

(3) 극놀이

유아반과 유치반 아동이 하는 일반적인 극놀이는 최소한 다섯 가지 유형이다.

① 소꿉놀이

아동의 사이즈에 맞는 소꿉놀이 교구와 가구들, 침실의 기능을 하는 울타리 또는 인형이나 자신들이 숨을 만한 곳을 준비해 준다. 로프트는 항상 소꿉놀이를 할 수 있는 공간으로 구성하거나 방처럼 보이도록 준비한다. 하지만 단지 벽을 기준으로 소꿉놀이의 경계를 나누지 않도록 하고, 지붕을 준비해 주면 더 좋다.

역할옷 입기는 아동에게 매우 즐거운 일이다.

② 역할옷 입기

역할옷, 모자, 가면, 페이스페인팅도 포함한다.

③ 손인형, 인형극 틀, 역할놀이 틀을 이용하여 놀이하기

(174~175쪽 참고하기)

④ 모형 놀잇감 가지고 놀이하기

인형집, 말과 외양간 등의 모형 놀잇감을 가지고 놀기(다음 부분에 나오는 모형 놀잇감에 대한 논의 부분 참고하기)

⑤ 주제극놀이

유아반과 유치반 아동은 특히, 힘과 관련된 주제가 있는 극놀이를 좋아한다. 배트맨, 스파이더맨, 닌자, 파워레인저, 만화에 나오는 영웅, 우주 탐험가, 의사, 미용사, 요리사, 우체부, 소방관 놀이 등의 주제극놀이는 이 연령대의 아동에게 매우 매력적이다.

극놀이의 설비목록

- 로프트, 울타리 또는 패널(틀)
- 가스레인지, 냉장고, 싱크대가 별도로 있거나 또는 함께 구성되어 있는 주방놀이 교구
- 인형, 인형 침대, 인형 유모차
- 빗자루, 다림질판, 자루걸레
- 주전자와 팬, 접시, 우유와 시리얼 용기, 음식 모형 등
- 쉬거나, 숨거나, 인형을 재울 수 있는 울타리
- 역할옷, 모자, 가면
- 옷장(옷걸이)
- 거울 : 옷 갈아입는 방
- 인형극 틀, 역할놀이 틀, 손인형, 역할놀이 가게를 받히는 버팀목
- 주제극놀이를 할 수 있는 플랫폼
- 극놀이에 사용하는 교구장
- 인형, 헛간 · 주차장 모형 놀잇감 등

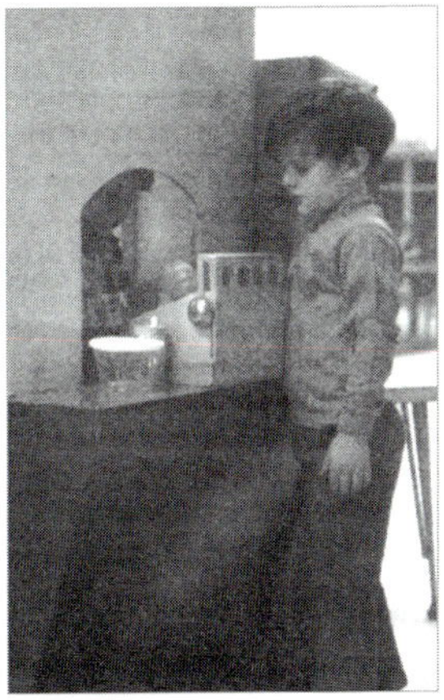

가게에서 물건 사기

계단 아래 공간을 주방놀이와 침실로 꾸민 예

집처럼 꾸민 가구들이 소꿉영역을 실제 주방처럼 보이게 한다.

디자인가이드 16.20

극놀이

- 서로 인접한 곳에 있다 하더라도 다섯 가지 유형의 극놀이를 하기 위해서는 다른 공간이 필요하다.
- 어린이집에서 직접 고안하여 주문한 설비들을 사용하는 것이 좋고, 한 유형의 극놀이에 국한되지 않고 다양하게 사용할 수 있도록 설계하는 것이 바람직하다. 로프트를 하나의 주제를 정해(예를 들어 해적선) 모양이 변할 수 없게 만들지 말고, 생활주제별로 다양하게 꾸밀 수 있도록 제작하는 것이 바람직하다.
- 로프트를 집, 인형놀이, 가게놀이 등과 연결하여 사용할 수 있다(이 장의 끝부분에 '바닥계획에 대한 사진들'에서 디자인 참고하기).
- 주제극놀이는 '자신의 정체성을 알아가는' 영역이라고 불린다. 바닥에서 0.9~1.5m 높이에 층이 있는 플랫폼을 설치하고, 교사와 아동이 같이 생활주제에 맞춰 플랫폼을 매력적으로 꾸며 주는 것이 바람직하다. 만약, 이렇게 할 만한 공간이 없다면 아동은 교실 통로에서 이런 놀이를 할 것이고, 이렇게 되면 교실이 혼란스러워진다.
- 아동에게 한계를 설정하고, 안전하게 놀이하게 하기 위해, 로프트는 깊이가 1.8m, 높이가 2.1~2.4m 보다 길면 안 된다.
- 역할놀이 틀, 인형극 틀을 교실의 주 통로에 배치하면, 손님, 관중 역할을 하는 아동의 관심을 끌 수 있다.
- 극놀이의 확장을 위해 극놀이 근처에 할로우 블록을 배치하는 것을 고려한다.

(4) 모형 놀잇감

유아반, 유치반 아동은 큰 장난감들 뿐만 아니라, 인형집, 헛간, 주차장, 병원, 동물, 사람과 같은 모형 놀잇감에도 많은 매력을 느낀다. 이런 교구는 조작영역이나 단위적목영역, 또는 누크(nook), 아동이 선호하는 안전한 곳에 세팅할 수 있다. 카펫이 깔린 바닥이나 매트는 모형 놀잇감 놀이를 하기에 좋은 환경이다.

모형 놀잇감의 설비목록

- 인형집, 농장, 주차장, 동물, 사람 등의 모형 놀잇감
- 작은 모형 놀잇감을 가지고 놀기에 안전한 바닥 공간
- 카펫
- 의자, 쿠션, 낮은 의자
- 교구를 보관할 수 있는 바구니
- 선택사항 : 낮은 책상

디자인가이드 16.21

모형 놀잇감

- 인형집과 모형 빌딩은 25.4cm 정도의 낮은 책상에 제시한다.
- 대부분의 모형 빌딩은 크기 때문에 깊이가 깊은 선반에 보관한다.
- 질 좋은 모형 놀잇감은 가격이 비싸기 때문에 그에 맞는 적절한 교구 바구니에 제시한다.
- 작은 자동차와 트럭 장난감들은 안전한 바닥, 낮은 책상, 층계에서 놀이할 수 있다.

(5) 할로우 블록

큰 블록과 작은 블록은 놀이방법이 다르기 때문에 별도의 공간에서 사용하는 것이 좋다. 큰 블록은 아동의 협응력 및 균형감 발달을 촉진시킨다. 아동은 큰 블록으로 주로 '방' 이나 폐쇄 공간을 만든다. 큰 블록을 사용하기 위해서는 개방된 넓은 공간이 필요하고, 극놀이영역과 연계하여 놀이가 주로 이루어진다.

할로우 블록영역의 설비목록

- 50개 또는 그 이상의 할로우 블록
- 교구장 또는 바퀴가 있는 카트
- 카펫이 깔린 바닥

디자인가이드 16.22

할로우 블록

- 할로우 블록은 상상놀이와 협동놀이를 촉진시키는 매우 좋은 교구이다.
- 할로우 블록놀이의 교육적 효과가 나타나기 위해서는 최소한 50개의 할로우 블록과 충분한 공간이 필요하다.
- 실내에서뿐만 아니라 실외 놀이터에서도 할로우 블록놀이를 할 수 있다. 움직이는 카트에 할로우 블록을 보관하면 편리하게 블록을 옮길 수 있다.
- 할로우 블록놀이는 극놀이의 가까운 곳이나 극놀이의 한 부분에 세팅할 때 가장 잘 이루어진다.

4) 다른 활동들

홍미영역을 준비하는 일은 아동의 발달에 적합한 프로그램을 구성하는 데 기초가 되는 일이다. 여기서 소개한 홍미영역 이외에 다른 홍미영역(예를 들어, 컴퓨터 영역)도 매우 많다. 생동감 있는 환경은 끊임없이 변화하고, 아동과 교사의 홍미에 반응적이어야 한다[1].

컴퓨터 영역에서의 활동

5. 유아 및 유치반 보육실의 설계사례

네 개의 유아반 보육실 설계사례를 소개한다. 각 배치도에는 영역구성과 상품화된 가구와 주문한 가구들을 소개한다. 배치도에 함께 수록된 사진들 중 몇몇 요소들은 좀 더 자세히 설명하고 있다.

1) S. Kritchevsky, E. Prescott, and L. Walling(1977). "Planning environments for Young children." *Physical Space*. Washington D.C.: National Association for the Educational of Young Children. 참고하기

1 개인 사물함

10 화장실 한 부분 장면

8 커튼 뒤에 개인 간이침대 보관장과 함께 읽기 영역 로프트가 있다.

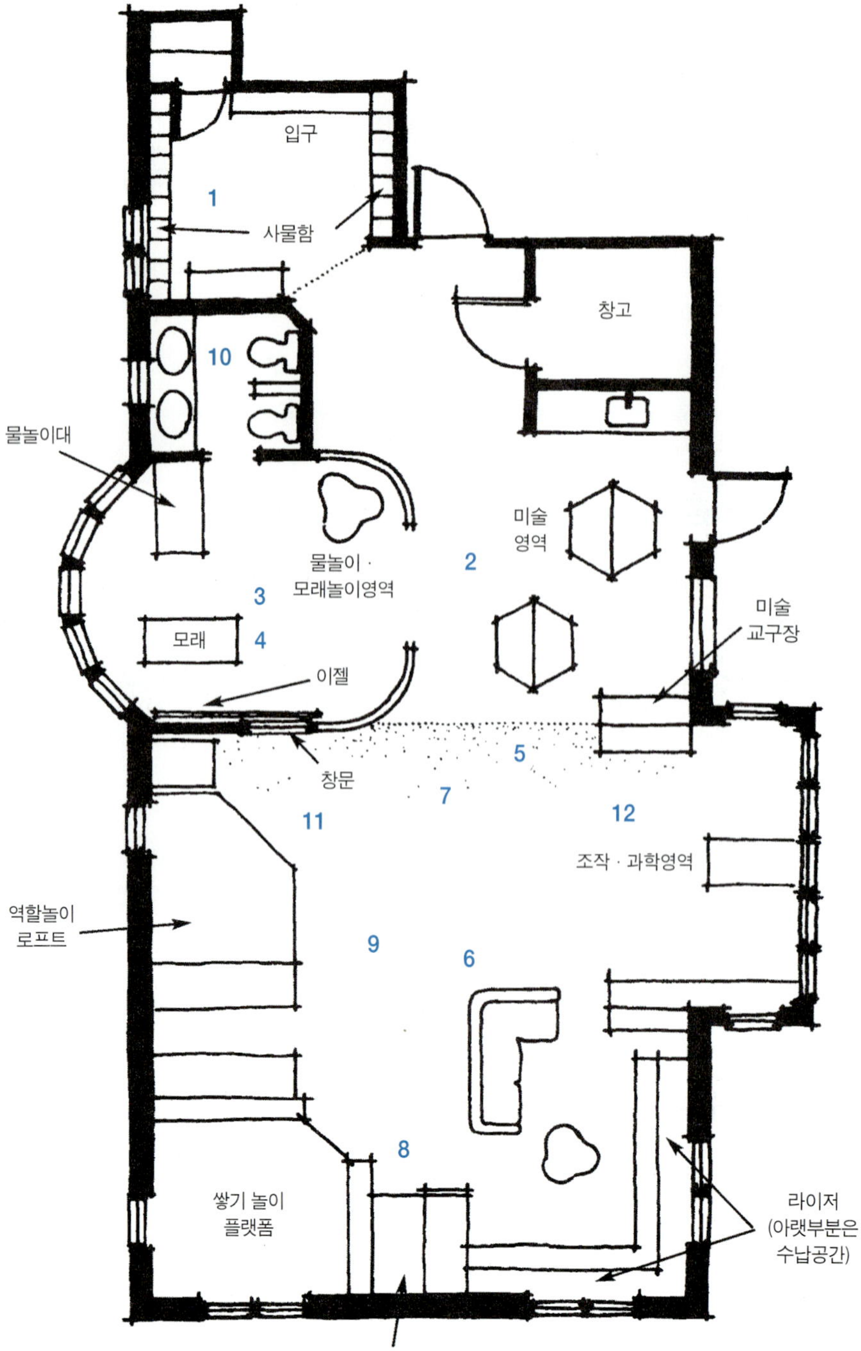

그림 16.2 코퍼하우스의 유아반 교실

3 붙박이로 설치된 물놀이대와 성인 키 높이의 샤워기

4 2.1m 길이의 긴 이젤

2 물놀이영역의 곡선으로 휘어진 벽, 천장, 창문은 감싸 안은 듯한 포근한 느낌을 준다.

11 실외 전경이 좋은 로프트 아래에서 차 마시는 놀이를 하고 있다.

7 교실의 왼쪽 벽에서 오른쪽 벽으로 라이저, 읽기 영역 로프트 및 개인 간이침대 보관장, 블록영역 플랫폼, 그리고 목공놀이 오두막, 극놀이 로프트를 순서대로 배치하였다.

5 미술영역에는 책상, 교구장, 교사용 준비 카운터, 실외 놀이로 연결되는 문이 있다.

9 극놀이영역의 오르기 기구에 있는 도르래와 바구니는 물건을 위로 운반해 준다.

6 읽기 · 대집단 · 조작영역의 큰 바구니에 조작놀이 교구를 넣어 라이저 맨 아래 층계 부분에 보관한다.

12 삼면이 창문과 맞닿게 설계된 베이

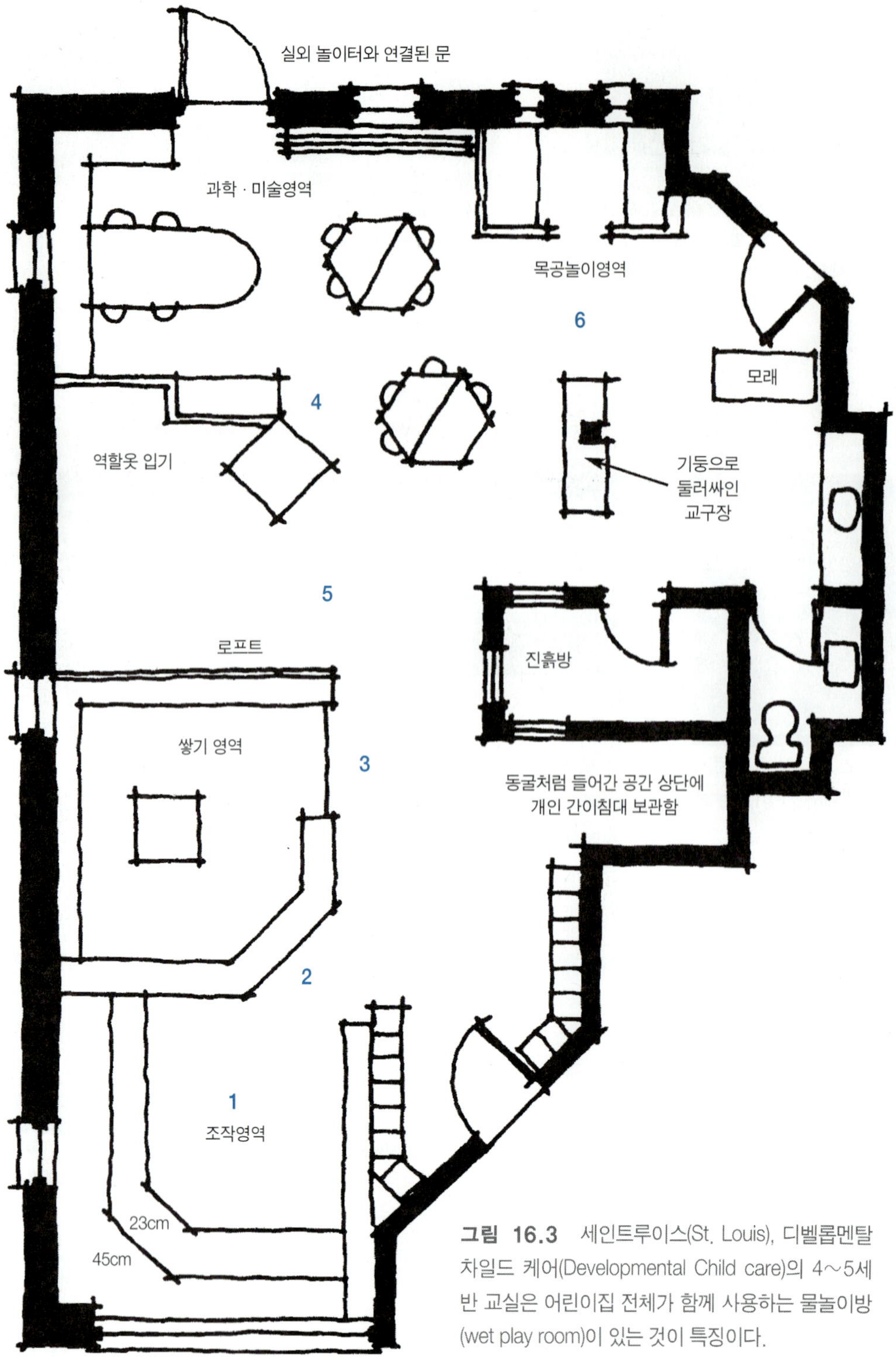

그림 16.3 세인트루이스(St. Louis), 디벨롭멘탈 차일드 케어(Developmental Child care)의 4~5세 반 교실은 어린이집 전체가 함께 사용하는 물놀이방(wet play room)이 있는 것이 특징이다.

6

4

5

3

2

1

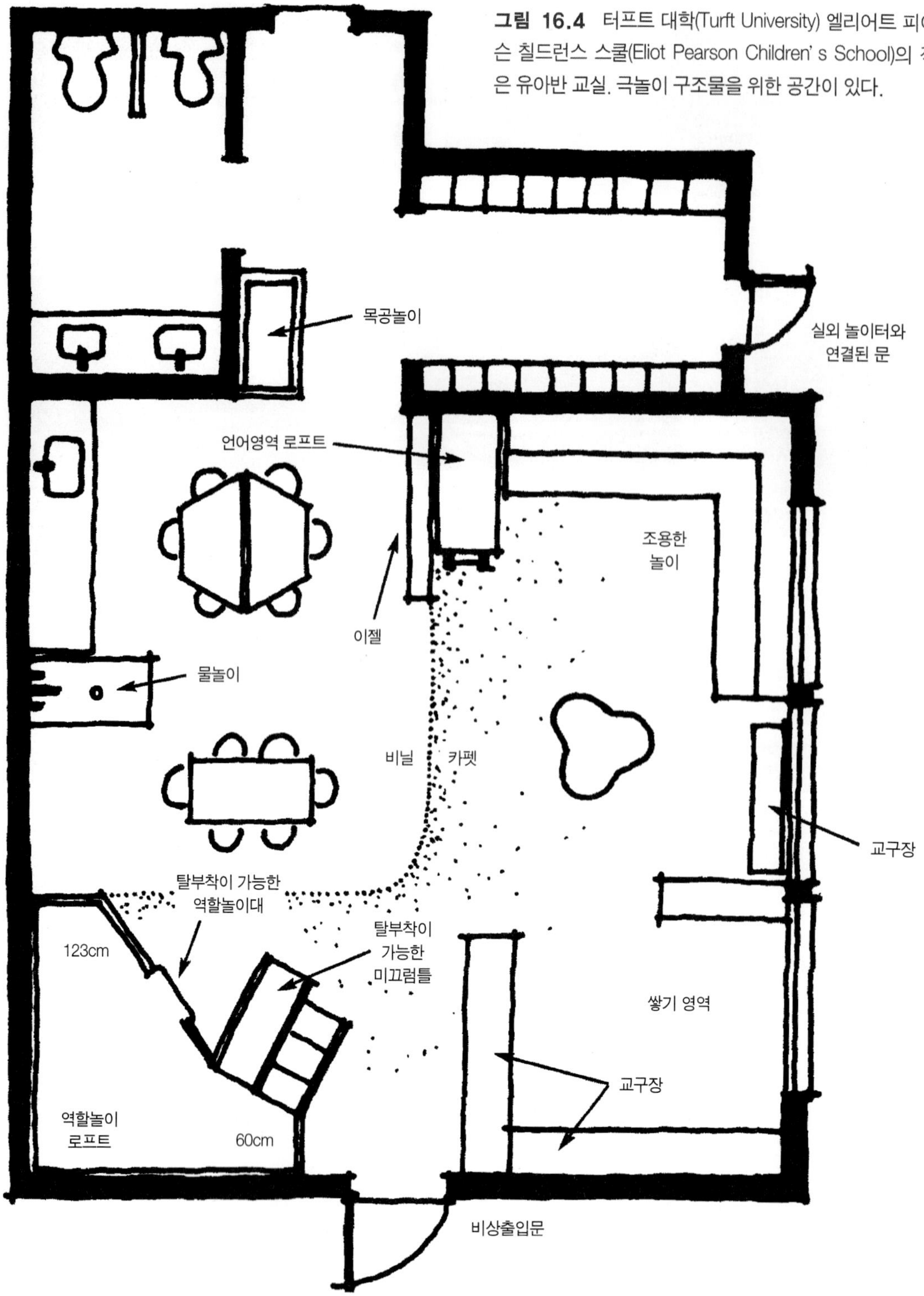

그림 16.4 터프트 대학(Turft University) 엘리어트 피어슨 칠드런스 스쿨(Eliot Pearson Children' s School)의 작은 유아반 교실. 극놀이 구조물을 위한 공간이 있다.

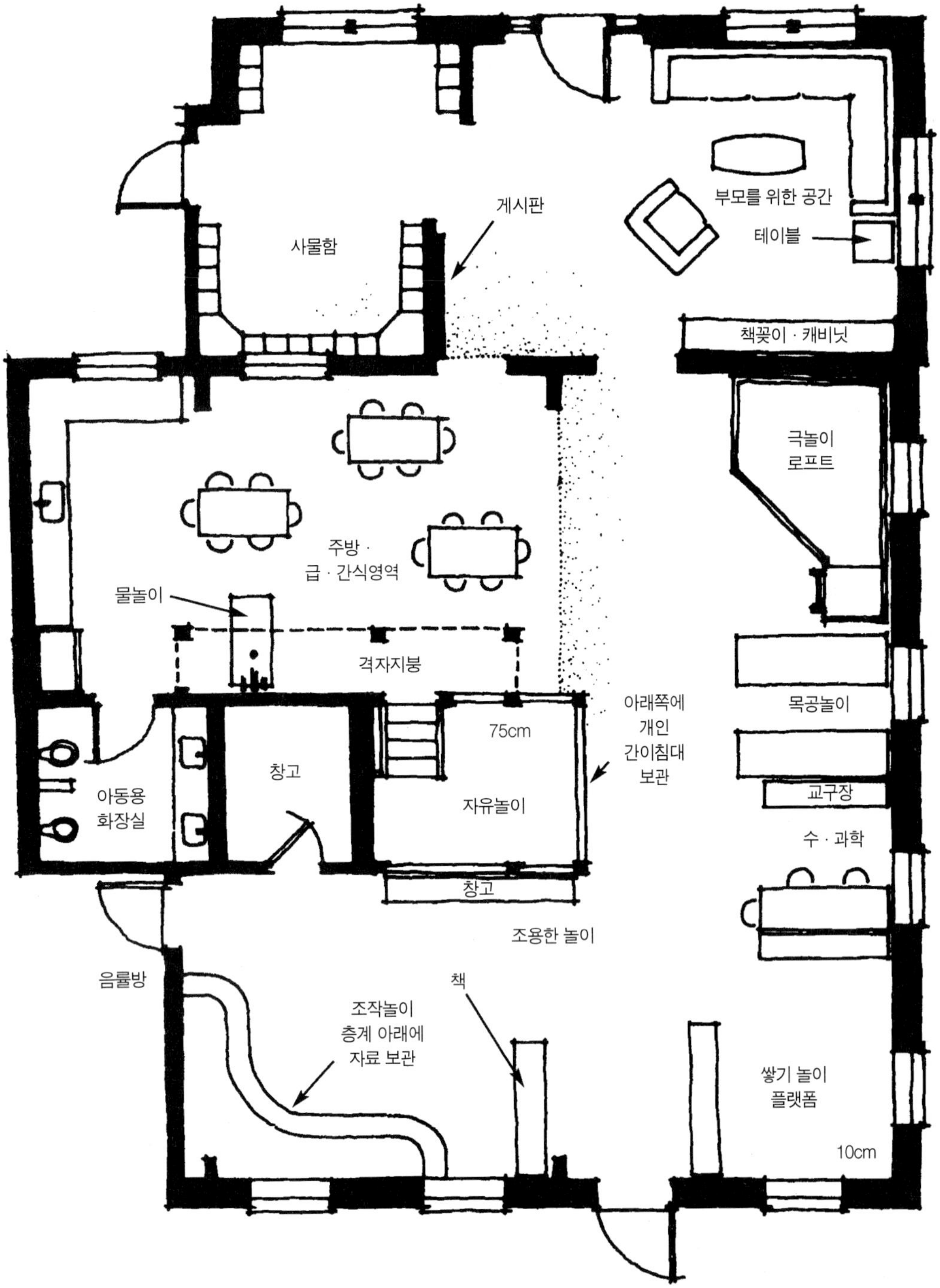

그림 16.5 부모를 위한 공간 그리고 창의적 영역과 극놀이영역 활동을 위해 중앙에 높게 올라간 지붕이 있는 플랫폼으로 특징 있게 영역을 구성한 유아반 교실 설계. 이 유아반 교실의 개념도는 가족실 · 거실, 음률영역이 있는 것이 특징이다.

제17장

교사와 부모를 위한 공간

How can we discover a genuine appreciation for the world around us? How can we preserve our children's sense of wonder, and how can we recapture it ourselves?

—Johann Christopher Arnold

부모와 교사는 아동의 삶에 매우 중요한 존재임에도 불구하고, 보육시설 내에 성인을 지원하는 공간은 매우 제한적이거나 없는 곳이 많다. 하지만 보육시설은 교사와 부모를 위한 지지와 자원을 제공하는 매개체 역할을 하고, 아동뿐만 아니라 성인의 교육을 담당하는 역할을 할 수 있다. 이 장에서는 성인의 요구와 보육시설 내에서 유대감을 형성하는 방법에 대해 다루도록 한다.

보육교사는 보수가 적고, 신체적 · 정신적으로 긴 시간을 긴장해야 하며, 전염병에 쉽게 노출되어 있는 등 스트레스가 많은 직업이다. 이런 스트레스를 풀기 위해 모든 보육시설에는 교사가 편안하게 쉴 수 있고, 개인적인 용무를 해결할 수 있는 공간이 적어도 하나 이상 필요하다. 부모의 역할도 역시 스트레스가 많기 때문에 부모를 위한 공간도 필요하다.

교사와 부모를 가장 효과적으로 지원해 주기 위해, 보육시설에는 사무실, 휴게실, 회의실, 관찰실, 치료실, 훈련시설, 주방, 관리실, 성인 화장실, 창고, 편의시설과 같은 성인을 위한 공간이 필요하다. 보육시설마다 프로그램이 다양하며, 면적이 제한되고 예산이 정해져 있는 상황에서 이러한 모든 공간을 설치하는 것은 쉽지 않다. 그러므로 각 보육시설에서는 이 장에서 소개하는 공간 중 각자의 보육시설 여건에 맞게 어떤 것을 선택할지 정확하게 결정할 필요가 있다. 만약, 여건이 되지 않는다면, 자료실 한 곳을 부모와 교사가 모두 사용할 수 있도록 하는 것처럼 하나의 공간을 두 가지 목적으로 사용할 수도 있다.

1. 보육 종사자

보육 종사자는 보육시설에 고용된 모든 사람을 말한다. 시설장, 교사, 프로그램 전문가, 치료사, 취사원, 관리인, 급여를 받지 않는 자원봉사자, 실습생, 연구원도 이에 포함된다.

1) 보육 종사자에게 필요한 것

보육시설 종사자는 근무환경이 쾌적할 때 보다 효과적이고 차분하게 일할 수 있다. 뿐만 아니라, 잠시 생각하거나 쉴 수 있고, 다른 사람들과 이야기를 나눌 수 있는 하나 또는 그 이상의 장소가 필요하다. 이런 장소는 종사자들을 더 의욕적으로 일할 수 있게 하고, 낮은 임금으로 인한 스트레스를 완화시킬 수 있다.

보육실 내에 아동의 발달에 적합한 다양한 영역이 있어야 하는 것처럼, 종사자들에게도 다양한 공간이 필요하다.

- 휴게실, 개인 작업공간 등 쉬거나 혼자 있을 수 있는 공간
- 책상, 사무실, 사물함, 옷장 등 작업에 필요한 장, 개인 사물함
- 일하기 전, 일하는 동안, 일하고 난 후 씻고, 매무새를 정리할 수 있는 공간
- 휴게실, 회의실, 워크숍실과 같이 동료와 회의하고, 계획하고, 작업할 수 있는 공간
- 회의실, 워크숍실, 사무실 등 부모와 친밀한 관계를 유지할 수 있는 공간

2) 사무실

보육시설의 프로그램을 잘 알고 있고, 부모와 아동, 교사가 편하게 다가갈 수 있으며 친근한 시설장이 그렇지 않은 시설장보다 더 바람직하다. 규모가 작은 보육시설은 사무실(administrative space)이 입구 근처에 있기 때문에 이런 목적을 모두 만족한다. 규모가 큰 보육시설의 경우,

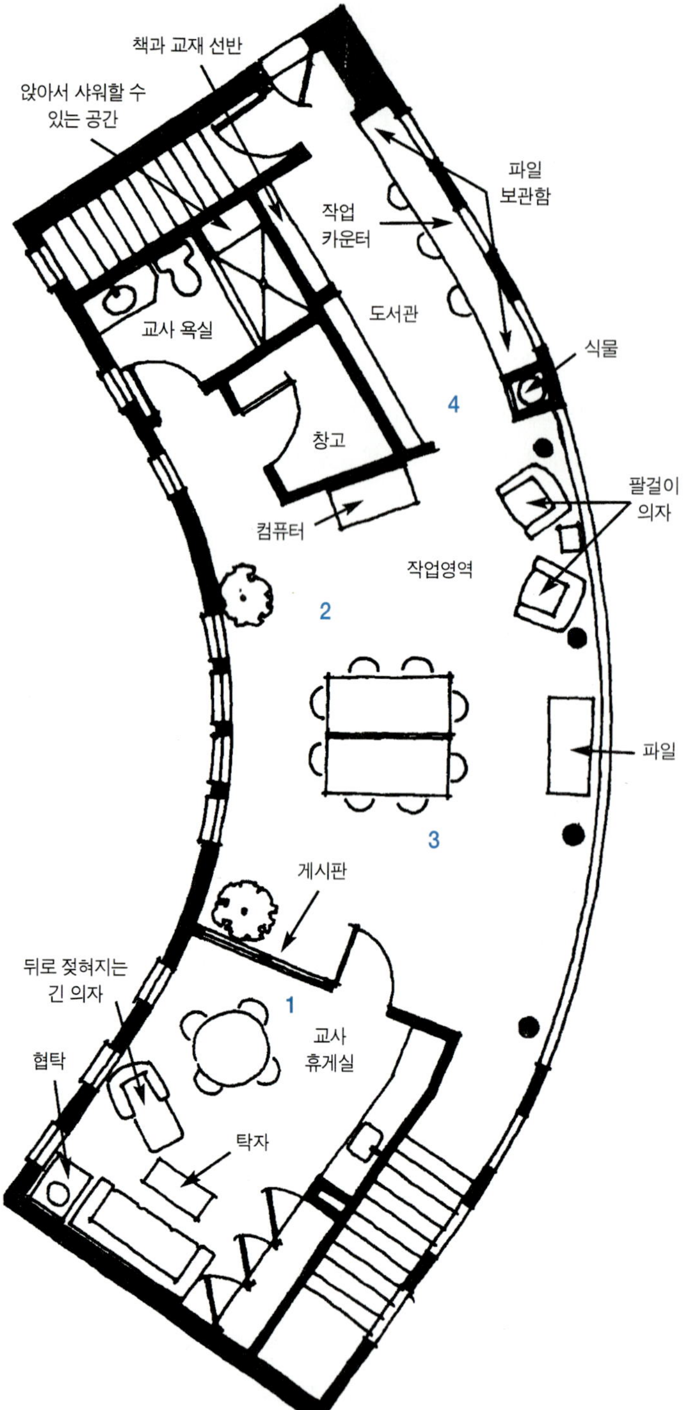

4

2

3

1

그림 17.1 코퍼하우스의 2층에 있는 교사를 위한 공간

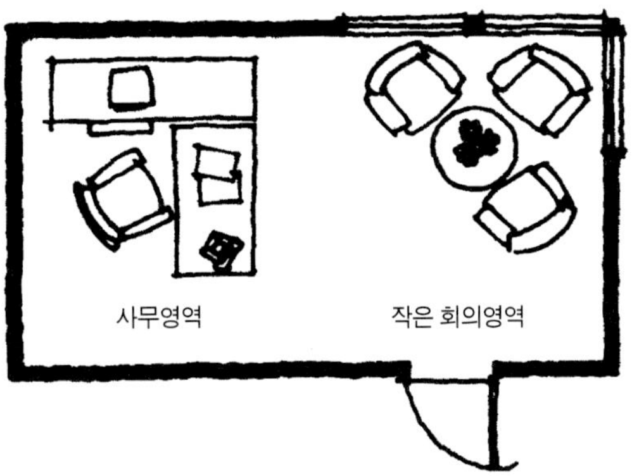

그림 17.2 원장실 내부에 책상과 분리된 작은 회의 공간을 만든다.

보육시설을 이용하는 사람들이 사무실에 있는 직원 중 한 명에게 쉽게 접근할 수 있어야 하며, 나머지 사무실 직원은 보육실에서 가까운 곳에 있어 보육과정을 살피고, 교사들을 지원해 주어야 한다.

사무실은 보육시설 종사자와 부모, 방문객 간의 활발한 만남과 대화가 일어나도록 따뜻하고, 친근감 있지만 개인의 프라이버시가 존중되는 공간이어야 한다.

환영하는 분위기의 원장실(코퍼하우스)

인접한 알코브 내부에 시청각이 분리된 리셉션리스트를 위한 공간(코퍼하우스)

디자인가이드 17.1

사무실

- 디자인이 잘 된 사무실은 보통 현관에서 잘 보이고, 사무실에서 현관을 잘 관찰할 수 있어야 한다. 또한 친근감 있고 환영하는 분위기로 만들어야 하며, 건물의 중앙 통로에서 접근하기 쉬운 곳에 위치하여야 한다.
- 사무실의 위치, 가구, 장식품은 부모, 아동, 교사에게 환영받는 느낌, 자유롭게 의사소통할 수 있는 느낌을 주는 데 매우 큰 영향을 준다. 작고 비좁은 사무실은 조직적이지 못하고, 방문객을 위한 공간이 없다는 느낌을 주기 때문이다.
- 사무실 근처에 회의실, 부모를 위한 방, 교사 자료실, 전문가를 위한 방이 있는 것이 바람직하다.
- 하나 또는 그 이상의 성인 화장실은 몸이 불편한 사람들을 위해 사무실 근처에 있는 것이 바람직하다. 성인 화장실 중 적어도 하나에는 기저귀 갈이대가 있어야 한다.
- 사무실 직원과 방문객들을 위해 사무실 근처에 옷장을 준비한다.
- 성인을 위한 시설에는 시계, 음료, 간식공간, 전화, 게시판, 조용히 앉아 있을 수 있는 곳, 책을 읽을 수 있는 곳, 보육시설의 로비가 포함된다.
- 사무원의 방과 시설장의 방은 분리되어 있는 것이 바람직하다. 시설장의 방에 책상, 컴퓨터, 책장, 기밀서류 수납장, 개인용품 수납장, 옷장, 2~4명의 부모 또는 방문객과 이야기를 나눌 수 있는 별도의 공간, 아이와 함께 할 수 있는 작은 의자 및 놀이공간이 포함되도록 충분히 넓은 것이 바람직하다(약 13.9m^2).
- 회의실이 원장실과 조금 떨어져 있거나 사용할 일이 많을 때는 원장실 내부에 작은 회의공간을 마련하는 것이 좋다.
- 커튼이나 셰이드로 가릴 수 있는 작은 창문이 있는 문은 시설장의 프라이버시와 접근성 사이에 균형을 준다.
- 가끔 시설의 리셉션리스트(receptionist)도 겸하는 사무원은 항상 시설장보다 잘 보이고, 접근하기 쉬워야 한다. 책상, 전화, 컴퓨터, 팩스, 복사기, 사무용품 보관함, 기밀서류를 보관하는 수납장, 개인용품 보관함이 구비되어야 하며, 이를 위해서는 7.4~13.9m^2의 공간이 필요하다.
- 사무실, 회의실, 작업공간은 아동이 사용하는 공간, 시끄러운 설비와 분리된 공간에 위치하여야 한다.
- 교사를 위한 다른 공간이 어디에 있느냐에 따라서 사무실에 교사를 위한 우편함, 구급약품 상자, 열쇠 보관함, 게시판, 부모·교사·방문객을 위한 음료와 간식공간, 부모들에게 서명을 받을 수 있는 공간, 양호실이 있어야 할 필요가 있다.

3) 양호실[1)]

아픈 아동의 경우 부모가 데리러 올 때까지 편안하게 쉴 수 있는 공간이 필요하다. 아동에게 교실이 더 친숙하기 때문에 많이 아프지 않을 때는 보육실의 조용한 영역에 있는 것이 가장 좋다. 아동이 토하고, 설사하고, 고통스러워 할 때는 욕실 근처나 보육실 바깥과 같이 편안한 곳에서 안정적으로 돌봐줄 수 있는 사람이 필요한데, 사무실 근처에 있는 작은 양호실에서 사무원, 시설장처럼 아동을 안정적으로 돌봐줄 수 있는 사람이 돌보는 것이 좋다. 양호실은 편안하고, 쉴 수 있고, 기분 좋은 공간으로 만든다.

아동이 편안히 쉴 수 있는 양호실이 사무실 옆의 알코브 안에 있다(코퍼하우스).

디자인가이드 17.2

양호실

- 아픈 아동을 항상 돌볼 수 있는 사람을 결정한다.
- 아픈 아동이 부모를 기다리는 동안 누워서 편안히 쉴 수 있는 아늑하고 상쾌하며 아동에게 적절한 공간을 만든다.
- 양호실에 아동이 놀 수 있는 장난감, 책, 개인 요, 베개, 이불, 침구를 정리할 수 있는 수납장, 검사용 조명을 준비한다. 영아가 아플 경우 영아가 항상 사용하던 침대에서 담임선생님과 같이 있는 것이 더 바람직하다.
- 가까운 곳에 아동이 쉽게 사용할 수 있는 변기, 세면대, 핸드타월, 세정용품을 준비한다.
- 성인 크기로 만들어진 설비의 경우 보조계단을 준비하여 아동이 사용하기 편하게 도움을 준다.
- 아픈 아동을 관찰할 수 있는 충분히 밝은 조명, 아동이 편하게 잘 수 있는 어두운 조명을 준비한다.

1) 이 가이드는 아픈 아동을 하루 종일 돌보라는 이야기가 아니다. 연구[Gretchen Lee Anderson(1993). *Removing Barriers to Childcare Facilities Development*. Northride, CA: California State University.]에서는 하루 종일 아픈 아동을 돌보기 위해 필요한 설비를 만들고, 교사의 수를 증원하는 것은 비용이 많이 든다고 보고한다. 왜냐하면 취학 전 아동이 아플 때는 또래와 격리되어 있어야 하고, 종일 혼자 있을 수 없어 성인이 돌봐야 하기 때문이다. 정부 차원의 정책이 아픈 아동이 기관에 가서 안전하게 보호받도록 하고, 가정을 지원해 줄 수 있다.

4) 교사 휴게실

교사들은 하루 일과 동안 지친 몸과 마음을 재충전할 수 있는 휴식공간이 필요하다. 교사가 쉬는 장소가 실외와 연결되어 있으면 기분 전환을 할 수 있는 새로운 기회가 된다.

교사휴게실 안에 있는 팔걸이가 있는 긴 의자, 안락한 의자, 테이블과 의자, 작은 주방은 교사들이 쉴 수 있는 장소를 제공한다(코퍼하우스).

디자인가이드 17.3

교사 휴게실

- 눈에 띄지 않고, 방음이 잘 되는 분리된 장소에 마음 놓고 쉬고 먹고 대화할 수 있는 휴게실을 적어도 하나 이상 마련한다. 휴게실에는 침대 또는 소파와 같은 편안한 가구, 밝기를 조절할 수 있는 편안한 조명, 전화기, 시계, 간식을 조리할 수 있는 작은 주방, 게시판, 책, 책장, 식물, 장식품 등을 마련한다. 15~20명의 종사자가 사용하기에는 23.2m^2 정도의 공간이 적당하다.
- 성인 화장실, 주요 통로, 사무실 근처에 배치하면 좋고, 보육실과는 떨어져 있는 것이 바람직하다. 가능하다면 간식을 먹거나 햇볕을 쬘 수 있도록 휴게실에서 실외 데크나 작은 정원으로 나갈 수 있는 출입구를 만든다.
- 휴게실은 쉬는 장소이므로 프로그램을 계획하고 연구하는 교사의 작업공간이나 자료실에서 떨어진 곳에 마련한다.

5) 자료실

교사들이 책을 읽을 수 있고, 보육과정에 필요한 교구교재를 공유하고 만들며, 미리 예측해 보고, 검사해볼 수 있는 공간이 필요하다. 또한 시청각 기자재를 사용할 수 있고, 장난감이나 물품을 간단히 수리할 수 있으며, 교사를 위한 공간에서 사용할 가구와 설비를 만들 수 있는 장소도 필요하다. 잠시 사용하거나 계속해서 이용하는 교사 작업공간은 자료실 내에 있을 수 있다. 보육시설의 규모와 조직도에 따라 이런 작업은 사무실, 부모 참여 공간, 회의실, 보육시설의 교구교재 창고에서 이루어질 수도 있다.

교사 · 부모 자료실에 있는 수동, 전기로 조작하는 도구들과 작업 벤치

넓은 도서관과 책, 저널, 교구를 전시할 수 있는 곳, 교사가 작업할 수 있는 도구와 책상, 파일을 보관한다.

디자인가이드 17.4

자료실

- 보육과정에 필요한 것을 만들 수 있고 수동·전동 도구를 사용할 수 있으며, 풀, 페인트칠 등의 작업을 할 수 있는 작업대와 충분한 보관공간이 있는 장소를 마련한다.
- 컴퓨터, 여러 가지 공구, 시청각 기자재를 사용하기에 충분한 양의 콘센트 및 복사기, 여러 가지 기계를 사용하기에 충분한 공간이 있어야 한다.
- 시끄러운 작업을 할 때 필요한 방음이 되는 공간을 마련한다.
- 보육시설의 모든 교구교재를 보관·게시할 선반을 마련한다.
- 보육에 관련된 잡지와 책을 전시할 수 있는 선반이나 이를 펼쳐 놓고 볼 수 있는 공간을 제공한다.
- 대용량 물건, 계절용품들을 보관할 수 있는 충분한 창고가 필요하다.
- 필요한 창고의 종류와 크기를 구체화한다. 선반, 옷장, 캐비닛의 깊이, 높이, 길이에 대해 생각해 본다.
- 교사가 진행 중인 프로젝트(projects-in-progress)를 보관할 수 있는 잠금장치가 있는 사물함을 마련한다.
- 만약에 보육실에 이런 것이 없다면 교사가 업무를 계획하고, 읽고, 쓰고, 반별 프로그램을 준비할 수 있는 작업공간을 제공한다.
- 교사를 위한 자료실은 때로는 두 개가 있을 수 있다. 교사 훈련을 위한 장소와 부모가 자녀를 위해 무언가를 만들 수 있는 장소 또는 부모교육 프로그램을 실시하는 장소로 함께 사용할 수 있다.
- 워크숍을 하는 공간 내에 있는 회의실은 5~10명 정도의 사람들이 사용할 수 있는 크기가 이상적이다.

6) 회의실

정기적인 교사회의(많은 인원이 함께 하는 회의, 소그룹으로 하는 회의)는 교사들이 조직에 대한 소속감을 가지고, 보육시설의 목표를 공유하는 데 필수적인 요소이다. 큰 회의실, 자료실은 계속해서 교사를 훈련하고 발전시키는 데 반드시 필요하며, 보육시설의 질을 결정하는 데 매우 중요한 요소이다.

회의실의 크기는 다음과 같이 두 가지의 경우에 다르며, 두 가지 종류의 회의실이 있는 것이 바람직하다.

- 30~50명 정도의 모든 종사자를 수용할 수 있는 큰 공간

디자인가이드 17.5

회의실

- 정기적인 교사회의와 어린이집 전체 종사자 훈련을 할 수 있는 충분히 넓은 방을 마련한다. 40명 이상의 종사자가 근무하는 규모가 큰 기관에서는 움직이는 칸막이로 되어 있는 두 개의 방으로 회의실 구성한다. 또는 다른 목적으로 사용하는 방과 겸용으로 사용할 수 있도록 계획한다.
- 현실적으로 어린이집에 큰 회의실을 만들지 못할 때, 병원, 지역단체, 대학, 법인과 같은 큰 기관과 제휴하여 사용할 수 있다.
- 2~12명의 인원이 사용할 수 있는 약 18.6~23.2m^{2}의 회의공간을 마련한다.
- 기관의 다른 공간으로부터 접근하기 쉽고 방음이 잘 되는 곳에 회의실을 배치한다.
- 원장실, 사무실과 인접한 곳에 회의실을 배치하면 정보를 공유하기 쉽고 가장 효과적으로 사용할 수 있으며, 현관이나 보육실과 떨어진 공간에 배치하는 것이 효율적이다(아래 부모 · 교사 회의공간 참고).
- 규모가 큰 기관에서는 6~12명의 인원이 사용할 수 있는 회의실을 건물 곳곳에 배치하는 것이 효율적이다.
- 필기도구, 화이트보드, 책상과 의자, 책장, 책을 진열할 선반, 프로젝터와 스크린, 빛 조절이 가능한 조명, 원탁 또는 타원 모양의 책상을 준비하면 교사들이 서로를 편하게 바라보며 회의할 수 있다.
- 안이나 근처에 음료수, 화장실, 전화를 제공한다.

- 2~4명의 성인(부모, 방문객, 전문가)을 위한 작은 회의실, 또는 6~12명의 종사자들을 위한 작은 회의실

아주 큰 회의실을 만드는 것이 현실적이지 않을 때는 이렇게 작은 회의실을 만들 수 있다.

7) 교사 개인 공간과 편의시설

교사 각 개인에게 ① 옷, 지갑, 다른 개인 용품을 보관할 장, ② 문서 작업을 할 수 있는 개인 작업공간, 기밀 서류, 물건을 보관할 수 있는 장소 ③ 전화, 화장실, 샤워실, 간식, 우편함, 게시판과 같은 편의시설을 제공하는 것은 매우 중요하다. 이런 설비들은 교사가 주로 있는 작업 공간이나 보육실에 있는 것이 가장 좋지만 다른 장소에 마련할 수도 있다.

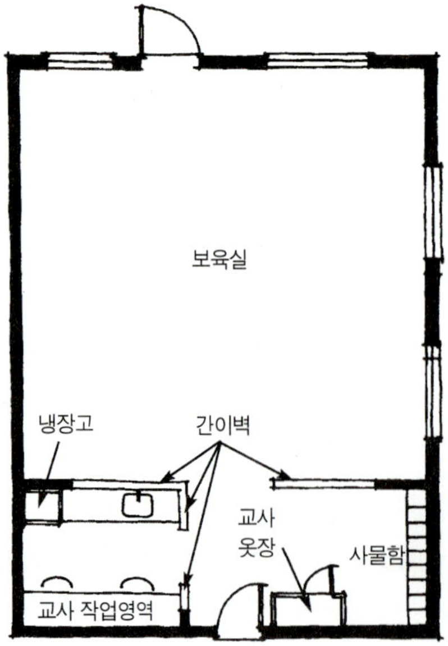

그림 17.3 교실의 한편에 교사의 작업공간이 있는 것이 때때로 바람직 할 때가 있다.

디자인가이드 17.6

교사 개인 공간과 편의시설

- 교사 개인용품이나 옷을 보관할 수 있는 잠금장치가 있고, 아동의 손이 닿지 않는 교사 개인 장을 제공한다. 로커(locker)보다는 작은 옷장이 보기 좋으며, 옷장이 보육실이나 교사가 일하는 공간에 있다면 더 유용하게 사용할 수 있다(그림 17.3).
- 개인 용무로 사용할 수 있는 전화를 제공한다.
- 개인 우편함, 게시판과 같은 교직원 간의 의사소통을 위한 수단을 제공한다.
- 편하게 사용할 수 있는 성인용 욕실을 제공한다. 샤워기가 있는 욕실이 있으면 일과 중이나 퇴근 후 약속을 위해 교사들이 씻는 것이 가능하다.
- 음료와 간식을 제공한다.
- 어른 키 높이의 카운터(counter)와 등받이가 없는 의자, 벽의 위쪽과 아래쪽에 물건을 보관할 수 있는 캐비닛과 같이 보육실 안에 교사가 업무를 준비할 수 있는 공간이 있으면 책상 대신 사용할 수 있다(그림 17.3).
- 방음이 되고, 시각적으로 분리되어 있는 작업공간을 마련해 준다. 이곳에는 책상과 의자, 책과 재료를 놓을 선반, 파일 보관함, 게시판, 컴퓨터, 전화, 방문객을 위한 의자를 제공한다.
- 작업공간은 자료실 안에 여러 개 있거나, 사무실 안에 독립되어 있거나, 각각의 보육실 안에 있을 수 있다. 교사 휴게실과는 별도의 공간에 교사 작업공간을 만들도록 신경을 쓴다.
- 교사 개인 작업공간을 디자인할 때 다른 시설 종사자(보육 전문가)와 부모를 위한 접근성과 교사의 사생활을 고려하여 계획한다.

디자인가이드 17.7

전문가

- 사전에 능력 있는 전문가를 섭외하도록 계획한다.
- 대부분의 전문가들에게는 책상과 일할 공간, 잠금장치가 있는 파일 보관함, 테스트 · 치료용 자료, 계획하고 생각할 조용한 공간이 필요하다.
- 전문가들에게는 치료하고, 인터뷰하고, 몸동작과 학습기술을 가르칠 수 있는 독립되고, 활기찬 공간이 필요하다. 아동용 · 성인용 가구, 전기 콘센트, 눈에 띄지 않게 관찰을 하기 위한 도구, 방음장치, 거울, 테이블, 플랫폼, 계단, 큰 공과 같은 설비와 창고가 필요하다.
- 전문가가 보육실 안에서 아동을 치료하는 것을 격려하기 위해서는 치료가 아동의 놀이의 한 부분이 되어야 한다. 보육실 내에 치료를 위해 계속 사용할 수 있거나 이동이 가능한 칸막이, 설비, 공간을 구성한다.

8) 전문가

심리학자, 사회사업가, 신체 치료사, 언어 · 학습장애 치료사 및 다른 전문가들은 종일 또는 시간제로 협력하여 일한다. 전문가를 위한 편의시설에 포함되는 사항은 ① 문서작업을 할 수 있는 사무실과 잠금장치가 있는 개인 장, ② 검사, 치료, 회의할 수 있는 공간이다. 추가적으로 검사 · 치료 공간은 자연스럽게 관찰할 수 있는 여건을 만들어 주는 것이 필요하다. 전기 콘센트, 시청각자료, 검사 · 치료에 필요한 물건을 보관하는 장소는 정기적으로 점검하여야 한다. 상담실에는 항상 아동용 · 성인용 의자가 있어야 한다.

9) 실습생, 인턴, 연구원

보육시설은 때때로 실습생, 인턴, 레지던트, 아동발달에 관심이 있는 연구원을 위한 훈련장소가 되기도 한다. 이들에게 관찰실과 개인 용품을 보관하고, 일지를 작성할 수 있는 장소를 제공해야 한다. 그리고 이들이 동료, 교사, 트레이너와 만나 자신의 경험을 이야기하고, 평가하는 시간을 갖는 것은 아동에게 실시하는 프로그램에 대한 실수를 최소화할 수 있게 한다. 지속적인 교사교육을 위해 이들을 위한 별도의 공간을 준비하는 것이 바람직하다.

디자인가이드 17.8

실습생, 인턴, 연구원

- 사전에 실습생, 인턴, 연구원에 대한 계획을 세우고, 그들이 사무실과 회의실을 같이 사용할 수 있는 방법을 찾는다.
- 로비, 자료실, 회의실 등 이들을 관찰하고 문서작업을 할 수 있는 가장 좋은 장소를 결정한다.
- 회의실, 작은 사무실, 자료실 등 교사나 동료들과 회의할 수 있는 장소를 결정한다.

10) 관 찰

부모, 교사, 사무원, 실습생, 훈련 받고 있는 인턴교사들은 동시에 아동을 관찰할 필요가 있다. 관찰은 하루일과가 안정적으로 운영될 때, 보육실 한쪽 벽 전체를 관찰실로 사용하지 않을 때 가장 잘 이루어진다. 관찰을 하는 방법은 네 가지가 있다. ① 특별한 관찰 설비 없이 아동의 활동에 함께 참여하여 이루어지는 관찰(참여관찰), ② 아동의 놀이 모습이 보이는 한쪽 공간에서 아동의 활동을 방해하지 않고 이루어지는 관찰, ③ 입구가 별도로 있고, 스크린, 창문 또는 일방경을 사용하는 독립되어 있는 관찰실에서 이루어지는 관찰, ④ 방 안에 설치되어 있는 카메라를 이용하여 멀리 떨어진 곳에서 관찰하는 것이다.

그림 17.4 개방형이든 폐쇄형이든 위로 올라가 있는 관찰실은 관찰자들이 교실의 바닥, 벽을 침해하지 않게 한다.

디자인가이드 17.9

관 찰

- 아동의 하루 일과를 최대한 방해하지 않는 범위 내에서 관찰한다.
- 만약, 관찰자가 참여관찰을 한다면, 아동 키 높이의 낮은 의자나 라이저를 제공한다.
- 스크린, 시야를 가릴 수 있는 식물, 이동이 가능한 칸막이, 높은 사물함을 이용하여 아동에게 방해되지 않는 관찰영역을 만든다.
- 교실문의 창문과 복도의 벽은 아동의 활동공간을 침해하지 않고, 관찰실 없이 조용히 관찰할 수 있는 좋은 장소이다. 창문은 특히 부모들이 조용히 관찰하기에 좋지만, 교실 안에서 상호작용하는 말소리를 들을 수 없다는 단점이 있다.
- 일방경은 심사숙고해서 사용한다. 시설 같은 획일적인 느낌을 주고, 일방경의 거울이 햇빛에 반사되어 교실 안의 빛을 흐트러뜨리며, 교실을 차갑고 딱딱한 느낌이 들게 하기 때문이다. 또한 교실 안에 있는 사람들은 자신들이 관찰되고 있는지 알지 못하는 단점이 있다.
- 관찰실은 교실 바닥에서 1.2m 이상 높이에 설치한다. 보통 밀폐되어 있거나 개방된 발코니 형식으로 디자인할 수 있다(그림 17.4). 의자, 기록할 수 있는 면, 소리를 들을 수 있는 설비가 있으면 더 바람직하다.
- 밀폐된 관찰실은 관찰자가 아동의 놀이영역을 가로질러 출입하지 않도록 디자인한다. 교실 바닥에서 위로 올라가 있는 관찰실은 관찰자가 교실 대부분의 영역에서 일어나는 활동을 보고 들을 수 있어서 더 바람직하며, 보통 관찰실의 크기는 4.6~9.3m^2가 적당하다.
- 다수의 관찰자들이 자주 관찰을 할 때는 교실에 CCTV를 설치하고, 교실에서 떨어진 곳에서 화면을 통해 관찰을 하는 것이 바람직하다. 이런 방법을 사용하면, 관찰자들이 관찰하는 동안 서로의 관찰기록을 비교할 수 있고, 대화할 때 나는 소음으로부터 아동을 보호할 수 있다. 만약, 다수의 관찰자들이 아동과 멀리 떨어진 곳에서 관찰한다면, 오프사이트(off-site)에서도 관찰할 수 있다.

11) 세탁실

디자인가이드 17.10

세탁실

- 아동 30명당 보통 크기의 세탁기와 건조기 한 개를 제공한다. 특히, 영아가 있는 곳은 꼭 있어야 한다.
- 앞으로 여는 세탁기를 사용하면 물이 적게 든다. 물의 온도는 적절한 살균을 위해 섭씨 60℃ 이상 유지한다.
- 주방과 아동이 있는 곳에서 떨어져 있어 안전하고, 접근하기 쉬우며 사용이 편한 곳에 세탁실을 배치한다.
- 이상적인 세탁실 면적은 4.6~5.6m^2이며, 속이 깊은 싱크대, 세탁용품들을 보관할 개방된 선반, 깨끗한 것과 오염된 것을 분리하여 담을 수 있는 바구니가 필요하다.
- 교육의 일부분으로 아동이 세탁물을 접는 것을 도와줄 수 있다.

12) 관리인

건물 유지와 관리영역은 이용하기 가장 좋은 곳에 위치하여야 한다.

디자인가이드 17.11

관리인

- 관리인을 위해 잠금장치가 있는 최소 2.3m^2의 옷장을 제공한다. 싱크대, 들통, 자루걸레, 청소기, 관련된 물건을 보관할 수 있는 공간을 제공한다.
- 만약 관리인이 건물 청소도 한다면 ① 건물과 대지를 관리하는 데 필요한 도구를 보관할 수 있는 별도의 작은 방과 옷장, ② 장난감과 가구를 보수할 수 있는 공간과 물품, ③ 기타 물품을 제공한다.
- 아동의 활동을 정리할 때 필요한 물건은 교실 안이나 교실 근처에 아동의 손이 닿지 않는 잠금장치가 있는 장에 보관하는 것이 바람직하다.

13) 조리사

전일 또는 시간제 조리사는 건강을 위한 교육자이며 양육자이다. 요리할 때 나는 냄새는 기관을 좀 더 편안하고 집과 같은 느낌이 나는 곳으로 만들어 준다. 아동과 부모들은 중요한 식이요법과 요리기술을 배울 수 있다. 하지만 조리사가 이런 일들을 잘 하려면 설비가 잘 된 주방,

디자인가이드 17.12

조리사

- 설치 허가를 받기 위한 주방 크기, 위치, 설비목록을 체크한다.
- 기관의 크기에 따라 다르지만 최소한 주방의 면적은 13.9m^2이 되어야 하고, 대용량 식품과 매일 먹는 음식 재료를 보관할 적당한 창고, 재활용품을 구분하여 담을 바구니를 놓을 공간, 환기가 잘 되고 햇빛이 잘 들고 실외를 볼 수 있는 창이 있어야 한다.
- 조리사의 옷이나 개인용품을 보관할 장, 메뉴, 식단, 게시판, 전화기를 제공한다.
- 아동이 조리사가 요리하는 것을 볼 수 있는 높이가 낮고 큰 창문과 창문 근처에는 싱크대보다 가스레인지와 배식대를 배치하는 것이 바람직하다.
- 아동이 식사준비를 도와줄 수 있는 작은 방을 주방 밖에 마련하는 것을 고려해 본다. 이 방에 아동의 크기에 맞는 설비를 준비한다. 이 방에서 아동은 성인의 지도하에 자신들의 수준에 맞는 요리활동을 할 수 있다.
- 아동이 식사를 하는 영역으로 음식을 옮기기 위해 평범하거나 보온이 되는 카트를 준비한다. 주방 근처에 카트를 보관할 장소를 마련한다.

개인 물품장, 작은 사무실이 필요하다. 주방을 들여다볼 수 있는 창문 또는 아동, 교사, 부모, 조리사 간의 만남을 위한 다른 방법을 디자인에 반영해야 한다.

14) 부 모[2)]

두 세대 전, 전형적인 미국 가족의 평균 자녀수는 2.6명이었다. 요즘, 미국 아동의 경우에는 부양해야 할 부모가 2.6명이다. 부모의 나이가 어려지고, 자녀를 기르는 동안 가족과 친구와 쉽게 만나지 못하고, 자녀를 양육하는 방법에 대해 충분히 훈련을 받지 못했기 때문에, 요즘 부모에게 부모 역할은 매우 어려운 일이 되었다. 보육시설에서 부모를 참여시키고 지원하기 위해 다음과 같은 일을 할 수 있다.

- 자녀양육에 부모 참여 격려하기
- 부모와 교사 간 의사소통 증진시키기
- 역할 모델, 부모 훈련 제공하기

2) 부모 : 조부모, 계부모, 입양부모, 법적 관리인, 아동의 생물학적인 부모를 말한다.

- 학부모가 서로에게 도움을 줄 수 있도록 돕기
- 보육시설을 위해 부모가 할 수 있는 일이나 자원봉사활동 제시하기

등하원 시간에 부모와 교사가 쉽고 자연스럽게 만날 수 있도록 건물을 디자인하는 것이 좋다. 부모와 교사가 자연스럽게 상호작용할 수 있도록 보육시설 내에 거실, 알코브, 생동감 있는 로비와 복도, 비공식적인 모임을 할 수 있는 장소가 있어야 한다. 그러나 부모를 대상으로 하는 프로그램은 특별히 부모를 위해 디자인된 장소 또는 부모와 교사가 함께 공유할 수 있는 장소, 예를 들어 회의실, 자료실과 같은 곳에서 일어나기도 한다. 앞에서 이야기한 목적들을 위해 두 가지 용도로 쓰이는 공간을 사용할 때는 교사가 아동을 보육하는 업무에서 잠깐 쉴 수 있어야 하고, 부모는 교사 공간을 자신이 사용하여 교사를 방해한다는 느낌을 받지 않도록 해야 한다.

부모를 보육시설의 프로그램에 참여시키고 흥미를 갖게 하는 것은 매우 어려운 일이지만, 효과적인 방법 중 하나는 부모가 보육시설을 위해 할 수 있는 일의 목록을 생각해 보게 하고, 보육시설이나 보육실을 위해 무언가를 만들도록 하는 것이다. 정기적으로 바느질, 그림 그리기, 청소, 수선, 로프트와 오르기 기구 만들기 등을 계획할 수 있다.

물침대에 사용할 퀼트를 하는 동안 부모들은 서로 친근감을 느낀다.

보육시설을 꾸미는 데 참여한 부모들은 보육시설에 대한 깊은 유대감을 갖게 된다.

디자인가이드 17.13

부 모

- 부모와 교사가 만날 수 있도록 부모가 직접 아동을 보육실까지 데려다 주고, 데리고 가는 것을 원칙으로 해야 한다. 잠시 주차할 수 있는 장소와 지붕이 있는 입구를 제공하고, 현관의 전이공간에 벤치를 준비한다. 전이공간은 부모가 입구에서부터 환영받는 느낌이 드는 공간으로 구성한다.
- 부모들은 자주 많은 물건을 가지고 오기 때문에 아동을 내려놓을 수 있는 장소를 제공한다. 또는 현관이나 보육실 문 앞에 유모차, 아기띠, 배낭, 카시트를 보관할 장소를 제공한다.
- 부모가 물건이나 아동을 보육실까지 데려다 주는 데 사용할 수 있는 카트를 현관 앞에 준비하는 것을 고려해 본다.
- 보육실 입구나 전이공간에서 흥미영역까지 적어도 1.8m가 되면, 부모가 아동과 만나거나 헤어지는 인사를 할 때나 옷을 갈아입힐 때, 아동이 놀이하는 것을 관찰하거나 기다릴 때, 교사와 이야기할 때 부모가 주 출입구를 막아 출입에 방해되는 것을 피할 수 있다.
- 보육시설 현관, 부모 전용 공간과 또는 보육실 문 앞과 같이 부모가 보기 쉬운 장소에 게시판과 부모 우편함을 설치한다. 또한 부모가 오래 머무를 수 있도록 편안한 의자를 제공한다.
- 부모가 부모교육 프로그램에 참여하는 동안 보육실 안이나 근처에 옷과 개인용품을 보관할 수 있는 장소를 제공하여 보육실이 혼란스럽거나 지저분해지지 않도록 한다.
- 아동의 공간에 부모가 있을 수 있는 곳이나 기관의 주요 통로에 작은 테이블이 있는 휴게실, 시계, 전화기를 제공한다.
- 영아 보육실 안이나 근처에 편안하게 모유 수유, 유축할 수 있는 공간을 제공한다.
- 음식은 사람들과 관계를 형성하는 데 항상 매력적인 매개체가 된다. 매일 하루 일과의 시작과 끝에 부모들이 사용할 수 있는 간식접시를 준비해 놓으면 부모들이 간식을 먹으며 어울려 이야기할 수 있게 된다.
- 각 보육실 입구에 일일 보육활동 일지를 준비한다.
- 부모를 위해 보육시설 내에 집에서 가져온 음식을 나누어 먹는 장소, 워크숍, 훈련을 정기적으로 할 수 있는 장소를 마련한다. 이러한 모임은 교사 회의실 또는 자료실, 거실, 특별한 부모 공간에서 진행할 수 있다.

15) 편의시설과 부모를 위한 지원

보육시설의 프로그램 운영에서 부모는 매우 중요한 요소이며, 부모가 항상 기관에서 환영받고 있다는 느낌을 받을 수 있어야 한다. 교사는 부모가 좀 더 자신감을 갖고, 부모로서 유능해질 수 있도록 자주 부모를 지원하고 교육할 필요가 있다. 부모와 교사 사이에 유대감을 형성하는 방법은 다음 단락에서 이야기하도록 한다. 보육시설에 부모를 위한 특별한 공간이 있을 때 부모들은 자신이 가치 있다고 느끼게 되고, 보육시설에서 실시하는 부모교육 프로그램에 더 적극적으로 참여하게 된다.

16) 부모 · 교사 회의공간

아동의 복지, 부모와 교사의 마음의 안정, 기관에 대한 부모의 신뢰감 형성을 위해 부모와 교사가 매일 자유롭게 이야기를 나누고, 정기적으로 면담을 하는 것은 매우 중요하다.

디자인가이드 17.14

부모 · 교사 회의공간

- 비공식적인 부모 · 교사 면담은 보육실 안이나 주변에서 가장 자주 일어난다. 특히, 보육실 입구에서 흥미영역까지의 거리가 최소 1.8m가 되는 아동의 개인사물함 등이 있는 전이공간에서 잘 일어난다.
- 정기적인 면담은 아동이 들을 수 없도록 사무실, 회의실, 방음이 되는 별도의 거실 영역에서 해야 하고, 교사가 사용하는 공간과 보육실에서 접근하기 편해야 한다.
- 편안하고 친근한 분위기, 부드러운 조명, 3~5명의 성인이 앉을 수 있는 의자가 있는 9.3m^2 정도 되는 부모 · 교사 회의영역을 제공한다. 이 방에서 부모교육과 아동발달에 대한 정보를 얻을 수 있다.
- 부모 · 교사 회의공간은 사람들이 접근하기 쉬운 곳에 배치하고, 화장실, 전화기, 음료와 간식, 옷장, 시계, 식수대를 제공한다.
- 부모 · 교사 회의공간은 자주 사용하지 않기 때문에, 만약 부모 · 교사 회의실이 어느 정도 크다면 (18.6~23.2m^2) 부모 도서관이나 부모 자료실과 공용으로 사용할 수 있다. 또 자원봉사, 실습생, 시간제 전문가를 위한 공간, 교사 회의실, 자료실과 공용으로 사용할 수도 있다.

17) 부모 자료실

부모는 자녀, 교사와 상호작용하는 것뿐만 아니라, 아동발달, 자녀양육 기술, 그들 자신의 행동이 옳은지 아닌지에 대해 매우 알고 싶어 한다. 부모는 자신의 생활이 매우 바빠 시간이 없지만, 자녀교육에 관련된 정보에는 관심이 아주 많다. 부모를 위해 자료실을 만들고, 도서관을 이용할 수 있도록 하는 것은 책과 시청각 자료를 효과적으로 사용할 수 있는 매우 좋은 방법이다. 부모 자료실에서는 부모가 자연스럽게 자신의 경험을 서로 공유할 수 있고, 이야기할 수 있다.

디자인가이드 17.15

부모 자료실

- 부모교육과 아동발달에 관련된 책, 비디오, 오디오, 테이프가 있는 방이나 알코브 만들고 부모에게 빌려 준다.
- 책상과 의자, 시청각자료, 컴퓨터, 편안하게 앉아 있을 수 있는 곳, 게시판을 추가하는 것을 고려한다. 이런 준비가 이루어지면 부모가 자료를 보육시설 안에서 사용할 수 있고, 자신과 관심이 비슷한 사람을 만날 수 있게 된다.
- 부모 자료실은 화장실, 간식, 전화, 옷장을 사용하기 편한 곳, 접근하기 편리한 곳에 배치하여 부모가 편안하게 이용할 수 있도록 격려한다.
- 책, 장난감을 빌려 주는 도서관도 고려해 본다.
- 자녀나 부모 자신을 위해 만들기를 할 수 있는 워크숍 영역을 자료실에 제공하는 것을 고려한다. 지역의 미술가에게 부탁하면 수공예 기술을 가르칠 수 있을 것이고, 여기에서 많은 종류의 훈련 프로그램을 진행시킬 수 있다. 무언가를 만드는 프로그램은 내성적인 부모, 아빠, 조부모의 참여를 이끌어 내는 방법이 될 수 있다.
- 젊은 부모는 종종 식단계획, 요리하는 기술에 대한 도움을 받고 싶어 하기도 한다. 기관의 주방 또는 적절한 장비가 마련되어 있는 부모 또는 교사 자료실에서 교육을 실시한다.

2. 가족-교사 유대감 형성하기

예전에는, 엄마들이 직장에 다니지 않아 이웃집으로 놀러 가거나, 자녀가 운동장에서 놀 때 엄마들끼리 자연스럽게 만나 정보를 교환하기도 하였다. 그리고 부모와 아동이 함께 슈퍼마켓, 세탁소, 약국에 가는 일은 매우 즐거울 뿐 아니라 아동교육에 도움이 되었다. 최근에는 이런 가족 내의 이벤트들이 시간적 여유 없이 급하게 이루어지거나, 저녁이나 주말에 주로 이루어지거나, 아예 이루어지지 않는다. 일을 하는 바쁜 부모는 아침을 차려 주거나, 점심 도시락을 준비해 줄 시간이 없다. 대신 보육시설에서 준비해 주는 급식을 이용한다. 부모들은 다른 가족과 만나 시간을 보내는 것이 어렵다는 것을 알고 있다.

이런 현실을 고려할 때, 보육시설은 아동을 보호하는 장소 이상의 의미를 갖는다. 부모와 가족을 위해 신체적 · 정서적 지원을 제공하는 연결체가 될 수 있다. 하나의 건물 안에서 여러 가지의 활동을 할 수 있도록 하면, 보육시설은 원스톱(one-stop) 센터가 될 수 있다. 보육시설을 이용하는 부모는 보육시설과 같은 건물에 있는 세탁소에 세탁물을 맡겨 놓고 찾아갈 수 있고, 식당에서 저녁 메뉴를 선택해서 집에 가져갈 수도 있으며, 치과의사, 간호사, 소아과 의사와 상담할 수 있다. 또한 부모가 수영하고 운동할 때 형제를 맡길 수 있고, 아동이 자라서 쓸 수 없는 옷이나 용품들을 교환하거나 팔고 빌릴 수 있으며, 다양한 자기개발 프로그램에 참여할 때 이용할 수 있다. 몇몇 보육시설은 보육시간 동안이나 방과 후, 주말에 성인과 아동을 위한 수영, 요가, 태극권, 외국어, 음악, 춤, 연극 수업을 한다. 어떤 곳은 생일파티나 특별한 가족 이벤트를 위해 장소를 빌려주는 곳도 있다.

보육시설에서 워크숍이나 회의를 개최함으로써, 몇몇 보육시설은 더 넓은 지역사회 안에서 부모와 교사를 위한 교육기관이 된다. 몇몇 기관은 노인 프로그램과 연합하거나 세대를 통합하는 기관을 만들기도 한다. 이렇게 함으로써 젊은 사람과 노인이 함께할 수 있고, 이로 인해 양쪽 모두의 삶이 윤택해진다. 또 다른 곳은 종일 근무하는 직장과 연계하여 24시간 보육을 실시하기도 한다.

정서적 · 정신적으로 지원받고 있다고 느끼면 대부분의 부모들이 자녀양육에서 오는 스트레스들을 조절할 수 있게 된다. 교사가 부모를 환영하고, 존중하고, 이야기를 잘 들어 주는 호의적인 태도로 부모를 대할 때 부모는 정서적인 지지를 받는다고 느낀다. 부모를 위해 특별히 계획되어 만들어진 공간은 부모가 보호받고 있다고 느낄 수 있는 가장 확실한 방법이다. 누구나 이용할 수 있도록 개방되어 있고, 친근한 느낌의 건물 디자인은 자발적으로 다른 사람과

디자인가이드 17.16

유대감 형성하기

- 브레인스토밍, 토론, 관찰, 면접을 통하여 부모의 요구, 스트레스, 기관에 대한 요구사항 등을 파악한다.
- 아동보육에 필요한 공동체를 형성하기 위해 함께 협력하여 일한다.
- 유대감 형성을 위해 운영자의 생각을 반영하여 기관을 설계하는 방법을 결정한다.
- 유대감 형성을 위해 기관에서 준비한 프로그램에 부모를 참여시키는 아이디어와 기관의 프로그램을 다양화시킬 수 있도록 지역의 자원을 이용한다.

관계를 맺게 하고, 가족 간의 일반적인 관심사를 나누고, 잠시 생각할 수 있는 여유를 준다. 어린이집에서 열리는 여러 가지 행사, 가족이 참여하는 행사는 항상 유대감을 형성하는 데 도움이 된다. 부모에게 기관의 서비스가 필요한 만큼, 교사도 자신에게 부모가 필요한 존재라고 인식할 때, 진정한 협력과 유대감이 형성된다.

요구는 많고 가능성은 무한하다. 포인트는 이것이다. 모든 보육시설은 바쁜 부모를 지원하고, 모든 사람의 인생을 윤택하게 하기 위한 구심점이 될 수 있다.

언젠가는, 보육시설이 도서관, 병원, 경찰서, 소방서처럼 중요한 지역공동체의 기반이 될 것이다. 현대인들이 '가족이라는 선물' 에 감사하고, 서로 같이 울고 웃는 인간적인 삶을 영위하도록 하는 데 보육시설이 그 중심이 될 수 있다.

제18장

실외 놀이공간

For ourselves, and for our planet, we must be both strong and strongly connected with each other, with the earth. As children, we need time to wander, to be outside, to nibble on icicles, watch ants, to build with dirt and sticks in the hollow of the earth, to lie back and contemplate clouds...

— Gary Paul Nabhan / Stephen Trimble

행운을 찾고, 초인적인 목표를 세우며, 과감히 도전하는 용사는 신화적 인물이다. 아동이 실외에서 노는 행동은 이러한 용사의 행동과 닮았다. 많은 부모는 자녀가 위험하게 뛰고, 오르고, 매달리면서 노는 곡예 같은 행동을 숨죽이면서 바라볼 수밖에 없다. 특히 어린 남아들의 대담성은 최고조에 달한다. 활발한 실외 놀이활동을 제공하는 환경은 아동들에게 자연적 신비 속에서 신체적 기술을 시험하고 연마할 수 있는 모험적 경험을 제공한다.

1. 자연의 중요성

움직임, 행동 그리고 동작은 아동발달에 필수적이다. 인간의 감각은 운동에 의하여 작용한다. 눈은 스스로 움직이고, 움직임에 민감하기 때문에 사물을 지각한다. 청각은 음파가 고막을 치기 때문에 생겨난다. 우리는 공기에 실려 온 냄새를 맡는다. 감각은 움직임에 의해, 움직여짐에 따라, 또는 움직임으로 인하여 접촉하면서 작용한다.

자연 세계는 끊임없이 아동의 감각운동을 즐겁게 하는 흙, 공기, 불, 물의 움직임으로 감각적인 행동과 리듬을 제공한다. 아동에게 최초의 놀이공간은 집에서 가까운 들판, 나무, 오솔길 그리고 개울이다. 모래, 물, 진흙, 나무, 바위, 덤불, 벌레, 나비, 새의 모습에서 자연의 경이로운 현상을 경험하면서 아동은 운동신경에 좋은 자극을 받는다.

이러한 자연적 놀이공간은 현대 도시의 인공산물(합성 나무로 만든 딱딱한 바닥의 놀이터, 플라스틱, 금속 놀이 구조물)과는 분명히 구분된다. 루도프스키(Rudofsky)[1]는 인공산물을 다음과 같이 표현하고 있다.

> *… 보통 미국 도시 아동들은 … 첫 경험을 따분한 형식의 소위 놀이터 기구라고 불리는, 마치 아동들을 길들이기 위해 설치된 것 같은, 한정된 공간의 놀이터에서 하게 된다. … 단에서 단으로 깡충 뛰는 애완용 새처럼, 또는 미로를 헤매는 쥐처럼….*

시골에 있는 보육시설에서 아동은 직접적으로 자연을 경험할 수 있지만, 도시에 있는 보육시설들은 자연 경험을 제공하기 위해서는 특별한 노력이 필요하다. 이것은 디자인팀이 조경, 지형, 식물 재료, 나무와 같은 대지의 질적인 측면을 주의 깊게 살피고, 실외에서의 필수적인 놀이와 감각적인 경험들을 보호하고 이용하기 위한 온갖 노력을 다하는 데 그 성패가 달렸다.

2. 대지계획 시 고려사항

보육시설의 성공은 인테리어 디자인만큼이나 실외 놀이공간의 디자인과 개발에 달렸다. 이 책은 건물 디자인에 초점을 맞추고 있긴 하지만, 실외 놀이는 이상적으로는 보육시설 프로그램의 50%를 구성하는 것이다. 이 장은 디자인팀이 고려할 만한 기본적인 실외 놀이 이슈들을 전반적으로 살펴보기 위한 것이다.

---

1) M. Montessori(1964). *The Montessori Method*. New York : Schocken Books, p. 328.

1) 면적 기준

모든 아동은 충분히 실외 공간에서 안전하고 활발하게 놀 권리가 있다. 대부분의 주에서는 (NAEYC 추천기준) 모든 아동이 동시에 나가 놀 수 있는 최소한의 실외 놀이공간 면적이 아동당 7.0m^{2}는 확보되어야 한다는 기준을 제시한다. 하지만 날씨가 특히 좋은 지역에서는 아동당 9.3~18.6m^{2}가 바람직하다.

실외 공간이 제한되는 곳인 경우에 APHA/AAP 지침은 예외적으로, 영아 일인당 최소한 3.1m^2, 그리고 걸음마기 영아(18~24개월) 일인당 최소한 4.6m^{2}를 제시하고 있다. 충분한 면적이 어려울 경우는 실외 놀이시간을 교대로 활용하거나, 주변의 공원과 공공장소를 활용하도록 한다.

2) 실외 놀이의 대체 장소

실외 장소가 부족하거나 환경이 좋지 않은 곳에서는 대체 장소가 이용될 수 있다. 대지 밖의 실외 놀이활동을 위한 가장 중요한 특성은 시설과의 근접성이다. 걷는 거리가 짧을수록 더 자주 이용될 것이고, 위치와 기후에 상관없이 실외 놀이는 보육 프로그램의 반 이상을 차지해야 한다.

시골에서는 농장, 온실, 나무, 호숫가, 휴양지와 같이 실외 놀이공간을 대신할 수 있는 활기 띈 공간이 많다.

3) 실내와 실외 사이의 전이공간

아동은 눈이 오면 밖에 나가 눈을 만져보려 하고, 갑작스런 무지개의 출현에 놀라워한다. 아동이 그런 행동을 자주 할 수 있는지의 여부는 실외 놀이공간이 얼마나 실내와 연관되었는지에 달렸다.

조경, 벤치, 놀이기구가 마련된다면 테라스는 매우 유익한 실내외 연결공간이 될 수 있다. 아동은 계단을 이용하지 않고, 바로 테라스로 나갈 수 있기 때문에 매우 이상적이다. 테라스에는 태양과 바람으로부터 피할 수 있는 차양이나 바람막이를 설치하고, 잠금문과 1.8m 이상의 난간이 설치되어야 하며, 지상층까지 연결되는 안전한 화재 대피 유도설비가 필요하다.

4) 조경 : 지형과 고도를 다양화하기

조경은 실외 놀이공간의 성공에 중요하다. 호기심을 자극하는 나무, 꽃, 오솔길, 비탈길, 작은 언덕, 울타리, 물 등을 흥미롭게 혼합하는 것은 아동이 온갖 종류의 창의적인 탐색을 할 수 있도록 격려해 준다. 이를 위해서는 실외 공간을 공간, 이동경로 그리고 각 연결지점들로 다양하게 디자인해야 한다.

다양한 크기와 모양의 수종으로 놀이공간의 경계를 구성하고, 적극적으로 분수나 풀장, 연못과 같은 물 요소를 계획한다. 다양한 높낮이는 놀이 장소에 중요한 의미를 가진다. 자연적 또는 인공적으로 조성된 잔디로 덮인 작은 언덕이나 벼랑길은 아동이 오르거나, 미끄러지거나, 구르거나, 썰매를 타면서 전신운동기능을 촉진시킨다. 유아 영역에는 높이 1.2~1.5m, 경사도 1 : 3, 1 : 5인 최소 1~2개의 벼랑길이 필요하다.

5) 은신처와 배수로

모든 놀이영역은 개방성과 은신처가 결합되어야 한다. 햇빛이 들거나 그림자 지는 장소, 바람이 잘 통하거나 바람을 막아 주는 장소, 습하거나 건조한 장소, 나무, 덤불, 작은 언덕, 암석 같은 자연적인 피난처 또는 오두막이나 지붕이 있는 베란다와 같은 인공적 은신처가 필요하다.

이때 계절에 따라 확실한 배수로를 고려한다. 적절한 배수로는 비나 눈이 온 뒤에 빠른 사용을 도와준다. 건물 입구 주변일수록 가장 빨리 건조되는 바닥재를 사용해야 한다. 모래놀이

디자인가이드 18.1

다양한 지대

- 나무, 연못, 암석, 자연 경사와 같은 자연적인 특징들을 보존하고 연결시킨다.
- 활동 중간에 시청각의 분리를 배려하는 조경을 계획하여, 자연환경과 상호작용을 용이하게 하고, 사적인 공간을 만들며, 미적 매력을 더한다.
- 추운 지역에서는 겨울에 슬라이딩, 스케이팅, 썰매 타기, 눈 쌓인 언덕에서 놀이활동을 할 수 있도록 계획한다.
- 자연스러운 언덕을 만든다.

터 주변의 콘크리트 턱은 빗물이 새나가는 것을 막는 데 적절하기 때문에, 나무로 설치하는 것이 바람직하다. 놀이영역을 작은 언덕, 벼랑길, 또는 구덩이로 개조할 때는 적절한 배수로를 확보하고, 자연 배수가 충분하지 않을 때 기술적인 방법을 사용한다.

6) 화장실

화장실을 실외에 설치하거나 쉽게 접근할 수 있도록 계획한다. 항상 실외 놀이를 하는 따뜻한 기후에서는 실내 화장실을 놀이마당에 면하게 하여, 실외에서 직접 화장실로 들어갈 수 있게 한다. 최소한 한 개의 화장실과 손 씻는 세면대를 실외 놀이영역에서 12.2m 내에 위치시킨다.

7) 위험요소와 관리

실외 놀이영역은 파괴된 건축 구조물이나 파편, 날카로운 바위, 유리, 그리고 다른 해로운 물질로부터 깨끗하고 안전하게 유지한다.

8) 울타리와 담장

인가된 보육시설은 특히 영아와 걸음마기 영아를 유아와 분리하고 접근을 통제하기 위하여 법적으로 실외 울타리가 있어야 한다. 하지만 울타리를 사이에 두고, 아동은 서로 관찰할 수 있다. 서로 관찰하면서 어린 아동은 형들이 하는 행동을 보면서 따라하게 되고, 자신의 기술을 발전시키는 계기가 된다.

디자인가이드 18.2

환경 안전

- 아동은 식물을 만지고 놀거나 먹기를 좋아하므로, 지역의 식물분포 특성을 파악해 보고 유독한 식물을 제거한다.
- 장비가 녹슬거나 유독한 보존제가 사용되지 않아야 한다. 나무로 된 장비는 비소 수치를 낮게 유지하기 위하여 CCA(크롬산염 구리 비산염)로 처리한다.
- 오염과 벌레를 피하기 위해 쓰레기 영역은 놀이영역과 분리한다.
- 대지 주변에는 덮개를 씌운 쓰레기통을 설치한다.

울타리의 미적 측면도 중요하다. 잘 디자인된 울타리와 담장 디자인은 아동의 마음을 끌어들이고, 이웃 환경과 조화를 잘 이룬다.

담장이나 울타리의 적절한 높이, 깊이, 그리고 투명한 정도를 신중히 결정한다. 나무, 금속, 벽돌, 식목, 낮은 언덕 등도 가능하다. 담장의 다양하고 아름다운 형태는 안전하고 조화로운

디자인가이드 18.3

울타리와 담장

- 울타리는 공공시설물을 파괴하는 것을 예방하기 위한 것이다. 안이 들여다보이는 울타리는 그 안에 '귀중한' 것이 없다는 생각하게 하지만, 단단한 콘크리트 벽은 그 안에 무엇이 있는지 호기심을 갖게 한다.
- 아동이 밟고 올라서거나 넘어가지 못하게 한다.
- 울타리는 최소한 1.2m 높이로 하고, 바닥에서 8.9cm 이상 떨어지지 않도록 한다.
- 학령기 아동이나, 또는 완벽한 시각적 차단이 필요한 경우는 2.4m 높이의 울타리 사용한다.
- 머리가 걸리지 않도록 개구부는 8.9cm보다 작게 하거나 아예 22.8cm 이상으로 한다.
- 손가락이 걸리지 않도록 구멍은 0.9~2.5cm 사이로 한다.
- 적어도 두 개 이상의 관찰이 가능한 출구를 제공한다.
- 담장 너머로 시야가 보여도 되는 곳은 사슬 고리, 격자와 같은 투사되는 재료나 식물로 울타리를 만들고, 그렇지 않은 곳에서는 나무나 벽돌 같은 단단한 것을 사용한다. 나무는 가장 좋은 담장 재료인데, 관목이나 담장식물이 바람직하다.
- 거칠거나 매끄러운 바닥, 무겁거나 가벼운, 습하거나 건조한, 차갑거나 뜨거운, 밝거나 따분한, 크거나 작은 물체들, 독립적으로 소리를 만드는 재료들 또는 충격이 있거나 밟힐 때 소리를 내는 재료들, 향기가 나는 재료, 빛과 그림자 효과를 생기게 하는 재료 등 감각의 경험을 최대화할 수 있도록 다양한 재료를 사용한다.
- 실외 놀이에서 소리를 탐색하는 방법을 생각한다. 예를 들면, 소리를 만드는 장치를 울타리에 설치하면 '음악의 벽(musical wall)'이 만들어진다.
- 자연과 상호작용하기 위한 기회일 뿐만 아니라 청각과 시각적인 분할을 제공하기 위해 경치를 이용한다.
- 담장 높이는 아동에게는 프라이버시를 제공하고, 서 있는 성인에게는 아동을 관찰할 수 있도록 한다.
- 창고나 풀장과 같은 대형 설치물은 시각적 장애가 되지 않도록 마당 경계에 설치한다.
- 물 요소 주변에는 안전하게 울타리를 설치한다.
- 데크, 발코니, 테라스, 그리고 현관은 적어도 91.4cm 높이의 난간을 요구한다. 이상적으로 이러한 난간은 격자와 같이 '가시성'이 있는 것이 좋다. 하지만 아동이 이 난간을 타고 오르지 않도록 수직형태로 하거나, 타고 오를 수 있는 높이의 수평 버팀대는 제거한다.

환영하는 이미지의 입구

환경을 제공한다. 즉, 울타리, 식물, 벼랑길, 낮은 벽, 좌석 등을 잘 조합한 담장은 콘크리트로 경계 벽을 세우는 것보다 훨씬 바람직하다.

아동은 흔히 울타리 근처에서 프라이버시, 상상놀이, 또는 사회적 상호작용을 하는 것을 즐긴다. 울타리에 앉고, 오르고, 뒤로 숨고, 편하게 누울 수 있는 공간을 제공함으로써 이러한 놀이 기능을 향상시킬 수 있다. 울타리는 아동들에게 휴식이나 놀이를 위한 매력적인 '가장자리 장소' 를 제공한다.

9) 입 구

한 장소에서 다른 곳으로의 입구는 상징성을 가진다. 어떤 문화권에서는 현관에 특별한 의미를 부여함으로써 이 사실을 인지하도록 한다.

10) 통로와 이동

어린 아동들이 다니는 통로는 매력 있는 경험을 제공할 수 있다. 아동들은 원을 돌며 자전거 타기, 다리 건너기, 보도의 갈라진 틈 피하기, 벽돌 사이로 자라는 잡초 관찰하기, 그리고 모래와 자갈로 작은 언덕과 성 만들기를 좋아한다.

통로의 덮개, 폭, 형태, 경사, 결, 색 그리고 재료의 사용에 따라, 다양한 이동 통로를 디자인한다. 또한 주변 초목과 설비의 아름다움이 나타나도록 통로를 디자인한다. 아스팔트와 콘크리트는 비교적 비싸지 않고 기능적이지만, 자연의 부드러운 재질과 미묘한 요소를 손상시킬 수 있다. 벽돌, 포석, 모자이크 타일, 서로 겹치는 나무로 만든 모양에서 자라는 풀과 같은 재료는 놀라움과 아름다움을 제공할 수 있다.

디자인가이드 18.4

입 구

- 입구는 아치에 경첩을 설치하여 열릴 수 있게 한다.
- 놀이마당 사이의 이동과 경계를 주기 위해서 크고 작은 입구를 사용한다.
- 입구는 차단 기능을 위해 자동으로 닫혀야 하며, 어린 아동들이 스스로 열 수 없도록 한다.

디자인가이드 18.5

이동하는 통로

- 바퀴가 달린 장난감을 사용하는 바닥은 단단하게 하여 이동을 방해하지 않게 한다.
- 아동이 앉고, 놀고, 쉬고, 관찰할 수 있는 '여유공간'을 설치하기 위해서 통로의 폭을 변화시킨다.
- 일부분에 통로를 형성하고, 양측에 실외 공간을 만들기 위해 격자무늬 울타리를 추가로 설치한다.
- 길게 직선으로 뻗어 아동이 빨리 달릴 수 있는 통로 대신 굽은 루프형 이동통로를 계획한다.
- 주요 통로는 활동영역으로부터 분리하되, 활동영역에서 이 통로가 보이도록 하여 아동이 쉽게 볼 수 있고 가고 싶은 곳을 고를 수 있도록 한다.
- 포장 사이에 잔디, 이끼, 풀, 그리고 작은 꽃들이 자랄 수 있는 2.5cm 정도의 틈을 만들어 준다.
- 주변 흙과 연결되어 있다는 것을 보여 주고 오래된 시간의 흐름을 보여줄 수 있는 부드러운 타일과 벽돌로 된 통로를 약간이라도 만들어 준다.
- 모든 활동적인 영역(매달리기, 오르기, 자전거타기) 주위에 적어도 2.7m의 완충영역을 만들어서 활동 통로를 지나가는 아동이 덜 뛰게 만든다.
- 신체장애가 있거나 휠체어를 사용하는 아동의 보행권을 고려한다. 약간의 둔덕이나 커브에 도전하거나 다양한 기구, 나무, 꽃, 연못, 심지어는 작은 동물들이 있는 영역을 움직이며 지나가는 것에서 특별한 기쁨을 느낄 수 있기 때문이다.

11) 랜드마크

놀이마당을 만들 때, 마당을 전체적으로 더욱 인상적으로 만드는 흥미로운 랜드마크를 선택한다. 예를 들어, 멀리서도 보이고 올라가면 주변 전망을 볼 수 있는 나무나 언덕은 이 의도를 훌륭하게 충족시킨다. 배너, 깃발, 해시계, 새들이 미역 감는 그릇(birdbath), 전망대, 놀이기구 또는 향기로운 정원 등도 가능하다.

3. 놀이마당 디자인과 영역구성 시 고려사항

다양한 연령 집단, 많은 활동이 필요한 집단을 위한 실외 공간을 지원함에 있어서 디자이너는 배치에 대한 고민을 한다. 비록 실외 공간의 배치가 실내처럼 벽과 파티션으로 영역을 분명하게 분리할 수는 없지만 집단활동실 계획과 많은 연관성이 있다.

1) 발달상 적정한 놀이마당

아동은 연령에 따라 다른 운동 근육, 사회성, 인식의 능력을 가진다. 영아들이 힘세고, 재빠르고, 영악한 유아로부터 육체적 · 정신적으로 피해 받지 않도록 연령별 집단으로 놀이마당을 분리하는 것이 바람직하다. 이상적으로 각 마당은 각 집단의 실내 공간과 인접하여, 지붕이 있는 전이공간으로 연결되는 것이 바람직하다. 또한 각 마당은 서로 연결되어 상호작용할 수 있는 것이 바람직하다.

2) 놀이영역

모든 연령층을 위해, 실외 공간에는 다음과 같은 것이 요구된다.

- 한 명의 아동이 '소유하는' 사적인 장소
- 1~4세 영아 집단을 위한 장소
- 10명 이상의 아동이 대근육 활동을 할 수 있는 장소
- 10명 이상의 아동이 게임과 스포츠를 할 수 있는 장소
- 아동들이 자유롭게 모일 수 있는 장소

각 연령에 맞는 놀이마당에서 서로 다른 활동을 위한 분리된 영역을 명시하고, 조화로운 활동들은 서로 가깝게 배치하며, 그렇지 않은 활동들은 시각적으로 분리한다. 실내 활동처럼, 실외 활동영역도 그 활동이 요란한지 혹은 조용한지, 구조화되었는지 또는 비구조화되었는지에 따라 그 크기와 위치를 변경한다. 각 영역이 물리적으로 또는 시각적으로 다른 영역에 연결되도록 그리고 아동이 모든 영역을 쉽게 볼 수 있으며, 영역을 따라 자유롭게 움직일 수 있게 한다. 또는 놀이 특성에 따라, '작은 영역'으로 분리될 필요가 있다.

연령 집단별로 발달단계에 따라 그리고 활동 특성에 따라 영역 만들기를 계획한다. 일반적

으로 마당의 중간이나 건물 가까이에는 조용하고 쉬운 활동을 두고, 경계에는 더욱 활기차고 의욕을 돋우는 놀이를 배치하는 것이 좋다.

3) 놀이영역 사이의 흐름

한 활동에서 다음 활동으로 자연스럽게 이어지도록 놀이영역 사이에 제2의 이동공간을 디자인한다. 활동 사이의 흐름은 자유로운 놀이, 탐험, 의사결정 그리고 공간 인식을 촉진시킨다. 예를 들면, 미끄럼틀의 끝이 막히기 보다는 아동이 모래나 물에 가기 위해 터널을 타고 내려오고, 다리를 건너기도 하고, 또 작은 언덕을 오르는 등 새로운 놀이를 위해 선택을 할 수 있다.

이상적으로 흐름은 단계별 도전의 연속과 기술발달을 제공할 것이다. 각 유형의 활동이 수준별 기술수행을 제공하는 것은 중요하다. 흐름은 하나의 개별 활동에서 다음으로 이끌 수 있으며, 지나는 지점마다 복합적인 대안을 제공한다. 아동이 다음과 같은 활동을 할 수 있도록 계획한다.

- 전체뿐만 아니라 부분을 볼 수 있게 한다.
- 양자택일의 길이나 이동에서 결정을 쉽게 하도록 한다.
- 수평적 · 수직적으로 가지 내기(branch out) 한다.

4) 특별활동 제공

실외 놀이는 인식적 · 창의적이며 감정적인 학습 경험을 제공하게 한다. 실외 놀이공간은 다음 여섯 가지 기본적인 활동 유형을 제공한다.

- 활동적인
- 조직적인
- 창의적인(모래, 물, 진흙, 원예, 건물)
- 치료적인(신체장애를 위한)
- 상상력의
- 조용한(책 읽기, 공예, 자연 공부)

모든 연령대의 아동에게 가급적 다음과 같은 사계절의 다양한 경험을 제공하도록 노력한다.

관찰과 놀이를 위한 자연 요소

- 분수, 웅덩이, 스프링클러, 연못 등의 물
- 모래
- 오르기와 파기를 위한 진흙 언덕
- 정원
- 잔디, 나무, 언덕
- 동물과 동물들을 위한 집
- 새, 나비, 그리고 온화한 곤충을 유인하는 영역

기술을 발전시키고 협동을 촉진시키는 활동

- 오르기
- 구르기
- 숨기
- 공놀이
- 미끄럼
- 지상에서의 놀이
- 매달리기
- 목공과 축조
- 칠하기
- 미술과 공예

다른 목적의 구조물, 표면, 물체의 혼합

- 극적인 장난감집과 자동차, 배, 소방차 등의 상상력이 풍부한 놀이 구조물
- 바퀴 달린 장남감과 놀이를 위한 단단한 지면의 영역
- 포장도로 위에서 안전한 활동을 위한 비형식적인 포장 영역
- 한 명 이상의 아동을 위한 다양한 입구, 출구, 높이의 방 등 기어오르는 구조
- 기어오르기와 앉기를 위한 낮은 벽
- 그물, 공, 판자, 블록, 줄 등의 비구조화 놀잇감
- 창의성을 자극하기 위한 형태가 모호한 물체

서로 다른 목적을 위한 공간의 혼합

- 폐쇄적인 공간
- 감정 표출 장소
- 사적인 공간
- 치료와 조용한 놀이를 위한 공간
- 아동이나 성인 관찰자 · 감독자를 위한 앉을 공간

- 소풍과 실외 파티를 위한 공간
- 햇빛 또는 그림자 공간과 은신처

(1) 영아 놀이마당

영아 놀이마당은 영아 신체 크기에 알맞은 공간과 발달단계에 따른 지각력과 개별 운동을 제공하는 것이 중요하다. 이러한 공간은 기어다닐 수 있는 부드러운 바닥, 따뜻한 재료, 다소의 높이 변화, 그리고 다양한 재질과 흥미로운 시야, 소리, 냄새, 표면을 제공하는 상호작용적인 장치가 있어야 한다. 기어다니는 영아, 서서 다니는 걸음마기 영아를 위해서는 별도의 설비가 필요할 수 있다. 영아와 걸음마기 영아를 위한 그네, 성인이 한두 명의 아동과 함께 앉을 수 있는 그네, 놀이 피라미드, 공중제비를 위한 부드러운 표면, 붙박이 미끄럼틀이 좋은 시설이다.

(2) 유아 놀이마당

3~5세의 유아는 매우 활발하고, 신체적인 능력을 발달시키고 탐험하기를 좋아한다. 그들은 여러 가지 방법으로 올라타고 내려올 수 있는 요소나 플랫폼 같은 설비를 좋아한다. 다양한 높이에 올라가고 내려오는 것에 도전하는 것은 아동의 움직이는 기술을 발달시켜 준다. 그래서 다양한 형태의 플랫폼(사다리, 로프, 체인, 그리고 타이어 그물)은 매우 유용하다. 유아들은 올라가는 기술을 내려가는 것보다 빨리 배우기 때문에 안전하게 내려가는 방식을 제공하

디자인가이드 18.6

영아 놀이마당

- 비탈진 경사로, 계단, 기어다니기, 서서 밀기, 아장아장 걷기 기술을 장려하는 승강대 등 점점 더 도전적인 활동을 계속 제공해야 한다.
- 성인이 감독할 수 있도록 가까운 위치에 앉을 자리를 제공한다.
- 인지력을 강화하기 위해, 탄성이 있는 유리거울과 같은 반사 표면을 사용한다.
- 영아가 만지고 탐구할 수 있도록 잔디, 모래, 돌, 진흙, 물 등의 접근 가능하고 안전한 재질을 제공한다. 영아와 걸음마기 영아가 기어다닐 수 있고 걸을 수 있을 다양한 질감과 튼튼한 표면인지 확인한다.
- 바퀴 달린 장난감이나 세발자전거를 위해 단단한 바닥재 영역을 제공한다.

는 것이 중요하다.

놀이기구뿐만 아니라, 유아에게 그네, 미끄럼틀, 다양한 직물, 향이 있는 물건, 물, 흙, 물감, 점토 그리고 큰 블록, 소꿉장난을 위한 장비, 상호교환적인 장비, 소리 내는 장치, 작은 오두막, 숨을 수 있는 곳 같은 것을 제공한다.

4. 안전사고 : 도전 대 위험

용감한 용사가 되기 위해서는 도전과 위험이 수반된다. 비록 아동의 안전에 있어서 보육시설 관계자의 책임이 가장 큰 고려사항이지만, 위험은 예측될 수 없을까? 너무 지나친 안전은 실패를 의미한다. 아동은 스스로를 전멸시키지 않는다. 수세기 동안 아동은 나무에 오르고, 개울로 나아가고, 높은 장소에서 뛰어내렸다. 실외 놀이영역이 아동이 위험과 모험을 경험할 수 있는 장소라는 것은 중요하다.

> *아동은 디자인 의도와는 상관없이 가능한 한 모든 방법으로 장비를 이용할 것이다.—이것은 자신들의 한계를 발견하는 방법이다. … 운동장은 심각한 부상 없이 능력의 한계를 시험해볼 수 있는 안전한 장소여야 한다. 위험은 도전을 이겨내지 못한 아동에게서 발생한다. … 아동은 도전을 시도하고 선택한다. 운동장 디자이너의 의무는 도전을 최대화하고 위험을 최소화하는 것이다*[2].

놀이공간 상해의 대부분은 기구에서 지면 바닥으로 떨어지는 것이 원인이다. 그 외에 그네와 같은 움직이는 기구와의 충돌, 움직이지 않는 기구와의 충돌, 돌출된 부분이나 뾰족한 모서리, 기구의 뜨거운 표면, 그리고 운동장의 잔해들이다. 치명적인 상해는 추락, 옷의 얽힘, 줄의 꼬임, 머리의 끼임, 그리고 기구의 구조상 하자가 원인이 된다.

가장 중요한 사항은 모든 기구가 잘 정렬되어서 아동이 하나의 기구를 타고 놀 때, 다른 아동의 놀이나 달려가는 아동을 방해하지 않는 것이다. 미국소아학회(Academic Pediatric Association : APA)는 다음과 같이 기술한다.

- 고정된 놀이기구 주위에 2.7m 거리를 확보한다.
- 움직이는 놀이기구 주위에 4.6m 거리를 확보한다. 이 공간은 기구마다 확보하고 상충되지 않도록 한다.

2) PLAE(1987). Cosumer's Handbook for Public Safety. p. 66.

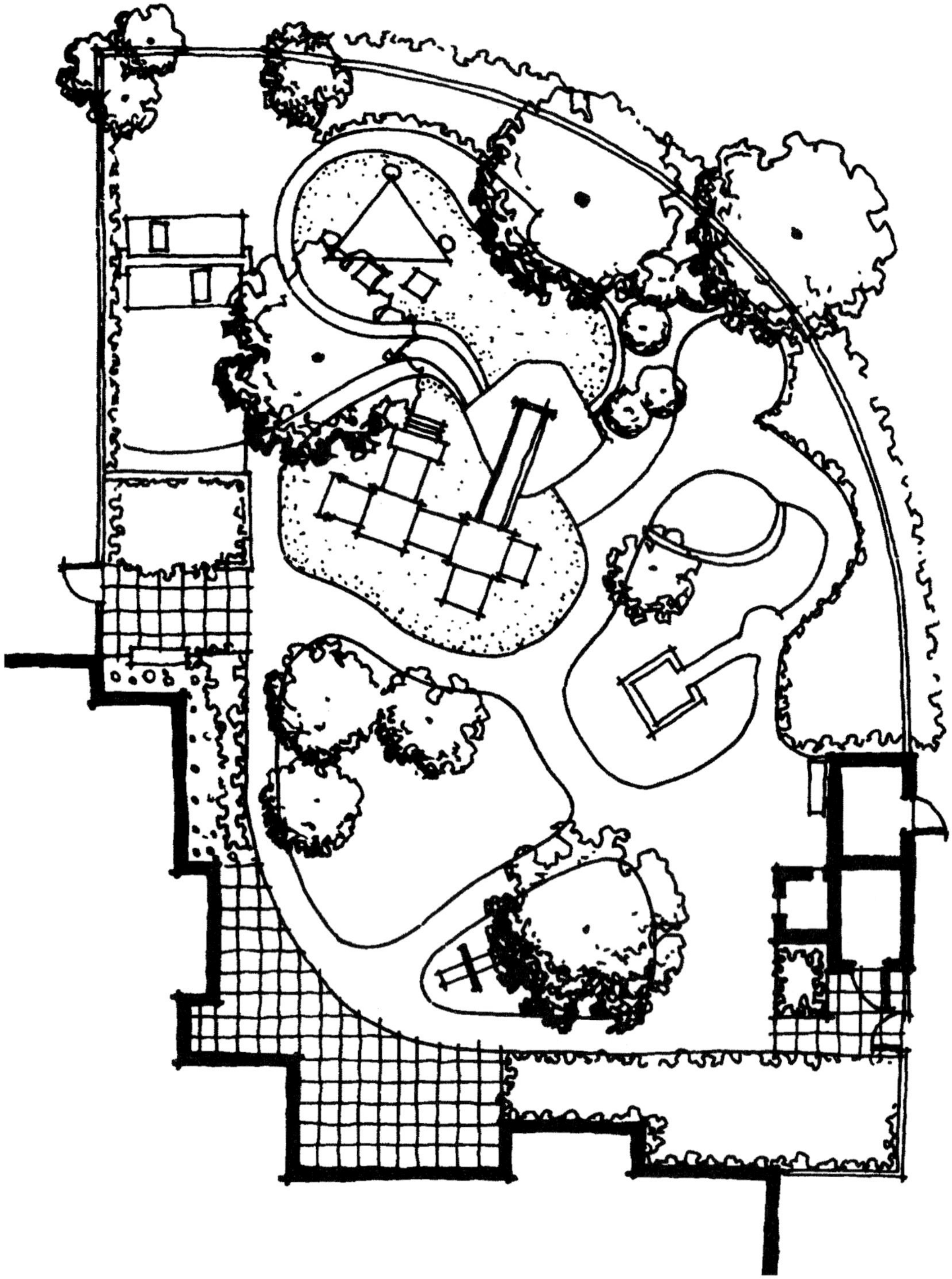

그림 18.2 허스키 프리스쿨(Husky Preschool) 실외 놀이터

1) 기구 디자인

놀이기구만으로는 적절한 실외 놀이공간을 만들 수 없다. 다양한 놀이기구를 무작위로 조합하는 것만으로 매력적인 환경을 만드는 것은 부족하다. 주문 제작 기구를 사용하거나, 주변 경치와 조화되도록 하고, 또는 보충적인 요소로 경치를 더 아름답게 하는 것이 중요하다. 더욱이 놀이영역의 디자인에 매력과 복합성을 주기 위해서는 아동이 쉴 수 있으며, 좌절하지 않고 그곳을 떠날 수 있도록 해야 한다. 나무 집, 요새, 탑 또는 큰 상자와 같은 관찰 장소는 이러한 기능을 만족시키며, 아동이 다시 놀이를 즐길 수 있도록 한다. 놀이기구를 디자인할 때, 또는 상업적인 기구를 고를 때, 다음과 같은 질문을 상기하도록 한다.

확인사항

기구 디자인

1. 기구들이 도전적이고 복합적인 활동을 제공하는가?
2. 기구들이 대근육 놀이 이상을 가능하게 하는가?
3. 대근육 놀이는 여러 단계로 제공되는가?

2) 놀이기구, 오르기, 플랫폼, 작은 오름

전체적인 디자인의 한 부분이고 창의적인 활동영역을 제공하기에 충분할 때만 고정 놀이기구를 사용한다.

오르기는 다른 기구들보다 더 높은 수준의 신체적 도전을 할 수 있게 한다. 나무, 줄, 그물, 그리고 타이어 기구가 몇 단계의 플랫폼을 구성한다. 이는 숨기, 감추기, 극놀이를 위한 장치 등의 기능도 겸할 수 있다.

노트 18.1은 전반적으로 머리와 손가락 끼임을 예방하고, 불필요한 추락을 줄이며, 더 안전한 설비를 제공하는 다양한 놀이기구의 규모를 제시한다.

디자인가이드 18.7

놀이기구, 오르기, 플랫폼, 작은 오름

- 반복은 인식 학습을 돕고 확신을 주기 때문에 기구 디자인은 어느 정도 반복되게 계획한다.
- 점진적으로 더 어려운 발달과업을 통해 움직임을 장려하도록 각 놀이기구, 활동영역, 연계된 순환영역을 준다. 또한 아동이 힘들어질 수도 있으므로 다시 돌아갈 수 있는 휴식공간을 제공한다.
- 모든 너트와 볼트를 보호하거나 감춘다. 설비를 위한 앵커볼트와 발판을 묻고, 특히 콘크리트는 땅에 묻거나 안전한 표면으로 덮는다.
- 가능하면 금속 재질의 오르기(특히 슬라이드)는 그늘에 배치한다.
- 아동이 도전을 달성했을 때, 플랫폼에 올라서거나 종, 깃발 등으로 알릴 수 있도록 디자인한다.
- 76.2cm 이상 높이(유아에게는 50.8cm 이상)가 되는 플랫폼에는 최소한 96.5cm 높이의 난간을 설치한다.
- 놀이기구에는 하나 이상의 입구와 출구를 둔다.
- 3차원 공간의 크기, 성질, 높이에 변화를 준다. 변화는 아동의 인지발달을 돕고, 궁극적으로 기호의 학습과 해독을 도와준다.
- 기어다니는 공간에 넓거나 좁은, 막힌 곳이 있거나 없는, 길거나 짧은, 막다른 곳에 빛이 적거나 많은 등의 변화를 제공한다.
- 아동이 안전하게 뛰어내리거나 점프할 수 있도록 한다.
- 주변 환경의 모든 부분에 질감 또는 그림자와 같이 깊이를 알 수 있게 한다.
- 아동이 집단 혹은 개인적으로 안전하게 올라설 수 있는 구조물을 제공한다. 구식 정글짐들은 아동에게 충분한 의욕을 주지 못하므로 높이가 다양하고, 집, 성, 고층건물, 나무, 플랫폼, 그물 그리고 밧줄들을 사용하여 그 형태를 변화감 있게 구성한다.
- 1.8m 이상의 플랫폼은 중간 플랫폼이 있어야 하고, 아동이 이곳에서 휴식하거나 다른 경로로 갈 수 있도록 한다.
- 오르기 기구에는 안전한 기둥, 일정한 간격으로 설치된 발판이 설치되어야 하고, 아동이 꼭대기에 도달했을 때 안전하게 내려올 수 있는 방법이 확보되어야 하며, 낙하 높이가 2.3m를 넘지 않아야 한다.
- 휠체어 사용 아동을 위해서 위험에 대한 안전한 감각을 제공하는 기복 있는 경사로와 매달린 다리 설치를 고려한다.
- 다양한 높이, 길이 그리고 기울기의 평균대를 설치한다. 평균대는 모든 연령에 좋은 기술활동들을 제공하고, 동시에 좌석 역할도 한다.

노트 18.1 오르기, 플랫폼, 계단, 사다리, 작은 오름의 안전 치수

구 분		안전 치수
플랫폼, 오르기	최대 높이[3]	3세 이하 아동 0.9m, 3~6세 아동 1.7m, 6세 이상 아동 2.0m
	계단식 플랫폼 사이의 거리	미취학 아동 30.5cm, 취학 아동 45.7cm
오르기, 계단, 사다리의 디딤판 사이 공간		8.9~22.9cm
계 단	경사도	35°
	디딤판 높이	15.2~25.4cm
사다리	경사도	75°
	가로단, 바깥지름	no < 3.5cm
	손잡이와 디딤판	no < 4.1cm
모든 손 틈		0.9~2.5cm

3) 동적인 요소와 부드러운 물질

가장 좋은 설비는 매달린 다리, 그네 등과 같이 많은 동적인 요소를 가지고 있다. 부상은 흔히 전통적인 정지된 설비에서 일어난다. 아동은 항상 움직이는 것을 원하는데, 정적인 설비에서 계획되지 않은 행동을 할 때, 부상을 입게 되는 것이다.

놀이기구에서 모든 동적인 요소는 금속이나 딱딱한 플라스틱, 체인 대신 타이어, 밧줄, 그물, 나무, 캔버스 등의 부드러운 재료로 만들어져야 한다. 그네나 미끄럼틀 등과 같이 전통적인 금속 설비로 된 놀이기구는 젖으면 미끄러워지며, 여름에 뜨겁고 겨울에 차갑기 때문에 위험할 수 있다. 밧줄을 오르는 것이 금속 기둥을 오르는 것보다 일반적으로 더 안전하다. 만약 금속 구조물을 사용해야 할 경우, 나무와 같이 따뜻한 천연 재료와 함께 사용한다.

4) 그 네

그네 타는 것은 하늘을 날고 자유롭게 떨어지는 영웅의 경험과 유사하다. 그것은 또한 어린

3) APHA/AAP(APA, pp. 366-367)

이 글라이더는 안전하면서도 유쾌하게 탈 수 있다.

영아에게 안전한 슬라이드

아동의 전정기관 발달을 돕는다. 그네는 모든 연령에게 가장 인기 있는 전통적인 놀이기구 중 하나이다. 그네의 모양, 크기, 그리고 높이의 변화는 놀이영역을 더 모험적이고 흥미롭게 해 준다. 타이어 그네, 가죽 띠 그네, 둘이 함께 탈 수 있는 '목마' 형 그네, 유아용 그네, 고무좌석이 있는 그네 등이 바람직하다.

안전을 고려하기 위해서는 아동이 움직이는 그네에 들어갈 수 없도록 해야 하고, 움직이는 그네에서 떨어지거나 그네에 부딪히는 것을 줄여야 한다. 노트 18.2는 그네에 대한 안전 세부사항이다.

노트 18.2 그네 배치를 위한 안전 명세사항

장비 치수	최소 거리
그네의 앞뒤 거리	2.7m
흔들거리는 그네와 그네 틀 사이의 거리	69.8cm
타이어 그네와 그네 틀 사이의 거리	96.5cm
손잡이 사이의 거리	60.9cm
그네의 앉는 부분과 지면 사이의 거리	40.6cm
그네의 철봉과 지면 사이의 높이	2.4~2.7m

디자인가이드 18.8

그네, 밧줄로 된 탈 것, 그리고 회전장치의 안전사항

- 모든 그네와 밧줄로 된 탈 것, 회전목마와 같이 움직이는 기구는 마당 구석에 설치한다. 담장(울타리)은 그네의 '뒷공간(back)'을 형성하여 그네 뒤의 충돌 가능성을 줄여 주기 때문이다.
- 충돌흡수력을 향상시키는 물질인 고무로 된 그네 좌석을 설치한다. 이때 나무나 금속 좌석은 사용하지 않는다.
- PLAE는 그네 높이의 두 배 정도의 주변 공간을 마련한다. 꼬마 그네나 타이어 그네는 일반 그네보다 주변 공간이 덜 필요하다.
- 그네를 타는 사람과 지나가는 사람 간의 충돌 위험을 줄이기 위해서는 한 장치에 두 대 이상의 그네를 설치하지 않는다.
- 유아 그네와 영아 그네는 떨어져 있게 설치한다.
- 모든 타이어 그네에 충분한 배수를 위해 구멍을 뚫는다.
- 닳을 수 있는 섬유밧줄 대신 작은 연결고리에 그네를 매단다.
- 안정성을 위해서는 오를 수 없도록 디자인된 A자 모양 구조물에 그네를 매단다.

5) 글라이더

케이블로 매달린 글라이더는 유아나 취학 아동에게 흔들림, 매달림, 움직임을 제공한다. 유아를 위해 특별히 고안된 타이어 그네와 좌석을 갖추어야 한고, 이착륙장이 설치되어야 한다.

6) 미끄럼틀

어릴 때, 미끄럼틀의 높고 낡은 사다리에 올랐던 것을 기억하는가? 미끄럼틀 꼭대기에는 길고, 유혹적이지만 겁을 주는 빛나는 바닥이 앞에 있었다. 내려오는 것이 매우 무서워 보였지만, 뒤에 서 있는 다른 아동 때문에 물러나는 것은 불가능했다.

그런 걱정에도 불구하고 미끄럼틀은 6세 이하 아동이 그네 다음으로 좋아하는 기구이다. 안전한 미끄럼틀은 언덕 또는 지면 흙 언덕에 설치되는 형식이다. 이는 이용자들에게 균형을 잃거나 떨어지는 두려움 없이 쉽게 미끄러지는 느낌을 준다. 미끄럼 타는 내내 아동은 잔디를 만지는 자유를 느낄 수 있고, 야생화의 냄새를 맡거나 하늘을 볼 수도 있다. 흙 언덕은 터널이나 계단 등으로 올라갈 수 있으며, 전형적인 미끄럼틀보다 더욱 도전적으로 기어오르거나 기어다니는 기회를 제공한다.

조경 속에 흩어져 있는 다양한 미끄럼틀은 놀이마당을 흥미 있게 만들어 준다. 다음과 같은 미끄럼틀도 가능하다.

- 둘 또는 셋이 함께 미끄러져 내리기 위해 충분히 넓어야 한다.
- 구부러지거나 나선 혹은 직선 모양을 만들어야 한다.
- 부분적으로, 혹은 전체를 플라스틱 튜브로 구성해야 한다.
- 길이와 경사도를 변화시킨다.

언덕의 경사를 따라 설치된 미끄럼틀은 완만한 하강을 제공한다.

높은 강도의 폴리에틸렌 재료로 된 미끄럼틀은 안전하고 유지하기 쉬우며 다채롭기 때문에 특히 인기 있다. 반대로 금속 미끄럼틀은 너무 차갑거나 너무 뜨거울 수 있다.

디자인가이드 18.9

미끄럼틀

- 미끄럼틀은 마당의 혼잡하지 않은 영역에 설치한다. 미끄럼틀의 내려오는 공간은 절대 다른 장치와 공유해서는 안 된다.
- 미끄럼틀 바닥을 안전하게 하여 사고를 예방한다.
  - 착륙지점에는 30.4~40.6cm의 매끄러운 평행선의 착지대를 마련한다.
  - 착지대는 바닥에서 17.8~30.5cm 떨어지게 처리한다.
- 미끄럼틀 입구에 안전지대를 확보한다.
- 일반적으로, 경사가 40°가 넘지 않도록 하며, 미끄럼틀 높이의 두 배 정도 길이의 미끄럼틀 바닥을 만든다. 미끄럼틀은 길이가 3.7m를 넘어서는 안 된다.

노트 18.3 유아용 미끄럼틀의 안전 치수

구 분	안전 치수
최대 높이	2.0m(1.6m PLAE)
바람직한 높이	1.4m 이하*
옆 테두리	6.4cm
난 간	59.7~68.6cm 높이
수평판	17.8~27.9cm 간격
최소 내부 지름	58.4cm

*1.4m보다 높은 미끄럼틀에는 측면 보호장치가 있어야 한다.

7) 시소와 흔들말

아동은 시소와 흔들말(spring rides)의 흔들리는 동작을 좋아한다. 시소는 두 사람이 함께 움직여야 하기 때문에 아동이 협동심을 기를 수 있는 기구이지만, 한 아동이 바닥에 부딪히거나 꼭대기에서 정지해 있을 때는 사고가 발생할 수 있다.

디자인가이드 18.10

시소와 흔들말

- 용수철 달린 시소가 전형적인 시소보다 바람직하다.
- 시소는 지레받침을 가지며, 최대 높이는 137.2cm이다. 각 좌석은 완충 작용을 위해 고무타이어의 절반 모양의 탄력성 있는 받침을 설치한다.
- 코일 용수철은 끼는 것을 막기 위해 완벽하게 덮이도록 디자인해야 한다.
- 시소와 용수철로 된 탈 것은 편안한 좌석을 만들어 주고, 아동에게 지나친 속도를 조절하도록 하는 손잡이와 발판을 설치한다.
- 시소와 용수철로 된 탈 것은 모든 방향에 1m의 여유공간을 둔다.

8) 수평 사다리와 매달린 링

아동에게 수평 사다리와 매달린 링은 한 놀이기구에서 다음 놀이로 이동할 때 가장 잘 사용된다. 손이 끼지 않도록 직경을 11.4cm보다 작게 하거나 22.9cm보다 크게 해야 한다.

공중에 설치된 고정형 손잡이는 상체의 힘을 기르거나 장애아동이 지형을 건너는 것을 도와주며, 취학 아동에게 용기를 준다. 고정형 손잡이의 막대는 아동의 머리보다 작거나 커야 하므로 12.7cm 이하 혹은 25.4cm 이상이 되어야 한다.

9) 비구조화 놀잇감

모든 실외 영역에는 밧줄, 공, 4륜차, 자전거, 상자와 판, 사다리, 들통, 삽, 그물과 같이 아동이 스스로 구조물과 놀이를 만들 수 있는 '비구조화 놀잇감(loose parts)'이 필요하다. 이러한 요소들은 모래, 물, 점토 등을 가지고 작업하는 연장 역할을 한다.

이러한 요소들을 보관할 수 있는 공간도 필요하다. 바퀴 달린 자동차들, 모래 · 물놀이 장난감, 아동용 물놀이장, 공, 밧줄, 상자, 블록, 그리고 원예기구 등이 보관되어야 하는데, 이 물건들은 실외 창고 혹은 접근하기 쉬운 건물의 한 부분, 그리고 인접한 마당에 보관되는 것이 가장 좋다. 보관장소는 고리, 선반, 보관용 통에 잘 분리하여 보관하는 것이 좋다. 보관장소는 아동의 눈높이에 맞춰 설치하여 아동들 접근하기 쉽고 스스로 정리정돈할 수 있게 한다.

디자인가이드 18.11

비구조화 놀잇감

- 아동이 타이어, 나무, 합판, 벽돌, 기둥 등의 다양한 재료를 조합하여 자유 형식의 구조물을 만들 수 있는 개방된 공간을 제공한다.
- 모래, 돌, 진흙, 식물 등의 자연 재료를 가지고 만들 기회를 아동에게 제공한다.
- 재료는 가까이 보관해야 자주 사용하게 된다.
- 보관창고는 놀이시설로 이용될 수도 있으므로 이를 감안하여 디자인한다.
- 창고는 단단해야 하고 비바람에 견뎌야 한다.

10) 바닥 재료

아동의 시선은 발 아래 바닥으로 가기 때문에, 바닥 재료는 강력한 심리적 · 심미적 효과를 가진다. 실외 놀이에서는 추락사고가 부상과 사망을 초래하는 가장 일반적인 안전사고이다. 올라가는 기구가 대부분 부상(가장 빈번히 머리, 얼굴, 목의 열상)을 일으키지만, 부상의 주요 원인은 바닥이다. 바닥에 충돌흡수가 우수한 재료를 사용하여 충분한 두께로 설치하면 추락으로 인한 부상을 줄일 수 있다. 아동은 다양한 활동을 하기 때문에 다양한 바닥재가 필요하다. 바닥재는 안정성, 활동유형, 기후, 날씨, 배수, 청결, 유지, 비용, 내구성 그리고 심미성을 따져 결정해야 한다.

바닥 재료는 크게 네 종류가 있다.

- **흙** : 토양, 잔디 등
- **자연 재료** : 나무토막, 우드칩, 짚, 자갈, 모래 등
- **단단한 재료들** : 아스팔트, 콘크리트, 벽돌, 판석 등
- **인공 탄력 재료** : 인공잔디, 공업용 고무시트, 재생 고무타이어 등

단일 재료나, 자연 재료는 바닥 설비에 적합하다. 단일 재료는 전형적으로 고무매트 혹은 합성고무이며, 이것은 진흙, 아스팔트, 콘크리트와 같은 바닥의 겉에 바르는 형식으로 설치된다. 한편 자연 재료는 충분한 깊이로 설치하였을 때, 충격흡수 성질을 나타낸다. 충격흡수 성질은 그것의 자연적 구조, 깊이, 압축의 정도, 그리고 추락 높이에 달렸다. 표 18.1은 놀이시설 아래와 주변에 흔히 사용되는 일곱 가지 재료들의 위험한 추락 높이를 제시한다. 최근 우레탄과 폴리스티렌과 같은 재료로 만들어진 합성 탄성 재료가 이용가능하다. 하지만 친환경적 관점으로 이러한 재료는 적절치 않다.

표 18.1 놀이 장비 주변의 표면 자재별 높이

(단위 : cm)

자재 두께 / 자재 종류	최대 압축되지 않은 두께			압축된 두께
	15.2cm	22.9cm	30.5cm	22.9cm
나뭇조각	1.8	2.1	>3.7	1.8
고운 모래	1.5	1.5	2.7	1.5
거친 모래	1.5	1.5	1.8	1.2
잔 자갈	1.8	2.1	3.0	1.8
중간 자갈	1.5	1.5	1.8	1.5

발표된 여러 연구에서는 1.22m 높이에서 떨어지는 것을 가정했을 때 바닥 재료의 설치 깊이가 최소 22.8cm는 되어야 한다고 보고하고 있다.

디자인가이드 18.12

바닥 재료

- 아동이 떨어질 위험이 있는 장소의 바닥에는 모래, 나뭇조각, 자갈 또는 자른 타이어들과 같은 부드러운 재료들을 사용한다. 특히 등반 놀이기구 아래, 그네 아래, 그리고 미끄럼틀의 기초에는 20.3~30.5cm의 충격흡수 깊이가 있어야 한다. 이 재료는 부드러움과 통기성을 유지하기 위해 정기적으로 뒤섞어야 한다.
- 모래가 뛰어난 바닥 재료라도 아동에게는 거친 재료일 수 있다. 만약 적절한 배수장치가 있다면 등반 놀이기구 아래에 모래를 사용한다. 배수장치가 없다면 겨울에 모래가 얼어 콘크리트만큼 단단하게 될 수 있기 때문이다.
- 모든 단단한 바닥은 거칠지 않아야 한다.
- 더운 날씨에 아스팔트나 콘크리트와 같이 열을 모으는 재료들은 한낮의 태양열을 흡수하므로 바닥은 흙으로 처리한다. 매우 더운 지역에서는 모래도 과열될 수 있다.
- 모래놀이에 바닥재용 모래를 사용하지 않는다. 두 기능은 명백히 분리되어야 하고, 이를 위해 울타리를 사용한다. 활동적인 영역의 모래 위에 나무 조각들을 넣어 둠으로써 기능을 보완할 수 있다.
- 모래가 활용될 수 없는 특정 지역에서, 콩 모양 자갈은 좋은 대체물일 수 있다. 그러나 보통의 자갈은 콩 모양 자갈보다 날카로운 각을 가지고 있으므로 대부분의 놀이지역에 적합하지 않다.
- 우드칩은 충격흡수가 뛰어나고 좋은 향기를 가지고 있지만, 쉽게 부서지기 때문에 정기적으로 교체해야 한다.
- 적절한 양의 진흙과 모래가 섞인 순수한 토양은 활동공간의 바닥으로 뛰어나고 아스팔트보다 더욱 탄력적이다. 진흙은 너무 단단할 수 있으므로 그네와 같이 활동적인 장치 아래에는 적합하지 않다.
- 활동적인 장치의 아래가 아닌, 통행량이 낮은 지역에 잔디를 사용한다. 잔디는 물과 물방울을 공급하고 정기적으로 새로 자라고 교체된다.
- 아스팔트는 콘크리트에 비해 부드럽기 때문에 바퀴 달린 장난감이나 자전거를 위한 단단한 바닥으로 선호된다. 높이가 있는 놀이장치 아래에는 단단한 바닥 재료를 절대 사용하지 않는다.

5. 모험적이고 창의적인 놀이

아동이 판자, 바위, 그리고 오래된 나뭇가지로 만든 성은 완벽하다. '창의적인' 놀이터는, 전통적 놀이터에 대한 대안으로서, 유아와 취학아동에게 인기를 꾸준히 얻고 있다[4].

'창의적인' 놀이터는 전통적인 또는 모험적인 놀이터를 대신해서 유아나 학령기 아동들에게 인기를 얻고 있다. 창의적인 놀이터는 주로 버려진 타이어, 잡동사니, 전신주, 철도 버팀목, 전선을 감는 패, 파이프 조각 등으로 만들어진다. 때로는 공업 재료도 함께 구성된다. 이러한 놀이터는 모래놀이, 물놀이, 또는 모든 놀이를 수용할 수 있도록 고정되지 않은 요소로 설치될 수 있으며, 미술과 원예, 그리고 동물을 기르는 공간과 같은 고정된 설비도 있다.

아동이 활발하게 놀이터 건설에 참여할 수 있는 '모험적인' 놀이터는 특히 5세 이상의 아동에게 적합하다. 아동은 땅을 파고 정원을 가꾸기 위해 연장을 사용하고, 건물을 짓기 위해 고정되지 않은 요소를 사용한다. 그 과정에서 아동은 놀이터의 환경을 탐구하고, 상상력을 실험하는 동기를 갖게 된다. 모닥불은 아동에게 불이라는 것을 어떻게 사용하고 제어하는지 가르쳐 준다. 이 경험은 아동이 실내에 앉아서 무기력하게 시간을 보내는 것에서 벗어나도록 하기에 충분하다.

1) 물놀이

아동에게 물놀이의 환상과 즐거움은 그 어떤 것과도 비교할 수 없다. 물의 다양한 모습, 즉 자연적 웅덩이, 굽이치는 수영장, 솟아오르는 분수, 흐르는 계곡 물, 스프링클러 등 다양한 실외 물놀이 기회를 만든다. 휠체어에 앉아 있는 아동을 위해서는 테이블 위에서 물을 만질 수 있는 놀이 장치가 필요하다.

첨벙거리기, 떠 있는 물체, 흐름, 댐으로 막기 등의 경험은 노즐, 수도꼭지, 밸브, 호스, 펌프 사용에 의해 만들어질 수 있다. 물놀이와 모래놀이는 적절한 연결과 분리를 갖도록 계획되어야 한다.

4) Alexander, C., et al.(1977). *A Pattern Language*. New York: Oxford University Press. p. 368.

디자인가이드 18.13

물놀이

- 특히 분수와 같은 물놀이영역은 따뜻한 날씨에 많은 아동이 함께 사용할 수 있다.
- 스프링클러와 물 미끄럼틀은 좋은 물놀이다.
- 흐르는 물을 공급하여 막대나 보트를 띄우고 진흙놀이를 할 수 있게 하여 아동의 흥미를 불러일으키도록 한다.
- 아동이 지붕에서 흘러내리는 물을 관찰할 수 있는 홈통을 만들고, 빗물을 큰 통에 모은다.
- 수영장은 가파른 경사보다는 완만한 경사가 있도록 계획한다.
- 물은 23cm보다 깊지 않아야 한다. 또한 아동은 매우 얕은 물에서도 익사할 수 있으므로, 물이 있는 곳에서는 항상 감시해야 한다.
- 아동이 물을 뿌릴 수 있는 근처에는 콘크리트 벽, 나무로 된 울타리, 건물의 측면을 배치한다.
- 물놀이영역 가까이에 물놀이 장비의 보관장소를 계획한다.
- 물놀이영역 주변의 바닥은 미끄러지지 않게 디자인되어야 한다.

2) 모래놀이

모래놀이는 놀이터의 핵심적인 요소이다. 모래는 모래상자에 담길 수도 있고, 모래 산을 만들어 오를 수도 있다.

3) 바위, 자갈돌, 흙 그리고 진흙

돌과 바위는 훌륭한 등반과 탐험영역을 만든다. 흙으로 조성된 산은 비용 면에서도 효과적인 등반 환경을 제공한다. 비록 아동의 옷에 진흙이 묻는 것이 염려스럽기는 하지만 진흙은 모래놀이만큼 창의적이고 계발적인 놀이를 제공한다. 흙도 모래처럼 먼지 발생을 막기 위해 이따금씩 물을 뿌려 주어야 한다. 그리고 유리 파편이나 동물배설물 유무에 대해 정기적으로 검사도 해야 한다. 흙과 진흙놀이에 대한 주의사항은 모래놀이와 유사하다.

디자인가이드 18.14

모래놀이

- 햇빛은 모래를 효과적으로 소독하기 때문에 모래놀이영역은 최대한 햇빛에 노출되어야 한다. 하지만 무더운 여름에는 그늘을 제공하기 위한 텐트나 천막이 필요하다.
- 모래영역에는 배수구가 설치되어야 하고, 강한 바람으로부터 보호되어야 한다.
- 모래놀이영역과 미끄럼틀과 착륙 면은 구분되어야 한다.
- 모래놀이함은 나무 벽으로 경계 테두리를 만들어야 한다. 콘크리트는 거칠기 때문에 바람직하지 않으며, 적절한 배수를 막을 수도 있다. 아동은 이 테두리를 놀이 바닥이나 걸터앉는 용도로 사용한다. 모래를 함 안에 잘 유지시키기 위해서는 수평면을 가지도록 테두리를 디자인한다. 모래놀이함 안에 작고 낮은 테이블을 설치하는 것도 바람직하다.
- 근처 창고에 삽, 갈고리, 양동이 같은 모래놀이 장난감을 둔다. 가능하다면 모래놀이 테이블 안에 장비들을 보관한다.
- 모래놀이영역 근처에 모래를 끌어올리기 위한 도르래와 양동이를 갖춘 구조물을 설치하는 것도 바람직하다.

4) 극놀이

앞서 언급한 바와 같이, 극놀이와 상상놀이는 유아와 취학 아동이 가장 좋아하는 활동이다. 이 놀이를 위해서는 다양한 공간과 소품들, '극장' 을 위한 적합한 장소, 기둥에 올라타 핸들을 조정하는 기구 등이 놀이터 전체에 필요하다. 다양한 조경뿐만 아니라 모래와 물, 건물 재료에 이르기까지 접근이 용이한 '창의적인' 놀이터에는 극화놀이를 위한 잠재력이 무한하다.

한 영역에 청중 앞에서 연기하기 위한 무대를 아동 눈높이에 맞춰 만든다. 사적인 무대는

디자인가이드 18.15

극놀이

- 아동 2~4명이 숨을 수 있는 공간을 제공함으로써 자발적인 극놀이를 장려한다.
- 슬라이딩 패널로 쉽게 닫고 열리는 공간을 제공하여 아동의 상상력을 자극한다.
- 소품, 무대의상, 그리고 융통성 있는 요소를 제공하면 아동은 그것을 더욱 창의적으로 사용할 수 있다.

덤불 뒤나 놀이기구 아래를 사용할 수 있다. 무대의상과 소품을 보관할 수 있는 잠금장치가 있는 보관장소가 필요하다.

5) 화원, 퇴비, 지렁이 양식

놀이터에는 각 연령층에 맞게 꽃과 채소 정원 등 아동이 식물을 기르고 재배하는 곳을 조성한다. 제한된 자연만을 경험하는 도시지역에서 작은 정원은 아동이 흙에 대한 애착심을 갖게 된다.

집에서 먹고 난 음식물쓰레기로 만든 '쓰레기 정원'은 어린 아동에게 연약한 식물에 영양을 주는 것에 많은 자부심과 흥미를 가지게 하고 생명의 순환과정을 경험하게 한다. 생명 순환의 마지막 단계는 유기물의 처리이다. 배양토 더미는 만들기 쉽고 관리하기 쉬우며, 해충을 끌어들이지도 않는다. 아동은 식사와 간식 시 남은 음식을 처리할 수 있고, 시간이 지나 이 찌꺼기들이 토양으로 돌아가는 것을 볼 수 있다.

또한 흥미로운 것은 '지렁이 양식' 비료를 제공하는 벌레 상자이다. 벌레를 섞음으로써 분해를 돕고, 땅을 기름지게 하고, 쓰레기는 영양이 풍부한 토양으로 변한다. 지렁이 양식 비료로 사용되는 실지렁이는 아동에게는 애완동물이다. 음식찌꺼기가 빠르게 깨끗한 냄새로 변하는걸 보면서 아동은 토양 형성의 순환에 대하여 가치 있는 교훈을 배운다. 벌레 상자들은 쉽게 만들 수 있고 다양한 크기로 구매할 수 있다.

디자인가이드 18.16

화원, 퇴비, 지렁이 양식

- 퇴비 더미는 마당 주변에 둔다.
- 벌레 상자는 심한 열과 비를 피할 수 있는 곳에 둔다.
- 정원 안에 아동이 고요함을 느낄 수 있는 사적이면서, 밝고, 편안한 장소를 제공한다.
- 화원을 울타리로 둘러싸면 소음으로부터 조용하고 평화로운 장소가 만들어진다.
- 허브 정원을 조성하거나 딸기류 덤불 또는 과일나무와 같은 과실수를 심는다.
- 1년 내내 꽃과 채소를 재배하기 위해 작은 비닐하우스를 설치하는 것을 고려한다.
- 야생적이고 자연스러운 화원을 만든다.

디자인가이드 18.17

새, 나비, 동물

- 동물은 '집에 익숙한' 아동을 도울 수 있다. 그리고 사람과 친숙하기 때문에 정서장애를 가지는 아동에게 유익하다.
- 동물을 질병으로부터 면역이 되게 하고, 좋은 건강상태로 유지한다.
- 달콤한 향이 나는 꽃, 허브, 잔디 그리고 덩굴식물은 나비나 벌을 유혹한다.

6) 새, 나비 그리고 동물들

새, 나비 그리고 동물을 돌보는 기회는 아동이 동물을 학대하지 않는 것을 배울 수 있다. 오리, 새(앵무새 제외), 토끼, 돼지, 소, 조랑말, 벌, 닭, 거위, 염소, 양 등 실외에 사는 동물은 실내에 사는 동물보다 몸집이 크고, 대부분 보살피기 쉽다. 동물을 선택할 때는 알레르기를 가진 아동을 배려한다.

조경 디자인은 그 지역의 새, 나비, 개미, 곤충, 뱀을 유인하는 것이 바람직하다.

6. 조용한 놀이와 개인적 공간

모든 실외 공간은 책을 읽거나, 공작놀이를 위해 하나 혹은 그 이상의 조용한 장소가 필요하다. 이러한 영역은 작은 출입구를 가지며, 대략 1~3세 아동을 위해 디자인한다. 안에는 앉을 장소나 보관 장소, 빛 가리개 요소 등을 제공한다. 조용한 장소는 가까이 배치하고, 낮은 울타리가 집단으로부터 격리감을 느낄 수 있도록 만들어 준다. 한 명의 아동만 들어가는 작은 개인적 공간이 요긴하다.

1) 미술 · 공예영역

가능한 곳에, 실외 예술과 공예영역을 포함한다. 되도록 접근을 쉽게 하기 위해, 실내 공간 근처에 둔다. 이 공간은 번잡한 활동영역으로부터 분리되는 것이 바람직하고, 은신처, 보관소, 물 등을 필요로 한다.

디자인가이드 18.18

미술 · 공예영역

- 그리기, 색칠하기, 만들기를 위한 수평 · 수직 작업면이 있어야 한다.
- 창고에 진행 중인 작업을 위해 재료, 건조대 및 선반이 있어야 한다.
- 2차원 또는 3차원 작품을 위한 전시공간들을 제공한다.
- 페인트나 점토가 묻어나지 않는 계단과 벽 표면을 사용한다.
- 바람과 강렬한 햇빛으로부터 보호한다.

디자인가이드 18.19

좌 석

- 단체 좌석뿐 아니라 개인적인 좌석을 제공한다. 양지와 음지 모두 좌석이 필요하다.
- 모든 좌석은 활동을 볼 수 있도록 배열한다.
- 모든 좌석은 위치, 구성 또는 울타리를 이용해서 강한 바람을 막아 주어야 한다.

2) 좌 석

놀이영역에 성인의 관찰 참여를 위해 충분한 앉을 자리를 마련한다. 입구에 좌석을 두고, 벤치, 통나무, 낮은 울타리, 화분 둘레 등에 앉을 수 있다.

3) 청소년과 성인을 위한 휴양

실외 공간은 부모, 청소년, 사회공동체 등 더욱 폭넓은 사람들에게 휴식, 긴장의 이완, 활동을 제공하도록 디자인하는 것이 바람직하다. 사회공동체가 자유로이 보육시설을 공유할수록 더욱 가치 있고, 그들을 지지하게 될 것이다. 여유가 된다면 청소년과 성인을 위한 걷기, 달리기, 자전거 타기, 수영 혹은 스케이팅 시설, 배구 또는 농구 코트와 같은 실외 레크리에이션 설비를 제공한다.

제19장

미래의 보육시설

All things change when we do.

—Hokosai

1. 건물 모형 찾기

아동이 성장할 이상적인 환경을 계획하는 일은 보육시설에 다니는 아동이 증가하면서 직면하게 되는 쉽지 않은 사회적 과제이다. 보육시설이라는 유형으로 아동의 기본적 요구뿐 아니라 아동의 삶에서 가장 중요하고 취약한 시기에 아동의 정신을 함양함으로써 아동이라는 기적적인 존재를 인정하는 모형을 찾아야 한다.

이 장에서는 구조나 내부가 전통적인 보육시설 디자인과는 다른, 최근에 완공된 두 곳의 보육시설을 예로 들어, 새로운 건물 유형에 대한 모형으로서 제4장에서 가정한 주거 중심 개념을 제시하고자 한다. 즉, 아동, 부모 및 교직원 전체의 복지에 대한 모형의 장점을 살펴본 후, 아동을 위한 최종 목표가 반영된 디자인 모형을 구상하고 계획해 보고자 한다.

2. 주거 중심 모형

저자는 약 20년 전부터 생각해 온 개념을 적용하여 1994년 캐나다와 뉴질랜드에 두 곳의 보육시설을 설계할 기회가 있었다. 이때 하루 8~10시간을 보육시설에서 보내는 어린 아동을 위해 집과 같은 편안한 환경을 만들고자 하는 개념을 생각해 냈다.

이 모형은 '주거 중심' 이라는 특징에서 작은 '집' 으로 다시 분리함으로써 커다란 시설에 친밀감을 주고자 하는 것이다. 주거 중심형 보육시설은 그림 19.1과 같이 거실, 식당, 부엌을 중심으로 그 주변에 세 개의 연령, 즉 영아, 걸음마기 영아, 유아실을 구성한다.

주거 중심형 모형의 장점은 여러 가지가 있다. 아동이 자유롭게 사용하고 이동할 수 있어 하루 종일 '집처럼 편안하게' 머무를 수 있다. 일찍 오거나 늦게 가는 아동은 거실에서 편히 쉴 수도 있고, 식당에서 간식을 먹을 수도 있으며, 아니면 주방에서 요리 프로젝트를 할 수도 있다. 다른 아동이 자는 동안, 자고 싶지 않은 아동은 조용히 놀 수 있다. 형제자매인 경우 서로 가까이 있어, 부모가 방문하거나 같이 점심을 먹으러 오면 동시에 편하게 아동을 모두 만날 수 있다.

이러한 공동 영역을 사용하면서 모든 연령의 아동과 세 방의 교사들은 서로 자연스럽게 알게 된다. 아동의 재배치도 영아기에서 유아기까지 단 세 번에 불과하고, 보육교사가 없더라도 아동은 다른 교사와 방에 이미 익숙해져 있으며, 이전 교사와 방도 가까이 있어 문제가 되지 않는다. 아동의 인원수도 30~39명을 채 넘지 않는다. 무엇보다 중요한 것은 각 집마다 아동, 교사 및 부모들이 가족으로 또 공동체로서 함께 어울릴 수 있는 공간이 있다는 것이다.

다음에 제시되는 설명과 사진들은 캐나다에 하나의 대형 건물로 계획된 것과 뉴질랜드에 개별 구조로 계획된 디자인을 자세하게 나타낸 것이다.

3. 허스키 아동발달센터 – 코퍼하우스

캐나다의 허스키 사(Husky Injection Molding Systems, Ltd.) 구내에 위치한 보육시설인 허스키 아동발달센터(Husky Child development center)는 온타리오 주 볼튼(토론토 시내에서 약 45분 거리)의 가정 시설에 사원 1,200명의 자녀를 수용하고 있다. 구릉진 목초지였던 50에이커의 볼튼 부지에 산업용 제조 시설, 본사, 사원 편의시설 및 습지가 한 데 모여 있다. 이 중

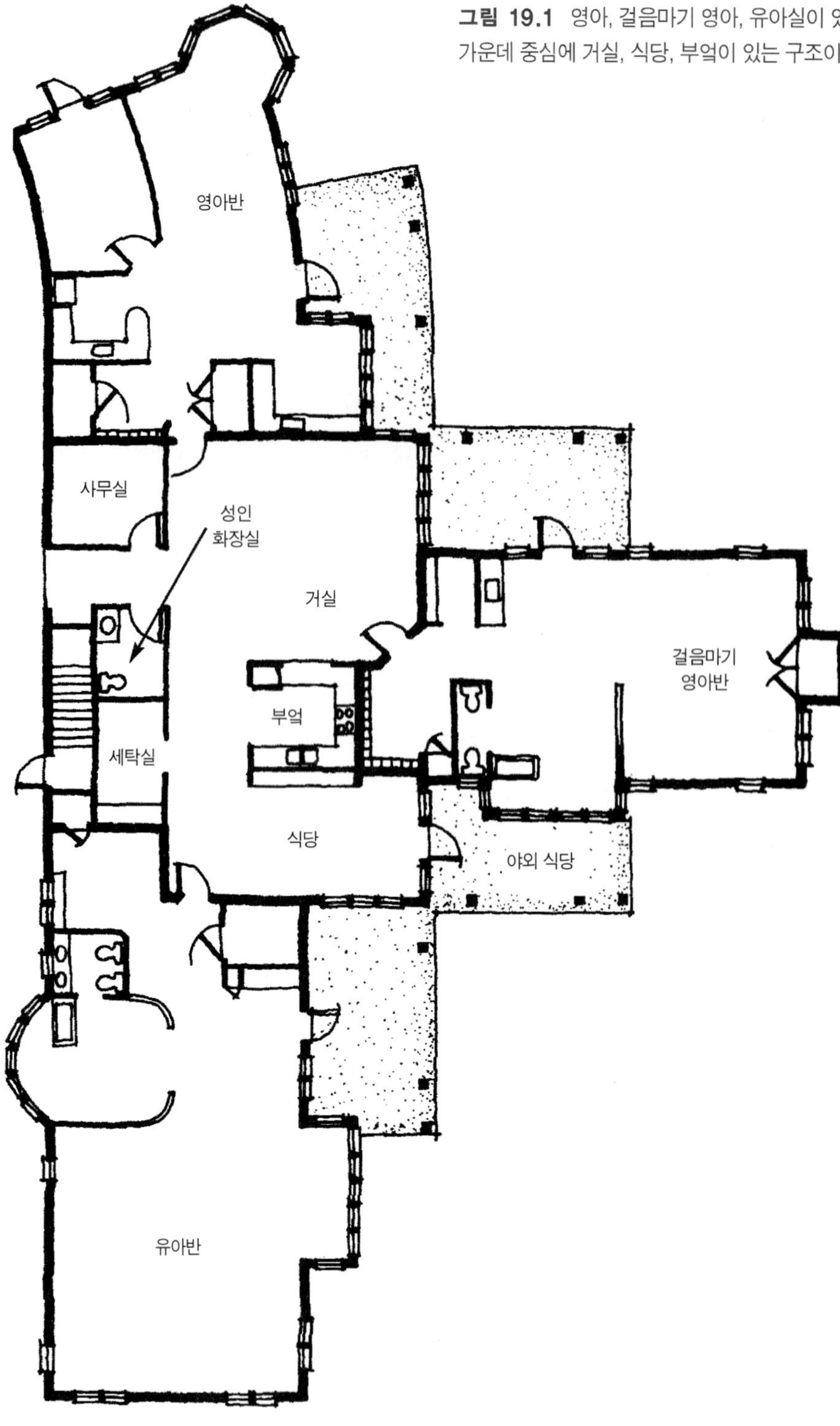

그림 19.1 영아, 걸음마기 영아, 유아실이 있고 가운데 중심에 거실, 식당, 부엌이 있는 구조이다.

8에이커를 1994년 보육시설, 건강 센터 및 지상 주차장으로 개발하였다.

애니타 올즈는 처음에 행정사무실과 학령기 아동 공간, 세 개의 독립된 집으로 된 보육시설을 계획하였다. 그러나 그림 19.2와 같이 디자인을 하는 과정에서 한 지붕에 두 채의 집만 통합하여 배치하였고, 세 번째 집은 작업실(아틀리에)과 체육관으로 확장하였다.

먼저, 한 채의 집과 그 주거 중심형에 대한 개념과 배치를 계획하는 것으로 시작하였다[1]. 이것은 보육실이 중앙을 중심으로 배치되면서, 어느 정도 자연광이 비칠 수 있도록 중앙과 보육실의 크기와 형태를 결정하는 작업이었다. 각 보육실은 일광을 최대화하기 위해 남향으로 배치하였고, 남쪽으로 난 베란다와 놀이터로 나가는 출구가 있었다.

다음으로, 습지대에 대한 적격심사와 조망 경관계획과 부지계획, 단계적인 개발계획으로 1,440m^2 시설의 건축 디자인, 전체적인 실내 마감, 비품 및 가구 선정 · 디자인을 하였다[2].

이 보육시설은 생태환경적이고 안락함을 극대화하기 위해 태양광을 이용한 디자인, 지열 및 복사열로 바닥 난방을 하였다. 크고 낮은 창문이 실내와 실외의 연계성을 주며, 자연광을 충분히 받도록 하였다. 또한 건물 전체에 천연 재료를 사용하였다. 구리로 된 지붕이 건물을 대표하고, 창틀과 문, 물놀이공간(wet-play bay) 위 천장, 외부 및 내부 나무 기둥, 가구, 접수 데스크, 벽난로 장식재 및 벤치에 나무를 사용하였다.

영아, 걸음마기 영아, 유아를 위한 각 보육실의 네 영역(입구, 메시영역, 활동적인 영역, 조용한 영역)은 천장 높이, 채광, 바닥재(세라믹 타일, 리놀륨, 카펫) 및 가구 설비를 다양하게 하여 건축적으로 규정해 놓았다. 이 영역 안에는 라이저, 독서할 수 있는 놀이집, 180~240cm의 이젤, 붙박이식 물놀이 테이블, 플랫폼 및 극놀이 미끄럼틀 등 맞춤형 도구와 가구를 이용할 수 있는 활동공간이 수없이 많다. 또한 방마다 빛이 가득 들어오는 타일 붙인 '물놀이 공간' 이 있어 지저분한 재료를 자유롭게 탐색할 수 있으며, 유리로 덮인 실외 베란다와 남쪽에는 놀이터로 직접 나가는 문이 있다.

노트 19.1은 지금까지 논의하지 않은 공동 공간과 주거 중심형 모형에 대한 기본적인 면적을 나타낸 것이다.

---

1) 애니타 올즈의 사무실 디자인 디렉터인 Ed Howe는 이 디자인에 중요한 공헌을 하였다.

2) 건축주 : Husky Injection Molding Systems, Ltd., Bolton, Ontario, Canada.
- 개념 디자인(Conceptual Design) : Anita Rui Olds, Anita Olds and Associates, Woodacre, CA.
- 건축 디자인(Architectural Design) : Barbara Winslow, Jacobson, Silverstein, Winslow/Degenhardt Architects, Berkeley, CA.
- 실내 디자인(Interior Design) : Carla Mathis Designs, Menlo Park, CA.
- 건축 기록(Architect of Record) : J. H. Rust, Architect, Toronto, Ontario.
- 조경 디자인(Landscape Design) : Ruedi Hofer, PMA Landscape Architects, Etobicoke, Ontario.

그림 19.2 코퍼하우스 최종 평면

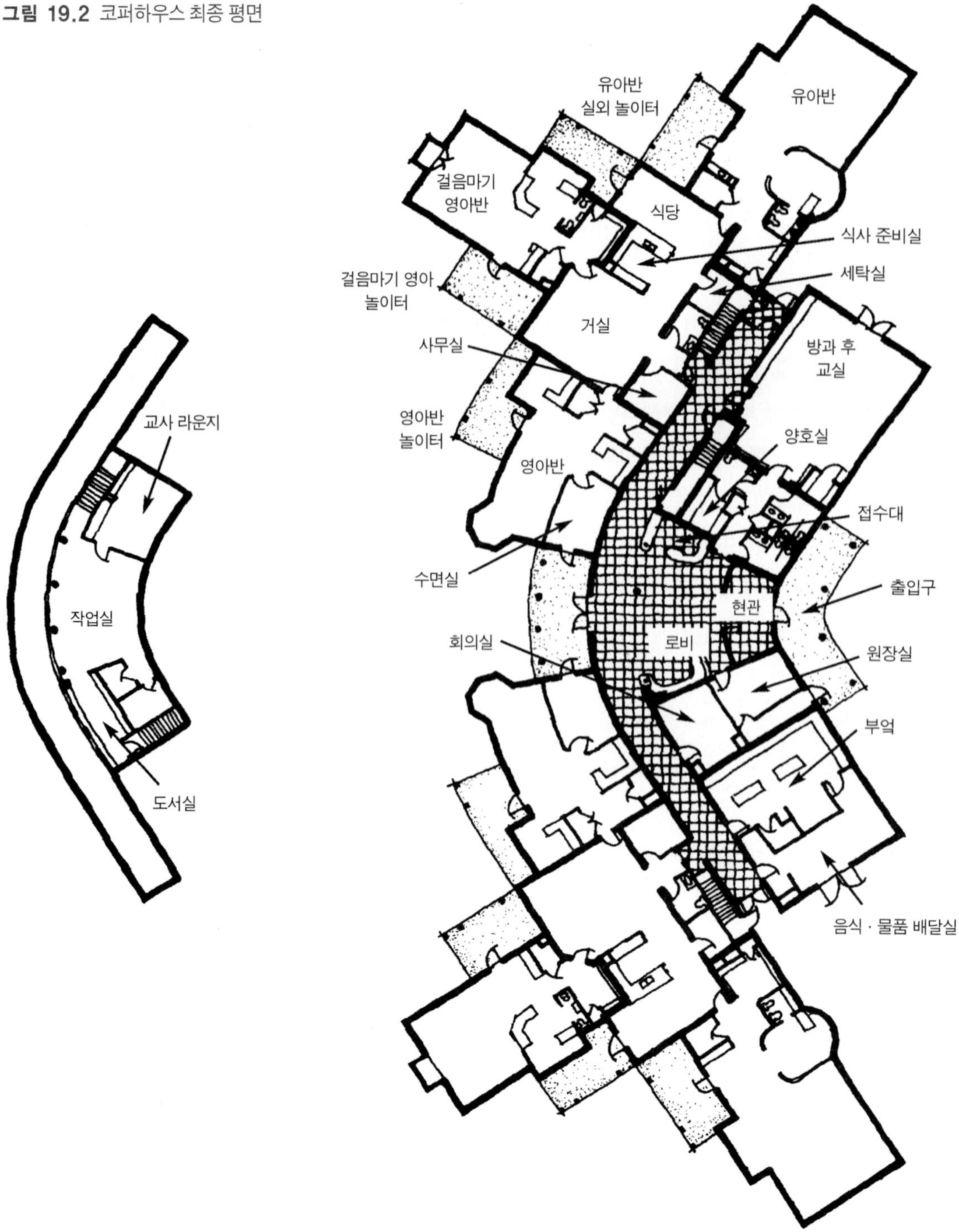

노트 19.1 허스키 아동발달센터의 스펙

전체 건물 크기 : 1,467.8m² 각 건물 크기 : 약 371.6m²

기 능	실 내	입 구	실외 놀이터
영아(6명/방당)	83.6m²/방	14.8m²	167.2m²
걸음마기 영아(9명/방당)	75.2m²/방	17.6m²	408.7m²
유아(16명/방당)	109.6m²/방	18.1m²	523.2m²
주거 중심 공간	92.6m²/채	18.1m²(야외 식사용)	
학령기 아동(20명/방당)	100.3m²		204.3m²
교사 지원 공간	92.6m²		
행정실, 공용공간, 복도	306.5m²		
벽, 기계 · 전기실	157.9m²		

1) 곡 선

곡선은 양육과 여성성을 의미하므로 건축 디자인에 곡선 벽이나 곡선 형태를 의도적으로 사용하였다. 로비, 행정 사무실, 주방, 회의실, 학령기 아동실이 있는 두 채의 집으로 연결하는 중앙 곡선으로 된 동선 축은 '포옹하는 듯한' 느낌을 준다. 건물에 우아한 '굴곡'을 주어 양쪽에서 이어지는 구부러진 길로 움푹 들어간 알코브[3] 입구를 만들어 주고, 세 개의 나무 기둥이 지지하는 현관은 마치 가정집 같은 느낌을 주고 있다. 또한 이 축은 보행자의 남쪽 입구 맞은편 부채 모양의 안뜰로 연결되어 습지와 두 개의 연못이 내려다보인다. 부모들은 근처 허스키 사옥에서 이 입구로 쉽게 접근할 수 있다.

2층의 교직원 공간도 곡선 벽으로 되어 있으며, '지붕창' 역시 지붕과 같은 곡선으로 되어 있다. 로비 의자와 접수 데스크, 영아 보육실의 팔각형 벽과 많은 가구들, 유아의 물놀이 공간의 벽, 창문 및 천장도 곡선을 띠고 있어, 이러한 효과를 더욱 강조한다.

3) 알코브(alcove) : 큰 공간의 측면에 개방되고 부수되어 있는 부분적 작은 후퇴공간으로서 식사공간은 다이닝 알코브, 책 읽는 공간은 독서 알코브라 한다.

공장 쪽에서 보이는 코퍼하우스의 전경으로, 두 개의 연못이 보인다. 부모들이 사무실에서 보육시설로 갈 수 있는 길이 나 있다.

문과 마당의 전경으로, 눈썹차양과 곡선 형태의 2층 지붕이 보인다.

벽난로 뒤에 보이는 전경(오른쪽)은 두 개의 집을 연결하는 곡선으로 된 복도이다.

밝은 빛이 드는 남쪽 입구는 영아방의 팔각형 돌출부 옆에 있다.

공장 쪽에서 보이는 코퍼하우스의 전경으로, 두 개의 연못이 보인다. 부모들이 사무실에서 보육시설로 갈 수 있는 길이 나 있다.

문과 마당의 전경으로, 눈썹차양과 곡선 형태의 2층 지붕이 보인다.

2) 입 구

접수 데스크에서 쉽게 볼 수 있는 입구는 벽난로, 부드러운 의자, 양탄자와 수공예품이 있는 거실형 로비로서 가족과 방문객을 따뜻하게 맞이한다. 아동과 부모가 편안함을 느끼고, 보육시설을 친근하고 환영하는 느낌이 들도록 내부에 로비를 두었다. 토론토는 다양한 문화가 공존하는 지역이므로 어느 한 문화를 강조하지 않고, 다양한 민족의 공예품, 가구 및 액세서리를 전시하고자 하였다. 또한 수공예품과 마감재 사용을 중요시하였다. 따라서 미국 남서부와 중동지역을 연상케 하는 붙박이 의자와 벽난로를 아프리카, 멕시코, 터키, 이란, 인도, 캐나다 및 미국 등에서 가져온 예술품과 쿠션으로 장식하였다.

코퍼하우스의 거실 로비

붙박이 의자 뒷부분과 접수 데스크 아랫부분에 보면, 할인해서 산 물건과 깨진 욕실 타일로 만든, 입체감이 뛰어난 장식용 테두리가 있다. 의자 뒤와 난로 뒤, 그리고 복도를 따라 조명 장치를 한 낮은 벽감에는 아동이 만질 수도 있고, 아동이 만든 작품으로 교체할 수 있는 흥미로운 물건과 이국적 공예품을 놓았다. 입체감을 주는 접수 데스크, 벽난로 장식재, 현관에 있는 벤치는 광택이 나는 나무로 만든 것이다[4].

공예품이 진열된 나지막한 벽감(니치)은 아동이 만질 수 있다.

현관과 로비 근처에 있는 원장실에는 오래된 가구와 부모용 등나무 의자, 아동용 탁자와 의자가 있다. 접수 데스크 바로 건너편의 움푹 들어간 곳(알코브)은 양호실로, 부모가 오기 전에

4) 이 나무판과 벽난로의 회반죽으로 된 작품은 뉴햄프셔 장인 공예가와 목공 찬스 앤더슨(Chance Anderson)이 만든 것이다.

접수 데스크 상부는 광택이 나는 나무를 사용하고 그 아래는 만질 수 있는 타일로 장식하였다.

아픈 아동을 쉽게 관찰할 수 있다. 이 공간은 리넨과 담요를 두는 서랍장과 아동을 가까이에서 살피는 데 유용한 고강도 S자형 램프가 구비되어 있다. 그 옆에는 예술품, 나무 캐비닛, 카펫 및 부드러운 색상과 조명으로 온화한 분위기를 연출한 장애인 겸용 화장실이 있어 아픈 아동도 쉽게 사용할 수 있다. 학령기 아동은 접수원에게 인사한 후 로비에서 이어지는 복도를 통해 교실과 화장실로 갈 수 있다.

3) 복 도

천장 높이가 약 3m에 달하는 로비를 지나면, 높이 6.9m의 곡선으로 된 동선 축이 나타난다. 현관에 세워진 나무 기둥은 로비와 복도에서도 볼 수 있으며, 2층 교직원 공간까지 올라가 있다. 층계 아래 공간은 영아와 유아의 이동용 대형 유모차 보관 장소로 쓰인다. 1번 집으로 가는 복도를 건너가다가, 벤치에 앉아 쉬면서 식물과 융단이 깔린 층계의 벽감에 놓인 전통악기, 가면 등 물건들을 감상할 수도 있다. 곡예사, 아동, 동물로 장식된 화려한 투명 배너(현수막)[5]는 높은 천장을 낮추는 역할을 하는 한편, 집의 입구와 학령기 아동의 입구와 2층으로 통하는 계단을 표시해 준다.

5) 로버트 드 도메인(Robert Du Domaine)에 의해 디자인 · 제작된 것이다.

흥미로운 물건을 진열하는 벽감(니치) 맞은편에 놓인 안락한 소파는 집의 입구를 표시해 주고(왼쪽), 2층 계단(오른쪽)과 학령기 아동 방(먼 오른쪽)의 접근을 알려 준다.

2층까지 연결되는 나무 기둥은 3m(로비)부터 6.9m(복도)까지 천장 높이에 변화를 주고 있다.

4) 보육교사를 위한 공간

2층은 보육교사의 업무 및 휴식공간이다. 아래는 동선 축과 배너가 보이고, 밖으로는 연못 건너 허스키 공장이 보인다. 사방이 둘러싸인 교직원 라운지에는 소파와 편한 의자, 간이 주방 및 식사공간이 있다. 중앙의 탁 트인 넓은 업무공간은 회의, 컴퓨터 및 여러 가지 작업을 할 수 있다. 교재교구 준비실과 독립된 도서관과 타일 깔린 좌식 샤워기가 있는 보육교사용 욕실도 있다.

니치에 진열된 장식품

성인용 화장실

교사, 부모, 젖먹이는 엄마들이 사용하는 작은 방

5) 주거 중심 모형

아래층으로 내려오면 1번 집의 입구가 보인다. 입구를 지나 오른편에 성인용 화장실, 왼편에 작은 사무실이 있다. 이 사무실에는 2인용 소파, 팔걸이 없는 의자, 책상, 그리고 전화가 있다. 이곳은 프라이버시를 원하는 보육교사나, 아동에게 들리지 않게 회의를 하려는 부모와 교사, 혼자 조용히 젖을 먹이는 어머니를 위한 공간이다.

바로 정면에는 거실이 있다. 가정집 거실과 유사하게 부드러운 소파, 대형 양탄자, 나무 바닥, 책장, 찬장, 그리고 심지어는 놀이터를 내다보고 싶을 때 필요한 아래 수납이 가능한 창가 의자까지 구비되어 있다. 또한 다양한 크기의 쿠션이 있어 더 안락하고, 요새 역할을 하며, 쿠션 던지기 싸움도 가능하다. 아동이 수시로 들락거리며 사용하고, 등원이나 귀가 시 부모가 잠시 머무르면서 대화를 나누는 공간이기도 하다. 이곳을 휴식장소로 사용하기도 한다.

거실

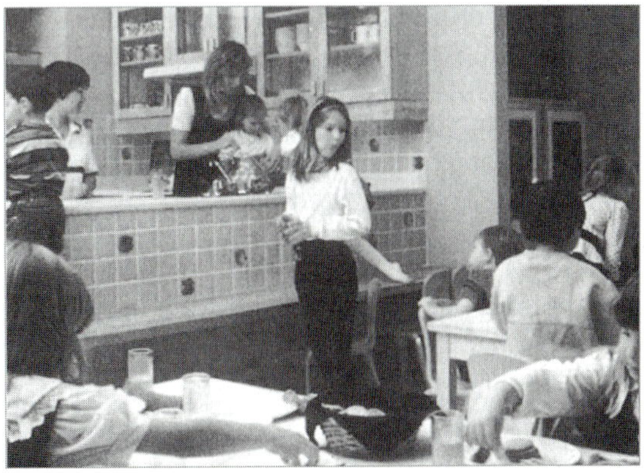

부엌

거실 오른편에 간이부엌과 식당이 있다. 간이부엌은 주방에서 가져온 음식을 다시 데우고 나르는 곳으로 가정집 부엌과 유사하다. 이곳은 아동과 간식을 준비하고 요리 프로젝트를 하는 장소이기도 한다. 아동이 활동할 수 있도록 낮은 카운터가 있고, 음식이 담긴 그릇을 셀프 서비스할 수 있도록 갖추어져 있다. 식기세척기는 병, 접시 및 영아 · 걸음마기 영아용 장난감을 소독할 수 있다. 식당은 걸음마기 영아와 유아가 교대로 이용하며, 18~25인용 좌석, 창가 의자 두 개, 화창한 날 야외 식사용 파티오로 연결되는 문이 있다. 또한 아동이 식탁 차리는 일을 도울 수 있도록 그릇, 테이블보 및 접시를 꺼낼 수 있게 낮은 상자가 구비되어 있다.

유아반은 식당을 나와 오른쪽에 있고, 영아반과 걸음마기 영아반은 거실 오른쪽에 있다. 이러한 배치는 최연소 아동이 쉽게 거실에 접근하고 유아가 원하면 식당에서 프로젝트를 할 수 있기 위한 것이다. 간이부엌 맞은편에 있는 세탁실은 아동이 보육교사들을 도와 집에서 하는 것처럼 자연스럽게 빨래를 하고, 개기도 하고, 거실에 앉아 이야기나 음악을 들을 수 있다.

6) 보육시설 내부의 특징

보육시설 디자인의 독특한 특징은 전체 색상, 가구배치, 직물 및 액세서리를 이용해 감각과 영혼을 풍성하게 하는 실내를 만들어 집과 같은 느낌을 주고자 하는 데 있다. 아기 침대와 식기류에서부터 화분, 휴지통 및 예술품에 이르기까지 보육시설의 전 비품은 마치 집을 꾸미고 가구를 배치하듯 조화롭고 통일된 인테리어가 되도록 하였다. 고가구, 중고 가구, 새 가구, 손으로 짠 융단, 예술품, 여러 가지 쿠션, 천연직물로 된 쿠션, 벤치, 물침대, 테이블보, 그리고 부드러운 색상을 선택해 아동과 어른에게 복지감과 안정감을 주고자 하였다. 쉽게 구할 수 있는 저렴한 포스터를 액자에 끼우고, 아동의 작품을 닦을 수 있는 표면으로 된 상자에 끼워 넣었다.

보육시설을 개원하고 모든 가구를 배치한 후에, '건물을 단장' 하는 데 여러 날이 걸렸다. 각 공간을 유심히 살펴 예술품, 꽃병, 장신구, 액세서리 등 장식적인 마무리를 하여 공간의 균형이 이루어지게 하였다. 비품은 구입하여 매달거나 선반 및 바닥에 놓고 배치와 재배치를 하여 집과 같은 느낌이 들게 하였다.

7) 실외 놀이터

실외 놀이터는 습지의 경관과 특징을 이용하여 위를 유리로 덮은 최소 약 3m 깊이의 베란다,

다양한 표면과 단차, 아동이 근처에서 흙과 모래를 섞어 놀 수 있는 스프레이 풀(spray pool), 언덕 중턱에서 아래로 이어지는 미끄럼틀, 새, 개구리, 나비를 유혹하는 꽃나무와 덤불이 어우러진 풍경, 작은 언덕 위의 성, 겨울에 바닥이 편평한 썰매를 타고 내려올 수 있는 가파른 언덕, 그리고 2단 화단과 창고가 완비된 유기농 정원으로 구성되어 있다.

4. 뉴 제너레이션 학습센터

코퍼하우스에 대한 계획을 자세히 검토한 후, 뉴질랜드 파파쿠라, 뉴 제너레이션 아동학습센터의 소유주이자 경영자인 브루스와 소나 데이비슨(Bruce & Shona Davison)은 오클랜드 남부의 1.5에이커에 달하는 부지의 계획 개발을 지원하고자 하였다[6]. 과거 경주용 말을 사육하던 이 부지는 기찻길, 과수원, 좁은 시 도로의 3면에 접해 있다. 부지 뒤편에는 허물고 다시 지을 예정인 기존의 가옥이 있어 현재 25명의 아동을 위한 보육시설로 사용하고 있다.

다음은 데이비슨(Davison)이 구상한 디자인 개요이다.

뉴 제너레이션 학습센터의 전경

6) 건축주 : Bruce and Shona Davison, owners/managers, New Generation Children' s Learning Centres, Papakura, New Zealand.

- 개념 디자인(Conceptual Design) : Anita Rui Olds, Anita Olds and Associates, Woodacre, CA.
- 건축 디자인(Architectural Design) : Murray Silverstein, Jacobson, Silverstein, Winslow/Degenhardt Architects, Berkeley, CA.
- 조경 디자인(Landscape Design) : Bruce Davison, New Generation Child Care Centers, Papakura, New Zealand.

야외 식당

- 이 부지에 네 채의 건물, 즉 세 채의 독립된 보육시설인 '집'과 행정사무실, 자료실 및 보육교사용 교육시설이 있다.
- 각 보육시설의 집은 영아, 걸음마기 영아 및 유아실로 구성되어 있다. 아동실은 따뜻하고 친근한 가족 중심 환경이 조성되도록 중앙 주변에 거실, 식당, 주방으로 구성된 주거 중심형으로 배치한다.
- 아동실은 각 실마다 놀이터로 나가는 입구가 있다.
- 디자인과 구조는 필요할 때 다른 곳에서 디자인을 다시 사용할 수 있도록 비용 유지 면에서 경제적으로 한다.
- 디자인, 마감처리, 조경 공사는 아동의 본성을 존중하여 자연친화적 환경으로 한다[7].

뉴 제너레이션 학습센터(new generation learning center)의 놀이터 평면은 그림 19.3에 제시하였다.

여러 가지 대안을 검토한 후, L자형 건물 배치로, 한쪽은 영아와 걸음마기 영아가 함께 사용하고, 다른 쪽은 유아가 사용하는 형태로 디자인하였다. 건물 꼭대기는 입구와 주거형의 중심되는 곳을 통합하고, 평면도는 공간과 형태에 한계가 있는 부지에 다목적 건물을 배치할 수 있도록 한다. 디자인도 세 집단의 아동들 간의 연계성과 따뜻한 기후에 사용할 수 있는 야외 식사용 안마당이 있다. 노트 19.2는 건물 면적에 관한 기본적인 정보를 나타낸 것이다.

걸음마기 영아와 유아의 놀이터 사이에 있는 조류 사육장

7) 브루스 데이비슨(Bruce Davison)이 정리하여 NAEYC 회의에서 배부되었다(1998년 11월).

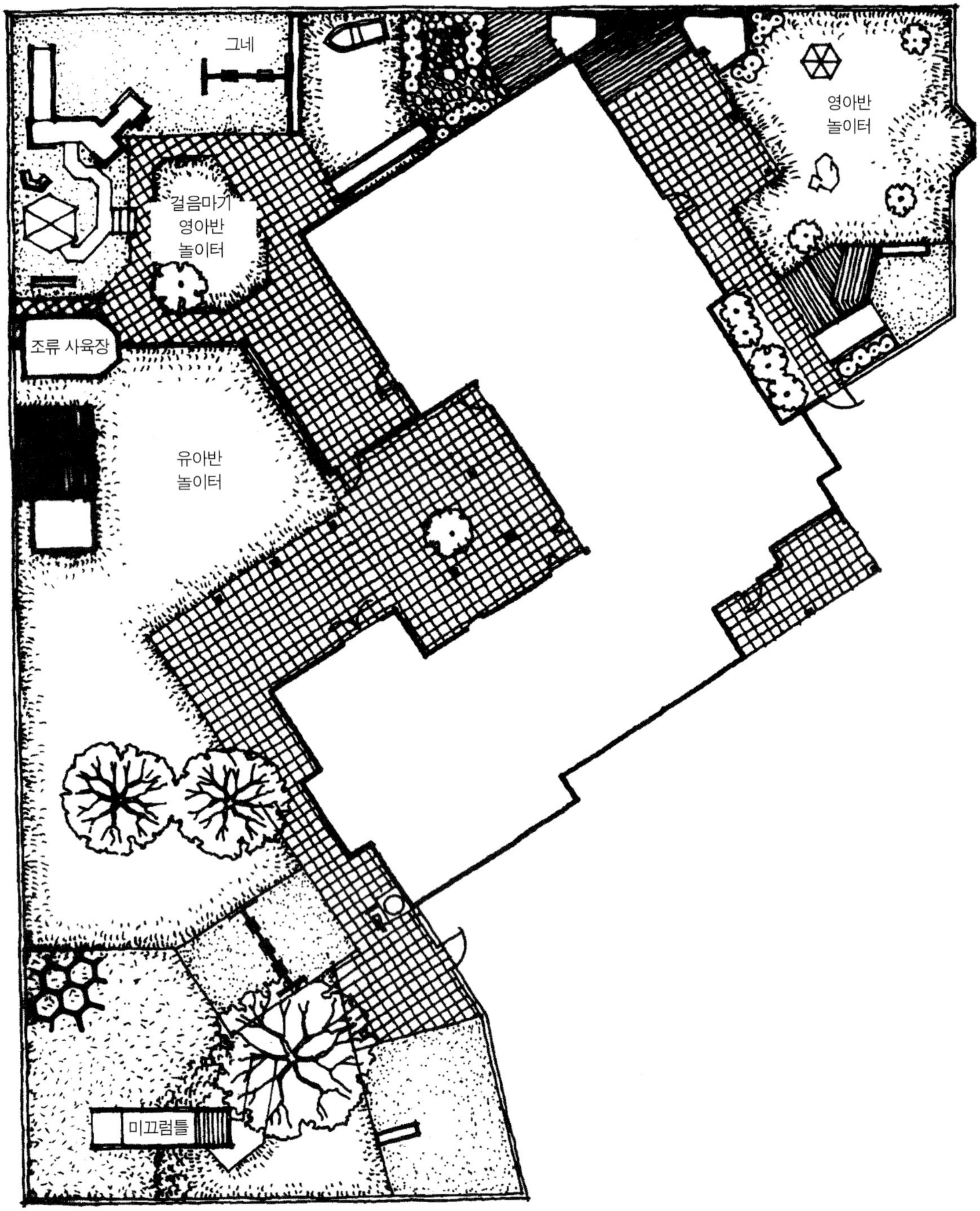

그림 19.3 뉴 제너레이션 학습센터의 배치도, 안뜰(중정), 놀이터

노트 19.2 뉴 제너레이션 학습센터의 스펙

전체 건물 크기 : 318.6m²(40명 기준)

기 능	실 내	입 구	실외 놀이터
영아(8명/방당)	42.5m²/방	33.8m²	217.8m²
걸음마기 영아(12명/방당)	51.0m²/방	33.8m²	343.7m²
유아(16명/방당)	88.2m²/방	24.7m²	1,040.5m²
주거 중심 공간	53.8m²/채	26.6m²(야외 식사용)	
교사 지원 공간	10.9m²		
행정실, 공용공간, 복도	42.7m²		
벽, 기계 · 전기실	29.2m²		

1) 실내 공간과 실외 공간

이 보육시설의 보육실은 코퍼하우스에 비해 작지만, 실외 베란다와 놀이터는 상당히 크다. 이것은 뉴질랜드의 기후가 온화해 아동이 연중 대부분을 실외에서 보낼 수 있기 때문이다. 따라서 자연환경 개발에 주안점을 두고 아동이 연중 내내 종일 밖에서 뛰어놀 수 있도록 하였다. 걸음마기 영아와 유아 놀이터 사이에 대형 조류 사육장이 있는 놀이터를 디자인하였다. 이 놀이터는 아동에게 지역의 생태환경 교육을 위해 토종 식물을 이용한 폭포, 시냇물 및 작은 숲이 입구에 자리 잡게 되었다. 화분으로 가득 찬 입구 베란다에는 유모차, 카시트와 유모차를 보관할 수 있는 큰 알코브가 있다.

2) 독특한 내부 특징

영아반과 걸음마기 영아반 바로 밖의 알코브(움푹 들어간 곳)에 있는 작은 연못은 이 보육시설만의 특징이다. 연못은 건물 현관과 거실에서 정면으로 보인다. 이 낭랑한 소리의 바위 폭포는 어린 아동이 가장 좋아하는 장소이다. 그 밖의 특징으로 유아용 물놀이 공간을 들 수 있다. 유리로 둘러싸인 이 150×180cm의 공간은 물놀이 등 메시활동에 사용된다. 물놀이 공간과 유아의 욕실은 모두 안마당을 마주보고 있다. 이 두 공간은 그 사이에 난 외부 출입문을 통

센터의 입구

실내 식사장소

해 놀이터로 갈 수 있다.

보육시설의 거실에는 나무문으로 둘러싼 장작 난로가 있다. 이 난로는 특히 흐리고 비오는 날이 많은 뉴질랜드의 겨울에 애용된다. 걸음마기 영아와 유아는 번갈아 가며 실내 또는 실외에서 먹고, 식당은 걸음마기 영아반으로 가려고 하는 영아들이 통로로도 사용한다. 영아와 걸음마기 영아반이 같이 사용하는 기저귀 갈이대와 화장실은 뉴질랜드 규정에 따라 보이는 투명 패널로 된 별도의 공간이어야 한다. 영아의 수면공간이 작은 것은 간이용 침대를 선호하기 때문이다. 보육시설을 집과 같이 느끼도록 하기 위해, 보육교사들은 아침과 저녁에 주방에서 커피, 차 및 머핀을 준비하여 부모들이 잠시 머물다 갈 수 있게 한다.

3) 보육시설의 일상

영아와 걸음마기 영아들이 방으로 갈 때 지나는 곳에 있는 연못이다.

코퍼하우스는 1996년 10월에 개원하였고, 1997년 5월 뉴 제너레이션 학습센터가 처음 개원하였다. 두 채가 추가된 뉴 제너레이션 학습센터와 행정 · 교육 건물이 2000년에 개원하였다.

허스키 센터의 아동들은 처음 등록하고 분리불안이 거의 나타나지 않았다. 이것은 집과 같은 디자인으로 편안함을 줄 뿐 아니라, 모든 아동의 방에서 공장이 보여 "엄마 아빠가 일하는" 곳임을 알려주기 때문이다. 겨울에는 아동들이 거실의 난로 주위에 모여 앉아 이야기책을 읽는다. 크리스마스트리와 센터의 큰 행사도 이곳에서 한다. 주거 중심 모형은 용도가 매우 다양하다. 아동이 소파에서 뒹굴거나 거실 양탄자에서 놀지 않을 때는 하루가 지루하게 느껴진다. 학령기 아동들도 이 중앙 거실을 집과 같이 사용하면서 어린 아동들과 잘 어울린다. 또한 이곳 저곳을 편하게 이동하면서 집단과 연령 간 상호작용이 활발히 일어난다.

오후 간식을 만드는 곳이다.

거실에서 휴식하는 모습

하루가 끝나갈 무렵이면, 뉴 제너레이션 학습센터에 남아 있는 아동 전원이 거실에서 놀거나, 소파에 누워 있거나, 게임을 하거나, 커다란 곰 인형을 껴안고 있거나, 어른과 노는 모습을 볼 수 있다. 부모들이 자녀 이외의 다른 아동과 노는 모습도 흔히 볼 수 있다.

5. 사고의 전환

저자가 아는 한, 미국 보육시설 가운데 이러한 주거 중심 모형을 디자인하거나, 이렇게 넓은 활동공간이 있는 보육시설은 없다[8]. 허스키 센터와 뉴 제너레이션 학습센터는 100명의 아동을 수용하더라도 시설처럼 보이거나 시설이라는 느낌이 들지 않게 디자인되었다. 아동의 정신에 상응하게 기능적이고 아름다우면서 어른에게도 고무적인 환경을 조성해 준다. 그러나 오늘날의 보육시설 디자인이 아동발달이나 사회 정서적으로 적절한 디자인이 되려면, 디자이너들이 근본적으로 변화하려는 의지가 있어야 하고 기꺼이 치유 과정에 참여하려고 해야 한다. 이 장을 마무리하면서, 저자는 세 가지 개념을 도출하여 의미하는 바를 전달하려 한다.

1) 메이어 스피박과 원형 장소

몇 년 전 인간을 지원하는 도시 디자인을 연구하던 환경 심리학자 메이어 스피박(Mayer Spivak)은 인간과 동물의 성공적인 일상 행위를 위해 사용하는 13가지 최소한의 원형 장소(Archetypal Place) 유형을 규명하였다[9]. 이 장소 유형은 행동, 심리학, 문화적인 영향을 받으며 종의 생존과 발전을 가져온다. 구체적인 장소 유형에 대한 13가지 행위는 문화와 종족에 의해 형성되는 것으로, 다음과 같다.

① 안식처
② 수면
③ 음식 섭취
④ 배설

8) 캐나다와 뉴질랜드의 사례와 같이 완벽하게 설계되지는 않았지만 애니타 올즈가 자문하여 만든 곳으로 캘리포니아 리치몬드에 있는 매직 이얼스 보육센터는 입구에 거실과 주 통행로인 복도 뒤에 부엌과 식당이 있는 주거 중심 모형으로 초기에 디자인되었다.

9) M. Spivak(1973). *Spatial Archetypal Place*, EDRA 4 Conference, Spring.

⑤ 몸 단장

⑥ 만남

⑦ 놀이

⑧ 일

⑨ 경쟁

⑩ 수납

⑪ 영역성

⑫ 장소를 연결하고 영역의 내부와 외부로 이어지는 길

⑬ 짝짓기

마지막의 짝짓기를 제외하고 12가지 기능은 모두 보육시설 내에서 지원하여 그 안에서 일어나는 발달 및 사회적인 활동을 충족하여야 한다. 인간 사회만 보더라도, 연령이나 문화 그리고 문화에 속한 물리적 요소 전반에 걸쳐 원형 장소의 형태는 대단히 다양하다. 가령 잠을 잘 수 있는 곳은 침대, 매트, 다다미방이나 요, 해먹, 2층 침대, 침낭 등 다양하다. 식사 장소도 패스트푸드점에서부터 고급 레스토랑, 주방, 식당, 베란다, 모닥불, 공유지에 이르기까지 수없이 많다. 요리용 기구도 난로, 나무, 전기스토브, 숯불, 바비큐 그릴, 숯불 화로, 가마 그리고 전자레인지 등이 있다. 이 밖에도 나열하자면 끝이 없다.

첫째, 보육시설이 사용자(어른과 아동 모두)의 활동을 진정으로 지원하기 위해서는 반드시 이 12가지 장소의 일정한 방식이나 모양 또는 형태를 제공해야 한다. 그렇지 않으면 인간의 기본 욕구를 지원하지 못하게 된다.

둘째, 우리 문화는 이러한 기능을 충족하는 장소에 대한 디자인을 선호한다. 아동의 경우를 보더라도 다른 환경에서 빌려온 디자인이 상당히 많다. 가령 아기 침대는 가정에서 쉽게 찾아볼 수 있는 아기용 가구다. 우리가 독창성을 가지고 적절한 가능성에 관심을 가지면, 아기 침대 대신 육아 환경에 적합한 새로운 디자인, 이를 테면 간이침대, 해먹, 바구니, 흔들리는 요람 등 아직 알려지지 않은 디자인을 개발할 수 있을 것이다. 필자가 수년간 보육시설용으로 디자인한 가구는 대부분 시판용 가구가 적절하지 않다는 현장의 요구에 의한 것이다. 독특한 상황이나 활동에 적합한 가구를 만들려면 육아 환경의 공간과 가구 디자인을 철저히 재고해야 할 것이다.

여기서 강조하고 싶은 것은 새로운 건물에 대한 새로운 모형을 만들기 위하여 창의성과 변화의 가능성을 열어 두라는 것이다.

2) 치유의 필요성

단순한 생존이 아니라, 진정으로 아동이 잘 자랄 수 있게 하는 새로운 건물을 만들려면 어른들이 상처 입은 자아와 감정을 치유하고, 아동기의 특성, 자원의 확보 가능성과 배치, 교사의 가치, 부모의 요구, 환경의 역할, 디자인의 목적 등 여러 가지 사안에 대한 생각과 신념이 변화되어야 한다. 우리의 문화를 특징짓는 분리주의, 획일성, 시장 위주의 가치로 인한 상처와 정신적 외상은 우리 자신과 타인을 분리하고 있다. 또한 치유되지 않은 상처들이 후대에까지 이어진다. 행동은 생각에 의한 것이다. 아동의 삶을 치유하고 개선하려는 노력에 앞서, 또는 그와 동시에 우리 자신의 뒤떨어진 사고, 신념체계를 변화하고 치유해야 한다. 그러나 '치유'가 의미하는 것은 정확히 무엇이며, 치유는 어떻게 나타날까?

3) 매크로 데브리스와 치유의 5단계

네덜란드의 병리학자 매크로 데브리스(Marco Devries)는 치유를 본래의 모습에서 파괴된 신체를 다시 복원하려는 시도로 정의한다[10]. 예컨대, 한 사회로서 집단정신의 본래성이 파괴됨으로써 치유가 필요하다는 것이다.

데브리스는 치유 과정에 다음의 다섯 가지 단계가 필요하다고 한다.

① 고통
② 일시적인 회복
③ 파멸
④ 재생
⑤ 재조직

데브리스는 고통이 치유의 첫 번째 단계, 즉 본래성이 파괴된 것에 대한 신체의 즉각적인 반응이라고 설명한다. 그 다음 출혈을 멈추게 하는 지혈기, 또는 움직이지 못하게 하는 깁스처럼 일시적인 회복을 관장하는 신체의 일부나 외부의 힘이 있다. 일시적인 회복이 있은 다음 치유 단계는 회복이 아니라 일정 형태의 파괴가 있다. 새 살이 돋으려면, 먼저 피가 나야 한다. 손상된 피부는 죽어 딱지가 앉고, 병든 장기는 제거되고, 신념체계와 생활방식도 근본적

10) Personal communication as part of a workshop at The Second International Psychosynthesis Conference, Toronto, Ontario, 1983.

인 변화를 요한다. 인생의 주요 통과의례인 사춘기, 결혼 및 출산이 새로운 것의 탄생과 동시에 과거의 존재방식이 사라지는 것처럼, 치유도 새로운 것이 나타나려면 자연히 파괴되는 것이 있다. 파괴가 반드시 폭력적이지 않지만, 필수 불가결한 것임에는 틀림없다.

파괴가 일어나면, 조직의 재생, 상처의 성장, 장기 손실에 대한 보상, 사물을 보는 새로운 시각이 뒤따른다. 일반적으로 일정 기간의 회복과 재생을 거친 사람에게 '치유되었다' 고 말한다. 그러나 데브리스는 이 관점에 이의를 제기하면서 사람의 인생이 상처를 아우르도록 재조직되지 않으면 진정한 치유가 이루어진 것이 아니라고 주장한다. 4단계까지는 병원이나 의사가 도울 수 있지만, 종교 기관을 제외하고 5단계로 이끄는 사회적 조직은 거의 없다. 많은 개인적 성장과 사용 가능한 저서와 프로그램이 이 단계에서 지침의 역할을 할 것이다.

데브리스는 치유를 해석하는 세 가지 일반적인 방법이 있다고 한다.

- **현상 유지 모델** : "나는 예나 지금이나 좋아."
- **부족 모델** : "나는 결코 예전처럼 좋아지지 않을 거야."
- **발전 모델** : "나는 이번에 상처입고 치유하는 과정을 거치면서 한층 성숙해지고 발전했어."

개인이 전보다 강하고 완전한 존재로 거듭나는 발전 모델은 생활방식과 신념체계를 재조직하고, 상처를 포용하고 의미를 부여하도록 행동함으로써 5단계를 완수할 의지가 있을 때에만 가능하다.

저자는 개인과 집단의 상처를 치유하여 개인 및 사회의 변화를 이끌어내는 데 필요한 과정이 사회적 · 공간적 조직의 새로운 형태로 이동하는 데 필요한 과정과 매우 흡사하다고 본다. 그 과정에서 13가지 장소와 관련하여 기본적 행위를 충족할 수 있는 최적의 방법을 발견하게 될 것이다. 이를 위한 한 가지 방법은 이 장소와 새로운 형태에 가능성을 열어 두는 것이다. 그러나 가장 중요한 것은 우리의 요구를 충족하지 않는 것은 버리고, 기술적이면서 진심 어린 만족할 만한 새로운 것을 찾으려는 의지이다.

6. 미래의 비전

우리는 원형 장소, 진화적 변화, 치유 단계와 같은 개념을 통해 보육시설 디자인을 자세히 탐구해 보았다. 행동은 사고에 의한 것이다. 우리의 현재 행동이 옳지 않다는 뼈아픈 진실을 인정하지 않는 한 새로운 보육시설 건물을 만드는 것은 불가능하다. 일시적인 회복 형태로서 열악한 디자인을 멈추고 아동과 보육교사의 요구를 적절히 충족하지 않는 시대에 뒤떨어진 신념과 디자인을 과감히 버리지 않는 한 새로운 건물 유형을 만들 수는 없다. 상처로 인해 우리는 새로운 가능성과 해법을 찾지 못하고 있다. 보이지 않는 조각가의 손이 행동과 사고의 중심에서 사랑의 힘을 불어 넣을 수 있도록 해야 한다[11]. 이 모든 사실을 인정하고, 우리의 마음과 가치를 다시 일으켜 세울 수 있도록 함께 협력할 수 있다. 현상유지와 부족 모델 개념을 모두 거부하고, 아동, 보육교사 그리고 가족에게 의미 있는 환경이 제공될 수 있도록 집단적인 에너지에 대한 신념을 기꺼이 받아들여야 한다.

11) 제2장의 서문에 나오는 인용구 참조

참고문헌

ADA(1998). *Accessibility Guidelines for Buildings and Facilities: Rules and Regulations*. Vol. 63, No. 8. Federal Register.

Alexander, C.(1979). *The Timeless Way of Building*. New York: Oxford University Press.

Alexander, C., et al.(1977). *A pattern Language*. New York: Oxford University Press.

Anderson, Gretchen Lee(1993). *Removing Barriers to Childcare Facilities Development*. Northridge, CA: California State University.

Ayres, A. J.(1973). *Sensory Integration and Learning Disorders*. Los Angeles: Western Psychological Services.

Bachelard, G.(1969). *The poetics of Space*. Boston: Beacon Press.

Birren, F.(1982). *Light, Color and Environment*. New York: Van Nostrand Reinhold.

Bower, T. G. R.(1977). *The Pereptual World of the Child*. Cambridge, MA: Harvard University Press.

Carnegie Corporation of New York(1994). *Starting points: Meeting the Needs of Our Youngest Children*. Carnegie Task Force on Meeting the Needs of Young Children.

Carnegie Corporation of New York(1996). Carnegie Task Force on Learning in the Primary Grades.

University of Colorado at Denver(1995). *Cost, Quality, and Child Outcomes in child Care Centers*. Denver: University of Colorado at Denver.

Dadd, Debra Lynn(1997). *Home Safe Home: Protecting Yourself and Your Family from Everyday Toxics and Harmful Household Products*. New York: Tarcher/Putnam.

Day, Christopher(1994). *Places of the Soul: Architecture and Environmental Design as a Healing Art*. San Francisco: Harper.

Erikson, E.(Eds.) (1963). *Childhood and Society*. New York: W.W. Norton & Co. Inc.

Fiske, D. W. and Maddi, S. R.(1961). *Functions of Caried Experience*. Homewood, IL: Dorsey.

Girdlestone, Rodney(1994). "Electromagnetic Fields," *Mind Body Soul: The Alternative Lifestyle Magazine*, Sept/Oct.

Girdlestone, Rodney and Cowan, David(1994). *Safe as Houses? Ill-healthand Electro-stress in the Home*. Gateway Books.

Halpern, Steven(1985). *Sound Health: The Music and Sounds that Make Us Whole*. New York: Harper & Row.

Hillman, James(1985). "One Man' s Ceiling is Another Man' s Horror." in Utne Reader, Feb/March.

Hiss, Tony(1990). *The Experience of Place: A New Way of Looking at and Dealing with Our Radically Changing Cities and Countryside*. New York: vintage Books.

Hollowich, Fritz(1980). *The Influence of Ocular Light Perception on Metabolism in Man and in Animals*. New York: Springer Verlag.

Hughes, P. C.(1980). "The Use of Light and Color in Health" in A. C. Hasings, J. Fadiman, J. S. Gordon (Eds.) *Health for the Whole Person; The Complete Guide to Holistic Medicine*. Boulder, CO; Westview Press.

Itten, Johannes(1970). *The Elements of Color*. New York: Can Nostrand Reinhold.

Ittleson, W. H., Rivlin, L. G., and Proshansky, H. M.(1970). "The Use of Behavioral Maps In Environmental Psychology," in *Environmental Psychology: Man and His Physical Setting*. New York: Holt, Rineheart, and Winston, Inc.

Jacobson, Silverstein, and Winslow(1990). *The Good House*. The Taunton Press.

Kaplan, Stephen and Kaplan, Rachel(1982). *Cognition and Environment: Functioning in an Uncertain World*. New York: Praeger Publishers.

Katz, L., Evangelou, D., and Hartman, J. A.(1990). *The Case for Mixed-Age Grouping In Early Education*. Washington, D. C.: NAEYC.

Kaufman, Donald and Dahl, Taffy(1992). *Color: Natural Palettes for Painted Rooms*. New York: Clarkson Potter/Publishers.

Kritchevsky, S., Prescott, E., and Walling, L.(1977). "Planning Environments for Young Children", *Physical Space*. Washington D. C.: National Association for the Education of Young Children.

Lawlot, Anthony(1994). *The Temple In The House*. New York: Tarcher/Putnam.

Lawlor, R.(1978). *Parabola: Myth and the Quest for Meaning*, Vol.III, Number 1. New york: Brookline.

Liedloff, J.(1977). The Continuum Concept. New York: Addison-Wesley.

Lillard, Paula Polk(1972). *Montessori—A Modern Approach*. New York: Schocken Books.

Lobell, M.(1983). Spatial Archetypes, *ReVISION*, Fall, Vol. 6, No. 2.

Lynch, Kevin(1977). *The Image of the City*. Cambridge: The M.I.T. Press.

"Making a Difference: An Introduction to the Environmental Resource Guide," *Architecture*(May, 1991).

Mahnke, Frank H., and Mahnke, Rudolf H.(1987). *Color and Light in Man-Made Environments*. New York: Can Nostrand Publishing Company.

Marcus, Clare Cooper(1995). *House As a Mirror of self: Exploring the Deeper Meaning of Home*. Berkeley, CA: Conari Press.

Marino, A. A.(1993). "Electromagnetic Fields, Cancer, and the Theory of Neuroendocrine-Related Promotion," *Bioelectrochemistry & Bioenergetics 29*.

Mathis, Carla Mason and Conner, Helen Villa(1993). *The Triumph of individual Style*. Menlo Park, CA: Timeless Editions.

McDonough, W.(1993). *Design, Ecology, Ethics and the Making of Things*. The Centennial Sermon presented at the Cathedral. New York: st. John The Divine.

Miller, Norma L.(Ed.) (1995). *The Healthy School Handbook*. Washington, D.C: NeEA professional Library.

Montessori, M.(1964). *The Montessori Method*. New York: Schocken books.

Moore, Gary T.(1996). "determining Overall Space Needs in Campus Child Care Centers," *Campus Child Care News*.

Pearce, J. C.(1992). *Evolution' s End: Claiming the Potential of Our Intelligence*. San Francisco: Harper.

Pearson, David(1996). *The Natural House Catalog*. Simon & Schuster.

Powell, W. F.(1984). *Color and How to Use It*. Walter Foster Publishing, Inc.

Prescott, E.(1987). "The Environment as Organizer of Intent in Chile-Care Settings," in C. Weinstein and T. G. David. *Spaces for Children: The Built Environment and Child Development*. New York: Plenum press.

Prescott, Elizabeth and David, Thomas G.(1976). "Concept Paper on the Effects of the Physical Environment on Day Care." Pasadena, CA: Pacific Oaks College.

Prescott, J. W.(1997/1998). "Transforming the American Family," *Touch the Future*.

Rosenthal, N. E., et al.(1973). "Antidepressant Effects of Light in Seasonal Affective Disorder," *American Journal of Psychiatry, 142*, no. 2(1985), Ott, J. N. Health and Light. New York: Simon & Schuster.

Ruopp et al.(1979). *Children at the Center: Final Report of the national Day Care Study*. Cambridge, MA: Abt associates.

Satterfield, J. H., et al.(1963). "Response to Stimulant Drug Treatment Neurological Findings." *J. Autism Child Schizo. 3*.

Spivak, M. and Tamer, J.(1983). *Light and Color: A Designer' s Guide.* Washington, D.C.: AIA Press.

Spivak, M.(1973). *Archetypal Place.* EDRA 4 Conference.

Stephens, Karen(1995). "Small is Beautiful? Advantages of Small Center," *Exchange.*

Tame, David(1984). *The Secret Power of Music. Rochester*, New York: Destiny Books.

Theilheimer, R.(1993). "Something for Everyone: Benefits of Mixed-Age Grouping for Children, Parents, and Teachers," *Young Children.*

Tomatis, A.(1991). "Chant, the Healing Power of Voice and Ear," in *Music, Physician for Times to Come*, ed. Don Campbell. Wheaton, Ill: Quest.

Venolia, Carol(1988). *Healing Environments: Your Guide to Indoor Well-Being.* Berkeley, CA: Celestial Arts.

von Goethe, Johann Wolfgang(1980). *Theory of Colours*(Farberwehre), trans. Charles Lock Eastlane. London: John Murray.

Wolfe, M. and Laufer, R.(1974). "The Concept of privacy in Childhood and Adolescence," in *Man-Environment Interaction.* ed. D.H. Carson. Milwaukee, WI: EDRA.

Wolfe, Maxine, and Rivlin, Leanne G. "The institutions in Children' s Lives," in *Spaces for Children.*

Wurtman, Richard J.(1982). "The Effects of Light on the Human Body," *Scientific American*, Vol. 1, p. 233.

찾아보기

ㄱ

ㄴ

ㅂ

ㅅ

ㅇ

ㅈ

ㅎ

저자 소개

고(故) 애니타 루이 올즈는 하버드대학교에서 인간발달과 사회심리학 전공으로 박사학위를 받았다. 그리고 1969~1999년까지 엘리오트 피어슨 아동학과 교수로 지냈다. 저자는 아동보육연구소(The Child Care Institute)를 만들고 소장을 역임하면서, 터프츠대학과 하버드대학교의 디자인 대학원이 공동 지원하는 디자이너와 보육 전문가들을 위한 훈련 프로그램을 운영하였다. 캘리포니아 우드에이커에 있는 올즈의 사무실에서는 병원, 놀이터, 학교를 포함한 아동 환경 디자인을 30년 이상 수행하였다. 저자는 사회과학자와 디자이너로서, 또 건축 및 디자인 회사 자문가로서 건축공간과 실내장식에 이르기까지 사용자를 위한 디자인을 하였다. 저자의 작품은 치유와 의사소통, 개인적 · 사회적 변화를 실현하는 건축 환경 디자인을 연구하는 데 기여하였다.

역자 소개

최목화 한남대학교 사회과학대학 아동복지학과 교수
최경숙 인덕대학 건축과 교수
변혜령 (사)농어촌생활환경디자인연구소 이사
김영애 건양대학교 건축학과 부교수
나종혜 한남대학교 사회과학대학 아동복지학과 부교수
손승희 한국수자원공사 직장 어린이집(물사랑 어린이집) 원장
주서령 경희대학교 생활과학대학 주거환경전공 교수
조정신 건양대학교 아동보육학과 교수

보육시설 환경디자인

2009년 6월 1일 초판 인쇄
2009년 6월 5일 초판 발행

지은이 애니타 루이 올즈
옮긴이 최목화 외
펴낸이 류제동
펴낸곳 **교문사**

책임편집 김수진
디자인 황옥성
표지그림 안미령
제작 김선형
영업 이진석 · 정용섭

출력 현대미디어
인쇄 동화인쇄
제책 대영제책사

우편번호 413-756
주소 경기도 파주시 교하읍 문발리 출판문화정보산업단지 536-2
전화 031-955-6111(代)
팩스 031-955-0955
등록 1960. 10. 28. 제406-2006-000035호
홈페이지 www.kyomunsa.co.kr
이메일 webmaster@kyomunsa.co.kr
ISBN 978-89-363-0980-0 (93370)

값 25,000원